21 世纪高等院校教材

现代医学仪器设计原理

Principle of Modern Medical Instrumentation Design

邓亲恺 主 编

科学出版社
北 京

· 版权所有　侵权必究·

举报电话：010-64030229；010-64034315；13501151303（打假办）

内　容　简　介

本书是由长期从事现代医学仪器研究和教学的专家、教授编写的本科高年级学生和研究生用教材。全书共10章，重点讲述了4大类医学仪器（生理类、成像类、分析类、治疗类）的设计原理和方法，以及新兴的虚拟医学仪器、便携式医学仪器和远程医学仪器设计的关键技术，最后讲述了医学仪器的认证。本书在充分反映当代医学仪器设计方法和最新进展的同时，分析了当代医学仪器设计中一些带共性的问题，尤其强化了对基本设计原理的分析和阐述，体现了21世纪教材内容更深、更新和重点更为突出的特点。

本书是从事现代医学仪器教学和研究的大专院校师生的教材，同时也是该领域广大科研人员、工程技术人员的一本案头参考书。

图书在版编目(CIP)数据

现代医学仪器设计原理/邓亲恺主编．—北京：科学出版社，2004.5
（21世纪高等院校教材）
ISBN 978-7-03-013045-7

Ⅰ.现… Ⅱ.邓… Ⅲ.医疗器械-设计-医学院校-教材 Ⅳ.TH77

中国版本图书馆CIP数据核字（2004）第017246号

责任编辑：李　君　马长芳／责任校对：钟　洋
责任印制：赵　博／封面设计：卢秋红

版权所有，违者必究。未经本社许可，数字图书不得使用

科学出版社 出版
北京东黄城根北街16号
邮政编码：100717
http://www.sciencep.com

北京凌奇印刷有限责任公司印刷
科学出版社发行　各地新华书店经销

*

2004年4月第　一　版　　开本：787×1092　1/16
2025年1月第十四次印刷　印张：34
字数：821 000
定价：139.00元
（如有印装质量问题，我社负责调换）

《现代医学仪器设计原理》
编者名单

主　编　邓亲恺
副主编　郭劲松　李永勤　田辉勇
编　委　(以姓氏笔画为序)
　　　　　王胜军　方勇军　史亚军
　　　　　冯前进　苏永春　宋喜国
　　　　　张　宁　陈亚明　陈海峰
　　　　　黄仲曦　曹细武　谭小丹

前　言

医学仪器设计作为大学的一门专业课程，应当是多学科交叉的结晶，是理、工、医高度融合的产物。

医学仪器的发展离不开物理学、化学、数学等基础学科及对生命科学、临床医学的深刻理解和抽象思维，而由此出发构建的各种模型，是指导医学仪器设计的理论依据。

医学仪器发展与工程技术的进步息息相关。当代工程技术，如微电子技术、计算机技术、生物材料技术，其每一次进步，都会对医学仪器设计产生巨大影响。当今两极化医学仪器（大型化和微型化）、虚拟医学仪器、远程医学仪器等的出现，无一不受惠于此。

医学仪器的发展离不开生命科学和临床医学的发展和进步。50年前，DNA双螺旋结构的发现，促使生命科学、临床医学从宏观向微观发展。随着人类基因组计划的完成和后基因组时代启动，人类力图从生理（器官）层面、组织层面、细胞和亚细胞层面，以及分子层面来全面解读生命，从而为医学仪器的设计与应用拓展了前所未有的发展空间。

医学仪器的发展还离不开社会科学和人文科学的进步和需求。随着当今人类对医学模式认识的转变，沿袭已久的以医院为中心的模式正在向以预防为主、以社区医疗为中心（涵盖家庭和个人保健）的模式转变。传统医学仪器及其设计观正面临这一转变的巨大挑战！传统医学仪器的微型化、智能化、个性化和网络化是必须迈出的第一步；然而接着更为重要的是要努力发展全新概念的医学仪器，使它们能够真正"无缝地"融入家庭和社区环境中，提供医学关怀，而不打破人们正常和宁静的生活[1]，而这必将给医学仪器发展带来一场深刻的革命。

基于上述观点和认识，本书在编写上，在充分考虑内容的系统性和完整性的同时，摒弃了过去教学中拘泥于对个别陈旧型号仪器的细节描述，转而强调仪器设计的基本原理和关键技术，在进行个性描述的同时强化了共性描述，从而使学生能举一反三，这一尝试旨在培养学生创新思维的能力。

本书编者在编写中还注意到，当今微电子技术、计算机技术的快速发展，仪器整机的虚拟化技术，功能部件（如心电、脑电、血压、血氧等）的模块化技术，已经获得成功推广和应用，加上计算机辅助设计等手段的普及，使设计工作量已大为减少的现实，因此本书在内容上注意引导读者强化对各种生命信号特点的认识和生理过程的关注。在生理类、分析类仪器中，着力提升了对生命信号的有效获取和相关传感技术在设计中的地位，在成像类仪器中重点讲述了成像的基本原理，而在治疗类仪器中则强调了各种物理因子的作用机制、生物医学效应及其对设计的影响和要求等。

---

[1] 已故 XEROX 公司 PARK 研究中心首席科学家 Mark Weiser(1952～1999)在他首创的"宁静技术"(calm technology)中指出："技术应无缝隙地融入我们的生活，而不是让我们时时感到技术的战栗与恐惧。""我们不会消失在电脑空间中，而是电脑将消失在我们的生活中。"

医学仪器设计是一门实践性很强的课程,书中提供的许多设计实例均为作者们亲力所为,既是对书中内容的自然延伸,也是给学生们从事设计实践的启示。

本书是根据笔者 8 年来给研究生开设医学仪器设计原理课程的教学讲义,经过重新整理扩充而成。本书可作为生物医学工程类、电子工程类、计算机类各学科本科高年级学生和研究生教学以及自修医学仪器设计的高级教材,同时可供广大从事医学仪器的研发人员、医务工作者参考。课程教学时间为 60 学时,设计实践为 20 学时。教学中根据不同对象和需求可作适当调整,如本科学生第三至第五章可以不选。

本书内容除融入了笔者 20 年来从事医学仪器研究和设计的心得外,着重参考引用了以下在国际上有影响的期刊和书籍:

1. IEEE Transactions on Biomedical Engineering（1975～2003）
2. IEEE Engineering in Medicine and Biology（1985～2003）
3. Joseph D, Bronzino. The Biomedical Engineering Handbook. 2th ed. CRC Press LLC, 2000
4. Tatsuo Togawa, et al. Biomedical Transducers and Instruments. CRC Press LLC, 1997
5. T. A. Delchar. Physics in Medical Diagnosis. Chapman & Hall, 1997
6. John G. Webster. Medical Instrumentation Application and Design. 3th ed. John Wiley & Sons, Inc., 1998

国内著名期刊《中国医疗器械杂志》(1980～2003)、《中国医学物理学杂志》(1985～2003)发表的大量研究论文也为本书提供了许多有益的参考和借鉴。在此,谨向上述著作和期刊论文的作者们致以诚挚的谢意!

参与本书编写工作的编者除已列在编者名单中的外,还有多年来曾参与过笔者课题研究的科研人员和师生,他们工作中的成败经验,是本书思想与内容的重要源泉,在此谨向他们表示衷心感谢! 能把作者多年来在教学和科研中收益的点滴体会与同行和师生们分享是一大幸事。但由于作者水平有限,尽管几经校正,仍难免有不少谬误和遗漏;加之篇幅所限,一些重要仪器和内容未能入编,许多技术细节未能充分展开。诚望读者随时与我们联系,纠正书中的错谬,或索取相关资料,或作学术探讨,也可登陆作者专为本书读者提供服务的网站:www. mics365. com/md/,或发信至作者邮箱:DQK001@ fimmu. com。

邓亲恺

2004 年 1 月 26 日

目　　录

第一章　现代医学仪器设计概论 ⋯⋯⋯⋯⋯⋯⋯⋯⋯⋯⋯⋯⋯⋯⋯⋯⋯⋯⋯⋯⋯(1)
　1.1　医学仪器定义 ⋯⋯⋯⋯⋯⋯⋯⋯⋯⋯⋯⋯⋯⋯⋯⋯⋯⋯⋯⋯⋯⋯⋯⋯⋯⋯(1)
　1.2　医学仪器发展简史 ⋯⋯⋯⋯⋯⋯⋯⋯⋯⋯⋯⋯⋯⋯⋯⋯⋯⋯⋯⋯⋯⋯⋯⋯(1)
　1.3　医学仪器发展趋势 ⋯⋯⋯⋯⋯⋯⋯⋯⋯⋯⋯⋯⋯⋯⋯⋯⋯⋯⋯⋯⋯⋯⋯⋯(4)
　　1.3.1　医学模式的变革 ⋯⋯⋯⋯⋯⋯⋯⋯⋯⋯⋯⋯⋯⋯⋯⋯⋯⋯⋯⋯⋯⋯(4)
　　1.3.2　技术发展预测 ⋯⋯⋯⋯⋯⋯⋯⋯⋯⋯⋯⋯⋯⋯⋯⋯⋯⋯⋯⋯⋯⋯⋯(5)
　1.4　医学仪器设计的基本步骤 ⋯⋯⋯⋯⋯⋯⋯⋯⋯⋯⋯⋯⋯⋯⋯⋯⋯⋯⋯⋯⋯(6)
　　习题 ⋯⋯⋯⋯⋯⋯⋯⋯⋯⋯⋯⋯⋯⋯⋯⋯⋯⋯⋯⋯⋯⋯⋯⋯⋯⋯⋯⋯⋯⋯⋯(7)

第二章　生理系统的建模与仪器设计 ⋯⋯⋯⋯⋯⋯⋯⋯⋯⋯⋯⋯⋯⋯⋯⋯⋯⋯(8)
　2.1　系统模型及其分类 ⋯⋯⋯⋯⋯⋯⋯⋯⋯⋯⋯⋯⋯⋯⋯⋯⋯⋯⋯⋯⋯⋯⋯⋯(8)
　　2.1.1　物理模型 ⋯⋯⋯⋯⋯⋯⋯⋯⋯⋯⋯⋯⋯⋯⋯⋯⋯⋯⋯⋯⋯⋯⋯⋯⋯(8)
　　2.1.2　数学模型 ⋯⋯⋯⋯⋯⋯⋯⋯⋯⋯⋯⋯⋯⋯⋯⋯⋯⋯⋯⋯⋯⋯⋯⋯(10)
　　2.1.3　描述模型 ⋯⋯⋯⋯⋯⋯⋯⋯⋯⋯⋯⋯⋯⋯⋯⋯⋯⋯⋯⋯⋯⋯⋯⋯(11)
　2.2　建模的基本过程 ⋯⋯⋯⋯⋯⋯⋯⋯⋯⋯⋯⋯⋯⋯⋯⋯⋯⋯⋯⋯⋯⋯⋯⋯(12)
　2.3　构建生理模型的常用方法与实例 ⋯⋯⋯⋯⋯⋯⋯⋯⋯⋯⋯⋯⋯⋯⋯⋯⋯(12)
　　2.3.1　理论分析法建模 ⋯⋯⋯⋯⋯⋯⋯⋯⋯⋯⋯⋯⋯⋯⋯⋯⋯⋯⋯⋯⋯(12)
　　2.3.2　类比分析法建模 ⋯⋯⋯⋯⋯⋯⋯⋯⋯⋯⋯⋯⋯⋯⋯⋯⋯⋯⋯⋯⋯(17)
　　2.3.3　数据分析法建模 ⋯⋯⋯⋯⋯⋯⋯⋯⋯⋯⋯⋯⋯⋯⋯⋯⋯⋯⋯⋯⋯(23)
　　习题 ⋯⋯⋯⋯⋯⋯⋯⋯⋯⋯⋯⋯⋯⋯⋯⋯⋯⋯⋯⋯⋯⋯⋯⋯⋯⋯⋯⋯⋯⋯(28)

第三章　虚拟医学仪器设计——医学仪器整机设计的捷径 ⋯⋯⋯⋯⋯⋯⋯⋯(29)
　3.1　概述 ⋯⋯⋯⋯⋯⋯⋯⋯⋯⋯⋯⋯⋯⋯⋯⋯⋯⋯⋯⋯⋯⋯⋯⋯⋯⋯⋯⋯⋯(29)
　　3.1.1　虚拟医学仪器的特点 ⋯⋯⋯⋯⋯⋯⋯⋯⋯⋯⋯⋯⋯⋯⋯⋯⋯⋯⋯(29)
　　3.1.2　虚拟医学仪器的构成 ⋯⋯⋯⋯⋯⋯⋯⋯⋯⋯⋯⋯⋯⋯⋯⋯⋯⋯⋯(30)
　3.2　虚拟医学仪器硬件接口设计 ⋯⋯⋯⋯⋯⋯⋯⋯⋯⋯⋯⋯⋯⋯⋯⋯⋯⋯⋯(31)
　　3.2.1　计算机系统的总线结构 ⋯⋯⋯⋯⋯⋯⋯⋯⋯⋯⋯⋯⋯⋯⋯⋯⋯⋯(31)
　　3.2.2　面向ISA总线的设计 ⋯⋯⋯⋯⋯⋯⋯⋯⋯⋯⋯⋯⋯⋯⋯⋯⋯⋯⋯(32)
　　3.2.3　面向PCI总线的设计 ⋯⋯⋯⋯⋯⋯⋯⋯⋯⋯⋯⋯⋯⋯⋯⋯⋯⋯⋯(41)
　　3.2.4　面向USB总线的接口设计 ⋯⋯⋯⋯⋯⋯⋯⋯⋯⋯⋯⋯⋯⋯⋯⋯⋯(47)
　3.3　虚拟医学仪器软件接口设计 ⋯⋯⋯⋯⋯⋯⋯⋯⋯⋯⋯⋯⋯⋯⋯⋯⋯⋯⋯(52)
　　3.3.1　基于DOS环境的设计 ⋯⋯⋯⋯⋯⋯⋯⋯⋯⋯⋯⋯⋯⋯⋯⋯⋯⋯⋯(52)
　　3.3.2　基于Windows环境的设计 ⋯⋯⋯⋯⋯⋯⋯⋯⋯⋯⋯⋯⋯⋯⋯⋯⋯(59)

3.4 虚拟仪器专用软件与设计实例 …………………………………………………… (71)
3.4.1 LabVIEW 的图形化程序设计 ………………………………………………… (71)
3.4.2 数据采集（DAQ）卡设计 ……………………………………………………… (72)
3.4.3 LABVIEW 虚拟医学仪器设计实例 …………………………………………… (76)
习题 …………………………………………………………………………………… (84)

第四章 微型化与低功耗设计技术——便携式医学仪器设计 ……………………… (85)
4.1 概述 ………………………………………………………………………………… (85)
4.2 便携式医学仪器设计的基本特点 ………………………………………………… (86)
4.3 微型化与低功耗设计 ……………………………………………………………… (88)
4.3.1 CMOS 集成电路与低功耗设计 ………………………………………………… (88)
4.3.2 单片机的低功耗设计 …………………………………………………………… (91)
4.3.3 存储器的低功耗设计 …………………………………………………………… (95)
4.3.4 电源的低功耗设计 ……………………………………………………………… (101)
4.3.5 液晶显示技术 …………………………………………………………………… (103)
4.3.6 表面安装技术 …………………………………………………………………… (111)
4.3.7 电路集成设计 …………………………………………………………………… (111)
4.4 便携式医学仪器设计实例——微型心电监视仪 ………………………………… (115)
习题 …………………………………………………………………………………… (118)

第五章 面向通讯与网络的接口技术——远程医学仪器设计 ……………………… (119)
5.1 概述 ………………………………………………………………………………… (119)
5.2 医学仪器通信接口设计 …………………………………………………………… (120)
5.2.1 串行通信接口设计 ……………………………………………………………… (121)
5.2.2 无线局域网通信接口设计 ……………………………………………………… (128)
5.2.3 蓝牙技术与通信接口设计 ……………………………………………………… (131)
5.2.4 红外通信接口设计 ……………………………………………………………… (135)
5.2.5 其他短程通信技术 ……………………………………………………………… (138)
5.2.6 远程通信技术 …………………………………………………………………… (139)
5.2.7 医学影像通信的标准接口 ……………………………………………………… (141)
5.3 医学数字信号的标准化设计 ……………………………………………………… (142)
5.3.1 医学影像信号的标准数据格式 ………………………………………………… (143)
5.3.2 医学生理信号标准数据格式 …………………………………………………… (145)
5.4 远程医学仪器设计实例 …………………………………………………………… (149)
5.4.1 社区医疗监护网系统设计 ……………………………………………………… (149)
5.4.2 移动条件下的生理监测设计 …………………………………………………… (150)
习题 …………………………………………………………………………………… (155)

第六章 生理类仪器设计基础 …………………………………………………………… (156)
6.1 概述 ………………………………………………………………………………… (156)
6.2 生理信号测量的前置级设计 ……………………………………………………… (159)

6.2.1　生理信号的基本特征 …………………………………………………………（159）
　　6.2.2　电磁干扰与系统噪声 …………………………………………………………（160）
　　6.2.3　前置放大器电路设计 …………………………………………………………（161）
　　6.2.4　生理放大器滤波电路设计 ……………………………………………………（180）
6.3　电生理信号测量 ………………………………………………………………………（185）
　　6.3.1　概述 ……………………………………………………………………………（185）
　　6.3.2　生理电磁信号的电学特征 ……………………………………………………（185）
　　6.3.3　电极电位与电极的极化 ………………………………………………………（187）
　　6.3.4　多功能电生理信号测量仪设计实例 …………………………………………（195）
6.4　生理压力量测量 ………………………………………………………………………（217）
　　6.4.1　人体重要部位压力量的测量范围 ……………………………………………（217）
　　6.4.2　生理压力量测量的参考点 ……………………………………………………（220）
　　6.4.3　生理压力量的直接测量 ………………………………………………………（222）
　　6.4.4　生理压力量的间接(无创)测量 ………………………………………………（224）
6.5　生理流体量的测量 ……………………………………………………………………（231）
　　6.5.1　体内流体量的测量范围 ………………………………………………………（231）
　　6.5.2　血管中的血流速度测量 ………………………………………………………（234）
　　6.5.3　人体组织中的血流测量 ………………………………………………………（249）
　　6.5.4　呼吸测量 ………………………………………………………………………（254）
6.6　人体的温度测量 ………………………………………………………………………（262）
　　6.6.1　温度测量的生理学基础 ………………………………………………………（262）
　　6.6.2　常用温度传感器的选用与设计 ………………………………………………（263）
　　6.6.3　强电磁场下的温度传感器 ……………………………………………………（269）
　　6.6.4　非接触式温度测量 ……………………………………………………………（270）
　　6.6.5　监护用多路数字体温计设计实例 ……………………………………………（274）
　　习题 ………………………………………………………………………………………（278）

第七章　医学成像类仪器设计基础 …………………………………………………………（279）
7.1　概述 ……………………………………………………………………………………（279）
7.2　X射线透射成像 ………………………………………………………………………（280）
　　7.2.1　电子、X射线与物质的相互作用 ……………………………………………（281）
　　7.2.2　X射线的成像原理 ……………………………………………………………（284）
　　7.2.3　成像质量的评价 ………………………………………………………………（285）
　　7.2.4　X射线球管 ……………………………………………………………………（289）
　　7.2.5　X射线影像接收器 ……………………………………………………………（290）
　　7.2.6　X射线影像增强器 ……………………………………………………………（292）
　　7.2.7　数字X射线成像 ………………………………………………………………（293）
7.3　X射线计算机断层扫描成像 …………………………………………………………（295）
　　7.3.1　CT的基本原理 …………………………………………………………………（295）

7.3.2　CT扫描技术的发展 ·· (296)
　　7.3.3　CT成像的一般问题 ·· (299)
　　7.3.4　反投影重建法 ··· (301)
　　7.3.5　迭代重建法 ·· (302)
　　7.3.6　重建分析法 ·· (305)
　　7.3.7　滤波反投影法 ·· (307)
　7.4　超声成像 ··· (309)
　　7.4.1　超声传播的物理学基础 ··· (309)
　　7.4.2　超声波的产生与接收 ·· (313)
　　7.4.3　超声波束的聚集 ·· (318)
　　7.4.4　脉冲回波成像 ··· (320)
　　7.4.5　超声多普勒成像 ·· (322)
　　7.4.6　超声功率测量 ··· (327)
　7.5　磁共振成像 ·· (329)
　　7.5.1　概述 ·· (329)
　　7.5.2　核磁共振的物理学基础 ··· (331)
　　7.5.3　核磁共振波谱仪设计原理 ·· (337)
　　7.5.4　磁共振成像仪设计原理 ··· (341)
　　7.5.5　磁共振血管造影 ·· (350)
　7.6　放射性同位素成像 ··· (351)
　　7.6.1　概述 ·· (351)
　　7.6.2　放射性及放射性衰变 ·· (353)
　　7.6.3　放射性核素的产生 ··· (356)
　　7.6.4　放射探测器 ·· (357)
　　7.6.5　放射性同位素成像基础 ··· (359)
　　7.6.6　放射性化学药物与制备 ··· (362)
　　7.6.7　正电子发射计算机断层成像 ··· (365)
　　7.6.8　单光子发射计算机断层成像 ··· (368)
　习题 ·· (370)

第八章　医用化学分析类仪器设计基础 ·· (371)
　8.1　概述 ··· (371)
　　8.1.1　医学化学测量的基本要求 ·· (371)
　　8.1.2　医学化学量的取样 ··· (371)
　8.2　医学化学量传感器设计原理 ··· (373)
　　8.2.1　电化学传感器 ··· (373)
　　8.2.2　基于光学的化学量传感器 ·· (386)
　　8.2.3　基于声学和热学的化学量传感器 ··· (390)
　　8.2.4　生物传感器 ·· (392)

8.3 医用化学分析仪器设计原理 (397)
8.3.1 质谱测量仪 (397)
8.3.2 色谱仪 (400)
8.3.3 电泳仪 (401)
8.3.4 磁共振波谱仪 (402)
8.3.5 针对化学量物理特性的分析仪 (404)

8.4 医学化学量的连续测量 (406)
8.4.1 植入式传感器的测量 (406)
8.4.2 体外测量和显微透析测量 (410)
8.4.3 经皮测量 (414)

8.5 呼吸气体测量与分析 (418)
8.5.1 通气监测 (418)
8.5.2 新陈代谢率的评估 (420)
8.5.3 电子鼻 (421)
习题 (422)

第九章 治疗类仪器设计原理 (423)
9.1 概述 (423)
9.2 电治疗类仪器设计原理 (424)
9.2.1 电刺激方式与效应 (425)
9.2.2 植入式电刺激器的基本要求 (429)
9.2.3 植入式神经肌肉刺激器 (431)
9.2.4 人工心脏起搏器 (433)
9.2.5 心脏除颤器 (435)
9.2.6 高频电刀 (442)
9.2.7 膈肌起搏器设计实例 (448)

9.3 激光治疗仪 (453)
9.3.1 激光产生原理 (453)
9.3.2 激光的基本特性 (455)
9.3.3 激光器的类型和基本组成 (455)
9.3.4 生物医学激光束的传输 (456)
9.3.5 激光的生物效应 (458)
9.3.6 不同类型激光对生物组织的作用 (460)
9.3.7 临床常用的生物医学激光的特点 (463)

9.4 微波治疗仪 (464)
9.4.1 微波的特点 (464)
9.4.2 微波的产生 (465)
9.4.3 微波的传输 (468)
9.4.4 微波的辐射 (471)

9.4.5 微波的生物效应 …………………………………………………… (475)
9.4.6 微波治疗仪在医学中的应用 …………………………………… (477)
9.4.7 微波的安全防护 …………………………………………………… (478)
9.5 超声治疗仪 …………………………………………………………………… (479)
9.5.1 概述 ………………………………………………………………… (479)
9.5.2 超声波的产生与发射 ……………………………………………… (480)
9.5.3 超声手术 …………………………………………………………… (484)
9.5.4 超声碎石 …………………………………………………………… (485)
9.5.5 超声治癌 …………………………………………………………… (486)
9.5.6 超声波的生物效应与作用机制 …………………………………… (486)
9.5.7 超声治疗的安全剂量 ……………………………………………… (490)
习题 ……………………………………………………………………… (491)

第十章 医学仪器的认证 …………………………………………………………… (492)
10.1 我国医学仪器的监管和认证 ……………………………………………… (492)
10.1.1 引言 ………………………………………………………………… (492)
10.1.2 医疗仪器新产品的审批 …………………………………………… (493)
10.1.3 医疗仪器的注册管理 ……………………………………………… (494)
10.2 美国医学仪器的监管和 FDA 认证 ……………………………………… (495)
10.2.1 医疗器械管理机构及职责 ………………………………………… (496)
10.2.2 医疗器械管理法规 ………………………………………………… (497)
10.2.3 FDA 的审批流程 …………………………………………………… (499)
10.3 医学仪器的电器安全评估 ………………………………………………… (500)
10.3.1 国际安全标准的发展简况 ………………………………………… (500)
10.3.2 国内安全标准的发展简况 ………………………………………… (502)
10.3.3 我国医用电气设备安全标准 ……………………………………… (502)
10.4 医学仪器的生物安全评估 ………………………………………………… (504)
10.4.1 ISO 提出的生物学评价试验 ……………………………………… (504)
10.4.2 我国卫生部提出的生物学评价试验 ……………………………… (504)
10.5 医学仪器的临床研究管理 ………………………………………………… (506)
10.5.1 我国的临床研究标准 ……………………………………………… (506)
10.5.2 美国的临床研究法规 ……………………………………………… (507)
10.5.3 美国和欧共体有关临床研究管理的对比 ………………………… (509)
习题 ……………………………………………………………………… (510)

附录 A 人体生理参数测量简表 …………………………………………………… (511)
附录 B 医学工程领域法定计量单位 ……………………………………………… (513)
附录 C 我国医学仪器的重要标准 ………………………………………………… (523)
参考文献 …………………………………………………………………………… (527)

第一章 现代医学仪器设计概论

工程侧重于"综合",而科学侧重于"分析"。

工程学院的任务则是传授关于人为事物(the artificial)方面的知识:怎样制造出具有希望性质的事物,如何进行设计。

——【美】赫伯特.A.西蒙《关于人为事物的科学》

在当代西方文明中,得到最高发展的技巧之一就是拆零,即把问题分解成尽可能小的一些部分。我们非常擅长此技,以致我们竟时常忘记把这些细部重新装到一起。

——【美】阿尔文.托夫勒《科学和变化》

1.1 医学仪器定义

参考国际标准化组织对医疗器械(medical device)的定义,医学仪器(medical instrument)通常是指那些单纯或者组合应用于人体的仪器,包括所需的软件。其使用目的是:
(1) 疾病的预防、诊断、治疗、监护或者缓解。
(2) 损伤或残疾的诊断、治疗、监护、缓解或者补偿。
(3) 解剖或生理过程的研究、替代或者调节。
(4) 妊娠控制。

医学仪器对于人体体表及体内的作用不是用药理学、免疫学或者代谢的手段获得的,但可能有这些手段参与并起一定辅助作用。

以上是对医学仪器较为严格的定义。简单地说,医学仪器是以医学临床和医学研究为目的的仪器。

1.2 医学仪器发展简史

在远古条件,人类的生存条件十分恶劣,经常面临猛兽和自然灾害的侵袭,并受到各种疾病的困扰。我国近代考古发现,早在新石器时期,已出现医用石器,包括热敷、按摩、叩击体表、割刺脓疡、放血等不同的石器工具。其中刺入人体组织的石器叫"砭石",它是一种锐利的石块,《说文解字》注:"砭,以石刺病也",用石为针,这应是我国古代针术的萌芽。2500年前《黄帝内经》中所述的"九针",是人类最早发明、精心制作的医疗器械;以经络学说为指导的针灸术成为中国医药学这个伟大宝库中重要的治疗手段。但在此之后,直到18世纪,无论是中国还是世界,除了

1816年听诊器发明和1850年医用临床体温计的问世外,医疗器具的发展一直非常迟缓。

图1.1 伦琴

图1.2 伦琴为他妻子戴有戒指的手拍摄的X射线照片

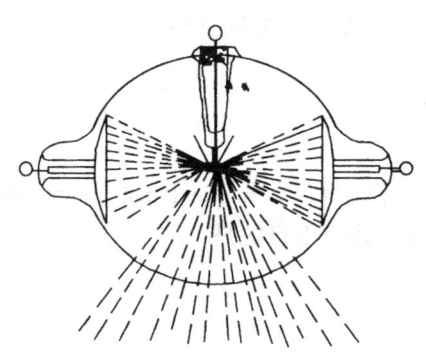

图1.3 用以产生X射线的Crookes管
（初期为冷阴极管,后改为热阴极管）

现代医学仪器的诞生和发展应归功于19世纪末20世纪初科学的重大发现(以量子力学和相对论为代表)和工业文明(以机械制造和电机工程为代表)的出现。最具代表意义的伟大成就是1895年德国物理学家伦琴(W. K. Roentgen)(图1.1)在维尔茨堡(Würzberg)大学物理研究所发现X射线,在次年的德国物理学年会上,他宣布并展示了X射线拍摄的人手X射线照片(图1.2),由此开创了人体影像诊断的先河。当时的电子变压器高压输出已达100kV以上,满足了X射线产生的条件。伦琴在实验中采用的是William Crookes研制的高真空度的冷阴极射线管Crookes管(图1.3)。这一里程碑似的发现使得伦琴获得了首届(1901年)诺贝尔物理学奖。

这期间另一个重大事件是1903年荷兰生理学家艾萨文(William Einthoven)研制成功了第一台采用弦线式电流计做记录的心电图仪,他所创立的肢体标准导联的测量方法(图1.4)沿用至今。艾萨文因为其开创性贡献获得1924年诺贝尔生理学与医学奖。

1924年法国学者Berger首次采用头皮电极记录到人脑的电活动,发现人脑活动的α、β波节律,并第一次给出了人类癫痫病发作时的脑电图。

基于压电晶体管效应的超声波发生装置,早在1880年已由Jacquts与Pierre Carie发明,其后在第一、二次世界大战中超声在水下探测方面发挥了巨大的作用,但作为真正商品化的医用超声诊断仪直到1958后才出现。

X射线投射成像技术在伦琴创立之后近百年间取得了长足的进展,借助于各种影像增强材料和手段,X射线成像早已突破早期主要针对人体骨骼的成像范围,扩展到全身各个部位。但由于X射线将人体投影到二维成像平面时,反映的是垂直于射线方向上的无穷多个平行截面人体组织的叠加或平均,常使重要的空间信息模糊或丢失。1972年英国工程师豪斯菲尔德(G. N. Hounsfield)

图 1.4　早期研制的心电图仪采用三个盛有食盐水的桶作肢体电极
（剑桥大学心电图室）

将计算机技术与 X 射线相结合,发明了 X 射线计算机断层扫描仪(computerized tomography X-ray system,CT)。它能从许多不同的投影图,计算出真正的二维切片人体组织图像。此后人们还从获得的连续切片图通过组合,计算出人体各种角度的切片图直至三维图像。由于美国科学家科马克(A. M. Cormack)20 世纪 60 年代的相关工作,使豪斯菲尔德与科马克共享了 1979 年生理学与医学诺贝尔奖。

核医学影像类仪器,均是基于给病人施加放射性标记药物,在人体外部探测所发射的 γ 射线而成像的。自从 1958 年 H. O. Anger 研制成功医用 Gama 照相机后,借助于类似 X 射线断层成像技术,SPECT(单光子发射计算机断层成像)以及 PET(正电子发射断层成像)已应用于临床。它们提供了 X 射线成像技术不能提供的人体生理代谢方面的重要信息。

核磁共振(nuclear magnetic resonance,NMR)成为一种谱分析方法,早在 1946 年就由 F. Bloch 提出并用于化学分析,但直到 1973 年才分别由美国科学家保罗·劳特布尔(P. C. Lauterbur)和英国科学家彼特·曼斯菲尔德(P. Mansfield)独立地研制出临床实用的磁共振成像仪(magnetic resonance imaging,MRI)。该仪器不仅提供了人体解剖图像,特别是软组织的图像,而且提供了人体特定部位的生理功能信息。由于这一卓越贡献,30 年后劳特布尔和曼斯菲尔德共同分享了 2003 年生理学与医学诺贝尔奖。

治疗类仪器自 18 世纪美国科学家富兰克林(Flanklin)用莱顿瓶放电治疗瘫痪病人以来,直到 19 世纪末 20 世纪初才有了长足的进展,利用电磁波谱不同频段(包括非电磁波谱的超声波)的生理效应,研制成功的各种治疗仪器,大量进入临床,最具代表意义的有可植入式心脏起搏器、高频电刀、激光刀、用于癌症治疗的电子直线加速器等。伴随微电子技术和计算机技术的发展,各种物理治疗类仪器在保健、康复、功能替代中发挥了越来越显著的作用。

化学分析起源于 17 世纪,而仪器分析直到 19 世纪末才出现,20 世纪得到长足发展。用于医学的分析仪器,主要沿袭了现代化学分析仪的方法和手段,如谱分析方法、电化学方法、各种分离技术等,对人体成分进行离体分析。直接针对活体内成分的测量,是医学分析仪器的特殊之处和极重要的方面,这里存在有创和无创、短时诊断和长期监测之分。如针对糖尿病患者血糖的诊断与监护,针对呼吸系统病人的血氧饱和度的诊断与监护等。20世纪末得益于生物工程技术和微电子技术的发展,使医用分析仪器在大规模测量和微型化、快速分析等方面均取得了重大进展。

1.3 医学仪器发展趋势

现代医学仪器是多学科交叉的产物,它的发展与当今自然科学技术的发展息息相关,同时也受到人文科学、人类社会发展和需求的牵引与制约。以下从两个方面来观察医学仪器未来发展的趋势。

1.3.1 医学模式的变革

当代医学正处于从传统的"生物-技术"模式向"生物-心理-社会-技术"的现代医学模式转变的进程中,无疑这是21世纪医学发展的大趋势,医学仪器及其传统设计观念将面临这一转变的巨大挑战。这一转变是基于以下社会和医疗状况的客观现实提出的。

(1) 伴随人类物质生活水平的提高,当代疾病的流行趋势已发生了显著的变化,与人们社会生活方式密切相关的疾病和突发性公共卫生疾病已成为危害人们健康的主要疾病,由此已造成政府与个人医疗开支不断增长的巨大压力。据资料报道,美国约有占人口25%的人受到高血压症的困扰。表1.1为1996年一项调查,显示了美国4大病症人数及其年开支情况。

表1.1 1996年美国公布的4大疾病人数及年开支

疾病名称	患者数/万	年开支/亿美元	疾病名称	患者数/万	年开支/亿美元
糖尿病	≈1400	1000	癌症	130/每年查出	1040
慢性心脏病	>6000	1040	艾滋病	≈100	370~700

同样,在我国列首位的是高血压患者,约占人口的11%,而且呈逐年上升趋势。过去在我国少见的糖尿病,1980年患病率约为0.67%,而到了1999年已上升到3.21%,增加了近5倍!专家预测还将成倍增长;现在糖尿病患者在我国已约5000万人,迄今还没有一个国家能根治糖尿病。对这些疾病的诊断和治疗,包括对突发性公共卫生疾病的预防和监测已成为十分突出的社会问题,靠传统的医疗模式已难以从根本上满足这一变化的需求。

(2) 19世纪末20世纪初医疗与保健经历了从以家庭为中心到以医院为中心的重大转移。在19世纪80年代执照行医制度出现以前,绝大多数的医疗保健是在家庭环境中完成的。到19世纪末20世纪初在西方国家中出现了现代医院的雏形,医院中逐步配备了诊断用的影像设备,适合外科手术的各种麻醉设备、监护设备,以及治疗用的放射设备、自动化分析仪等;到20世纪中叶更加复杂昂贵的设备涌入医院,确立了以医院为中心的医疗环境。医疗费用逐年上升,以致达到纳税人难以承受的程度;特别是它使得大多数人失去了对疾病预防和早期诊断的便宜条件;众多的慢性病患者,因高昂的护理费用,而却步于医院大门之外——其后果是十分严重的,如糖尿病人因得不到及时有效的治疗和监护其所产生的并发症:心血管疾病、肾功能衰竭、肢坏死、双目失明,会给患者带来更大的痛苦和经济压力,仅在美国每年就约有50 000人因糖尿病神经病变而进行脚部或下肢的截除手术。

（3）以信息技术为代表的当代科学技术,包括计算机技术、网络技术、微电子技术、材料技术、分子生物学和生物工程技术所取得的巨大成就,为我们在生命科学的宏观和微观层面上展开了新的篇章。面对社会、家庭和个人对医学仪器更广泛、更多样化的需求,当代科学技术已可以使这些需求成为现实。

综上所述,随着当今人类社会健康观念更新、疾病谱改变、老龄化社会到来及医学模式的转变,以医院为中心的模式必然会回归到以预防为主、以社区医疗(含家庭和个人保健)为中心的模式上来,从而真正实践世界卫生组织提出的"21 世纪人人享有保健"的动议。医学仪器的研究和设计者应积极适应这一转变的巨大需求和挑战,并努力推进这一转变。传统医学仪器的微型化、智能化、个性化和网络化是必须迈出的第一步,然而更重要的是要发展全新概念的医学仪器,使它们能真正"无缝"地融入家庭和社区环境中,从而造福于人类。

1.3.2 技术发展预测

1997 年美国食品与药物管理局(FDA)所属器械和放射卫生中心(CDRH)在对专家学者广泛调研的基础上,提出了医疗器械技术未来 10 年的 6 大发展趋势预测报告,归纳为 6 大发展方向,无疑值得我们从事现代医学仪器设计参考。

（1）计算机相关技术　归属于该类的技术包括计算机辅助诊断、智能器械、机器人和器械网络。相应的新型产品包括集成化病人医学信息系统、病员智能卡、临床实验室机器人、计算机辅助临床实验系统、生物传感器、机器人外科。专家们预测,在智能化器械中将包括小型化生化和光学生物传感器,并以集成"融合"的方式出现。

（2）分子医学　在该类技术中,包括遗传诊断、遗传治疗和组织工程化器械等相应的产品以及生物传感器。专家们预期,随着人类基因计划的实施,基因诊断和组织工程化器械将在未来 5～10 年中有显著的进展,基因诊断将有助于胆囊纤维化之类的单基因病症的发现与确诊。作此用途的相应产品有 DNA 微阵列芯片传感器器械。

（3）家庭和自我保健　归在该类的技术有:家庭/自我监护与诊断、家庭/自我治疗和远程医疗。相应的产品包括家用诊断仪器和病人在家使用的远程医疗产品。专家们预测在未来 10 年中该技术领域将会有较大发展,将有一批新产品问世,包括一些血尿生化指标和药物浓度的家用诊断测试器械,如糖尿病人的血糖水平检测仪,主要是适合老年人使用;将实现家用智能化器械来控制治疗和"训导"病人。一些简单的家庭护理用的远程医疗产品将被开发出来,尤其适用于社区的医疗系统。专家们特别强调"低操作技术",即高技术产品使用的简单化。

（4）微创与无创方法　归入该技术领域的有:微创及无创器械、医学成像、微型化器械、激光诊疗、机器人外科器械和非植入式辅助传感。相对应的器械产品有:微创心血管和神经外科、激光外科、机器人外科、纳米技术、内镜、功能和多模式成像、MRI、PET 和造影剂。专家们预测该领域技术在未来 10 年中的发展势头较强,并会有新的临床实用产品被开发出来,主要集中在微小型化器械上。除助听器的发展会非常快之外,非植入性辅助器械也会有一定程度的革新。内镜技术将继续拓宽应用范围,在纤维光学激光外科和光学诊断以及小型智能化机器人器械中得到应用。

（5）器械/药物的复合产品　该技术领域有器械/药物/生物复合化制品,相应的产品为植入式药物传递系统(以药物传递为主)和药物灌注器械(药物传递附属于器械功能)。专家们特别强调该领域技术特性,因其发展将造福于大量的病人,未来10年中会有3个趋势:第一,用于胰岛素和其他药物的植入式泵,采用生物传感器监视身体中药物浓度并对药物递送速度进行动态调节,还会开发出新的聚合物缓释器械,实现药物的安全性和长效性;第二,将研制出新型药物灌注器械,如用于抗血栓形成的心脏植入物、抗菌包覆的矫形用植入物;第三,会出现适用于老年人家庭使用的简单可靠的药物递送系统,如鼻腔和口腔吸入器械。

(6) 采用硬件和组织工程的器官移植/辅助器械　归纳在该技术领域的包括人工器官、组织工程化器官和电刺激。相应的人工产品是:骨、心脏瓣膜、心泵、软骨、胰、血管、肾、皮肤、肝、眼和再生的神经细胞,以及心脏、神经和神经肌肉刺激器。专家们预测,在未来10年中,电刺激技术将进一步在心脏、神经和神经肌肉方面得到应用,并形成一些新的临床产品,人工器官和组织工程化器官将在较晚些时候有显著的进展。

根据上述预测,CDRH报告中将未来医疗器械的特点归纳成4点:

A. 医疗器械将更加智能化,器械和系统的内部功能可能更为复杂,但外部操作方式将简单化。

B. 产品的智能化和简易化,将有利于保健工作从医院向家庭发展。

C. 产品开发的需求将促使生物学领域与物理学和工程设计领域互相交叉融合,产品集成化、复合化趋势将更加明显。

D. 技术发展将大大提高临床诊治在时间上和空间上的精确性。

1.4　医学仪器设计的基本步骤

诺贝尔奖获得者赫伯特 A. 西蒙在其专著《关于人为事物的科学》一书中指出:"工程侧重于综合,而科学侧重于分析。"现代医学仪器作为工程设计是理、工、医多学科知识的高度综合运用,设计涉及知识面很广,技术难度较大,但其基本设计可归纳为如下六步:

(1) 生理模型的构建　这是现代医学仪器设计中十分关键的一步。在对生理、病理、生化或解剖等相关知识分析的基础上,根据物理、化学、数学和生物医学的基本理论,或对实验所获数据的统计分析,构建设计目标的数学模型(或物理模型、或描述模型),并提出仪器设计应实现的技术指标。

(2) 系统设计　根据构建的生理模型和设计指标,提出系统总体设计方案和工程实现的方法、途径;接着按功能(并考虑空间结构)进行合理的模块化分解;最后,按照产品成本要求和性价比优选的原则,进行软、硬件设计的选择与规划,并绘制出系统总框图。

(3) 实验样机研制　实验样机设计包含了仪器的软、硬件设计、工艺设计和安全可靠性设计;在完成设计的基础上,制作实验样机;在实验室条件下进行仪器样机性能测量和模拟试验,各项指标应达到设计要求。

(4) 动物实验研究　对于第二、三类医学仪器(仪器分类见10.1节),建议在临床实验前,先进行动物实验。要选择好适当的动物,接着对实验样机性能进行较全面的考察验证,包括生理、生化指标的检测、疗效观察,仪器的电气和生物安全性、可靠性评价(包括材料的生物相容性分析)等。并将实验结果反馈到(1)~(3)步。

(5) 临床实验　在向有关医政管理部门提出临床实验申请之前,应首先拟定产品标准,经有关标准化主管部门审定、备案;其次产品须经医政管理部门指定的第三方检测中心,按产品标准对样机进行测试,达到标准要求后,方可进入临床实验。对于临床实验过程,国内外都有严格的规定(详见10.5节)。对实验所获数据,应选用适当的统计方法分析,其结果应反馈到(1)~(3)步。

(6) 仪器的认证与注册　向医政部门提交仪器认证与注册的有关申请(详细程序见10.1节),获准后,按照生产规模要求,即可进行仪器的外观设计、工装设计、模具设计和工艺设计等,当然这些设计已超出本书讲述范围,可参阅其他有关资料。

习　题

1. 影响和制约现代医学仪器发展的因素有那些?
2. 医学仪器设计应如何适应医学模式变革的需求? 试举出当前值得大力发展的医学仪器种类。
3. 试述利用生命科学在微观领域取得的成果进行医学仪器研究和设计的可行性。
4. 医学仪器设计中最为关键的一步是什么? 如何进行创新设计?
5. 西蒙认为"工程侧重于综合",医学仪器设计属工程设计,其"综合"性体现在哪些方面?

第二章 生理系统的建模与仪器设计

建模是医学仪器设计的第一步,也是最为关键的一步,它是我们对所关注的生命对象进行科学定量描述(常采用一定形式化的数学语言)的产物。但由于生命系统是一个复杂系统,所以模型仅反映的是我们认识过程中,通过适当的简化、抽象和近似,所获得的一个较为理想化的人为系统,因此存在一个不断改进和完善的过程。尽管如此,它毕竟在满足特定条件的医学临床与研究的前提下,为医学仪器设计提供了可参照的理论依据。

本章讲述了模型的分类和建模的基本过程,最后着重分析了建模的三种基本方法,即理论析法、类比分析法和数据分析法,并以应用实例,阐述建模对仪器设计的指导意义。

2.1 系统模型及其分类

讨论模型,首先要解释几个概念:我们把一切客观存在的事物及其运动形态统称为实体;把描述实体特征的信息称为属性,属性是对实体进行模拟的基本单位;而模型则是对实体(系统)的特征和变化规律的一种定量的抽象。

根据一般的分类方法,我们把模型分为三类,即:物理模型、数学模型和描述模型,见图2.1。

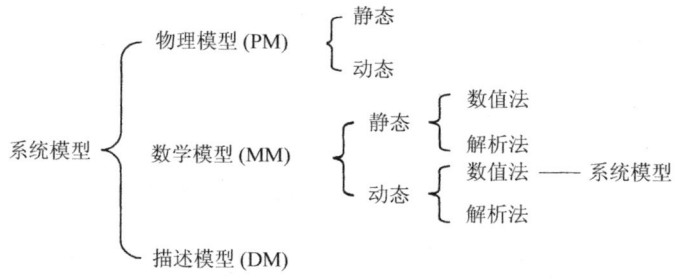

图 2.1 系统模型的分类

2.1.1 物理模型

物理模型(physical model)是简化的、类似于实际系统的某些突出特征而设想的一种物理系统,它较之于真实系统更易于进行分析研究,物理模型按其性质的不同又可以分为两类。

1. 静态物理模型

最常见的静态模型是比例模型,比例模型是真实系统尺寸的放大或缩小,模型与原型的差别仅在于物理量及比例大小的不同,而现象的物理本质不变。在现实世界中,比例模型的例子很多,例如:

(1) 地球仪是地球(原型实体)缩小若干倍的比例模型。更大范围的有哥白尼的太阳系模型、多普勒的天体运行模型,它们成为后来牛顿创立经典力学的基础。

(2) 1865 年化学家凯库勒(Kekule)提出的苯分子的环状结构模型。该模型为此后有机化学的重大突破作出了贡献。

(3) 1953 年沃森(James. D. Watson)和克里克(Francis Crick)基于 X 射线衍射图片提出的 DNA 的双螺旋结构模型。该模型的建立成为分子生物发展史上一个伟大的里程碑。

这里所举例的模型,多属于这一类物理模型。这类模型的突出特征是模型的属性值与时间无关,模型反映的是系统处于相对静止状态时的情况,因而又叫静态物理模型。

2. 动态物理模型

动态物理模型又叫类比(analog)模型。在研究一些物理本质不同,而变量关系类似的物理系统时,往往要用到类比模型,比如电路系统与机械系统、电路系统与流体系统,以及这些系统与我们所关注的生理系统。这些系统的物理性质各不相同,但支配系统行为的因素有着本质类似的特征。基于这一点,类比模型可帮助我们把比较了解和熟悉的系统,推广到还不甚了解和生疏的系统中去,对两种系统进行类比分析往往是很有益处的。下面就以人体肌肉的类比模型为例进行说明。

当人体肌肉不受力时,其作用类似于无源机械元件,若施加一外力(例如提一重物)使肌肉拉伸,此时肌肉呈现弹性机械的特点,肌肉组织的伸缩运动常常伴随着热量的产生和温度的增高。这些效应表现在肌肉组织内有某种类似于摩擦机构的作用,使得肌肉运动时一部分机械能做功,而另一部分则变为热能。

按照以上分析,可以用一个理想的弹簧和一个阻尼器的组合来类比一束肌肉的物理模型,其中弹簧类比于肌肉的弹性(K——弹性系数),而阻尼器(D——阻尼器系数)则类比肌肉的摩擦现象。如图 2.2(a)所表示的那样,肌肉在受外力 $f(t)$ 作用时,被拉伸,位移量为 y,可表示为如图 2.2(b)所示的力学类比模型。

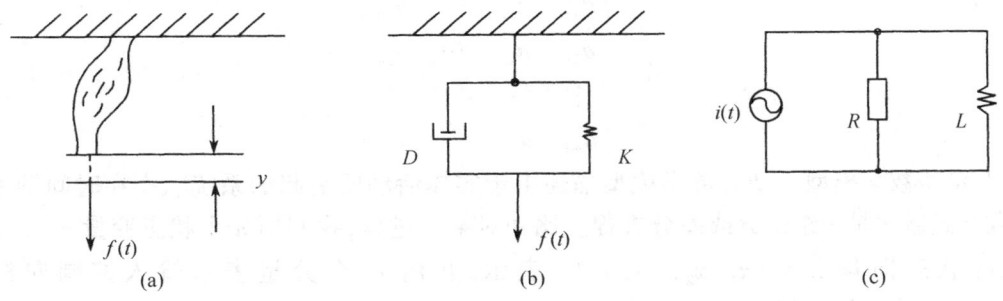

图 2.2　肌肉的类比模型
(a) 肌肉在受外力 $f(t)$ 作用时被拉伸;(b) 肌肉的力学类比模型;(c) 肌肉的电路类比模型

若以电阻与阻尼系数、电感与弹簧系数类比又可以得到电路的类比模型,如图 2.2(c)。
图 2.2(b)的数学式为

$$f(t) = D\frac{dy}{dt} + ky = Dv + k\int vdt \tag{2.1}$$

图2.2(c)的数学式为

$$i(t) = \frac{1}{R}u(t) + \frac{1}{L}\int u(t)\mathrm{d}t \tag{2.2}$$

显然,图2.2(b)、图2.2(c)都是无源肌肉的物理类比模型。

总之,若两个系统可以用同样的微分(差分)方程描述时,则这个系统可以相类比。可见,类比模型是基于两个系统间动态性质相似,而不是外形上的类似。因此,类比模型实际上就是真实系统的动态物理模型。

2.1.2 数学模型

数学模型(mathematical model)是用数学语言描述的某个现实世界的模型,数学语言就是数学中所用的符号、数字、字母及数学方程式和数学结构(如某种表格关系等)。在数学模型中,用变量表示被描述实体的属性,而对实体变化则用变量间的数学函数关系式来表达。

数学模型可以定量地描述事物的内在联系和变化规律,因此,建立某个系统的数学模型,是人们对该事物认识的一个质的飞跃。

从图2.1的模型分类可知,数学模型又可分为静态模型和动态模型两类。

1. 数学模型的分类

(1) 静态数学模型 静态数学模型是当一个实体(系统)处于平衡状态时的取值,因此静态数学模型中不含时间因素,其数学式通常是一个或一组代数方程。例如,常用的线性统计模型:

$$Y = AX + E \tag{2.3}$$

就是一个典型的例子,式中 $X = \{x_1, x_2, \cdots, x_n\}^\mathrm{T}$ 是自变量,$Y = \{y_1, y_2, \cdots, y_m\}^\mathrm{T}$ 是因变量,$E = \{e_1, e_2, \cdots, e_m\}^\mathrm{T}$ 是误差项,括弧右上角的 T 是向量 X、Y、E 的转置符号,式中的 A 是线性系数矩阵,其形式为

$$A = \begin{pmatrix} a_{11} & a_{12} & \cdots & a_{1n} \\ a_{21} & a_{22} & \cdots & a_{2n} \\ \vdots & \vdots & & \vdots \\ a_{m1} & a_{m2} & \cdots & a_{mn} \end{pmatrix} \tag{2.4}$$

(2) 动态数学模型 动态数学模型描述由于实体活动所引起的系统状态在时间轴上的变化,其数学式通常是一组微分或差分方程。比如对某一过程,我们用 n 个状态变量 $x_1, x_2, \cdots, x_n$ 所组成的状态向量 $X = \{x_1, x_2, \cdots, x_n\}^\mathrm{T}$ 表示,并用 m 个分量表示输入控制向量 $U = \{u_1, u_2, \cdots, u_m\}^\mathrm{T}$,则可列出描述过程动态行为的状态方程为

$$\begin{cases} \dot{x}_1 = a_{11}x_1 + a_{12}x_2 + \cdots + a_{1n}x_n + b_{11}\mu_1 + b_{12}\mu_2 + \cdots + b_{1m}\mu_m \\ \dot{x}_2 = a_{21}x_1 + a_{22}x_2 + \cdots + a_{2n}x_n + b_{21}\mu_1 + b_{22}\mu_2 + \cdots + b_{2m}\mu_m \\ \cdots\cdots \\ \dot{x}_n = a_{n1}x_1 + a_{n2}x_2 + \cdots + a_{nn}x_n + b_{n1}\mu_1 + b_{n2}\mu_2 + \cdots + b_{nm}\mu_m \end{cases} \tag{2.5}$$

写成矩阵形式：

$$\begin{Bmatrix} \dot{x}_1 \\ \dot{x}_2 \\ \vdots \\ \dot{x}_n \end{Bmatrix} = \begin{Bmatrix} a_{11} & a_{12} & \cdots & a_{1n} \\ a_{21} & a_{22} & \cdots & a_{2n} \\ \vdots & \vdots & & \vdots \\ a_{n1} & a_{n2} & \cdots & a_{nn} \end{Bmatrix} \begin{Bmatrix} x_1 \\ x_2 \\ \vdots \\ x_n \end{Bmatrix} + \begin{Bmatrix} b_{11} & b_{12} & \cdots & b_{1m} \\ b_{21} & b_{22} & \cdots & b_{2m} \\ \vdots & \vdots & & \vdots \\ b_{n1} & b_{n2} & \cdots & b_{nm} \end{Bmatrix} \begin{Bmatrix} u_1 \\ u_2 \\ \vdots \\ u_m \end{Bmatrix} \quad (2.6)$$

若记 A 为 $n×n$ 状态矩阵，B 为 $n×m$ 控制矩阵，X 为状态列向量，U 为控制列向量，因此式(2.6)可简记为

$$\dot{X} = AX + BU \quad (2.7)$$

方程(2.7)是研究控制过程、滤波技术和电路理论所采用的标准形式。这一动态模型可以是线性的或非线性的，也可以是时变的或非时变的。若对过程的测量是等时间间隔的抽样序列，则得到的是离散状态差分方程为

$$X_{K+1} = A_K X_K + B_K U_K \quad (2.8)$$

方程(2.7)是连续状态方程，而方程(2.8)则是离散的。实质上，静态模型是动态模型的一种特例，是动态模型的某一时刻或某一时间段内的取值。

数学模型分类的第二层次则是按对数学方程的求解方法来划分的。不论是静态模型或动态模型，一般都是用解析方法或者数值方法求解。

2. 数学模型的求解方法

（1）解析方法　解析方法是直接应用现有的数学定律去推导和演绎数学方程(模型)的解。例如，前面讨论过的二阶线性常微分方程就可用解析法求得通解。但解析法只能用于有限的范围，对许多用以描述复杂系统的高阶、非线性、时变的微分和差分方程，就很难用解析求解。

（2）数值方法　数值方法是用计算机程序求解数学模型。数值方法又叫数值分析，它是用递推的方法，把方程中的变量(系统中的属性值)，以表格的形式推导为数字量，从而得到随时间(或空间)变化的一系列数字解，应用数值方法求解的动态数学模型，就是计算机仿真模型。

数学模型的分类方法很多，例如按照变量的变化特点来划分又可分为离散模型和连续模型等。然而对于生命这个复杂系统上述数学描述均过于简化、近似，故往往只能满足一般临床和研究工作的需求。因此，在对复杂系统的研究中，一些更为有效的数学方法，如非线性动力学方法，模糊神经网络方法，遗传算法，细胞自动机制论与方法等，在生理系统建模时，应予以充分考虑。

2.1.3　描述模型

描述模型(descriptive model)是一种抽象的(没有物理实体)、不能(至少目前很难)用数学方程表达、只能用语言(自然语言、程序语言)描述的系统模型。简言之，描述模型就是尚未数学化或有待于数学化的模型。

描述模型源于计算机科学的分支——人工智能。在处理复杂系统时，这种能在计算机上用程序语言实现的"描述性"模型，是目前惟一可行的途径。

当前，人工智能中发展最快的领域是所谓"专家系统"。专家系统的主要问题就是建立具有专家知识和经验的"知识模型"，即描述模型。

例如，针对临床医学的专家系统，提出医学诊断和治疗方案就涉及将大量独立的、不完整的

论据结合在一起进行描述和判断,医学诊断和治疗方案这种复杂、急需辨识的本质,使其成为专家系统的自然选择——也是专家系统早期应用最成功的领域。例如斯坦福大学在20世纪70年代初期推出的专家系统MYCIN是这个时期的代表,它提供了有关抗生素治疗的咨询;此后利用MYCIN的推理机,有人构造了别的医学专家系统。

可以认为,描述模型是系统模型向定量化、数学化目标发展的一个中间过程,而建立系统的数学模型是我们力求达到的目的。可以相信,随着我们对系统行为的深入了解和数学的发展,有许多描述模型最终将可以用精确的数学模型来描述。

2.2　建模的基本过程

构造模型,首先由实验观察开始,进而认识事物和提出问题,然后形成和产生概念,对系统特性或行为可能性的看法与实验描述,接着引用有关自然定律,构建系统模型。模型的建立,特别是数学模型的建立,则是对定性概念的量化。在对所建立的模型实验求解后,再进一步对模型进行评价和验证,以检查其真实性和可靠性。只有经过实验而确认其正确性的模型,才可以认为我们对某个问题有了真正的了解,这一过程往往要经多次反复"迭代"才能达到。图2.3用框图形式表示了模型建立的一般过程。

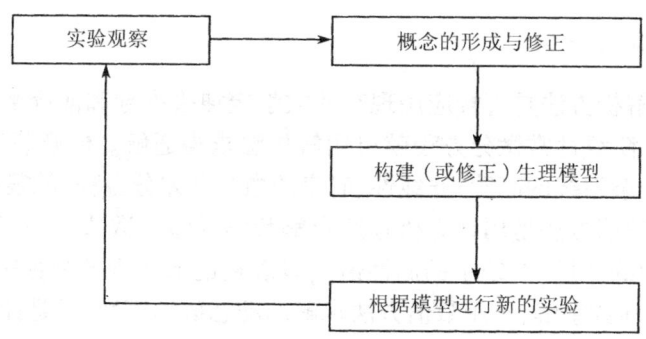

图2.3　系统建模的一般过程

2.3　构建生理模型的常用方法与实例

构建生理模型的方法很多,结合现代医学仪器设计,主要讲述最常用的以下三种方法,并以医学仪器设计的相关实例加以说明。

2.3.1　理论分析法建模

理论分析是构建生理模型中广泛使用的方法。理论分析是指应用自然科学中已被证明是正确的理论、原理和定律,对被研究系统的有关要素进行分析、演绎、归纳,从而建立系统的数学模型。

实例1　血氧饱和度(SpO_2)的无创检测,援引物理光学定律朗伯(J. H. Lambert)-比尔(Beer)定律进行建模

血氧饱和度(SpO_2)是人类呼吸循环的重要生理参数,为预防老年肺心患者窒息、麻醉手术中组织缺氧,均需要进行连续的血氧监测。血氧饱和度用以表示血液中血氧的浓度,它是被氧结合的氧合血红蛋白(oxygenated hemoglobin, HbO₂)的容量占全部血红蛋白(hemoglobin, Hb)的容量的百分比,即

$$SpO_2 = \frac{HbO_2}{HbO_2 + HbR} \times 100\% \qquad (2.9)$$

式中,HbR 称为脱氧的,或还原的血红蛋白(reduced or deoxygenated hemoglobin, HbR)。Hb 由 HbO₂ 与 HbR 两部分组成。传统的作法是基于有创测量的仪器分析。为了实现无创的实时的测量,可以利用光学的方法。让我们遵循图 2.3 所示的步骤来进行模型构建。

1. 实验观察

当我们用单色光垂直照射透过人体手指末端时,若在另一端用光电管接收(光电管输出的电流与光强成正比),则发现光的强度明显减弱,用滤波器滤波后的电流可分为两部分:一部分为直流(DC),一部分为交流(AC)。进一步观察发现交流成分的波峰与波谷对应的是心血管系统的收缩与舒张,因此它对应的是动脉血液中脉动的部分(图 2.4)。我们所要分析的血氧饱和度正是动脉管血液中的,这是一个与时间相关的量,而其余部分与时间无关。

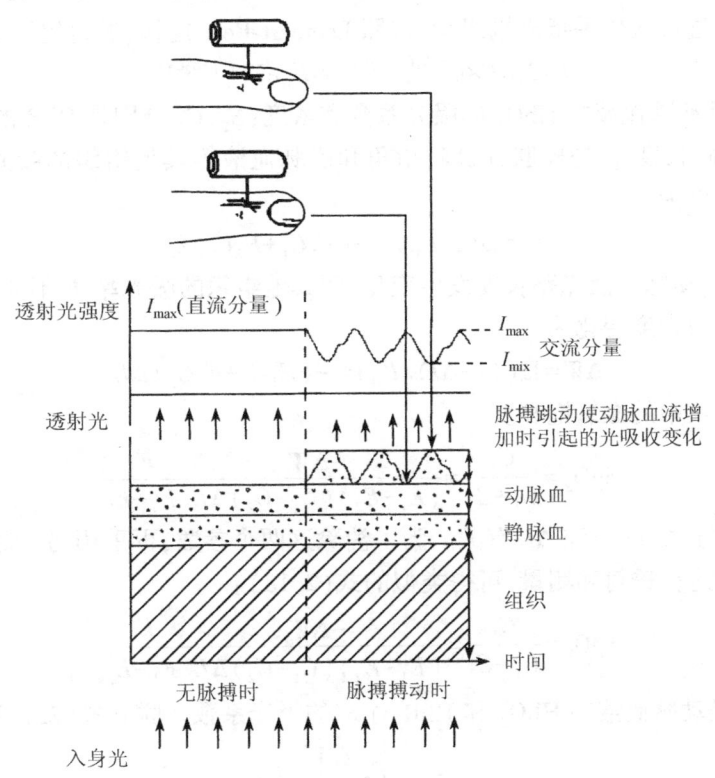

图 2.4 手指对红外光的吸收观察

进一步的实验(有创实验分析)可观察发现氧合血红蛋白(HbO₂)与还原血红蛋白(HbR)对红光与红外光的吸收不一样。这些说明用光学的方法可能实现对血氧饱和度的无创检测。

2. 理论分析

朗伯定律指出：若入射光强为 I_0，物质对光的吸收系数为 a(absorption coefficient)，则通过厚度为 L 的物质后，光强为

$$I = I_0 e^{-aL} \tag{2.10}$$

物理实验表明，当光被透明溶剂中溶解的物质所吸收时，吸收系数 a 与溶液的浓度 C 成正比，即 $a = AC$，其中 A 是一个与浓度无关的常量，这时式(2.10)可表示为

$$I = I_0 e^{-ACL} \tag{2.11}$$

称为比尔定律。在生物化学中，比尔定律常改写为

$$I = I_0 e^{-ECL} \tag{2.12}$$

或

$$\lg(I_0/I) = ECL \tag{2.13}$$

式中，E 为消光系数(extinction coefficient)，$\lg(I_0/I)$ 为光密度(optical desity)或吸光度。

血液中的氧分子与红细胞中的血红蛋白的结合是可逆的，与氧结合的血红蛋白称为氧合血红蛋白 HbO_2，放出氧的血红蛋白称为还原血红蛋白 HbR。首先我们采用波长为 λ 光强为 I_0 的近红外光垂直照射透过人体手指末端组织，按照 Lambert-Beer 定律，通过组织透射光的强度为

$$I = I_0 \times F \times e^{-(E_1 C_1 + E_2 C_2)L} = I'_0 e^{-(E_1 C_1 + E_2 C_2)L} \tag{2.14}$$

式中，E_1，C_1 分别是动脉血液中 HbO_2 的吸光系数和浓度；E_2，C_2 分别是 HbR 的吸光系数和浓度；L 是动脉血液的光路长度；F 是皮肤、肌肉、指角和静脉血液等其他组织的吸光率。由式(2.14)得动脉血液的吸光度为

$$W = \lg(I/I'_0) = -(E_1 C_1 + E_2 C_2)L \tag{2.15}$$

当手指动脉搏动时，动脉血液光路长度发生变化，而其他组织的吸光率 F 不变，即 $I'_0 = FI_0$ 不变，由此引起动脉血液吸光度变化为

$$\Delta W = \lg((I - \Delta I)/I'_0) = -(E_1 C_1 + E_2 C_2)\Delta L \tag{2.16}$$

由上式可求动脉血液中的血氧饱和度

$$SpO_2 = \frac{C_1}{C_1 + C_2} = \frac{-\Delta W}{(E_1 - E_2)(C_1 + C_2)\Delta L} - \frac{E_2}{E_1 - E_2} \tag{2.17}$$

式(2.17)的 SpO_2 与 $(C_1 + C_2)$ 和 ΔL 有关。为了消除这两个参数，再采用另一路波长为 λ' 的红色光对手指组织同时进行透射和测量，可得类似的式(2.18)：

$$SpO_2 = \frac{C_1}{C_1 + C_2} = \frac{-\Delta W}{(E'_1 - E'_2)(C_1 + C_2)\Delta L} - \frac{E'_2}{E'_1 - E'_2} \tag{2.18}$$

式中，E'_1、E'_2 分别是动脉血液中 HbO_2 和 HbR 对 λ' 的吸光系数。联立式(2.17)和式(2.18)得

$$SpO_2 = \frac{E_2 \frac{\Delta W'}{\Delta W} - E'_2}{(E_2 - E_1)\frac{\Delta W'}{\Delta W} - (E'_2 - E'_1)} \tag{2.19}$$

从氧合与还原血红蛋白 HbO_2 和 HbR 对红光与近红外光的吸光系数曲线(图2.5)分析可以看出：

当近红外光波长 $\lambda = 805\text{nm}$ 时,$E_2 = E_1 = E$,式(2.19)简化为

$$\text{SpO}_2 = \frac{-E\dfrac{\Delta W'}{\Delta W}}{E_2' - E_1'} + \frac{E_2'}{E_2' - E_1'} = A\frac{\Delta W'}{\Delta W} + B \tag{2.20}$$

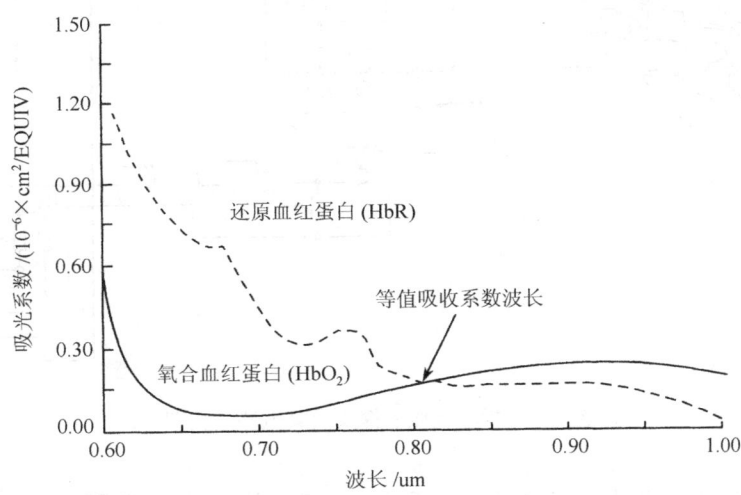

图 2.5　HbO_2 与 HbR 对红光与近红外光的吸收系数曲线

当动脉血管搏动时,透射光强由最大值 $I_{\max}$ 减少到 $I_{\max} - \Delta I_{\max}$,由此而引起 λ 和 λ' 两束光吸光度的变化量分别为

$$\Delta W = \lg\left(\frac{I_{\max} - \Delta I_{\max}}{I_{\max}}\right)$$
$$\Delta W' = \lg\left(\frac{I'_{\max} - \Delta I'_{\max}}{I'_{\max}}\right) \tag{2.21}$$

将上两式代入式(2.20),并考虑 $\Delta I_{\max}/I_{\max}$ 和 $\Delta I'_{\max}/I'_{\max}$ 远小于 1,故将分子和分母中的对数项按级数展开后,取级数的第一项近似可得

$$\text{SpO}_2 = A\frac{\lg(1 - \Delta I'_{\max}/I'_{\max})}{\lg(1 - \Delta I_{\max}/I_{\max})} + B \approx A\frac{\Delta I'_{\max}/I'_{\max}}{\Delta I_{\max}/I_{\max}} + B \tag{2.22}$$

只要测定两路透射光最大光强 $I_{\max}$ 和 $I'_{\max}$ 以及由于脉搏搏动而引起透射光强最大变化量 $\Delta I_{\max}$ 和 $\Delta I'_{\max}$,代入上式就可以算动脉血液的血氧饱和度。为了增大检测灵敏度,要求 B 尽可能小,可选红光 $\lambda' = 650\text{nm}$,此时 E_1'、E_2' 的差值最大(图 2.5)。

3. 仪器设计

根据上述理论分析所得到的数学模型(式(2.22)),可知仪器设计只要能测定近红外光和红光两路透射光的最大强度 $I_{\max}$ 和 $I'_{\max}$ 及由脉搏搏动而引起透射光强最大变化量 $\Delta I_{\max}$ 和 $\Delta I'_{\max}$,运用式(2.22),就可以计算出动脉血液中的血氧饱和度。

设计中采用近红外光波长等于(或略大于)805nm,红光波长为 650nm 的发光二极管(LED),配以对应的能包含这两种波长的光敏二极管,制成指套式传感器(图 2.6)。

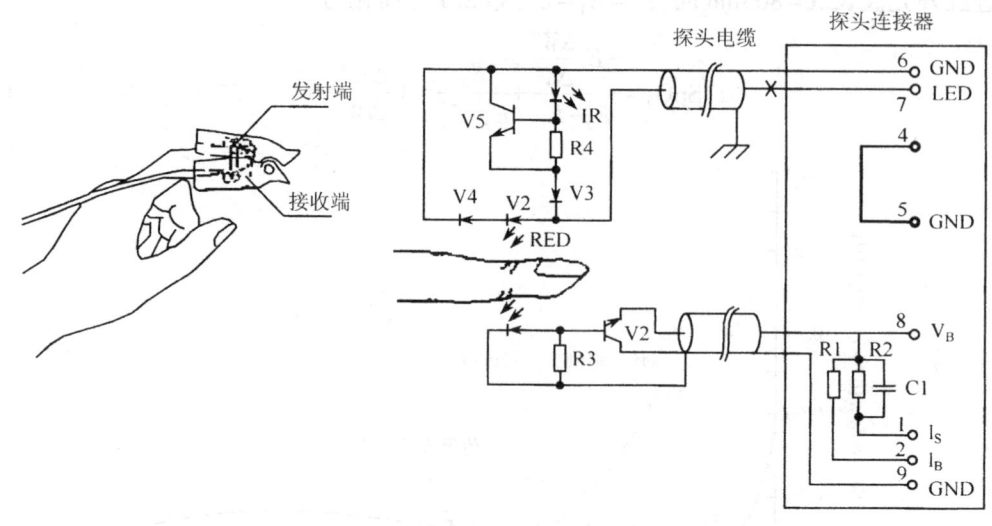

图 2.6 指套式血氧探头及其电路结构图

脉搏式 SpO_2 检测仪设计原理如图 2.7 所示。整机由单片机、光源驱动电路、光电传感电路、差动放大器、基线自动调整电路、积分器、放大器、A/D 转换和显示器组成。

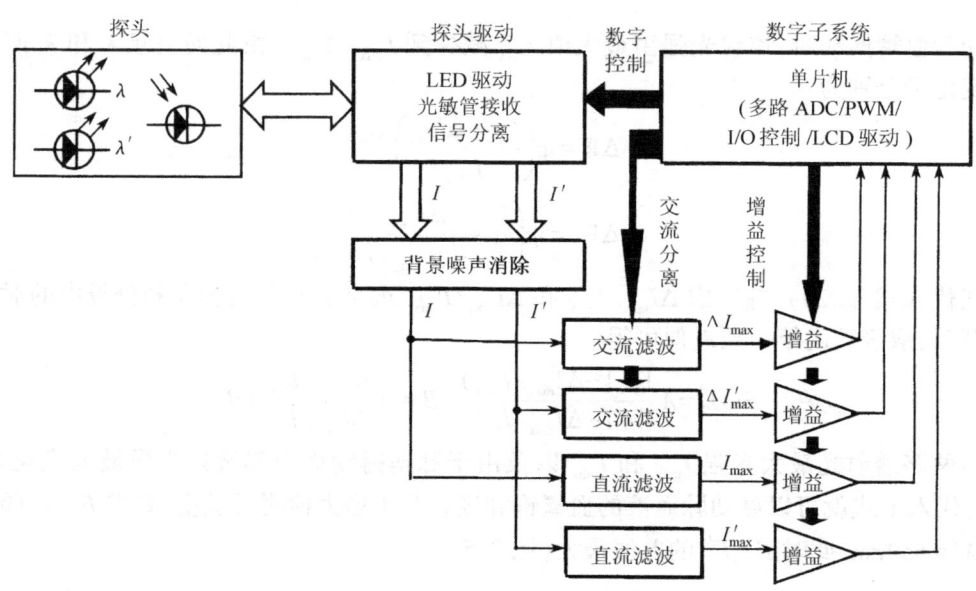

图 2.7 血氧饱和度检测原理方框图

仪器采用单片机进行控制和数据处理,系统功能如下:

(1) 周期性地输出两路脉冲,作为红光和红外光的测量信号源。

(2) 通过串行 D/A(或 PWM)控制基线自动调整电路,使其输出的红光和红外光脉冲的基线电平恒定。

(3) 通过滤波将交直流信号分离。

(4) 通过增益调节,使红光、红外光放大幅度得以协调,以便都能处于 ADC 的有效范围。

(5) 对采集的数据进行处理,计算血氧值并送显示器显示测量结果。

公式计算中系数 A 和系数 B 理论上可通过动脉血中的 HbO_2 和 HbR 对红外和红光的吸光系数来计算,但考虑到光电传感器特性的离散性,一般要通过实验定标来确定。仪器可采用 SpO_2 定标仪进行定标。标准血氧信号从指套式传感器输入,通过单片机测得比值 $\Delta I_{max}/I_{max}$ 和 $\Delta I'_{max}/I'_{max}$ 代入式(2.22),经线性回归处理求得 A、B 的解,定标范围在血氧饱和度 1.00~0.70,这样已可满足大多数临床需要。

2.3.2 类比分析法建模

若两个不同的系统,可以用同一形式的数学模型来描述,则这两个系统就可以互相类比。即是说,类比分析法是根据两个(或两类)系统某些属性或关系的相似,去推论两者的其他属性或者关系也可能相似的一种方法。类比方法在生理系统分析中应用很广,本节将通过几个具体的例子来进行讨论。

实例 2　霍奇金-赫克利斯(Alan Hodgkin-Andrew Huxley)模型

该模型被誉为是生理学领域最重要的模型,是用类比分析的方法建立的细胞动作电位的产生和传导的电路模型与量化方程,这一模型由精心设计的电压钳在乌贼巨细胞轴突上的一系列实验而得到证实。由于这一成就霍奇金-赫克利斯获得了 1963 年生理学与医学诺贝尔奖。

(1) 细胞膜与静息电位　细胞膜又称质膜(plasma membrane)。细胞膜是细胞的屏障,它使细胞具有相对稳定的内环境。细胞膜是具有高度选择性的半透膜,且能进行主动运输,在细胞内外形成不同的离子浓度。膜的主要成分是:脂质、蛋白质和糖类。用电镜观察细胞膜,可以看见细胞膜呈三层式结构:内外两侧各有一条厚约 2.5nm 的电子致密带,它们是单层蛋白质分子,中间隔有一层厚约 2.5nm 的透明带,由双层脂类分子构成(图 2.8)。

细胞膜内外物质的输运有两种方式,第一种是被动方式,第二种是主动方式。被动输运共有两种模式:①渗透扩散:主要是小分子物质通过小孔或脂溶经细胞膜的双脂层流进(或流出),如水分子、氧分子、二氧化碳等(图 2.8);②搬运扩散:对于糖等大分子的输运则是通过专门负责搬运的蛋白质分子来完成的。

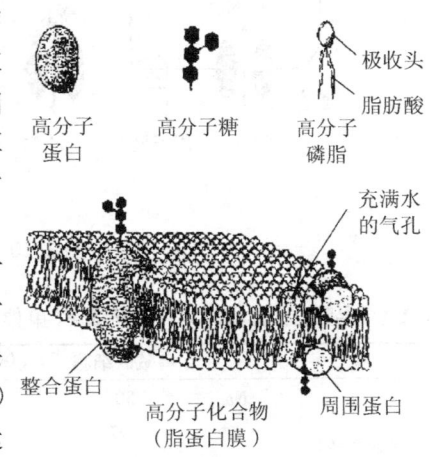

图 2.8　细胞膜组成结构图

膜的主动输运是一种很重要的方式,它是通过一系列"泵"来实现的。其意义在于:建立并维持细胞膜内外液体浓度差,从而使细胞能保持一个较稳定的体积。最重要的"泵"是"钠-钾泵"(Na^+-K^+ pump),它总是能在对抗电化学梯度的方向上,不断地将(经扩散进入细胞膜内的)Na^+ 泵出细胞,而将(经扩散到细胞外的)K^+ 泵入细胞内。而泵的能量提供者是三磷酸腺苷(ATP)——提供完能量(水解)后成为二磷酸腺苷(ADP)。整个过程如图 2.9 所示。

由于膜的绝缘性可视为电容,由 C_m 表示,有关离子通道可用在一定电势作用下的可变电阻

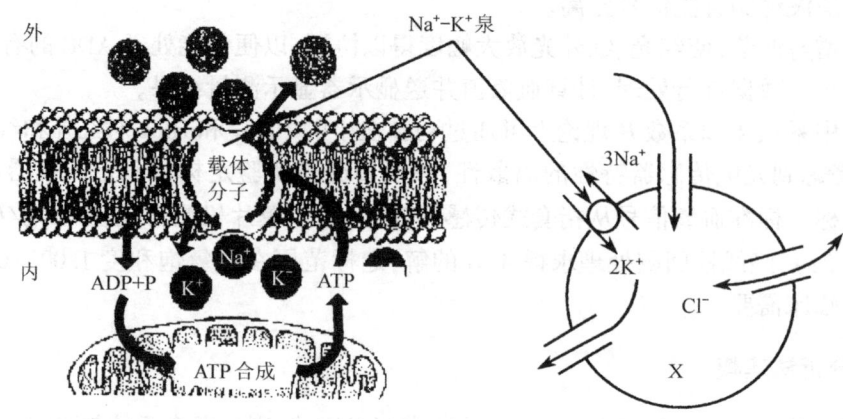

图 2.9 钠-钾泵的主动输运过程

来表示(图 2.10),在静息状态下,膜两侧净电流为零,故得下式:

$$C_m \frac{dV}{dt} + I_{ion} = 0 \qquad (2.23)$$

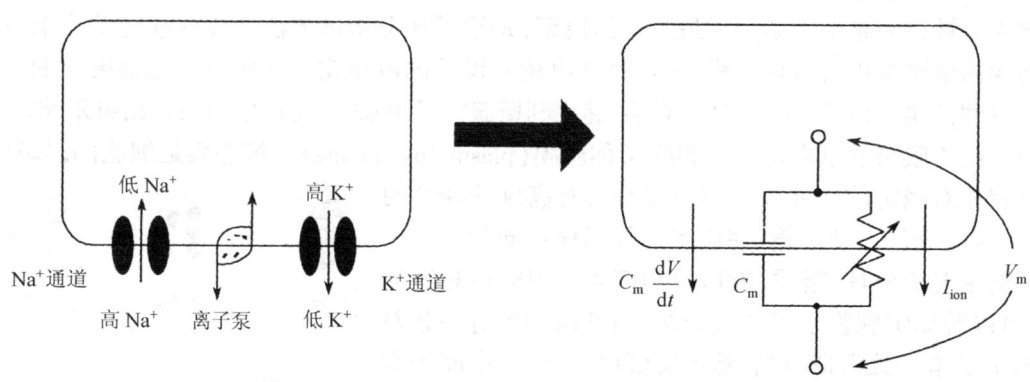

图 2.10 静息状态时的细胞膜的类比电路

表 2.1 乌贼与人体细胞内外离子浓度(单位:mM)

		乌贼巨细胞	人体血红细胞
细胞内浓度	Na^+	50	19
	K^+	397	136
	Cl^-	40	78
	Mg^{2+}	80	5.5
细胞外浓度	Na^+	437	155
	K^+	20	5
	Cl^-	556	112
	Mg^{2+}	53	2.2
能斯特(Nernst)电位(mV)	V_{Na}	+56	+55
	V_K	-77	-86
	V_{Cl}	-68	-9
静息电位(mV)		-65	-6~-10

表 2.2 一些可兴奋细胞的静息电位
(视细胞外为地)

细胞类型	静息电位/mV
神经	-70
骨骼肌(哺乳动物)	-80
骨骼肌(青蛙)	-90
心肌(心房和心室)	-80
心肌浦氏纤维	-90
房室结细胞	-65
窦房结细胞	-55
平滑肌细胞	-55

当细胞处于静息状态时,K⁺的通透性最大,Cl⁻次之,Na⁺最小。其细胞内外的离子分布如表 2.1 所示,人体不同部位可兴奋细胞的静息电位如表 2.2 所示。

(2) 细胞动作电位的类比模型与霍奇金-赫克利斯方程　根据上述细胞生理学的研究,霍奇金-赫克利斯提出了可兴奋细胞的电路模型(图 2.11)。

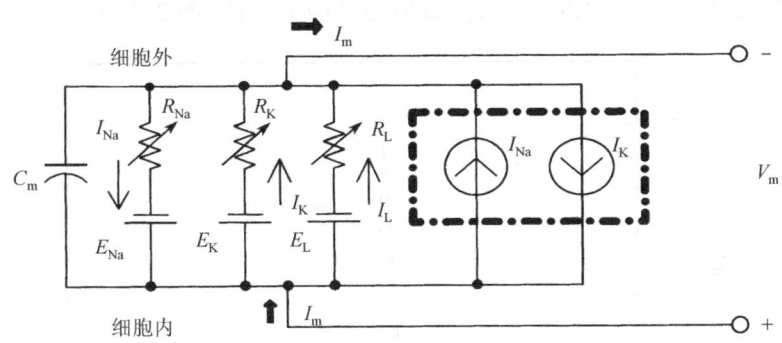

图 2.11　可兴奋细胞膜电路类比图

图中细胞内外 Na⁺、K⁺ 的电化学水平度用电源 E_K、E_{Na} 表示,并分别用可变电阻 R_k、R_{Na} 组成 K⁺、Na⁺离子通道。膜电容用 C_m 表示,考虑到其他离子的效应,图中加上了泄漏离子通道,由可变电阻 R_L 与电源 E_L 组成,钠-钾泵绘于虚线内,外加钳位电压为 V_m。

细胞膜电位的变化量是引起细胞兴奋和信号传导的原因。为定量地弄清这种变化,霍奇金-赫克利斯利用了电压钳制法进行测试,有关装置如图 2.12 所示。

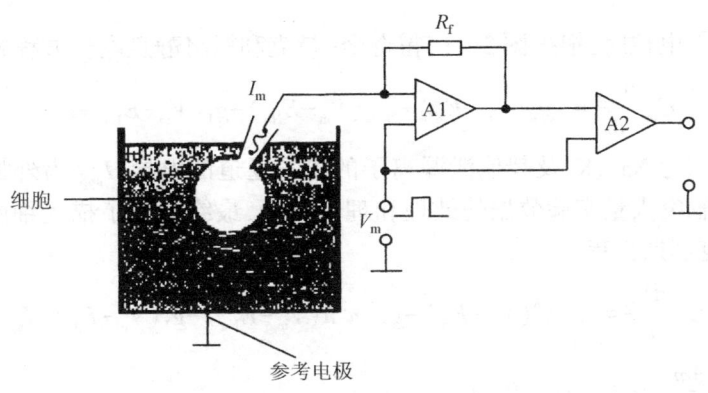

图 2.12　电压钳制法测量装置

电路由高增益集成运算放大器 A1 和 A2 组成。A1 与反馈电阻 R_f 组成电压并联负反馈电路,A2 组成单位增益差分电路。A1 的输入端通过玻璃电极与细胞膜封接;电极尖端直径约为 1μm,因而封接微区形成一微小的膜片。微电极经过细胞、浴池中的参考电极和放大电路构成回路。根据负反馈放大电路的原理,A1 的两输入端之间形成"虚短"现象,当 A1 的同相输入端外加一命令电压 V_m(方波)时,可使细胞膜钳位于 V_m,但信号源电路并不影响被测细胞的活性状态,符合生物测量的要求。

霍奇金-赫克利斯采用乌贼巨细胞进行实验,是因为它的轴突巨大,直径达1mm,且在海水(6.3℃)中有长达数小时的成活期。

通过试验观察,他们发现当细胞处于静息状态时,细胞对K^+离子有很大的通透性,细胞的静息电位主要由K^+离子电位所决定。当外加钳制电压V_m达到一定值时(阈值),细胞对Na^+离子通透性激增,V_m值达到E_{Na},然后再回到E_K,最后达到静息电位(图2.13)。

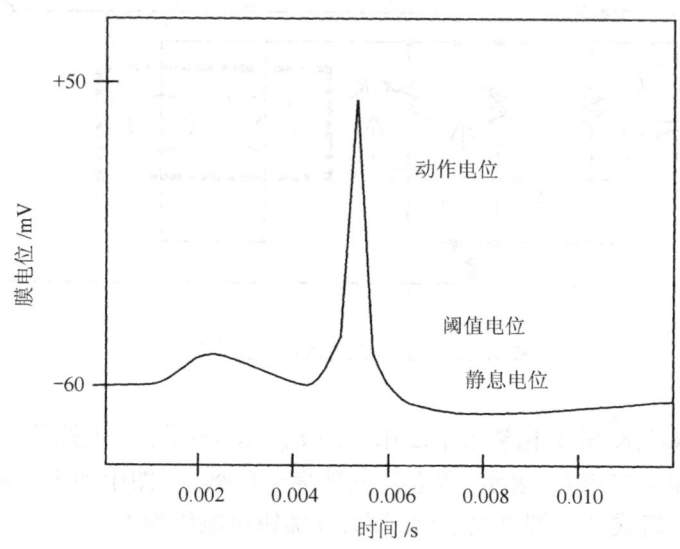

图2.13 动作电位示意图(当传导中电压和时间变化超过阈值电位5ms以后产生动作电位,Na^+的传导变化使其升高,K^+的传导变化使其降低)

当描述细胞动作电位时,根据图2.11,霍奇金-赫克利斯将静息电位方程式(2.23)改写为

$$C_m \frac{dV_m}{dt} = -g_K(V_m - E_K) - g_{Na}(V_m - E_{Na}) - g_L(V_m - E_L) + I_{app} \qquad (2.24)$$

式中,g_{Na}、g_K、g_L分别为Na^+、K^+及其他泄漏离子的离子通道的电导;I_{app}为外加于细胞膜的刺激电流。根据对乌贼轴突大量实验数据的处理和理论分析,最终建立了描述细胞动作电位和兴奋传导的霍奇金-赫克利斯方程:

$$\begin{cases} C_m \dfrac{dV_m}{dt} = -\bar{g}_K n^4(V_m - E_K) - \bar{g}_{Na} m^3 h(V_m - E_{Na}) - \bar{g}_L(V_m - E_L) + I_{app} \\ \dfrac{dm}{dt} = \alpha_m(1-m) - \beta_m m \\ \dfrac{dn}{dt} = \alpha_n(1-n) - \beta_n n \\ \dfrac{dh}{dt} = \alpha_h(1-h) - \beta_h h \end{cases} \qquad (2.25)$$

式中

$$\alpha_m = 0.1 \frac{25-v}{\exp\left(\dfrac{25-v}{10}\right) - 1}$$

$$\beta_m = 4\exp\left(\frac{-v}{18}\right)$$

$$\alpha_h = 0.07\exp\left(\frac{-v}{20}\right)$$

$$\beta_h = \frac{1}{\exp\left(\frac{30-v}{10}\right)+1}$$

$$\alpha_n = 0.01\frac{10-v}{\exp\left(\frac{10-v}{10}\right)-1}$$

$$\beta_n = 0.125\exp\left(\frac{-v}{80}\right)$$

上述方程组中，α、β 的单位均为 $(\text{ms})^{-1}$，v 为细胞膜电位在钳制电位 V_m 下对静息电位 V_{rest} 的偏移电位：$V_m = V_{rest} + v$，单位均为 mV，电导单位为 mS/cm^2，电流密度单位为 $\mu\text{A/cm}^2$，电容单位取 $\mu\text{F/cm}^2$。

（3）在仪器设计中的应用　霍奇金-赫克利斯模型（式2.25）是我们在细胞层面上进行一切电生理研究的基础。如用此模型或由此模型派生出的仅有两个变量的菲茨胡-纳古莫（FitzHugh-Nagumo）方程等进行心脏细胞电活动的研究，采用大规模并行计算方法，建立整个心脏电活动模型，并与体表心电图联系起来，可为临床提供更加丰富准确的诊断信息。

实例 3　人体心血管的力学与电学类比模型

这里以动脉管为例说明用力学和电学类比的建模方法。

（1）力学类比模型（弹性腔模型）　取动脉管一小段，经过简化处理，假设它由一个两端开口的刚性管与一个弹性腔组成（图 2.14）。图中刚性管是假定血管不被压缩，而弹性腔则用以表示血管的顺应性 C，其意义是：

$$C = \frac{dV_c}{dP_c} \quad (2.26)$$

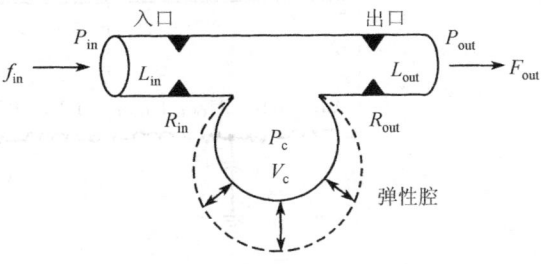

图 2.14　动脉管的力学类比模型

式中 V_c 为该弹性腔的体积，P_c 为腔内压力，当 C 取倒数时，又称为刚性 S 或弹性 E，若设 f_{in}、f_{out} 分别为刚性管入出口的流量，P_{in}、P_{out} 分别为入出口的压力，L_{in}、L_{out} 分别为入出口流体的惯性，R_{in}、R_{out} 为入出口血液的黏滞阻力。根据图 2.14，可得如下（血流的力学）方程：

$$\begin{cases} L_{in}\dfrac{df_{in}}{dt}+R_{in}f_{in}=P_{in}-P_c \\ L_{out}\dfrac{df_{out}}{dt}+R_{out}f_{out}=P_c-P_{out} \\ \dfrac{dV_c}{dt}=f_{in}-f_{out} \end{cases} \quad (2.27)$$

（2）电学类比模型　仿图 2.14，可直接给出动脉血管相应的电路类比模型（图 2.15）。

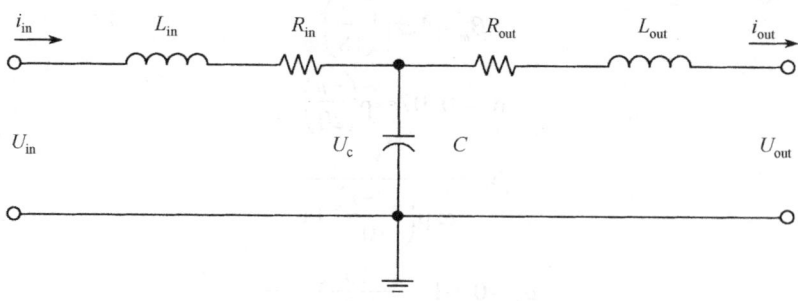

图 2.15 人体心血管的电学类比模型

相应的血流的电学方程式为

$$\begin{cases} L_{in}\dfrac{di_{in}}{dt}+R_{in}i_{in}=U_{in}-U_c \\ L_{out}\dfrac{di_{out}}{dt}+R_{out}i_{out}=U_c-U_{out} \\ C\dfrac{dU_c}{dt}=i_{in}-i_{out} \end{cases} \quad (2.28)$$

式中,U、i、L、R、C 等符号分别表示电压、电流、电感、电阻和电容。

当将上述动脉管小段的输出作为第二小段的输入,再将第二小段的输出顺次往下连起来便可得到任意段长度的血管的电路模型(图 2.16)。

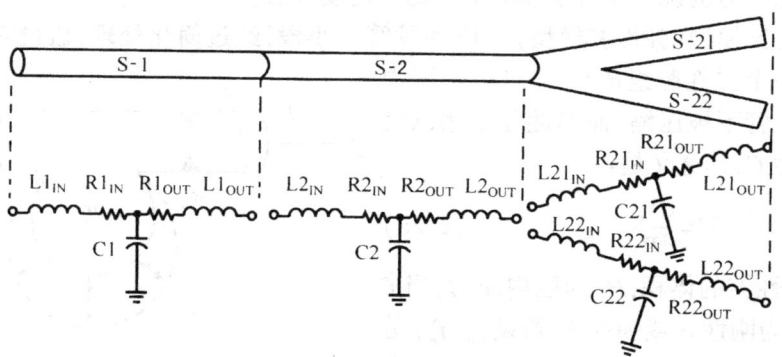

图 2.16 血管的 RLC 电路模型

(3) 仪器设计应用示例　根据上述心血管的模型,1976 年 Brain Gribbin 提出了脉搏速度测量法——一种对人体血压进行无创连续测量的方法,近年已有人设计出相应的仪器(图 2.17)。仪器采用两个光学传感器(每个传感器由一个发光二极管和一个光电管组成)来测量脉搏波,根据耳垂测得的脉搏波的时间与指尖测得的时间之差 Δt,可求得脉波的传导速度 v。根据上述心血管模型,当血压增高时,将使动脉管变僵直,血管的顺应性减小,反映在电路模型中是电感量 L 和电容量 C 变小,由图 2.15 中 RLC 决定的时间常数变小,从而使信号(脉搏波)传递加快。因此在脉搏波速度 v 与血压之间可建立一定的函数关系:

$$P=f(v) \quad (2.29)$$

考虑到个体差异,仪器初始化时用普通的示波法(袖带式)测出血压值进行定标(参见6.4.4)。

2.3.3 数据分析法建模

数据分析法也是在医学仪器设计中最常用的建模方法之一。

由于生命系统是复杂系统,对于其表象,有时难以用理论分析直接推导其规律,加之对系统结构的性质不清楚,亦不便于类比分析,但是若有一定量的能表征系统规律、描述系统状态的实验数据可以使用,则往往可用回归分析等方法,建立系统的数学模型。此外,对模型的验证往往也可借助数据分析法。

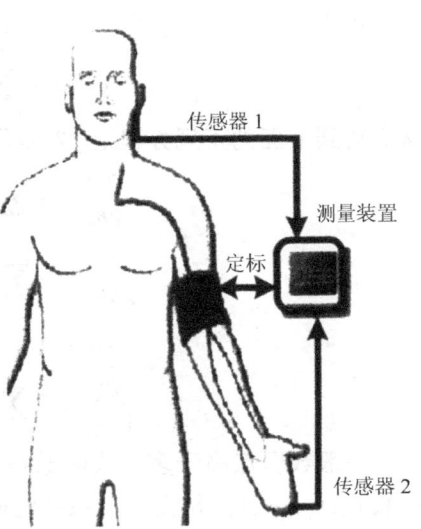

图2.17 无创连续逐拍血压测量仪
(VSM Med Tech Ltd.)

1. 回归分析法

我们所获得的生理量往往含有随机因素以及不确定性,若进行多次观测,把观测值(样本)画在直角坐标上,可大致看出各个变量间的统计规律性;若画出的观测值密集地分布在某一曲线附近,则该曲线的方程可能就是要寻求的数学关系式,我们的数据分析工作就可以此为起点。

求一条通过或接近一组数据点的曲线,以表示这些点的总趋势,这一过程叫曲线拟合,而表示曲线的数学式叫回归方程。求系统回归方程的一般方法如下:

设有一未知系统,今欲构造其数学模型,已测得该系统 $n+1$ 个输入-输出数据点为 $\{x_i, y_i\}$ ($i=0,1,2,\cdots,n$),现在要寻求两者间的函数关系:

$$\hat{y}=f(x) \text{ 或者 } f(x,y)=0$$

不论 x 和 y 是什么形式的关系,都可用一多项式函数:

$$\hat{y}=b_0+b_1x+b_2x^2+\cdots+b_mx^m \tag{2.30}$$

作为对输出(观测值) y 的估值(这里用 $\hat{y}$ 表示)。若能确定此多项式的阶数 m 以及各项系数 $b_0, b_1, \cdots, b_m$,则所得到的就是回归方程,方程中的各项系数叫回归系数,这个方程也是我们要寻求的系统的数学模型。

当输入为 x_i,输出为 y_i 时,多项式拟合曲线相应于 x_i 的估计值为

$$\hat{y}_i=b_0+b_1x_i+b_2x_i^2+\cdots+b_mx_i^m \tag{2.31}$$

现在要使多项式估值和观测值之差(残差)的平方和之值:

$$Q=\sum_{i=1}^{m}(\hat{y}_i-y_i)^2 \tag{2.32}$$

为最小,这种方法称为最小二乘法。

为使 Q 有最小值,应使多项式的导数为零,即

$$\frac{\partial Q}{\partial b_0}=\frac{\partial Q}{\partial b_1}=\frac{\partial Q}{\partial b_2}=\cdots=\frac{\partial Q}{\partial b_m}=0 \tag{2.33}$$

由于

$$Q = \sum_{i=0}^{n} (b_0 + b_1 x_i + \cdots + b_m x_i^m - y_i)^2 \qquad (2.34)$$

从而得到下面的正规方程组(为简化符号,用 $\sum$ 表示上面的求和):

$$\begin{cases} \dfrac{\partial Q}{\partial b_0} = 2 \sum (b_0 + b_1 x_i + \cdots + b_m x_i^m - y_i) = 0 \\ \dfrac{\partial Q}{\partial b_1} = 2 \sum (b_0 + b_1 x_i + \cdots + b_m x_i^m - y_i) x_i = 0 \\ \cdots\cdots \\ \dfrac{\partial Q}{\partial b_m} = 2 \sum (b_0 + b_1 x_i + \cdots + b_m x_i^m - y_i) x_i^m = 0 \end{cases} \qquad (2.35)$$

一般数据点高于多项式阶数($n \geq m$),m 取决于残差的大小。这样,可以正规方程求出回归系数 $b_0, b_1, \cdots, b_m$,从而建立系统的回归方程。

实例4　线性数据回归分析

设某生理实验测得一组数据点集为 $\{x(t_i), y(t_i)\}$ ($i=0,1,2,\cdots,n$),以直线方程

$$\hat{y} = a + bx \qquad (2.36)$$

作为其估值,在时刻 t_i 的取值为 x_i、y_i,其对应估值为 $\hat{y}_i = a + bx_i$。令

$$Q = \sum (\hat{y}_i - y_i)^2 = \sum (a + bx_i - y_i)^2 \qquad (2.37)$$

得正规方程组

$$\begin{cases} \dfrac{\partial Q}{\partial a} = 2 \sum (a + bx_i - y_i) = 0 \\ \dfrac{\partial Q}{\partial b} = 2 \sum (a + bx_i - y_i) x_i = 0 \end{cases} \qquad (2.38)$$

求解正规方程,得回归系数为

$$\begin{cases} \hat{b} = \dfrac{\sum x_i y_i - n\bar{x}\bar{y}}{\sum x_i^2 - n(\bar{x})^2} \\ \hat{a} = \bar{y} - \hat{b}\bar{x} \end{cases} \qquad (2.39)$$

式中记观察值的平均值为

$$\bar{x} = \frac{\sum x_i}{n}, \qquad \bar{y} = \frac{\sum y_i}{n} \qquad (2.40)$$

实例5　非线性回归问题

当变量间呈现非线性关系时,则应该用非线性曲线拟合,一元回归中,线性拟合需要解两个正规方程,二次曲线拟合需要解三个方程,方程次数愈高,则计算愈复杂。因此,对某些非线性问题,常常在对其进行线性转换后,再进行拟合,这样可以使问题简化,如图 2.18 所示。

下面以 20 世纪 60 年代世界人口增长的统计资料为例,说明非线性问题的处理过程,人口单位为百万人,数据列于表 2.3 中。

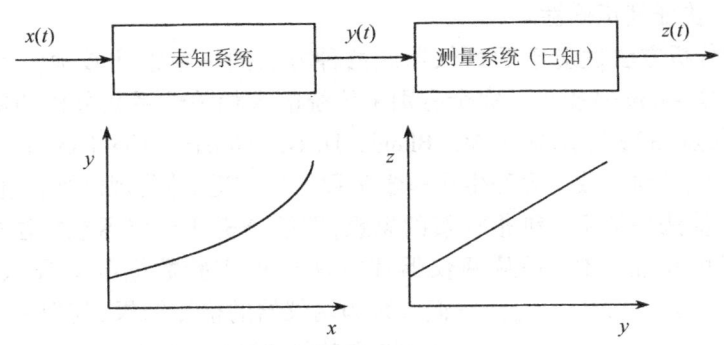

图 2.18 非线性问题的线性处理

表 2.3　20 世纪 60 年代的世界人口

年份	1960	1961	1962	1963	1964	1965	1966	1967	1968
人口	2972	3061	3151	3213	3234	3285	3356	3420	3483

我们希望寻求世界人口增长的回归方程,并预测到公元 2000 年时的世界人口。

按前面的讨论,首先确定用什么函数形式对数据进行曲线拟合。从人口增长的统计资料和人口理论模型知道,当人口总数不是很大时,在不太长的时期内,人口增长接近于指数曲线,因此采用指数方程:

$$y = \exp(a+bx) \tag{2.41}$$

对数据进行拟合,方程(2.41)是曲线方程,对该方程两边取对数得

$$\ln y = a + bx \tag{2.42}$$

令 $z = \ln y$,得

$$z = a + bx \tag{2.43}$$

这样,式(2.43)的回归方程与线性回归完全相同,求出回归系数 a、b 后,对回归方程取反对数,从而得到人口问题的指数回归方程,略去具体的计算过程,得

$$y = \exp(-26.4258 + 0.01757x) \tag{2.44}$$

到 2000 年的世界人口预测为

$$y(2000 \text{ 年}) = 60.8876 (\text{亿人})$$

回归系数为

$$a = -26.4258, \quad b = 0.01757 \tag{2.45}$$

2. 标准差-平均差值法(散点图法)

根据构建的生理模型,设计研制出仪器样机后,一种验证其正确性的方法称为"金标准"比较法,即把样机与医学上公认的标准方法进行实验比较,或与临床使用多年已被国际有关权威机构认同的仪器作实验比较,然后再对模型参数和仪器设计作相应的改进与完善。

例如,根据由生物阻抗法建立的数学模型设计的一种用于心脏功能指数测试的仪器多普勒,就可以通过与"金标准"——染料稀释法(或热稀释法)作比较,也可以与获临床认同的彩色多

普勒仪作实验比较,验证其正确性。

那么何种统计分析方法适应于两种仪器或两种方法的一致性比较呢? 1986 年普兰(J. M. Bland)、阿特曼(D. G. Altman)提出了完全有别于传统的求相关性系数分析的新方法:标准差-平均差值法(简称"散点图法",详见 J. M. Bland, D. G. Altman, The Lancet, 1986(8473): pp. 307~310),其科学性得到了数学界和生物医学工程界的广泛认同,现已被普遍采用。

标准差-平均差值法是基于一种很朴素的思想,即欲分析两种仪器或方法的一致性,即讨论两仪器或方法是否可相互替代,是从两仪器或方法所得实验数据的差异入手。现设两组数据 $X(x_1,x_2,\cdots,x_n)$ 和 $Y(y_1,y_2,\cdots,y_n)$,它们分别为两仪器的检测结果,其中 x_n 与 y_n 对应于同一被检测对象,组成一测量点对。研究两组数据的差值 $[X-Y]$ 即 $(x_1-y_1,x_2-y_2,\cdots,x_n-y_n)$,因 X、Y 为仪器的检测结果,所以 X、Y 可被看成两随机变量且服从正态分布,则 X-Y 也为服从正态分布的随机变量,设其均值为 μ,标准差为 σ。对于已确定的两组检测结果 X^1、Y^1,X^1-Y^1 为 X-Y 的一个子样的观察值,子样均值为 $\overline{X-Y}=\sum(x_i-y_i)/n$,子样标准差设为 s。因 X^1-Y^1 也服从正态分布,根据 2σ 原则,X^1-Y^1 大部分应满足 $\overline{X-Y}-2s<X^1-Y^1<\overline{X-Y}+2s$,图形表示方法如图 2.19 所示。

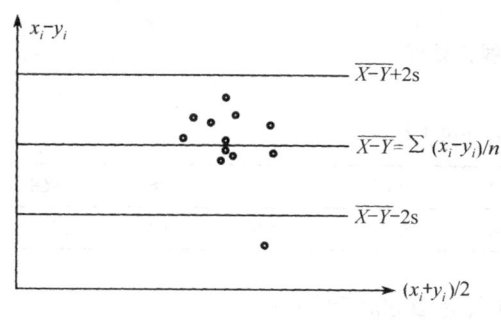

图 2.19 标准差-平均差值法散点图

图中的横坐标代表每一个测量点对的平均值 $(x_i+y_i)/2$,纵坐标代表每一个测量点对的差值 x_i-y_i,中间一根线代表 $\overline{X-Y}$,上下两根线分别表示 $\overline{X-Y}+2s$、$\overline{X-Y}-2s$。根据上面的分析,大部分的测量点对应落在上下两条线之间的区域。因为 X^1-Y^1 只是 X-Y 的一个子样的观察值,要想真正通过这个子样来了解总体的情况,需进一步分析子样均值 $\overline{X-Y}$ 和 $\overline{X-Y}+2s$、$\overline{X-Y}-2s$ 在某一置信度时的置信区间。因为 $\overline{X-Y}$ 的标准差为 $\sqrt{s^2/n}$,s 的标准差约为 $\sqrt{s^2/2n}$,所以 $\overline{X-Y}+2s$、$\overline{X-Y}-2s$ 的标准差为 $\sqrt{3s^2/n}$,由 t 检验的知识可求得 $\overline{X-Y}$ 和 $\overline{X-Y}+2s$、$\overline{X-Y}-2s$ 在某一置信度时的置信区间。$\overline{X-Y}$ 代表两仪器间的系统偏差,$\overline{X-Y}+2s$、$\overline{X-Y}-2s$ 代表两仪器间随机偏差的上下限,根据 $\overline{X-Y}$ 和 $\overline{X-Y}+2s$、$\overline{X-Y}-2s$ 的值以及其置信区间,结合实际情况,便可判断两仪器是否一致。

实例 6 用"散点图法"验证研制的一种新型无创心功能诊断(监护)仪样机

新型无创心功能诊断(监护)仪样机(仪器设计参见 6.5.2 小节)采用了 Kubicek 提出的心阻抗模型:

$$SV=\rho\times\left(\frac{L}{Z_0}\right)^2\times\left.\frac{dZ}{dt}\right|_{max}\times T_S \tag{2.46}$$

式中,SV 为每搏心排血量,单位为 ml;ρ 为血液电阻率,单位为 Ωcm;L 为胸腔长度,单位为 cm;Z_0 为胸腔基础阻抗,单位为 Ω;T_S 为心室射血时间,单位为 s;dZ/dt 为阻抗微分(取最大值)。

通过临床实验,样机与彩色多普勒(超声心动图)仪进行了初步对比,得到如下两组数据(表 2.4、表 2.5)。

表 2.4 实验数据表(第一组:心功正常人)

ID	性别	年龄	体重	身高	心排血量(样机)	心排血量(彩超)
C0000030	男	24	63	167	91	53
C0000031	男	27	54	162	57	45
C0000032	男	25	64	180	70	58
C0000033	男	30	57	170	56	40
C0000034	男	30	57	168	70	51
C0000035	男	28	58	168	84	65
C0000036	男	27	68	175	81	67
C0000037	男	24	74	175	69	52
C0000038	男	33	62	172	63	50
C0000039	男	29	67	172	65	57
C0000040	男	26	61	165	70	49
C0000041	男	26	71	175	73	53

表 2.5 实验数据表(第二组:心功异常人)

ID	性别	年龄	体重	身高	心排血量(样机)	心排血量(彩超)
C0000001	女	64	44	154	70	34
C0000002	男	18	55	172	24	43
C0000003	男	37	52	160	56	156
C0000004	女	24	62.5	171	37	60
C0000005	男	30	65	171	46	57
C0000006	女	56	51	161	33	64
C0000007	女	56	58	151	44	99
C0000008	男	76	85	164	18	45
C0000009	男	38	75	171.5	45	77
C0000010	男	39	55	166	35	44
C0000011	女	67	65	156	45	52
C0000012	女	66	57	145	46	56
C0000013	男	55	47	156	36	64
C0000014	女	27	53	151	47	74
C0000015	女	48	57	152	64	52
C0000016	女	35	63	165	45	66

对于以上实验结果进行分析,将第一组实验数据按标准差-平均差值法处理绘成散点图如图 2.20 所示。

对第一组数据 $\overline{X-Y}=-17.4$,$s=7.23$。在置信度为 95% 时,$\overline{X-Y}$ 的置信区间单边宽度为 4.216。$\overline{X-Y}-2s$、$\overline{X-Y}+2s$ 的置信区间单边宽度为 7.953。

同理,将第二组实验数据按标准差-平均差值法处理绘成散点图如图 2.21 所示。

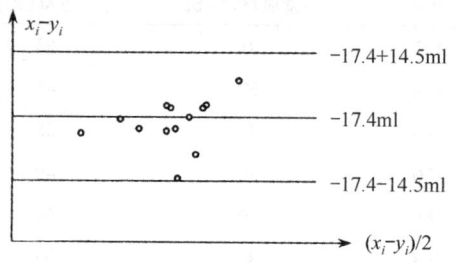

图 2.20　第一组实验数据散点图

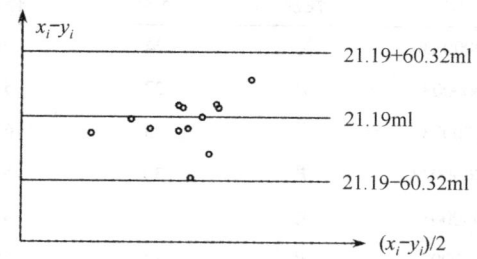

图 2.21　第二组实验数据散点图

对于第二组数据 $\overline{X-Y}=21.49, s=30.16$。在置信度为 95% 时, $\overline{X-Y}$ 的置信区间单边宽度为 12.23。$\overline{X-Y-2s}$、$\overline{X-Y+2s}$ 的置信区间单边宽度为 44.32。

第二组数据,样机与超声心动图对比实验结果显示两者一致性差,主要原因是这一组所选病人都患有心脏瓣膜病,血液有反流现象,超声心动图靠计算心室收缩前后的体积差来估计每搏输出量,对于有血液反流的病人,每搏输出量显然小于心室收缩前后的体积差,因此超声心动图的计算结果将普遍偏大。故临床把超声心动图仪所测得的心排血量视为标准值得商榷。从对比结果中可以看出,系统偏差为 21ml(超声心动图的计算结果比样机的计算结果平均高出 21ml),也说明了这一点。故重点分析第一组数据,$\overline{X-Y}=-17.4, s=7.23$,在置信度为 95% 时,$\overline{X-Y}$ 的置信区间单边宽度为 4.216。$\overline{X-Y-2s}$、$\overline{X-Y+2s}$ 的置信区间单边宽度为 7.953。除了系统偏差较大外,随机偏差上下限宽度尚可接受,但置信区间宽度较宽。置信区间的宽度 D 由下式决定:

$$D=(t_{1-\frac{\alpha}{2}}\times s)/\sqrt{n} \tag{2.47}$$

式中,s 为样本方差,n 为样本个数,从上式可以看出,n 在某种程度上决定了 D 的大小,所以实验的置信区间过宽可能是由 n 过小造成的。根据以上分析从第一组实验可得出这样的结论:除去系统偏差,从上述实验的随机偏差的上下限宽度来看,样机和超声心动图有较好一致性。

习　题

1. 数学模型、物理模型和描述模型三种模型在医学仪器设计中均起重要作用。试举一种常用医学仪器并指出其设计所基于的模型类别。
2. 在建模的过程中,抽象与简化是常用的手段,判断其正确性所依据的原则是什么?
3. 关于无创血糖检测的方法已提出很多,其中有人是基于在实验室用糖和水构建的模型,根据此模型在人体检测试验中却屡试屡败,为什么?
4. 采用"散点图"法,进行两种仪器或两种方法的比较,为何比其他方法更科学?
5. 在模型的实验研究中,按统计学的观点,至少应用多少实验样本数为宜?

第三章 虚拟医学仪器设计
——医学仪器整机设计的捷径

3.1 概　　述

虚拟医学仪器(virtual medical instrumentation),是一种基于(或主要基于)通用计算机的软硬件资源而设计的医学仪器。虚拟医学仪器充分利用了计算机丰富的软硬件资源,仅增设少量专用软、硬件模块,便可实现普通专用医学仪器的全部功能以及一些在专用医学仪器上无法实现的功能。该项技术大大缩短了研究开发的周期,为各类医学仪器的整机设计与研究提供了便捷途径。如今虚拟医学仪器已越来越成为一种通用化的研究开发环境和工作平台。虚拟医学仪器设计通常有两种可选择的方案:

(1) 完全基于通用计算机(PC或工作站)软、硬件资源的设计。采用此方案,要求设计者对计算机的系统软、硬件资源有充分的了解和应用设计能力,从而才能够利用该平台进行针对特定医学应用目标的软硬件模块设计。

(2) 基于商业化的虚拟仪器开发环境的设计。该方案不要求设计者精通计算机系统的软、硬件资源,只需要学习商业软件公司所提供的虚拟仪器设计语言(一般是直观的、图形化的),并选择其配套提供的硬件模块(如数据采集模块、控制驱动模块等),即可进行特定医学应用目标的设计。

本章将依次对上述两种设计方法进行讲述。

3.1.1 虚拟医学仪器的特点

虚拟医学仪器的特点是计算机参与测试,即集控制、计算与测量于一体,充分利用计算机资源,使传统医学仪器的部分硬件软件化(尤其是控制面板设计等)。与传统的医学仪器相比,它有以下几个优点:

(1) 虚拟医学仪器打破了传统医学仪器功能为厂家定义,用户无法修改的模式。利用虚拟仪器,用户可以很方便地利用个人计算机和工作站的开放式结构组建虚拟仪器的功能与结构,由于使用者通过软件对仪器进行控制,从而大大提高了医学仪器的灵活性。

(2) 虚拟医学仪器通过软件设计将计算机硬件资源与仪器硬件有机地融合为一体,把计算机强大的计算处理能力和仪器硬件的测量、控制能力结合在一体,从而大大缩短了仪器的开发周期,降低了仪器的开发成本。

(3) 由于虚拟医学仪器是基于通用计算机的仪器系统,因此,虚拟仪器较传统独立的电子仪器具有十分强大的数据处理能力和通信功能,从而大大提高了医学仪器的性能,特别是通信联网功能。随着计算机技术的迅速发展,该优越性将会表现得越来越突出。

(4) 由于采用模块化和层次化设计结构,具有可重复使用、可移植、可重构的优势,所以可为今后虚拟医学仪器的开发所利用。用户系统性能升级也极为方便,甚至通过网络下载程序即可升级。

（5）由于大量使用计算机标准化器件，特别是所有的模拟信号经模数转换后在计算机公用总线通道上严格按标准规程协议传输，从而提高了系统的透明度，尤其是可靠性和可维护性。

3.1.2 虚拟医学仪器的构成

虚拟医学仪器通常由通用计算机系统、扩充的硬件模块和软件模块三大部分构成，以计算机系统为主体。其中硬件模块一般又由三个部件组成，即接口驱动部件、医学功能部件、医学传感器或作用部件。软件模块即是实现仪器全部功能的应用软件，当然也包含通用计算机中与之相关的系统软件(图3.1)。

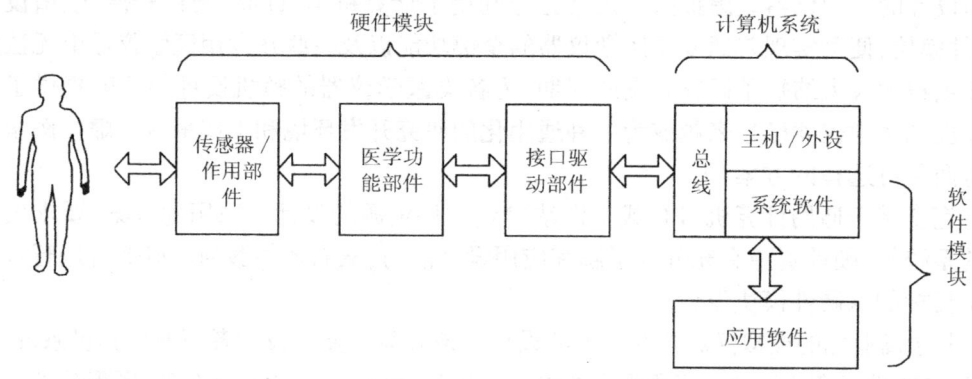

图 3.1　虚拟医学仪器的系统构成

1. 计算机系统

计算机系统指通用计算机，如 PC 机或工作站，仪器的全套应用软件设计均在这里完成。其中针对信号层面、物理层面的设计，大多用 C 语言或汇编语言实现；而涉及人机界面和管理层面的设计，大多采用可视化的编程语言，如 VB、VC、C++等来实现。商业虚拟仪器设计软件，大多提供的是更为直观、简便的图形化编程语言。对于复杂度较大的科学计算，还可借助 MATLAB 来实现。

2. 硬件模块

（1）接口驱动部件　硬件模块是通过接口驱动部件"挂"在计算机总线上的，因此接口驱动部件(包含接口电路和相关驱动软件)的设计是面向计算机总线的设计，是使所设计的硬件模块与计算机能进行有效的通信和数据传输的关键。接口驱动部件的设计已趋向标准化，对于较复杂的总线，一般都有专用集成电路芯片来实现接口驱动部件的全部功能。

（2）医学功能部件　是硬件模块的核心部件。诊断或治疗的医学信息(模拟量和数字量)在这里进行处理和转换，如生理诊断类仪器，有关生理信号(如心电、脑电、肌电等)，在该部件中放大、滤波、处理，然后经模数转换器(ADC)转变为数字信号，再由接口驱动部件送达通用计算机做进一步处理。

(3) 传感器或作用部件　是硬件模块和虚拟医学仪器最前端的部件。其中传感器指各种生物医学传感器,用于获取微弱生命信号,如生理信号、生物化学信号,并进行相应的转换,一般是转换为电信号送至医学功能部件;作用部件一般是指用于治疗的各种物理因子发生器,如:电脉冲、红外、激光、微波、超声发生器等。

3. 软件模块

软件模块是由计算机的部分系统软件、工具软件和专为虚拟医学仪器设计的医学应用软件三部分组成的。主要功能是实现对整个仪器的有效管理,特别是医学信号的处理分析、存储、显示、打印等功能。最后提供友好的人机交互界面;实现比普通专用医学仪器更方便、快捷、可靠的操作;以及图形化的结果显示和自动化统计分析功能等。

3.2　虚拟医学仪器硬件接口设计

如前所述,用户硬件模块的接口设计实质上是面向计算机总线的设计,因此虚拟医学仪器的设计应遵循计算机系统总线的标准。对总线的深刻了解和掌握是硬件模块设计成功的关键,故在这里重点讲述;而有关医学功能部件及传感器和作用部件的设计可参阅本书第六章至第八章。

3.2.1　计算机系统的总线结构

总线是构成计算机系统的框架,是多个系统部件之间进行数据传送的公共通路。借助总线连接,计算机在各系统部件之间实现传送地址、数据和控制信息的读写操作。因此,所谓总线就是指能为多个功能部件服务的一组公用信息线。而同一台计算机系统的各个部件如 CPU、内存、通道和各类 I/O 接口间互相连接的总线,称为系统总线。

1. 系统总线

(1) 物理结构　系统总线的物理形状是一束扁平电缆线,它的物理特性是指系统总线的物理连接方式,包括总线的根数、总线的插头、插头的形状、引角线的排列方式等。例如 IBM PC/XT 机(8088CPU)的总线共 62 根线,使用 62 线插槽,引脚分 A1～A31 和 B1～B31 排号,插件板 A 面是元件面,B 面是焊接面。PC/AT 机(80286CPU)在 62 线插槽的基础上增加 36 线插槽进行扩展,成为 16 位总线,其中 C 面为元件面,引脚号为 C1～C18,D 面为焊接面,引脚号为 D1～D18。80486 以上 CPU 的计算机 PCI 总线有 32 位通道的短卡和 64 位的标准卡两种,短卡共 122 线,引脚号为 A1～A62 和 B1～B62,标准卡共 188 线,引脚号为 A1～A92 和 B1～B92,PCI 扩展板的元件面与 ISA 扩展板相反,即 A 为焊接面,B 为元件面。

(2) 功能　系统总线的功能特性描述总线中每一根线的功能。从功能上看,总线分为地址总线、数据总线和控制总线三大类。地址总线的宽度指明了总线能够直接访问存储器的地址空间范围。数据总线的宽度指明了访问一次存储器或外设时能够交换数据的位数。控制总线包括 CPU 发出的各种控制命令(如存储器读/写、I/O 读/写),外设与主机的同步匹配信号、中断信号、DMA 控制信号等。

(3) 电气特性　系统总线的电气特性定义每一根线上信号的传递方向及有效电平范围。一般规定送入 CPU 的信号叫输入信号(IN),从 CPU 发出的信号叫输出信号(OUT)。例如地址总线是输出线,数据总线是双向传送的信号线,这两类信号线都是高电平有效。控制总线中各条线一般都是单向的,有 CPU 发出的,也有进入 CPU 的,有高电平有效的,也有低电平有效的。总线的电平都符合 TTL 电平的定义(PCI 总线定义了 5V 和 3.3V 两种信号环境)。

(4) 时序 系统总线的时序定义了每根线在何时有效。也就是说,只有规定了总线上各信号有效的时序关系,CPU 才能正确无误地使用。

2. 系统总线的标准

微型计算机系统中采用的标准总线种类很多,主要有:ISA(Industry Standard Architecture)总线(又称 PC AT 总线)、MCA(Micro Channel Architecture)总线、EISA(Extended Industry Standard Architecture)总线、VESA(Video Electronic Standard Association)总线、VME(Versa Module Eurocard)总线、PCI(Peripheral Component Interconnect)总线等,特别值得关注的是有两种总线及其相关产品发展很快,一种是专用于笔记本电脑的 PCMCIA(Personal Computer Memory Card International Association)总线,适用于移动环境下的医学仪器设计;另一个是 USB(Universal Serial Bus)总线,它实现了高速串行通信,而联线减到最低限度。在计算机系统中,总线上的信息传输有四种基本方式:串行传送、并行传送、并串行传送和分时传送。

3. 系统总线的连接方式——接口驱动部件

任何数字计算机的用途在很大程度上取决于它所能连接的外围设备的范围。但由于外围设备种类繁多,速度各异,因此不可能简单地把外围设备直接连接在主机的系统总线上,而是通过"接口"部件来完成的。通过接口可以实现高速机器与低速外设之间工作速度上的匹配和同步,并完成计算机和外设之间的所有数据传送与控制。接口是计算机和外设进行连接的逻辑部件。接口部件在它所连接的两部件之间起着"转换器"的作用,以便实现彼此之间的信息传送。

不同功能的接口电路,其结构虽各有不同,但都是由寄存器和控制逻辑两大部分组成,每部分又都包含几个基本组成部分,如图 3.2 所示,它主要包括以下几个部分:

(1) 数据缓冲寄存器。数据缓冲寄存器分为输入缓存器和输出缓存器两种,输入缓冲器用于外设送来的数据的暂时存放,输出缓冲器的作用是用来暂时存放处理器送往外设的数据。

(2) 控制寄存器。控制寄存器用于存放处理器发出的控制命令和其他信息,以确定接口电路的工作方式和功能。

(3) 状态寄存器。状态寄存器保存外设现行各种状态信息。

(4) 数据总线和地址总线缓冲器。用于实现接口芯片内部总线和处理器外部总线的连接。

(5) 端口地址译码器。用于正确选择接口电路内部各端口寄存器的地址,保证一个端口寄存器惟一地对应一个端口地址码。

(6) 内部控制逻辑。用于产生一些接口电路内部的控制信号,实现系统控制总线与内部控制信号之间的变换。

(7) 对外联络控制逻辑。用于产生/接收处理器和外设之间数据传送的同步信号。

3.2.2 面向 ISA 总线的设计

早期的计算机系统总线以 IBM 的 16 位工业标准总线(ISA)为代表,了解该总线是学习掌握

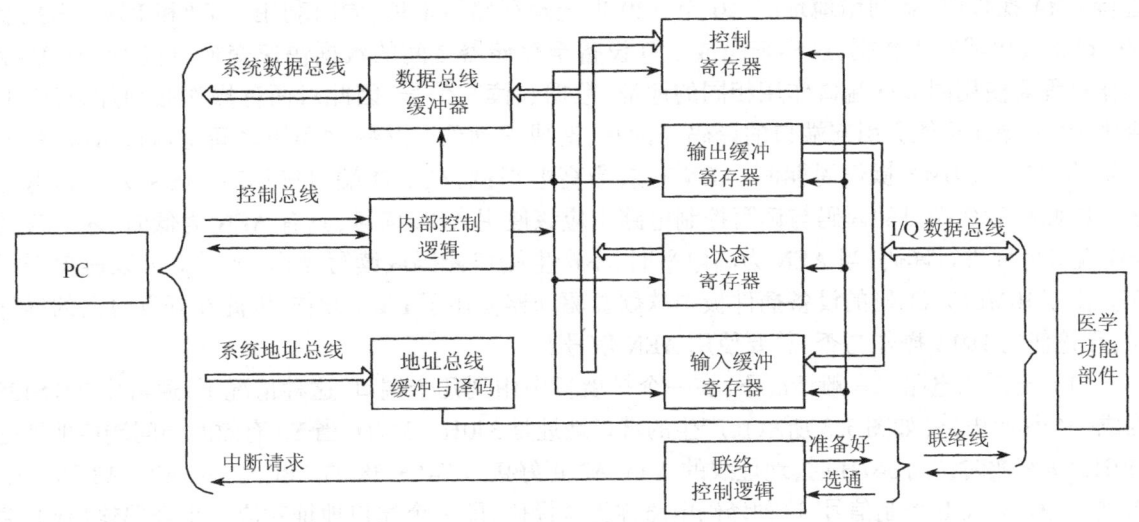

图 3.2　接口电路基本结构框图

其他高层次总线的基础。对于 PC 机来讲,XT 总线扩展槽是一种 8 位总线标准,AT 总线扩展槽是一种 16 位总线标准,与之匹配的插件板就插到这些扩展槽里。

1. ISA 总线操作类型

在 ISA 总线上可实现的(CPU 指令)操作类型主要有 6 种:①CPU 对存储器的读操作;②CPU 对存储器的写操作;③CPU 对端口的读操作;④CPU 对端口的写操作;⑤CPU 对中断的响应;⑥总线的 DMA 操作。

系统总线要能够支持这几种操作,必须有足够的总线信号,以下信号是必须的:①地址总线;②数据总线;③存储器读/写、端口读/写控制线;④中断请求信号;⑤DMA 请求与响应信号;⑥其他控制信号如系统复位、插入等待控制、地址锁存等;⑦系统基本资源信号,如基本振荡信号、工作频率、电源及地线等。

以上这些信号构成了 PC/XT 和 PC/AT 的系统总线(前者为 62 线,后者为 98 线),在主机板上由这组系统总线通过接口电路将 CPU、RAM、ROM、中断控制器、键盘控制器等连接成一个功能系统。系统总线连接到扩展槽中,支持接口扩展板的应用,从而扩大主机的功能。

2. IBMPC/XT 端口地址译码

PC 机与扩充硬件模块间的通信(控制和数传等)是通过对端口地址(port address)的访问实现的。XT 微机支持的端口数目很多,每次端口操作是针对哪个端口呢?这是由对地址的译码产生选择信号,这个地址译码选择信号是针对一个指定端口的,就由该信号选中指定端口,然后由 IOR#(IOR 后加"#"号表示端口信号 IOR 低电平有效,下同)和 IOW#信号控制其读写,没有选中的端口并不产生任何动作。当 CPU 执行 IN 或 OUT 指令时,就进入 I/O 端口读写周期,首先是端口地址有效,然后是 I/O 读写信号 IOR#和 IOW#有效,由对地址译码而产生的译码信号同 IOR#和 IOW#信号结合一同控制端口读写。一般 I/O 端口按照以上原则就可进行选通与读写了,但在进行 DMA 操作时,是利用地址线 A0 至 A20 来选择存储器地址,同时利用 IOR#和 IOW#来控制 I/O 设备读出或写入数据,这样来完成 I/O 设备至存储器之间的数据快速交换,也就是说,DMA 操作过程要使用同 I/O 端口作用相同的地址、数据和读写信号,因此对两种操作必须加以区别,否则 DMA 操作可能会引起端口的译码与读写,造成误动作。这两种操作之间是通过 AEN 信号区别的,在进入 DMA 操作周期时,AEN 有效为高电平;而在 I/O 端口操作时,AEN 无效为低电平。因此在 I/O 端口的译码与读写控制电路中应该使用 AEN 信号,只有 AEN 为低时,才对普通 I/O 端口地址进行译码,当 AEN 为高电平时,不产生端口译码或读写操作,这样就可以避免误操作。由于 IBMPC/XT 机的设备插件板中软硬盘驱动器使用了 DMA 操作,因此在开发自己的插件时,无论使用 DMA 操作与否,总要使用 AEN 信号。

(1) 全译码电路　一般情况下,在一个扩展板中用到几个端口,这种情况下,通常由 74LS138 构成一个译码电路(如图 3.3 所示),产生的端口地址是 340H~347H,当 Y0 有效时访问端口地址是 340H,Y7 有效时访问 347H 时,地址线的 A0A1A2 正好接入 74LS138 的 ABC 端,由 A9~A3 和 AEN 构成 G1、G2A、G2B 控制信号,这种译码电路称为全译码,即一个端口地址对应一个译码输出端:端口 340H 对应 Y0,端口 341H 对应 Y1 等等。对端口 340H 的读写操作必然会使 Y0 输出一个低电平脉冲。这种一对一的译码电路节省端口数目,但全译码使用的地址线较多。

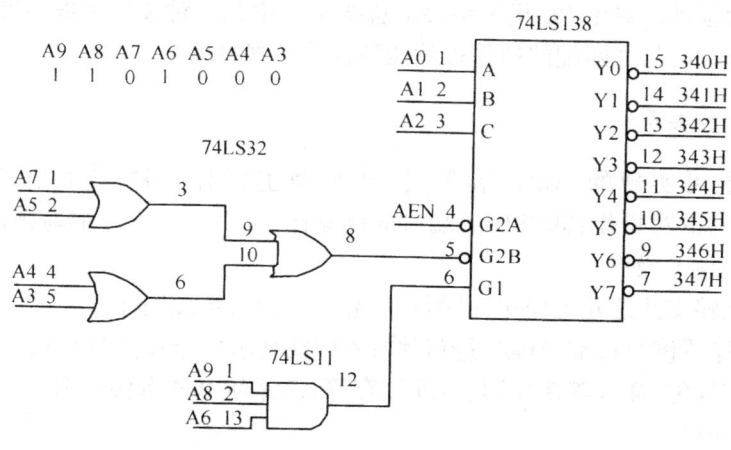

图 3.3　全译码电路

(2) 部分译码电路　在使用端口数目不算多时,可以利用部分译码。图 3.4 给出了一个部分译码的电路,它只使用了地址线 A9~A3 由于 A2~A0 没有使用,不管 A2~A0 取何值,都由 A9~A3 译出一个码,因此图 3.4 电路中一个 Yi 代表了 8 个端口地址。例如 A9A8A7A6A5A4A3=1110000 时,Y0=0,由于 A2~A0 可能取值是 111~000,因此在访问端口 2C0H~2C7H 这 8 个端口地址时,均使 Y0 输出一个低电平,那么这个 Y0 到底代表哪个端口呢? 这就由设计者来决定了,如果设计者约定 Y0 代表端口 2C0H,那么在这个电路板中 2C1H~2C7H 这 7 个端口就不能再使用了。

(3) 端口写控制　在插件板上,所谓一个端口经常就是一个指定动作的寄存器,它或者用作保存某些控制位,或者用作数据缓冲,这时端口写操作实际上就是向该寄存器写入数据,由于寄存器通常只有一个写入控制端 CP,而且上升沿有效,因此一般情况下地址译码信号 Yi 和 IOW#信号合成一个寄存器读控制 CP,Yi 是指输出低电平有效的译码信号,下标 i 代表端口地址,用 16

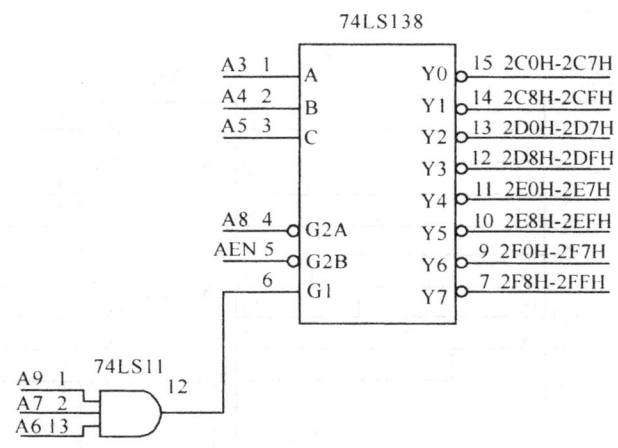

图 3.4 部分译码电路

进制数表示。如图 3.5 是一个针对 74LS273 的端口寄存器写入电路,端口译码选择信号是 Y240,总线数据 D0～D7 比 IOW#下降沿稍晚,故利用 IOW#的后沿产生的上升沿锁存数据。

(4) 端口读寄存器或锁存器控制　在 I/O 插件中经常有一些寄存器保存某些电路状态,主机通过读入这些数据了解电路的工作状态,这种寄存器可以作为一个端口使用,通过端口可以将寄存器数据读入微处理器。注意寄存器的输出端不能直接接到数据总线上,常需加一个 8 位三态门缓冲器如 74LS244,只有对该寄存器占用的端口进行读操作时,才打开这个三态门,将数据送上总线,如图 3.6 所示,图中端口译码选择信号 Y240。未选通的三态门总是高阻态,不会影响总线上的其他输出电路。

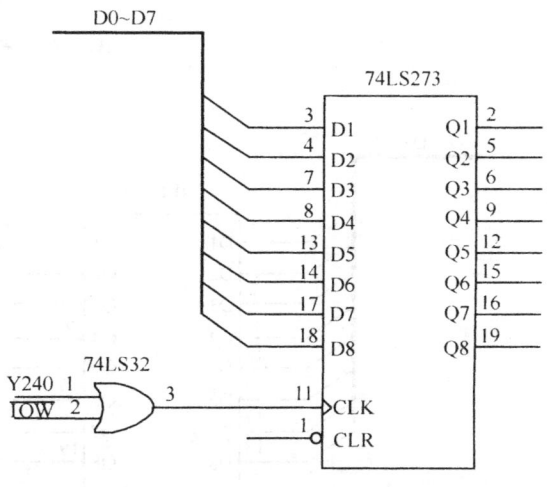

图 3.5　端口写控制电路

(5) 利用端口读写提供控制脉冲　一些应用中,在用某些端口时,并不实际对这些端口写数据或读数据,而是利用端口译码信号和 IOR#、IOW#一起构成一个一定宽度的负脉冲,利用这些脉冲完成某些特定的操作。例如插件板设计中,一般利用某个端口的写操作得到一个负脉冲 CLR,用来清除所有寄存器值,从而初始化电路板状态。这种情况编程时,相应语句中的数据可以是任意的,图 3.7 是利用端口 241H 来清除寄存器 74LS273 的电路。

3. IBMPC/AT 总线对 XT 总线的扩充

IBMPC/AT 总线扩展槽由两部分组成,一部分含 62 腿,与 XT 总线相同,另一部分是 AT 的添加部分,由 36 腿组成。这 36 腿也分成两列,分别称为 C 列和 D 列。

IBM PC/AT 的端口译码及读写控制的设计方法同 IBMPC/XT 机的基本相同,仍是使用 A9 至

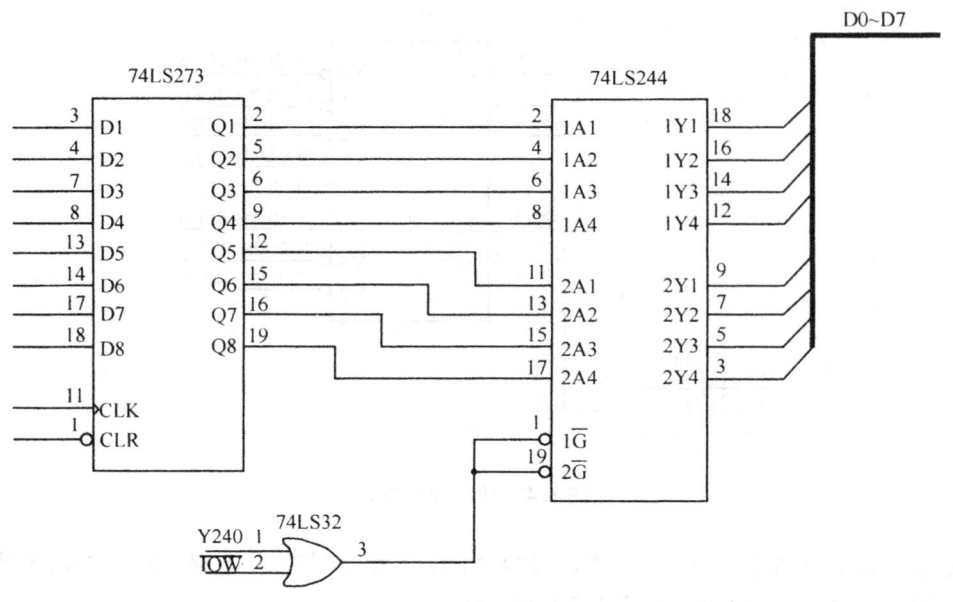

图 3.6 端口读控制电路

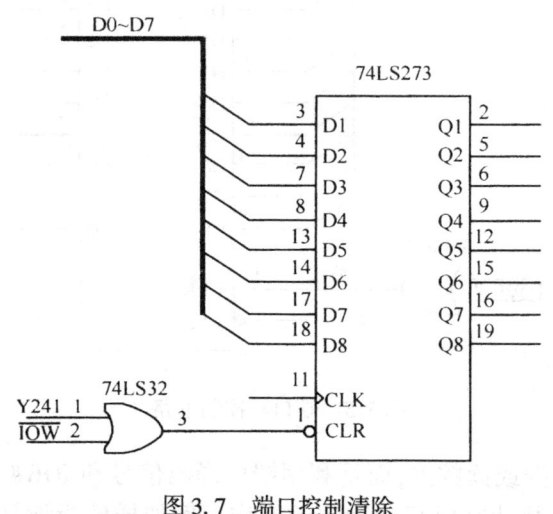

图 3.7 端口控制清除

A0 和 AEN 信号进行译码,由译码信号与 IOR#和 IOW#结合得到端口的读写控制信号,对每一个端口都可以由程序指令按 8 位或 16 位端口进行读写,8 位端口的读写每次读入或写出一个字节,使用数据总线 D0~D7,对 8 位端口的译码与读写同 IBMPC/XT 完全相同;16 位端口的读写每次读入或写出一个字,使用数据总线 D0~D15,对于 16 位的端口读写及译码控制需要注意两点:一是 16 位端口读写只能在偶地址的端口上使用,不能在奇地址的端口上使用,例如在端口 320H、340H 和 344H 上均可以进行 16 位端口的读写操作,而在 431H 上则不可以;二是在进行 16 位端口读写时扩展槽上的总线信号(I/O CS 16)#IO CS 16 #需要一个低电平脉冲,而且要求是三态门或集电极开路门驱动的,因此必须将所有的 16 位端口的译码信号相与后,经三态门驱动接到信号线(I/O CS 16)#IO CS 16 #上,如图 3.8 所示。

4. 通用 I/O 端口地址译码实例

图 3.9 介绍一种在 IBMPC/XT 机中具有广泛应用的 I/O 端口地址译码电路,该电路中还带有数据总线驱动的双向缓冲器,该电路稍作修改即可用于 AT 以上机型。该译码电路产生的端口地址为:300h—31Fh(读者可根据需要修改),可满足大多数虚拟医学仪器 ISA/EISA 总线接口驱动部件设计需要。

第三章 虚拟医学仪器设计——医学仪器整机设计的捷径 ·37·

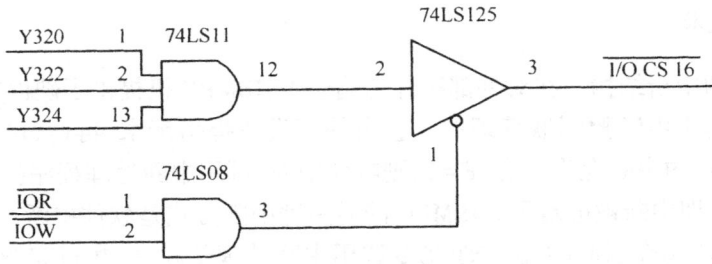

图 3.8 16 位端口控制

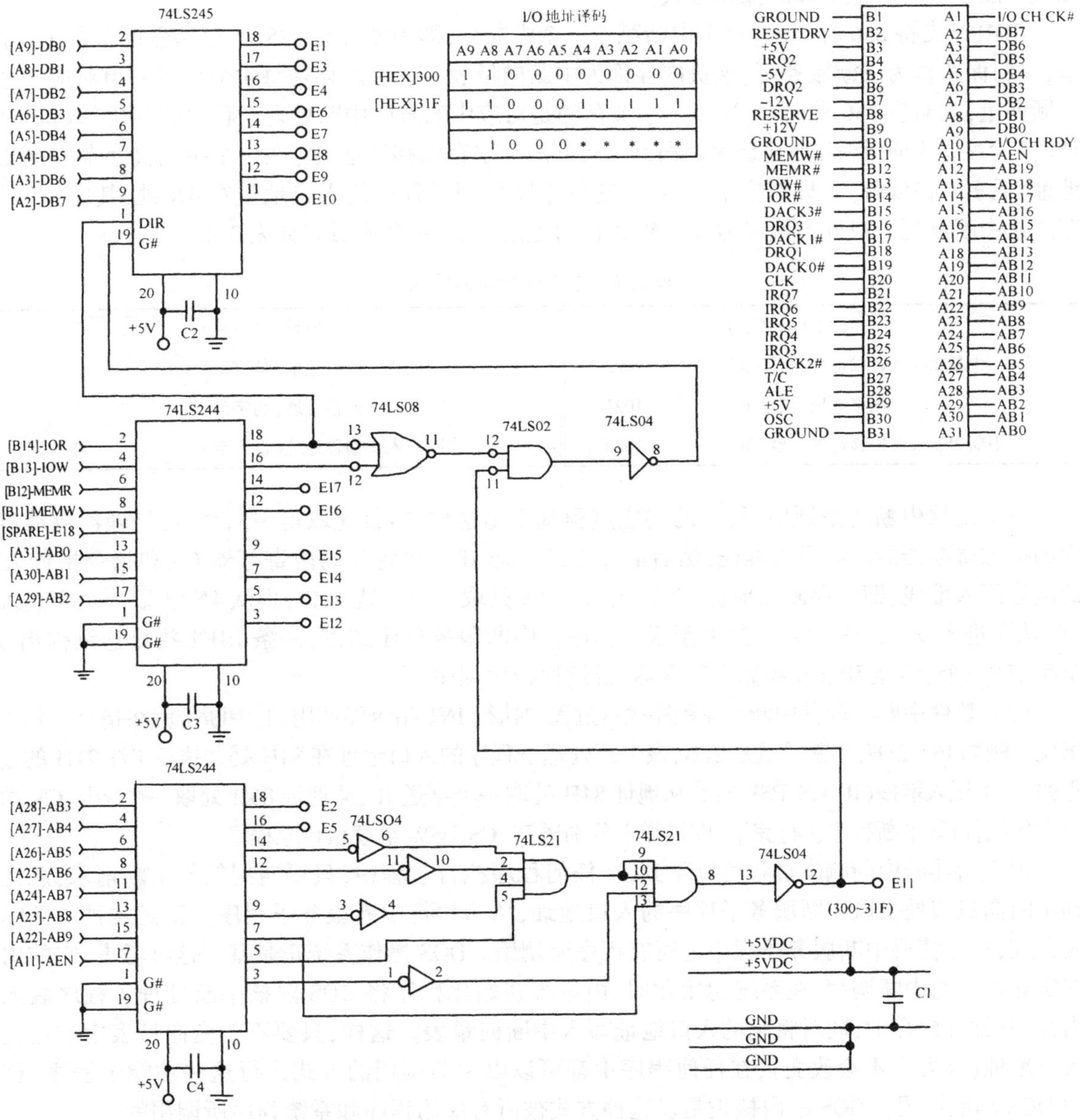

图 3.9 IBM PC/XT 机通用接口译码电路(引自 IBM 的《PC 硬件手册》)

5. 中断接口技术

(1) IBM PC 的中断结构 在对外部事件的响应中，IBMPC 机提供了硬件中断和软件中断两种方式，硬件中断是由中断控制器管理的。它由外部设备提出请求，再通过中断控制器向 CPU 提出申请，如果 CPU 的中断允许标志 IF=1，则响应中断，调用中断处理程序（中断例程），如果 IF=0，则不响应中断，即中断被屏蔽了。IBMPC 的另一种中断方式是软件中断，软件中断是在软件执行过程中执行 INT 指令引起的，由 INT 指令调用中断处理子程序，执行完毕后再返回主程序，实际上软件中断也是一种特殊的子程序，由于中断采用特殊的管理调用方法，利用软件中断可以完成一般子程序不能完成的操作方式。

IBMPC 支持 256 种中断，每个中断赋予一个中断号，即中断号 0~255。存储器的最低 1K 字节，专门保留作为中断服务用，这块内存称为中断向量表。这块内存是每 4 个字节一组对应一个中断向量，共对应 256 种向量，这 4 个字节存的是对应中断号的中断处理子程序的起始（入口）地址。4 个字节分两个字，高地址字存段址 CS，低地址字存偏移地址 IP（在一个字内高字节在高端地址，低字节在低端）。即对应中断号 N，它的中断处理子程序的入口地址在 4N 处，其中 4N 处存的是中断例程入口处的偏移地址，4N+2 存的是段地址，中断向量表如表 3.1。

表 3.1 中断向量表的结构

段址（高字节）	1023	段址（高字节）	3
中断 255 入口段地址（低字节）	1022	中断 0 入口段地址（低字节）	2
偏移地址（高字节）	1021	偏移地址（高字节）	1
中断 255 入口偏移地址（低字节）	1020	中断 0 入口偏移地址（低字节）	0

不管是软中断还是硬中断，它的响应过程基本是这样的：首先取得中断号 N，处理器自动将它的标志寄存器的内容压入堆栈，然后清除中断标志 IF。再将代码段寄存器 CS 和指令指针 IP 的内容压入堆栈，即保存断点地址，然后从内存 4N 处取一个字装入 IP，再从 4N+2 取一个字装入 CS，从而进入以 CS:IP 为入口的中断服务程序。中断服务程序结束，一条 IRET 指令连续弹出 6 个字节（三个字）至 IP、CS 和标志寄存器，继续执行原程序。

(2) 软件中断 软件中断是在程序执行过程中执行 INT 指令而调用的，中断号就在指令语句中出现。例如 INT 21H，中断号就是 21H，该中断处理子程序的入口地址在 84H 处。执行 INT 21H 的过程如下：①压入堆栈（IP、CS、PSW）；②从地址 84H 处取一个字送 IP，从地址 86H 处取一个字送 CS，执行中断例程；③中断程序执行完毕，堆栈弹出分别送 IP、CS、PSW 继续执行原程序。

由上所述的中断响应过程可以看到，在任何程序执行过程中，只要遇到软件中断请求，总是到中断向量表处去取中断服务子程序的入口地址，然后执行中断服务子程序。正是这种中断响应方式，可以使得中断服务子程序为所有程序所调用。DOS 操作系统正是基于这种考虑，它的内核实际是一组中断调用，在系统初始化时，由系统初始化程序将 DOS 内核中断处理子程序装入内存，并常驻内存中，同时将它的入口地址写入中断向量表。这样，只要不改变向量表中的这些入口地址（实际上不会改变），在任何程序中都可以以中断调用的方式执行这些功能子程序（称为 DOS 功能调用），DOS 的内核正是以这种方式被所有应用程序和系统程序所调用的。

我们也可以自己开发一些中断子程序，将它们驻留于内存中，并将它们的入口地址写入中断向量表中,这样也可以扩展一些常用功能。

(3) IBMPC 的硬件中断　IBMPC 的硬件中断是由一片 8259A 中断控制器管理的,它可以提供 8 个中断源,它们接到总线扩展槽,分别命名为 IRQ0~IRQ7。这些中断源的一部分已经被系统板和一些标准扩展板所占用,下面是 IRQ0~IRQ7 的分配情况(优先级是 IRQ0 最高,IRQ1 次之,IRQ7 最低):

IRQ0　时钟
IRQ1　键盘
IRQ2　I/O 通道
IRQ3　COM1(串行口 1)
IRQ4　COM2
IRQ5　硬盘控制卡(XT 机专用)
IRQ6　软盘控制卡
IRQ7　打印机 LPT1

由上可以看到,其实 IBMPC 或 XT 机中,只有一个中断源可以为用户使用,在不冲突的情况下,例如不使用打印机和 COM2 时,可以由用户控制 IRQ4 和 IRQ7。前面讲到 IBMPC 总共有 256 种中断,每个中断都对应一个中断号,IBMPC 机时,已经为 IRQ0~IRQ7 分配了中断号,它们是 INT8H~INTFH。包括不可屏蔽中断在内,IBMPC/XT 的中断系统方框图如图 3.10。

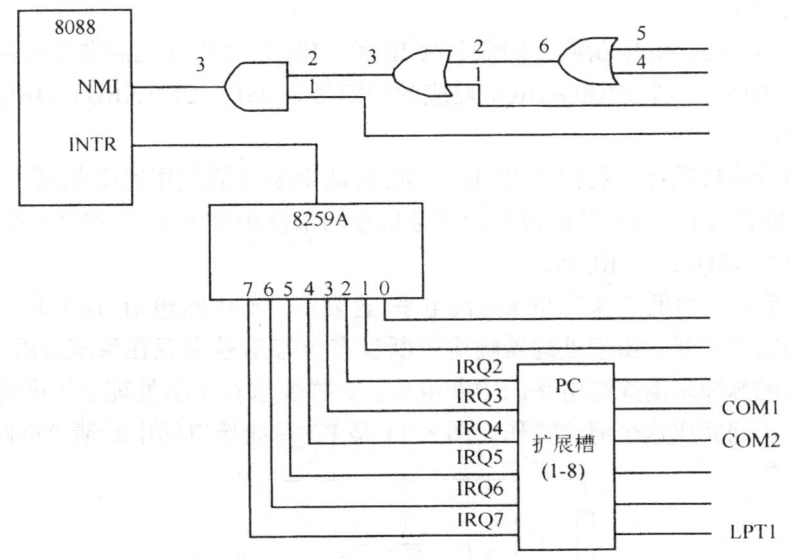

图 3.10　系统中断方框图

硬件中断响应后,中断号是由中断控制器 8259A 送入 CPU 的。例如 IRQ2 的中断号是 AH,该中断响应后,由 8259A 将中断号 AH 送入 CPU,由此得到中断例程的入口在 4N=28H 处,由 28H 处取一个字送 IP,由 2AH 处取一个字送 CS,这样就可以转入中断处理程序的执行。

(4) IBMPC/AT 的硬件中断　AT 机由两片 8259A 中断控制器管理,提供了 15 个硬件中断源,其中中断控制器 1 是主片,中断控制器 2 是从片,从片的输出申请端 INT 连接到主片的 IRQ2

申请端,即从片是通过主片的 IRQ2 申请中断的,因此 IRQ2 就不能被用户使用了。AT 机的中断源及其已经占用的情况如下(注意,这个表是按优先级顺序排列的):

IRQ0　计时器
IRQ1　键盘
IRQ2　来自控制器 2 的中断申请
IRQ8　实时时钟中断
IRQ9　软件重新指向 INT 0AH(IRQ2)
IRQ10　保留
IRQ11　保留
IRQ12　保留
IRQ13　协处理器
IRQ14　硬盘控制器
IRQ15　保留
IRQ3　串行口 2
IRQ4　串行口 1
IRQ5　并行口 2
IRQ6　软盘控制器
IRQ7　并行口 1

由中断控制器 1 提供的中断源分别命名为 IRQ0~IRQ7,由中断控制器 2 提供的中断源分别命名为 IRQ8~IRQ15。其中 IRQ0~IRQ7 对应的中断号为 08H~0FH,IRQ8~IRQ15 对应的中断号为 070H~077H。

(5) 中断源的接口设计　我们以 IRQ2 为例,其他中断源的使用完全相同。对于 IBMPC 来讲,IRQ2 是一个好的选择,因为系统板和标准接口板均未使用该中断源;在 AT 机中,推荐使用的中断源则是 IRQ9~IRQ12 或 IRQ15。

IRQ 要求的信号是由低变高后并保持高电平,这表示一次中断申请,这个高电平必须保持为高直到处理器响应了中断。由于处理器响应中断没有应答信号出现在系统总线上,应该利用一个端口译码形成的脉冲来清除高电平的中断申请。这样要求在中断处理子程序的第一个执行语句进行一次端口访问完成这个清除操作。图 3.11 是 PC 总线接口的中断请求电路。

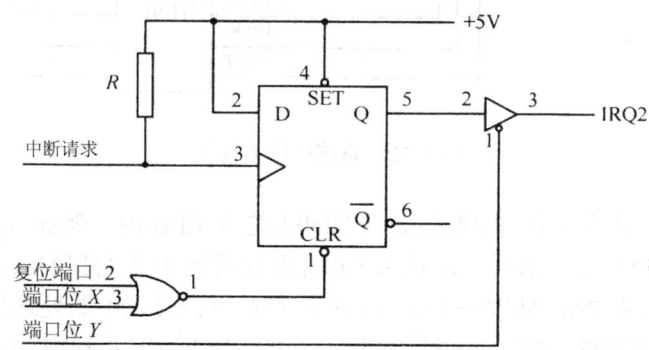

图 3.11　中断请求电路

图中的电路用了两个端口 X、Y,这两位可以用软件写入,将端口位 Y 写入 0,打开三态门,写入 1 时,三态门为高阻态,使 Q 与 IRQ2 隔离,中断申请无效,利用这种办法,使得这个中断申请只有在用户编程需要它使用中断时才打开三态门。这样当 PC 机扩展槽中带有几块接口板时,这几块接口板若使用了同一中断源,那么只有要使用中断的那块板,才将它的 Y 位写入 0,其他板则将 Y 位写 1 而隔离它们的中断申请,这样几块板可以分时共用一个中断源。X 位是复位允许,X=0 时,复位端口译码脉冲清除中断的高电平请求 Q。

3.2.3 面向 PCI 总线的设计

PCI 局部总线是一种高性能、32 位或 64 位地址数据线复用的总线,它与 CPU 和时钟频率无关,它能支持多个外设,尤其适用于各类高速外设。它的用途是在高度集成的外设控制器器件、扩展板和处理器/存储器系统之间提供一种内部连接机制。PCI 局部总线广泛应用于高中低档台式机、便携机直到部门服务器中。

1. 信号定义

为处理数据、寻址、接口控制、仲裁及系统功能,PCI 接口要求作为目标的设备至少有 47 条引脚,作为总线主控的设备至少有 49 条引脚。图 3.12 所示为按功能分类的引脚,必要的引脚在左边,任选的引脚在右边。图中信号的方向说明是针对总线主控/目标组织设备而言的。PCI 总线信号可划分为 10 大类型,其中 64 位总线扩展信号、资源锁存信号、Cache 支持信号和边界扫描信号是可选的。

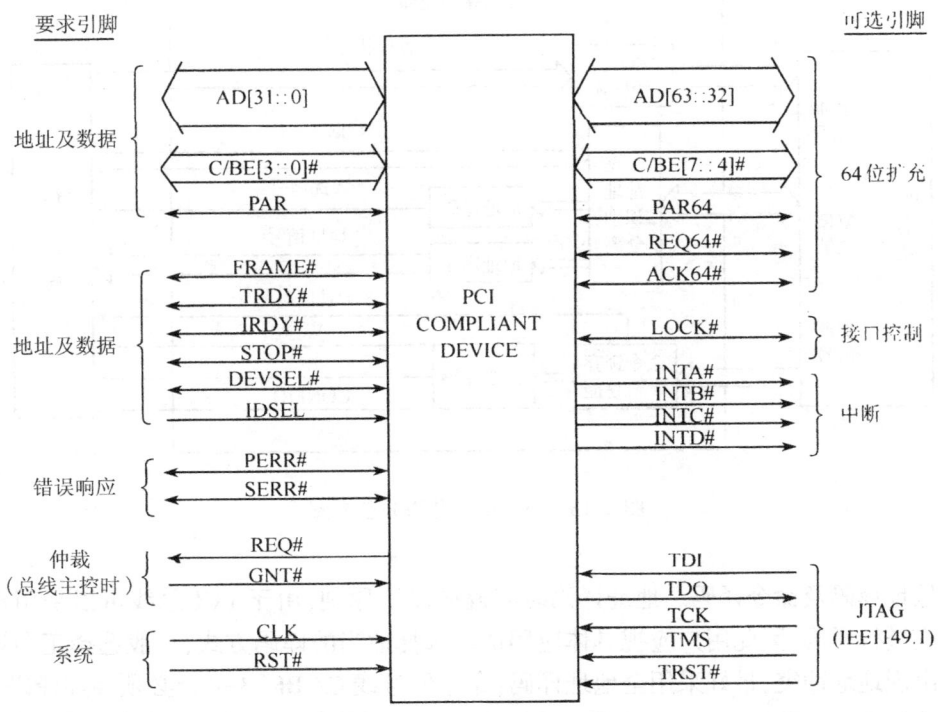

图 3.12 PCI 引脚列表

PCI总线的基本传输规则是突发传输方式,PCI总线传输周期由一个地址阶段加上一个或多个数据阶段构成,基本的PCI传输由FRAME#、IRDY#和TRDY#3个信号控制。PCI总线传输包含读、写和中止(在某些情况下,需要终止当前的总线传输)3个内容。

PCI中的信号类型定义包括:

(1) in   Input(输入)是一种只用于输入的标准信号。

(2) out   Output(输出)是一种标准的有效驱动器。

(3) t/s   Tri-state(三态)是一种双向、三态输入/输出引脚。

(4) s/t/s Sustained Tri-state(持续三态)是一种每次由一个且只由一个单元拥有并驱动的低有效三态信号。驱动一个s/t/s信号到低的单元在释放该信号浮空之前必须将它驱动到高至少一个周期。在前一个拥有者使其三态之后一个周期内,一个新的单元不能开始驱动s/t/s信号。为在下一个单元来驱动该信号之前维持无效状态,要求有一个提拉电阻,并且必须由中央资源提供。

(5) o/d   Open Drain(漏极开路)允许多器件共用,可作线或操作。

2. PCI总线接口电路的设计

PCI总线是一个地址/数据、命令/字节选择信号复用的总线,它采用主从信号双向握手的方式来控制数据的传输,它的接口电路设计与传统总线接口电路设计没有大的区别。一般来说,一个PCI接口电路应当完成以下几个功能(图3.13):

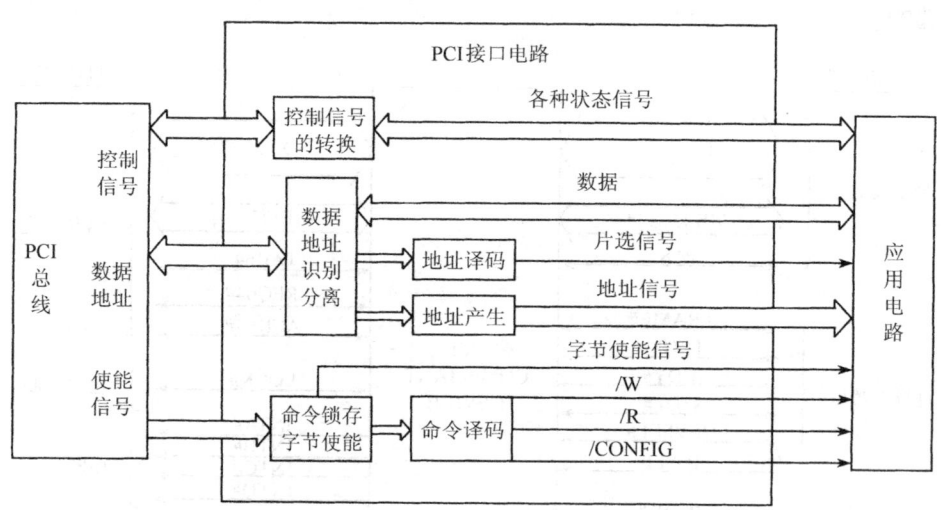

图3.13 PCI接口电路原理框图

(1) 地址译码及命令译码。地址译码时应遵循以下原则,由于PCI总线可以采用正向方式和负向方式进行译码,因此用户应视具体应用情况选择适当的译码方式,一般选择正向译码。为保证不会出现地址冲突,最好采用全地址译码;命令信号线C/BE[3-0]#必须参加译码。

(2) 地址产生电路。PCI的突发传输方式包括一个地址周期和若干个数据周期,因此在PCI接口电路中必须包含高速的地址产生部件用于向后级应用电路提供连续的地址。

(3) 控制信号的产生。PCI 总线上的数据传输基本上由 FRAME#、IRDY#、TRDY# 和 DEVSEL# 4 根信号线控制,因此必须根据主从设备的闲忙等情况相应产生这些控制信号。另外,PCI 接口电路还应完成地址锁存及数据分离、命令锁存及字节选择信号分离的功能,值得注意的是在设计这个功能时必须考虑到 PCI 规范中信号的负载能力。

3. PCI 总线控制器 S5933

由于 PCI 总线协议比较复杂,为了简化设计提高开发效率,可以使用第三方生产的 PCI 总线协议芯片,这里以 S5933 芯片为例说明 PCI 接口电路的设计。S5933 是 AMCC(Applied Micro Circuit Corporation)公司推出的一种 PCI 接口控制器,该芯片为 160 脚 PQFP 封装,是一种使用方便的 PCI 协议控制芯片。

该芯片符合 PCI 协议规范 2.1 版,可以作为 PCI 总线目标设备(slave),满足基本的传送要求,也可以作为 PCI 总线主控设备(master),访问其他 PCI 总线设备。S5933 PCI 总线接口控制器实现了 PCI 总线规范的大部分功能,既可用作主控,也可用作目标,并为数据传送提供了功能强大、灵活多样的传输策略,扩充总线一侧既可以工作于同步方式,也可以工作于异步方式。

(1) S5933 的结构 S5933 的内部主要功能结构如图 3.14 所示。从图中可以看出,S5933 提供了 3 种物理总线接口:PCI 总线接口、ADD-ON 总线接口及外部只读存储器(NV-RAM)接口,其中 PCI 总线接口完全符合 PCI 总线规范,用户只需设计与 ADD-ON 总线接口的逻辑控制电路,以及设计用于配置的外部只读存储器,而不必考虑 PCI 总线接口的设计,从而大大简化了设计的复杂度。数据传输可以在 PCI 总线与 ADD-ON 总线之间或 PCI 总线与外部只读存储器之间进行,PCI 总线与 ADD-ON 总线之间的传输可以使用三种通道:信箱寄存器通道、FIFO 通道和 PASS-THRU 通道。

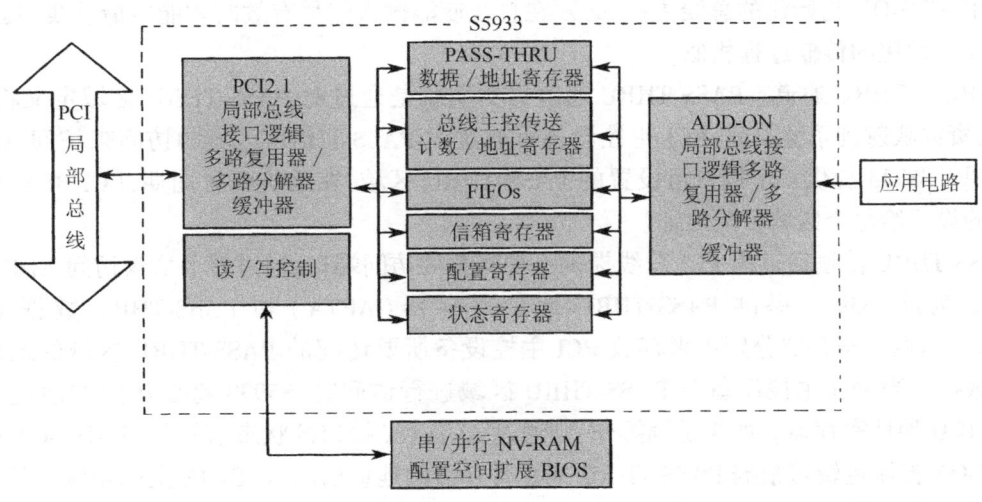

图 3.14 S5933 内部主要功能结构

1) 信箱寄存器通道。信箱寄存器通道(简称信箱通道)包括 8 个 32 位信箱寄存器、信箱空/满状态寄存器和中断控制/状态寄存器。8 个寄存器平均分为两类,分别实现从 PCI 总线向

ADD-ON 总线和从 ADD-ON 总线向 PCI 总线传输信息，PCI 总线或 ADD-ON 总线可根据信箱空/满状态寄存器的状态，访问相应的信箱，并且可通过对中断控制/状态寄存器的设置，在信箱访问发生后在相应接口产生中断。

信箱通道一般用来传输命令和状态信息，并且只能作为目标设备，不支持突发(burst)传输。特别指出，S5933 在 ADD-ON 接口提供对第 4 号 ADD-ON 输出信箱字节 3(第 4 号 PCI 输入信箱字节 3)的直接访问管脚，用户可利用这些管脚实现 PCI 总线的硬件中断。

2) FFO 通道。S5933 使用 FIFO 通道进行传输时既可作为目标设备也可以作为主控设备，作为目标设备不支持突发传输，作为主控设备可进行突发传输，并且可以通过外部只读存储器设置其为 PCI 接口初始化的主控设备，或 ADD-ON 接口初始化的主控设备。

FIFO 通道主要包括两个 32×8FIFO(PCI→ADD-ON 和 ADD-ON→PCI)，主控读/写地址寄存器(MRAR/MWAR)，主控读/写计数器(MRTC/MWTC)和中断控制/状态寄存器。两个 FI-FO 分别实现从 PCI 到 ADD-ON 和 ADD-ON 到 PCI 的数据传输，主控读/写地址寄存器和主控读/写计数器只有在 S5933 作为主控设备时使用，主控读/写地址寄存器存放要访问的 PCI 存储空间地址，主控读/写计数器存放要传输的字节数。

当 S5933 由 PCI 接口初始化为主控设备时，主控读/写地址寄存器和主控读/写计数器只能由 PCI 接口访问，并当主控读或写计数器不为 0 时，S5933 根据 FIFO 的状态申请总线。获得总线控制权后，FIFO 根据主控读或写地址寄存器中的地址从中读出或向其写入数据，而 ADD-ON 接口可从 PCI→ADD-ON 读出或向 ADD-ON→PCI 写入数据，从而实现 ADD-ON 设备与 PCI 系统之间的数据传输，在传输过程中主控读或写地址寄存器的地址自动增加，主控读或写计数器中的值自动减少，并且可利用中断控制状态寄存器设置当主控读或写计数器到零时产生 PCI 中断，从而完成一次传输。

对于 ADD-ON 初始化的总线主控，必须在总线使能输入信号有效时才能申请总线，其传输过程与 PCI 初始化的传输过程相似。

3) PASS-THRU 通道。PASS-THRU 通道的实质就是通过对 PASS-THRU 区域定义将 ADD-ON 上的资源映射到系统空间，PCI 主控设备可通过对 PASS-THRU 区域的访问来访问 ADD-ON 上的资源。S5933 提供 4 个用户可设置的 PASS-THRU 区域，在系统配置周期，PCI BIOS 根据配置空间的设置给每个区域分配地址。

PASS-THRU 传输通道为 PCI 总线提供一种寄存的访问端口，通过握手协议访问 ADD-ON 上的资源。为此，S5933 提供 PASS-THRU 地址寄存器(APTA)和 PASS-THRU 数据寄存器(APTD)。这两个寄存器分别用来存放 PCI 主控设备所要访问的 PASS-THRU 区域的地址和所访问的数据。当 PCI 主控设备对 PASS-THRU 区域进行访问时，S5933 将要访问的地址锁存到 PASS-THRU 地址寄存器。如果是读操作，则通过 ADD-ON 接口的状态信号告知 ADD-ON 控制逻辑，ADD-ON 控制逻辑可根据 PASS-THRU 地址寄存器的地址访问 ADD-ON 上的相应设备并将所读取的数据传送到 PASS-THRU 数据寄存器，而后 S5933 再将该数据送到 PCI 总线上，完成一次读操作；如果是写操作，SS5933 将数据锁存到 PASS-THRU 数据寄存器，然后通过 ADD-ON 接口的状态信号告知 ADD-ON 控制逻辑读取数据，ADD-ON 控制逻辑将数据从 PASS-THRU 数据寄存器中读出，并根据 PASS-THRU 地址寄存器的地址传送到相应的 ADD-ON 设备上，完成写操作。这样可实现 PCI 总线与 ADD-ON 接口之间的双向数据传输。S5933 使用 PASS-THRU 通道时只能作为目标设备,支持突发传输。

(2) 基于 S5933 的 PCI 总线接口设计方案　在认识了 S5933 之后用户可以很方便地设计 PCI 总线接口,由于复杂的 PCI 总线接口逻辑完全由 S5933 实现,用户只需设计与 S5933 ADD-ON 接口的逻辑控制电路,上面提到的三种传输通道用户可任选其一,亦可组合使用,一般来说信箱通道不用于大量数据的传输,只用来传送命令或状态以及参数信息,用 FIFO 通道和 PASS-THRU 通道进行数据传输理论上都可以达到 PCI 总线的峰值传输速率,两种通道各有千秋,FIFO 既可以作为 PCI 总线的主控设备,也可以作为 PCI 的目标设备,作为主控设备可访问 PCI 总线上的内存资源。PASS-THRU 通道只能工作于目标设备,PCI 总线可通过对 PASS-THRU 区域的访问来直接访问 ADD-ON 设备上的资源。

1) 基于 FIFO 通道的 PCI 总线接口设计　①硬件框图。这种方案利用两个级联 FIFO 作为两个传输方向上的缓冲,当它们溢出时通过写第 4 号 ADD-ON 输出信箱字节 3 产生硬件 PCI 中断。可编程逻辑器件实现 S5933 与级联 FIFO 以及级联 FIFO 与外部设备之间的传输控制和时序逻辑。硬件框图如图 3.15 所示。②软件流程。这种接口设计具有双向传输能力。编程时将 FIFO 设置成由 PCI 初始化同步主控方式。允许读/写计数器(MRTC/MWTC)到零时产生中断和写第 4 号 ADD-ON 输出信箱字节 3 中断。程序流程图如图 3.16 所示。

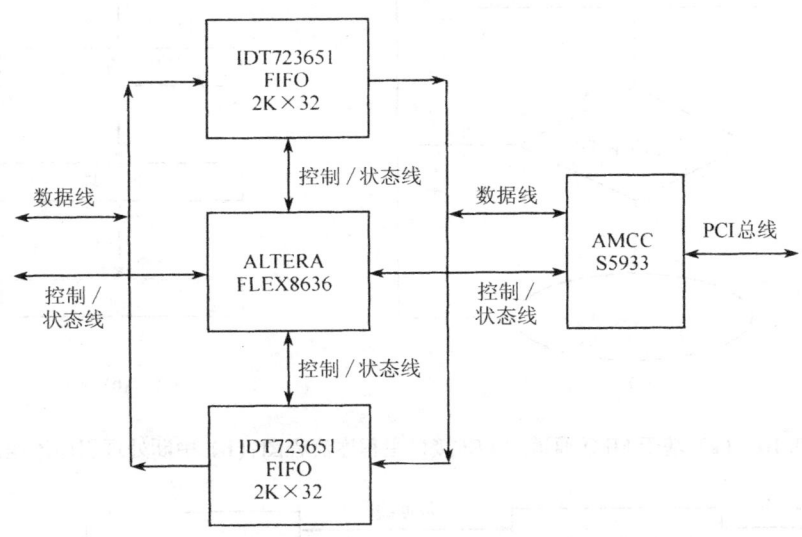

图 3.15　基于 FIFO 通道的接口硬件框图

2) 基于 PASS-THRU 通道的 PCI 总线接口设计　①硬件框图。这种方案主要由 S5933,双端口 RAM 和可编程逻辑芯片组成。双端口 RAM 配置为一个 PASS-THRU 区域,可编程逻辑芯片实现与 S5933 的接口控制电路。硬件框图如图 3.17 所示。②软件设计。PASS-THRU 区域的定义是在 S5933 的外部配置只读存储器中地址 45H 处写入 FFFE0000H 即可,在系统配置周期将 128Kbyte PASS-THRU 区域映射到系统存储器空间,通过软件确定所分配的 PASS-THRU 区域地址,PCI 总线主控设备可对该区域进行访问,实现 PCI 总线对外部资源的访问。

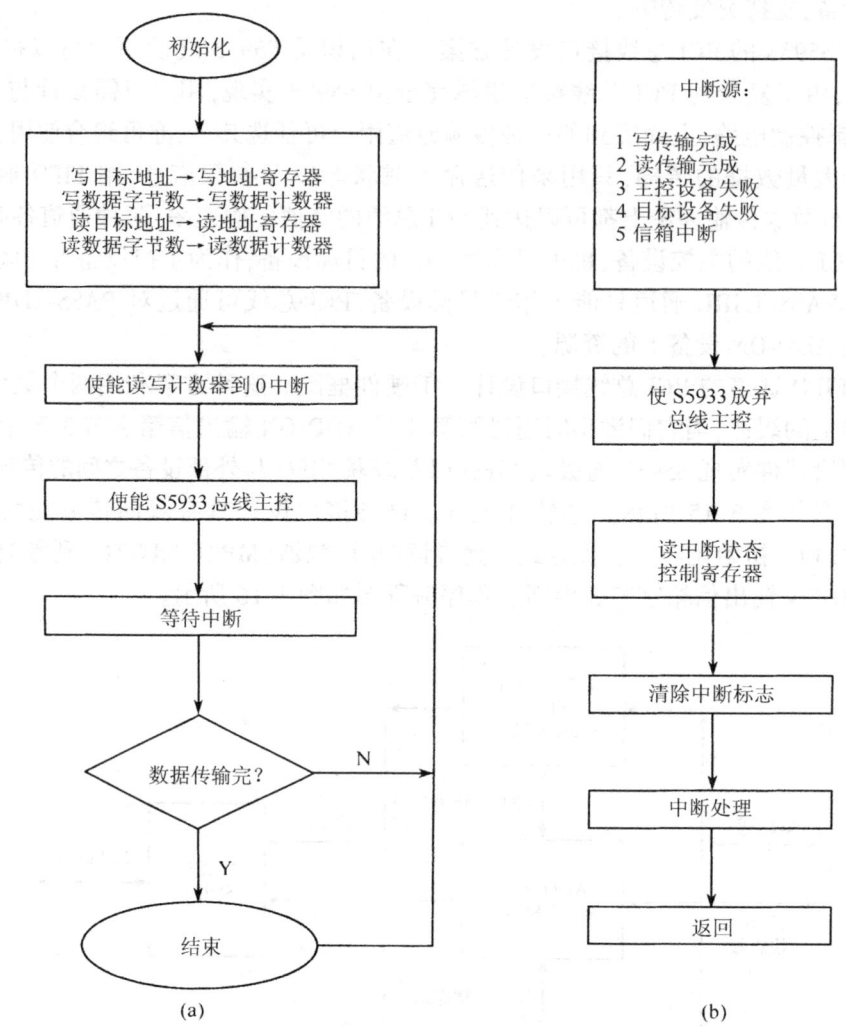

图 3.16 （a）基于 FIFO 通道的 PCI 接口主程序流程图；(b) 中断处理程序流程图

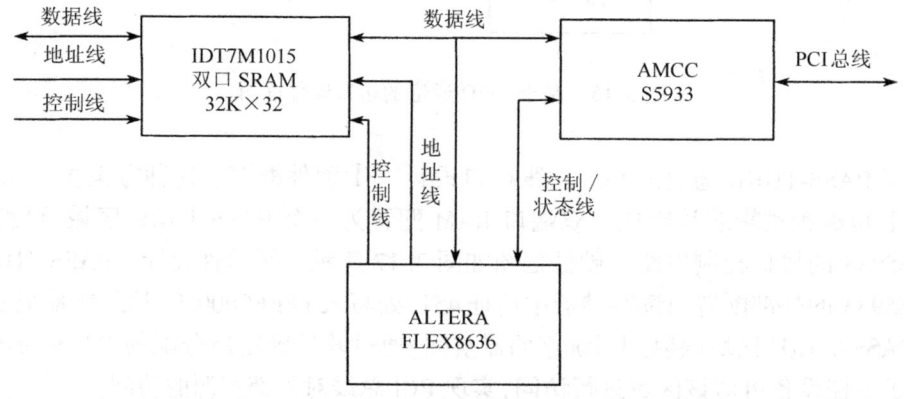

图 3.17 基于 PASS-THRU 通道的 PCI 总线接口硬件框图

3.2.4 面向 USB 总线的接口设计

USB(universal serial bus)是一种 PC 外挂总线,其目的是为了解决 PC 机外围设备的拥挤和提高设备的传输速度。USB 只需要极其简单的安装与配置即可使用外设,USB 提供了即插即用(plug & play)和热插拔功能,可以在不断电的情况下直接将外设连接到 USB 上,且马上就可以被系统识别使用。USB 系统采用级联星型拓扑结构,每个 USB 设备用一个 USB 插头连接到一个外设的插座上,而其本身又提供一个插座供下一个外设连接用。通过这种类似菊花链似的连接,一个 USB 控制器可以连接多达 127 个外设,而每个外设间距离(线缆长度)可达 5m,这为 PC 的 USB 外设扩充提供了一个很好的解决方案。

1. USB 的物理接口

USB 的物理接口包括总线的物理规范和电气规范。

(1)物理规范 USB 采用四线电缆线,其中两根是用来传送数据的串行通道,另外两根为设备提供电源,如图 3.18 所示。D+、D-是串行数据通信线,它支持三种数据传输率:480Mb/s 的高速传输速率、12Mb/s 的全速传输速度和 1.5Mb/s 的低速传输速率。USB2.0 主机控制器和集线器提供了在它们之间高速、全速和低速数据传输的能力,但在集线器与设备之间只能以全速或低速传输。这种能力解决了全速和低速设备与高速设备要求的带宽之间的矛盾。低速模式用于支持一些低带宽设备如鼠标等,因为它们会降低总线的利用效率。

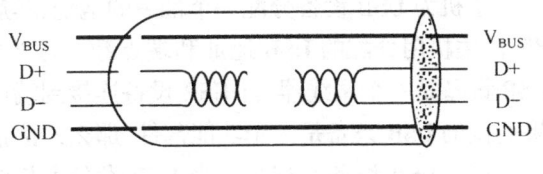

图 3.18 USB 电缆

USB 电缆为设备提供电源,V_{BUS} 通常为+5V 的电源,GND 是地线。为保证提供适当的输入电压和终端阻抗,各电缆的末端使用了偏置终端。这样,终端在连接或移去时均可检测,并能检测出高速/全速或低速设备。

(2)机械规范 所有的设备都具有一个上流(upstream)连接,且上流和下流(downstream)连接器不能互换,这样就避免了在集线器上的错误连接。USB 电缆有四根导线,一对标准双绞信号线和一对电源线,四根导线均采用屏蔽方式并具有一定强度规格。

2. USB 的总线协议

USB 总线是一种查询式总线,主机控制器控制数据传输的开始。

多数总线事务(transaction)包括三个以上的包传输,事务由主机控制器按指定的过程发送一个描述事务类型和方向、USB 设备地址及端点数目的 USB 包开始,这里的包是指令牌包(token packet)。事务寻址的 USB 设备通过对地址信息解码自行选择,数据传输的方向在令牌包中指定。然后源事务发送一个数据包或是指示没有数据可发送,通常目标事务通过信号交换包说明数据传送是否成功。

主机控制器与集线器之间的一些事务要传送四个包,这些事务用于管理主机与全速/低速设备之间的数据传输。

主机的源或目标与设备端点之间的数据传输模式用通道(pipe)表示,有两种类型的通道:流

(stream)和消息(message)。消息数据有 USB 定义的结构,而流数据则没有。此外,通道与数据带宽、传送服务类型、方向等端点特性及缓冲大小相关。多数通道在 USB 配置时就已存在默认的消息通道,消息通道在设备上电后一直存在,以便于访问设备的配置、状态和控制信息。

事务调度允许对一些流通道进行流程控制,这在硬件层上可以通过对 NAK 的信息交换来调节传输率,以防止缓冲的欠载或过载运行,当 NAK 有效以后,事务在总线时间有效后重新传输。流程控制机制允许构建灵活的进程以适应各自不同的并行流通道。这样,多种流通道就可以以不同的间隔和不同尺度的包进行传送。

3. 系统配置

USB 设备可以在任何时刻连接或是移去,因此系统软件必须适应物理总线拓扑结构的动态变化。

(1) USB 设备的连接　所有的 USB 设备通过特定的 USB 设备——HUB 上的端口与 USB 相连接。HUB 有用于检测端口设备连接或移去的状态位,主机查询集线器获取该位的信息。若有设备连接,主机使能端口,并由默认的地址通过设备的控制通道寻址设备。

主机为 USB 设备分配一个惟一的地址,然后确定此新连接的设备是一个集线器还是一个功能部件,主机用分配的 USB 地址和端点数字零为 USB 设备建立一个控制通道的终点。如果连接的 USB 设备是一个集线器,且 USB 设备连接到端口上,那么对每个连接的设备都要完成以上过程。如果连接的 USB 设备是一个功能部件,那么连接报告由用于此功能部件的主机软件进行处理。

(2) USB 设备的移去　当 USB 设备由集线器的端口移去时,集线器中断此端口并向主机报告设备移去的信息,并由适当的 USB 系统软件处理。若移去的是集线器,那么 USB 系统软件必须同时处理集线器及之前通过此集线器与系统相连的所有 USB 设备的移去。

(3) 总线列举　总线列举是对与总线相连设备的识别和分配惟一地址的过程。由于 USB 允许 USB 设备在任意时刻连接或移去,总线列举就是 USB 系统软件的持续活动。另外,总线列举还包括对移去设备的检测与处理。

4. USB 的数据流程类型

USB 支持 USB 主机与 USB 设备之间的功能数据和控制信息以单向或双向通道形式的交换,USB 数据传输发生在主机软件与 USB 设备的特定端点之间,主机软件与 USB 设备端点的这种联系称为通道。通常,一个通道的数据传送与其他通道是独立的。一个给定的 USB 设备可以有许多通道,例如,一个 USB 设备可以含有一个支持传输数据到 USB 设备通道的端点以及另一个支持由 USB 设备传输数据通道的端点。USB 包括四种基本的数据传输类型:

(1) 控制传输　用于发送与设备的能力和配置有关的请求和数据,也可传输任何有其他用途的信息块。

(2) 批量传输　用于对传输时间不严格的数据传输。一个批量传输可以发送大量的数据而不会阻塞总线,因为这个传输会为其他类型的传输而延迟,并且会等到总线可用的时候再传输。批量传输可用于从主机发送数据到一个打印机、从一个扫描仪发送数据到主机或是对一个磁盘的读写。

(3) 中断传输　用于在一个规定的时间内传输一个中等数量的数据,通常应用于键盘、鼠标和其他指针设备、游戏杆和集线器状态报告中。低速设备只支持控制和中断传输,且更多地使用中断传输来处理一般数据。中断传输的设备可以引起一个硬件中断,这个硬件中断将产生一个主机的快速响应,但真实情况是中断传输像所有其他 USB 传输一样,只在主机去掉设备时出现,然而这个传输像中断是因为它们保证主机将在最短的延迟里响应或发送数据。

(4)等时传输　用于以恒定的速率或在规定的时间内的流、实时传输。等时传输中每帧传输的数据比中断传输多,可用于编码要实时播放的音乐或声音。等时传输的数据也不必以一个恒定的速度传输,它是确保一大块数据迅速地从繁忙的总线上通过的一个方法,即使这些数据不需要实时传输。因为等时传输时数据以一个恒定的速率被发送,因此完成时间是可以预测的。

在任何一个设备配置中,一个通道只能支持以上传输类型中的一种。

5. 基于专用芯片 USB 接口设计

USB 接口芯片一般有两种类型:一种是集成在 MCU 芯片里面的,如 Intel 的 8X930AX;另一种就是纯粹的 USB 接口芯片,仅处理 USB 通信,如 PHILIPS 的 PDIUSBD11(I^2C 接口)、PDIUSBD12(并行接口)。前一种由于开发时需要单独的开发系统,因此开发成本较高;而后一种只是一个芯片与 MCU 接口实现 USB 通信功能,因此成本较低,而且可靠性高。下面以 PHILIPS 公司的 PDIUSBD12 为例说明 USB 接口的软硬件设计。

(1)PDIUSBD12 内部结构　PDIUSBD12 是一个性能优化的 USB 器件,通常用于基于微控制器的系统并与微控制器通过高速通用并行接口进行通信,也支持本地 DMA 传输。该器件采用模块化的方法实现一个 USB 接口,允许在众多可用的微控制器中选择最合适的作为系统微控制器,允许使用现存的体系结构并使固件投资减到最小,这种灵活性减少了开发时间、风险和成本,是开发低成本且高效的 USB 外围设备解决方案的一种最快途径。

PDIUSBD12 完全符合 USB1.1 规范。挂起时的低功耗以及 LazyClock 输出符合 ACPI、OnNOW 和 USB 电源管理设备的要求。PDIUSBD12 还集成了 SoftConnect、GoodLink、可编程时钟输出、低频晶振和终端电阻等特性,所有这些特性都能在系统实现时节省成本。同时在外围设备上很容易实现更高级的 USB 功能。

PDIUSBD12 的内部框图如图 3.19 所示,共有 9 个部分:

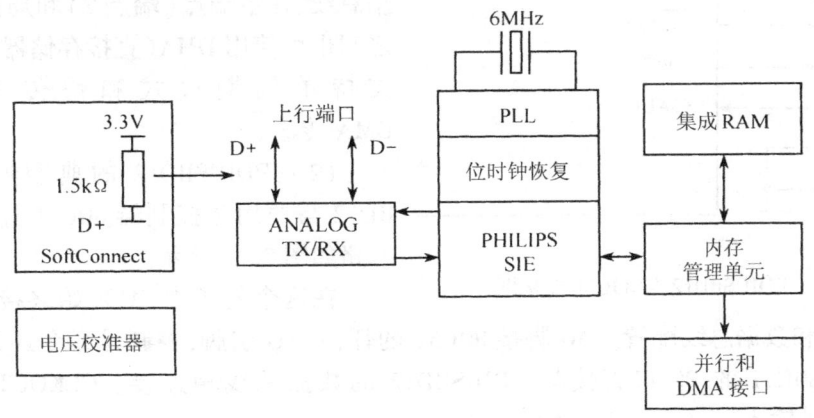

图 3.19　PDIUSBD12 内部结构框图

1）模拟收发器。集成的收发器直接通过终端电阻与 USB 电缆接口。

2）电压调整器。片上集成的 1 个 3.3 V 电压调整器为模拟收发器供电,也提供连接到外部 1.5kΩ 上拉电阻的输出电压。作为选择,PDIUSBD12 提供集成 1.5kΩ 上拉电阻的 SoftConnect 技术。

3）PLL。片上集成 1 个 6~48MHz 的倍频 PLL(锁相环),允许使用 6MHz 的晶振,PLL 的工作不需要外部器件。

4）位时钟恢复。位时钟恢复电路用 4 倍过采样原理从输入的 USB 数据流中恢复时钟,能跟踪 USB 规范中指出的信号抖动和频率漂移。

5）PHILIPS 串行接口引擎 SIE。PHILIPS 的 SIE 完全实现 USB 协议层,考虑到速度,它是全硬件的,不需要固件(微程序)介入。这个模块的功能包括同步模式识别、并/串转换、位填充/不填充、CRC 校验、PID 确认、地址识别以及握手鉴定。

6）SoftConnect。高速设备与 USB 的连接是靠把 D+通过 1 个 1.5kΩ 的上拉电阻接到高电平来建立的。在 PDIUSBD12 中,这个上拉电阻是集成在芯片内的,缺省是没有连接到 VDD,这个连接是靠外部 MCU 发一个命令来建立的。这使得系统微处理器可以在决定建立 USB 连接之前完成初始化。重新初始化 USB 总线连接也可以不用拔掉电缆来完成。

7）GoodLink。GoodLink 是靠一个引脚接发光二极管实现的。在 USB 设备枚举时 LED 指示灯将立即闪亮,当 PDIUSBD12 被成功枚举并配置时,LED 指示灯将会始终亮。USB 数据传输过程中,LED 将闪动,传输成功后 LED 熄灭。在挂起期间,LED 熄灭。这种特性可以使我们知道 PDIUSBD12 的状态,方便电路调试。

8）存储器管理单元 MMU 和集成 RAM。MMU 和集成 RAM 能缓冲 USB(工作在 12Mb/s)数据传输和微控制器之间并行接口之间的速度差异。这允许微控制器以自己的速度读写 USB 包。

9）并行和 DMA 接口。并行接口容易使用,速度快并且能直接与主控制器接口。对于微控制器,PDIUSBD12 可以看成是一个有 8 位数据总线和五位地址线的存储设备。PDIUSBD12 支持多路复用和非多路复用的地址和数据总线、在主端点(端点 2)和局部共享存储器之间也可使用 DMA(直接存储器存取)传输、它支持单周期模式和快传送模式两种 DMA 传输。

（2）PDIUSBD12 的典型连接 PDIUSBD12 与通用微控制器 80C51 连接使用时,其电路如图 3.20 所示。

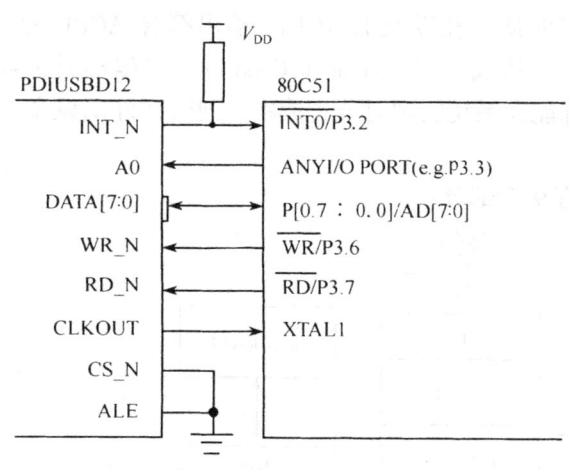

图 3.20 PDIUSBD12 与 80C51 连接图

在这个例子中,ALE 始终接低电平,说明采用单独地址和数据总线配置。A0 脚接 80C51 的任何 I/O 引脚,控制是命令还是数据输入到 PDIUSBD12。80C51 的 P0 口直接与 PDIUSBD12 的数据总线相连接。CLKOUT 时钟输出为 80C51 提供时钟输入。

(3) PDIUSBD12 的软件设计

1) 单片机方面的软件设计　USB 单片机控制程序通常由三部分组成：第一，初始化单片机和所有的外围电路(包括 PDIUSBD12)；第二，主循环部分，其任务是可以中断的；第三，中断服务程序。

根据 USB 协议，任何传输都是由主机(host,这里是与单片机通信的另一端)开始的，单片机作它的前台工作，等待中断。主机首先要发令牌包给 USB 设备(这里是 PDIUSBD12)，PDIUSBD12 接收到令牌包后就给单片机发中断。单片机进入中断服务程序，首先读 PDIUSBD12 的中断寄存器，判断 USB 令牌包的类型，然后执行相应的操作。因此，USB 单片机程序主要就是中断服务程序的编写。在 USB 单片机程序中要完成对各种令牌包的响应。

单片机与 PDIUSBD12 的通信主要是靠单片机给 PDIUSBD12 发命令和数据来实现的。PDIUSBD12 的命令字分为三种：初始化命令字、数据流命令字和通用命令字，PDIUSBD12 给出了各种命令的代码和地址。单片机先给 PDIUSBD12 的命令地址发命令，根据不同命令的要求再发送或读出不同的数据。

USB 初始化过程如下：①set Address Enable；②set Endpoint Enable(此时 LED 亮)；③Disconnect；④delay(1~2s)；⑤Connect(即用 43h 参数调用 Set Mode,此时 LED 灭)；⑥Read Interrupt Register。

完成初始化工作后。就可作其他的前台工作了，并在前台判断是否有 Setup 包(通过一个变量，当中断服务程序检测到有 Setup 包时,设置该变量),然后执行相应的控制传输。

在调试 USB 单片机程序时。还要特别注意 Windows 对 USB 设备的枚举顺序：①GetDeviceDescriptor：主机主要对 Length 域感兴趣，发送内容一定要正确，特别是第 2 字节 type 一定为 0x01,即 Device；否则,主机将不响应,或者再重复 2 次后放弃。②setAddress：一般为 02 或 03。③连续 3 次 GetDeviceDescriptor：读取全部设备描述符,一般为 18 byte,分为多次传输。如果不正确,主机将不响应或重复 2 次后放弃。④GetConfigDescriptor：注意第 2 字节一定为 0x02,即 Config。⑤ GetStringDescriptor(可能没有)：根据在设备描述符中是否有 String 索引而定。一般先读取 LanguageID,再读取 Product string。⑥ 读取全部 ConfigDescriptor：次数根据描述符的大小决定(端点个数不同,描述符大小不同)。如果不正确,主机将不响应或再重复两次后放弃。⑦ 如果以上步骤都正确,主机将找到新设备,提示安装驱动程序；否则找到未知设备,不可用。安装驱动程序后,以后的每次 PlugIn,枚举次序与以上步骤略有不同。之后会有 SetConfiguration、GetConfiguration 和 GetInterface 等调用。

2) 主机方面软件设计　Windows 中必须针对特定的设备来编制驱动程序、尽管系统已经提供了很多标准接口函数,但编制驱动程序仍然是 USB 开发中最困难的一件事情,通常采用 Windows DDK 来实现。目前有许多第三方软件厂商提供了各种各样的生成工具,像 ComPuware 的 DriverWorks,BlueWaters 的 Driver Wizard 等,它们能够很容易地在几分钟之内生成高质量的 USB 的驱动程序。作为 WIN98 和 WIN2000 推荐的一项新技术来说,USB 的驱动程序和以往的直接跟硬件打交道的 WIN95 的 VXD 方式的驱动程序不同,它是 WDM 类型的。

3) PHILIPS 的 Smart D12 开发包　PHILIPS 公司为 PDIUSBD12 提供了一个快速、具有自己特色的开发平台：Smart D12,它能实现全速 USB(12Mb/s) 及低速(1.5Mb/s) 的数据传输,支持块 IN/OUT 及同步 IN/OUT 方式。开发包中提供 PDIUSBD12 固件源程序,使用 80C51 C51 及汇编语言,实现 USB 标准的所有功能,用户可任意修改源程序;使用中断方式实现 USB 协议的处理,支持 USB 挂起/继续功能。开发包中同时提供 PDIUSBD12 的 USB 驱动程序(Windows98 WDM Drivers)源程序。

3.3 虚拟医学仪器软件接口设计

3.3.1 基于 DOS 环境的设计

1. 输入输出命令

在 IBMPC/XT 或 AT 机中,有几种语言都支持端口的读写操作。首先是汇编语言,它的端口输入输出语句实际上只是 8086/8088/80286 指令系统中输入输出指令的助记符表示而已,它是与指令系统直接对应的,记为 IN/OUT。下面描述这两条指令,其语法形式为

  IN 累加器,{端口地址|DX}
  OUT {端口地址|DX},累加器

其中累加器可以是 AL 或 AX,累加器是 AL 时,端口是 8 位数据传送,累加器是 AX 时端口是 16 位数据传送,符号{端口地址|DX}表示|前后两者之间只能选其一,直接用端口地址时,只有表示 0~255 范围内的端口地址,因为这个端口地址值是不能超过 255 的字节数,对于端口地址大于 255 的端口的访问用 DX,这时 DX 里装的是端口地址,IN 是端口读,OUT 是端口写,以下是几个例子:

  IN AL 1CH   ;将地址为 1CH 端口的数据读入 AL 中,数据是 8 位的
  IN AX 1CH   ;将地址为 1CH 端口的数据读入 AX 中,数据是 16 位的,仅用于 AT 机
  MOV DX 2F0H ;将端口地址 2F0H 送入 DX
  OUT DX AX   ;将 AX 的值送入地址为 2F0H 的端口

IBMPC/XT/AT 微型机上运行的几种 C 语言版本,也都支持端口的输入输出操作,C 语言的几个库函数就是为端口读写设置的,这些库实际上是调用了汇编的 IN/OUT 指令,因为这些函数已经存在于 C 语言的库函数中,省略了设计者自己开发 C 与汇编接口的麻烦,C 语言(MSC)中端口读写函数如下:

  #include<conio. h>   ;用于函数说明
  unsigned port;   ;端口地址
  int   inp(port);   ;读一字节
  unsigned inpw(port);   ;读一字
  include<conio. h>   ;用于函数说明
  unsigned word;   ;输出字
  unsigned port;   ;端口地址
  int   byte;   ;输出值(字节)
  int   outp(port,byte); ;输出一个字节
  unsigned outpw(port,word); ;输出一个字

inp/inpw 是端口读函数,从端口的读入值就是函数的返回值,port 是端口地址,可以是一个

已赋值的变量,也可以是一个常量,outp/outpw 是端口写函数,将 byte/word 值写入 port 端口,函数也将 byte/word 作为返回值,但没有什么用处,下面是一个具体的例子:

```
#include<stdio. h>
#include <conio. h>
main( )
{
    int v1;
    unsigned p-n, p-v;
    p-v=inpw(0x36);              /*将端口 36 的值读入赋予 P-V */
    printf("port 0x36 return %x",p-v);
    p-n=0x74;
    outpw (p-n,p-v);             /*将 p-v 的值输出给地址为 p-n 的端口*/
    v1=p-v%256;                  /*p-v 对 256 取模送于 v1 */
    outp(0x230,v1);              /*将 v1 送给地址为 230H 的端口*/
}
```

注意:在 C 语言中,以 0x 起头的是十六进制数。

许多计算机开发者喜欢使用 C 语言作为其工具语言,这是由 C 语言的优良的结构性,丰富的库函数及好的扩展性所决定的,还有许多计算机工作者尤其是工程师喜欢使用 BASIC 语言,因为它简单。BASIC 语言也支持端口的读写操作,下面是它的格式:

INP(PORT)

OUT   PORT   VALUE

INP 函数的 PORT 是端口地址,函数返回值是从端口读回的值,OUT 语句中,VALUE 是向端口写入的值。

A=INP(&H61)   ;从端口 61H 读入数据 A

OUT &H61 &H5A   ;将 5AH 送入端口 61H

注意,在 BASIC 中,整数十六进制数用前缀 &H 表示。

2. 中断服务程序编制

一个中断服务子程序也是一段子程序,它与一般汇编语言子程序所不同的是中断子程序返回用 IRET,而一般子程序返回用 RET。CPU 响应中断时(设中断号 N)作如下操作:

压栈:

(SP)—2→(SP)

(FLAGS)→((SS):(SP))

0→IF 0→TF

(SP)—2→(SP)

(CS)→((SS):SP))

(SP)—2→(SP)

(IP)→((CS):(SP))

进入中断处理子程序：

(4N+2)→(CS)

(4N)→(IP)

中断程序结束时,要将原来执行程序的环境恢复,按响应中断时压栈相反的顺序退回。因此 IRET 的功能如下：

((SS):(SP))→(IP)

(SP)+2→(SP)

((SS):(SP)→(CS)

(SP)+2→(SP)

((SS):(SP))→(FLAGS)

(SP)+2→(SP)

中断处理子程序的最后一个执行语句一定是 IRET。这样,中断处理子程序结束后,才能继续原程序的运行,因此中断处理子程序的基本结构如下：

子程序名PROC　FAR

　　　程序体

IRET

子程序名 ENDP

程序体部分又分为如下几部分：

　　保留现场

　　置状态

　　中断服务

　　恢复现场

这里所谓的保留现场,是指除了处理器响应中断时自动保留的 IP、CS、FLAGS 外,在中断处理子程序中凡用到的其他寄存器和 AX、BX 等,也压入堆栈,以便在结束中断处理后能使所有寄存器恢复中断响应前的内容,不影响原程序的继续执行。置状态指的是在处理器响应中断时,CPU 自动置 IF=0 屏蔽其他外部中断,如果现在的中断处理子程序允许响应更高级中断,则可以用 STI 置 IF=1,允许外部中断。中断服务中中断处理子程序的执行部分,执行设计该中断时赋予它的任务。恢复现场是弹出堆栈的操作,与保留现场部分的压栈过程相反。

以上讨论是针对软件中断的编制而言,在 IBMPC 机中对于由 IRQ0 ~ IRQ7 所响应的硬件中断来讲,编程方法基本与上述相同,只是在恢复现场之前加上两个特殊语句：

　　MOV　　AL,　　20H

　　OUT　　20H,　　AL

在 AT 机上,如果对 IRQ0 ~ IRQ7 中断编程,同样需要加上如上语句,但是如果对 IRQ8 ~ IRQ15 编程,需要加入下面3个语句：

　　MOV　　AL,　　20H

　　OUT　　0A0H,　　AL

　　OUT　　20H,　　AL

这几个语句是为通知8259A结束现行正常中断,开放硬中断而设置的。尽管8259A的执行和初始化比较复杂,但这些基本都由 BIOS 作了,对于用户开发硬件中断处理子程序来讲,只要记得加上如上几个语句,其余设计方法同软中断相同。

如下是一个关于 IRQ12 的中断子程序,响应中断后,向端口 340H,341H 送出 0 值。

```
PORT-INT PROC      FAR
    PUS      AX                      ;保留现场
    XOR      AL,      AL
    MOV      DX,      340H
    OUT      DX,      AL
    INC      DX                      ;中断处理
    OUT      DX,      AL
    MOV      AL,      20H
    OUT      0A0H,    AL             ;硬中断专门要求
    OUT      020H,    AL
    POP      AX                      ;恢复现场
    IRET
PORT _ INT ENDP
```

如上是汇编语言编写中断处理程序的方法,传统上一般只用汇编语言编写中断例程,但近期推出的一些高级语言也有这方面的能力。下面介绍用 C 语言编写中断处理子程序的方法。

在 MSC5.0 中,一个完整的中断例程 int _ handler 的函数声明如下:

Viod interrupt cdecl far int _ handler(unsigned es, unsigned ds, unsigned di, unsigned si, unsigned bp, unsigned sp, unsigned bx, unsigned dx, unsigned cx, unsigned ax, unsigned ip, unsigned cs, unsigned flags)

{

……　//程序体

}

这些寄存器压堆栈的次序是与参数表中的次序相反的,并总是以固定的顺序压栈,并且在函数结束时按先入后出顺序出栈,如果在程序体中明显用到的寄存器只有几个,这个参数表也可以是不完全的,但必须是从第一个参数到所使用的参数都要列出来。例如,程序中明显用到 bp,则下面的声明是正确的。

Viod interrupt cdeel far int _ handler(unsigned es, unsigned ds, unsigned di, unsigned si, unsigned bp)

{

……　//程序体

}

参数表中的寄存器的顺序是固定的,即是 ES,DS,DI,SI。这个顺序不可以改变。程序体中不用任何寄存器的中断例程可以不用参数表,按如下所示:

viod interrupt cdecl int _ handler( )

{

……　程序体

前面的由汇编语言写的一般中断处理子程序 port_int 改成 C 语言如下：
```
void interrupt cdecl port_int()
{
    outp(0x340, 0);
    outp(0x341, 0);
    outp(0xA0, 0x20);
    outp(0x20, 0x20);
}
```

3. 中断处理子程序的加载

对于一个已经编制好了的中断处理子程序,怎样将它的入口地址写入 4N 和 4N+2 处？下面分几个层次来讨论。

第一种方法是最直接的,将中断例程 int_handler 的起始地址的段址与偏移量放在 AX 与 BX 寄存器中,DI 存的是中断号 N,DI*4 即是 4N,然后将 BX 内容存于 4N,AX 内容存于 4N+2,即完成了将中断例程入口地址装入中断向量表的任务,程序如下：

```
int_handler  proc  far
        PUSH   AX
        MOV    AL,  20h
        OUT    0A0h, AL
        OUT    20H,  AL
        POP    AX
        IRET
int_handler  endp
int_int   proc far
        PUSH   AX
        PUSH   BX
        PUSH   DI
        PUSH   ES
        SUB    AX,  AX
        MOV    ES,  AX
        MOV    BX,  OFFSET;int_handler
        MOV    AX,  SEG;int_handler
        MOV    DI,  74h          ;中断号送 DL
        SHL    DI,  1            ;乘2
        SHL    DI,  1            ;乘2
        MOV    ES:[DI],BX        ;存偏移量
        MOV    ES:[DI]+2, AX     ;存段址
```

```
        POP   ES
        POP   DI
        POP   BX
        POP   AX
        IRET
    int_int endp
```

另一种方法是调用 DOS 中断 21H 的功能 25H,它的功能是将中断例程的入口地址置于中断向量表中,格式如下:

入口参数：   AH=25H
              AL=中断号
              DS=中断例程入口段址
              DX=中断例程入口偏移地址

利用该功能调用,我们只需要知道中断号 N,功能调用本身将会计算 4N 和 4N+2,并将偏移和段址存入该处,比直接方法要简单一些,下面的例子说明它的用法,这儿的中断例程同上,使用 INT21H 的功能 25H 来装载。

```
int_handler  proc  far
push  AX
  ⋮
mov   AL,  20h
OUT   0A0h, AL
OUT   20H,  AL
IRET
int_handler  endp
int_int  proc  far
    push  ds
    push  ax
    mov   dx,  OFFSET;int_handler
    mov   ax,  SEG;int_handler
    mov   ds,  ax
    mov   al,  74h
    mov   ah,  25h
    int   21h
    pop   dx
    pop   ax
    pop   ds
    ret
int_int  endp
```

在中断向量表的装载中,还有一个问题需要注意,在系统初始化时,有一部分中断例程(如

DOS 内核,常用设备驱动程序等)已经驻留在内存中,其相应的中断向量表也已经由 DOS 初始化程序装载好了,这一部分一般情况下,用户不应改变,但也有例外,比如在 IBMPC/XT 中,IRQ4 (相对应中断号 0ch)是为串行口 2 所用,一般情况下串口 2 没有使用,假如用户接口板设计中也使用该中断源,那么用户就为该中断编写了自己的中断处理程序,在进入该接口板的应用程序时,就要将该中断处理子程序的入口地址写入向量表中。但这种情况下,向量表中已经由 DOS 初始化程序将 COM2 的中断处理程序入口地址写入该处。解决的办法是先将老的入口地址读出保存在两个变量中。运行完了用户接口板应用程序后,再将老的入口地址写回去,将一个中断号的地址读出可以由 DOS 内核中断 21H 的功能 35H 完成,它的参数表与返回值如下:

入口地址:AH=35H
　　　　　AL=中断号
返回值：　ES=中断例程的入口段址
　　　　　BX=偏移量

下面是一个例子,由变量 KEEPCS 和 KEEPIP 保存中断号 0CH 的中断例程入口地址,为写入新的入口地址准备。

```
    KEEPCS   DW   0
    KEEPIP   DW   0              ;保存 0CH 中断的旧例程入口地址
    MOV   AH,  35H
    MOV   AL,  0CH
    INT   21H
    MOV   KEEPIP,  BX
    MOV   KEEPCS,  ES             ;保存旧中断例程的入口地址
    CLI
    PUSH  DS
    MOV   DX,  OFFSET NEW_INT     ;NEW_INT 为新中断
    MOV   AX,  SEG NEW_INT
    MOV   DS,  AX
    MOV   AH,  25H
    MOV   AL,  0CH
    INT   21H
    POP   DS
    STI
                                  ;在程序结尾处,恢复旧地址
    CLI
    PUSH  DS
    MOV   DX,  KEEPIP
    MOV   AX,  KEEPCS
    MOV   DS,  AX
    MOV   AH,  25H
```

```
INT   21H
POP DS
STI
```

中断例程入口地址的加载或入口地址的获得在 C 语言中有两个专门库函数(针对 MSC 或 TURBOC 而非 ANSI 标准),使得 C 语言中实现这个加载很容易,下面是这些函数的格式。

Void(interrupt far * _ dos _ getvect(int intr _ numb))();

Void _ dos _ setvect(intintr _ numb,void(int _ handler()))

原型在 dos. h。

说明:_ dos _ getvect 读中断号为 intr _ numb 的向量值,并返回中断函数入口的远地址,_ dos _ setvect 把中断号为 intr _ numb 的向量值置为中断向量例程 int _ handler() 的入口地址。如果一个 C 函数定义为 interrupt 例程,则该例程的地址只能传送给中断向量表。例如:

```
void interrupt cdecl int _ handler()
{
;
}
#include<dos. h>
main()
{
;
_ dos _ setvect(0x64, int _ handler);
}
```

以上例子假设中断号为 64H,其实_ dos _ setvect 也是直接调用 INT 21H 的功能 25H 和 35H 完成的,只是写成了专用的 C 库函数而已。我们直接使用 C 的库函数 int86() 也可以完成这个工作。

3.3.2 基于 Windows 环境的设计

在虚拟仪器的设计理念中,并不主张自行为计算机开发操作系统,而是在一定的操作系统上构架自己的应用系统,这将大大减小开发的难度。现在 PC 机的主流操作系统为 Windows 系统。Windows9x 等是多线程、多任务的操作系统。为了保证系统的安全性、稳定性,对应用程序访问硬件资源施加了限制,对硬件资源的访问需要编写相应的驱动程序才能实现,而虚拟仪器中有大量对硬件资源访问的操作,如 I/O 读写、硬件中断、物理内存寻址等,所以应编写专用的设备驱动程序。另外虚拟仪器还应对信息进行一系列处理并应提供给操作者一个可视化、易于操作的界面,这一部分功能由应用程序来完成,因此支持软件可分为驱动程序和应用程序两部分组成。

1. 驱动程序

从广义上讲,驱动程序是指一系列控制硬件设备的函数。由于设备驱动程序需要与操作系统最底层进行交互,因此不同的操作系统底层结构对应于不同的设备驱动程序模型。在 DOS 系统中,一个驱动程序可能是一个连接到应用程序 . EXE 中的一个模块(module),或者是软件中与应用程序完全分开的另一部分(DOS device driver 或一个 TSR);在 Windows3.x 环境中,驱动程序可以是一个能被动态地链接进应用程序.EXE 的模块(即 DLL),也可以是与应用程序完全隔离的,即不需要在运行时与应用程序.EXE 进行动态链接的 VxD;而在 Windows 2000/XP 系统中,驱动程序则采用了微软公司 1997 年提出的一种跨平台的驱动程序模型 WDM(Win32 Drivers Mode);在 Windows NT 系统中,驱动程序采用的是 KMD(Kernel Mode Driver)模式。

出于安全性因素考虑,对 80386 以上的 CPU 都划分了运行特权,从高到低为 ring0 ~ ring3,只有当 Windows 运行在 ring0 层的代码时,才可以直接访问物理硬件。

那么在我们完成接口电路以后,需要在 Windows 操作平台上开发应用程序的时候,究竟是该把驱动程序编写成 DLL、VxD 还是 WDM 呢?这个问题通常由以下几个因素决定:①操作系统的类型,包括 Windows3.x、Windows9x、Windows2000/XP 及 WinodowsNT;②硬件的端口(数据采集卡)类型,包括是 ISA、PCI 以及 USB 等接口;③硬件设备需要使用系统资源的类型,是 I/O 端口,IRQ 线,DMA 通道,还是什么范围内的内存?④需要设计的应用程序的类型。DLL 是从 ring 3 访问 I/O 端口,且有很好的可移植性,在 Windows9x 中,DLL 驱动程序总是 16 位的,win32 应用程序如果调用 16 位的 DLL 驱动程序,必须有一个转换层来在 32 位与 16 位之间进行转换(thunk DLL)。VxD 较 DLL 难于开发,但它从 ring 0 访问硬件,效率比较高,因此可以达到 DLL 无法达到的一些功能。VxD 还可以被不同的 Windows 应用程序和 DOS 程序访问。WDM 较 VxD 更为复杂,且支持即插即用(PnP)技术,如果采用的是 USB 接口,就必须封装成 WDM 形式。事实上,为了适应不同操作系统的要求,我们在完成设备驱动程序的时候,常常考虑几种形式的驱动程序一起编写。而对于初学者而言,可以从 DLL 开始掌握驱动程序的开发过程,然后深入到 VxD 和 WDM。

2. DLL 驱动程序设计

如果我们所采用的数据采集端口是简单的 I/O 映射,并且不使用中断(例如采用查询方式),在这种情况下,就可以编写一个简单的 DLL 驱动程序来访问硬件。

DLL 是 Windows 最重要的组成要素,Windows 中的许多新功能、新特性都是通过 DLL 来实现的,因此 DLL 有着非常重要的应用。其实 Windows 本身就是由许多的 DLL 组成的,它最基本的三大组成模块 Kernel、GDI 和 User 都是 DLL,它所有的库模块也都设计成 DLL。凡是以.DLL、.DRV、.FON、.SYS 和许多以.EXE 为扩展名的系统文件都是 DLL,要是打开 Windows\System 目录,就可以看到许多的 DLL 模块。

尽管 DLL 在 ring3 优先级下运行,但它仍是实现硬件接口的简便途径。DLL 可以有自己的数据段,但没有自己的堆栈,使用与调用它的应用程序相同的堆栈模式,减少了编程设计上的不便;同时,一个 DLL 在内存中只有一个进程,使之能高效经济地使用内存;DLL 实现的代码封装性,使得程序简洁明晰;此外还有一个最大的特点,即 DLL 的编制与具体的编程语言及编译器无关,只要遵守 DLL 的开发规范和编程策略,并安排正确的调用接口,不管用何种编程语言编制的 DLL 都具有通用性。下面就以 VC6.0 为例具体说明 DLL 驱动程序的建立与调用过程。

(1) DLL 的建立 Windows DLL 可以包含一个非常特殊的入口函数 DLLMAIN。如果可能的话,DLLMAIN 会在 DLL 加载时被调用。

1) 入口函数 DLLMain( ) 就像 C 程序中的 Main( )一样,Windows 每次加载 DLL 时都要执

行 DLLMain( )函数,主要用来进行一些初始化工作。通常的形式是:
```
BOOL WINAPI DLLMain(
HINSTANCE      hinstDLL,       //handle to DLL module
DWORD          fdwReason,      // reason for calling function
LPVOID         lpvReserved     // reserved
);
{
switch(ul_reason_for_call)
{
  case DLL_PROCESS_ATTACH:
  case DLL_THREAD_ATTACH:
  case DLL_THREAD_DETACH:
  case DLL_PROCESS_DETACH:
break;
}
return TRUE;
}
```

每一个 DLL 必须有一个入口点,这就像我们用 C 编写的应用程序,必须有一个 MAIN 函数一样。在这个示例中,DLLMain 是一个缺省的入口函数,你不需要编写自己的 DLL 入口函数,并用 linker 的命令行的参数开关/ENTRY 声明。用这个缺省的入口函数就能使动态连接库被调用时得到正确的初始化,当然了,你不要在初始化的时候填写使系统崩溃的代码。参数中,hMoudle 是动态库被调用时所传递来的一个指向自己的句柄(实际上,它是指向_DGROUP 段的一个选择符),ul_reason_for_call 是一个说明动态库被调原因的标志。当进程或线程装入或卸载动态连接库的时候,操作系统调用入口函数,并说明动态连接库被调用的原因。它所有的可能值为:

DLL_PROCESS_ATTACH:进程被调用
DLL_THREAD_ATTACH:线程被调用
DLL_PROCESS_DETACH:进程被停止
DLL_THREAD_DETACH:线程被停止

lpReserved 是一个被系统所保留的参数。

2) 自定义的输出函数 为了让位于不同内存段的应用程序进行远程调用,自定义的输出函数必须使用声明符_declspec(dllexport),同时使用 WINAPI 关键字替代 FAR PASCAL 的类型声明符,即该函数为远程函数,以防使用近程指针而得到意外的结果;同时,可加快程序的运行速度,使代码简单高效,提高程序的运行速度。

3) 输出函数的引出方法 同时也可以在 DLL 的模块定义文件中(.DEF)由 EXPORTS 语句对输出函数逐一列出。例如:

EXPORTS function1@1

Function2@2

Function3@3 //通常对所有输出函数附加系列号

以上两种方法任选其中的一种即可,不可重复。

(2) DLL 的调用

通常我们在调用 DLL 时所需的 DLL 文件必须位于以下三个目录之一:①Windows 的系统目录:\windows\system;②DOS 中 path 所指出的任何目录;③程序所在的目录。

不论使用何种语言对编译好的 DLL 进行调用时,基本上都有两种调用方式,即静态调用方式和动态调用方式。静态调用方式由编译系统完成对 DLL 的加载和应用程序结束时 DLL 卸载的编码(如还有其他程序使用该 DLL,则 Windows 对 DLL 的应用记录减 1,直到所有相关程序都结束对该 DLL 的使用时才释放它),简单实用,但不够灵活,只能满足一般要求。动态调用方式是由编程者用 API 函数加载和卸载 DLL 来达到调用 DLL 的目的,使用上较复杂,但能更加有效地使用内存,是编制大型应用程序时的重要方式。具体来说,可用如下的方法调用:

A. 隐式调用

建立一个工程,简单起见可建立一个控制台应用程序。

在工程中引入 test. lib;

a. 如果 test. lib 放在 VC 标准的 LIB 文件夹中:

单击 Project->Project Settings...;

在 link 选项卡的 object/library modules 中加上 test. lib 即可。

b. 如果 test. lib 不是放在 VC 标准的 LIB 文件夹中:

单击 Project->Add to Project->files...;

找到 test. lib 文件,按 OK。

在应用程序模块定义文件中,用 IMPORTS 语句列出所要调用 DLL 的函数名。如:

IMPORTS test. ReadPort

或在应用程序的头文件中加上如下的语句:

extern BYTE WINAPI ReadPort(WORD port);

TEST _ API BYTE WINAPI ReadPort(WORD port)

注意采用隐式调用的时候,在应用程序的头文件中一定要加上:

#include e:\test\test. h

B. 显式调用让应用程序运行时与 DLL 模块动态链接

先用 LoadLibrary 加载 DLL,再用 GetProcAddress 函数检取其输出函数的地址,获得其指针来调用,最后用 Freelibrary。具体过程如下:

```
#include<stdio. h>
void main( void)
{
int c=0;
typedef int ( CALLBACK  * LPFUNDLLreadport) ( int, int) ;
HINSTANCE hdll;
LPFUNDLLreadport ipreadport;
hdll = GetModuleHandle( "e:/test/debug/test. dll" ) ;
```

```
if (hdll! = NULL)
{
    ipreadport=(LPFUNDLLreadport)GetProcAddress(hdll,"ReadPort");
    if(ipreadport！=NULL)
    {
        c=ipreadport(F8);
        //这里是调用 DLL 函数的程序代码
    }
    FreeLibrary(hdll);
}
}
```

3. 虚拟设备驱动程序(VxD)设计

虚拟设备驱动程序简称为 VxD。x 代表各种设备的名字,如虚拟键盘驱动程序(vkd),虚拟鼠标驱动程序(vmd)等等。VxD 程序是硬件成功初始化的途径。VxD 是一个管理硬件设备或者已安装软件等系统资源的 32 位可执行程序,使得几个应用程序可以同时使用这些资源。Windows 通过使用 VxD 允许基于 Windows 的应用程序实现多任务。VxD 在与 Windows 的连接工作中处理中断,并在不影响其他应用程序的执行的情况下为特定的应用程序执行 I/O 操作。记得 dos 程序认为它们拥有系统的一切,当它们在虚拟机中运行时,Windows 需要给它们一个实机器的替身,VxD 程序就是这些替身。VxD 程序通常虚拟一些硬件设备,所以,当一个 dos 程序认为它在同键盘通信时,实际是虚拟键盘驱动程序在和 dos 程序通信。一个 VxD 程序通常控制真正的硬件设备并对该设备在各个虚拟机之间的共享进行管理。

尽管如此,并不是说每个 VxD 程序必须和一个硬件设备相连。虽然 VxD 程序是用来虚拟硬件设备的,但是我们也可以把 VxD 程序看作是在 ring 0 级的 DLL。例如,如果我们需要做一些只有在 ring 0 级才能做的工作,我们同样可以编一个 VxD 程序来完成这个工作。这样,由于此 VxD 程序并没有虚拟任何设备,因此就可以把它仅仅看作是某个程序的扩展。值得注意的是,VxD 程序是 Windows 9x 特有的,它在 Windows NT 下不能运行。

在 Winodows 9x 中,VxD 是系统中权力最大的实体。由于它们可以对系统作任何事情,所以它们是极度危险的。VxD 可以访问任何硬件,可以自由地检查操作系统的任何数据结构(如描述符和页面表),可以访问内存的任何地址,VxD 还可以捕获软件中断和对 I/O 端口和内存区域的访问,甚至可以拦截硬件中断。因此一个恶意的或者是错误的 VxD 程序可以毁掉整个系统,例如 CIH 病毒正是利用了 VxD 技术才得以驻留内存、传染执行文件、毁坏硬盘和 FlashBIOS。

在 Windows 9x 操作系统中有两种形式的 VxD,即静态 VxD 和动态 VxD。静态 VxD 是那些从系统启动就被加载,在系统关闭之前一直存在于内存中的 VxD 程序。这种 VxD 可以追溯至 Windows 3.x 的时代。动态 VxD 是只有 Windows 9x 下才有的。动态 VxD 程序可以在需要的时候被加载/卸载。这些程序大多数都是用来控制设置管理器和输入输出监视器加载的即插即用设备的。我们可以在 win32 应用程序里加载或卸载动态 VxD 程序。

(1) VxD 的工作机制 VxD 的操作基于寄存器,所以一般用汇编语言编写,它的关键部分是一个和普通窗口的消息处理过程 WndProc 相类似的控制过程,不同之处在于它的处理对象是系统发来的控制消息。这些消息共 51 种(见下一节),在 VxD 自加载至卸出整个生命周期内,操作系统不断向它发送各种控制消息,VxD 根据自己的需要选择处理,其余的忽略。系统向 VxD 发送控制消息时将消息代号放在 EAX 寄存器中并在 EBX 寄存器中放系统虚拟机(VM)句柄。

对动态 VxD 来说,最重要的消息有三个:SYS_DYNAMIC_DEVICE_INIT、SYS_DYNAMIC_DEVICE_EXIT 以及 W32_DEVICEIOCONTROL。当 VxD 被动态加载至内存时,系统向其发送 SYS_DYNAMIC_DEVICE_INIT 消息,VxD 应在此时完成初始化设置并建立必要的数据结构;当 VxD 将被卸出内存时,系统向其发送 SYS_DYNAMIC_DEVICE_EXIT 消息,VxD 在收到后应清除所作设置并释放相关数据结构;当应用程序调用 API 函数 DeviceIoControl 与 VxD 进行通信时,系统向 VxD 发送 W32_DEVICEIOCONTROL 消息,它是应用程序和 VxD 联系的重要手段,此时 ESI 寄存器指向一个 DIOCParams 结构,VxD 从输入缓冲区获取应用程序传来数据,相应处理后将结果放在输出缓冲区回送应用程序,达到相互传递数据的目的。

应用程序向 VxD 发出 DeviceIoControl 调用时,第 2 个参数用于指定进行何种控制,控制过程从 DIOCParams 结构+0Ch 处取得此控制码再进行相应处理,控制码的代号和含义由应用程序和 VxD 自行约定,系统预定义了 DIOC_GETVERSION(0)和 DIOC_CLOSEHANDLE(-1)两个控制码,当应用程序调用 API 函数 CreateFile("\.\VxDName",...)动态加载一 VxD 时,系统首先向该 VxD 的控制过程发送 SYS_DYNAMIC_DEVICE_INIT 控制消息,若 VxD 返回成功,系统将再次向 VxD 发送带有控制码 DIOC_OPEN(即 DIOC_GETVERSION,值为 0)的 W32_DEVICEIOCONTROL 消息以决定此 VxD 是否能够支持设备 IOCTL 接口,VxD 必须清零 EAX 寄存器以表明支持 IOCTL 接口,这时 CreateFile 将返回一个设备句柄 hDevice,通过它应用程序才能使用 DeviceIoControl 函数对 VxD 进行控制。

同一个 VxD 可用 CreateFile 打开多次,每次打开时都会返回此 VxD 的一个惟一句柄,但是系统内存中只保留一份 VxD,系统为每个 VxD 维护一个引用计数,每打开一次计数值加 1。当应用程序调用 API 函数 CloseHandle(hDevice)关闭 VxD 句柄时,VxD 将收到系统发来的带控制码 DIOC_CLOSEHANDLE 的 W32_DEVICEIOCONTROL 消息,同时该 VxD 的引用计数减 1,当最终引用计数为 0 时,系统向 VxD 发送控制消息 SYS_DYNAMIC_DEVICE_EXIT,然后将其从内存中清除。

(2)创建 VxD 需要的准备工作与步骤

1)需要的基本知识 开发自己的 VxD 程序需要有一定的汇编语言基础,同时熟悉 Intel 兼容处理器的指令集和系统结构。在某些特殊情况下,还应该了解下列内容:①保护模式和虚拟 8086(即 V86)模式;②标准内存模式;③中断和异常处理;④保护和特权级;⑤段和页式内存管理以及错误处理;⑥输入和输出保护以及错误处理。

2)创建一个 VxD 的步骤 ①熟悉 VxD 驱动设备的硬件接口部分;②写出所需的控制过程、VxD 服务和 API 函数;③建立为 VxD 标识适当模块名的模块定义文件,并引出需要的设备描述块;④汇编连接 VxD;⑤用调试版 Windows 9x 测试 VxD(如用 SoftICE 调试);⑥为 VxD 和相关文件建立安装文件(INF 文件),通过修改注册信息和向 Windows 的 SYSTEM 目录和相关目录拷贝文件来安装 VxD;⑦建立最终发行软件包。

3)开发 VxD 的步骤 ①建立包含 VxD 各个段、VxD 声明、设备控制过程、处理系统控制消息过程的基本部分和 API 过程的基本部分的 VxD 框架;②加入实模式初始化过程(可选);③完成处理初始化消息的过程,这些过程应该能够初始化控制块、分配全局内存以及安装中断、I/O 捕获和页错误回调过程;④完成处理不同中断和错误的回调过程;⑤为服务加入服务表定义和声明(可选);⑥完成 API 过程(可选);⑦完成处理系统控制消息的过程以建立和删除虚拟机。

4) 开发 VxD 需要的工具软件　目前开发 VxD 可以使用下面四种工具软件:①Microsoft Visual C++(可以处理 C 代码与汇编嵌套);②Microsoft 9x DDK(只能处理汇编代码);③WinDriver 软件;④用 NuMega 公司的 DriverStudio(包括 SoftICE 和 VtoolsD)(可以很方便地生成所需要的源文件,大大缩短开发时间)。

4. Windows 驱动程序模型(WDM)设计

WDM(Win32 Driver Model),即 Win32 驱动程序模型,是 Windows 新驱动程序模式,旨在通过提供一种灵活的方式来简化驱动程序的开发,在实现对新硬件支持的基础上减少并降低所必须开发的驱动程序的数量和复杂性。

除了通用的平台服务和扩展外,WDM 还实现了一个模块化的、分层次类型的微型驱动程序结构(见图 3.21)。类型驱动程序实现了支持通用总线、协议或设备类所需的功能性接口。类型驱动程序的一般特性是为逻辑设备的命令设置、协议和代码重用所需的总线接口实现标准化提供必要的条件。WDM 对标准类接口的支持减少了 Windows 95 和 Windows NT 所需的设备驱动程序的数量和复杂性。Windows 2000 也引入了 WDM 驱动程序构架。

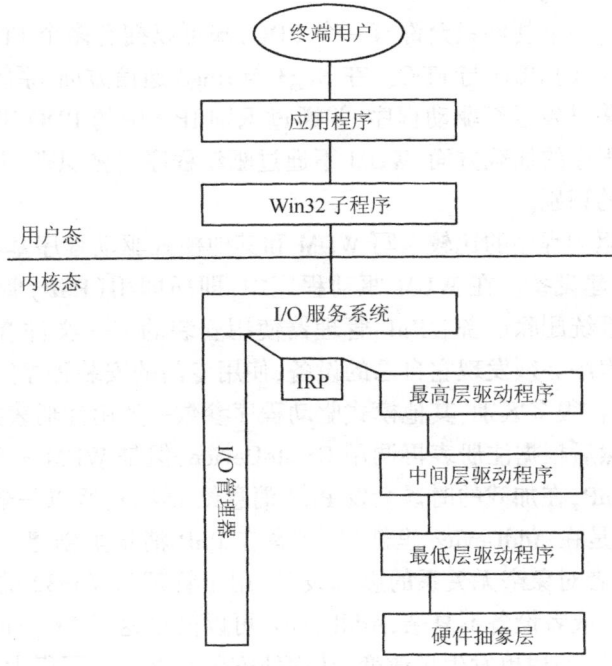

图 3.21　WDM 中设备对象和驱动程序的分层

（1）WDM 的特性　模块化的 WDM 体系结构中灵活统一的接口,使操作系统可以动态地配置不同的驱动程序模块来支持特定的设备。一个典型的驱动程序堆栈由通用设备、协议及特定协议和特定总线的微型驱动程序连接的总线类驱动程序构成。动态构造 WDM 驱动程序堆栈是实现即插即用设备支持的关键。

WDM 服务使实现一个用于 Windows NT 和 Windows 95 快速反应的模型成为可能。WDM 提供了多个执行优先级,包括核心态和非核心态线程、IRQ 级别和被延缓的程序调用(DPC)。所有的 WDM 类和微型驱动程序都作为核心态(ring0)的特权级线程(不会被 CPU 调度程序中断)执行。32 个 IRQ 级可以被用于区分硬件中断服务的优先级。对于每个中断,DPC 被排入队列等到被启用中断的 IRQ 服务例程完成后再执行。DPCs 通过有效的减少中断被禁止的时间,使系统对中断的响应获得了很大的提高。对于使用多处理器的基于 x86 的 PC 系统,在 Windows NT 下对中断的支持是以 Intel 的多处理器规范 1.4 版本为基础的。

对于流媒体应用程序,WDM 在核心态提供了快速反应的接口来处理 I/O 流。WDM 的流接口是通过标准的 WDM 类接口提供出的。

（2）WDM 工作原理　WDM 支持 USB、IEEE 1394、ACPI 等全新的硬件标准。而且以往在两个平台上同时运行时需要编写两个截然不同的驱动程序,现在只需要编写一个 WDM 驱动程序就可以了。WDM 驱动程序也是分层的,即不同层上的驱动程序有着不同的优先级,而 Windows 9x 下的 VxD 则没有此结构。另外,WDM 还引入了功能设备对象 FDO(functional device object)与物理设备对象 PDO(Physical Device Object)两个新类来描述硬件,一个 PDO 对应一个真实硬件。

另外值得注意的是,一个硬件只允许有一个 PDO,却可以拥有多个 FDO,在驱动程序中直接操作的不是硬件而是相应的 PDO 与 FDO。在 ring3 与 ring0 通信方面,系统为每一个用户请求打包形成一个 IRP 结构,将其发送至驱动程序,并通过识别 IRP 中的 PDO 来区别是发送给哪一个设备的。另外,在驱动程序的加载方面,WDM 不通过驱动程序名称识别,而是通过一个 128 位的 GUID 来实现驱动程序的识别。

（3）WDM 与其他驱动程序的比较　写 WDM 和其他模式驱动程序基本上是相同的,代码中的主要区别在于如何创建设备。在 WDM 驱动程序中,即插即用(PnP)管理器告知何时向系统添加一个设备,或者从系统删除设备。PnP 管理器使用安装的 INF 文件查找新设备的正确驱动程序;而其他模式驱动程序必须发现它自己的设备,使用专门的安装程序安装。

另外在细节上也存在很多区别,其他模式驱动程序参数一般由注册表提供,在 DriverEntry 里调用读注册表的函数,然后根据注册表再调用 CreateDevice,但是 WDM 一般不是这样,这是由于 Windows 2000 下支持 PnP,在加载的时候会发 PnP 消息给 Driver,所以一般不需要在 DriverEntry 里调用 CreateDevice,而是在 AddDevice 里创建,或者在 PnP 消息里创建。一般在 DriverEntry 里创建的是一个与设备或者对象毫无关系的虚拟设备,用于管理与 Win32 的通信。如果不想对该设备做什么特别的处理,或者设备不复杂,AddDevice 可以简单返回 Nt_Success,不用调用 CreateDevice。另外整个设备驱动树也发生了改变,从而使安装程序发生了很大的改变。

（4）WDM 的开发步骤　驱动程序的开发是一个从粗到细逐步求精的过程。NT DDK 的 src\ 目录下有一个庞大的模板代码,几乎覆盖了所有类型的设备驱动程序、高层驱动程序和过滤器驱动程序。在开始开发驱动程序之前,应该先在这个样板库下面寻找是否有和所要开发的类似类型的例程。

例如若要开发光盘塔驱动程序,虽然 DDK 对光盘塔没有任何描述,但光盘塔是符合 SCSI-Ⅱ 规范的 SCSI 设备,可以在 src\storage\class 目录中发现很多和 SCSI 设备有关的驱动程序,例如 SCSI Tape、SCSI Disk、SCSI CDROM 等驱动程序,开发时可以参考类似驱动程序,从而减化开发难度。

下面进一步介绍开发驱动程序的基本步骤:

1) 编写驱动程序框架　①首先编写一个 DriverEntry 例程,并在该例程里调用 IoCreateDevice 来创建一个 Device 对象。②写一个处理 IRP_MJ_CREATE 请求的 Dispatch 例程的基本框架。如果驱动程序创建了多于一个的 Device 对象,则必须为 IRP_MJ_CLOSE 请求写一个例程,该例程通常情况下可以和 DispatchCreate 共用一个例程。③编译连接驱动程序。

2) I/O 请求包(IRP)(I/O Request Packet)　I/O 请求包是驱动程序操作的中心,IRP 是一个内核对象,它是一个预先定义的数据结构,带有一组对它进行操作的 I/O 管理器例程。I/O 管理器接收一个 I/O 请求后分配并初始化一个 IRP。一个 IRP 有一个固定的首部和可变数目的 IRP 栈单元块,每个 I/O 请求有一个主功能代码(IRP_MJ_XXX)并可能有次功能代码(IRP_MN_XXX)。设计一个设备驱动程序,应该支持和其他相同类型设备的驱动程序相同的 IRP_MJ_XXX 和 IOCTL 请求代码。如果设计一个中间层驱动程序,应该首先确认下层驱动程序所管理的设备,因为一个高层的驱动程序必须具有低层驱动程序绝大多数 IRP_MJ_XXX 例程入口。高层驱动程序在接到 I/O 请求时,在确定自身 IRP 当前堆栈单元参数有效的前提下,设置好 IRP 中下一个低层驱动程序的堆栈单元,然后再调用 IoCallDriver 将请求传递给下层驱动程序处理。一旦决定好了驱动程序应该处理哪些 IRP_MJ_XXX,就可以开始确定驱动程序应该有多少个 Dispatch 例程。当然也可以考虑把某些 IRP_MJ_XXX 处理的例程合并为同一例程处理。

一个驱动程序必须为它所管理的每个可能成为 I/O 请求的目标的物理和逻辑设备创建一个 Device 对象。一些低层的驱动程序还可能要创建一些不确定数目的 Device 对象。例如一个硬盘驱动程序必须为每一个物理硬盘创建一个 Device 对象,同时还必须为每个物理磁盘上的每个逻辑分区创建一个 Device 对象。

一个高层驱动程序必须为它所代表的虚拟设备创建一个 Device 对象,这样更高层的驱动程序才能连接它们的 Device 对象到这个驱动程序的 Device 对象。另外,一个高层驱动程序通常为它低层驱动程序所创建的 Device 对象创建一系列的虚拟或逻辑 Device 对象。

尽管可以分阶段来设计驱动程序,从而使一个处在开发阶段的驱动程序不必一开始就创建出它将要处理的所有 Device 对象,但从一开始就确定好最终要创建的所有 Device 对象将有助于设计者所要解决的任何同步问题。另外,确定所要创建的 Device 对象还有助于定义 Device 对象的 Device Extension 的内容和数据结构。

3) 测试驱动程序　①在系统中安装好驱动程序;②为 NT 逻辑设备名称和目标 Device 对象名称之间建立起符号连接,在前面已经知道 Device 对象名称对 Win32 用户模式是不可见的,是不能直接通过 API 来访问的,Win32 API 只能访问 NT 逻辑设备名称。可以通过修改注册表来建立这两种名称之间的符号连接。运行 Regedt32.exe 在\HKEY_LOCAL_MACHINE\System\CurrentControlSet\Control\Session Manager\DOS Devices 下建立起符号连接,这种符号连接也可以在驱动程序里调用函数 IoCreateSymbolicLink 来创建;③完成以上所有的设置并检查无误后,我们必须重新启动 Windows 系统；④编写一个简单的测试程序调用 Win32 API 中的 CreateFile 函数，并以刚才命名的 NT 逻辑设备名打开这个设备。如果打开成功，则成功地写出了一个最简单的驱动程序了。如果驱动程序需要能够手工卸载，那么还必须对 IRP_MJ_CLOSE 做出响应，为所需要处理的 IRP_MJ_XXX 写好处理例程，并在 DriverEntry 里面初始化好这些例程入口。一个低层的驱动程序需要一个 StartIo、ISR 和 DpcForIsr 例程，可能还需要一个 SynchCritSection 例程，如果设备使用了 DMA，那么可能还需要一个 AdapterControl 例程。

对于高层驱动程序可能需要一个或多个 IoCompletion 例程，最起码完成检查 I/O 状态块然后调用 IoCompleteRequest 的工作。如果需要，还要对 Device Extension 数据结构和内容做些修改。有一点必须很清楚的，就是代码运行级别的问题，即 IRQL，最常见的级别是 PASSIVE_LEVEL、APC_LEVEL、DISPATCH_LEVEL 和 DIRQL。

在看 NT DDK HELP 中的函数说明的时候，要注意函数的可运行级别，比如有的函数只能在 PASSIVE_LEVEL 下运行，有的函数则可以在 DISPATCH_LEVEL 以下级别运行，级别越高的时候，对代码的要求就越严格，比如在 DISPATCH_LEVEL 的时候，就不能使用分页内存。通常情况下应该尽可能让代码在低运行级别如 PASSIVE_LEVEL 下运行，在高级别下运行过长时间将导致系统效率降低、影响系统响应的实时性。但有时候自己无法控制运行的级别，例如在调用低层 Driver 时使用 IoCallDriver，低层 Driver 响应完毕后会执行 completion 例程，该例程运行的级别就是由低层 Driver 来决定。因此在编写 completion 例程时，应尽量将这个函数设计成能在 DISPATCH_LEVEL 级别运行。

依照以上开发步骤，我们可以设计出全新的 WDM 设备驱动程序。

(5) 编译设备驱动程序的方法　安装 DDK 后，在 DDK 程序组下有 Check 和 Free 两个编译环境，Check 环境用于编译带调试信息的驱动程序，Free 则是编译正式发布版本的环境。通常情况下设备驱动程序的编译采用命令行的方式。通过一定的设置可以在 VC++的集成环境下编译。

一般来说，成功编译一个最基本的设备驱动程序需要四个文件，第一个是驱动程序，即 C 语言源程序文件（例如 isousb.c，注意下面所有的例子都是以 isousb 来说明，该文件可在 Windows DDK 的 USB 目录下找到）；第二个是 RC 文件（例如 isousb.rc）；第三个是 SOURCES 文件；第四个文件是 MAKE 文件。SOURCES 文件和 MAKE 文件类似，用来指定需要编译的文件以及需要连接的库文件。这三个辅助文件都很简单，在 DDK samples 的每个例程里都有三个这样的文件，依样画瓢就能理解它们的结构和意义。

1) 实例分析　以下以 isousb 程序为例，isousb.rc 代码如下：
#include <windows.h>

#include <ntverp.h>
#define VER_FILETYPE VFT_DLL
#define VER_FILESUBTYPE VFT2_UNKNOWN
#define VER_FILEDESCRIPTION_STR   "I82930 Isochronous IO Test Driver"
#define VER_INTERNALNAME_STR   "IsoUsb.sys"
#define VER_ORIGINALFILENAME_STR   "IsoUsb.sys"

```
#include "common.ver"
```

设备驱动程序一般都使用 Build 实用程序来进行, Build 只是 NMAKE 外面的一个外包装程序。Build 本身其实相当简单,编译的大部分工作实际上由 Build 传递给 NMAKE 来进行。下面为 SOURCES 文件。

```
//SOURCES 文件//
TARGETNAME = IsoUsb
TARGETTYPE = DRIVER
TARGETPATH = $(BASEDIR)\LIB
DRIVERTYPE = WDM

INCLUDES = $(BASEDIR)\inc; \
    $(BASEDIR)\src\usb\inc; \
    $(BASEDIR)\src\wdm\usb\inc; \
    ..\..\inc

TARGETLIBS = $(BASEDIR)\lib\*\free\usbd.lib

USE_MAPSYM = 1
SOURCES = \
    IsoUsb.rc \
    IusbDbg.c \
    IsoUsb.c \
    IsoPnP.c \
    IsoPwr.c \
    IoctlIso.c \
    IsoStrm.c \
    OcrwIso.c
```

注意 SOURCES 的文件名没有任何扩展名。

MAKE 文件如下:

```
##########################################
#       Copyright (C) Microsoft Corporation 1995
#       All Rights Reserved.
#       MAKEFILE for WDM device driver kit
##########################################
#   DO NOT EDIT THIS FILE!!! Edit .\sources. if you want to add a new source
#   file to this component. This file merely indirects to the real make file
#   that is shared by all the driver components of the Windows NT DDK
!INCLUDE $(NTMAKEENV)\makefile.def
```

对所有驱动程序而言，MAKE 文件都是一样的，Microsoft 也警告不要编辑这个文件，如果需要，可以编辑修改 SOURCES 文件达到同样的效果。对于设备驱动程序，所使用的 C 编译器基本上无一例外地选用 VC++。

2）编译的基本步骤　①首先进入 check 或 free 编译环境，初始化 DDK 编译环境；②运行 VC 安装目录下 bin 目录下的 vcvars32.bat，初始化 VC++编译环境；③运行 Build.exe 进行编译。

3）在 Windows 98 中装载驱动程序　驱动程序根据 INF 文件的指令进行安装，将可执行文件复制到正确的位置，并创建各种注册表项。一些驱动程序需要占用一些硬件资源，主要是 I/O 地址和中断号，PnP 管理器将予以分配。使用后的 INF 文件复制到 Windows INF 子目录。

INF 文件含有安装一个 WDM 设备驱动程序需要的所有信息，包括要复制的文件、要创建的注册表项等。INF 文件是一个文本文件，它由节组成，每个节以方括号内的节名称开始，以后每一行都是一个简单的项，或设置一个值。

5. Windows 应用程序设计

Windows 应用程序是指特意为在 Windows 环境中运行而编写的程序。以窗口为核心的用户界面、以事件驱动为动力的程序运行机制以及将程序代码与用户界面分开处理的程序开发手段，构成了 Windows 应用程序特有的程序设计模式。

（1）窗口　窗口是系统显示器上的一个矩形区域，应用程序使用窗口来显示输出或者接收用户的输入。一方面应用程序只有通过窗口才能访问系统资源，另一方面应用程序通过使用窗口与其他应用程序共享显示资源。每个 Windows 应用程序至少要创建一个窗口，称为主窗口，这个窗口是用户与应用程序之间的主要接口，许多应用程序还会直接或间接地创建其他一些窗口来完成相关的任务。一旦创建了窗口，Windows 就能提供该窗口所对应的各种用户交互信息，Windows 能够自动完成许多用户请求的任务，如移动、调整、关闭等。

（2）事件驱动　Windows 应用程序的运行需要依靠外部发生的事件来驱动，描述事件发生的信息称为消息。而所谓事件驱动是指 Windows 应用程序的执行顺序取决于事件发生的顺序，事件驱动程序设计是围绕着消息的产生与处理而展开的，Windows 应用程序在运行时不断获得任何可能的输入消息进行判断，然后再做适当的处理。消息可以分为两类：硬件设备产生的输入消息和 Windows 系统的窗口管理消息。

（3）Windows 应用程序的开发流程　Windows 应用程序分为程序代码和用户界面资源两部分，它们通过资源编译器组合为一个完整的应用程序文件。用户界面资源包括菜单、对话框、图标、位图、光标、键盘加速键等，而且相对于 Windows 应用程序的代码而言，它们是静态的数据。将用户资源与程序代码分离的优点是：一是减少了内存要求；二是划清了程序员与用户界面设计人员的任务分工；三是用户界面风格的变化可以不必修改程序代码或只需要进行少量的修改。

（4）Windows 应用程序设计的异常处理　在应用程序的运行过程中，可能会出现各种异常情况，破坏应用程序的正常流程。所谓异常（Exception）是在应用程序的正常执行过程中发生的不正常事件。CPU 引发的异常称为硬件异常，例如访问一个无效的内存地址或用 0 来除一个数值等。操作系统和应用程序引发的异常称为软件异常。

应用程序不提供异常处理，那么 Windows 操作系统的异常调度程序将启动系统异常处理程序，系统异常处理程序惟一能做的处理是显示一个描述异常的消息框，然后让用户终止应用程序。编写良好的应用程序应该提供自己的异常处理,这样就有可能从异常中得到恢复,或者至少以一种可控的方式关闭应用程序。

3.4 虚拟仪器专用软件与设计实例

目前适合于虚拟医学仪器开发的专用软件可列举如下:

(1) LabVIEW LabVIEW 是美国 NI 公司(National Instrument Corporation)研制的采用图形编程的虚拟仪器系统软件,它主要包括数据采集、实时控制、数据分析和数据显示等功能,它提供了一种新的编程语言:C 语言,这是一种完全采用图形方式进行软件模块化设计的崭新方法。LabVIEW 由前面板、流程方框图和图标/连接器组成。其中前面板是用户界面,流程方框图是虚拟仪器源代码,图标/连接器是调用接口。此外,NI 还提供了一种可用 C 语言对虚拟仪器进行编程的 LabWindows/CVI。

(2) MATLAB MATLAB 是美国 Mathworks 公司研制的高性能数值分析和数据计算软件。它具有友好的用户交互界面、复杂的数据分析,以及科学计算、图形绘制等功能。

(3) MP100 MP100 是美国 BIOPAC System 公司开发的医学信号采集与处理系统,它与 AcqKnowledge 一起运行,提供灵活和易于使用的模块化系统。它主要包括实时数据记录、分析和滤波,离线数据与处理,数据与各种图形表示等功能,并可与 LabVIEW 连接,提供可视化的图形编程环境。

(4) LabLinc V LabLinc V 是美国 Coulbourn Instruments 公司研制的模块化虚拟仪器系统,由基本单元、信号采集与处理、控制等模块组成,主要应用于生理学、生物医学和生物力学等领域中的数据采集、实时显示和过程控制。

(5) Model900

Model900 是美国 Applied Signal Technology 开发的一种高速大容量数据采集和波形产生系统。下面我们以 LabVIEW 为例说明虚拟医学仪器的开发与应用。

3.4.1 LabVIEW 的图形化程序设计

LabVIEW 的程序语言是图形化的,其程序采用了数据流驱动。什么是数据流驱动呢?数据流程序设计规定,一个目标只有当它的所有输入有效时才能执行;而目标的输出,只有当它的功能完全时才是有效的。这样,LabVIEW 中被连接的方框图之间的数据流控制着程序的执行秩序,而不像文本程序受到行顺序执行的约束。从而,我们可以通过相互连接功能方框图快速简洁地开发应用程序,甚至还可以有多个数据通道同步运行。

LabVIEW 的核心是软件模块 VI(借用 Virtual Instrumentation 缩写字头命名),VI 有一个人机对话的用户界面——前面板(front panel)和类似于源代码功能的方框图(diagram)。前面板接受来自方框图的指令。在 VI 的前面板中,控件(controls)模拟了仪器的输入装置并把数据提供给 VI 的方框图;而指示器(indicators)则模拟了仪器的输出装置并显示由方框图获得或产生的数据。当把一个控件或指示器放置到前面板上时,LabVIEW 在方框图中相应地放置了一个端口(terminals),这个从属于控件或指示器的端口不能随意删除,只有删除它对应的控件或指示器时它才随之一起被删除。

用 LabVIEW 编制方框图程序时,不必受常规程序设计语法细节的限制。首先,从功能菜单中选择需要的功能方框,将之置于面板上适当的位置;然后用导线(wires)连接各功能方框在方框图中的端口,用来在功能方框之间传输数据。这些方框包括了简单的算术功能,高级的采集和分析 VI 以及用来存储和检索数据的文件输入输出功能和网络功能。

用 LabVIEW 编制出的图形化 VI 是分层次和模块化的。我们可以将之用于顶层(top level)程序,也可用作其他程序或子程序的子程序。一个 VI 用在其他 VI 中,称之为 subVI,subVI 在调用它的程序中同样是以一个图标的形式出现的。LabVIEW 依附并发展了模块化程序设计的概念。用户可以把一个应用题目分解为一系列的子任务,每个子任务还可以进一步分解成许多更低一级的子任务,直到把一个复杂的题目分解为许多子任务的组合。一般首先设计 subVI 完成每个子任务,然后将之逐步组合成能够解决最终问题的 VI。

图形化程序设计编程简单、直观、开发效率高。随着虚拟仪器技术的不断发展,图形化的编程语言必将成为测试和控制领域内最流行的发展趋势。创建虚拟仪器的过程共分三步:

(1) 虚拟仪器的交互式用户接口被称为前面板,因为它模仿了实际仪器的面板。前面板包含旋钮、按钮、图形和其他的控制与显示对象。通过鼠标和键盘输入数据、控制按钮,可在计算机屏幕上观看结果。

(2) 虚拟仪器从流程图中接收命令(用 G 语言创建)。流程图是一个编程问题的图形化解决方案。流程图也是虚拟仪器的源代码。

(3) 一个虚拟仪器的图标和连接就像一个图形(表示某一虚拟仪器)的参数列表。这样,其他的虚拟仪器才能将数据传输给一个子仪器。图标和连接允许将此仪器作为最高级的程序,也可以作为其他程序或子程序中的子程序(子仪器)。

3.4.2 数据采集(DAQ)卡设计

1. DAQ 卡的组成

虚拟医学仪器硬件平台的 I/O 接口称为 DAQ(Data Acquisition)卡。一般而言,所有能够在计算机控制下完成数据采集与控制任务的板卡都可称为 DAQ 卡。DAQ 卡主要由以下几个部分组成:

(1) 多路开关 将各路信号轮流切换到放大器的输入端,从而实现多参数多路信号的分时采集。

(2) 放大器 将前一级多路开关切换进入的待采集信号放大(或衰减)至采样环节的量程范围内。通常实际系统中放大器做成增益可调的放大器,设计者可根据输入信号不同的幅值选择不同的增益倍数。

(3) 采样/保持电路 取出待测信号在某一瞬时的值(即实现信号的时间离散化),并在 A/D 转换过程中保持信号不变。如果被测信号变化缓慢,也可以不用采样保持器。

(4) A/D 转换电路 A/D 转换电路把输入的模拟信号转换为数字量输出。它是 DAQ 硬件的核心,A/D 转换有三种方法:逐次逼近法、双积分法和并行比较法。在 DAQ 中应用较多的是逐次逼近法。衡量 A/D 转换性能主要有两个指标:一是采样分辨率,即 A/D 转换器位数,二是 A/D 转换速度。

(5) D/A 转换　DAQ 系统经常需要为被测对象提供激励信号,也就是输出模拟量信号。D/A 转换是将数字量信号转换为模拟量输出的器件。D/A 转换器的主要性能参数是分辨率和线性误差,分辨率取决于 D/A 转换器的位数,线性误差则刻画了 D/A 转换器的精度。

(6) 定时/计数器　在 DAQ 卡中还有一个重要的器件,就是定时/计数器。它主要用于脉冲周期信号测量、精确时间控制和脉冲信号产生等。定时/计数器的主要性能指标是分辨率和时钟频率,分辨率越大,计数器位数越大,计数值就越高。

(7) 数字 I/O　DAQ 利用数字 I/O 采集外部设备的工作状态,建立与外部设备的通信。一般数字 I/O 都采用 TTL 电平。

2. DAQ 的参数设置

要使数据采集卡正确地实现数据采集功能,就必须根据实际测量的需要对 DAQ 的参数进行正确设置,这就是数据采集卡的软件驱动问题。对于 NI 公司生产的各类 DAQ 卡,LabVIEW 都提供了专门的驱动程序和测试设置软件 MAX(Measurement & Automation),MAX 可以自动检测与 PC 机连接的设备并可调用相应的设置软件对设备参数进行设置。主要设置参数包括:

(1) 模拟信号输入

1) 设置信号的输入方式,如单端输入和双端输入,单极性信号和双极性信号等。

2) 增益选择,根据输入信号的幅值范围和分辨率要求选择增益。

3) 量程选择,根据输入信号的极性选择适当量程。

(2) A/D 转换

1) 设定信号输入通道。

2) 设定采样点数。

3) 设定采样速率。

4) 设定采样结果的输出方式,即是将结果放在数组中,还是放在某一缓冲区中。

5) 设置采样触发方式,包括外触发、定时触发、软件触发等。

(3) D/A 转换

1) 模拟信号的输出通道。

2) 模拟信号的输出幅值。

3) 刷新速率,刷新速率决定所产生的模拟信号波形的"光滑度",最快刷新速率的倒数即为响应时间。

3. 自制 DAQ 卡的驱动实现

对于非 NI 标准或用户自制的 DAQ 卡,我们无法使用 LabVIEW 功能软件 MAX 对其进行设置,也无法应用一些标准配置函数进行驱动。但 LabVIEW 提供了几种方法,可以使我们对非 NI 标准或自制的 DAQ 进行驱动。

(1) 利用端口操作函数实现　在 Advanced>Port I/O 子模板里有两个端口操作函数 In Port 和 Out Port。分别可用于从指定地址读取或写入一个字或一个字节的操作。用这两个函数可以完成查询方式的数据输入或输出。这两个函数的用法如图 3.22 所示,当函数输入端 read a byte or a word 为 True 时读取(或写入)一个字,为 False 时读取(或写入)一个字节。

(2) 利用 CIN(Code Interface Node)实现 Advance 子模板上的 CIN 函数是 LabVIEW 对 C 语言的调用接口,它通过输入、输出端口实现两种语言之间的数据传递。输入和输出端口的个数是根据实际需要来确定的。当 LabVIEW 的程序运行到 CIN 节点时,数据由 CIN 的输入端口传递给 C 源代码图标,程序转去执行 C 源代码,代码执行完以后,得到的数据由 CIN 的输出端口返回给 LabVIEW。下面就以一个从端口读取一个字的数据为例说明 CIN 的使用方法。

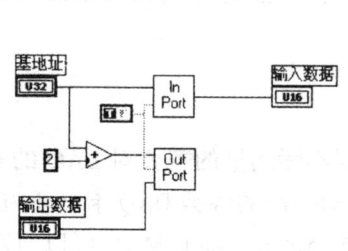

图 3.22 利用端口函数输入或输出

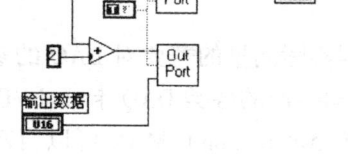

图 3.23 利用 CIN 图标创建一个.c 文件

1) 在前面板里分别放置一个控制型地址变量(数据类型为 U16)和一个指示性数据变量。然后在 Function>Advanced 中放入 Code Interface Node 函数,鼠标右键单击 CIN 图标,增加一个输出变量,然后按图 3.23 所示选择 Creat.c File,选择所要存放 C 文件的目录,注意在保存的对话框中文件名后一定要以.c 格式保存。例如这里保存为 test.c。

2) 在 VC 中新建一个 DLL(在 File>New 菜单中选择 win32 Dynamic Link Library)工程文,注意不要将工程名与前面保存的.c 文件名相同,这里命名为 testcin。

3) 在 testcin 工程中,执行 Project>Add to Project>File 操作,向工程添加以下几个文件:一个是刚才保存的 test.c 文件,还有就是在系统安装的 LabVIEW 路径下的 cintools 目录中的 extcode.h、cin.obj、labview.lib、lvsb.lib 和 lvsbmain.def 文件。

4) 编辑 test.c 文件,在/* ENTER YOUR CODE HERE */后面加入以下代码:* Value = inp(* Address)。

⑤ 选择 Project>Setting,打开工程设置对话框,按以下方法逐项设置:

A. Setting for 选项设置:All Configuration。

B. C/C++标签页设置:用鼠标左击 C/C++标签页按钮,设置以下两项:

在 Category 下拉菜单中选择 Preprocessor:在 Additional include directories 中添加 LabVIEW 的 cintools 文件夹路径。若 LabVIEW 的安装路径为 d:\National Instruments,则在 Additional include directories 中添加 d:\National Instruments\LabVIEW 6\cintools。

在 Category 下拉菜单中选择 Code Generation:将 Strict member alignment 设置为 1Byte,将 Use run-time library 设置为 Multithreaded DLL。

C. 用鼠标左击 Custom Build 标签页,设置下面两项:

在 Commands 中输入如下的命令行:"d:\national instruments\labview 6\cintools\lvsbutil" $(TargetName)-d" $(WkspDir)\$(OutDir)"

在 Outputs 中输入:$(OutDir)$(TargetName).lsb

6) 在主菜单 Build 下选择 Build testcin. DLL,即可在 debug 目录中生成 testcin. lsb 文件。

7) 在 LabVIEW 流程图窗口中,用鼠标右键单击 CIN,选择 Load Code Resource 项,从弹出的 Choose a code resource file 对话框中选择 testcin. lsb 即可。

(3) 利用 DLL 实现

LabVIEW 提供了调用动态链接库函数 Call Library Function,用户可以调用 Windows 下的标准 DLL,也可以编写自己的 DLL,从而大大扩展了用户自定义功能。

DLL 的建立与调用与 CIN 的建立与调用基本相同,下面就简要说明如何在 LabVIEW 中建立和调用 DLL。

1) 在 Function>Advanced 中放入 Call Library Function 函数,鼠标右击此图标,选择 Configure 打开设置对话框。

2) 在 FunctionName 一栏中加入自定义的函数名,比如 avg_num,在 Calling Convention 中选择 C;设置函数的各输入输出参数。在 Parameter 中,将结果类型 return type 改为 error,在 Type 中选择 Numeric 类型,Data Type 选择 Signed 32-bit Integer。然后单击 Add a Parameter After 增加输入参数,分别设置 Parameter、Type、Data Type 和 Array Format 项为 a、Aarry、4-byte Single Array 和 Data Pointer。然后重复此过程,再增加两个参数 size 和 avg。最后得到的函数原型(Funtion Prototype)为:long avg_num(float * a,long size,float * avg)。

3) 单击"OK",然后鼠标右键点击 Call Library Function 图标,选择 Create . c file,并输入所要保存的文件名称,注意这里也要以 avg. c 的格式保存。

4) 在 VC 中新建一个 DLL(在 File>New 菜单中选择 win32 Dynamic Link Library)工程文件,注意不要将工程名与前面保存的 . c 文件名相同。

5) 在新建的工程中,执行 Project>Add to Project>File 操作,向工程添加刚才保存的 avg. c 文件和系统安装的 LabVIEW 路径下的 cintools 目录中的 extcode. h 文件。

6) 编辑 avg. c 文件,其格式如下:

```
/* Call Library Source File */
#include "extcode. h"
_declspec(dllexport) long avg_num(float a[ ],long size,float * avg);
_declspec(dllexport) long avg_num(float a[ ],long size,float * avg)
{
/* Insert Code Here */
}
```

7) 然后在/* Insert Code Here */下面添加自己的代码。

8) 选择 Project>Setting,打开工程设置对话框,找到 C/C++标签页按钮。在 Category 下拉菜单中选择 Code Generation:将 Strict member alignment 设置为 1Byte,将 Use run-time library 设置为 Multithreaded DLL。

9) 在主菜单 Build 下选择 Build . DLL,即可在 Debug 目录下生成 . dll 文件。

10) 然后右击 Call Library Function 函数图标,在 Configure 设置中,点击右上角的 Browse,加入上面生成的 DLL 库文件,然后选择需要的函数。

11) 设置各个输入输出控件,与 Call Library Function 函数各输入输入端连接,注意各参数的类型一定要正确(按上面的函数原型设置),即可实现对 DLL 的调用。

4. 安装程序制作

虚拟仪器各模块设计完成以后,可以利用 LabVIEW Application Builder 制作成安装程序,从而使应用程序可以脱离 LabVIEW 环境使用。LabVIEW Application Builder 是 LabVIEW 的附加软件包,它必须在 LabVIEW 环境下使用。安装该软件后,在 LabVIEW 的 Project 菜单中增加了两项子菜单 Build Application... 和 Creat Distribution Kit...。使用前者可将在 LabVIEW 环境下编制的程序编译为可脱离 LabVIEW 环境独立执行的文件;使用后者可进一步将可执行文件及一些附属性文件制作成安装程序。

下面以将 hrv.vi 制作为安装程序为例,简要介绍如何使用 Application Builder 5.0。

(1) 打开所要编译的程序 hrv.vi。在菜单中选择 File> Save with Options,弹出对话框。在其中选择 Application Distribute,然后单击 Save。

(2) 在弹出对话框中填入 VI 库名 hrv.llb,程序会将 hrv.vi 中所用到的子函数全部保存在 hrv.llb 中。

(3) 选择 Project >Build Application...,在弹出的对话框中选择 Embed VI Library,在弹出的另一个对话框中选择刚刚保存过的 VI 库:hrv.llb,然后单击"打开"。hrv.llb 就加入到 Embed VI Library 对话框中。然后单击"OK"。

(4) 弹出对话框要求命名可执行文件,输入 setup.exe,然后单击"保存"。

(5) 程序运行后会弹出警告信息:编译成功,这时即生成了可执行文件 setup.exe。

3.4.3 LABVIEW 虚拟医学仪器设计实例

1. 心率变异性分析仪概述

心率变异性(heart rate variability)是指窦性心搏间期快慢的差异性。HRV 分析的研究对象是逐次心动周期的时间差别。而人体这种连续的心率瞬时波动是受体内神经体液的调控,为适应不同的生理状况或某些病理状态而做出的反应。

正常人的心律是窦性心律。窦房结受交感神经和副交感(迷走)神经的支配。交感神经的活动使窦性心率加快,而副交感神经的活动正好相反,心率的综合反应取决于两者间的平衡。心率的逐次心搏改变由迷走神经调节,而交感神经活动需要 20s 左右才改变心率。

由于心血管系统是一个"压力"控制系统,凡能影响血压的因素都能引起心率改变。一些生物感受器包括位于心房、心室和肺的机械感受器和位于颈动脉窦、主动脉弓的压力感受器,对血压或血容量的改变起反应,即通过反射回路起相反的对抗作用。这些反应通常发生在逐次心搏基础上,健康人静息时的心电图呈现 RR 间期的周期性变化,即窦性心率不齐,是由于呼吸的不同时相反射地引起迷走神经张力波动所致。窦性心率不齐是一种正常现象。如果一个人不论昼夜、体位姿势如何,窦性的 RR 间期恒定不变或变化甚小,反而是一种不良预兆。窦性心率不齐亦即 HRV 较大,是自主神经系统尤其是迷走神经活动较正常的表现。

HRV 分析仪通过采集人体体表心电信号,并由心电信号检测出相邻 R 波的间期信号 RRI(R wave to R wave Intervals),也称心跳间期信号(Heart Period Signal,HPS),将此信号作为时间序列进行分析。研究表明:HRV 分析是心血管疾病、糖尿病神经病变的敏感诊断方法。HRV 分析包括时域分析、频域分析和非线性动力学的分析方法。HRV 分析系统主要由以下三部分组成:

(1) 由心电检测电路和 QRS 检波电路组成的外部电路,提供给 DAQ 接口板一组模拟信号和一组 HPS 的 TTL 信号。

(2) NI 公司的 PC-LPM-16DAQ 接口卡,实现 A/D 转换、定时/计数功能、数字 I/O 输出的控制等功能。

(3) 由 LabVIEW 6i 软件平台开发的软件实现的数据采集、数据分析以及数据存储与数据显示功能。

2. HRV 分析系统要求

(1) 幅度分辨率　测试系统的幅度分辨率与 ADC 的输入量程与转换精度有关,若 ADC 的输入量程是±5Vp-p,转换精度为 12 位,则幅度分辨率为:$\Delta A = 10/4096 = 2.4414 (\text{mV})$。若模拟放大器的放大倍数为 2500 倍,则换算到体表的值为 $\Delta A_b = 2.4414/2500 = 0.977 (\mu V)$。在做心率变异性分析时推荐的分辨率为 $5\mu V$,因此一般多采用 12 位的 AD 转换。

(2) 时间分辨率　采样频率不仅影响时间分辨率,而且影响对波形幅度的准确测量。因此对波形幅度的准确测量来说,采样频率越高越好,但高采样率将影响成本和数据处理时间。另一个制约采样频率的因素是奈奎斯特采样定理即要求 $f_s \geq 2f$。目前 HRV 分析采用的采样频率范围为 100～1000Hz,其中以 100Hz、300Hz、500Hz 为主。短时 HRV 分析多以 5min 或是 512、1024 个采样点分析。

(3) 放大器带宽　HRV 分析带宽一般为 250Hz,频带低端多采用 3.2s 的时间常数。

(4) QRS 波检测　QRS 波检测常采用硬件实现,这样可以减少所需要的计算量。

3. HRV 分析系统的硬件设计

(1) 心电检测电路　心电检测电路的总体设计框图如图 3.24 所示(有关具体分析请参阅第六章有关部分)。

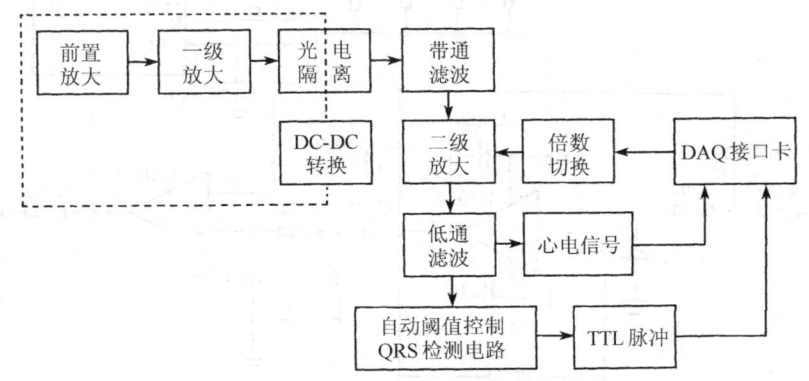

图 3.24　心电检测电路整体框图

心电检测电路的前置放大和一级放大部分采用了 DC-DC 隔离电源,这是基于对人体的安全性考虑的。前置放大采用了仪用运放 AD620,前置放大倍数为 15。一级放大采用双运放

LM358,放大倍数为20。前置放大和一级放大电路如图3.25所示。

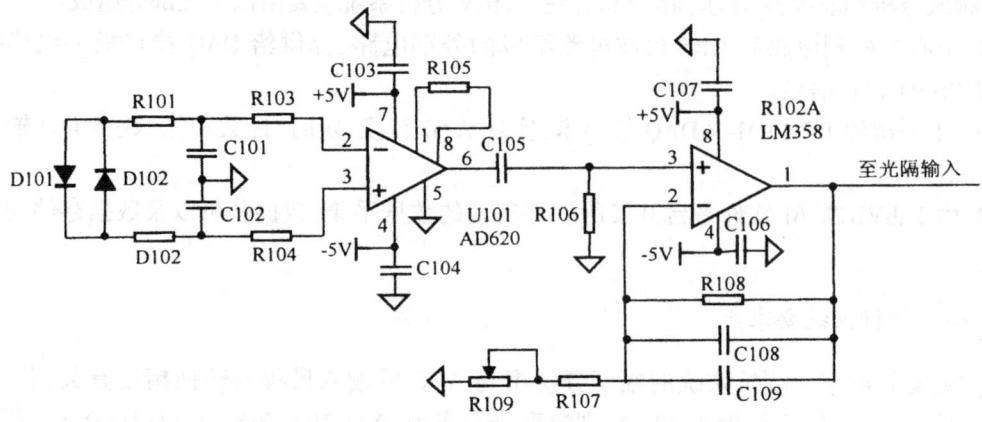

图 3.25 心电检测前置放大电路

光电隔离采用图 6.33 所示的电路。光电耦合采用 6N138,并采用脉宽调制,经光电耦合以后再解调。解调后的信号经过有源带通滤波电路以后再进行二级放大,同时采用了放大倍数切换,控制电平由计算机 I/O 接口板提供,具体电路见图 3.26。

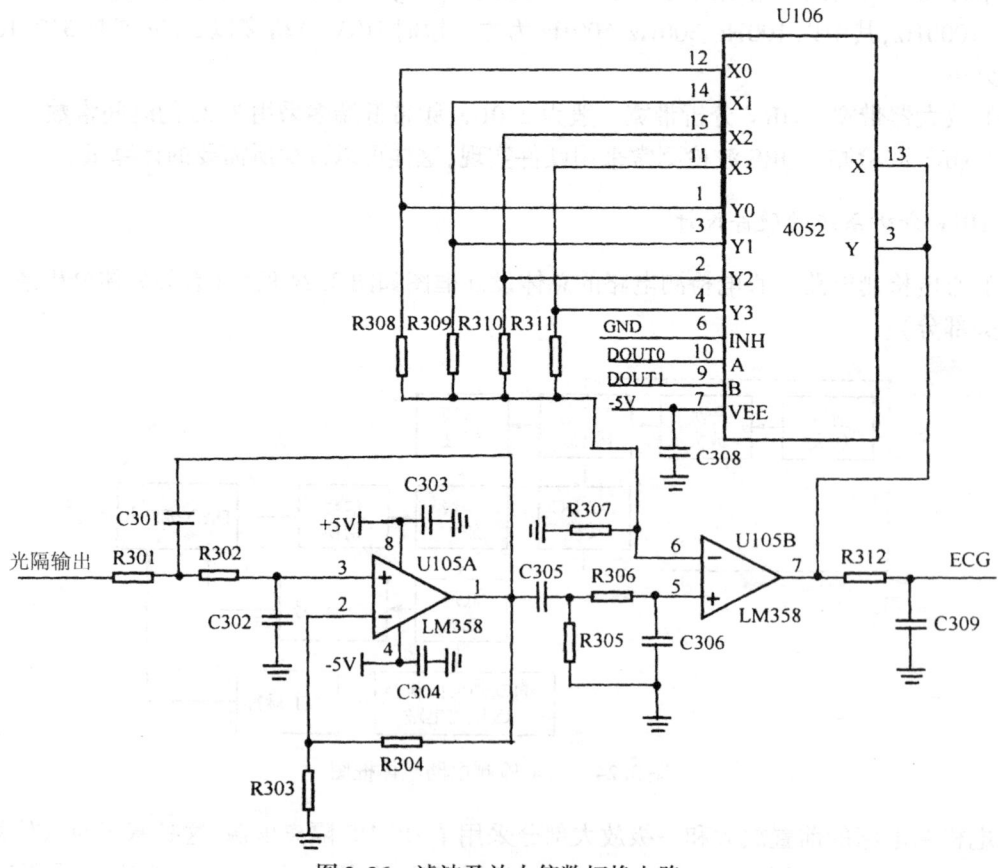

图 3.26 滤波及放大倍数切换电路

这样,就可以在 ECG 点得到峰值 2~5V 的心电信号。一方面送到 I/O 接口的模拟输入通道进行 AD 采样,另一路送至 QRS 检测电路进行 R 波检测。

(2) 心率检测电路 QRS 波检测电路由滤波电路、全波整流电路、双时值峰值检测和单稳态多谐振荡器四部分组成,具体电路图见图 3.27。

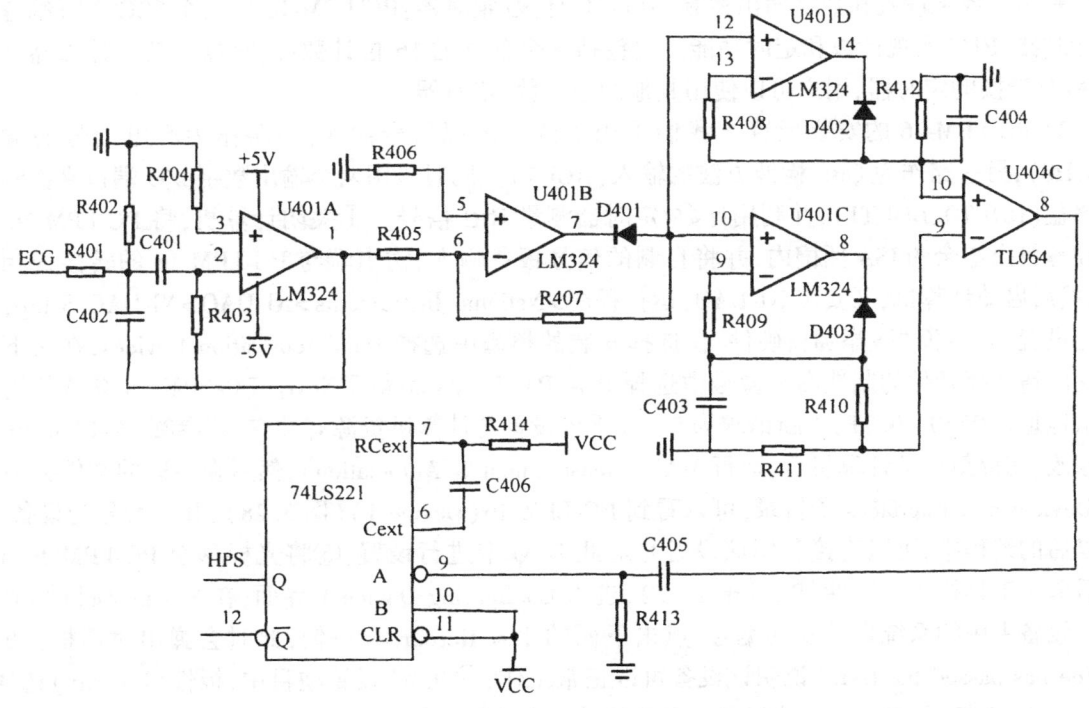

图 3.27 心率检测电路

1) 由 U401A 组成的 QRS 滤波电路:因为 QRS 波的能量主要分布在 10~18Hz 附近,QRS 滤波器采用带宽 0.5~40Hz,中心频率为 17,增益为 8 的二阶有源带通滤波。

2) 由 U401B 组成的全波整流电路:由于带通滤波的振铃效应,滤波后的心电信号呈双向多峰波群形式,同时为了能检出倒置的 QRS 波,带通滤波输出后有一个 QRS 波校正电路,统一将 R 波转化为负向信号,以消除极性对检测的影响。

3) 由 U401C 和 U401D 组成的双时值峰值检测电路:U401C 和 U401D 及其周围电路分别为不同时间常数的峰值检测器,其放电回路的时间常数分别为 5.2s 和 0.33s。C403 上的积分电压通过电阻 R410 和 R411 进行分压,取前一组 QRS 波峰值的 60% 作为后一组 QRS 的检测阈值。

4) 由 74LS221 组成的单稳多谐振荡器:检测出来的心率信号,触发由 74LS221 组成的单稳电路,输出脉宽为 0.3s 的方波脉冲,直接送到 I/O 接口电路的计数输入端。

(3) DAQ 卡的安装与配置

1) PC-LPM-16 数据采集卡简介 PC-LPM-16 是 NI 公司生产的 LPM 系列数据采集卡之一,它是一种低价位、多功能 I/O 数据采集卡,适用于 ISA 接口,具有安装简便、易于使用、方便调试等优点。它的最大采样率为 50kHz,具有 12 位的 AD 转换精度和 16 道单端参考地的模拟输入通路。同时，PC-LPM-16 具有两个 16 位、8MHz 的计数/定时器和 16 通道的数字 I/O 端口。①模拟输入：PC-LPM-16 具有 16 个单端参考地模拟输入通路，各通道输入电压的范围可以设置为 0～10V、±5V、0～5V、±2.5V。在输入电压为 0～10V 时，12 位自动校正的 ADC 的模拟分辨率为 2.44mV；②数字 I/O 接口：PC-LPM-16 分别含有一个 8 位的数字输入和 8 位的数字输出端口，可分别用于数字输入和数字输出控制端口；③计数/定时器：PC-LPM-16 用一个 82C53 可编程间隔计时器（PIT）实现计数和定时功能。它包括三个独立的 16 位计数/定时器。其中计数器 0 用于 A/D 转换的定时器，用户可以使用其他两个计数/定时器。

2) PC-LPM-16 的安装配置　　我们采用了两路模拟信号输入：一路作为心电信号的输入（ACH0），另一路作为 QRS 检波方波的输入（ACH1）。同时采用两个输出数字 I/O 端口来控制输入增益（DOUT0、DOUT1），并利用计数/定时器测量 RRI 信号。①关闭计算机，将 PC-LPM-16 置于计算机内空余的 ISA 插槽内，并将自制的信号板各输入、输出端与 PC-LPM-16 的转接板相连接，然后启动计算机；②安装 NI-DAQ：运行程序＞National Instruments＞NI-DAQ＞NI-DAQ Setup；③运行设置＞控制面板＞添加新硬件，在选择安装的类型中选择 Data Acquisition Devices，在接下来出现的请选择硬件的制造商及型号中选择 PC-LPM-16，然后执行 Next。PC-LPM-16 默认的输入输出地址是 0260～027F，中断请求为 5。如果该设置与计算机资源有冲突，请参阅 PC-LPM-16 手册修改；④重新启动计算机后，运行 MAX（Measurement & Automation），然后在左边的文件夹中打开 Devices and Interfaces 子目录，可以看到 PC-LPM-16（Device 1）（图 3.28），并且编号为设备 1，在以后的编程中，可以直接利用该设备号对此 DAQ 卡进行设置；⑤将光标移至 PC-LPM-16 上，然后单击工具栏中的属性（Properties...），进入 Configuring Device 1 界面，在 System 项目栏中显示了设备占用的系统资源及其编号，点击下面的 Test Resources 按钮，此时会弹出对话框："The device has passed the test."说明该设备可以正常工作；⑥在 AI 设置项目中，极性（Polarity）选择−5V～+5V，在模式（Mode）中选择单端参考地输入方式（Reference Single Ended）。

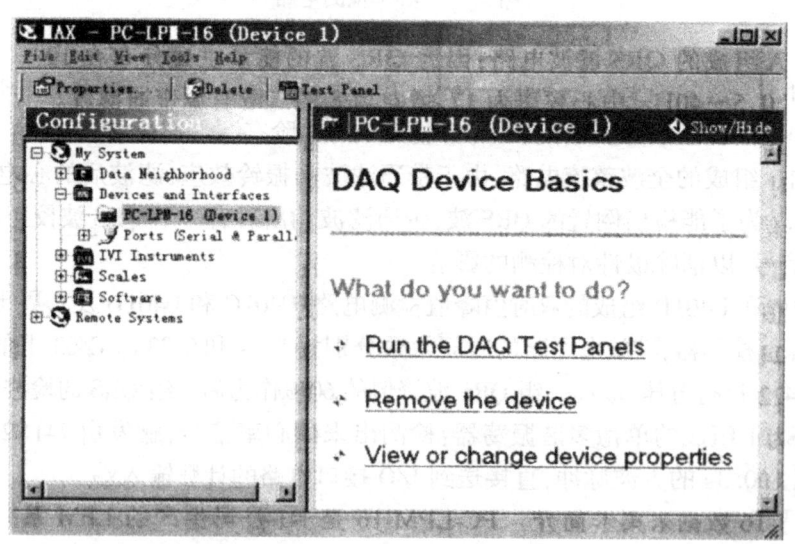

图 3.28　利用 MAX 对 DAQ 进行设置

3) PC-LPM-16 的通道配置　在使用 DAQ 设备的模拟输入或数字 I/O 功能时,必须首先配置设备的通道。①运行 MAX,再右键点击 Data Neighborhood 图标,然后选择弹出菜单"Creat New…",进入 Insert New 对话框,然后选择"Virtual Channel",按下"Finish"按钮;②在"Type of channel"中选择"Analog Input";在"Channel name and Description"中将通道名称设为"ECG",在"Unit"对话框中填上"Volts"或"V",其他选项不用作修改;③完成以上选项以后,再加入另一个模拟通道和一个 I/O 输出通道;④运行 LabVIEW 的窗口主菜单 Tools➤Data Acquisition➤DAQ Channel Viewer,可以看到 DAQ Channel Viewer 窗口,在该窗口中可以查看到当前系统的 DAQ 设备的通道设置情况,见图 3.29。

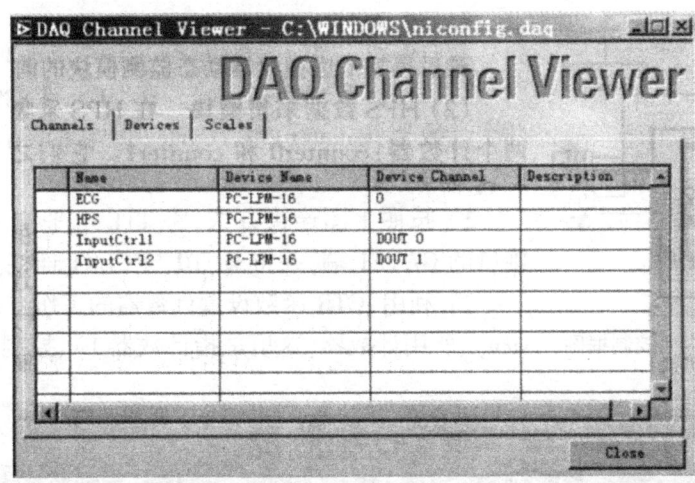

图 3.29　DAQ Channel Viewer 窗口

4. HRV 分析系统的软件编程

LabVIEW 提供了一套直观的图形化的编程语言(C 语言),其中集成了数据采集函数库 Data Acquisition。我们所要使用的子模板是 Analog Input、Digital I/O 和 Counter。下面具体介绍 HRV 分析系统各软件模块的具体实现过程。

(1) 动态心电监测模块

1) 使用 AI CONFIG 函数配置硬件,其中包括设备号(device)、通道(channels)和缓存大小(buffer size)。

2) 使用 AI START 函数设置采样频率(scan rate)和采样点数(number of scans to acquire),此值设为 0 时为连续采集方式。

3) 使用 AI READ 函数设置刷新速度,即每次读取存储在缓存中数据的长度(number of scans to read),并执行读取功能,并将采集数据送到实时趋势图(waveform chart)显示。

4) 使用 AI CLEAR 函数清除任务号(task ID),连接上述四个函数的有两条线,其中上面一条为任务号(task ID),下面一条为错误代码(图 3.30)。

5) 通过一个 Case 选择放大倍数,并用两个 DIG LINE 函数实现对数字 I/O 端口的控制(图 3.31)。

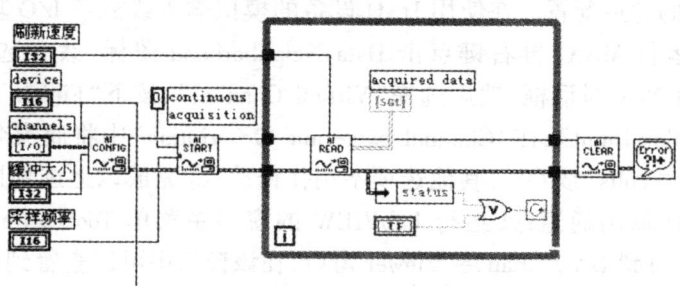

图 3.30 动态心电监测模块程序框图

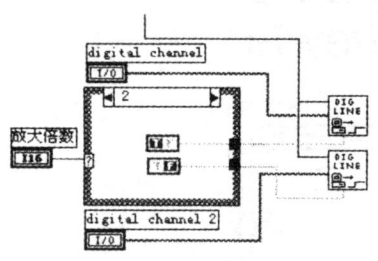

图 3.31 放大倍数切换控制框图

最后得到的虚拟仪器动态监测模块的前面板如图 3.32 所示。

(2) HPS 数据采集模块　在 HPS 采集模块中,分别用到了两个计数器:counter0 和 counter1。它们之间的连接方式如图 3.33 所示。

1) 按照上图连接方式,将 TTL 电平的 HPS 信号接至 I/O 接口的 GATE1 端,并将 OUT0 与 CLK1 连接。

2) 利用 ICTR 函数设置计数器的工作方式,包括设备号(device)、所用计数器(这里是指计数器1)、控制模式(control code,

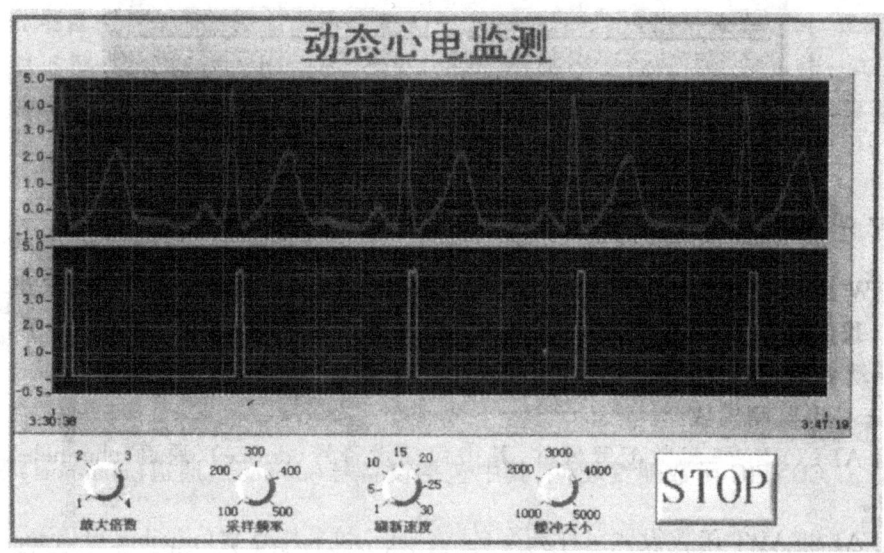

图 3.32 动态监测模块的前面板

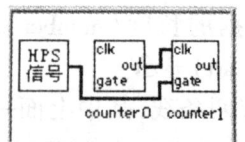

图 3.33 HPS 信号与计数器的连接

这里选用 setup mode 4 方式)和最大读数值(count)。

3) 利用 ICTR TIMEBASE GENERATE 函数获得计数器 0 的工作频率(根据我们的采样需要而设置)。

4) 利用 Wait 函数产生一个延时,以保证计数器能产生一个有效读数值。

5) 将第二个 ICTR 函数的 control code 设为 read,从 OUT1 端口读取计数值。

6) 由于采用的是减法计数方式,因此需要由 65535 减去所读数据才是计数器的真正读数值,最后得到一个 HPS 值。

7) 读取完数据以后,分别对计数器 0 和计数器 1 进行任务清除。

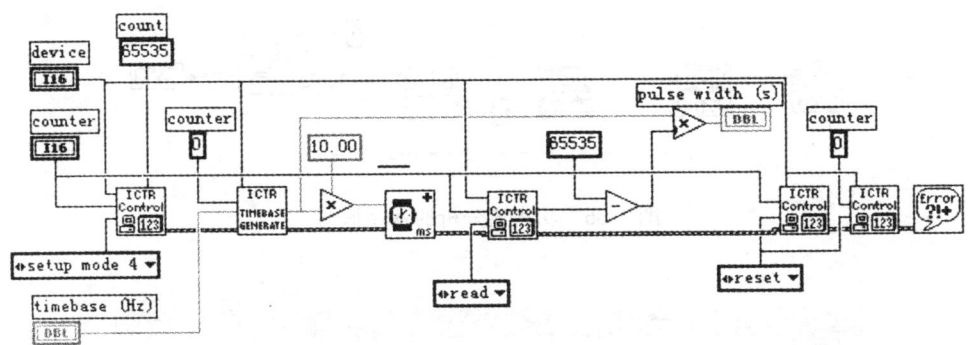

图 3.34　HPS 采集模块的程序框图

最后得到图 3.34 所示的采集模块程序框图;模块的前面板结构见图 3.35。

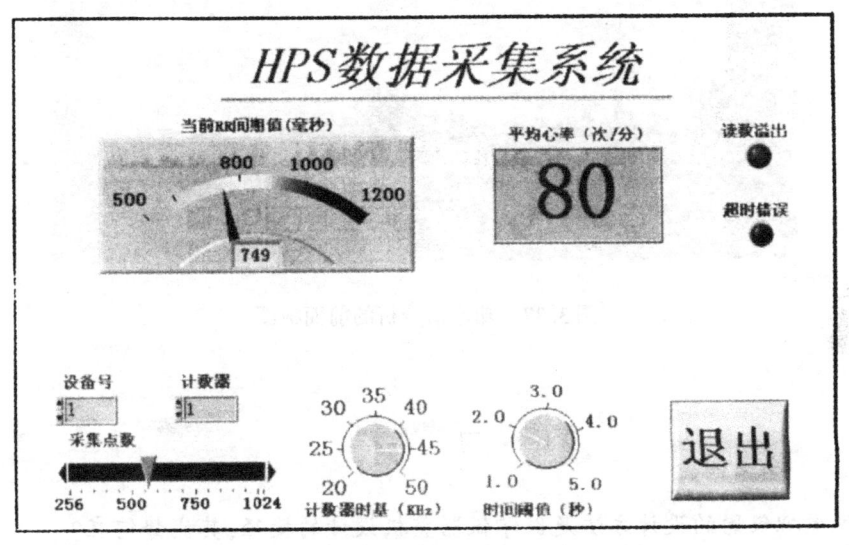

图 3.35　HPS 数据采集模块前面板

(3) 数据处理模块　利用 HPS 采集模块采集到的数据,是某一段时间内连续两次心跳间期的时间值。但由于种种干扰或是人体活动的原因,会产生一些错误读数值。为此首先对所采集的数据进行预处理,并按照采样定理进行重采样处理。因此根据临床分析的需要,数据处理模块分为数据预处理、时域分析、频域分析和非线性动力学分析几个部分。由于篇幅所限,本部分只讲述具有代表性的频域分析部分。

1) 用 Read From Spreadsheet File 函数从电子表格文件中读取待分析数据。

2) 用 Scaled Time Domain Windows 函数设置傅里叶变换的窗函数,选 1 为 Hanning 窗。

3）用 Auto Power Spectrum 函数计算时间序列的功率谱。

4）用 Spectrum Unit Conversion 函数对功率谱作单位变换,使其频率的横坐标为归一化频率。HPV 功率谱分析的流程图与前面板分别示于图 3.36 和图 3.37。

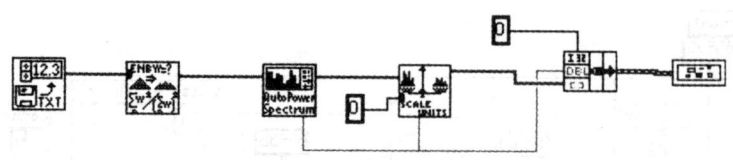

图 3.36　功率谱分析的程序框图

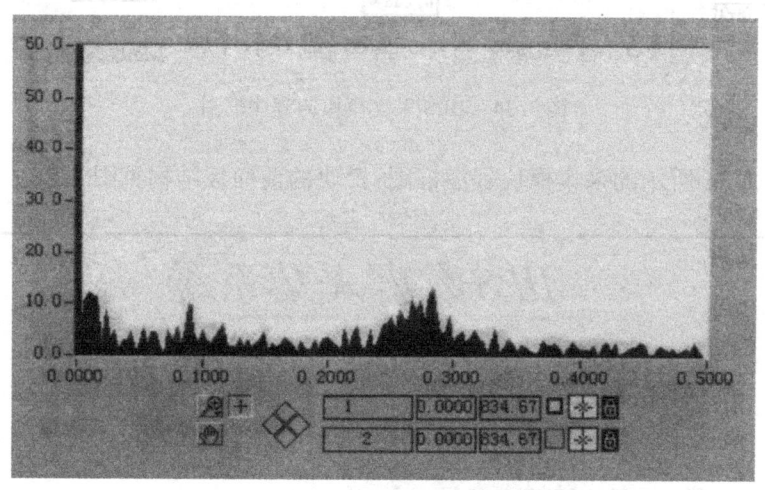

图 3.37　功率谱分析的前面板图

习　题

1. 为何说虚拟仪器的设计方法是医学仪器整机设计的捷径,其优势何在?

2. 基于 PC 的虚拟医学仪器设计,关键是总线接口设计,试提出几种课程内容之外的接口设计的方案。

3. 试举出几种基于虚拟医学仪器系统的安全设计方案。

4. 试用单片机实现虚拟医学仪器的 DAQ 模块设计,并在 VB 或 VC 或 Labview 环境下设计主机与 DAQ 之间的通信驱动软件。

5. 提出一种基于笔记本电脑的虚拟医学仪器接口设计方案。

第四章 微型化与低功耗设计技术
——便携式医学仪器设计

4.1 概　　述

传统医学仪器的便携化设计,已成为现代医学仪器发展的一个重要趋势,而其中的两项核心技术是微型化和低功耗设计。当代工程技术特别是微电子技术为这一设计要求提供了有力的支持,这主要体现在如下几个方面:

(1) 电子元器件集成度越来越高,从而使器件尺寸越来越小,功能越来越强。集成电路芯片的集成度每 1.5 年提高 2 倍,这是 1965 年由 Intel 公司创始人之一 Gordan E. Moore 博士提出的著名的摩尔定律。同时随着数字、模拟混合集成技术的发展,单片计算机(也称微控制器)已在增强中央处理功能的基础上,将许多复杂的外围器件功能集于一身,从而为仪器的微型化设计提供了最重要支持。

(2) 电子元器件封装工艺的不断革新,使得器件实际占空尺寸、安装尺寸越来越小。以表面安装技术(surface mounting technology, SMT)取代穿孔式安装技术(through role mounting technology, THT)为契机,从 20 世纪 80 年代开始至今,各种表面安装元件(surface mounting component, SMC)和表面安装器件(surface mounting device, SMD)已经十分齐套完备,从而使仪器整机设计微型化成为可能。

(3) 从单片微处理器到基础元件、器件,以低功耗设计为目标的产品大量问世,例如单片微处理器 MSP430(耗电在 μA 级),以 3V 电源供电的反射式图形液晶显示器(LCD)模块(耗电不到 1mA)等,从而使得整机设计功耗大幅度降低,依靠电池作为供电电源的便携式医学仪器已能满足长时间工作的需求。

值得指出的是,以下新兴的加工技术的出现和逐步走向成熟,将会对医学仪器微型化设计产生更为深刻的影响:

(1) 硅微加工技术。这是在硅材料上进行微米级水平的三维加工技术,加工制成的悬臂梁、探针、齿轮、齿条等执行装置,在压电晶体、静电、电磁、记忆合金等方式驱动下,与同一硅片集成的高性能的模拟、数字电路相结合组成的微机电系统(micro electro-mechanical system, MEMS),为现代医学仪器提供了在微观领域的设计技术。与此相并列的微机械加工技术,还有超精密机械加工技术和 X 射线深层光刻电铸型等。基于硅微加工技术的各种传感器已经问世,构建于厘米见方的芯片上的生化分析系统(又称芯片上的实验室)即将诞生。值得指出的是,基于 MEMS 的传感器与传统传感器相比,不仅体积小,而且功能强大。例如一种已商品化可用于人体姿态监测的加速度传感器,采用硅微加工技术,在一个 3mm×3mm 大小的芯片上加工制作了用于加速度传感的机械结构,四周还有放大器、信号处理和自校正电路等。这种高性能传感器的诞生已使仪器设计大为简化。

(2) 纳米技术。这是在 10^{-9}m ~ 10^{-7} 的尺度内对原子和分子进行加工的技术。由几十个原子、分子或成千个原子、分子组装在一起构成的"纳米世界"表现出既不同于单个原子、分子,也不同于我们所熟悉的大物质的性质,这是纳米尺度空间的魅力所在。如美国波士顿大学的化学家研制成功的分子马达仅由 78 个原子组成,若能配上相应尺度的"刀具"和控制装置,则人类实现对大分子的"加工",如对突变 DNA 的修复等将不会太遥远。当前纳米技术尚处在基础研究阶段,我们应密切关注其发展,并在未来的设计中加以利用。

4.2 便携式医学仪器设计的基本特点

便携式医学仪器与传统医学仪器设计的区别主要表现在前者高度重视微型化和低功耗设计,同时强化了操作的易用、便捷(智能化)和通信等功能,以下是设计要点:

1. 系统设计高度集约化

便携式医学仪器设计中绝大多数都采用了单片计算机(也称微控制器)来承担仪器的中央处理功能和测控、管理功能。当前单片机的多功能发展,集成了越来越多的外围电路的功能,如 A/D、D/A(PWM)、LCD 驱动、RAM、ROM(EPROM、FLASH MEMORY)等。在存储设计方面,内存一般选用低功耗的静态随机存储器,而外存一般选用大容量、可掉电保存数据的闪存(FLASH MEMORY),这些都是固态、微型器件。

仪器对外通信一般采用线数最少的串行方式,低速采用 RS-232 接口,而高速采用 USB 接口。在此基础上增加一些专用通信模块,可实现移动通信和网络在线等功能。在近距离无线数据交换中,一般采用红外通信(IrDA)和宽带无线通信(如:bluetooth)。

在外设选配方面,受功耗、体积、重量等限制,一般不配备打印机,数据传输与备份输出由上述通信口实现。显示器大多采用低功耗的段式或点阵式图形液晶显示器(LCD)。对于要求低功耗设计指标更高的仪器,则一般选用单色(灰度)反射式图形液晶显示器,辅以短时工作的背光,即可满足大多数设计的要求。

2. 选用合适的供电电压和运行速度

电子仪器系统动态功耗 P_s 一般可用下式定性分析:

$$P_s \propto CV^2 f \tag{4.1}$$

式中,C 为电路中的分布电容和开关型 IC 器件的极间电容;V 为供电电压;f 为工作频率。系统功耗和系统供电电压的平方成正比,再加上便携式医学仪器采用电池供电,所以应尽量采用低电压供电,这样既能减少系统功耗,又有利于电池选配。现在相关的低电压器件已日臻完善,例如,TI 公司推出的 MSP430 系列单片机,工作电压为 1.8 ~ 3.6V,在 1MHz 时钟条件下运行,依照不同的工作模式工作电流仅 0.1 ~ 400μA,其静态功耗几乎为零。

一个系统的整体功耗,与系统的工作频率成正比。因此,选取工作频率时,应以满足工作要求为度,不追求高速度和大的驱动能力。高频率电路仅用于能量转换如电源转换器、光、声响输出等,这些电路以高效率为主要技术指标,但在整体上仍获得低功耗。

3. 电路设计全面采用 CMOS 集成电路

除个别特殊的功率驱动电路外,设计中应尽可能采用 CMOS 集成电路。CMOS 集成电路的最大优点就是微功耗(静态功耗几乎为零);其次是输出逻辑电平摆幅大,工作电压范围宽,因而抗干扰能力强;同时它的工作温度范围也较宽。基于上述原因,CMOS 集成电路一开始出现就和低功耗电路、便携式仪器仪表结下了不解之缘。

早期的 CMOS 电路速度比较低,但随着 HCOMS 电路的出现,其速度已完全能和 TTL 电路兼容。目前几乎所有的 TTL 电路、存储器、单片微机及其外围电路都有了相应的 CMOS/HCOMS 电路,它们的功能、使用、管脚几乎完全一样,基本上可以直接代换。所以目前低功耗微型化医疗仪器使用的几乎全部是 CMOS 集成电路。

但需指出,并非采用了 CMOS 电路就能实现低功耗,还必须正确使用和设计,这方面内容将在下一节中详细介绍。

4. 中央处理机参与低功耗管理

在便携式医学仪器系统中,仪器的动态功耗远远大于静态功耗,中央处理机(CPU)应实时调度,将系统置于工作状态、待机状态、掉电运行状态等,图 4.1 为 MSP430 单片机在两种状态下的功耗。此外,对系统电路供电也可设计成分区供电方式,例如在待机状态时,可以切断对模拟部件的供电等。在软件设计中也应注意低功耗的设计原则,例如尽量不采用软件循环延时的工作方式等,从而可大大减少 CPU 运行状态的时间。

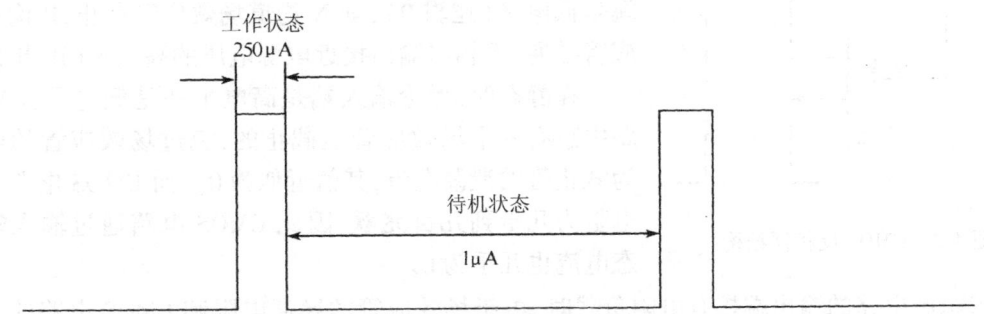

图 4.1 MSP430 单片机在两种状态下的功耗

5. 全面采用表面安装器件

除个别大功率器件外,包括单片机在内的所有集成电路(IC)都有相应的 SMT 器件,此外基础元器件,从电阻(含固定和可调)、电容(含固定和可调),到电感、变压器、扼流圈,以及热敏电阻等传感器,均有相应的 SMT 器件。

SMT 元器件与穿透电路板的直插器件(THT 元器件)相比,占空尺寸大幅度减小。如片式电阻、电容体积仅有直插器件的 1/10,已缩小到 0.6mm×0.3mm,而 IC 器件的引脚中心距已由 1.27mm 缩小到 0.3mm。对于双面及双面以上的多层印制电路板,SMD 器件可以同时在两面焊装,从而大幅度提高了单位面积上器件的密度,在电路所占空间尺度上确保整机微型化。

4.3 微型化与低功耗设计

微型化和低功耗技术的正确采用,关系到便携式医学仪器设计的成败,以下将详细介绍设计中所涉及的关键技术。

4.3.1 CMOS集成电路与低功耗设计

CMOS数字集成电路即互补金属-氧化物-半导体集成电路,是一种自20世纪60年代开始出现的器件,它具有极低功耗、高噪音容量和较宽的工作电压范围等许多独特的优点。因此CMOS电路成为便携式医学仪器设计采用的主要器件。

1. CMOS数字集成电路的静态功耗

CMOS数字集成电路的基本单元是反相器,如图4.2所示,它是由一个增强型P沟道MOS场效应管和另一个增强型N沟道场效应管串接成互补结构组成。两只场效应管的栅极相连作为反相器的输入端,两只场效应管的漏极串接点作为反相器的输出端。由于场效应管有极高的截止-导通电阻比,在静态条件下,如果输入端是高电平(逻辑1),则P沟道场效应管截止,N沟道场效应管导通,反相器输出接近地的低电平(逻辑0);如果输入端是低电平(逻辑0),则N沟道场效应管截止,P沟道场效应管导通,反相器输出接近电源电压的高电平(逻辑1)。

在静态时,无论输入端是高电平还是低电平,CMOS电路中总有一个场效应管是截止的,流过场效应管的电流仅为截止管的泄漏电流,其值近似为0。而CMOS电路的输入电阻为几十到几百兆欧,因此CMOS电路通过输入端的静态电流也几乎为0。

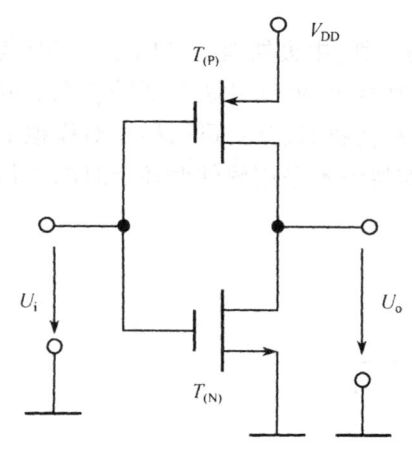

图4.2 CMOS反相器结构

当CMOS电路的输出端接有电阻负载时,由于场效应管的导通电阻和CMOS电路的负载电阻的阻值都较大,因此其静态电流也是非常小的。所以,CMOS电路的静态功耗极小,若再注意处理电路的静态电平和负载电阻的接法,CMOS电路的静态功耗可以减小至微安级。

2. CMOS数字集成电路的动态功耗

在CMOS电路逻辑状态发生转换的瞬间,两只场效应管同时导通,有一个尖峰电流从电源通过两只场效应管流向地。这个尖峰电流是在CMOS电路改变逻辑状态时发生的,它的数量大小由两个分量构成。

第一个分量是跳变过程中两只场效应管同时导通时所流过的电流。输入信号跳变过程越长,此尖峰电流之分量的平均值(DC)也就越大。因此,对于CMOS电路来说电平转换时的缓慢的上升和下降应竭力避免。甚至在系统并不需要微秒级开关速度的情况下,也是如此。

第二个分量为CMOS逻辑门节点电容的充电电流。该分量的平均值等于其面积(对时间的积分)与其重复频率的乘积。可见充电电流的平均值将随着时钟频率的提高而线性地增大。所以一个单片微机系统的时钟频率越高,它的功耗也就越大。

通过上面分析,一个 CMOS 电路动态功耗的大小与该电路改变逻辑状态的频度及速度密切相关。电路逻辑状态改变的频度越大,改变的速度越低,电路的动态功耗越大。

3. CMOS 数字集成电路动态功耗的低功耗设计

随着电路的规模和速度的迅速提高、器件尺寸的缩小,电路的功耗问题显得越来越突出,故即使采用省功耗的 CMOS 电路也必须进行低功耗设计。

CMOS 电路的功耗由下式决定:

$$P = P_s + P_d = I_{sc}V_{dd} + I_L V_{dd} + RC_L V_L V_{dd} f \quad (4.2)$$

式中,静态功耗

$$P_s = I_{sc}V_{dd} + I_L V_{dd} \quad (4.3)$$

式中,第一项是 CMOS 电路中串联的 P 沟道场效应管和 N 沟道场效应管同时导通时的直流短路电流 I_{sc} 所引入的静态功耗,第二项是亚阈值电流以及源漏区与衬底反向偏置时漏电流引起的静态功耗,其中 V_{dd} 为电源电压。

动态功耗 P_d 对电路节点负载电容进行充放电所消耗的功率,表示为

$$P_d = RC_L V_L V_{dd} f \quad (4.4)$$

式中,C_L 是负载电容,V_L 是逻辑摆幅,V_{dd} 是电源电压,f 是工作频率,R 是能耗状态转换动作几率,简称"开关动作率"(switching activity),它是指该节点一个周期内做耗能状态转换所用的时间与时钟周期之比,它的大小与电路结构、逻辑功能、输入数据的组合状态及节点的初始态均有关。

在一般情况下 CMOS 电路的逻辑摆幅 V_L 与电源电压 V_{dd} 近似相等,故动态功耗可简化为

$$P_d = RC_L (V_{dd})^2 f \quad (4.5)$$

在 CMOS 电路的总功耗中,动态功耗占主导地位。本节仅重点叙述降低动态功耗的主要途径和设计技巧。

由式(4.5)可见,降低动态功耗的主要途径是:①降低工作电压;②减少负载电容;③降低工作频率;④降低耗能状态转换活动几率。

前 3 种途径一般要以牺牲速度为代价。尽管如此,仍有可挖掘的潜力。主要是综合考虑速度、功耗和面积等因素,通过采用合理的结构、巧妙的设计和先进的管理技术,在折中、补偿和利用速度余量等技巧上下功夫。高质量的低功耗设计,必须兼顾功耗和速度两个方面,以能量延迟积累作为衡量性能好坏的标准。总之,要在整体性能满足要求的前提下,尽量将所有能降低功耗的潜力发掘出来,这就是"低功耗设计技术"要研究的课题。工艺尺寸的缩减(technology scaling down)将显著减小电路的能量延迟积累,使电路的速度和功耗性能从根本上得到改善。

降低工作电压是降低功耗最有效的途径,也是保证小尺寸器件可靠工作所必须的。根据式(4.5),动态功耗与工作电压的平方成正比,假定电路完全相同,一个用 5V 电压的系统如改为 3.3V 系统可节约 56% 的功耗。如改为 2.5V 电压,则可节约 75% 的功耗。可见低电压节能功效是非常显著的。

降低开关活动率的实质是尽量去除不必要的耗能翻转、避免能量的白白浪费。从这里发掘

省功耗的潜力是很大的,但难度也较大。主要需通过优化算法、改进编码和计算方法、优化逻辑结构来实现。这是当前开展低功耗逻辑优化的重要方面。

4. CMOS 电路的应用注意事项

(1) 未用引脚的处理　CMOS 电路是电压处理器件。它的输入电阻极大,因而 CMOS 电路的输入引脚不能悬空。如果输入引脚悬空,在输入引脚上很容易累积电荷,产生较大的感应电动势。虽然 CMOS 电路输入端都有保护电路,感应电动势一般不会损坏器件,但很容易使输入引脚电位处于 0~1 间的过渡区域。这时反相器上、下两个场效应管均会导通,使电路功耗大大增加。

如图 4.3,对于 CMOS 集成芯片 4081(与门)、4001(或非门)、4049(非门),在电路设计中,未使用的输入引脚不能悬置,必须接上高电平或地。以 CMOS 器件 4011 为例,它内部包含 4 个与非门,在实际应用中,只使用了其中的两个,对于另外两个未使用的与非门,其输入端不能悬置,而应接上高电平或地,图中,未使用的与非门的输入引脚 8、9、12、13 均接地,从而使 CMOS 电路低功耗工作。

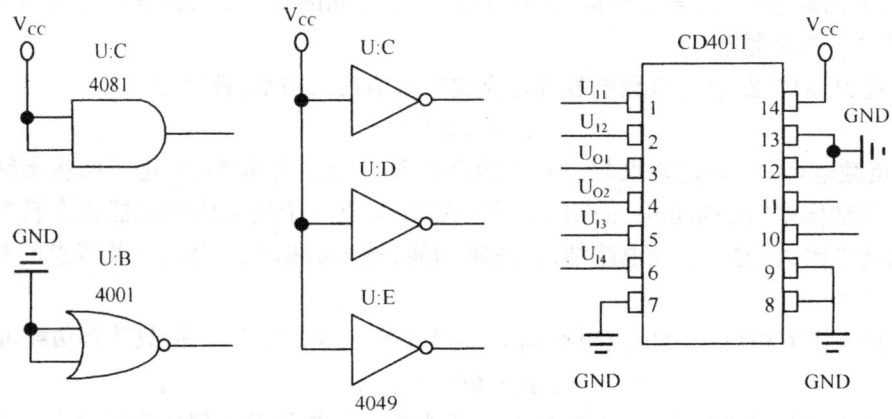

图 4.3　在 CMOS 电路中未使用的输入端不容许悬置

(2) 输入信号幅度　CMOS 电路输入信号的幅度应当保持在供电电压范围之内,若输入信号幅度超过供电电压,则很容易形成较大的输入电流,损坏输入端保护二极管;同时过大幅度的输入信号还容易寄生可控硅现象造成电路的损坏。

(3) 输出能力　CMOS 电路的输出电流不太大,因而对 TTL 电路的扇出系数不大(见表 4.1),但 CMOS 电路的输入电阻极大,输入漏电流仅几个微安,因而 CMOS 电路对 CMOS 电路的扇出系数极大,达 50 以上。这样在由全 CMOS 电路组成的低功耗单片微机系统中,总线驱动能力基本可以不必考虑,接口芯片可以直接挂在总线上,而不必加以总线驱动。

表 4.1　CMOS 电路驱动能力表

	4000 系列	40H	74HC	74AC
输出电流/mA	0.44	0.8	4.0	24
TTL 扇出	1	2	10	60

4.3.2 单片机的低功耗设计

便携式医学仪器产品的发展需要更强大的运算能力支持,同时希望产品具有更低的功耗。这些要求之间彼此制约,矛盾的中心是微处理器,它通常是便携装置中的能耗最大的部件之一。

目前,市场上低功耗微处理器很多,下面以应用较广的 80C51 单片机为例,旨在探讨使用 80C51 微处理器时,如何降低功率的消耗。有关数字开关电路功耗 P_{sw} 可根据下面的公式估算:

$$P_{sw} \propto CV^2/T \qquad (4.6)$$

式中,C 是接收门输入电容和连线电容的总和,V 是工作电压,T 是时钟信号周期。一个 CMOS 门的典型输入电容为 10pF。

1. 时钟频率

根据式(4.6),当供电电压确定后,在微处理器设计中,决定功耗的一个重要因素就是系统的时钟频率。因此在满足工作要求的前提下,将处理器运行于尽可能低的频率比较有利。

图 4.4 表示一个普通的 8051 微处理器的典型功率曲线。一般来讲,电流随频率的变化曲线为线性,具有一定的 DC 偏移。这个 DC 静态电流由片内的静态电路所消耗,例如比较器、运算放大器等。其数值一般很小(<1mA),是一个可忽略的固定吸收电流。

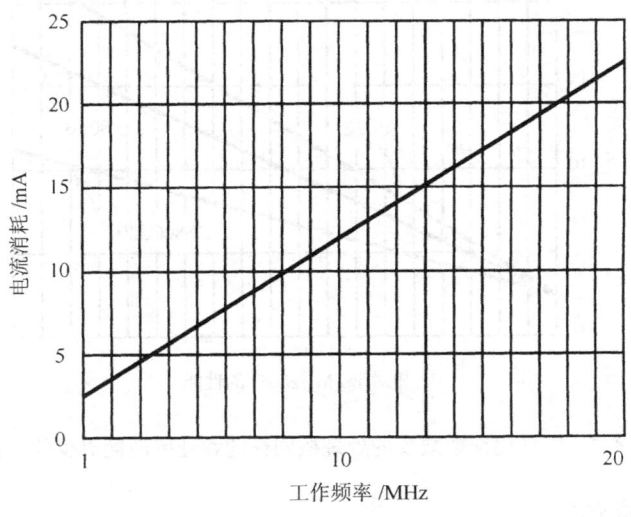

图 4.4 普通的 8051 微处理器典型功率曲线

任何功率受限的设计都应该考虑采用尽可能慢的运行速度。决定最低系统频率,也就是最低功耗的,有很多因素,包括期望得到的系统性能、中断响应延迟等。不管采用什么标准,最终目标是相同的:使器件的工作频率尽可能地靠近应用的需求。

2. 高速内核

要降低基于 8051 系统的功率消耗,最直接的办法就是改善微处理器的效率。8051 最初的设计采用了一个 12 时钟周期、每机器周期两次取指的架构。然而,高速微处理器采用的是每机器周期4个、甚至1个时钟的内核。它们具有更高的运算效率,执行一个指令需要很少的时钟周期,具有更快的运行速度和更高的时钟频率。

尽管高速内核的优势通常考虑其处理能力,它们在降低功耗方面有很重要的意义。当处理器的运行指令经过优化后,执行同一任务所需的时间很短。很多便携式医学仪器工作在突发模式,其特点是只有很短的活动时间,如应用于简单诊断时,在很长时间内都处于非活动状态。减少处理器的活动时间可以相应地降低功耗。

效率提升带来的另一个好处是,获得相同的性能所需的时钟频率可以更低。如果一个经过重新设计的内核采用4时钟机器周期而非12时钟,这就意味着完成同样的工作,只需更低的晶振频率。图4.5显示三种微处理器以同样的速度完成同一任务时的功耗情况。其中两种是标准80C3X的衍生产品工作于每机器周期12个外部时钟方式;另外一种是DS80C320微处理器,工作于4时钟机器周期。测出各个器件的消耗电流,然后进行对比,DS80C320具有250%(2.5倍)的速度提升。正如图4.5所显示的,每周期时钟数减少后的处理器内核工作于同样的吞吐率时,消耗的电流显著降低,高速运行时尤其显著。

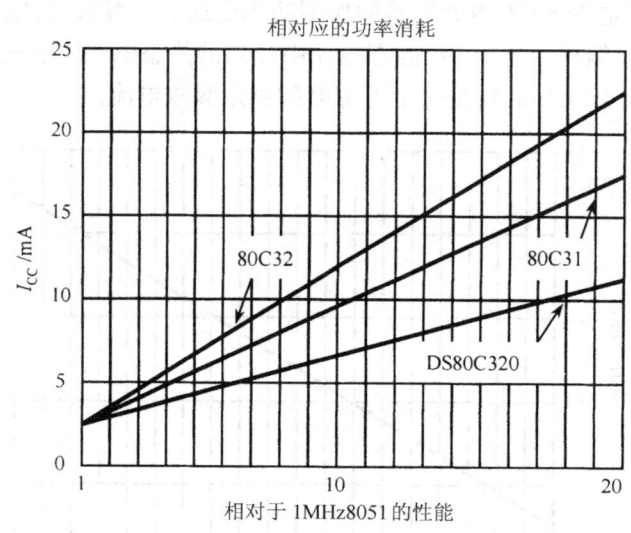

图4.5 时钟周期数减少的处理核同样的吞吐率消耗更少的电流

3. 外围电路的集成化

将外围功能集成于芯片内部是节省电能的方法之一。基于微处理器的系统通常都会有一定数量的外围器件,例如UART电路、看门狗定时器等。现代单片机的优势之一便是将大量的外围功能集成于片内。除了减少元件数量、简化设计外,外围功能的集成化也有利于降低功耗。可以认为任何外围器件的功耗与它位于处理器的内部还是外部没有关系。然而,将功能器件放在片内无疑节省了驱动外部总线所需的开关功率。

(1) 内部程序存储器 以8051为例,许多8051的衍生产品都包含了不同容量的片内程序存储器,它可减少外围元件数量和印制板面积,同时改善了便携系统的电源寿命。正如前面提到的,集成的程序存储器由于免去了外部总线驱动,因而降低了功耗。采用片内存储器还有另外一个省电的原因,8051 架构必须采用一个 74373 类型的锁存器,以便锁存低字节地址。一个采用 DS87C520 高速微处理器和一个 74AC373 锁存器,以及一片 27C256EPROM,访问时间 70ns 的系统,与采用同样的微处理器,工作于内部存储器的系统相比,当它们均工作在 11.0592MHz,执行一个简单、普通的程序时,省掉外部 EPROM 和锁存器的系统,可节省多达 49mA 的电流。

（2）内部数据存储器　如前所述,采用片内存储器取代外部 RAM 能够节省电能。如 80C32 衍生产品具有扩充了的缓存(256 字节),可以满足一般程序中的堆栈操作和数据存储,不必外接 RAM。

对于需要更多数据存储器或设置外部堆栈的设计,还需要额外的 SRAM。虽然可以找到低功耗的 SRAM,在考虑它所带来的功耗时,还应将相关的 74373 系列锁存器、驱动外部总线的容性损耗等一并考虑在内。

4. 时钟源管理

影响功耗的另一个重要的系统元素是时钟源。标准的单片机设计通常采用内部振荡器激励一个外部石英晶体产生时钟,或者采用外部晶体振荡器。如果采用外部晶体振荡器,时钟的波形会影响到功耗。以 8051 为例,XTAL1 的输入级用来将外部时钟信号输入 8051 内核,通常采用互补式驱动器。随着输入时钟在高、低电平之间的跳动,驱动器中的互补对管会有一个短时间的同时开通过程,造成显著的电流浪涌。对于矩形波来说,高、低状态之间的过渡过程非常短暂,两管同时开通的时间最短。对于上升和下降时间比较长的波形,例如正弦或三角波,过渡过程比较长,驱动器两管同时开通的时间也更长。这将会增加电流和功耗。

图 4.6 表示电流消耗和波形的关系。时钟源是一个可编程波形发生器,可以产生正弦波、三角波和方波(矩形波)。图 4.6 显示的电流是 4 个器件的平均值,包括传统的和改进的高速处理核。比较发现电流消耗直接正比于时钟波形的上升(和下降)时间。采用方波时的电流平均要比三角波低 0.75mA。这预示着在用外部时钟振荡器时,采用上升和下降时间更快的振荡器将有利于降低电流功耗。这一点在较低频率下尤为重要,此时器件需要花费更多的时间用于过渡过程。

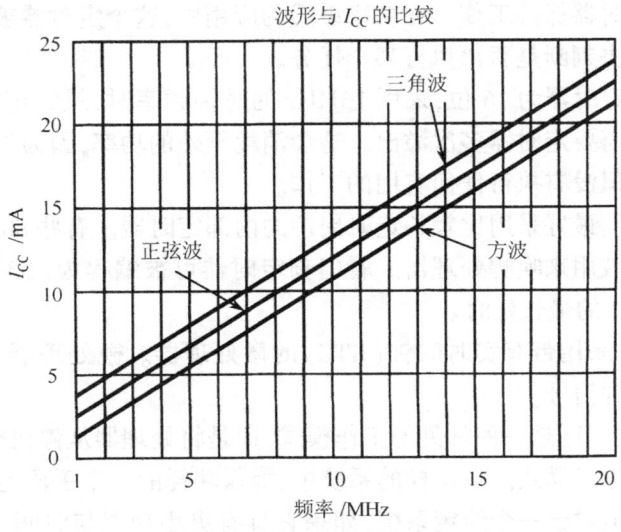

图 4.6　电流消耗和波形的关系

有些 8051 衍生产品包含了一个片内的环形振荡器。通常是一串反相器,脉冲在其中传播。它可以提供一个 2~4MHz 的内部时钟源的驱动器件。由于不需要使用晶体,这种振荡器是功耗很低的时钟源。从 DS87C520 高速微处理器的特性可以看出,工作于环形振荡器时,能够提供等同于 7MHz 8051 的性能,而功耗仅有 3.6mA。虽然环形振荡器没有压电式晶体那样稳定,它们的低功耗以及可以忽略的上电延迟在功率管理方面占有重要位置。

微处理器的工作频率是影响器件功耗最重要的一个因素。虽然系统的时钟频率主要取决于硬件配置,8051 还是提供了一些有限的处理手段。这些手段减缓或终止器件全部或部分单元的工作时钟。传统的 8051 架构采用了两种处理方法:空闲和停机。

(1) 改善停机模式　停机模式是 8051 设计中所能利用的最低功耗状态。在该模式下,内部振荡器停振,器件中止工作。脱离停机模式通常靠外部复位。某些变型也可以通过外部中断退出停机模式。

停机模式有一个缺点,就是在晶振恢复工作时必须有一个确定的时间,才能达到足够的振荡器幅度来驱动器件工作。这个预热过程不管采用内部振荡器还是外部振荡器都会存在。时间大约在 3~12ms,与晶体和振荡器的性能有关。如果采用环形振荡器来实现从停机模式到快速启动,就可避免这种延迟。

某些应用中,在退出停机模式后不久,要求时钟具有晶振的稳定度。这种情况下,环形振荡器仍不失其优越性,紧随着停机模式的退出,处理器应该立即启动晶体振荡器。随后处理器可以在晶振的预热期初始化一些必要的数据或寄存器。多数高速微处理器可以用一个状态位来标识晶体振荡器是否达到稳定。一旦完成了晶振代码的初始化进程,软件可以查询状态位,以决定是否着手高精度定时操作。

另外一个改善停机模式效率的方法是采用中断而不是复位方式来唤醒处理器。这种方式使处理器能够紧接着设置 STOP 位的指令立即恢复工作,而不是从复位向量重新启动。这样就免去了对复位原因的判断,允许处理器在最短的时间内开始有用的工作。

(2) 空闲模式　空闲模式是 8051 架构使用的第二个时钟管理模式。该模式中止了 CPU 的运行,但片内的通用定时器保持工作。在功率敏感的应用中,这个定时器被用于周期性地唤醒处理器去执行任务,或者去判断是否该执行某个任务。

由于标准的 8051 定时器为 16 位,采用 16MHz 的时钟频率时,最大定时周期只有 31ms。如果需要更长的周期,就需要定时器多次溢出。这会消耗额外的功率,因为处理器必须频繁地恢复全速工作来累积计数,但没有执行任何有用的工作。

对于比较长的周期,最好采用比较长定时周期的内部定时器。有些 8051 衍生产品包含了一个看门狗定时器,也可被用来唤醒处理器。看门狗定时器可被编程为比较长的定时。在 16MHz 的频率下能够提供 4.2s 的最长延时。

还有一个选择就是采用带有实时时钟(RTC)的微处理器。微处理器内置的 RTC 能够产生周期长达 24 小时的闹钟信号。

(3) 突发工作模式　这是一种常见的工作模式,即是将处理器从停机模式中唤醒,执行一个突发任务,然后再转到停机模式。在这样的系统中,降低功耗的一个手段是提高工作频率。初看起来,似乎匪夷所思。但对于一个给定系统,如果它具有更小功率与时间乘积,那么它的能耗更低,而不必单独考虑两种参数。很多实例显示,高速微处理器由于运行时间更短,实际能耗更低,而处理时间更长的低速处理器正好与此相反。

例如，DS87C520读取一个I/O端口，经过算术运行后将结果从另一端口送出，这个过程需要500个机器周期的CPU时间。电流消耗在10MHz时为12.4mA，30MHz时为34.6mA。表4.2归纳了在两种速度下执行读任务时的能耗情况。从表4.2中可以看到，30MHz工作时的效率更高，能耗降低6%以上。

表4.2 执行一个500机器周期的任务时所消耗的能量和处理器速度对比

时钟频率	机器周期	所用机器周期	总时间	I_{CC}	电流时间积
10MHz	400ns	500	200ms	12.41mA	2.48mAs
30MHz	133ns	300	6.5ms	34.66mA	2.30mAs

4.3.3 存储器的低功耗设计

在一般的单片微机系统中，存储器的功耗较大，所以在低功耗单片微机系统设计中，如何选择和使用存储器是一个很重要的问题。要解决问题主要从两个方面入手：一方面是必须选用HCMOS工艺的存储器；第二方面是尽量采用维持工作方式。

1. HCMOS存储器

存储器过去都是NMOS器件，其功耗较大。但随着微电子学的发展，现在市场上已大量出现HCMOS工艺的存储器。这些存储器主要有ROM：27C32、27C64、27C128、27C256、27C512；静态RAM：6116、6264、65256、EEPROM 28C64等。它们与各自名称中不带C标号的NMOS存储器外形相同，管脚相同，功能及使用方法也完全相同，一般可以互相换用。表4.3说明了HCMOS存储器和NMOS存储器的功耗情况。

表4.3 存储器功耗表（单位：mA）

型　号	2764 (NMOS)	27C64 (HCMOS)	27128 (NMOS)	27C128 (HCMOS)	27256 (NMOS)	27C256 (HCMOS)	2864 (NMOS)	28C64 (HCMOS)
工作电流	100	30	100	30	100	30	140	30
维持电流	20	1	20	1	40	1	70	5

从表中可以看出，在单片微机系统中，将NMOS存储器换为HCMOS存储器，系统功耗会大大降低。同时也可看出存储器功耗和存储器容量的关系不大，因而当需要较大的存储空间时，应选用一块大容量的存储器而不要选用多块小容量的存储器。

2. 采用维持工作方式

CMOS存储器工作电流虽然不太大，但对于便携式低功耗系统来说，还是很难接受。仔细分析可看出，存储器实际读写的工作时间很短，每读写一次仅几百纳秒，仅占整个仪器工作时间的很小一部分。所以厂家均为存储器设置了维持工作方式。当存储器片选脚CE输入选中（使能）信号"0"时，存储器处于维持工作方式，不进行读写。从表4-3可以看出，在维持工作方式，存储器的功耗已经非常小了。

(1) EPROM 维持工作方式　EPROM27C32、27C64、27C128、27C256、27C512 的 CE 端片选信号为"0"时,ROM 被选中,可对其进行读操作。当 CE 端片选信号为"1"时,ROM 芯片处于节电维持工作方式。所以在低功耗系统中,如图 4.7(a)所示,通常都将存储器的 CE 片选端与 OE 允许读出端一起连到 80C31 的 PSEN 读指令信号输出脚上。利用 PSEN 信号作为存储器的片选信号(ALE 信号也可以,但硬件电路麻烦)。这样只有在读指令时,ROM 芯片才被选中。

对于会进入待机工作方式的 80C31 单片微机系统,由于在待机工作方式,89C51 的 PSEN 脚输出"1"电平,按上述连接方式,正好使 EPROM 进入节电的维持工作方式。

对于会进入掉电工作方式的 80C31 单片微机系统,由于在掉电工作方式,80C31 的 PSEN 脚输出"0"电平,按上述连接方式,就会使 EPROM 进入耗电的工作方式,所以必须采用图 4.7(b)所示的连接方式。80C31 是由软件设置进入掉电工作状态,掉电时 P2 口输出 P2 锁存器锁存的内容。所以在软件指令中,进入掉电之前,应当用 SETB P2.7 指令将"1"锁存入 P2.7 寄存器。这样在平时,P2.7 为"0",80C31 可以对 EPROM 进行读写;掉电时,P2.7 为"1",强迫 EPROM 进入维持工作方式,如图 4.7(c)。当 EPROM 容量大于 32K 字节时,这时就不能利用 P2.7 脚,而必须换用一个 P3 口或一个 P1 口,方法也和上面讲的一样。

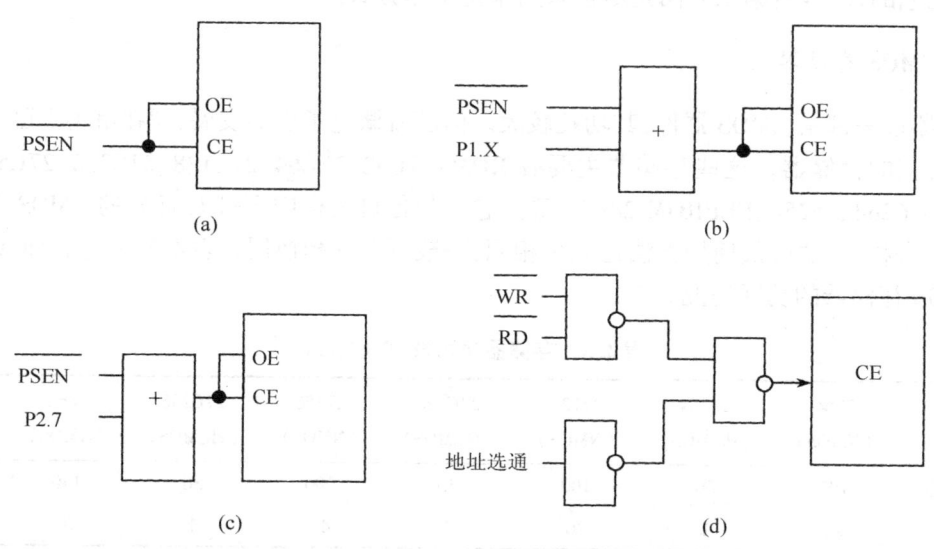

图 4.7　存储器片选脚的连接

(2) RAM 及 EEPROM 的维持工作方式　NMOS 静态 RAM 6116、65256,以及 EEPROM 28C64 和上述 EPROM 一样,片选 CE 端接选中(使能)信号"0"时,存储器处于耗电的工作方式;若 CE 片选端接非选中(非使能)信号"1"时,存储器处于节电的维持工作方式。为使存储器在不读写时处于节电的维持工作方式,应当采用图 4.7(d)所示电路。在没有对该芯片读写时(非读写或非选中芯片),存储器就必然处于节电的维持工作方式。对于会进入掉电或待机工作方式的 80C31 低功耗系统,也可以采用此电路。因为在开机复位时,P3 口寄存器已被自动复位为 FF 了。同时由于采用了片外 RAM 和 EEPROM,P3 口已不会做其他使用,寄存器内锁存的内容始终为"1",在进入掉电和待机工作方式后,RD、WR 输出为"1"保证 RAM 或 EEPROM 处于节电的维持工作方式。

对于 6264,因为它有两个片选端 CE1、CE2。当 CE2 为"0"时,6264 进入维持工作方式;当 CE2 为"1"时,6264 就和上面介绍的 RAM、EEPROM 一样,芯片的工作方式由 CE1 所决定。所以对于 6264 只要将其 CE2 端恒接高电平,将 CE1 按图 4.7(d)所示的方式连接即可。

(3) 闪速存储器维持工作方式　闪速存储器(flash memory),简称闪存,是可以在线电擦写、掉电后信息不丢失的存储器。闪存与 EPROM 相比,具有更高的性能价格比,而且容量大、体积小、功耗低、擦写速度快、使用比较方便。因此,采用闪存存储程序和固定数据是一种比较好的选择。

以 AMD 公司的 Am29LV400B 为例,通过软件设置,可以使该闪存在非读写擦除状态时,处于休眠维持状态,这样可以大大降低 FLASH 的功耗。其读电流为 7mA,编程/擦除电流为 15mA;而待命电流和自动休眠电流均为 200nA。

3. 闪存应用设计实例

在便携式医学仪器大容量存储的场合,闪存提供了一个很好的解决方案。闪存的发展具有"更大、更小、更低"的趋势;借助于先进微加工技术(microfabrication technologies),闪速存储器的容量将会更大,同时芯片的封装尺寸会更小,新的工艺技术也决定了存储器的低电压发展趋势,从最初 12V 的编程电压,一步步下降到 5V、3.3V、2.7V、1.8V,以及单电压供电。容量越来越大、体积越来越小、功耗越来越低的闪速存储器将会更好地满足便携式医学仪器产品设计的要求。

本实例以 Intel 的闪存 DA28F320J5 为例,介绍闪速存储器在微型多参数生理监护仪设计中的应用。该监护仪采用 MOTOROLA 的 16 位单片机 MC68HC16Z1 为中央控制单元。

(1) DA28F320J5 闪速存储器　INTEL DA28F320J5 是 32Mbit 闪速存储器,也可选用 DA28F640J5(64Mbit),它和 DA28F320J5 的区别在于:DA28F320J5 的第 6 引脚(是空脚),在 DA28F640J5 中是 A_{22}。其设计方法和 DA28F320J5 完全类似。DA28F320J5 共有 56 个引脚,各引脚的功能参见表 4.4。

表 4.4　DA28F320J5 的引脚功能

引脚符号	I/O	功能描述
$A_0 \sim A_{21}$	I	地址线
$DQ_0 \sim DQ_{15}$	I/O	数据线
CE_0、CE_1、CE_2	I	片选
RP#	I	复位,低有效
OE#	I	读使能,低有效
WE#	I	写使能,低有效
STS	O	表明内部状态机的状态
BYTE#	I	字节/字选择:为低电平时表示是字节(×8)模式,为高电平时表示是字(×16)模式
V_{PEN}	I	擦除/编程/块锁使能,高电平有效
V_{CC}	I	电源
V_{CCQ}	I	输出缓冲器的电源
GND	I	地
NC		空

DA28F320J5 的存储空间是按块定义的,如图 4.8 所示。每一个块(block)都有一个锁存位,控制是否允许擦除或写入数据。器件本身也有一个锁存位,控制块锁存位的设置或清除。在块锁存位允许时,还要 VPEN 上的电平为高时,才能改写存储器中的数据,具有很好的数据保护功能。

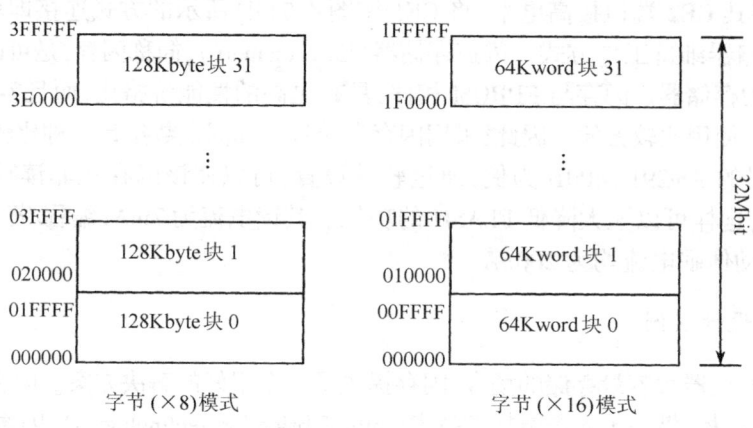

图 4.8　存储空间

DA28F320J5 支持 14 种操作命令,参见表 4.5。对 DA28F320J5 进行的每一项操作,都是由相应的命令来实现的。这一点比一般的存储器件要复杂。其中,经常用到的是"read array"、"read status register"、"clear status register"、"write to buff"、"word/byte program"、"block erase"几个命令,这在软件编程中将详细介绍。

表 4.5　DA28F320J5 的命令格式 *

命　令	第一个总线周期			第二个总线周期		
	操作	地址	数据	操作	地址	数据
Read Array	写	x	0xFF			
Read Identifier codes	写	x	0x90	读	IA	ID
Read Query	写	x	0x98	读	QA	QD
Read Status Register	写	x	0x70	读	x	SRD
Clear Status Register	写	x	0x50			
Write to Buffer	写	BA	0xE8	写	BA	N
Word/Byte Program	写	PA	0x40 或 0x10	写	PA	PD
Block Erase	写	BA	0x20	写	BA	0xD0
Block Erase Suspend	写	x	0xB0			
Block Erase Resume	写	x	0xD0			
Configuration	写	x	0xB8	写	x	CC
Set Block Lock-Bit	写	BA	0x60	写	BA	0x01
Clear Block Lock-Bit	写	x	0x60	写	x	0xD0
Set Master Lock-Bit	写	x	0x60	写	x	0xF1

　　* x:器件的任意有效地址;BA:块中的地址;IA:标志代码地址(Identifier Code Address);QA:咨询数据库地址(Query database Address);PA:要写入的存储地址;ID:从标志代码读出的数据;QD:从咨询数据库读出的数据;SRD:从状态寄存器读出的数据;PD:要写入 PA 地址的数据;CC:配置代码。

在上电初始化后或复位后,器件的缺省模式为"Read Array",即器件允许其他器件读取它所保存的数据。读的速度比较快(纳秒级),和一般的存储器件没什么区别。但写和擦除的速度较慢(毫秒或秒级)。并且,若要在同一地址改写数据,则需要先擦除,再写入,而擦除命令是针对块操作的。所以在嵌入式系统中,闪速存储器一般不作缓存,主要用于数据保存和程序存储。

(2) 电路设计 在多参数监护仪中,DA28F320J5 除了用作中央控制单片机 MC68HC16Z1 的程序存储器以外,还用于保存整个系统的数据。硬件电路如图 4.9 所示。

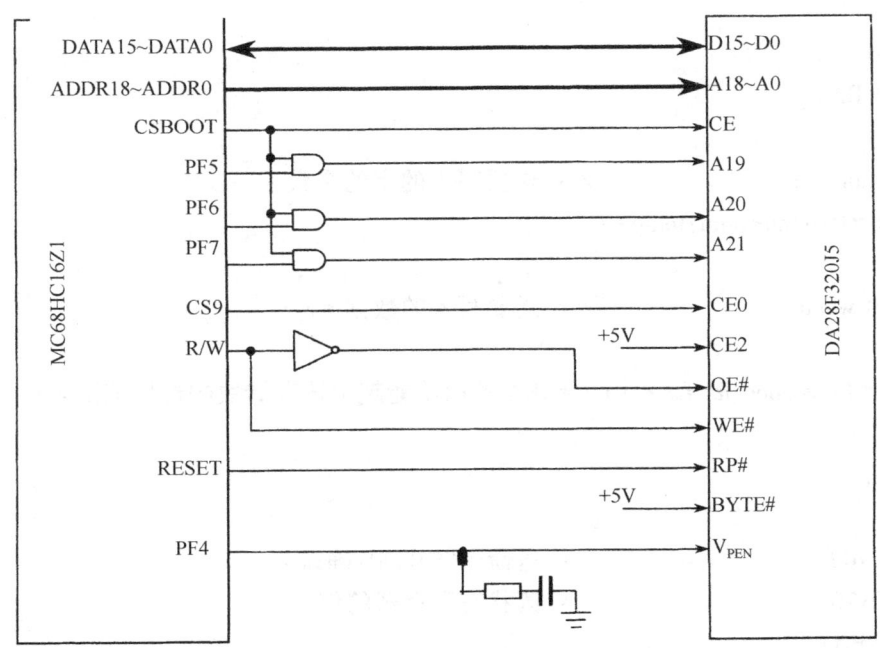

图 4.9 硬件电路

CSBOOT 引脚是 MC68HC16Z1 的程序存储器片选信号。由于 DA28F320J5 有 32Mbit,21 根地址线,但 MC68HC16Z1 的真正地址线只有 19 根,所以加用 3 个 I/O 口:PF5 ~ PF7 用于寻址。MC68HC16Z1 本身带有很多片选信号,在此选用 CS9 作为 DA28F320J5 的片选。MC68HC16Z1 的读写信号共用一个 I/O 引脚,所以在此将 R/W 信号取反作为 DA28F320J5 的 OE#信号。V_{PEN} 是 DA28F320J5 的数据保护引脚,用 MC68HC16Z1 的 I/O 口 PF4 控制。

由于 MC68HC16Z1 有 16 位数据总线,所以 BYTE#接高电平,选择 16 位模式。

(3) 程序设计 下面介绍几个常用命令的编程。各个程序都编写成函数的形式,方便调用。

读命令很简单,在上电初始化后或复位后,DA28F320J5 器件的缺省模式为"Read Array",可以直接读取数据。在进行任何非"Read Array"操作后,建议都回到缺省模式"Read Array"。

写数据有两种方式:"Write to Buffer" 和 "Word/Byte Program"。前者可以一次写入一批数据,后者一次只能写入一个字或字节。

1) "Write to Buffer"命令编程如下:

/* 本函数的功能:将 num 个数据(其起始地址为 wdata)写入以 BA 为起始地址的存储块中,返回状态寄存器值 */

```c
int writebuf(unsigned int far * BA, unsigned int * wdata, unsigned int num)
{
    unsigned int temp;
    temp=0;
    while(temp&0x80==0)          /* 检查扩展状态寄存器的值,以判断是否可以进行"Write to
                                    Buffer"操作 */
    {
        *BA=0xe8;
        temp= *BA;
    }
    *BA=num-1;                   /* 送要写入的字的个数 */
    for(temp=0;temp<num;temp++)
    {
        *BA= *wdata;             /* 送要写入的数据 */
        BA++;
        If(BA==(unsigned int far *)0)/* BA 的值不能超出该存储块的地址范围 */
        break;
        wdata++;
    }
    *BA=0xd0;                    /* 送命令字 0xd0;确认 */
    *BA=0x70;                    /* 读状态寄存器的值 */
    temp=0xBA;
    if((temp&0x3a)! =0)          /* 如果有错,将状态寄存器清零 */
    *BA=0x50;
    *BA=0xff;                    /* 设为"Read Array"模式 */
    return temp;                 /* 返回状态寄存器值 */
}
```

2) "Word/Byte Program" 命令编程如下:
/* 本函数的功能:将一个字的数据(wdata)写入 BA 地址中,返回状态寄存器值 */

```c
int wordwrit(unsigned int far * BA, unsigned int wdata)
{
    unsigned int temp;
    *BA=0x10;                    /* 送命令字 0x10 */
    *BA=wdata;                   /* 将 wdata 数据写入 BA 地址中 */
    temp= *BA;                   /* 读状态寄存器 */
    while((temp&0x80)==0)
    temp= *BA;
    if((temp&0x1a)! =0)          /* 判断是否有错,若有错,将状态寄存器清零 */
```

```
   *BA = 0x50;
   *BA = 0xff;                    /* 设为"Read Array"模式 */
   return temp;                   /* 返回状态寄存器值 */
}
```

每次要改写数据时,必须用"Erase Block"命令先擦除:

```
/* 本函数的功能:擦除 BA 所在的存储块,返回状态寄存器值 */
/* BA 为要擦除的存储块的任意有效地址 */
int erablock(unsigned int far* BA)
{
   unsigned int temp;
   *BA = 0x20;                    /* 送命令字 0x20 */
   *BA = 0xd0;                    /* 送命令字 0xdo,确认 */
   temp = *BA;                    /* 读状态寄存器 */
   if((temp&0x38)! = 0)
   *BA = 0x50;
   *BA = 0xff;                    /* 设为"Read Array"模式 */
   return temp;                   /* 返回状态寄存器值 */
}
```

4.3.4 电源的低功耗设计

便携式医学仪器采用电池供电,如何使稳压电源部分性能满足电路的要求、效率高(能延长电池的寿命)、体积小、重量轻,是设计的一项重要任务。

近年来,各半导体器件厂纷纷推出各种适合便携式电子产品要求的新型电源 IC,并给出各种典型应用电路,使电源设计工作变得较为简单。为了合理地选择电源 IC,首先要了解各种电源 IC 及其特点。

1. 电源的分类及特点

根据不同的工作原理可将电源分成三类:线性稳压电源、开关稳压电源及电荷泵电源。它们各自都有一定的特点及适用范围,这里分别简介。

(1) 线性稳压电源 线性稳压电源是因其内部调整管工作在线性范围而得名。一般认为线性稳压电源的输入电压与输出电压之间的电压差(一般称为压差)大,调整管上的损耗大,效率低。但近年来开发出各种低压差(LDO)的新型线性稳压器 IC,一般输出 100mA 电流时,其压差在 100mV 左右的水平(甚至于到 70~80mV 的水平),某些小电流的低压差线性稳压器其压差仅几十毫伏。这样,调整管的损耗较小,效率也有较大的提高,因此可延长电池的寿命。另外,线性稳压电源外围元件最少、输出噪声最小、静态电流最小,价格也便宜。

(2) 开关稳压电源 在便携式电子产品中,开关稳压电源主要指 DC/DC 变换器。由于器件中有一个工作在开关状态的晶体管(一般是 MOSFET),故称为开关电源。开关管工作于饱和导通及截止两种状态,所以开关管管耗小并且与输入电压大小无关,效率较高(一般可达 80%~

95%)。

DC/DC 变换器 IC 可以组成升压式($V_{out} > V_{in}$)、降压式($V_{out} < V_{in}$)。大多数便携式电子产品的工作电流在 300mA 以下,所以很少用到降压式 DC/DC 变换器。降压式主要用于工作电流大于 1A 以上的场合,如笔记本式计算机等。

电压反转式 DC/DC 变换器的特点是可以获得负电压,并且可获得大于输入电压的负压,即 $|-V_{out}| > V_{in}$。用电压反转器 IC 组成的负电压可输出较大的电流。便携式电子产品中采用电荷泵电路来获得负压更为简单,并且有带线性稳压输出的电荷泵 IC,所以在便携式产品中电压反转式 DC/DC 变换器也很少用。

(3) 电荷泵电源 电荷泵电压反转器是一种 DC/DC 变换器,它将输入的正电压转换成相应的负电压,即 $V_{out} = -V_{in}$。另外,它也可以把输出电压转换成近两倍的输入电压,即 $V_{out} \approx 2V_{in}$。由于它是利用电容的充电、放电实现电荷转移的原理构成,所以这种电压反转器电路也称为电荷泵变换器(charge pump converter)。

20 世纪 80 年代末 90 年代初,各半导体器件厂生产的电荷泵变换器是以 ICL7660 为基础开发出一些改进型产品,这一类器件的缺点是:输出电流小、输出电阻大、振荡器工作频率低、使外接电容容量大、静态电流大。ICL7660 的静态电流典型值为 170μA。

近年来,开发出一些微功耗的新产品,如 MAX1673 的静态电流典型值仅为 35μA。为更进一步减小电路的功耗,已开发出能关闭负电源的功能,使器件耗电降到 1μA 以下;关闭负电源的同时使部分电路不工作也进一步达到了减少功耗的目的。例如 MAX662A 在关闭状态时耗电 < 1μA,几乎可忽略不计。

2. 便携式仪器的电源设计

(1) 输出电流大时应采用降压式 DC/DC 便携式电子产品大部分工作电流在 300mA 以下,并且大部分采用 5# 镍镉、镍氢电池,若采用 1 ~ 2 节电池,升压到 3.3V 或 5V 并要求输出 500mA 以上电流时,电池寿命不长或两次充电间隔时间太短,使用不便。这时采用降压式 DC/DC 变换器,其效率与升压式差不多,但电池的寿命或充电间隔时间要长得多。

(2) 输出电流小时可采用升压式 DC/DC 选用 DC/DC 变换器的工作电流的最大值为电源 IC 最大输出电流 I_{cmax} 的 70% ~ 90% 较合适。例如最大输出电流 I_{cmax} 为 1A 的 DC/DC 变换器 IC 适用于工作电流 700 ~ 900mA 的场合,而工作于 20 ~ 30mA 时,其效率则很低。工作电流小的场合采用升压式 DC/DC 变换器不仅效率高并且可减少电池数(减小整个电源体积及重量)。例如 MAX1674/1675 高效率、低功耗升压式 DC/DC 变换器 IC,其静态电流仅 16μA,在输出 200mA 时效率可达 94%,在关闭电源时耗电仅 0.1μA,并可选择电流限制来降低纹波电压。

(3) 采用 LDO 的最佳条件 在要求输出电压中纹波、噪声特别小,输入输出电压差不大,输出电流不大于 100mA 的场合,采用微功耗、低压差(LDO)线性稳压器是最合适的。例如,采用 3 节镍镉、镍氢电池或采用 1 节锂离子电池,输出 3.0 ~ 3.3V 电压,工作电流小于 100mA 时,电池寿命较长,并且有较高的效率。可采用超微功耗线性稳压器 BAW03A ~ 06A,其静态电流仅 1.1μA,输出电压有 3.0、3.1、3.2、3.3、3.4、4.0、4.2、4.3、4.5、5.0、5.8、6.0V,可供用户选择,输出电流 30 ~ 50mA。MAX8867/8868 输出噪声为 30μVrms。而另一种低功耗、低压差 LDO 器件 GMT7250,其静态电流 180μA,输出 100mA 时压差小于 85mV。该器件温度稳定性好,典型值为

31ppm/℃,并且有电源工作状态信号输出及关闭电源控制;有固定电压输出:3.3V、4.85V、5.0V 三种,并且可外接两个电阻来设定输出电压,输出电压范围为 1.2~9.75V,输出电流可达 250mA,适合大多数应用。

(4) 需负电源时尽量采用电荷泵 DC/DC 便携式仪器设计中往往需要负电源,由于所需电流不大,采用电荷泵 IC 组成电压反转电路最为简单,若要求噪声小或要求输出稳压时,可采用带 LDO 线性稳压器的电荷泵 IC。例如,MAX1680/1681,输出电流可达 125mA,采用 1MHz 开关频率,仅需外接两个 1μF 小电容,输出阻抗 3.5Ω,有关闭电源控制(关闭时耗电仅 1μA),并可组成倍压电路。另一种带稳压输出的电荷泵 IC MAX868,它输出可调(0~$-2×V_{IN}$),外接两个 0.1μF 电容,消耗 35μA 电源电流,可输出 30mA 稳压的电流,有关闭电源控制功能(关闭时耗电仅 0.1μA),小尺寸 μMAX 封装。

(5) DC/DC 变换器中电感(L)、输出电容(C)及续流二极管(D)的选择 DC/DC 变换器外围电路中电感 L、输出电容 C 及续流二极管或隔离二极管 D 的选择十分重要。电感 L 要满足在开关电流峰值时不饱和(开关峰值电流要大于输出电流 3~4 倍),并且要选择合适的磁芯以满足开关频率的要求,特别注意应选择直流电阻小的电感以减少损耗。电容应选择等效串联电阻小、响应速度快的钽电容,这可降低输出纹波电压,有较好效果。二极管必须采用肖特基二极管,其额定值应大于 DC/DC 的峰值电流。

4.3.5 液晶显示技术

便携式医学仪器在操作过程中,需要进行人-机交互,仪器中必须配备各种各样的显示器,以便显示输入的参数和测量出的结果。在低功耗系统设计中一般采用液晶显示器。

1. 概述

液晶是一种有机化合物,又称液态晶体。液晶是一种介于固体与液体之间,具有规则性分子排列的有机化合物,一般最常用的液晶型式为向列液晶,分子形状为细长棒形,长宽 1~10nm,如图 4.10。在不同电流电场作用下,液晶分子会做规则的旋转 90°排列,产生透光度的差别,从而在电源 ON/OFF 下产生明暗的区别。依此原理控制每个像素,便可构成所需图像。

1973 年,格雷教授(英国哈尔大学)发现了稳定的液晶材料(联苯系)。1976 年,由 SHARP 公司在世界上首次将其应用于计算器(EL-8025)的显示屏中,此材料目前已成为 LCD 材料的基础。

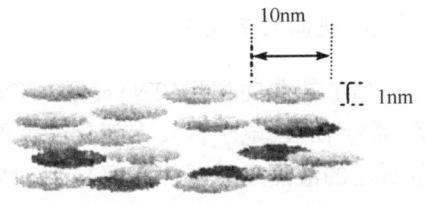

图 4.10 液晶分子形状

便携式医学仪器在低功耗系统设计中首选反射式液晶显示器,它是一种被动显示器,即它本身不发光而只是调制环境光,因此,它在显示时需要一定的光源。反射式液晶和其他显示器件相比有以下工作特点:

(1) 反射式液晶显示工作电压低,仅 3~6V;功耗极小(每平方厘米仅 18~80μW/cm^2),同样显示面积,其功耗比 LED 小几百倍。所以它特别适宜与 CMOS 电路直接相配,用于各种数字及图形显示,尤其适用于便携式智能仪器。

(2) 液晶体积小,外形薄,为平板式显示,使用很方便。

(3) 液晶显示时间和余辉时间较长,为 ms 级,因而相应的速度较慢。
(4) 液晶本身不发光,在黑暗环境中不能显示,需采用辅助光源。
(5) 液晶工作温度范围较窄,通常为 $-10 \sim +60℃$。
(6) 和 CRT 显示器相比,液晶除了极低功耗的优点,还是一种无辐射的"绿色"显示方式。

2. 液晶的分类

根据 LCD(液晶)所采用的材料构造,可把液晶分为 TN、STN、TFT 等三大类,而据目前的技术原理又可以将它们再次分为 TN、STN、FSTN、DSTN、TFT 等诸多类别。

TN 型 LCD：TN 是指 Twisted Neumatic,扭曲向列型。
STN 型 LCD：STN 是指 Super Twisted Neumatic,超扭曲向列型 LCD。
DSTN 型 LCD：DSTN 是指 Dual Super Twisted Neumaic 双超扭曲向列型 LCD。
FSTN 型 LCD：FSTN 是指 Film Super Twisted Nematic 薄层超扭曲向列型 LCD。
TFT 型 LCD：TFT 就是指 Thin Film Transistor 薄片式晶体管 LCD。
因为液晶有 TN、STN、TFT 等各种材料,所以用户可以根据实际的不同需要进行选择。

(1) TN 型 LCD　该材料液晶可视角较低,温度范围较窄,适用于字符、数字、段码式要求的行业应用。也就是所谓字符型液晶的主要材料。它们的命名方式主要是以字符及行数来形容。

(2) STN 型 LCD　该材料的可视角相对于 TN 要大,而且温度范围也好一些,目前是市面上比较通用的一种,根据功能及更深一步的开发还有 DSTN、FSTN 等多种规格,可实现单色或伪彩色的不同需要,目前主要命名方式是图形、点阵式液晶,如点阵 $128×64 \sim 640×200$ 单色或彩色液晶。

(3) TFT 型 LCD　这是一种由场效应管驱动的主动式发光的液晶显示器,具有分辨率高、真彩色、响应时间快等特点,但功耗比反射式液晶显示器大很多。随着 TFT LCD 的技术进一步成熟,特别是功耗的降低,有望在便携式医学仪器中获得广泛应用。

3. 液晶显示原理

(1) 扭曲向列相(TN)显示　TN 型液晶显示器件是最常见的一种液晶显示器件。常见的手表、数字仪表、电子钟及大部分计算器所用的液晶显示器件都是 TN 型器件。一般笔段式数字显示所用的液晶显示器件大都是 TN 型器件。因此,这种器件应该是人们最熟知的液晶显示器了。

TN 型液晶显示器件的基本结构原理是:将涂有透明导电层的玻璃光刻上一定的透明电极图形,将这种带有透明导电电极图形的前后两片玻璃基板中间夹上一层具有正介电各向异性的向列相液晶材料,四周进行密封,形成一个厚度仅为数微米的扁平液晶盒。由于在玻璃内表面涂有一层定向层膜,并进行了定向处理,在盒内液晶分子沿玻璃表面平行排列。但由于两片玻璃内表面的定向层方向互相垂直,使得液晶分子在两片玻璃之间呈 90°扭曲,这就是扭曲向列液晶显示器件名称的由来。图 4.11 为 TN 型液晶显示器件的构造。

由于 TN 型液晶显示器件中液晶分子在盒中的扭曲螺矩远比可见光波长大得多,所以当自然光沿玻璃表面一侧的液晶分子射入后,其偏光方向在通过整个液晶层后会被扭曲 90°由另一侧射出,使得液晶盒,在正交偏振片间可以透光。

如果这时在液晶盒上施加一个电压并达到一定值后,液晶分子长轴将开始沿电场方向倾斜,

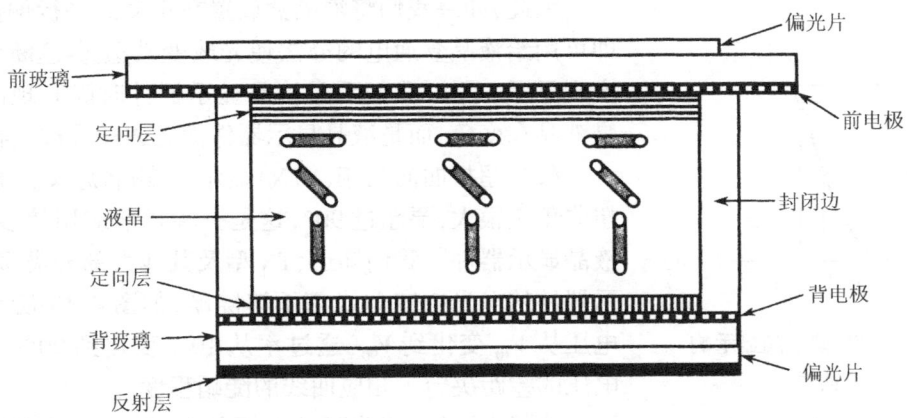

图 4.11　典型 TN 液晶显示器件结构示意图

当电压达到约 2 倍阈值电压后,除电极表面的液晶分子外,所有液晶盒内两电极之间的液晶分子都变成沿电场方向的再排列。这时,90°旋光的功能消失,使得液晶盒在正交偏振片之间可以遮光(见图 4.12),与不通电时的情况恰好相反。可见,施加电压可以改变液晶盒的通透性。以上介绍的是正交偏振片的情况,由平行偏振片组成的液晶其原理与此类同。

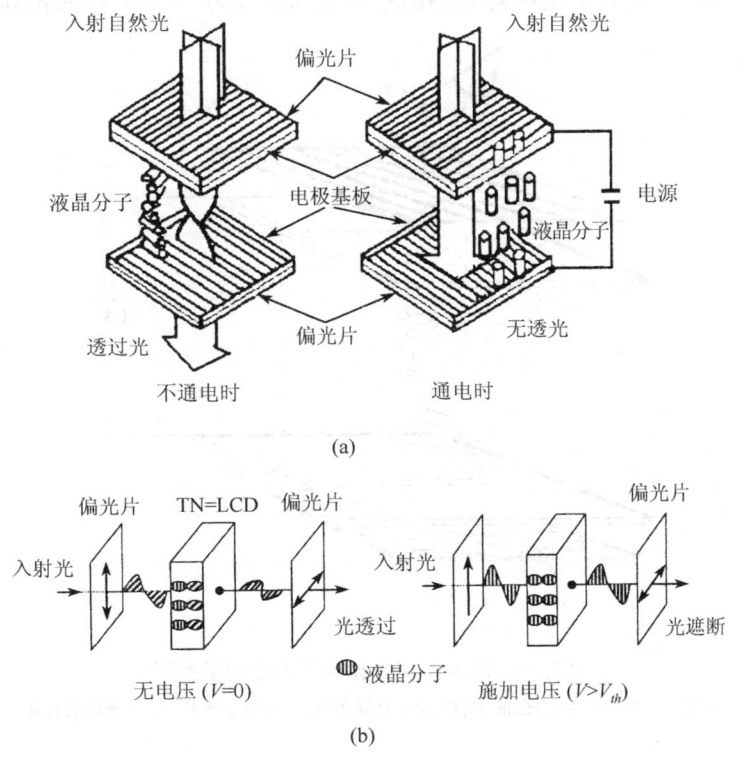

图 4.12　TN 型液晶显示器显示原理图
(a) TN 型器件分子排布与透过光示意图;(b) TN 型电光效应的原理示意图

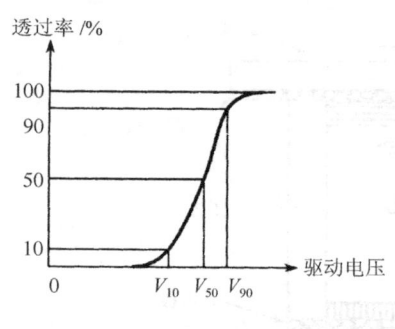

图 4.13 TN 型液晶显示响应曲线

因此,如果我们将液晶盒放置在正交或平行偏振片之间,即可用给液晶盒通电的办法使光改变其透过-遮断状态,从而实现显示。平时我们看见液晶显示器件时隐时现的黑字,不是液晶在变色,而是液晶显示器件使光透过或被吸收所致。

(2) 超扭曲向列相(STN)显示　顾名思义,"超扭曲"即扭曲角应很大,要超过 90°,这是一种目前应用较多的点阵式液晶显示器件。我们知道,TN 型及其他大部分类型的液晶显示器件的电光响应曲线都不够陡峭,如图 4.13 所示,当驱动电压从 V_{10} 变化到 V_{90},透过率从 10% 变化到 90%,V_{10} 和 V_{90} 电压的差距决定了相应曲线的陡峭程度。

从图中可见,随着驱动电压的升高,电光响应缓慢增加,阈值特性很不明显,这给多路驱动造成了困难,使液晶在大信息量显示,视频显示上受到了限制。

20 世纪 80 年代初,人们发现,传统的扭曲向列液晶(TN)器件,只要将其液晶分子的扭曲角加大,即可以改善其驱动特性。经过努力,人们陆续开发出一系列超过了 TN 扭曲角 90°的液晶显示器件,我们把这类扭曲角在 180°~360°的液晶显示器件称为超扭曲(STN)系列产品。

目前,几乎所有的反射式点阵图形和大部分点阵字符液晶显示器件均已采用了 STN 模式。STN 技术在液晶产业中已处于成熟、完善的阶段。STN 模式的产品结构基本和 TN 模式是一样的,只不过盒中液晶分子排列不是沿着 90°扭曲排列,而是 180°~360°扭曲排列,如图 4.14 所示。

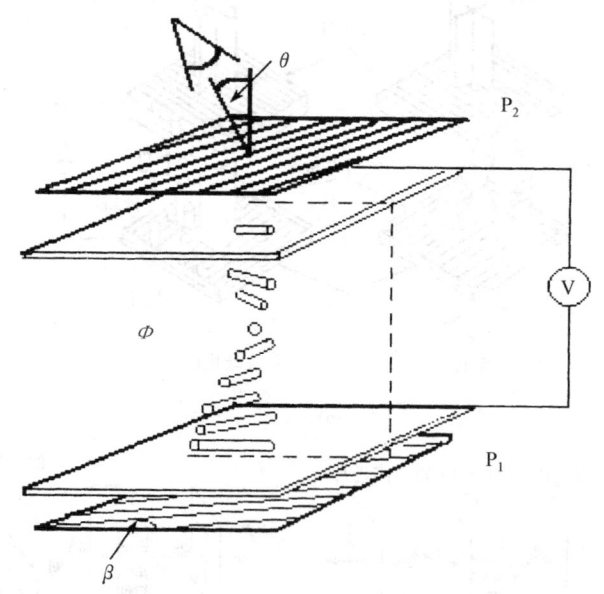

图 4.14　STN 型液晶显示器件原理示意图

其中,θ 为视角,Φ 为扭曲角,P_1、P_2 为偏光轴,V 为驱动电压,β 为偏光轴夹角

(3) 薄膜晶体管显示　薄膜晶体管(thin film transistor)简称 TFT,一般代指薄膜液晶显示器,而实际上指的是薄膜晶体管(矩阵)——可以"主动的"对屏幕上的各个独立的像素进行控

制,这也就是所谓的主动(或称:有源)矩阵TFT(active matrix TFT)。

一个成品TFT显示屏,一般由一个夹层组成,组成这个夹层的每一层主要是偏光板、彩色滤光片,这两层之间就是液晶层。偏光板、彩色滤光片决定了多少光可以通过以及生成何种颜色的光。这个夹层位于两层玻璃基板之间。在上层玻璃基板上有场效应晶体管(FET),而下层是共同电极,他们共同作用可以生成能精确控制的电场,电场决定了液晶的排列方式。构成显示屏上的每个象素由三个FET分别控制红、绿、蓝三种原始颜色。

TFT像素架构中,彩色滤光镜依据颜色分为红、绿、蓝三种,依次排列在玻璃基板上组成一像素点域(dot pitch),对应一个像素的每一个单色滤光镜称之为子像素(sub-pixel)。也就是说,如果一个TFT显示器最大支持1280×1024分辨率的话,那么至少需要1280×3×1024个子像素和晶体管。对于一个15英寸的TFT显示器(1024×768),一个像素大约是0.0188英寸(相当于0.30mm)。

4. 液晶显示模块

液晶显示模块是一种将液晶显示器件、连接件、集成电路、PCB线路板、背光源、结构件装配在一起的组件,英文名称叫"LCD Module",简称LCM,一般称为"液晶显示模块"。但根据我国有关国家标准的规定,只有不可拆分的一体化部件才称为"模块",可拆分的叫作"组件",所以规范地应称为"液晶显示组件"。

(1) 数显液晶模块 这是一种由段型液晶显示器件与专用的集成电路组装成一体的功能部件,只能显示数字和一些标识符号。段式液晶显示器件大多应用在便携、袖珍设备上。由于这些设备体积小,所以尽可能不将显示部分设计成单独的部件,即使一些应用领域需要单独的显示组件,那么也应该使其除具有显示功能外,还应具有一些信息接收、处理、存储传递等功能,使它们由于具有某种通用的、特定的功能而受市场的欢迎。

1) 计数模块 这是一种由不同位数的七段式液晶显示器件与译码驱动器,或再加上计数器装配成的计数显示部件。它具有记录、处理、显示数字的功能。目前我国市场上能够见到的主要产品有由CD4055译码驱动器驱动的单位液晶显示器件显示模块,以及由ICM7211,ICM7231,ICM7232、CD14543、UPD145001、HD44100等集成电路与相应配套的液晶显示器件组装成的4位、6位、8位、10位、12位、16位计数模块。

2) 计量模块 这是一种由多位段式液晶显示器件和具有译码、驱动、计数、A/D转换功能的集成电路组装而成的模块。由于所用的集成电路中具有A/D转换功能,所以可以将输入的模拟量电信号转换成数字量显示出来。我们知道任何物理量,甚至化学量(如酸碱度等)都可以转换为模拟量,所以只要配上一定的传感器,这种模块就可以实现任何量值的测量和显示,使用起来十分方便。计量模块所用的集成电路型号主要有ICL7116、ICL7129等,这些集成电路的功能、特性决定了计量模块的功能和特性。

3) 计时模块 计时模块将液晶显示器件用于计时历史最久,将一个液晶显示器件与一块计时集成电路装配在一起就是一个功能完整的计时器。由于它没有成品钟表的外壳,所以称之为计时模块。计时模块虽然用途很广,但通用、标准型的计时模块却很难在市场上买到,只能到电子钟表生产厂家去选购或定购合适的表芯,计时模块和计数模块虽然外观相似,但它们的显示方式不同,计时模块显示的数字是由两位一组的数字组成的,而计数模块每位数字均是连续排列的。不少计时模块还具有定时、控制功能。

(2) 液晶点阵字符模块　它是由点阵字符液晶显示器件和专用的行、列驱动器、控制器及必要的连接件,结构件装配而成的,可以显示数字和西文字符。这种点阵字符模块本身具有字符发生器,显示容量大,功能丰富。一般这种模块最少也可以显示 8 位 1 行或 16 位 1 行以上的字符。这种模块的点阵排列是由 5×7、5×8 或 5×11 的一组组像素点阵排列组成的。每组 1 位,每位间有一点的间隔,每行间也有一行的间隔,所以不能显示图形,其规格主要如表 4.6 所示:

表 4.6　液晶点阵字符模块的规格

8 位	1 行;2 行	24 位	1 行;2 行;4 行
16 位	1 行;2 行;4 行	32 位	1 行;2 行;4 行
20 位	1 行;2 行;4 行	40 位	1 行;2 行;4 行

一般在模块控制、驱动器内具有已固化好 192 个字符字模的字符库 CGROM,还具有让用户自定义建立专用字符的随机存储器 CGRAM,允许用户建立 8 个 5×8 点阵的字符。

(3) 点阵图形液晶模块　这种模块也是点阵模块的一种,其特点是点阵像素(pixels)连续排列,行和列在排列中均没有空隔。因此可以显示连续、完整的图形。由于它也是由 X-Y 矩阵像素构成的,所以除显示图形外,也可以显示字符。常见模块有以下三种类型:

1) 行、列驱动型　这是一种必须外接专用控制器的模块,其模块只装配有通用的行、列驱动器,这种驱动器实际上只有对像素的一般驱动输出端,而输入端一般只有 4 位以下的数据输入端、移位信号输入端、锁存输入端、交流信号输入端等,如 HD44100、IID66100 等。此种模块必须外接控制电路,如 HD61830、SEDl330 等才能与计算机连接。这种模块数量最多,最普遍。虽然需要采用自配控制器,但它也给客户留下了可以自行选择不同控制器的自由。

2) 直接驱动型　这是一种可直接与计算机接口,依靠计算机直接控制驱动器的模块。这类模块所用的列驱动器具有 I/O 总线数据接口,可以将模块直接挂在计算机的总线上,省去了专用控制器,因此对整机系统降低成本有好处。对于像素数量不大,整机功能不多,对计算机软件的编程又很熟悉的用户非常适用。

3) 行、列控制型　这是一种内藏控制器的点阵图形模块。也是比较受欢迎的一种类型。这种模块不仅装有如第一类的行、列驱动器,而且也装配有如 T6963C 等的专用控制器。这种控制器是液晶驱动器与计算机的接口,它以最简单的方式受控于计算机,接收并反馈给计算机各种信息,经过自己独立的信息处理实现对显示缓冲区的管理,并向驱动器提供所需要的各种信号、脉冲,操纵驱动器实现模块的显示功能。这种控制器具有一套专用的指令,并具有自己的字符发生器 CGROM。

5. 点阵图形液晶应用设计实例

在微型医疗仪器中广泛采用点阵(图形)液晶显示器,以达到缩小体积,降低功耗的目的。特别是采用反射式液晶显示器(STN 模式),上述效果尤为突出,但其设计相对大屏幕有源液晶(TFT 模式)要困难。而在液晶的界面设计中都要遇到字符和图片的显示问题,这一问题还和硬件电路有关。

下面以研制便携式微型多参数生理监护仪为例,介绍点阵图形液晶 EG7564C-RS 模块在微型医学仪器设计中的应用,包括液晶的字符、图片显示程序设计。应用该程序可以方便地在液晶任意位置上显示任意字符、图片。该设计方案可广泛应用于基于图形液晶显示的任何微型医疗仪器的界面设计中。

(1) EG7564C-RS 液晶简介　EG7564C-RS 是一种高性能反射式 320×200(像素)黑白点阵液晶,它具有体积小、分辨率高、超低功耗(1mA)等特点,并且是 3.3V 单电源供电。它共有 18 个 I/O 引脚,各引脚功能参见表 4.7。

表 4.7　EG7564C-RS 液晶 I/O 引脚功能描述

引脚	引脚符号	I/O	功能描述	引脚	引脚符号	I/O	功能描述
1	V_{DD}	I	电源(3.3V)	7	RD	I	读使能
2	LED	I	背光	8	WR	I	写使能
3、4	V_{SS}	I	地	9	A0	I	寄存器选择
5	RESET	I	复位(低有效)	10	V_{SS}	I	地
6	CS	I	片选	11~18	DB0~DB7	I	8 位数据总线

EG7564C_RS 液晶数据和屏幕的对应关系参见图 4.15,它决定显示软件程序的编写。EG7564C_RS 液晶支持 20 条指令,相关指令的用法在软件设计中指出。

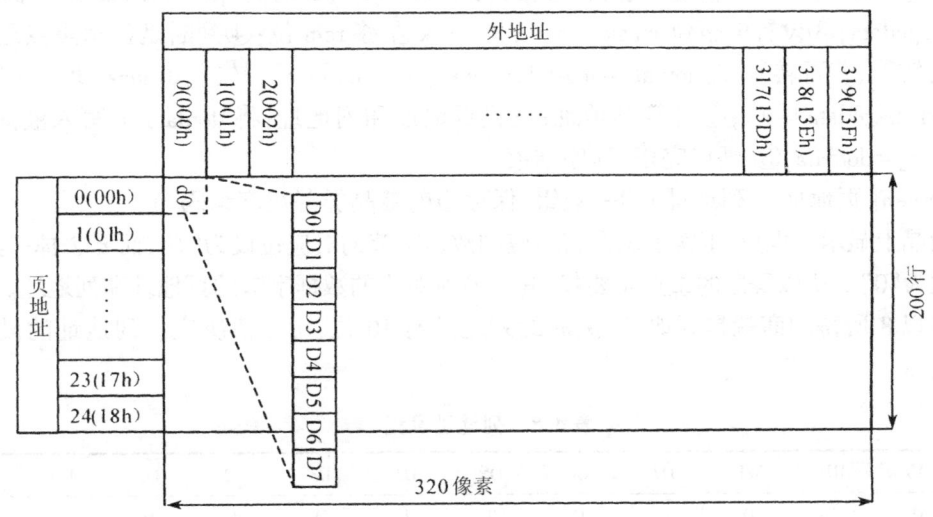

图 4.15　EG7564C_RS 液晶的数据和屏幕对应关系

(2) 硬件电路　单片机 MC68HC16Z1 和 EG7564C-RS 液晶的硬件电路示意图如图 4.16 所示。由于 MC68HC16Z1 用的是 5V 电源,而 EG7564C-RS 液晶用的是 3.3V 电源,电源的不兼容反映了目前多数单片机的状况,为此在它们之间加了两片 4050,用于电平转换。

由于 MC68HC16Z1 是 16 位数据线,而 EG7564C-RS 液晶是 8 位数据线,当 MC68HC16Z1 和 8 位外设通信时,是高 8 位有效,所以将 MC68HC16Z1 的高 8 位与液晶的 8 位数据线相连。ADD0 是 MC68HC16Z1 地址线的最低位,和液晶的 A0 相连。

(3) 软件设计　要在液晶上显示图片和字符,首先要能在液晶上画点。画点程序是图片和字符显示程序的基础。下面先介绍画点程序。

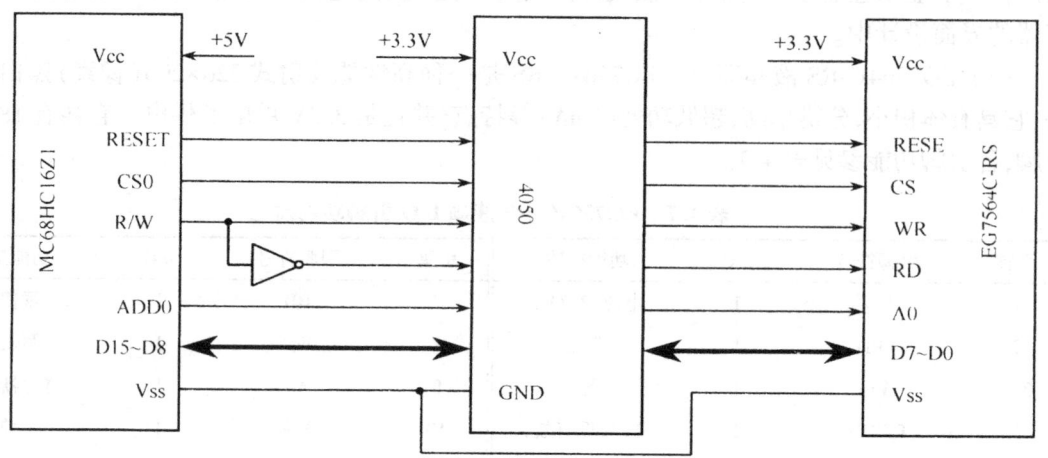

图 4.16 硬件电路示意图

本画点程序实现在 (x,y) 坐标处显示一黑点或去掉一黑点,液晶画点程序算法如下:①判断 (x,y) 点是否在液晶屏幕内,若是转②,若否转⑧;②取 y 除以 8 的商 quot 和余数 rem;商 quot 就是页地址 pagedata;③设置屏蔽位 mask=0x01;将 mask 左移 rem 位;④判断是显示黑点还是去掉黑点?若是转⑤,若否转⑥;⑤dotdata = mask | screen[pagedata][x],转⑦;⑥mask 取反;dotdata = mask&screen[pagedata][x];⑦计算列地址;设置页地址和列地址;将 dotdata 值写入液晶;screen[pagedata][x]=dotdata;⑧ 画点完毕,程序结束。

(注:screen[页地址][列地址]为一数组,保存当前液晶屏幕灰度编码。)

要在液晶上显示一黑点,事实上就是将对应的数据字节的对应位设为"1",而要去掉一黑点,就是将该位设为"0"。所以程序的重点是要找到 (x,y) 所对应的数据字节的页地址和列地址。

将 y 除以 8 所得的商就是页地址,液晶的列地址有 10 位,由 x 值决定。列地址的设置命令如表 4.8 所示。

表 4.8 列地址设置

	A0	RD	WR	D7	D6	D5	D4	D3	D2	D1	D0	备注
CASET	0	1	0	0	0	0	1	0	1	0	1	
DATA1	1	1	0			CA4	CA3	CA2	CA1	CA0	低 5 位
DATA2	1	1	0				0	CA8	CA7	CA6	CA5	高 5 位

由表 4.8 可知,在设置时,要求先送列地址的低 5 位,再送列地址的高 5 位,每 5 位都是在一个字节的低 5 位上。所以,将 x 值要分解到 DATA1 和 DATA2 两个字节中。这可用如下语句很容易实现:

DATA1=x&0x001f;   /* DATA1 中是列地址的低 5 位 */
DATA2=x>5;   /* DATA2 中是列地址的高 5 位 */

字符实际上也是一种图片,所以字符和图片的显示程序是一样的。本图片显示程序将宽为 width(像素)、高为 height(像素)的图片显示在 (x,y) 处。液晶图片显示程序的算法如下：①height 除以 8 的商 quot 和余数 rem；picture 2＝8；picturei＝0；②点的纵坐标：picturey＝y+picturei＊8；picturej＝0；③设置屏蔽位 picturem＝0x01；点的横坐标：picturex＝x+picturej；④判断 picturei＝＝quot 是否成立，若是，则 picture 2＝rem；若否转⑤；⑤picturek＝0；⑥根据图片数据在（picturex，picturey）上画一黑点，或去掉一黑点；picturem＜1；picturey++；⑦判断 picturek＜picture2 是否成立，若是，则 picturey＝picturey-picture 2；若否，则转⑤；⑧判断 picturej＜width 是否成立，若是转⑨，若否转③；⑨判断 picturei＜＝quot 是否成立，若是转⑩，若否转②；⑩画图完毕，程序结束。

（注：图片的点阵存放格式要和画点程序所示的格式相同。）

由于已经有了画点程序，要显示一图片，只要计算出图片的每一点在液晶屏幕上的坐标即可，而图片最左上角的点在屏幕上的坐标就是（x,y），由此可以推算出图片中每一个点在屏幕上的坐标，调用画点程序就可以将图片画出。

本例介绍的图片显示程序由于是基于画点程序，一个点一个点地显示出来的，显示速度较慢。如果采用一个字节一个字节的写，速度将快 8 倍，但不能在任意位置显示字符或图片，其起始 y 坐标只能是 8 的整数倍，在界面设计中，将不利于界面的整体规划和美观。

4.3.6 表面安装技术

表面安装技术（surface mounting technology，SMT）始于 20 世纪 50 年代初，是用表面安装机将各种表面安装元件（surface mounting component，SMC）和表面安装器件（surface mounting device，SMD）贴装在 PWB 或其他基板上，使之具有一定电子功能的封装技术。

近年来，表面封装器件的种类越来越丰富，体积越来越小，功能越来越强大，这使得便携式医疗仪器的微型化得以快速的发展。图 4.17 是无源元件的封装类型及形状，图 4.18 是有源元件的封装类型及形状。

SMT 的主要优点是：①PCB 无需钻孔，元器件的引线端无需剪切和打弯，与 THT 比较，组装速度快，组装密度提高 50%。采用双面板和多层板大幅度缩小 PCB 的尺寸，提高封装效率，可以达到 4～10 只元器件/cm^2；②SMD 和 SMC 是片式结构，没有外引线或外引线很短，缩短了信号的传输延迟时间，有利于提高电路的高频性能；③元器件贴装在布线板表面，用再流焊技术焊接，因而电路耐冲击、耐振动，可靠性大大提高；④易于实现组装自动化，降低加工成本。

表 4.9 列举了表面安装技术（SMT）和穿孔式安装技术（THT）特征尺寸的比较。由表可见采用 SMT 的 PWB（印刷布线板）的各种特征尺寸比 THT 小得多。

采用表面安装技术，2.54mm 的网格内能过 8 条导线，1.27mm 的网格内可过 4 条导线。此外采用微细加工技术，能使导线宽度从 1970 年的 0.25mm 缩小到 1995 年的 0.05mm，现在的线宽可以达到 10μm。一般将 PCB 的组装方式分为 I 型（单面）和 II 型（双面）。II 型分为 3 级：A 级——穿孔式封装（THP）；B 级——表面安装（SMT）；C 级——混合安装（SMT+THP）。

4.3.7 电路集成设计

随着微电子技术的发展，设计与制造集成电路的任务已不完全由半导体厂商来独立承担。系统设计师们更愿意自己设计专用集成电路（ASIC）芯片，而且希望 ASIC 的设计周期尽可能短，最好是在实验室里就能设计出合适的 ASIC 芯片，并且立即投入实际应用之中，因而出现了现场可编程逻辑器件（FPLD），其中应用最广泛的当属现场可编程门阵列（FPGA）和复杂可编程逻辑器件（CPLD）。

元件分类	元件类型		材料	元件封装
无源器件	电阻器	固定式	金属陶瓷	片状 
		可变式	炭膜	
	电容器	固定式	金属陶瓷	片状 
			钽	铸模 
			电解物	
		可变式	金属陶瓷	不规则 
	电感器	固定式	线圈	
	二极管	固定式	半导体	
	晶体管	固定式	半导体	

图 4.17 无源元件之封装类型及形状

(1) 可编程逻辑器件(PLD) 它能够完成各种数字逻辑功能,典型的 PLD 由一个"与"门和一个"或"门阵列组成,而任意一个组合逻辑都可以用"与一或"表达式来描述,所以,PLD 能以乘积和的形式完成大量的组合逻辑功能。图 4.19 是典型的 PLD 部分逻辑结构。

表 4.9 THT 与 SMT 特征尺寸的比较

特征尺寸	THT	SMT	特征尺寸	THT	SMT
焊盘间距	2.54	1.27	孔径	1.016	0.457
焊盘	1.524	0.113	线宽/间距	0.305	0.127

元件分类	元件类型	系 列		元件封装
有源元件	集成电路	SOIC (Small Outline IC)		
		SOJ (Small Outline J-Lead)		
		PLCC (Plastic Leaded Chip Carrier)		
		SSOP (Shrink Small Outline Package)		
		QFP (Quad Flad Pack)		
		FQFP (Fine Quad Flat Pack)		
		TSOP (Thin Small Outline Packet)		
		BGA (Ball Grid Array)	1.00mm Pitch	
			1.27mm Pitch	
			1.50mm Pitch	
		CBGA 1.27mm Pitch (Ceramic Ball Grid Array)		
		μBGA(CSP) (Chip Scale Package)	0.5mm Pitch	
			0.75mm Pitch	

图 4.18 有源元件封装类型及形状

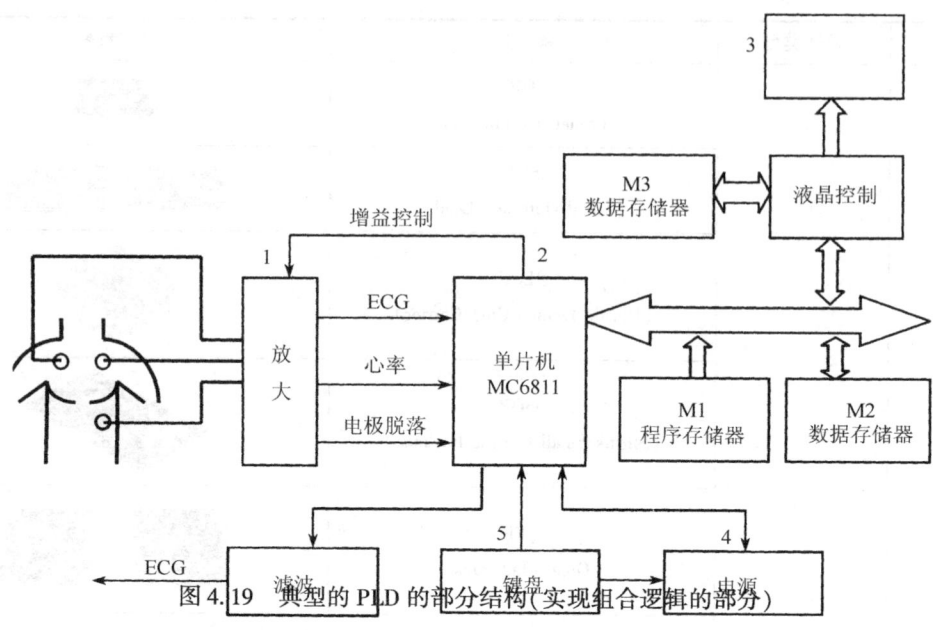

图 4.19　典型的 PLD 的部分结构(实现组合逻辑的部分)

（2）PAL（可编程阵列逻辑）与 GAL（通用阵列逻辑）　PAL 由一个可编程的"与"平面和一个固定的"或"平面构成,或门的输出可以通过触发器有选择地被置为寄存状态。PAL 器件是现场可编程的,它的实现工艺有反熔丝技术、EPROM 技术和 EEPROM 技术。还有一类结构更为灵活的逻辑器件是可编程逻辑阵列（PLA）,它也由一个"与"平面和一个"或"平面构成,但是这两个平面的连接关系是可编程的。PLA 器件既有现场可编程的,也有掩膜可编程的。在 PAL 的基础上,又发展了一种通用阵列逻辑 GAL（generic array logic）,如 GAL16V8,GAL22V10 等。它采用了 EEPROM 工艺,实现了电可擦除、电可改写,其输出结构是可编程的逻辑宏单元。这些早期的 PLD 器件的一个共同特点是可以实现速度特性较好的逻辑功能,但其过于简单的结构也使它们只能实现规模较小的电路。

（3）FPGA（现场可编程门阵列）与 CPLD（复杂可编程逻辑器件）　它们是在 PAL、GAL 等逻辑器件的基础之上发展起来的。同以往的 PAL、GAL 等相比较,FPGA/CPLD 的规模比较大,它可以替代几十甚至几千块通用 IC 芯片。这样的 FPGA/CPLD 实际上就是一个子系统部件。这种芯片受到世界范围内电子工程设计人员的广泛关注和普遍欢迎。经过了十几年的发展,许多公司都开发出了多种可编程逻辑器件。比较典型的就是 Xilinx 公司的 FPGA 器件系列和 Altera 公司的 CPLD 器件系列。

尽管 FPGA、CPLD 和其他类型 PLD 的结构各有其特点和长处,但概括起来,它们是由三大部分组成的(图 4.20)：

1）一个二维的逻辑块阵列,构成了 PLD 器件的逻辑组成核心。

2）输入/输出块。

3）连接逻辑块的互联资源：由各种长度的连线线段组成,其中也有一些可编程的连接开关,它们用于逻辑块之间、逻辑块与输入/输出块之间的连接。

对用户而言,CPLD 与 FPGA 的内部结构稍有不同,但用法一样,所以多数情况下,不加以区分。

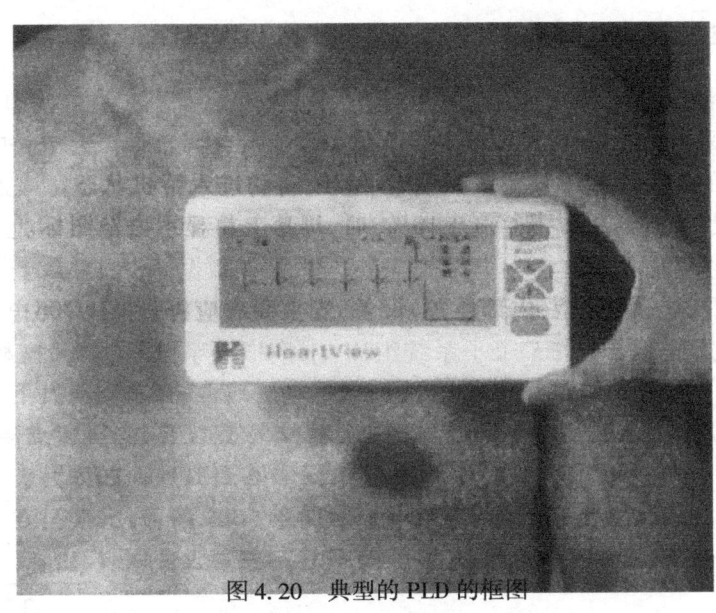

图 4.20 典型的 PLD 的框图

FPGA/CPLD 芯片都是特殊的 ASIC 芯片,它们除了具有 ASIC 的特点之外,还具有以下几个优点:

① 随着 VLSI(Very Large Scale IC,超大规模集成电路)工艺的不断提高,单一芯片内部可以容纳上百万个晶体管,FPGA/CPLD 芯片的规模也越来越大,其单片逻辑门数已达到上百万门,它所能实现的功能也越来越强,同时也可以实现系统集成;②FPGA/CPLD 芯片在出厂之前都做过百分之百的测试,不需要设计人员承担投片风险和费用,设计人员只需在自己的实验室里就可以通过相关的软硬件环境来完成芯片的最终功能设计。所以,FPGA/CPLD 的资金投入小,节省了许多潜在的花费;③用户可以反复地编程、擦除、使用或者在外围电路不动的情况下用不同软件实现不同的功能。所以,用 FPGA/PLD 试制样片,能以最快的速度占领市场。FPGA/CPLD 软件包中有各种输入工具和仿真工具,以及版图设计工具和编程器等全线产品,电路设计人员在很短的时间内就可完成电路的输入、编译、优化、仿真,直至最后芯片的制作。当电路有少量改动时,更能显示出 FPGA/CPLD 的优势。电路设计人员使用 FPGA/CPLD 进行电路设计时,不需要具备专门的 IC(集成电路)深层次的知识,可以使设计人员更能集中精力于电路的系统设计上。

4.4 便携式医学仪器设计实例——微型心电监视仪

1. 设计目的

设计的微型心电监视仪是一种专为快速诊断、监护的心电图仪。它集主机、显示器、电极导联于一体,体积仅如手掌般大小;功耗极低,无需外接电源。从而医务人员可随身携带,在任何情况下,只要将仪器背面(三个弹性固定电极)与人体胸部接触,便可立即自动显示心电图形和心率数据,从而大幅度缩短诊治时间,也可采用外接导联线实现长时间监护。

2. 微型心电监视仪的设计

本设计是以仪器的微型化和智能化为目标,同时强调了低功耗与操作的简单化。为此,本仪器在设计研制中,全部采用表面安装(SMT)器件,使体积和重量仅为普通工艺电路的1/5。为降低功耗,除了采用低功耗的反射式图形液晶显示器及所有 IC 器件均采用 CMOS 或 HCMOS 器件外,该仪器突破了传统电源设计的格局,构思了独特的低功耗电源管理系统,未启动时处于休眠状态,采用单独的供电系统,只供给数据存储器和键盘扫描部分,以保存数据和保证能重新开机,这一部分只需要极低的功耗即可维持工作。一旦启动(按下启动键),即自动转换到整机供电。

微型心电监视仪整个机器由5个子系统组成:①模拟子系统;②单片微机子系统;③图形 LCD 子系统;④电源子系统;⑤键盘子系统。

图4.21 是微型心电监视仪组成框图。图4.22 为 HECG-2001 微型心电监视仪实物图。

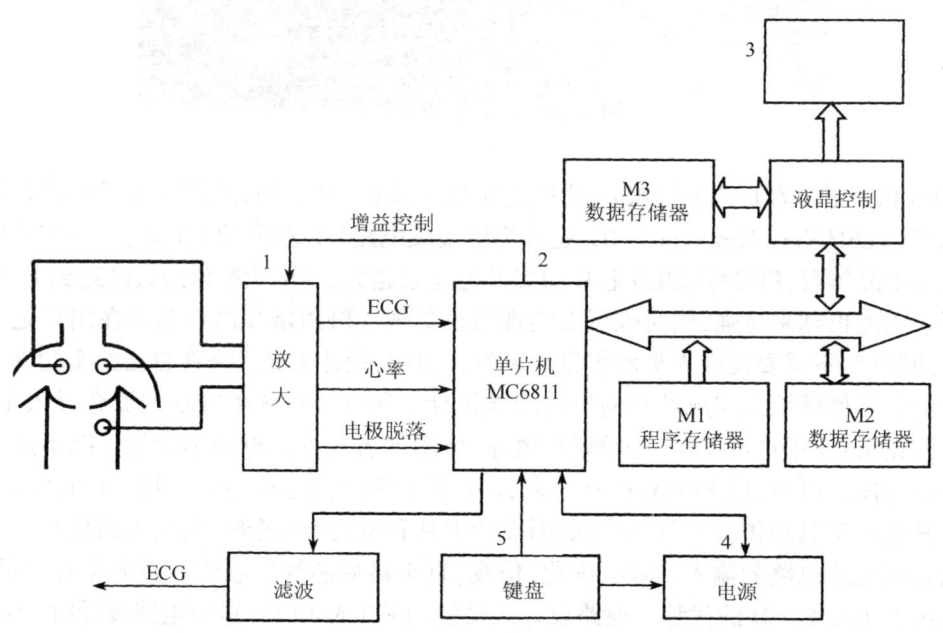

图4.21 微型心电监视仪组成框图

当电源按键启动后,单片微机(MCU)根据其从 M1(EPROM)中读出的系统指令开始实施全机的管理和控制。MCU 一旦监测到仪器背面(三个弹性固定电极)与人体胸部良好接触,便开始采集来自电极经放大器 AMP 放大的心电信号 ECG,并将获取的 ECG 信号转化为数字信号存入 M2(RAM)中,同时送 LCD 控制器,在液晶 LCD 屏上便动态显示所采集的心电图形和心率数据,如图4.22。一旦仪器背面(三个弹性固定电极)与人体胸部脱离接触,则所显示的心电图形被冻结,心电图形将一直保存在 M2 中。事后若有需要,被保存的心电图形 ECG 还可以回放显示,也可经 MCU 完成脉宽调制(PWM)及滤波后输出打印,在输出波形的前端有符合临床习惯的呈方波状的定标信号。

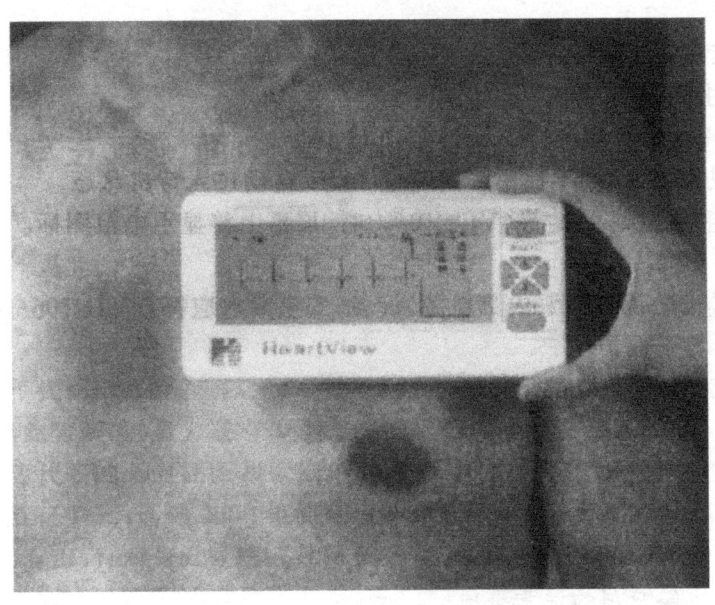

图 4.22 微型心电监视仪实物图

3. 微型心电监视仪的主要技术指标

（1）ECG 输入电路
1）输入阻抗：≥1MΩ。
2）共模抑制比：≥60dB。
3）增益：×500/×1000/×2000
4）频率响应：1~35Hz。
5）输入噪声：<20μV(P-P)，输入线通过 51kΩ/0.047μF 连接到地时。
6）当电极接触人体胸部后，信号被自动记录；当电极离开后记录自动停止。
（2）LCD 显示　仪器选用反射式图形液晶显示器作显示屏。
有效显示范围：124.77mm×49.77mm。
分辨率：640×200。
（3）心率检测　显示心率范围：0~250BPM。
同屏显示心率搏动同步符号。
（4）ECG 存储　仪器可连续存储 90s 的 ECG 信号，也可分为 1~6 段存储。
（5）ECG 的显示与测量
1）信号采集时可实时显示波形及心率。
2）存储的 ECG 波形可重放、冻结、水平滚动。
3）可通过光标对波形的幅度、相关时间进行测量。
4）可对局部的 ECG 波形沿时间轴放大 4 倍。

(6) 电源系统

1) 采用 9V 碱性电池,电压范围:5.5~10V。

2) 连续工作时间:>8h(20℃)。

3) 工作电流:42mA,待机(休眠状态)电流 12μA。

4) 自动断电功能:当仪器不使用时间超过 2min,自动进入待机状态。

5) 低电压报警:电池电压低于 6V(±10%)时,屏幕上将显示电池图标。

(7) 安全要求

1) 微型心电监视仪属 BF 型(内部电源)设备,安全要求应符合 GB9706·1-1995 的有关规定。

2) 未提供除颤放电保护。

习 题

1. 简述便携式医学仪器设计的特点。
2. 简述 CMOS 电路应用的注意事项。
3. 根据 4.3.3 节 Flash 存储器的程序,画出 Flash 读、写、擦除操作的流程图。
4. 根据 4.3.5 节点阵图形液晶的画点和显示图片程序的流程图,用 C 语言编写相应程序。
5. 简述 SMT 的优点。
6. 参考 4.4 便携式医学仪器设计实例,设计一种 24 小时便携式的心电 HOTEL。以微型化、低功耗的设计原则,从 CMOS 电路设计、中央处理器、FLASH 存储器、液晶显示、电源控制、通信管理、器件选择和工艺制作等方面详细阐述其设计思想,并画出设计框图和相应的软件流程图。

第五章 面向通讯与网络的接口技术
——远程医学仪器设计

5.1 概 述

自20世纪90年代初以来,随着以互联网(Internet)为代表的信息技术在全球的成功运用和普及,许多国家均以此为契机,努力规划和大力发展以远程家庭卫生保健(home telecare)和远程医疗(telemedicine)为代表的面向社区和家庭的远程医学仪器。1999年美国用于远程家庭卫生保健的费用已达200亿美元,而到2000年便猛增到600亿美元。图5.1为home telecare的基本框图,从图(左半部)看出,针对身处家庭或社区的患者,对他们的远程监护(功能监护、静态生理监护、连续移动生理监护)已摆到了十分重要的位置。

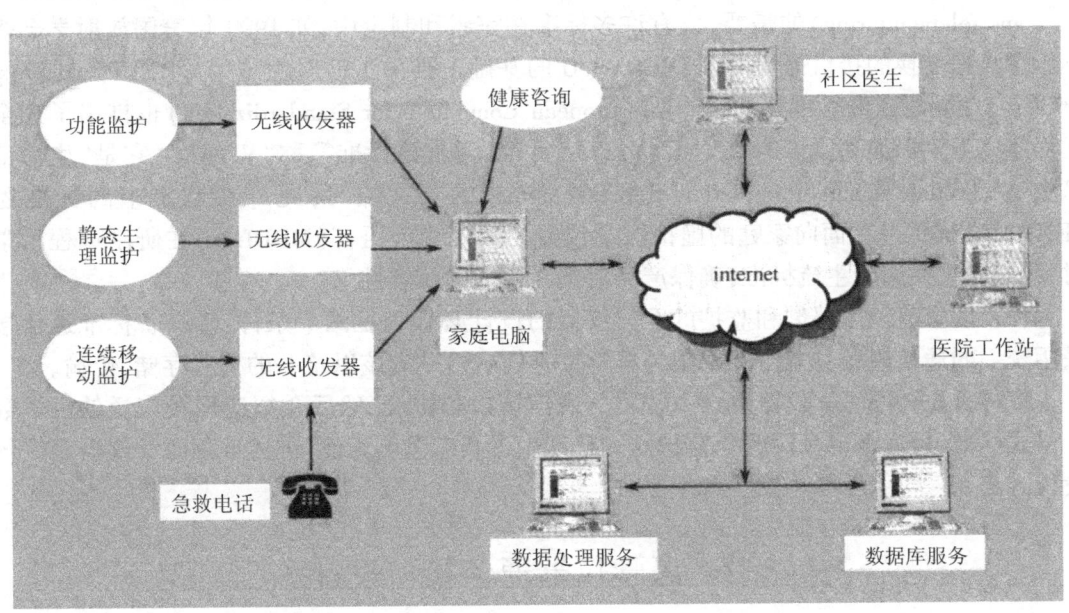

图5.1 远程家庭卫生保健(home-telecare)系统(Banko G. Celler. 1999)

社区医疗是在远程家庭卫生保健(tele-homecare)基础上展开的。1998年加拿大学者在一份"国际远程家庭卫生保健行动"("International Activities in Tele-homecare")的调查报告中指出,该行动成功的关键是研制出完全面向家庭环境的医学仪器和系统。该系统的发展大致可分为三个阶段(或三代),目前发达国家正从第一代向第二代过渡,并着手第三代系统的研究。现将面向家庭的三代远程医学仪器系统介绍如下:

第一代：是在家庭中设置的个人报警系统、危重呼叫电话等，从而能即时通报社区医生上门服务。该系统需要病人或亲属直接参与，如按动呼叫按钮等。

第二代：有别于任何传统医疗仪器，是一种完全融入患者日常生活的系统，无需患者或家属操作干预。除了基于宽带网络通信系统的支持外，其核心是可穿戴(wearable)传感技术的突破，研制了以智能背心(smart-shirt)等为代表的个人生命状态监视器(personal status monitor, PSM)，患者完全处于日常习惯的生活状态；智能传感器则处于24小时工作状态，自动监测辨识异常生命参数(主要是心电、心率、无创血压、血氧，以及病人姿态等)，并通过无线通信和网络自动与社区医生保持联络和传送信息，特别是异常状态的报警呼叫信号等。

第三代：是建立一种基于智能家庭(smart home)的虚拟社区医疗环境，全方位地向客户(通过多媒体数字交互网络)提供各种医疗监护、保健和护理服务；立足于提高患者的生活质量。目前以麻省理工学院(MIT)为代表的一些科研机构正努力致力于第三代系统的研究。

一个值得关注的问题是基于通信和网络的远程医疗，将涉及网上大量传输的生理信号和医学数据的标准化。由于位于前端的各种生理参数测量仪器来自不同的企业，接口标准、通信协议和数据格式互不统一，将严重影响系统的有效运作。针对远程家庭卫生保健和监护(home telecare/ home telemonitoring)的需要，已有许多标准在完善和制定中，如1999年美国放射学会等在医学影像数据交换的接口通信协议DICOM3.0的基础上推出了针对生理信号的DICOM Supplement 30；与此同时欧洲标准化协会(the European Committee for Standardization)也推出了完全面向远程家庭卫生保健和监护的CEN ENV13734标准，通常该标准简称"VITAL"，它是"生命信号信息表达"(Vital Signals Information Representation)的英文缩写；此外在制定中的标准还有IEEE1073，它提供一种面向家庭的虚拟医学仪器的数据交换语言(MDDL)。在研制远程医学仪器时，我们应关注国际主流标准，确保产品对国际标准的兼容性。

远程社区家庭卫生保健和监护的医学仪器的设计必须满足两个条件：①具备标准通信接口且采用统一的通信规程、协议；②采集的医学数字信号格式应该以统一的格式存储、传输。

本章将首先介绍医学仪器设计中常用的通信接口和协议，然后介绍应用较广泛的医学数字信号格式标准，最后将以社区医疗监护网和移动生命状态监测为例，讲述远程医学仪器系统的具体设计方法。

5.2 医学仪器通信接口设计

通信接口(interface)是两个需要通信的设备或电路之间的分界面和连接点，是采用硬件和软件方法，实现安全、可靠、高效的信息交换的技术。而协议(protocol)是通信双方关于通信如何进行达成的一致，是定义对等通信实体之间交换的帧、分组和报文的格式及意义的一组规则。

医学仪器一般是基于通用计算机(如PC)和单片机设计的。PC机具有完备的外部接口，也具有功能强大的操作系统(DOS、WINDOWS)和软件开发工具(Visual C、Visual Basic等)，操作系统内置了对常用协议(TCP/IP、无线局域网、RS232串行通信)的支持，当这类仪器需要与外界通信时，直接调用通信控件和接口控制控件即可实现。

对于基于单片机的医学仪器，由于单片机的通信功能较弱，常用单片机大多只具有串行口，所以当这类仪器需要与外界通信时，必须通过串行口与一个外部单元连接，该外部单元负责处理各种协议,真正实现通信。

医学仪器的通信需求多种多样,所要传输的数据速率、传输的距离、传输的方式都各不相同。因此,不同的医学仪器应根据本仪器的使用要求采用不同的通信接口和协议。

在需要进行长距离传输的时候,可利用电话(程控)通信网、移动通信网,以及万维网(WWW)。程控电话网是一种以电话线为基础的有线通信网;移动通信网是无线和有线结合的一种通信方式,移动站到基站是无线方式,而基站到电信局一般是有线方式;万维网是一种融合了可能的各种通信方式(有线、无线、光纤等)的通达全球的通信网,一般来说,现有的万维网的干线多为高速光纤,而连接到最终用户的以有线电话和有线局域网为主,其他方式(无线、有线电视)也在迅速发展中。由于这三种网络已形成了很大的规模,因此通信的范围已经可以达到世界上大多数的地域。

在需要进行短距离传输时,可采用串行通信、无线局域网(802.11)、HomeRF、蓝牙(Bluetooth)、红外通信(IrDA)技术。串行通信是一种有线通信,应用简单、方便;无线局域网、HomeRF、蓝牙都是无线通信,区别只在于协议的不同;红外通信则是以红外线作为传输媒质的一种通信技术。

远程医疗和社区医疗类仪器,其基本特点就是面向可移动人群,所以其通信方式是以无线为主。它的通信模式可以是以短距无线方式连接到另一距离不远的单元;可以是长距无线方式直接连至另一远方单元;也可以是以短距无线方式连接到一个中间单元,再由中间单元连接到远方单元。

基于上述分析,我们将重点介绍 PC 机 RS232 串行接口和单片机串行口的使用、短距无线协议无线局域网(802.11)、蓝牙(Bluetooth)、红外通信(IrDA),随后简单介绍长距传输技术和 DICOM 医学图像通信协议。

5.2.1 串行通信接口设计

串行通信是指数据一位一位顺序传送的一种通信方式,它只需一条线(实际应用中一般使用两条线,发送、接收各一)即可进行通信,所以其突出的优点就是可以节省传送线。故一般在不配备打印机等外设的便携式医学仪器设计中广泛采用串行通信,从而在确保高度集约化设计的同时能与外界良好通信。串行通信接口是 PC 机的标准配置,而绝大部分单片机也内置了串行口,可以说串行口是当今医学仪器通信中使用最多的一种接口,所以学习掌握串口通信的设计十分重要。

1. 基于 PC 机串口的通信设计

(1) PC 机的串行口　PC 机的串行口是 RS-232 接口,符合 RS-232-C 接口规范,有 9 针和 25 针两种,其针脚分布图分别见图 5.2 和图 5.3。

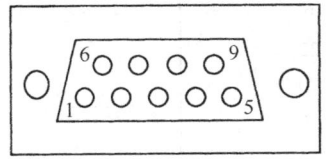

图 5.2　9 针串行口针脚分布图

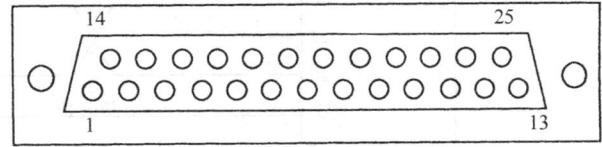

图 5.3　25 针串行口针脚分布图

9 针和 25 针串行口的针脚定义见表 5.1 和表 5.2。

表 5.1 9 针串行口针脚定义

针脚	功能	针脚	功能
1	载波检测(DCD)	6	数据准备好(DSR)
2	接受数据(RXD)	7	请求发送(RTS)
3	发出数据(TXD)	8	清除发送(CTS)
4	数据终端准备好(DTR)	9	振铃指示(RI)
5	信号地线(SG)		

表 5.2 25 针串行口针脚定义

针脚	功能	针脚	功能
1、10	未用	11	数据发送(-)
2	发出数据(TXD)	12~17	未用
3	接受数据(RXD)	18	数据接收(+)
4	请求发送(RTS)	19	未用
5	清除发送(CTS)	20	数据终端准备好(DTR)
6	数据准备好(DSR)	21	未用
7	信号地线(SG)	22	振铃(RI)
8	载波检测(DCD)	23~24	未用
9	发送返回	25	接收返回(+)

25 针串行口具有 20mA 电流环接口功能,但只在早期的 PC 机上有配置,新型的 PC 机已经很难见到,所以我们应用的大多是 9 针口。连线时,一端的 TXD 应和另一端的 RXD 连接,RXD 应和另一端的 TXD 连接,其他则是对应连接(RTS 连接 CTS、DTR 连接 DSR……)。25 针口之间的连接可参见图 5.4;9 针口与 25 针口的连接以及 9 针口之间的连接与之相同,只不过由于 25

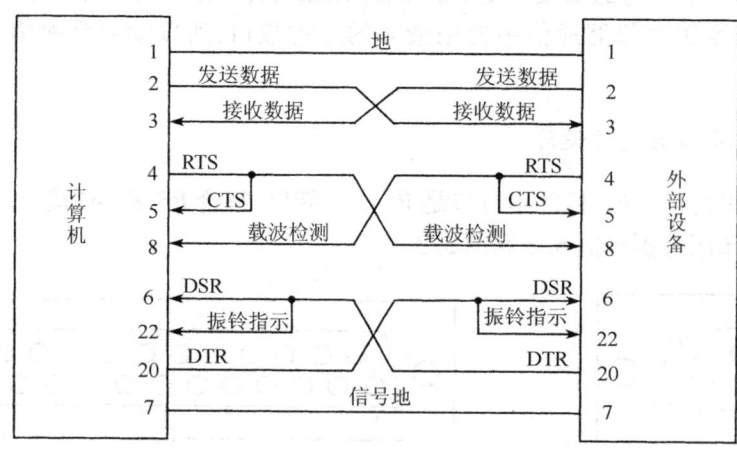

图 5.4 25 针串行口连接图

针口与9针口的针脚定义不同,互相连接的针脚不太一样罢了。在最简单的情况下,只需连接两个口的 TXD 和 RXD 即可进行通信。

(2) 基于 DOS 的 PC 机串口通信设计在 DOS 操作系统下,系统提供了用于串行通信的 BIOS 中断:INT14H,通过这个 BIOS 中断可以完成初始化串行口、通过串行口发送、接收字符、取串行口状态等操作。其入口参数如下:

1) AH=00H,初始化串行口

入口参数:

DX:串行口号,0 表示 COM1,1 表示 COM2

AL:初始化参数。其中位 7~5 表示波特率,其数值和波特率对应关系如下:

数值	000	001	010	011	100	101	110	111
波特率	110	150	300	600	1200	2400	4800	9600

位 4~3 表示奇偶校验设置:

数值	00	01	10	11
奇偶校验	无奇偶校验	奇校验	无奇偶校验	偶校验

位 2 设置停止位数,0 表示 1 个停止位,1 表示 2 个停止位。

位 1~0 表示发送、接收的字符长度,10 表示 7 位字符,11 表示 8 位字符。

出口参数为 AH 和 AL,AH 中为传送线状态代码,AL 中存放调制解调器代码。具体内容可参看有关手册。

2) AH=01H,发送一字符

  入口参数:

    DX:串行口号,同 1)

    AL:欲发送的字符

  出口参数:

    AH:功能调用成功与否

3) AH=02H,接收一字符

  入口参数:

    DX:串行口号,同 1)

  出口参数:

    AL:存放接收到的字符

    AH:功能调用成功与否

4) AH=03H,取串行口状态

  入口参数:

    DX:串行口号,同 1)

  出口参数:

    AL:同 1)

AH:同 1)

C 语言中提供了调用 8086 软中断的库函数:int86。利用它就可以完成串行通信。下面为用 C 语言编写的通过串行口接收一字符的子程序:

```
#define port 0              /*定义串行口号*/
#include<dos.h>
char rport( )               /*串行口读字符子程序*/
  {union REGS r;
   while(!(check_stat( )&1)){
    if(kbhit( )){getch( );a=1;exit(1);}}
    /*没有接收到数据,则等待,有数据或有键按下,则退出*/
   r.x.dx=port;
   r.h.ah=2;                /*2 号调用(串行口读)*/
   int86(0x14,&r,&r);       /*调用 INT14H*/
   if(r.h.ah&128){
    printf("read error detected in serial port\n");}
    /*检测到读数据错误,则报错*/
   return r.h.al;}          /*返回读取的字符*/
```

串行口初始化、发送字符、取状态程序可依此方法进行。在完成串行口初始化后,连续读写串行口,即可实现串行通信。

(3) 基于 Windows 的 PC 机串口通信设计　　计算机操作系统界面的图形化已成为主流,许多应用程序的开发平台已由 DOS 转到了 Windows 或 Linux。

下面将以 Visual Basic 为例,讲述在高级语言环境中进行串行通信设计的方法。在 VB 中,提供了一个通用串行口通信控件 MSComm,使用它可以建立与串行端口的连接,通过串行端口连接到其他设备,发出命令,交换数据,以及监视和响应串行连接中发生的事件和错误。只要适当设置该控件的属性,就可以用它实现串行通信。

当应用 MSComm 控件时,下列属性必须适当设置:

- CommPort:串行口设置。该属性决定使用的是哪个串行口,可为 1~16 之间的任意值。
- Handshaking:设定是否启用握手协议,如启用握手协议则需连接 RTS、CTS、DTR、DSR、DCD 等控制信号线;不启用握手协议则不需连接控制信号线。
- InBufferSize:设定接收缓冲区的大小,以字节为单位。
- OutBufferSize:设定发送缓冲区的大小,以字节为单位。
- InputLen:设定每次读出接收缓冲区中数据的个数,如为 0,则读出缓冲区中所有数据。
- InputMode:设定接收数据的格式是二进制方式还是文本方式。
- RThreshold:设定在 OnComm 事件发生之前,接收缓冲区可以接收的字符数(即每次可接收的字符数)。
- SThreshold:设定在 OnComm 事件发生之前,发送缓冲区可以接收的字符数(即每次发送的字符数)。
- Setting:设定串行口的波特率、奇偶校验、数据位数和停止位数。

● Output 和 Input：Input 属性用来接收和保存从接收缓冲区获得的数据；Output 属性用来向发送缓冲区发出数据。

使用时，只需在应用程序中加入该控件，正确设置其属性，将字符串赋值给控件的 Output 属性，即可将该字符串通过串行口发送；在 OnComm 事件处理程序中读取 Input 属性，即可接收串行口接收到的数据。

（4）电平转换 在应用 PC 机上的串行通信口时，有一点需要注意，PC 机的串口是 RS-232 接口，其电平为±15V，当与其他逻辑电平（如 TTL、CMOS 电平）的设备连接时，必须经过电平转换。RS-232 与 0-5V 的 TTL 电平之间的转换可用 MAX232 实现，该芯片只需单 5V 电源和五只 1μF 电容，即可实现电平转换，其电路图如图 5.5。

图中，9 和 11 脚分别连接 TTL 电平的 RXD、TXD，8 和 14 脚分别连接 RS-232 接口的 TXD、RXD。

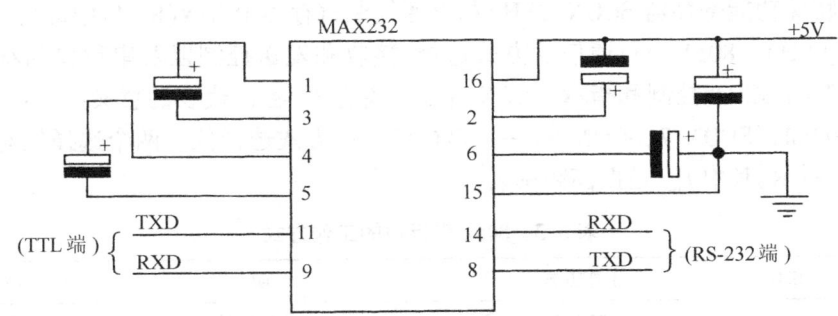

图 5.5 RS232 信号电平与 TTL 电平转换电路

2. 基于单片机串口的通信设计

除少数特别简单的单片机外，串行口是一般单片机的标准配置，下面以 8051 系列单片机为例，讲述单片机串行口的应用。

（1）8051 单片机的串行口 8051 单片机的串行接口是一个全双工串行通信接口，即能同时进行串行发送和接收数据。它可以作 UART（通用异步接收和发送器）用，也可以作同步移位寄存器用。使用串行接口可以实现 8051 单片机系统之间点对点的单机通信和 8051 与系统机（如 IBM-PC 机等）的单机或多机通信。其帧格式可以有 8 位、10 位或 11 位，并能设置各种波特率，给使用带来了很大的灵活性。

8051 通过引脚 RXD（P3.0，串行数据接收端）和引脚 TXD（P3.1，串行数据发送端）与外界进行通信。8051 串行口有两个物理上独立的接收、发送缓冲器 SBUF，它们占用同一地址 99H，可同时发送、接收数据。发送缓冲器只能写入，不能读出；接收缓冲器只能读出，不能写入。

串行发送与接收的速率与移位时钟同步。8051 用定时器 T1 作为串行通信的波特率发生器，T1 溢出率经 2 分频（或不分频，可设定）后又经 16 分频作为串行发送或接收的移位脉冲。移位脉冲的速率即是波特率。

串行口接收器是双缓冲结构，在前一个字节从接收缓冲器 SBUF 读出之前，第二个字节即开始被接收（串行输入至移位寄存器），但是，在第二个字节接收完毕而前一个字节 CPU 未读取时，会丢失前一个字节。

串行口的发送和接收都是以特殊功能寄存器 SBUF 的名义进行读或写的。当向 SBUF 发"写"命令时(执行"MOV SBUF,A"指令),即是向发送缓冲器 SBUF 装载并开始由 TXD 引脚向外发送一帧数据,发送完便使发送中断标志位 TI=1。

在满足串行口接收中断标志位 RI(SCON.0)=0 的条件下,置允许接收位 REN(SCON.4)=1 就会接收一帧数据进入移位寄存器,并装载到接收 SBUF 中,同时使 RI=1。当发读 SBUF 命令时(执行"MOV A,SBUF"指令),便由接收缓冲器(SBUF)取出信息通过 8051 内部总线送 CPU。

对于发送缓冲器,因为发送时 CPU 是主动的,不会产生重叠错误,一般不需要用双缓冲器结构来保持最大传送速率。

(2) 串行口控制字及控制寄存器　8051 串行口是可编程接口,对它初始化编程只用两个控制字分别写入特殊功能寄存器 SCON(98H)和电源控制寄存器 PCON(87H)中即可。

1) SCON(98H)　8051 串行通信的方式选择、接收和发送控制以及串行口的状态标志等均由特殊功能寄存器 SCON 控制和指示,SCON 为 8 位寄存器,各位代表的意义如下:

A. SM0 和 SM1(SCON.7,SCON.6)——串行口工作方式选择位。两个选择位对应 4 种通信方式,如表 5.3 所示,其中 f_{osc} 是振荡频率。

表 5.3　8051 串行口的工作方式

SM0	SM1	工作方式	说　　明	波特率
0	0	方式 0	同步移位寄存器	$f_{osc}/12$
0	1	方式 1	10 位异步收发	由定时器控制
1	0	方式 2	11 位异步收发	$f_{osc}/32$ 或 $f_{osc}/64$
1	1	方式 3	11 位异步收发	由定时器控制

B. SM2(SCON.5)——多机通信控制位,主要用于方式 2 和方式 3。若置 SM2=1,则允许多机通信;若 SM2=0,即不属于多机通信。

C. REN(SCON.4)——允许接收控制位。由软件置 1 或清 0,只有当 REN=1 时才允许接收,相当于串行接收的开关;若 REN=0,则禁止接收。

D. TB8(SCON.3)——发送数据的第 9 位(D8)装入 TB8 中。在方式 2 或方式 3 中,根据发送数据的需要由软件置位或复位。在许多通信协议中可用作奇偶校验位。

E. RB8(SCON.2)——接收数据的第 9 位。在方式 2 或方式 3 中,接收到的第 9 位数据放在 RB8 位。它或是约定的奇/偶校验位,或是约定的地址/数据标识位。

F. TI(SCON.1)——发送中断标志。在一帧数据发送完时被置位。

G. RI(SCON.0)——接收中断标志。在接收到一帧有效数据后由硬件置位。

2) PCON(87H)　电源控制寄存器 PCON 中只有 SMOD 位与串行口工作有关。当 SMOD=1 时,方式 1、2、3 的波特率加倍;复位时,SMOD=0。

(3) 8051 串行口的工作方式

1) 串行口方式 0　方式 0 为同步移位寄存器输入/输出方式,常用于扩展 I/O 口。串行数据通过 RXD 输入或输出,而 TXD 用于输出移位时钟,作为外接部件的同步信号。在这种方式下,收/发的数据为 8 位,低位在前,无起始位、奇偶校验位及停止位,波特率是固定的,为 $f_{osc}/12$。

发送过程中,当执行一条将数据写入发送缓冲器 SBUF(99H)的指令时,串行口把 SBUF 中 8 位数据从 RXD(P3.0)端输出,并在 TXD 脚上输出 $f_{osc}/12$ 的移位时钟。发送完毕置中断标志 TI=1。接收时,用软件置 REN=1(同时,RI=0),即开始接收,TXD(P3.1)脚上输出移位时钟,8 位接收完后,RI 被置位。

2) 串行口方式 1 方式 1 真正用于串行发送或接收,为 10 位通用异步接口。TXD 与 RXD 分别用于发送与接收数据。收发一帧数据的格式为 1 位起始位、8 位数据位(低位在前)、1 位停止位,共 10 位。

在接收时,停止位进入 SCON 的 RB8,此方式的传送波特率可调,可用下列公式计算:

$$波特率 \cong \frac{2^{SMOD}}{32} \times \frac{f_{osc}}{12 \times (256-X)}$$

式中,X 为定时器 T1 的计时初值。

方式 1 发送时,数据从引脚 TXD(P3.1)端输出。当执行数据写入发送缓冲器 SBUF 的命令时,就启动了发送器开始发送。发送时的定时信号,是由定时器 T1 送来的溢出信号经过 16 分频或 32 分频(取决于 SMOD 的值)而得到的;8 位数据位全部发送完后,置位 TI,并申请中断,置 TXD 为 1 作为停止位。

方式 1 接收时,数据从引脚 RXD(P3.0)端输入。接收是在 SCON 寄存器中 REN 位置 1 的前提下,并检测到起始位(RXD 上检测到 1~0 的跳变,即起始位)而开始的。接收时,定时信号有两种:一种是接收移位时钟,它的频率和传送波特率相同,也是由定时器 T1 的溢出信号经过 16 或 32 分频而得到的;另一种是位检测器采样脉冲,它的频率是移位时钟的 16 倍,亦即在一位数据期间有 16 位检测器采样脉冲,为完成检测,以 16 倍于波特率的速率对 RXD 进行采样。为了接收准确无误,在正式接收数据之前,还必须判定这个 1~0 跳变是否是干扰引起的。为此,在这位中间(即一位时间分成 16 等份,在第 7、第 8 及第 9 等份)连续对 RXD 采样三次,取其中两次相同的值进行判断。这样能较好地消除干扰的影响。当确认是真正的起始位(0)后,就开始接收一帧数据。

值得注意的是,在整个接收过程中,保证 REN=1 是一个先决条件。只有当 REN=1 时,才能对 RXD 进行检测。

3) 串行口方式 2 和方式 3 串行口工作在方式 2 和方式 3 均为每帧 11 位异步通信格式,由 TXD 和 RXD 发送与接收(两种方式操作是完全一样的,所不同的只是特波率)。每帧 11 位,即 1 位起始位,8 位数据位(低位在前),1 位可编程的第 9 数据位和 1 位停止位。发送时,第 9 数据位(TB8)可以设置为 1 或 0,也可将奇偶位装入 TB8,从而进行奇偶校验;接收时,第 9 数据位进入 SCON 的 RB8。

发送前,先根据通信协议由软件设置 TB8(如作奇偶校验位或地址/数据标志位),然后将要发送的数据写入 SBUF,即可启动发送过程。串行口能自动把 TB8 取出,并装入到第 9 位数据位的位置,再逐一发送出去。发送完毕,使 TI=1。

接收时,使 SCON 中的 REN=1,允许接收。当检测到 RXD(P3.0)端有 1~0 的跳变(起始位)时,开始接收 9 位数据,送入移位寄存器(9 位)。当满足 RI=0 且 SM2=0,或接收到的第 9 位数据为 1 时,前 8 位数据送入 SBUF,附加的第 9 位数据送入 SCON 中的 RB8,置 RI 为 1;否则,这次接收无效,也不置位 RI。

有关 8051 串行口的设计实例见 5.4.2。

5.2.2 无线局域网通信接口设计

局域网(local area network LAN),是处于同一建筑、同一社区或方圆几公里地域内的专用计算机网络。无线局域网(wireless local area network,WLAN)是指以无线方式(无线电、红外)实现传输的局域网。1990 年 IEEE802(局域网)委员会成立了无线局域网工作小组,命名为 IEEE802.11,专门负责制定无线局域网的标准。1997 年 IEEE802.11(草案)标准公布。

从用户的角度看,WLAN 是有线网络的延伸。无线用户的接入主要有两种:两两相接或通过节点可支持 30 至 120 个无线用户的接入。由于无线局域网是一种以无线方式传输数据的技术,所以我们可以在设计远程医疗的仪器时利用该技术实现医疗信息的无线传输。

1. 无线局域网(IEEE802.11)协议

在计算机网络的 OSI 模型中,整个网络共有七层,它们由下往上分别是:物理层、数据链路层、网络层、传输层、会话层、表示层、应用层,每一层都有其特定的功能。

IEEE802.11 协议主要规定了 OSI 模型中最低两层:MAC 层(数据链路层的一个子层)和物理层的一些特征。物理层再细分为 PLCP(physical layer convergence protocol)和 PMD(physical medium dependent)层。

(1)频段分配　无线局域网选用美国联邦通信委员会 FCC 开放的三个频段。1985 年,FCC 开放了 902~928MHz,2.400~2.4835GHz,5.725~5.850GHz 三个 ISM(Industrial,Scientific and Medical)频段,无需申请执照即可使用这些频率资源,但对发射功率有限制。由于要求的发射功率较低,一般都采用扩频发射。

(2)物理层　物理层涉及到无线局域网的传输媒体、选择的频段及调制方式。IEEE802.11 有三种规范:直接序列扩频技术 DSSS(direct sequence spread spectrum),跳频扩频技术 FHSS(frequency-hopping spread spectrum)和红外线散射 DFIR(diffused infrared)。其中红外线散射技术由于受太阳光的干扰,一般只用于室内传输,传输距离较短。

1)直接序列扩频技术　DSSS 是将待传送的信息数据用伪随机编码调制,将频谱扩展后再传输,接收端则采用同样的编码进行解码及相关处理,恢复原始数据。显然,这种通信方式与一般常见的窄带通信方式相反,是在扩展频谱后进行宽带通信,在相关处理恢复成窄带后解调数据,因此,具有伪随机编码调制和信号相关处理两大特点。正是这两大特点,使扩展频谱通信方式有抗干扰、抗噪声、抗多径衰落、保密性好等优点。

直接序列扩频物理层特性如下:

A. 处理增益。处理增益是发射信号的伪码速率与信息比特速率之比,通常以 dB 表示,是扩频区分其他窄带技术的重要指标。FCC 规定直扩系统的最小增益为 10dB,再高的处理增益必将提高设备的复杂性,所以 IEEE802.11 商业应用也遵循最小 10dB 的法则。

B. 前导与包头。IEEE802.11 为直扩定义了一个 144bit 的前导域,之后是 48bit 包头。包头中包含的信息有数据率、包长、CRC 错误校验域信息。前导与包头的传输速率固定为 1Mbps,其后的数据传输速率采用包头中指定的速率。

C. 扰码、解扰和扩展序列。IEEE802.11 规定直扩传输需进行扰码处理,扰码包含整个数据包的同步码、物理层包头及数据码,扰码函数为 $G(z)=z^{-7}+z^{-4}+1$。

IEEE802.11 中采用的伪随机码为 Barker 码,Barker 码具有理想的自相关特性。码序列为:+1,-1,+1,+1,-1,+1,+1,+1,-1,-1,-1。最左边码片最先输出,持续周期为 11 位码片。

D. 调制及速率。IEEE802.11 在直扩规范中定义了两种调制方式,分别为传输速率为 1Mbps 的 DBPSK 方式和 2Mbps 的 DQPSK 方式。

E. 杂波抑制。杂波抑制包括带内及带外两种,不同地域规范不同,美国参考 FCC15.247、15.205 及 15.209;欧洲参考 ETS300-328。

F. 收发转换时间。发射转换为接收的时间小于 $10\mu s$,其中包括功率下降时间。收发转换时间是从空中接口通过测量最后发射比特的下降沿到检测有效输入信号的时间。接收转换为发射的时间不大于 $5\mu s$。发射功率从满功率的 10% 上升到 90% 不大于 $2\mu s$;发射功率从满功率的 90% 下降到 10% 不大于 $2\mu s$。

G. 带内频谱特性。相对频谱(SINx/x 特性)峰值:

$$P<-30\text{dBr}(f_c-22\text{MHz}<f<f_c-11\text{MHz} \text{ 或 } f_c+11\text{MHz}<f<f_c+22\text{MHz})$$
$$P<-50\text{dBr}(f<f_c-22\text{MHz} \text{ 或 } f>f_c+22\text{MHz})$$

f_c 为载波中心频率。测量时使用一个 100kHz 带通滤波器,显示带宽为 30kHz。

H. 射频载波抑制。射频载波中心的功率比峰值功率至少低 15dB。测量时使用一个 100kHz 通带滤波器,测试无扰码发射的 01 序列,调制方式为 DQPSK。

I. 接收灵敏度。输入 1024 字节的数据包,天线端口输入电平 -80dBm,误帧率小于 8×10^{-2}。

J. 邻道抑制。输入长度为 1024 字节,调制方式为 DQPSK,误帧率低于 8×10^{-2} 时,邻道抑制优于 35dB。

2)信道空闲设置　直扩方式检测到功率超出预定门限,检测到伪码序列或检测到载波信号超出预定门限等条件下提供信道忙信号。

3)跳频扩频技术　FHSS 是指数据进行载波调制时,载波频率随跳频的序列值改变。接收端首先从发送来的跳频信号中提取跳频同步信号,使本机伪随机序列控制的频率跳变与接收到的跳频信号同步。输出被同步的本地载波,使载波解调获得携带信息的中频信号,从而得到发射机送来的信息。

(3) MAC 层

IEEE 802.11 协议 MAC 层帧结构如图 5.6 所示。每帧数据有三部分:前导码,帧头和数据块。

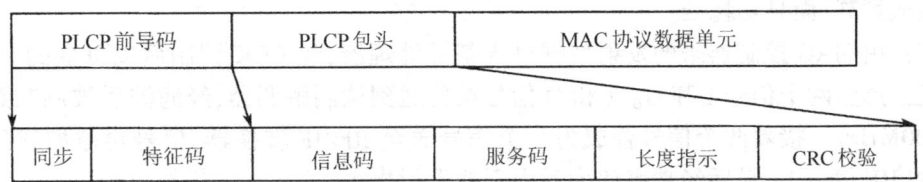

图 5.6　MAC 层数据格式

前导码(preamble)分为两部分:同步码与特征码。同步码由 128bits 的"1"组成,用来进行载波锁定与时钟锁定。在 802.11DSSS 系统中,所有的比特将进行扰码运算,所以不用担心信道中有连续的"1"出现;特征码(UNIQUE WORD,16bit)携带建立连接所需的信息(即有一组特定码),同时标志一帧的开始。

帧头包括四部分:信息码、服务码、长度指示、CRC 校验。信息码(8bit)用来进行 DBPSK/DQPSK 指示;服务码(8bit)是保留码,用于将来扩展协议用;长度指示码(16bit)指示这一帧数据的长度;CRC 校验码(16bit)用于 CRC 校验。

需要指出的是,前导码与特征码均采用 DBPSK 调制,而数据包则可选为 DBPSK/DQPSK。

当一帧数据接收完毕,判决没有错误后,接收端将回送应答(ACK)帧,表示已准确无误地收到数据。若发端未收到 ACK 帧,表明收端未能正确接收信息,发端随后将再次发送同一帧数据。

(4) CSMA/CA 协议 局域网一般是广播型网络,一站点发出数据,其他站点均能收到。因此,局域网要解决一个重要问题,即当前谁占用信道?局域网采用 CSMA/CD 协议,意为载波侦听多址访问/碰撞检测。当数据在局域网中发生碰撞时,可通过有线电缆中电压的变化检测出来,而无线局域网则必须采用其他手段来检测碰撞。

无线局域网采用 CSMA/CA(collision avoidance)协议,即载波侦听多址访问/碰撞防止机制。当某移动台准备发送信息时,先侦听系统信道,只有当信道空闲时才发送信息。在任何时刻,系统信道中只有一个移动台发送信息。因此,如何准确进行信道空闲检测(CCA)是至关重要的。尽管 CSMA/CA 协议是由 MAC 层控制的,但 CCA 实际上是在物理层完成的。CCA 有三种检测方法:第一是能量检测(ED),收端接收无线信道中的信号,指示出信道中信号的功率大小。当信道功率超过特定门限值时,即可判为有用户占用信道,否则判为空闲;第二是载波检测(CS),这种方法用于扩频系统中,将接收到的信号与 PN 码进行相关运算。如果相关值超过特定门限值时,即可判为有用户占用信道,否则判为空闲;第三是以上两种方法的结合。

2. 无线局域网通信接口的芯片组设计

在目前遵循 802.11 标准的芯片供应商中,Intersil 推出的 Prism 芯片组有一定代表性。Prism Ⅱ 芯片组是该公司推出的第二代无线扩频芯片组,采用直接序列扩频技术,并且具有较高的集成度,芯片组共有 5 块,它们分别是:①功率放大和检测器 HFA3983;②RF/IF 变换器 HFA3683;③I/Q 调制解调器和频率合成器 HFA3783;④DSSS 基带处理器 HFA3861;⑤控制器或媒体访问控制器 HFA3841,它完成从天线到电脑之间的连接。其中前 4 块芯片实现物理层;第 5 块芯片组成联网控制层,是物理层和主机之间的接口;数据传输率可达 11Mb/s。PRISM Ⅱ 是用 SiGe 技术制造,不仅集成度高,而且功耗低。

发射时,由 MAC 控制器来的发射数据进入基带处理器,经 CCK 调制后以可变的 PN 代码进行扩频处理,产生两个信号 I 和 Q。I 和 Q 信号被传送到调制解调器,经滤波后被调制到 IF 频率上(70~600MHz)。接着两个信号合成为一个信号送至 RF/IF 转换器,信号再被加载到 2.4GHz ISM 频段的 RF 信道上,最后经功率放大后由天线发射出去。

在接收模式下,由天线接收的 RF 信号经低噪声放大器(LNA)放大,经过与发射过程相反的处理后,最后变成基带信号,经 MAC 控制器与主机系统通信。芯片组具备与微机 PCI 总线和 USB 口接口的能力。

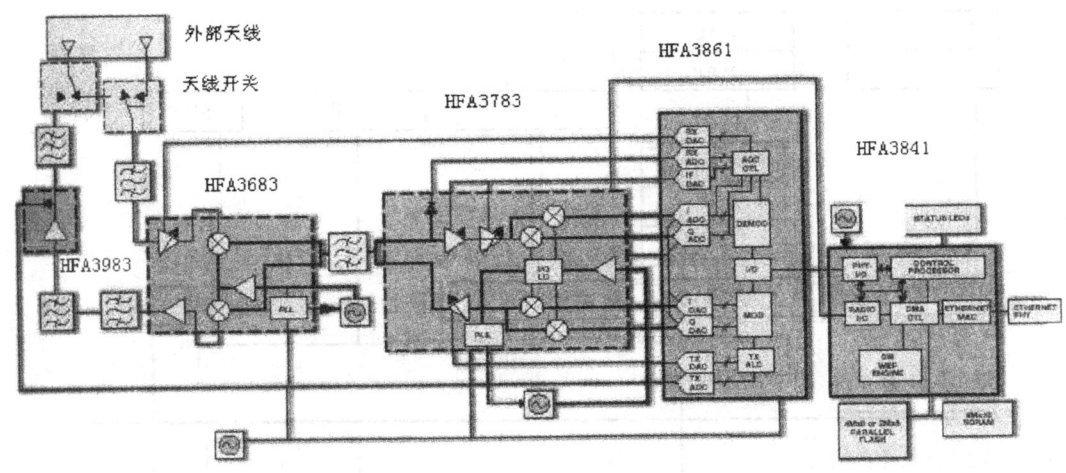

图 5.7 PRISM Ⅱ 芯片组结构图（摘自 Intersil 网站）

整个系统的结构示于图 5.7。

Intersil 公司提供了芯片组和单个芯片的评估板，并提供了参考设计（包括线路图、印制板图、元器件清单等等）。设计中可以直接采用评估板，与微机连接；也可采用芯片组，根据公司提供的资料自主开发。

5.2.3 蓝牙技术与通信接口设计

蓝牙技术是一项新兴的计算与通信方面的短距离（约 10m）无线电信号传输标准。在这种技术的支持下，各种各样的电子设备（包括便携设备、家用设备、办公设备以及汽车和航空设备等）可以在不需电缆的条件下，轻轻松松地自动连接起来，实现相互通信和数据共享。

如果医学仪器具有了蓝牙功能，医疗信息就能无线传输，接收方可能是一台管理数台具备蓝牙功能的仪器的主机，也可能是一台数据中转站，将接收到的医疗信息通过某种方式（无线电话、INTERNET）传送到远方的主机。

蓝牙技术所描绘的诱人蓝图已逐渐引起了各大软硬件公司的注意，并于 1998 年共同组建蓝牙特殊利益集团 BSIG(Bluetooth Special Interest Group)成员约有近 2000 个。

1. 蓝牙协议

（1）概述 蓝牙（Bluetooth）技术规范由蓝牙特殊利益集团（BIG）制定，在使用通用无线传输模块和数据通信协议的基础上，开发交互式服务和应用，多用于便携式通信设备。

蓝牙技术规范的目的是使符合该规范的各种应用之间能够互通，本地设备与远端设备需要使用相同的协议，不同的应用需要不同的协议，但是，所有的应用都要使用蓝牙技术规范中的数据链路层和物理层。

完整的蓝牙协议层如图 5.8 所示，不是任何应用都必须使用全部协议。图 5.8 显示了数据经过无线传输时，所有协议之间的相互关系，但在某些应用中这种关系是有变化的，如需控制连接管理器时，可使用逻辑链路控制应用协议（L2CAP）、二元电话控制规范（TCS Binary）或连接管

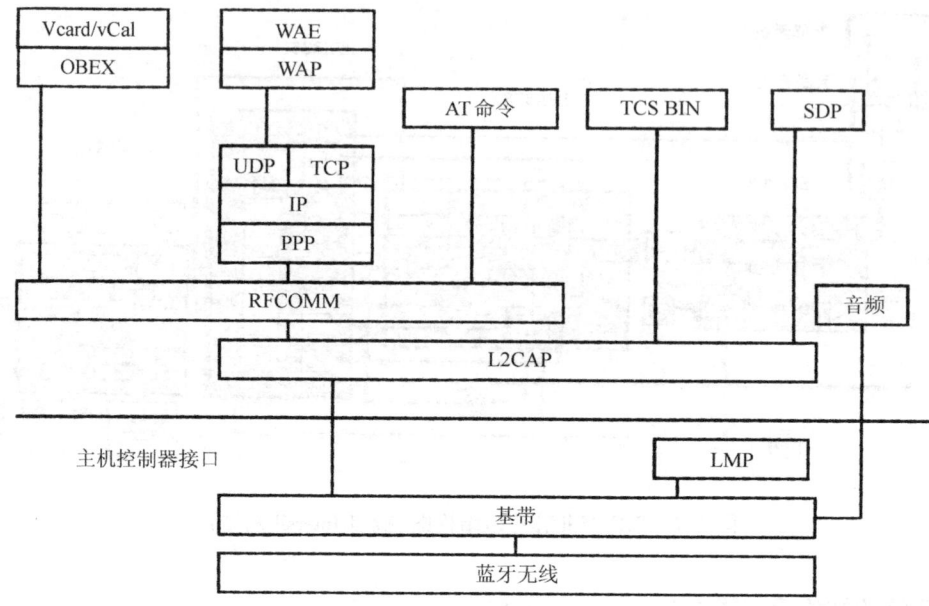

图 5.8 蓝牙协议栈

理协议(LMP)。

完整的协议包括蓝牙专利协议(如 LMP 和 L2CAP)和非专利协议(如对象交换协议 OBEX 和用户数据报协议 UDP)。设计协议和协议栈的主要原则是尽可能利用现有的各种高层协议，保证现有协议与蓝牙技术的融合以及各种应用之间的互通性，充分利用兼容蓝牙技术规范的软硬件系统。蓝牙技术规范的开放性保证了设备制造商可以自由地选用其专利协议或常用的公共协议，在蓝牙技术规范基础上开发新的应用。

(2) 蓝牙体系中的协议　蓝牙协议体系中的协议按 SIG 的需要分为 4 层：
- 核心协议：BaseBand、LMP、L2CAP、SDP
- 电缆替代协议：RFCOMM
- 电话传送控制协议：TCS Binary、AT 命令集
- 可选协议：PPP、UDP/TCP/IP、OBEX、WAP、vCard、vCal、lrMC、WAE

除上述协议层外，规范还定义了主机控制器接口(HCI)，它为基带控制器、连接管理器、硬件状态和控制寄存器提供命令接口。在图 5.8 中，HCI 位于 L2CAP 的下层，但 HCI 也可位于 L2CAP 上层。

蓝牙核心协议由 SIG 制定的蓝牙专利协议组成。绝大部分蓝牙设备都需要核心协议(加上无线部分)，而其他协议根据应用的需要而定。总之，电缆替代协议、电话控制协议和被采用的协议在核心协议基础上构成了面向应用的协议。

1) 蓝牙核心协议

A. 基带协议。基带和链路控制层确保微微网内各蓝牙设备单元之间由射频构成的物理连接。蓝牙的射频系统是一个跳频系统，其任一分组在指定时隙、指定频率上发送，它使用查询和寻呼进程同步不同设备间的发送频率和时钟，可为基带数据分组提供两种物理连接方式：面向连

接（SCO）和无连接（ACL），而且在同一射频上可实现多路数据传送。ACL 适用于数据分组，SCO 适用于话音以及话音与数据的组合，所有的话音和数据分组都附有不同级别的正向纠错（FEC）或循环冗余校验（CRC），而且可进行加密。此外，不同数据类型（包括连接管理信息和控制信息）都分配一个特殊通道。

可使用各种用户模式在蓝牙设备间传送话音，面向连接的话音分组只需经过基带传输，而不到达 L2CAP。话音模式在蓝牙系统内相对简单，只需开通话音连接，就可传送话音。

B. 连接管理协议（LMP）。负责蓝牙各设备间连接的建立。它通过连接的发起、交换、核实，进行身份验证和加密，通过协商确定基带数据分组大小；它还控制无线设备的电源模式和工作周期，以及微微网内设备单元的连接状态。

C. 逻辑链路控制和适配协议（L2CAP）。是基带的上层协议，可以认为它与 LMP 并行工作，它们的区别在于当业务数据不经过 LMP 时，L2CAP 为上层提供服务。L2CAP 向上层提供面向连接的和无连接的数据服务，它采用了多路技术、分割和重组技术、群提取技术。L2CAP 允许高层协议以 64K 字节收发数据分组。虽然基带协议提供了 SCO 和 ACL 两种连接类型，但 L2CAP 只支持 ACL。

D. 服务发现协议（SDP）。发现服务在蓝牙技术框架中起到至关重要的作用，它是所有用户模式的基础。使用 SDP，可以查询到设备信息和服务类型，从而在蓝牙设备间建立相应的连接。

2）电缆替代协议　RFCOMM 是基于 ETSI 07.10 规范的串行线仿真协议。"电缆替代"协议在蓝牙基带协议上仿真 RS—232 控制和数据信号，为使用串行线传送机制的上层协议（如 OBEX）提供服务。

3）电话控制协议

A. 二元电话控制协议。二元电话控制协议（TCS Binary 或 TCS BIN）是面向比特的协议，它定义了蓝牙设备间建立语音和数据呼叫的控制信令，定义了处理蓝牙 TCS 设备群的移动管理进程。基于 ITU-TQ.931 建议的 TCS Binary 被指定为蓝牙的二元电话控制协议规范。

B. AT 命令集电话控制协议。SIG 根据 ITU-TV.250 建议和 GSM 07.07 定义了控制多用户模式下移动电话、调制解调器和可用于传真业务的 AT 命令集。

4）选用协议

A. 点对点协议（PPP）。在蓝牙技术中，PPP 位于 RFCOMM 上层，完成点对点的连接。

B. TCP/UDP/IP。TCP/UDP/IP 协议是由 IETF 制定的，广泛应用于互联网通信的协议，在蓝牙设备中使用这些协议是为了与互联网相连接的设备进行通信。

C. 对象交换协议（OBEX）。IrOBEX（简写为 OBEX）是由红外数据协会（IrDA）制定的会话层协议，它采用简单的和自发的方式交换目标。OBEX 是一种类似于 HTTP 的协议，它假设传输层是可靠的，采用客户机—服务器模式，独立于传输机制和传输应用程序接口（API）。

电子名片交换格式（vCard）、电子日历及日程交换格式（vCal）都是开放性规范，它们都没有定义传输机制，而只是定义了数据传输格式。SIG 采用 vCard/vCal 规范，是为了进一步促进个人信息交换。

D. 无线应用协议（WAP）。无线应用协议是由无线应用协议论坛制定的，它融合了各种广域无线网络技术，其目的是将互联网内容和电话传送的业务传送到数字蜂窝电话和其他无线终端上。选用 WAP，可以充分利用为无线应用环境（WAE）开发的高层应用软件。

(3) 蓝牙设备的工作过程　在正常工作时,由"蓝牙"启动的设备会寻找其他设备,并临时权宜地自行将其组成小型网络。共用同一信道的 2~8 个"蓝牙"设备组成一个 piconet("皮可网",即"微微网"),其中一个设备为主控设备。单个设备可在时分多路复用的基础上参加多个 piconet。把两个以上的 piconet 连接起来,形成一个 scatternet(散射网)。技术规范规定:发射 1mV 射频信号,额定通信距离为 10m;如果将射频信号提高到 100mW,则通信距离可达 100m。

发送器以信息包的形式发送信道数据,信息包内含一个 72 位接入码、一个 54 位标题和一个 0 位至 2745 位数据有效负载。"蓝牙"信息包符合发送器在射频链路上发送的第一位是最小有效位的"小头"格式。接收器利用接入码来执行识别与同步。由接收器中的滑动相关器寻找预期的接入码,并在找到后产生一个触发脉冲。"蓝牙"基带层定义了 13 种信息包。较高的各层则利用这些信息包来组成更复杂的信息。

"蓝牙"设备工作在非特许的 2400~2483.5MHz ISM 频段,采用跳频信号来扩展频谱,从而减少了衰减和干扰。所发送的信号按照一种伪随机序列在 79 个相隔 1MHz 的射频信道上跳跃。发送器必须在每个频率上停留一个 625μs 的时隙才发送一个信息包的数据。您也可将这一停留时间延长到 5 个时隙,以便发送较长的信息包。"蓝牙"设备用一种时分双工方案来交换数据。主控设备只在偶数时隙内开始发送数据,而从属设备则只在奇数时隙内发送数据。从属设备必须先经主控设备查询,才能发送数据。

虽然"蓝牙"收发器所用的二进制频移键控调制技术具有 1Mbps 的数据速率,但是由于有协议开销的缘故,每个信道的最大数据速率实际是 720kbps 左右。来自跳频频率的正向频偏代表二进制的"1",来自跳频频率的负向频偏代表二进制的"0"。"蓝牙"收发器采用高斯调制滤波,BT(带宽-时间)之积(每位带宽)为 0.5。"蓝牙"能支持一个数据信道、多至 3 个同步话音信道或一个组合的话音与数据信道。话音信道是同步的,并保留一些时隙来支持两个方向的 64kbps 实时数据。异步数据信道能够支持对称的 433.9kbps 数据速率,或支持 723.2kbps 最大非对称数据速率,而返回方向的数据速率则为 57.6kbps。如果没有保留的时隙,则异步数据信道会发生等待或延迟情况,这要视通信量而定。

2. 蓝牙的芯片组设计

目前已有不少公司生产出高集成度的蓝牙芯片组,大多数厂家所提供的蓝牙方案在硬件上都分为三部分:无线电收发单元、链路控制单元以及链路管理及主机 I/O 单元。由 CSR(Cambridge Silicon Radio)公司推出的 BlueCore 01 在一片 8mm×8mm 的 CMOS 芯片上集成了射频单元和基带控制器,只要和内含蓝牙软件栈的 Flash Rom 配合,即可向数据和语音设备提供全兼容的蓝牙接口。该芯片由射频接收器、射频发射器、射频合成器、物理层 DSP 硬件引擎、猝发状态控制器、微处理器、内存管理单元等部分组成。

(1) 射频接收器(RF receiver)　采用极低的中频频率结构,使得信道滤波器可集成到片内。低噪放大器(LNA)的输入端具有 1dB 带外阻塞特性,因此即使与 900 MHz、1.8 GHz 或 1.9 GHz 的蜂窝移动电话发射器很接近也不需在射频输入端采取特殊滤波处理。数字式的鉴频器提供了抗同频干扰和邻频干扰的良好性能。而且,每个时隙都测量接收信号的强度并调整前端 LNA 的增益以限制混频器的输入信号幅度,从而实现了快速的自动增益控制(AGC)。

(2) 射频发射器(RF transmitter)　采用了 2.4GHz 的直接正交调制,使得频率漂移极小而且调频指数稳定。基带发射数字滤波器保证了频谱形状满足要求。最大发射功率可达+4dBm,符合二级(4dBm)和三级(0dBm)功率要求。由于片内提供了发射增益控制,因而只需简单地增加一级或两级射频功放即可符合一级(20dBm)要求。

（3）射频合成器(RF synthesiser)　采用了新颖的电路形式,完全集成到片内,省却了外部的压控振荡器、变容二极管或者 LC 振荡电路。合成器的工作频率仅为发射频率的一半,减少了与射频放大器的耦合。

（4）物理层 DSP 硬件引擎(physchical layer DSP hardware engine)　用专门硬件电路来实现,能够在高速运算的同时维持低功耗。它所实现的功能包括:前向纠错(Forward Error Correction)、帧头错误控制、加密、数据白化(Data Whitening)以及访问码比较等。此外,还能完全兼容 A 律、μ 律、线性和 CVSD(连续可变斜率增量调制)四种语音格式的数据。

（5）猝发状态控制器(burst mode controller)的功能是　发送时,把先前已保存到内存映射寄存器(MMR)中的头信息和 RAM 缓冲区中的数据/语音合成为数据包以供发送;接收时,则完成相逆的功能,把数据包分解为头信息和数据/语音,分别存入 MMR 和 RAM 缓冲区。猝发状态控制器的采用进一步减轻了微处理器的工作量。

（6）微处理器(microprocessor)　是片内集成的通用 16 位 RISC 结构,有足够的能力运行完整的蓝牙软件栈和 OEM 应用程序。微处理器的结构具有占用面积小和消耗电流小的特点。

（7）内存管理单元(memory management unit)　能为用户的数据/语音信号动态地分配环状缓冲区,提高了可用 RAM 的利用率。

使用 BlueCore 01 芯片时,只需外接少量元件即可。CSR 公司提供具体设计方案,包括电路图、印制板图等。主机可以通过 UART 或 USB 接口与 BlueCore 01 通信,也可用专门的 PCM 接口来收发 PCM 语音信号。蓝牙协议栈的软件存储在片外的 Flash ROM 中,由 BlueCore 01 内嵌的微处理器执行。此外,BlueCore 01 还提供了 I^2C 接口,可直接与 I^2C 芯片相连,而 8 条通用 IC 引脚则提供了方便的控制功能。

BlueCore 01 是 CSR 提供的蓝牙解决方案的第一代芯片,目前正在开发第二代和第三代芯片(BlueCore 02/03)。第二代芯片将采用 0.25μs 的 CMOS 工艺,并且只需 64 引脚(Bluecore 01 为 81 引脚),使芯片面积更小。而最重要的改进是把 FLASH ROM 也集成到片内,使之成为彻底的单芯片方案。第三代芯片除了更进一步缩小芯片面积以外,将在第二代的基础上增加语音编解码功能和面向应用的定制 I/O 口。

5.2.4　红外通信接口设计

红外通信是指以红外线为传输媒质的通信方式。IrDA(Infrared Data Association,红外线数据协会)标准是应用最为广泛的红外通信标准。

IrDA 是一个民间的标准化团体,目标是制定低功率、定向型、短距离、点对点或 点对多点的红外线数据通信标准。目前,全世界近 100 家主流 IT 企业已经成为这个标准化团体的成员。

1. IrDA 的协议

IrDA 的协议体系结构如图 5.9 所示。物理层是 2400bit/s～115.2kbit/s 的 IrDA-SIR(Serial InfraRed:串行红外线),数据链路层是以 HDLC 为基础的 IrLAP(Infrared Link Access Protocol:红

外线链路接入协议)。另外,在其上层是进行通信线路多路复用和信息检索的 IrLMP(Infrared Link Management Protocol:红外线链路管理协议),在 IrLMP 的上层可以采用一系列的选件 IrTP(Infrared Transport Protocol:红外线运输协议),以用于流量控制。下面分别介绍这些协议。

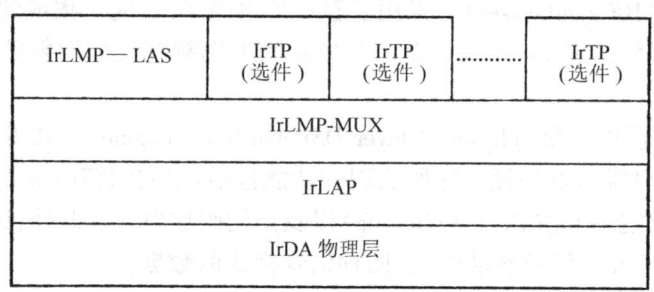

图 5.9 IrDA 协议栈

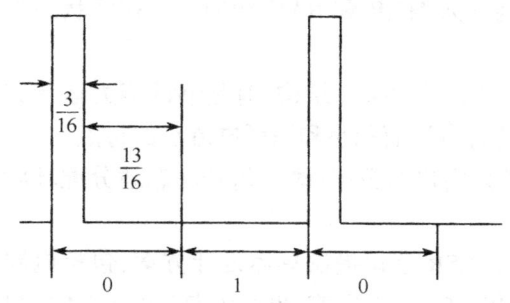

图 5.10 IrDA 物理层协议(IrDA-SIR)

(1) 物理层 IrDA-SIR 是 2400b/s ~ 115.2kb/s 的中低速通信的物理层协议,如图 5.10 所示,使用波长为 850nm 的基带 RZ(return to zero)方式,其脉冲宽度为 3/16,形成中心角为 15°的圆锥形。115.2kbps 是高速个人计算机实时端口的最高速率,当前可以充分满足用户的需求。

(2) 数据链路层 IrLAP 是以在广域网等网络中广泛使用的 HDLC(high data link control,高级数据链路控制)的半双工规程为基础的连接型协议。其特征如下:

1) 链路建立时的参数协商 在开始建立链路时,应当协商如下参数:① 比特率:链路开始建立时,必须以 9600bps 的速率进行通信;② 最大分组长度:最大分组长度为 64B ~ 2kB;③ 最大运行周期:由于是半双工通信,所以分组发送权每 500ms 交换一次,各个站在没有继续获得发送权的同时,应该进行链路未被断开的确认。各个站在超过了最大运行周期时,将不能得到分组发送权;④ 窗口尺寸:在无 ACK 而能够连续发送的分组数(1 ~ 7);⑤ BOF(Beginning of Frame:帧头)数:表示分组头的标志(BOF)的数量(0 ~ 48)。在同中断时延较长的站通信时,这个值稍设大点,以防分组丢失;⑥ 最小运行周期:从接收到分组至再发送出去的最低限度的空闲时间(0 ~ 10ms);⑦ 链路断开时间:从不能够正常接收分组到链路断开所需要的时间(3 ~ 40s)。

2) 采用随机数编址和动态地址冲突的处理规程 考虑到装置的移动性和专用性(接收地址的动态变更),各个站采用 4B 的随机数生成地址。同时,也定义了地址发生冲突时的处理规程。

3) 寻找移动站 由于各个站在可能的通信范围内移动,因此在建立链路时需要执行寻找移动站所在位置的规程。

4) 利用运行周期的媒体接入规则 在最初进行发信时,必须在 500ms 的最大运行周期里监视媒体。如果检测出某种业务量(例如,媒体忙),则可以通过控制发信,以避免对现有链路发生干扰和影响。

5) 帧格式和通信过程 在数据传送时,需要附加 2B 的分组头和帧检验序列(frame check se-

quence,FCS)。这种分组头比以太网等无连接型 LAN 协议所使用的分组头小,数据传送效率高。

数据传送过程通常是从相互交换站地址信息开始。最初,一方的站在 500ms 内检查是否有业务量,只在无业务量时发现 XID 命令分组。另一方的站则相应地发送发现 XID 响应分组。在发送发现 XID 命令分组后,每隔 500ms 再重发一次。站地址交换结束之后,建立连接,发送数据,最后释放连接,通信结束。

(3)高层 IrLMP 由两部分组成:一是将单一的 IrLAP 链路进行多路复用的 MUX(Multiplexer),另一部分是进行终端信息互换的信息接入业务(IAS)。在链路多路复用过程中,采用了 7B 的识别符 LSAP(Link Service Access Point,链路业务接入点)。LSAP 识别符的值 0X00 和 0X70 ~ 0X7F 为预约值,其中,0 号可以分配给 IAS 使用,0X70 可以分配给无连接型通信使用。在 IAS 中,定义了命令/响应型的信息检索规程和几种基本的数据表示方法。

IrTP 是以 OSI 运输层的第 2 类为基础,变更地址表示,削除多余功能的协议。主要目的是针对不同的应用进行不同的流量控制。

IrDA 协议标准也在不断发展,现有标准包括 IrDA1.0(SIR)、IrDA1.2 Low Power 和 IrDA1.1 (FIR)。IrDA1.2 low power 标准是专为移动通信而设立的,接收距离短(0.2m),接收延迟时间短(0.5ms),其功率消耗可减少 10 倍,数据传输速率为 2.4 ~ 115.2kbps。IrDA1.0 标准的接收距离和接收延迟时间则分别为 1.0m 和 10ms,传输速率为 2.4 ~ 115.2kbps,适合 PDA 和 Windows CE 设备。IrDA1.1 适合大量数据交换,具有三种不同速率范围:9.6 ~ 115.2kbps;115.2Mbps(MIR) 和 4.0Mbps(FIR),可传输彩色图像和网络文件。

2. IrDA 通信接口的设计

红外通信已有较长的历史,其产品也较为成熟,很多公司生产用于 IrDA 红外通信的红外发射、接收管和红外通信编码、解码器。

如果只需进行简单的红外通信,则由通信主机直接控制红外发射管发出红外光束即可。如需符合 IrDA 标准,则必须使用 IrDA 编码、解码器,将数据脉冲转化为与 IrDA 兼容的模式,用 3/16 脉冲代表"0",以无脉冲代表"1",见图 5.10,而 IrDA 协议则要靠通信主机的软件实现,这是相当困难的。

采用专用 IrDA 通信芯片是一种便捷的方案选择,如 Microchip 公司推出的 MCP2150(以及 MCP2155)不仅内置了符合 IrDA 标准的编码、解码器,而且内置了 IrDA 协议栈,由硬件实现对 IrDA 协议的支持,通信主机只需通过标准通用异步收发器(UART)与 MCP2150 连接,如图 5.11 即可实现 IrDA 红外通信。利用 MCP2150,我们不需要拥有 IrDA 标准协议栈知识,即可为系统增添新的无线接入功能。

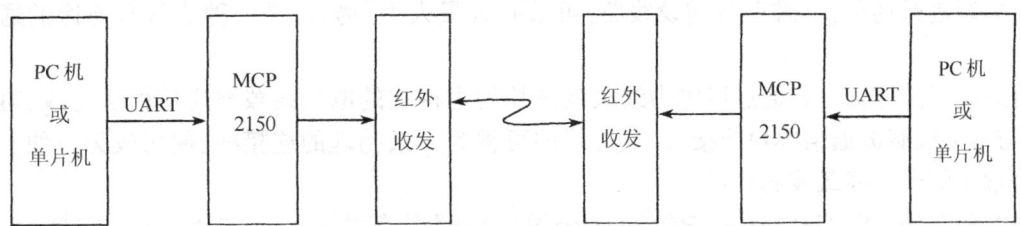

图 5.11 MCP2150 实现红外通信框图

5.2.5 其他短程通信技术

1. HomeRF

HomeRF 无线标准是由 HomeRF 工作组开发的,旨在家庭范围内,使计算机与其他电子设备之间实现无线通信的开放性工业标准。

HomeRF 是 IEEE802.11 与 DECT 的结合,使用这种技术能降低语音数据成本。与 802.11 和蓝牙一样,使用开放的 2.4GHz 频段。采用跳频扩频(FHSS)技术,跳频速率为 50 跳/秒,共有 75 个带宽为 1MHz 的跳频信道。调制方式为恒定包络的 FSK 调制,分为 2FSK 与 4FSK 两种(采用调频调制可以有效地抑制无线环境下的干扰和衰落)。2FSK 方式下,最大数据的传输速率为 1Mbps;4FSK 方式下,速率可达 2Mbps。在新的 HomeRF 2.x 标准中,采用了 WBFH(wide band frequency hopping,宽带调频)技术来增加跳频带宽,由原来的 1MHz 跳频信道增加到 3MHz、5MHz,跳频的速率也增加到 75 跳/秒,数据峰值达到 10Mbps。

Home RF 提供了流媒体(stream media)真正意义上的支持。由于流媒体规定了高级别的优先权并采用了带有优先权的重发机制,这样就确保了实时播放流媒体所需的带宽、低干扰、低误码。

Home RF 把共享无线接入协议(SWAP)作为未来家庭联网的技术指标,基于该协议的网络是对等网,因此该协议主要针对家庭无线局域网。其数据通信采用简化的 IEEE802.11 协议标准,沿用类似于以太网技术中的冲突检测的载波监听多址技术(CSMA/CD)CSMA/CA。语音通信采用 DECT(digital enhanced cordless telephony)标准,使用 TDMA 时分多址技术。

不过由于 HomeRF 技术没有公开,目前只有几十家企业支持,在抗干扰等方面相对于其他技术而言尚有欠缺,因此其应用前景受到一定的限制。

2. 电力线传输

电力线是用来传输电能的线路,一般形式为三相四线制,电能以 50Hz 或 60Hz 频率的正弦波形式在电力线上传输。电力线载波通信就是将要传输的数据转化为高频、低幅值的信号,调制到低频、高幅值的载波上进行传输。

电力线载波通信早在 1919 年就被证实可行,并在 1921 年首次投入使用,一般在高压线路上应用,是电力部门通信的主要手段之一。低压线路(1000V 以下)上的载波通信开始得较晚,1970 才开始进行研究,近年来呈蓬勃发展之势。

现代社会中,电力的应用已经渗透到每一个角落,电力线特别是低压电力线几乎无处不在,利用电力线进行通信,不需重新铺设线路,可节省大量人力、物力,是一种非常有前途的通信方式。

电力线载波通信一般通过以电力线载波芯片为主构成的电力线载波通信模块组成,对主机来说,与电力线载波通信模块连接后,电力线即可视为一条物理的连接线,使用较为方便。以下是几种常用的电力线载波芯片:

(1)ST7536 ST7536(SGS-THOMSON 公司)为电力线载波 modem 芯片。由于它是专用 modem 芯片,所以除有一般 modem 芯片的信号调制解调功能外,还针对电力线应用加入了许多特别的信号处理手段。目前,该芯片应用广泛。ST7536 是半双工的 FSK modem 芯片,600bps 时灵敏度为 2mV,1200bps 时灵敏度为 3mV。它针对电力线载波通信而采用了数字滤波器、AFC(自动频率控制)、ALC(自动输出幅度控制)以及软件上的三字节容错等现代通信技术。但是,ST7536 是较早的电力线载波 modem 芯片,调制解调技术是较落后的 FSK 方式,加上三字节容错,它最高波特率只能达到 400 bps。另外它无 CSMA(网络载波侦听)功能,这些限制了它的应用。

(2) SSCP300 SSCP300(Intellon 公司)为电力线载波 modem 芯片。它采用了扩频(Chirp 方式)调制解调技术、现代 DSP 技术、CSMA 技术以及标准的 CEBus 协议,可以称为智能 modem 芯片,体现了 modem 芯片的发展趋势。但在国内电力线载波通信中使用效果还不如 ST7536。究其原因,SSCP300 是按北美地区频率标准、电网特性,特别针对家庭自动化而设计的,频率范围是 100~400kHz,电网电压是 480V/277Vac、208V/120Vac、60Hz,它可采用线-地耦合方式。由于主要面向一家一户式独立住宅,故在通信距离上,它还采用陷波器隔离,防止干扰邻近住宅等。当在国内电力线载波通信中应用时上述情况应予考虑。

(3) PLT-22 PLT-22(Echelon 公司)为电力载波收发器,它是针对工业控制网而设计,采用 BPSK 调制解调技术以及多种容错及纠错技术,所以目前在中国应用效果最理想。但它是 Lonworks 网络专用,且价格较高。

5.2.6 远程通信技术

很多情况下,远程医疗是需要长距离传输数据的,这就需要用到远程传输技术。远程传输可以采用有线的方式,如电话线,也可采用无线的方式,如移动电话。随着 Internet 的迅速发展,利用 Internet 传输将得到越来越广泛的应用。

利用 GSM 移动通信网络传输数据的方法我们将在 5.4 节中详细论述,本节中简要介绍通过电话线和 Internet 传输的方法。

1. 电话线远程传输

随着现代通信事业的发展,电话已经得到非常广泛的应用。电话的主要传输介质是双绞线,也有部分由同轴电缆、光缆组成,其传输带宽各不相同。由于电话线路的广泛分布,利用电话线传输距离远、费用少,使用方便,是一种很好的远程传输的方式。

目前,利用电话线传输数据的方法一般分为模拟和数字两种。在模拟传输中,发送方的模拟数据经过调制(调频、调幅、脉宽调制),驱动扬声器,声音通过电话线传到接收方,由麦克风转变为电信号,经过解调后输出。模拟信号的调制、解调可采用多种方法,图 5.12 和图 5.13 分别是利用 CMOS 集成锁相环 CD4046 进行调制和解调的电路,其中调频和解调电路中 R1 和 C1 的值应相同。

除了上述电路,在调制和扬声器之间,应有音频驱动电路;在麦克风和解调电路之间,应有放大和滤波电路。

在数字式传输时,所有模拟信号和数据都转化为数字信号,信号的传输以数字的方式进行。迄今为止,已有很多公司生产了能实现电话线数据传输的调制解调器芯片,如 OKI、TDK 等。如 OKI 公司的 MSM7512,该芯片可直接与电话线相连(某些情况下可加入隔离电路),并具备一个

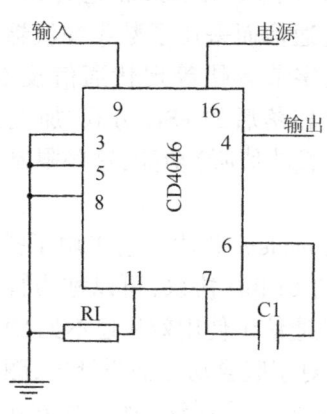

图 5.12　CD4046 调频电路

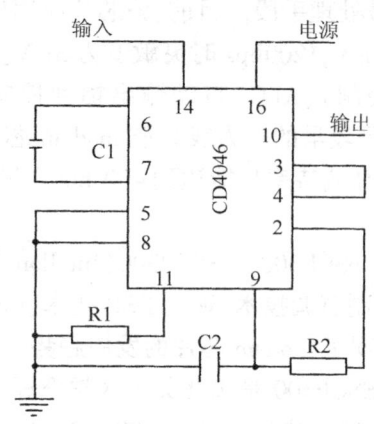

图 5.13　CD4046 解调电路

串行接口,可直接与单片机的串行口连接或通过电平转换与 PC 机串行口连接,发送、接收的数据通过串行口传输。芯片的手册中有详细的应用方法和电路图,在此不再叙述。

2. 互联网(Internet)远程传输

Internet 近年来飞速的发展,注定了它将是未来通信的主流,医学仪器连入 Internet,也将是大势所趋。

Internet 从本质上说,是一个连接全世界的计算机通信网,它的传输媒质呈多样化,如电话线、光纤、同轴电缆、卫星、微波等等。对于基于 PC 机的医学仪器来说,WINDOWS 操作系统内置了对 Internet 的支持,我们可以用开发工具(Visual Basic、Visual C++、Power Builder 等等)直接调用对 Internet 的操作,就可实现与 Internet 的连接,在 Internet 上实现不限距离的数据传输。

对于基于单片机的医学仪器来说,连入 Internet 则比较困难,因为对网络协议的支持需要大量系统资源,所以一般来说必须是 32 位单片机才具备这样的能力。这种情况导致很多可以用 8 位/16 位机完成的设计,为了加入连网功能,而不得不采用 32 位机。

但现在情况正在逐步改变,很多公司正致力于开发能使 8 位/16 位单片机连入 Internet 的技术,EmWare 公司的 EMIT 技术(Embedded Micro Internetworking Technology)采用的是"瘦服务器、胖客户机"的形式,当我们用一台 PC 机浏览远方的一台医学仪器上的内容时,PC 机就是胖客户机,医学仪器则是瘦服务器。

为适应 8 位/16 位单片机的环境,服务器程序刻意地减少到很小的 1kB,简化到仅只保留 HTML 标记,其他全部移到 Internet 网中的胖客户机上;网络协议部分则放弃使用代码较长的 TCP/IP 等协议,换用单片机环境使用的、十分轻型的网络协议,这个 1kB 服务器软件名曰 emMicro,是一个很关键的、任何一个单片机都足以放下的微型嵌入式服务器。

emMicro 有两部分:emTag 对应于 HTML 标记;emNet 对应于网络协议,二合一为 emMicro。轻型的网络协议支持在本端构筑小网,如单片机常用的 RS232 网、电力线、RS-485、CAN 或 I^2C 等等。如果不接入 Internet 网,它们便是孤立的网;如要和 Internet 网进行网际联结,则增加网关(emGateway),emMicro 通过 emGateway 与 Internet 网连接。

emGateway 可以单独设置,或结合具体条件与胖客户机结合,或独立存在或是其他。emGateway 的 Internet 端还留有与另一端 Web 设备(单片机)可对话的接口。如果需要,接口也可在用户的应用程序中使用。接口的典型使用方法仍是 Web 网页,因网页可以在任一种浏览器下工作,灵活适应于全球网各个地域的多种计算机环境。

emMicro 中的 emTag,将对应的 HTML 标记映射为浏览器中 Java applets 程序里的对象或 JPEG/GIF 里的对象。这些对象名曰 emObjects。Web 网页的 HTML 能识别 emTag 并将它置换成映射的对象,从而按需要以数字、图形、文本或可滑动的控制把手、操作开关、按钮、LED 等形式表现出来。网关上还可安装有 DAS(device access service,设备访问服务)实用程序,由它识别、访问和监控各个挂网的设备,起集散器的作用。

由于 EMIT 可以在诸如 8051 这样的廉价、简单的单片机上运行,仅占用系统 1K 字节的存储资源,因而该项技术在基于单片机的医学仪器中加入 Internet 联网功能的设计将获得应用。

5.2.7 医学影像通信的标准接口

当今国际统一的医学影像通信的标准接口协议是 DICOM3.0(digital imaging and communications in medicine),它是一整套用以使医学影像在医院影像医学仪器和计算机之间传播的标准。它适合于所有医学成像设备(见7.1)的接口设计。

它是由美国全国电器设备制造商协会(National Electrical Manufacturers´ Association, NEMA)与美国放射学会(American college of radiology, ACR)制定,1993 年 NEMA 大会上正式通过的工业标准。

DICOM 3.0 标准由 14 个部分构成,它基于一组实体-关系模型(entity-relationship model),简称 E-R 模型,采用面向对象的方法制定。协议内容简述如下(其中(1)~(9)为正式文件,(10)~(14)目前仍在修订中):

(1)介绍与总论:全面介绍 DICOM 的由来、历史、目的、结构、适用范围以及其他部分的内容简介。

(2)兼容性:详细说明 DICOM 的兼容性目的和架构,以及在互联互通方面对遵守该协议的设备的要求。

(3)目标信息的定义:对用于数字化交流的实际医学影像给出一个抽象的定义。

(4)服务组的说明:对一系列用于数字化交流的操作行为给出抽象的定义。

(5)数据结构和语义:对数据结构及数据的编码进行解释。

(6)数据字典:包括对所有 DICOM 数据以及所有在 DICOM 标准内部定义的数据的注册和认可。

(7)信息交换:对 DICOM 信息服务部分(DICOM message service element,DIMSE)进行说明。

(8)网络通信支持下的数据交换:说明在网络环境下支持应用 DICOM 协议进行数据交换的服务器和网络上层协议。

(9)点对点传输下的信息交换:说明在点对点传输下支持应用 DICOM 协议进行数据交换的服务器和网络上层协议。

(10)介质间内部交换的格式和储存介质类型:说明将医学影像信息储于可移动介质的一般模式。它提供了一个不同类型医学影像间数据内部交换的框架以及相关物理介质的信息。

(11) 介质存储的应用层面：说明将医学影像信息存储于可移动介质的模式。它根据特殊临床需要，通过对 DICOM 标准各组成部分参数的选择，使它们协同工作。

(12) 介质格式和用于内部交换的物理介质：促进医疗环境中数字影像计算机间的内部信息交换。这样的交换可应用于医学图像诊断或其他潜在的临床领域。

(13) 点对点传输下的打印管理：详细说明打印提供者在点对点连接的情况下支持 DICOM 打印管理所必须的服务和协议。该部分提到的点对点通信管理符合 ISO7498-1 标准。它提供与第 8 部分（网络通信支持下的数据交换）相同的上层协议，同时使用与硬拷贝通信相兼容的下层协议。

(14) 显示的灰度标准：详细说明灰度图像的标准显示功能，常用的显示系统包括显示器等程序驱动的设备。

DICOM 的 14 个部分之间既相互独立，又互相联系，解决了数据交换标准化过程中两个关键层面，即数据传输协议与数据格式。DICOM 数据传输的协议栈如图 5.14 所示，定义了点对点传输协议和基于 ISO/OSI 协议和 TCP/IP 协议的网络传输协议，整个协议非常复杂、庞大。在实际应用中，往往是根据实际情况的需要，实现 DICOM 的某些部分，而不是全部。

DICOM 数据格式标准将在 5.3.1 小节中介绍。

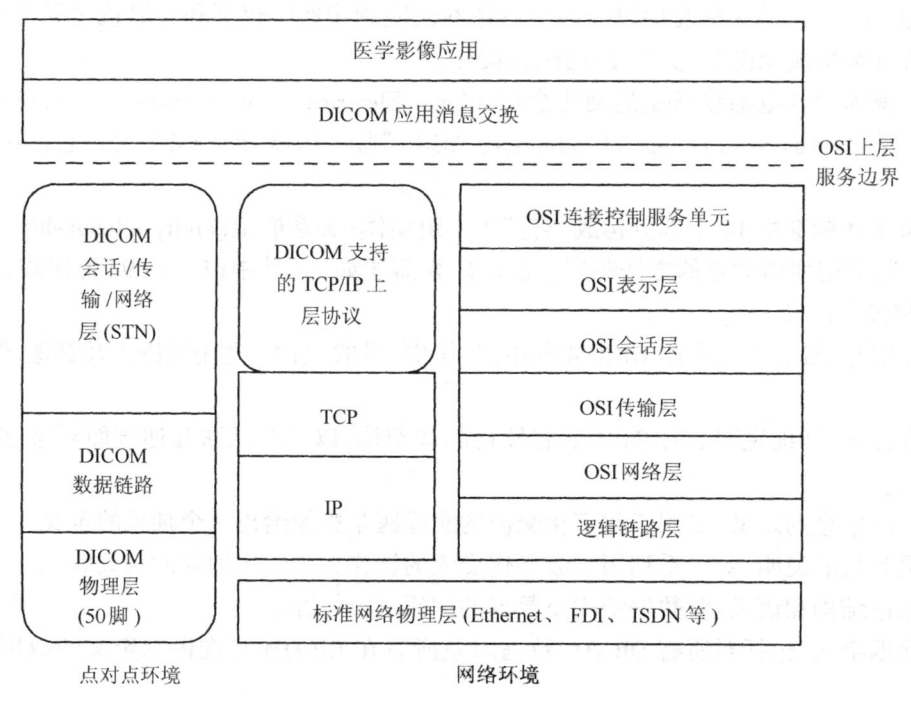

图 5.14　DICOM 协议栈

5.3　医学数字信号的标准化设计

生物医学信号数据库在软件设计测试、科学研究、药物实验和保健等领域中得到了广泛的应用，数据库的标准化将大大有利于国际化、多中心的合作以及数据的共享，也将有利于提高软件开发、科学出版、药物实验的效率和保健服务的质量,同时能减少费用。在某些情况下,没有这种合作,就不能实现预定的目标。

远程医疗也要求信息的标准化,这种场合往往需要有多个厂家的设备一起工作,要求有一个共同支持的标准。

生物医学信号数据中,图像数据是一种应用范围广的类型。早期的图像一般都存储在胶片等媒质上,随着信息技术的飞速发展,很多厂商或医疗机构都在尝试将胶片等原始图像转换为能存储在计算机中的数字化的图像数据(文件)。为避免不同的图像存储格式的存在,医学图像通信与存储标准 DICOM 应运而生,现在的版本是 3.0。该标准得到了广泛的认同,并已成为工业标准。

相对于图像数据,在医学生理信号数据的领域,仍存在很多不同的标准。迄今为止,还没有一个标准能得到广泛的接受。

本节将首先介绍 DICOM3.0 图像数据的存储格式,然后介绍在其他生理信号数据领域数据格式的情况。后一部分中,首先将提出对应于不同生理信号记录环境的数据格式所必须满足的基本要求,然后介绍几种较有价值的数据格式标准,最后将讨论不同格式的优缺点,以及未来的发展。

5.3.1 医学影像信号的标准数据格式

DICOM3.0 是一个关于医学影像通信和存储的标准,其通信协议已经在上一节中介绍,本节将介绍 DICOM3.0 数据存储标准。同时介绍为适应生理信号与影像信号共同传输、存储的需要,而扩增的新的协议 DICOM SUP.30。

DICOM 数据文件一般以 .dcm 为后缀,文件内部由一个 DICOM 文件头和一个 DICOM 数据集合组成。DICOM 数据集合是按照 DICOM 标准的第 5 部分来编写组成的,而数据集合又是由数据元素组成。

1. 最基本的结构单元——数据元素

在 DICOM 文件中,最基本的单元是数据元素(data element)。数据集合就是由 DICOM 数据元素按照一定的顺序排列组成的。

DICOM 数据元素的组成如图 5.15 所示,它主要由 4 个部分组成:标签、数据描述 VR(value representation)、数据长度和数据域。

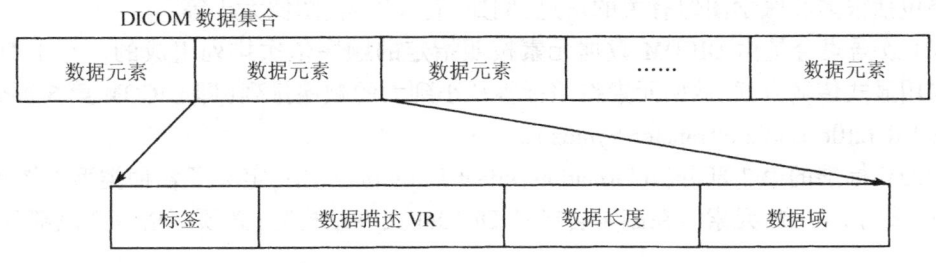

图 5.15 DICOM 数据集合与数据元素结构

(1) 标签是一个 4 字节无符号整数。DICOM 所有的数据元素都可以用标签来惟一表示,各个标签对应什么数据元素可以查阅 DICOM 标准第 6 部分。

DICOM 人为地将标签分为两个部分:组号(高位 2 字节)和元素号(低位 2 字节),在数据字典中所有的元素都是用"(组号、元素号)"这种方式来表示。

(2) VR 指明了该数据元素中的数据是哪种类型的。在 DICOM 文件中,它是一个长度为 2 的字符串,例如,如果一个数据元素的 VR 为"DA",则表示该数据元素中存储的数据为日期型数据。如果 VR 为"FL",则表示该数据元素中存储的数据为浮点型数据。关于 VR 的详细取值和说明可以参阅 DICOM 标准第 5 部分。

在数据元素中,VR 是可选的,它取决于协商的传输数据格式。DICOM 中规定了显式(Explicit VR)和隐式(Inexplicit VR)两种传输格式。其中在显式传输时,VR 必须存在。在隐式传输时,VR 必须省略。

(3) 数据长度指明该数据元素的数据域中数据的长度(字节数)。

(4) 数据域中包含了该数据元素的数值。

DICOM 中所有数据都是以数据元素的形式出现的(除文件头中 128 字节的文件前言)。

2. DICOM 文件头

DICOM 文件头(DICOM File Meta Information)包含了标识数据集合的相关信息。每个 DICOM 文件都必须包括该文件头。文件头的最开始是文件前言,它由 128 字节的 00H 组成,接下来是 DICOM 前缀。它是一个长度为 4 的字符串"DICM",可以根据该值来判断一个文件是不是 DICOM 文件。文件头中还包括其他一些非常有用的信息,如文件的传输格式等,关于文件头详细的说明可参阅 DICOM 标准第 10 部分。

除了 128 字节的文件前言和 4 字节的 DICOM 前缀外,其他所有的文件头元素都必须采用上面介绍的显示格式(Explicit VR)编码,各个数据元素排列的顺序按照标签数值从小到大(Little Endian)。每个文件头元素的长度必须为偶数,否则应该按照规定补充一个字节。所有(0002,****)的标签都为 DICOM 所保留,为了兼容后续版本,如果发现文件中有目前尚未规定的(0002,****)类标签,则应该忽略它。

3. DICOM 数据集合

前面已经提到,DICOM 文件主要组成部分就是数据集合。DICOM 文件数据集合不仅包括医学图像,还包括很多和医学图像有关的信息,例如,病人姓名、图像大小等。

DICOM 数据集合是由 DICOM 数据元素按照指定的顺序依次排列组成的。对于 DICOM 文件,一般采用显式传输方式,数据元素按照标签从小到大的顺序排列(即 DICOM 第 5 部分中规定的 Explicit VR Little Endian Transfer Syntax)。

在 DICOM 标准的第 3 部分(Informatlon object Definitions)中,定义了各种类型的图像文件必须包括和可选的 DICOM 元素。在制定自己的 DICOM 文件结构时,必须严格遵守该部分规定。

4. DICOM SUP. 30

DICOM SUP. 30 是正在 DICOM 环境下扩增的新的协议标准,旨在适应各种生理波形和数据的传输与存储。它最初只考虑了心电波形和血流动力学信号,现正致力于包括所有生理信号,真正建立起一个集成化的多模同步(Multi-modality synchronization)的医学诊断环境,从而为远程医疗提供全方位的支持。

5.3.2 医学生理信号标准数据格式

除了图像信息以外,医学生理信号(如心电、脑电、肌电、血压、血氧饱和度、体温等等)的存储与通信也非常重要。许多组织和机构虽然制定了一些标准,在某些领域或用户群体得到了应用,但遗憾的是,至今还没有一个被广泛接受的标准。

1. 医学生理信号格式的要求

医学生理信号数据格式要适应现有的不同目标和要求,同时也要考虑未来潜在的需求。现将需要注意的问题列举如下:

(1) 检验一个数据格式对某一特殊应用是否适应的方法之一,就是看该数据格式支持什么数据类型。由于传感器电极测量位置的不固定性,生物医学信号测量的精度往往不会高于三位十进制。因此,大多数情况下,这些测量的动态范围在放大系数调整到合适的尺度的前提下,可以用 16 位(二进制)整数值表示。在某些情况下,8 位就足够了。如果数据格式采用 8 位整数,就可以节省 50% 的存储空间。现在 EEG 测量中使用的某些模数转换器有 22 位的分辨率,这些仪器的生产厂家可能希望有支持 32 位(二进制)整数的格式。

(2) 生理信号采样中很少用到浮点数方式,但是,在某些情况下,除了需要存储初始数据外,我们可能还需要存储中间分析结果(如:一个 EEG 信号段的自回归模型参数),这时就需要用到浮点数的存储。

(3) 在长时间的测量中,信号采样形成了大量的数据。当由人工或计算机对数据进行分析时,存储分析结果的要求就出现了。人工分析结果大多数以注解的形式保存,这些注解可以是字符形式,也可以是诊断报告的形式,或者是特殊定义的编码;可能是针对某一特定时间段中的数据,也可能是针对所有数据的概括描述(如:诊断报告)。如果是针对某一特定时间段,则相应时间标记也应该存储下来,与信号和外部条件有关的各类事件发生的时刻也应该记录下来。

报警是一种在重症病房和麻醉中时有发生的特殊事件,基于法律的原因,记录它们是必要的。一般来说,人们倾向于将分析结果和事件存储在不同的文件中,但把它们与信号存储在同一文件中则更为合适,可以减少文件管理上的麻烦。在将数据传送到其他机构时,这一特点将特别有用。

另外一种在生理医学信号测量过程中需要记录的生命信息是某些特殊的值,这些数值的特点是它们的测量不是定期进行的,因此不能作为一个独立的信号通道来存储,将它们作为注解的形式存储将较为方便。存储时,相对的时间标记也应该记录下来。

(4) 数字视频在癫痫病等病人的监护中正变得越来越普遍,将视频图像与监护信号相联系的机制对于分析在视频图像中发生的症状的原因是必须的。在某些情况下,出现对生理医学信号的声音注解也是不难想像的。同样,在某些情况下,图形注解也是必须的,在 EEG 监视中,记录电极在头皮上的导联位置将是有用的。这些多媒体数据要么需要嵌入生物医学信号记录文件内,要么(当存储在单独的文件中)需要有与相应生物医学信号连接的指针。

(5) 除了支持的数据类型以外,仍然有其他因素影响某一数据格式是否适合某一应用。在某些应用场合(如多生理参数),对所有的通道使用相同的采样率是不经济的,因为这些通道信号的变化率是不同的。数据格式应该支持在同一文件中存在数种不同的采样率。

在短时间的测量记录中,文件尺寸的大小并不很重要,因为需记录的数据较少,文件一般较小,如诱发电位的测量中只需记录20个通道1~2s时间的数据。在长时间的记录中,数据存储的有效性就非常重要,例如,在16通道的睡眠记录中,很多是以200Hz的频率进行采样的,每晚将产生100MB的数据。数据的压缩在这些情况下是必须的,在ECG测量中已得到了成功的应用。故数据格式应该支持数据的压缩。

在某些生理信号测量中,如果信号没有包含周期性和可预测的成分,压缩的效果不会很好。同时,压缩带来的好处是有代价的:数据的压缩和解压缩都需要时间;压缩也增加了数据格式标准的复杂性。

(6) 如果数据格式标准能够支持在线动态记录生理医学信号,即支持流媒体(stream media)方式,并能很方便地显示出来,那么这种数据格式在未来更容易被广泛接受。

数据格式的通用性也是很重要的一个因素,如果只有少部分人在使用,就不能使数据格式起到交换数据的作用,不管这个数据格式是多么优秀,它仍然不能被采用。

一个用户友好的数据格式应该是易于理解、易于实现,并能准确有效地交换和存储所有数据信息。

2. 几种重要的生理数据格式标准

(1) CEN/ENV1064(SCP-ECG)标准　CEN/ENV1064是作为一个欧洲预标准(prestandard)而提出的,现已在ECG记录中得到广泛应用,它也被称作SCP-ECG标准。在需要记录ECG信号的各种检查中,该标准能处理二进制数据和注解,这些检查包括短时间ECG记录、长时间ECG记录、带ECG的运动测试、带ECG的血管造影术。CEN/ENV1064标准可以用已知的算法对数据进行压缩,这时图像也可以作为数据的一部分进行处理,而且压缩和未压缩的数据可以存储在同一文件中。由于该格式是针对ECG信号滤波器、采样率、注解的特点而制定的,所以它局限于在ECG记录中应用,而不能应用于其他方面。很多主要的ECG设备生产厂家支持SCP-ECG标准,在构建ECG数据库时,该标准是应该考虑的标准之一。

(2) ASTM1467标准　迄今为止惟一被官方标准化组织承认的神经生理学数据标准是ASTM E-1467-94。这个标准是计划与HL7标准(一种更为广泛的医学数据交换、存储与检索的标准协议)配合使用的,而且也是以HL7的方法进行定义。它支持所有神经生理学数据的存储,这些数据包括脑电图(EEG)、多导睡眠(PSG)、诱发电位(EP)、肌电图(EMG)等等。除此之外,它也适合于ECG、血压、颅内压的监测和胃肠运动研究。

ASTM E-1467-94标准提供对初始数据和衍生数据存储的支持,支持的初始数据除了多通道的数字化信号波形外,还包括通道标识、灵敏度、滤波器设置、采样频率、平均参数、时间标记、电极和变送器位置及特征、测量距离、刺激参数、校准数据、注解、给药记录、使用的仪器等等。衍生数据包括测量特性或峰值时间以及其他由技术人员输入或由仪器计算得到的数据、谱分析结果等定量和定性的结果。

整个标准可以根据系统的需求定义不同的层(level)。第一层是最基本的层,只装载原始的信号波形和通道标记,第一层的接收者不需要接收第二层和第三层的数据。第二层中波形和过程注解都将被传输。第三层对不同的字符式数据成分定义了不同的数据码。

符合 ASTM 1467 标准的信息由连续的段(segment)组成,每个段传输信息的某一方面,段可分为头端、数据段和结果段。段再由场(field)组成,每个场定义段的一个特性。场也是等级结构,可由子场(subfield)组成。

ASTM 1467 定义了一系列的数据类型,这些数据类型是特殊的字符串,从而所有的段和场都可以用 ASCII 字符表示。段和场之间以特殊的分隔字符相互分开。ASCII 字符的使用不是一个好的方案,因为用 ASCII 字符来对 16 位波形数据进行编码可能需要 7 个字节(包括分隔符),从而使需要的存储空间是使用二进制编码的 3 倍。使用 ASCII 字符进行编码的另外一个缺点,就是如果要从记录数据中找出特定的时间点,需要对该点前所有的数据进行计算,可能需要大量的时间来处理。ASTM 1467 提到在特殊的情况下可以使用二进制编码,但没有提出一个可以共同作用的机制。

尽管 ASTM 1467 能支持大量的生物医学信号参数的存储(也许正因为如此),这个于 1994 年最终完成的标准,几乎没能得到应用,大多数情况下,是用于过程和账户的记录。Mayo 基金会提供支持 ASTM 1467 用户组的软件,包括格式转换的软件。

(3) EDF 标准　EDF(European Data Format,欧洲数据格式)是一种用于交换和存储多语言时间序列数据的简单格式,存储的数据不一定是医学生理信号,可以是任意大小和任意采样率,而且大小和采样率可以是不同的。这一标准于 1991 年开发完成并出版,是由医学工程师和信号处理领域的研究者共同开发,全部标准只有一页。

一个 EDF 文件由一个 ASCII 字符文件头开始,其中主要包括病人和时间标志、信号数目、每个信号的技术参数(大小、校准值、采样率等)。文件头后是连续的数据记录,每个记录代表同样的时间间距,记录中是以 2 字节整数值表示的数据。记录的时间间距在文件头中规定。

EDF 格式支持注解、标记和事件的存储,也支持浮点数数据的存储,但精度受到限制。

学习 EDF 标准一般只需数天的时间,很多研究组织和公司,特别是欧洲、澳大利亚、美国的公司和组织,都执行这一标准。EDF 已经被应用于神经生理学设备、软件和科学研究项目,包括多中心机构的药物评价、信号分析软件的开发(欧洲 IMPROVE、IBIS、SIESTA 项目)以及教育和咨询医疗专家系统(欧洲 ENN 项目)。所有有关 EDF 的信息,包括标准文本、支持 EDF 的公司、下载有关 EDF 的软件和数据的链接、存储浮点数的方法、经常询问问题(FAQ)列表等,都可以从互联网上获得,网址是:www.hsr.nl/edf。

(4) CEN-TC251 标准　CEN-TC251 生物医学信号格式标准 FEF(file exchange format)的设计,是基于 CEN/TC251/WGIV 模式和生物医学测量扩展表示法(生命信息表示法)。CEN/TC251/WGIV 模式是被设计用于重症监护病房、麻醉室、神经科实验室。因此,CEN-TC251 支持所有这些场合会出现的数据,但这样也增加了实现的难度。

一个 FEF 文件由节(section)组成,每个节的开头有一个标签(tag),使接收数据方能区分不同的节。标签后是一个长度场(lenth field),定义本节的长度。如果接收方不需要这一节的数据,可以根据长度场的值跳过相应的字节。长度场后是实际的数据。有些节还会有子节(subsection),跟随在长度场后面。

统计节(demographic section)中是记录的病人情况。提供者节(provider section)中是存储了提供本数据的机构或个人的基本文字数据。设备表示节描述了采集本文件中数据用到的设备信息,使用合适的连接,可以指出哪个设备采集了哪部分数据。生产商节提供设备生产者的信息,在其他某些地方也可以存储生产商数据,这样就能鼓励生产商们将本标准作为通用的标准。CEN-TC251定义了一个可选的多媒体节,当某些信号文件需要内置或提供链接到音频、视频、图像数据时,可使用本节。而获得的信号、事件、时间标记测量、报警数据等则存储在一个称为会话文档(session achive)的结构中,会话文档由一个或多个会话测试(session test)组成,会话测试更深入地被分为一个或多个会话相(session phase),每个会话相存储了每个测量通道的描述(采样频率、传感器类型和位置、放大倍数等)以及测量数据。

生物医学信号数据、身体位置、事件以及测量的单位,这些数据都用一种16位码表进行编码。该码表是欧洲预标准ENV 13734,简称"VITAL"(生命信息表达,Vital Signals Information Representation)的完全复制,ENV 13734是CEN-TC251制定来与IEEE1073医学信息委员会合作的。该码表也正在努力通过ISO医疗信息学委员会(ISO/TC251)成为一种ISO标准。这种努力,以及FEF的制定过程,是在统一电生理学和重症监护/麻醉科等方面存储相关生物医学信号数据的格式的一种严肃的探索。有关方面正在计划开发免费的支持软件,以促进该标准的广泛应用,以及降低应用的难度。

(5) IEEE1073标准及其VITAL-HOME计划 IEEE1073标准本来是面向手术室和急诊室的床头医用设备的通信标准,可满足完整的七层网络通信协议(ISO的OSI协议)的要求。为适应社区和家庭医疗的需要,又新提出了VITAL-HOME计划,旨在制定面向家庭的虚拟医学仪器的数据交换标准MDDL(Medical Device Data Language),所涉及的虚拟医学仪器有:心电图仪(ECG)、血氧仪(pulse oximeter)、血压计(blood pressure)、体温计(temperature)、呼吸流量计(airway flowmeter)、二氧化碳仪(capnometer)等。

3. 标准的选择

大多数情况下,医学生理信号由一台设备采样,其动态范围可由16位(或更少)整数值表示,在这种情况下,EDF格式已经证明是有用的。该格式的标准很简单,而且已经有很多组织和公司在使用它。EDF没有定义信号标签,也没有采样率和其他限制,因此,它可以应用于多种信号。但是,另一方面,不定义标签也可能会使不同的用户赋予同一种信号不同的标签,分析程序在没有人的参与时,将很难自动选择通道。这种情况在较为严格的ASTM 1467-94和CEN-TC251的"VITAL"格式中就可以避免。

一个通用的、有效的、用户友好的、广泛接受的数据格式现在仍不存在。设计者必须在数据格式支持的类型和复杂度两方面寻找平衡。EDF标准只有一二页,CEN-TC251标准有大约100页,而ASTM 1467-94有144页(见ASTM 1467-94网站)。如果简单的标准不够用,则必须使用复杂的标准,复杂标准如果有支持软件,可使其应用变得较为容易。

尽管统一的标准是人们长久以来的目标,但是选择什么样的格式标准仍需要根据应用的场合决定。SCP-ECG适合于常规ECG记录;EDF适合于神经生理学和睡眠研究领域;ASTM适应性较广,但只在美国获得了接受,因为它是根据美国设备制造商的要求制定的;CEN-TC251的适应性广泛,但由于其复杂的结构,应用的代价较大,现在应用仍然较少,也许未来将会得到广泛应用。

虽然已经有多种标准,但在某些特殊领域,已有的标准仍然不能符合要求,需要开发新的标准。在开发新标准时研究已有标准的优缺点,可避免重走弯路。

5.4 远程医学仪器设计实例

5.4.1 社区医疗监护网系统设计

当今人们在医疗保健方面的需求越来越强烈,老龄保健已成为社会高度关注的问题,而对于慢性疾病患者,特别如心血管病、高血压等高危疾病的患者,更希望能不间断地监测病情,及时处治。社区医疗监护网是指在不影响人们正常生活和工作的情况下,监测人体的生命参数,然后通过通信网络传输到社区医疗服务站或医院,一旦出现危重信号,可及时救治。为了使抢救人员能迅速到达抢救地点,监护仪还采用全球定位技术获得位置信息,与生命参数同时发送。以下是社区医疗监护网的系统设计方案。

整个系统可分为三大部分(图5.16):主机(监测站)、分机(微型生理监护仪)和通信网络等。

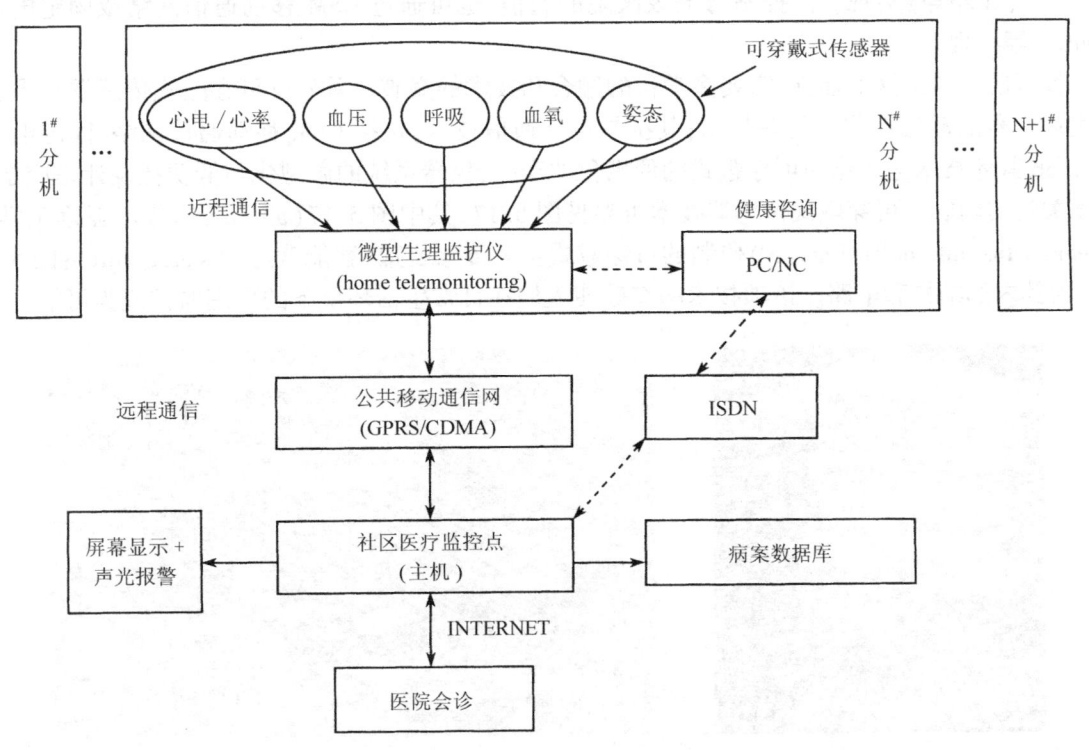

图 5.16 社区医疗监护网系统构成

(1) 分机部分 包括可穿戴式传感器和佩带的微型多参数生理监护仪。可穿戴式传感器是一种内置了心电、心率、血压、呼吸、血氧、体温等生命参数传感器的可穿着于被测者身上的背心式传感装置,能在不影响被测者正常生活、工作的情况下,实时获取各种生命参数信息;而监护仪能接收、放大传感器的信息,转换为各种生命参数的数据;还可通过内置的全球定位模块(GPS)接收定位卫星信号,解算出被测者的位置;然后微型多参数生理监护定位仪将生命参数数据和位置数据融合,通过通信网络传送至监测站。生命参数正常时,该仪器将不传送或以固定的时间间隔传送数据;而一旦检测到不正常状况,立即自动发送数据。分机可以灵活配置,根据需要,可以是单参数的,也可以是多参数任意组合。

(2) 主机监测站部分　由个人电脑(PC)或工作站实现,台式机将放置在社区医疗监测站或医院,每台监控站主机应能同时监控多台分机,其数目可以灵活配置,最多可同时监控200个分机。监测站能接收各个分机发来的数据,控制它们的工作,必要时可命令分机发送数据。接收到的数据将存入病案数据库;有不正常状况时发出声、光报警信号,并连续显示位置数据,使抢救人员能及时找到病人。

(3) 通信方式　在本实例中有多种方式。由于被检测者是正常生活中的人,可能处于不断的移动中,因此,从被测者(分机)到监控站之间数据的传送不能采用有线的方式,我们选择了无线传输的技术,通过 GSM 移动通信网络实现。而可穿戴式传感器与监护仪之间一般采用直接连线的方式。但在某些情况下(如从事运动时),连线方式可能不太方便,这时可采用短距无线方式(蓝牙、红外等)实现。监控站与上级医院的通信,也可通过 GSM 移动通信网络或固定电话、Internet 等实现。

社区医疗监护网的建立,需要多学科的融合和技术的突破。首先是可穿戴式传感器技术、微弱生理信号的动态获取与处理技术;其次是各种通信技术,包括 GSM 移动通信网络、固定电话、Internet、蓝牙技术等。作为可穿戴式的便携化的产品,仪器系统的微型化与低功耗设计是应予以高度关注的内容。可穿戴式传感器技术可参见图 5.17,其中图 5.17(a)为美国佐治亚理工学院(Georgia Institute of Technology)研制的可穿戴式生理传感装置"智能背心"(smart shirt);图 5.17(b)为其内部结构和电路。该项技术的突破使人们在日常生活环境下的生理监护成为可能。

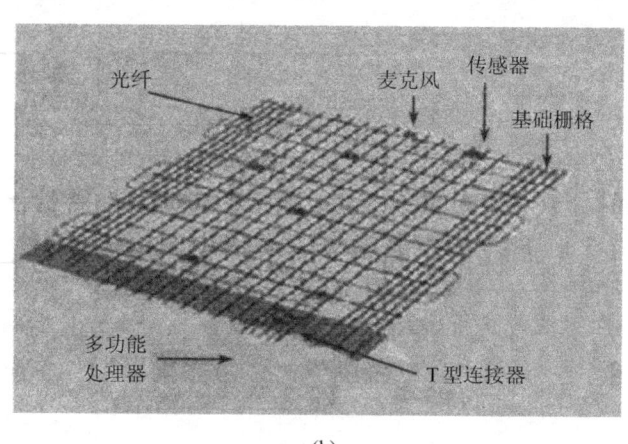

(a)　　　　　　　　　　　　　　　(b)

图 5.17　由美国佐治亚理工学院研制,可监测多种生理参数的智能背心(smart shirt)

5.4.2　移动条件下的生理监测设计

移动条件下生命监测主要涉及病人外出时突发急病,或由于丧失记忆等原因不能回家时而实施的一种远程生命监测的方法,系统框图见图 5.18,共包含 5 个部分,其中 MCU 为单片机,ECG 为心电和心率监测,GPS 为全球卫星定位系统,GSM 为无线通信传输部分,GA(gait analy-

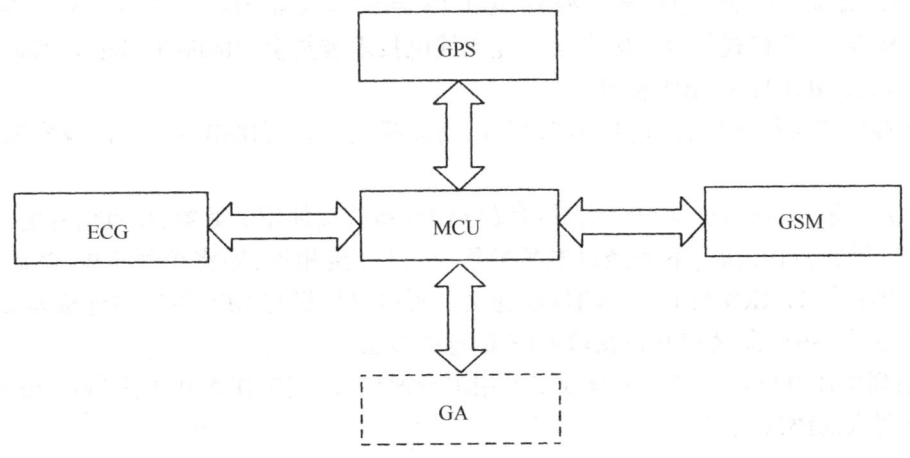

图 5.18　移动条件下生命监测系统框图

sis)为步态分析监测器,GA 为可选部件。

1. 心电、心率监测

心电信号(ECG)取自可穿戴式传感器,心率则从心电信号中提取。引入的心电信号先通过滤波,送至仪表放大器进行前级放大,再经过二级放大,由单片机进行模数转换成为数字量,存入存储器;放大后的心电信号同时接至心率检波电路,将 QRS 波转化为脉冲,经过单稳触发器整形,形成脉宽恒定,频率与心率一致的脉冲信号(电路设计参见 3.4.3 节)。

该脉冲信号被接至单片机的外部中断引脚,每当 QRS 波出现时,中断引脚上出现下降沿,单片机产生中断,记录此时的定时器值,比较前后两个中断时的定时器值,即可算出该信号的周期,经过适当的平均、平滑,再求倒数,即可得到心率数据。

2. GPS 信息的接收与串行口通信设计

GPS 是全球卫星定位系统(global position system)的英文字头缩写,是一种利用卫星进行定位的技术。GPS 由美国国防部负责研制。使用 GPS 定位,观测简便、成本低,且定位精度也非常高,虽然其民用信道精度较低,但经差分站作差分处理后,可达到±5m 的定位精度,故获得了越来越广泛的应用。

GPS 系统由三大部分组成,分别是:GPS 卫星星座(空间部分)、地面支撑系统(地面控制部分)、用户接收机。地面支撑系统的监测站常年不断地观察每颗卫星,主控站综合监测站发来的各种信息,按一定格式编辑导航电文,发到注入站,由注入站将导航电文向卫星发射;GPS 卫星则接收注入站的信号,将导航电文广播发送,同时发送测距信号,并根据注入站信号中的控制指令,调整自身工作状态;用户接收机则接收 GPS 卫星的信号,解算得接收机的位置。

GPS 系统的卫星和地面支撑系统都是由有关国家出资支撑和运行,对用户来说,只需接收 GPS 接收机(模块)的输出信号就可以了。GPS 接收机(模块)的输出接口都已经标准化,其通信协议与标准的串行通信兼容,TTL 信号电平,数据长度为 8 位,无奇偶位,1 位停止位。接收、发送的信息为 ASCII 码,符合美国国家海洋电子协会(National Marine Electronics Association) NMEA0183 标准,差分格式符合国际海运事业无线电技术委员会(Radio Technical Commission for Maritime Services)RTCM SC-104 标准。

因为其接口符合标准串行口(UART)标准,所以我们可以利用串行收发的技术来与 GPS 接收板通信。

串行口是一般单片机的标准配置,其协议与 GPS 接收板使用的兼容,而且信号电平也是 0~5V,在与 GPS 接收板连接时,不需经过电平转换,可以直接相连,即将单片机的 TXD 与 GPS 的 RD 端连接,单片机的 RXD 与 GPS 的 TD 端连接。所以单片机与 GPS 模块的连接非常简单。下面以 8051 单片机为例,叙述单片机接收 GPS 信息的方法。

8051 系列单片机也包含了一个全双工通用串行通信口,其工作方式 1 为每帧 10 位方式,与 GPS 接收板要求的协议兼容。

当串行口工作在方式 1 时,其波特率将由定时器 1 的溢出速率决定。因此欲接收 GPS 信息,必须对串行口和定时器 1 正确地初始化。

为了避免反复装入计时值,我们可以将定时器 1 设置为模式 2,即自动重装模式,定时器工作模式寄存器 TMOD(89H)的高 4 位应为 0010,而其定时初值由波特率决定,可由下式算出:

$$波特率 \cong \frac{2^{SMOD}}{32} \times \frac{f_{osc}}{12 \times (256-X)}$$

式中,f_{osc} 为单片机所用晶振的频率,SMOD 为电源控制寄存器 PCON(87H)的第 7 位,只有 0 和 1 两种取值,X 为要求的定时初值。设 SMOD=1,波特率为 4800,晶振频率为 12M,则 X 为

$$X = 256 - \frac{12 \times 1000000 \times 2}{384 \times 4800} = 256 - 13.02 \approx 243 = 0F3H$$

初始化定时器后,还必须对串行口进行初始化。而串行口的方式选择、接收和发送控制以及状态标志由特殊功能寄存器 SCON 控制和指示,其值应为 50H。

下面是初始化程序:

```
/*串行口初始化程序*/
PCON = 0x80;            /*SMOD=1*/
TL1 = 0xf3;             /*4800 b/s*/
TH1 = 0xf3;
TMOD = 0x2X;            /*T1 模式 2,低 4 位控制 T0*/
SCON = 0x50;            /*串行口为模式 1,允许接收*/
TR1 = 1;                /*定时器 1 打开,供给串行口用*/
```

经过上述初始化后,我们就可以通过串行口发送、接收数据了。8051 的串行口是全双工的,发送、接收可以同时进行,并有各自的状态标志 TI、RI。发送和接收完毕处理可选择两种方法:中断和扫描。选择中断方式则发送或接收完毕后,将进入中断程序,判断是发送完成还是接收完成,在中断程序中进行下一步操作。当中断方式禁止时,必须不断地扫描测试 TI、RI,当其为 1 时,就进行相应的处理。向特殊功能寄存器 SBUF 写入数据将启动数据发送,发送完毕将自动置位 TI,产生中断(当允许中断时),接收则由 8051 自动完成,接收完一个数据后,数据放入 SBUF,同时置位 RI,产生中断(当允许中断时),通知 CPU 及时取走数据。

3. 通过 GSM 通信网络传输数据

GSM 是 global system for mobile communications 的缩写,意为全球移动通信系统,是全球最成熟的数字移动电话网络标准之一。1991 年欧洲开通了第一个 GSM 系统。目前世界上大概有 75% 的手机使用的标准是 GSM。我国 1994 年开始建设 GSM 网,目前全国用户有 1.4 亿。可以说 GSM 已覆盖了全部城市和大部分乡村。

远程医疗(telemedicine)要求数据的无线传送。若自行开发无线传输系统,则设备成本高,体积大,携带不便,而且发送频率和功率还受限制。由于 GSM 是一个现存的成熟的网络,所以我们可以完全不考虑无线、射频的设计,传输的距离也可延伸至 GSM 网络能达到的地方,使用非常方便。

利用无线电话传输可以将数据调制成不同的音调,通过传送模拟语音的方式进行,如心电信号的传送,但这种方法很容易受干扰,且不能传送数据。下面我们将具体叙述:

(1) 通过 GSM 数传功能实现生理数据传输的方法　通信的任务由 GSM 数传模块来完成,所传输的数据通过串行口,再由 GSM 数传模块发送,接收端由 GSM 数传模块接收数据,通过串行口传给单片机,由单片机接收、显示。

本系统采用的 GSM 数传模块具有如下特点:

- 体积小(85.6mm×53.66mm×10.3mm)、重量轻(52g),与 PCMCIA type Ⅲ 外型类似
- 天线接座(型号 MMCX)支持直线或直角连接
- 内置 CPU 支持 RS-232 串行接口(5V CMOS 电平)
- 内含 SIM 卡读卡器
- GSM 第四类收发器(最大 2W)
- 具有模拟语音输入/输出和数字语音输入/输出
- 透明模式传输速率可达 36kbps,非透明模式传输速率为 9600bps
- 支持短信息(SMS)服务
- 电流:待机 25mA,使用时平均 360mA

GSM 数传模块通过 30 针插座与外部连接,30 针插座中包括模拟语音输入/输出和数字语音输入/输出接口,外部 SIM 卡读卡器接口,以及 RS-232 串行通信接口(5V CMOS 逻辑电平)。由于本实验只用到了数据传输功能,且模块具有内置 SIM 卡读卡器,所以所有接口中只用到了 RS-232 串行通信接口,该接口采用串行异步通信的方式,能自动识别波特率(300,1200,2400,4800,9600,19 200,28 800,56 000bps)。在数据传输模式下,GSM 数传模块的初始化、功能控制以及数据的通信都是通过 RS-232 串行异步通信接口进行,因此,该模块与外部的硬件接口相对简单。

相比之下,该模块使用的通信协议则较为复杂,模块与外部所有的数据和控制信息都是通过一套由字符组成的命令串来完成,而这些命令串就是通过 RS-232 串行异步通信接口进行传递。命令串都以特定的字符开始,以特定的字符结束,中间部分根据命令的类型,长度不定,主要包括下列指令类型:

- GSM 模块管理(模块开、关机,状态检测等)
- 语音通信(拨号控制,通信状态报告等)
- 数据、传真控制

- 短信息功能(短信息的撰写、管理和收发)

(2) 单片机系统利用GSM数传模块传输数据的方法　这里以8051单片机为例,其硬件的连接较简单,TXD、RXD分别直接连接至GSM模块的RXD、TXD端;发送端另有两个按键连接至P0.0和P0.1,分别控制通信的开始和结束。

由于GSM模块的串行口能自动识别波特率,所以单片机串行口的波特率可以任意设置,我们将单片机串行口设为方式1,波特率为4800bps,1位停止位,无奇偶校验。在发送端,单片机主程序不断扫描按键状态,每当开始按键按下后,就向GSM模块发出拨号指令(字符串),GSM模块开始与接收端进行连接,成功后,会通过串行口向发送方单片机发出拨号成功信息(字符串),单片机将数据发送到GSM模块,即可完成数据的传输;当结束按键按下后,单片机则向GSM模块发出终止通话指令,断开连接。在接收端,GSM模块在接收到发送端GSM模块的连接请求并成功建立连接后,会向接收端单片机发出连接成功信号,然后接收端单片机就可以直接从串行口接收到远方GSM模块发来的数据,并显示在字符式液晶上。

数据的传输还可以用短信息的方式进行。短信息的格式有固定的标准,一则短信息包括帧头和数据两大部分,帧头包括对方号码、短信息中心号码、数据长度等字段。当有数据需要传输时,发送端不必拨号,直接按短信息的帧格式向GSM模块发送字符串即可。接收端当有短信息到达时,会向接收端单片机发出收到短信息指令,单片机只需循序接收短信息,丢弃帧头,取出数据即可。

4. 信号传输格式设计

根据系统的需要,参考各种标准的格式,设计了数据传输的格式,从分机到监控站的数据传输是以帧为单位传播的,每次传输一帧数据。帧结构如图5.19所示。

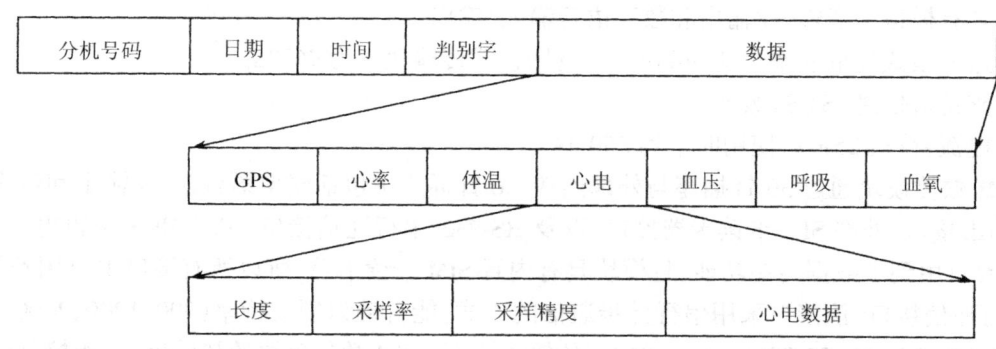

图5.19　数据传输帧结构

每帧数据的开始,是两个字节的"分机号码",用以区分最大500个分机,每个分机的号码都不同。"分机号码"后紧跟的是8个字节的日期和8个字节的时间,用ASCII字符表示,日期的格式规定为"YY.MM.DD",Y代表年,M代表月,D代表日,年、月、日都用两位来表示,时间的格式规定为"HH.MM.SS",H代表小时,M代表分钟,S代表秒,时、分、秒都用两位来表示。日期、时间场后是一个字节的"判别字",判别字的每一位代表一种数据的有无,从第一到第七分别代表GPS、心率、体温、心电、血压、呼吸、血氧,当某一位为1,则表示该种数据存在,读取时程序应作相应处理,当某一位为 0,则本帧数据中不包含该种参数的数据。如当第三位为 0,则本帧数据不包含体温数据,当第三位为 1,则本帧数据包含体温数据。由此可以看出,数据帧的长度不是固定的,而是随着分机监测生命参数种类的多少而不同,这样的设计可以减少通信量。

判别字后面就是各种生命参数的数据,各种参数以固定的顺序排列,其顺序是 GPS、心率、体温、心电、血压、呼吸、血氧,每种数据一段,各段数据也有其固定的内部结构,GPS 段较为特殊,其余六种生命参数则具有相同的结构。GPS 段为固定的长度,其中存储的是从 GPS 模块接收的 ASCII 码位置信息。其他生命参数段的长度不固定,以心电为例,如图 5.21 所示,数据段开始是"长度",指明本段数据(包括长度、采样率、采样精度字节)的长度;然后是"采样率",指明本段数据采样时使用的采样率,即采样的频率;接下来是"采样精度",指明本段数据采样时使用的采样精度;然后就是采样得到的数据,采样精度为 8 位时,每个采样数据以单字节存储,采样精度为 10 位或 12 位时,每个采样数据以双字节存储,低位字节在前。

5. 讨论

利用 GSM 网络传输生理数据,可以不用考虑建立无线网络的巨额投资,费用只是 GSM 模块的一次性投资和传输时的通话费、短信息费;其传输的距离由网络的漫游功能而能达到全部的城市和绝大部分乡村。但 GSM 方式在存在一定的不便,改进的方法可采用 GPRS(General Packet Radio Service)技术,GPRS 技术具有"永远在线"的特点,传输时不必拨号,且最高传输速率可达到 152kbps,费用按流量计算,且可以实现一点对多点通信。当然也可采用 CDMA1X(code division multiple access)数据传输技术。

在有遮蔽的情况下,如室内、城市高楼之间,GPS 卫星信号不能很好的被接收,定位难以进行。而对于社区医疗监护系统,被监测者往往处于家中、办公室内或城市街道上,这些地方 GPS 信号接收都较困难,需提供补充的定位方法。

移动通信技术还在迅速发展,GSM 属于第 2 代移动通信系统,现在正在兴起的是第 2.5 代,包括 GPRS 和 CDMA。当第 3 代移动通信系统进入实用后,多媒体传输成为可能,这将给远程医疗仪器设计提供更大支持。

习　题

1. 请编写一段 8051 单片机程序,采用 2400bps 波特率,一位停止位,一位奇偶校验位的协议,用查询方式反复发送累加器 A 中的数据,单片机使用晶振的频率为 12MHz。
2. 近程无线数据传输的协议有哪几种?试比较各自优缺点。
3. 试述 DICOM 数据元素的组成。
4. 医学生理信号数据格式应对哪些内容做出规定?当前应用较为广泛的有哪些?
5. 在移动条件下,生理信号检测会面临哪些问题?提出在设计中应采取的措施和方法。

第六章 生理类仪器设计基础

6.1 概 述

生理信号测量是借助于电子技术等工程手段针对以人体物理特征量为主的功能测量。测量数据(或图谱)往往能提示人体健康或病变的状况,具有很大的临床价值。它为疾病的预防、诊断和监护提供了有效手段。

从 20 世纪初(1903 年)艾萨文(W. Einthoven)发明弦线式心电记录仪至今,生理信号测量类仪器已有了长足的发展,特别是微电子技术、计算机技术的引入和高速发展,生理信号测量仪出现了两大明显的发展趋向:

(1) 大型化、复杂化、多功能化 这类仪器主要面向医院临床和医学研究(典型示例如图 6.1)。

图 6.1 所示是一种用于睡眠功能监测分析的生理测量仪,它所涉及的生理信号测量技术,几

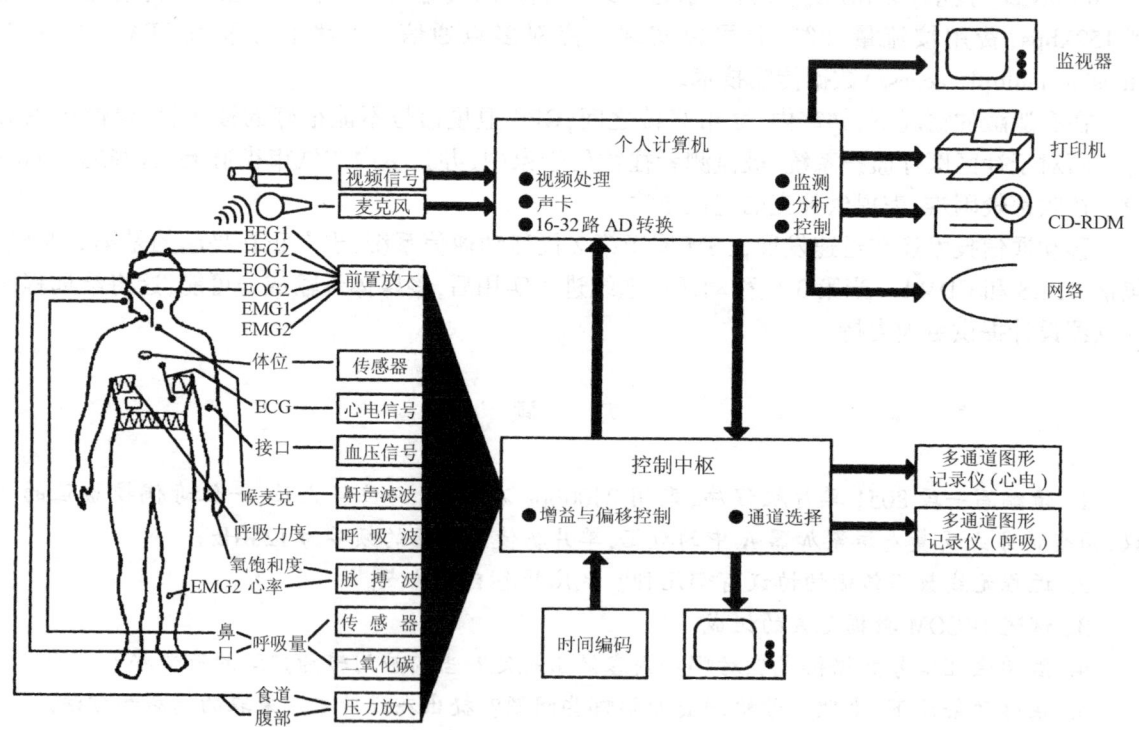

图 6.1 多功能睡眠监测分析系统组成框图(T. penzel,et al. 2001)

乎遍及了人体各种主要生理功能的测量。相应设计技术参数列于表6.1。

表6.1 多功能睡眠监测仪的最低及最佳技术参数（其中数字放大分辨率是根据仪器本身的测量精度而定）

功能	信号	最低采样频率 Hz	最佳采样频率 Hz	数字分辨率
神经生理	脑电图	100	200	$0.5\mu V/bit$
	眼电图	100	200	$0.5\mu V/bit$
	肌电图	3000	10 000	$0.1mV/bit$
呼吸	鼻气流	16	25	
	呼吸运动	16	25	
	食管压	16	100	$0.5mmHg/bit$
	二氧化碳图	16	25	$0.1\%/bit$
	血氧饱和度	0.5	1	$1\%/bit$
	经皮 PO_2,PCO_2	0.5	1	$0.1mmHg/bit$
	呼吸音	1000	5000	
心血管	心电图	100	250	$10\mu V/bit$
	心率	1	4	1bpm
	血压	50	100	$1mmHg/bit$
其他	体温	0.1	1	$0.1℃/bit$
	体位	0.1	1	

（2）微型化、便携化、智能化 这类仪器主要面向社区、家庭及非专业化的个人；其使用极其简便，往往按一键，便可实现全部操作。典型的例子如图6.2。

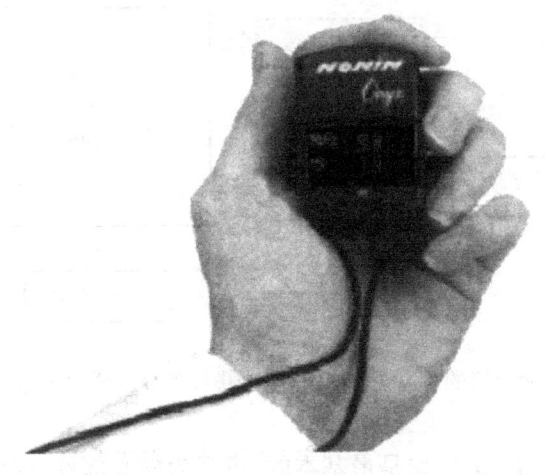

图6.2 微型血氧饱和度测量仪（Nonin Medical, Inc.）

图6.2是无创的血氧饱和度（SPO_2）测量仪，它将光学指套式探头与主机电路板、显示屏、电源等完全做在手指套大小的仪器内，实现了整机一体化设计。其相应设计技术参数见表6.2。

表 6.2 微型血氧仪技术参数

血氧饱和度范围		0~100%	电源		两节 1.5V AAA 电池
心率范围		18~300 次/分	尺寸		3.3cm×3.3cm×5.7cm
数显		数码管	重量		60g(带电池)
测量波长	红光	660nm	状态	工作高度	达 9144m
	红外光	910nm		气压	达 3 个大气压
精度	血样饱和度	70%~100%±2 位	电池寿命	工作	连续工作 18 小时,
	心率	±3%±1 位		储存	9 个月
湿度	工作	+32~122℉ (0~50℃)	湿度	工作	10%~90%
	储存	-22~122℉ (-30~50℃)		储存	10%~95%

此外,新一代生理仪器一般又都具有一定的通信或网络交互功能。

无论大型还是微型生理测量仪,其原理都是对人体表现出的力学、声学、光学、热学和电磁学等生物物理特征量,或者人体对各种物理刺激反应信号的单参数或多参数的测量。因此总是需要借助于相应的物理传感器,将生理量转换成易于处理的电信号(往往十分微弱并伴有很大的背景噪声)进行放大、处理、分析、记录、显示存储或传输(借助通信或网络)。生理信号测量类仪器的系统设计一般如图 6.3 所示。

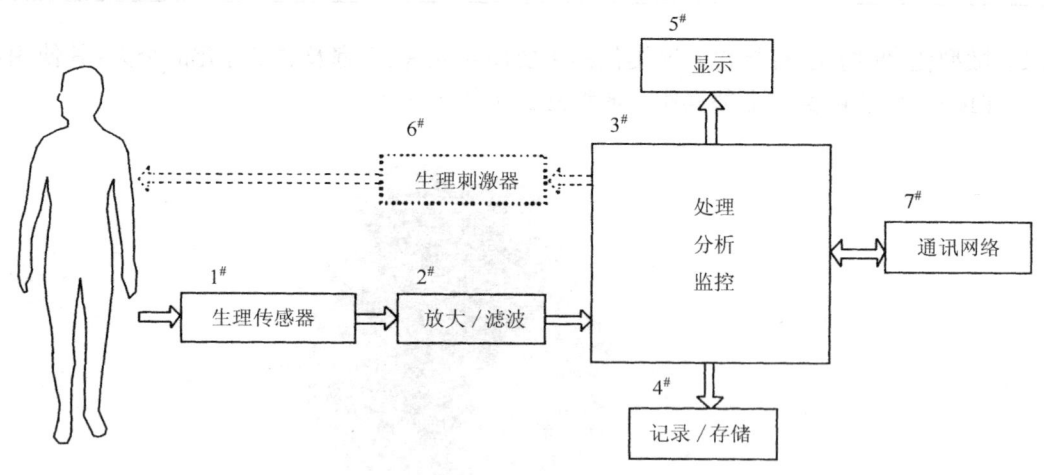

图 6.3 生理信号测量仪的系统设计框图(图中虚线部分主要用于神经生理信号测量)

在系统设计框图中,1#、2#、3# 模块是最基本的,可视为核心部件,现说明如下:

(1) **生理传感器** 该类传感器尽管大量借助于物理传感器的原理和技术,包括灵敏度、精度、线性度的选择等,但有别于普通物理传感器,其中最重要的有三点:①安全性可靠性很高,因为作用于人体,各种不合理的设计造成的漏电、失效等不安全因素,可能直接危及病人生命;②材料选用十分严格,因为直接作用于人体,常常与人体体表接触,有的甚至植入人体,故必须经受时间的严格考验,具有良好的生物相容性;③在测量中不应影响人体正常的生理过程。

(2) 放大与滤波　在该部分模块的设计中,前置放大器和滤波器是生理信号放大电路设计成败的关键;其输入阻抗、偏置电流、共模抑制比、信噪比等设计参数往往直接影响到仪器的整机性能,本章将作重点讲述。

(3) 处理、分析与监控　这是仪器的中央处理单元。当今生理信号测量仪中,生理信号(模拟量)经放大、滤波后直接送记录仪或显示器的已很少,绝大多数仪器都具有该模块,而该模块的核心是微处理器(或通用计算机)。其功能是:①对放大输入的生理信号进行处理,如 A/D 转换、数字信号处理,以及对生理信号进行分析,并根据分析结果进行一定的控制,如发送报警信号,或修正参数设置(如灵敏度、带宽)等;②承担对整机的管理,如电源管理、文件管理(包括记录、存储、显示)、整机的自检、初始化与放大器参数设置直至对传感器状态监测等;③对外联络与通信。

通过上述分析,可以看出该类仪器设计的重心是 $1^\#$、$2^\#$、$3^\#$ 模块。在这三个模块中,若是便携式医学仪器设计(参见第四章),则 $3^\#$ 模块的设计一般是基于嵌入式微处理器设计技术,目前,该技术已趋成熟和标准化;若采用虚拟医学仪器(第三章)设计,则 $3^\#$ 模块实质就是一台通用计算机(或 PC 机),可使用的设计资源十分丰富完善,设计尤为快捷。因此在生理信号测量类医学仪器设计中,我们应将重点放在生理建模(第二章已讲述)和 $1^\#$(生理传感器)、$2^\#$(放大器)模块的设计上。本章各节将以此为重点展开讨论。

6.2　生理信号测量的前置级设计

在分别讲述各类生理信号测量仪的设计之前,本节讲述它们共同具有的放大电路,重点讲述前置放大部分,并从以下 4 个方面讨论:
- 生理信号的基本特征
- 电磁干扰与系统噪声
- 前置放大器电路设计
- 生理放大器的滤波设计

6.2.1　生理信号的基本特征

这里仅叙述生理信号自身的基本特征,有关环境带来的干扰和噪声将在下一节分析。

(1) 频率特性　绝大多数生理信号处在低频段,一般认为在 DC 至 10kHz 之间。许多生理信号具有较宽的频带,如心音(PCG)为 20Hz 至 1kHz,肌电(EMG)为 DC 至 10kHz。

(2) 幅值特性　绝大多数生理信号幅值非常微弱,如听觉诱发电位(AEP),最大幅值仅 $0.3\mu V$ 左右,又如用膜片钳测得的细胞膜电流在皮安级($1pA = 10^{-12}A$)。随人的年龄、人体部位的不同或个体差异,幅度变化也较大,如脑电(EEG)在几微伏到几百微伏变化,肌电(EMG)在几微伏到几千微伏变化。

(3) 各类生理信号常常复合交织在一起　例如在采集心电(ECG)信号时,常常混杂有频带复用(或部分复用)而强度更大的肌电(EMG)信号以及其他无规律的运动干扰信号等,给目标生理信号采集带来很大困难(图 6.4)。

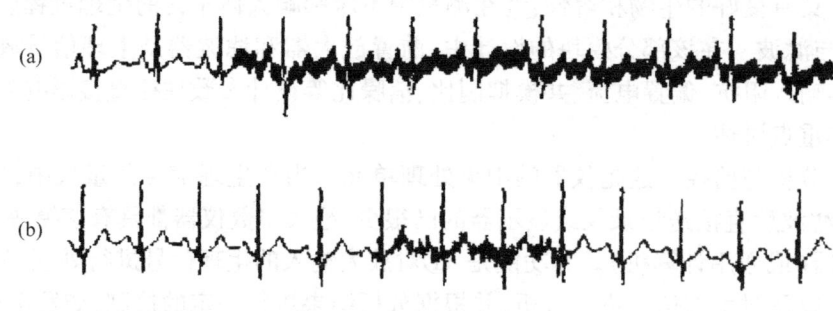

图 6.4 在心电测量中的工频干扰(a)及肌电干扰(b)

6.2.2 电磁干扰与系统噪声

生理仪器对来自测量系统之外的干扰十分敏感,这是因为:① 由于生理信号是微弱信号,因此测量系统具有较高的灵敏度。而灵敏度越高,对干扰也就越加敏感,即极易把干扰引入测量系统;② 工频 50Hz 干扰几乎落在所有生物电信号的频带范围之内,而 50Hz 干扰又是普遍存在的;③ 人体本身属于电的良导体,而且"目标"大,难以屏蔽并很容易接受外部电磁波干扰。尤其是工频 50Hz 干扰为人体所携带,完全淹没了微弱的生物电信号;④ 人体的运动伪差也常常来无规则的干扰。

除了外界环境对被测信号的干扰之外,微弱信号还常常被深埋在测量系统内部的噪声之中。因此抗干扰和低噪声,构成生物信号测量的两个基本条件。本节的目的,是在分析的基础上,得到生物信号测量系统的强抗干扰能力和低噪声电子设计方法,在讨论人体电子测量的各种检测技术之前,本节内容是十分必要的。

我们把抗干扰和低噪声作为仪器设计的基本条件,完全是从生理信号的特征出发,必须高度重视。

1. 生理测量中的电磁干扰与抑制措施

图 6.5 为干扰引入示意图,电磁干扰的形成有三个条件:干扰源、耦合通道(即引入方式)与敏感电路(即接受电路)。抑制干扰也就可以从这三个方面找到相应的措施。

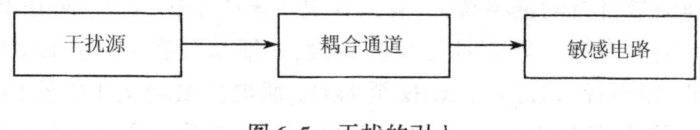

图 6.5 干扰的引入

(1) 干扰源 能产生一定的电磁能量而影响周围电路正常工作的物体或设备称为干扰源。自然界的宇宙射线、太阳辐射、太阳黑子产生的周期电扰动等是一类干扰源。由周围电气、电子设备产生的各种放电现象是另一类干扰源,如继电器触点的开闭引起火花或电弧、旋转电机的电刷火花以及照明电灯管的弧光放电等;电容电感的过渡过程的瞬变电压、电流等;以及工业上的大功率电路、广播、电视等所传播的电磁能,尤其是计算机主机和 CRT 显示器的电磁场辐射等。周围的 220V 交流电源是最直接的 50Hz(工频)干扰源。由图 6.6 可以看出,造成生物电信号提取过程的主要干扰,是近场 50Hz 干扰源,因为各种生物电信号中大都包含 50Hz 的频率成分,而且生物电信号的强度远远小于 50Hz 的干扰。在放大器设计中,尽管我们可以把带通限制在有关被测生理信号范围内,处于带通之外的电磁波信号可以被衰减,但由于相对于生理信号,电磁波信号常常十分强大,故仍能在输出端强烈地反映出来。

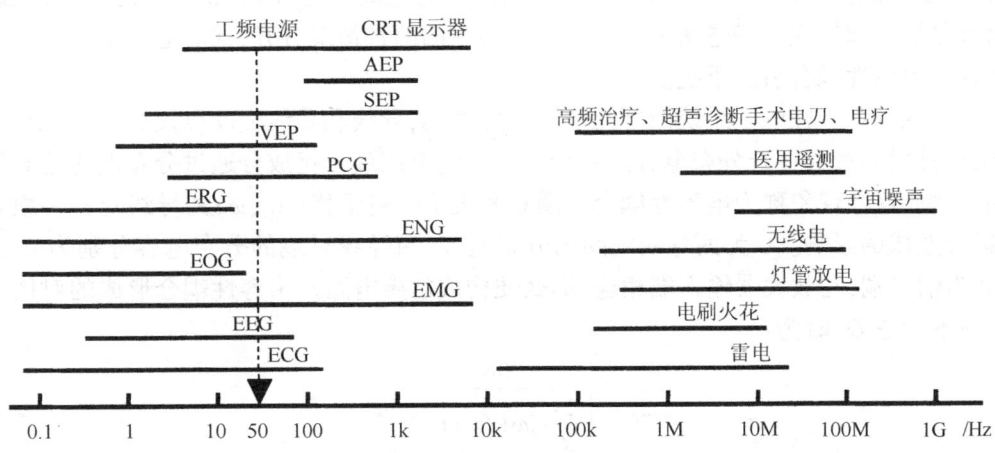

图 6.6 信号及干扰源的频率分布

值得注意的是,测量系统不只受到外界干扰源的干扰,而且测量系统本身也产生对内部、对外界其他电子设备的电磁干扰,造成互相干扰的电磁环境。在电子系统之间,实现不互相干扰、协调混同工作的考虑,称为电磁兼容性设计(electro-magnetic compatibility,EMC)。它包括抑制来自外部的干扰(有时还有系统内部生成的干扰)和抑制系统本身对外界其他设备产生的干扰两个方面。这一设计原则,是提高测试系统可靠性的一个重要方面。

(2) 耦合通道与抑制

1) 传导耦合 经导线传播把干扰引入测量系统,称为传导耦合。交流电源线、测量系统中的长线都能引起传导耦合,它们都具有天线的效果,能够广泛地将空间干扰引入测试系统。交流供电线路的大功率负载,如马达、高频炉等,它们所产生的干扰波动,如启动、故障过渡过程、三相不同时投入等等,通过电网可以传播到测量系统。另外,长的信号线也能接收附近设备或空间电磁场的干扰波。在测量系统中对交流电源线或信号长线不采取措施,则往往形成干扰。

2) 经公共阻抗耦合 在测量系统内部各单元电路之间,或两种测量系统之间存在公共阻抗。图 6.7 所示 R_{ce} 为接地阻抗,R_{cs} 为电源内阻及电源线的阻抗,电流流经公共阻抗形成的压降造成干扰。

3) 电场和磁场耦合 在场源附近,场的特性主要决定于场源的性质,在远离场源的地方,场的

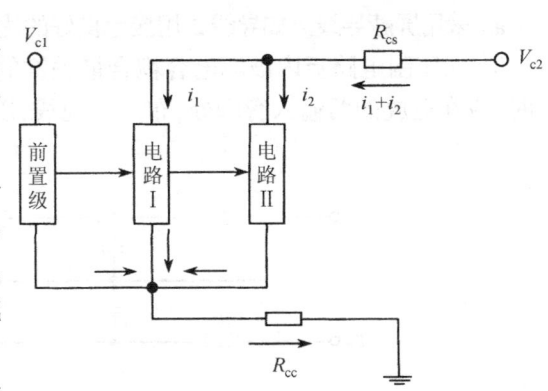

图 6.7 经公共阻抗耦合

性质主要决定于场传播时所通过的介质。设 λ 为电磁波的波长,距离大于 λ/2π 时(约 1/6 波长),称为远场或辐射场,距离小于 λ/2π 时,称之为近场。电场 E 对磁场 H 的比为波阻抗。远场时,比值 E/H 等于介质特性阻抗(即空气或自由空间,此时 E/H=377Ω);近场时,其比值决定于源的特性和从场源到观察点的距离,如果源为大电流低电压(E/H<377Ω),则近场为磁场;反之,如果场源为小电流高电压(E/H>377Ω),则近场主要为电场。近场内 E/H 不是常数,在研究电磁场耦合形成干扰时,应把以电场为主和以磁场为主的两种情况分开,前者通过电容性耦合引入干扰,后者以电感性耦合引入干扰。

A. 电容性耦合。在电子系统内部元件和元件之间,导线和导线之间以及导线与元件,导线、元件与结构件之间都存在着分布电容。一个导体上的电压或干扰成分通过分布电容使导体上的电位受到影响,这种现象称为电容性耦合。图 6.8 表示带有干扰(u_{1s},ω)的导线对另一根导线通过容性耦合造成的影响。C 为两导线之间的分布电容,两导线对地的分布电容分别为 C_1 和 C_2,若导线 2 为信号端,与放大器输入端相连,那么便构成敏感电路。由容性耦合形成的对敏感电路的干扰,在不考虑 C_1 时为:

$$\mu_{2s} = \left| \frac{j\omega c}{\frac{1}{R} + j\omega(C_1 + C_2)} \right| \mu_{1s} \tag{6.1}$$

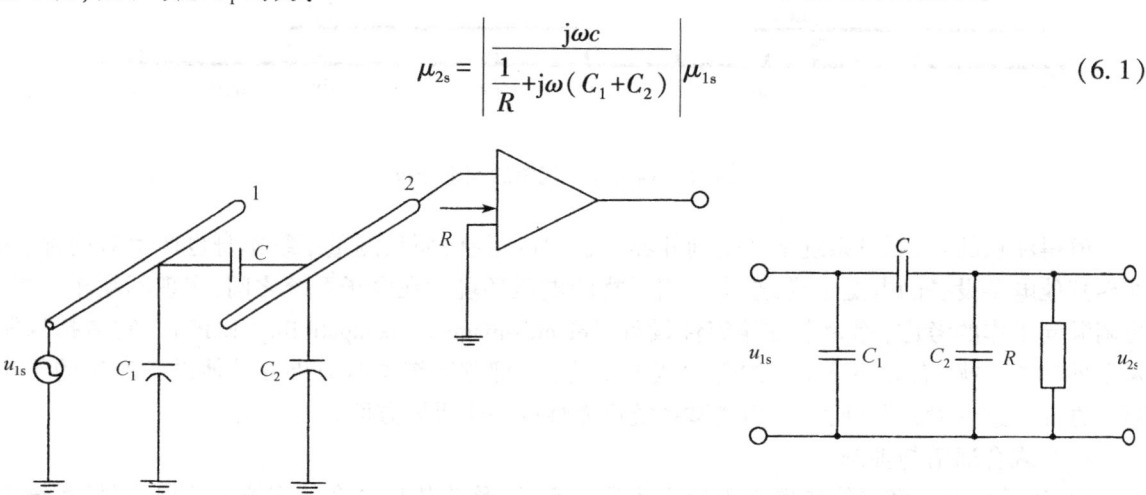

图 6.8 平行导线容性耦合

抑制容性耦合常用的方法:

a. 采用屏蔽导线。如导线 2 用接地良好的优质屏蔽线,原则上能够完全抑制耦合干扰电压。

b. 在印制电路板内破坏电容耦合最关键的部位,是处在前置级的第一个运放。在印制板布线时,应在运放的两输入管脚处,布一圈地线,以达到屏蔽的目的(图 6.9)。

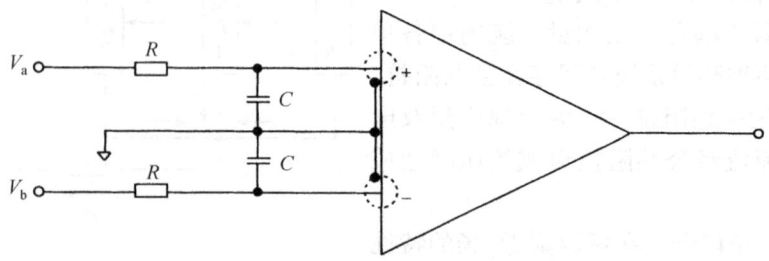

图 6.9 对前置放大器输入级的屏蔽

c. 减小共模干扰。在人体与 220V/50Hz 供电线之间存在分布电容,设为 C_b,若人体对地(一般指仪器的工作地)阻抗为 Z_G,则经过人体的电流

$$i_{db} = \frac{220V}{Z_c + Z_G} \tag{6.2}$$

由于人体是良导体,在接地阻抗 Z_G 上产生的压降(即共模电压 V_{cm})遍布人体全身(图 6.10)。

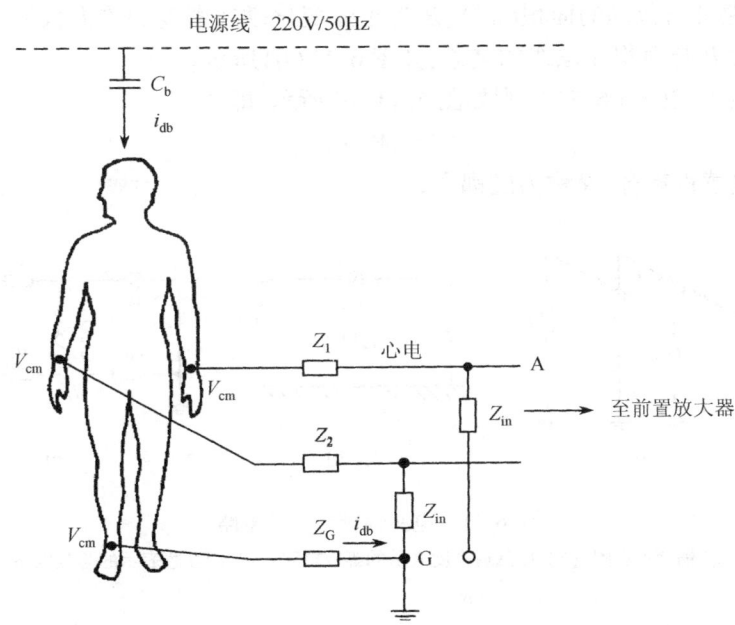

图 6.10 电源系统与人体之间的分布电容产生共模电压 V_{cm}

$V_{cm} = i_{db} \times Z_G$,取典型值代入可得 $V_{cm} = 0.2 \times 50 = 10 (mV)$,处在充满医用电气设备的场合,$i_{db} > 1\mu A$,$V_{cm} > 50mV$,常常达数百毫伏。由于存在输入端接入的对称阻抗(如皮肤接地阻抗) Z_1、Z_2,所以有

$$V_A - V_B = V_{cm}\left(\frac{Z_{in}}{Z_{in} + Z_1} - \frac{Z_{in}}{Z_{in} + Z_2}\right) \tag{6.3}$$

式中,Z_1、Z_2 远小于 Z_{in},从而有

$$V_A - V_B = V_{cm}\left(\frac{Z_2 - Z_1}{Z_{in}}\right) \tag{6.4}$$

若 $V_{cm} = 300mV$,$Z_{in} = 1M\Omega$,$Z_2 - Z_1 = 20k\Omega$,则

$$V_A - V_B = (300mV)(20k\Omega/5M\Omega) = 1.2mV$$

为切断 i_{db} 电流,消除或减小共模电压 V_{cm},在心电图机中采用了右腿驱动电路。

B. 电感性耦合。干扰电流产生的磁通能随时间变化而形成干扰电压。在系统内部,线圈或变压器的漏磁是形成干扰的主要原因,在系统外面,多数是由于两根导线在长距离平行架设中形成干扰电压。当电流 I 在一个闭合路中流动时,将产生与电流成正比的磁通 Φ,其比例系数为电

感 L，即 $L=\Phi/I$。L 的大小取决于回路的几何形状及周围介质的导磁系数。若同时存在Ⅰ和Ⅱ两个闭合回路(图 6.11(a))，那么当一个电路里的电流所产生的磁通穿过另一个电路时，这两个电路之间就存在一个互感 M_{12}，$M_{12}=\Phi_{12}/I_1$，Φ_{12} 表示电路Ⅰ中的电流为 I_1 时在电路Ⅱ中产生的磁通。如果这个磁通随时间而变化，则在电路中就会感应出电压来。若这两个电路的形状及相对位置固定不变，则磁通随时间作正弦变化时，感应电压 U_s 为

$$U_s = \omega BA\cos\theta \ [V] \tag{6.5}$$

式中，A 为闭合回路Ⅱ所包围的面积(m^2)，B 为正弦变化磁通密度的均方根值(Wb/m^2)，ω 为角频率(rad/s)，θ_0 为 B 与面积 A 法线的夹角，如图 6.11(b) 所示。

用互感形式表示式(式(6.5))，则如图 6.11(c) 所示，即

$$U_s = \omega M_{12} I_1|_{I_2=0} \tag{6.6}$$

两个回路之间的电感性耦合，又称为磁耦合。

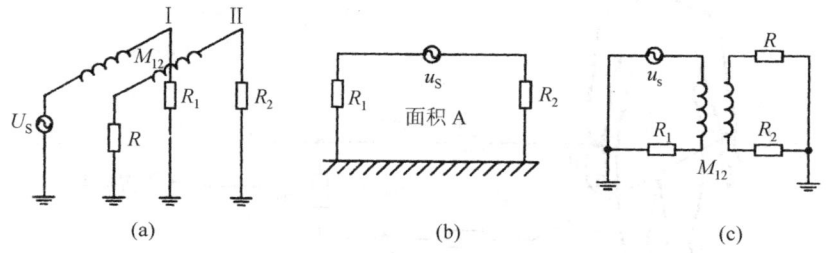

图 6.11 电感性耦合等效电路
(a) 耦合示意图；(b) 用磁通密度表示的等效电路；(c) 用互感表示的等效电路

抑制电感耦合的常用方法：

a. 远离干扰源，减小干扰源的影响。

b. 采用绞合线的走线方式。每个绞合结的微小面积所引起的感应电压大体相等，由于相邻的绞合结方向相反，而使局部的感应电压相互抵消，如图 6.12 所示。

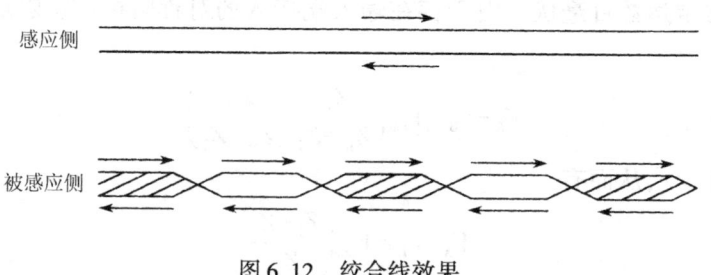

图 6.12 绞合线效果

c. 尽量减小耦合通路，即减小面积 A 和 $\cos\theta$ 值。为此可采取诸如尽量使信号回路平面与干扰回路平面垂直，并使信号线贴近地平面布线，以减小回路的闭合面积等。

这也是为什么我们在做多导心电图、脑电图等测量时，要求将导联线收紧为一束的原因(图 6.13)。

(3) 合理接地与屏蔽　合理接地是抑制干扰的主要方法，把接地和屏蔽正确地结合使用能

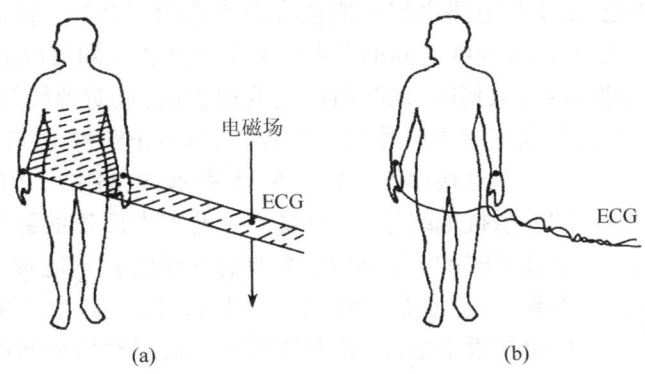

图 6.13 心电测量中对导联线的电磁场干扰(a)与消除措施(b)

解决大部分干扰问题。接地指印刷板上的局部电路中和测量系统中地线的布置。另一方面,在生物医学测量中,从安全的角度考虑,合理的良好接地更是十分重要的。

系统中的接地线分为两类,一类是安全接地,称为保护接地;二类是工作接地,即对信号电压设立基准电位。保护地线必须是大地电位,而工作地线的设计可以是大地电位,也可以不是大地电位。

1) 工作接地设计　接地设计应考虑到所有导线都具有一定的阻抗,高频时导线的表面呈现一定的电抗,其值甚至超过导线电阻;两个分开的接地点不是等电位的,交流电源的地线不能用作信号地线,一段电源地线两点间会达到数百毫伏、甚至几伏的电压,对低电平电路(如生物信号放大器的前置级)来说,这已是非常大的干扰。电源线接地线为了安全一般是一点接地方式。

工作接地方式有两种:一点接地和多点接地。图 6.14(a)和(b)示出一点接地的串联形式和并联形式。从抗干扰角度出发,图 6.14(a)的共用地线方式是最不适用的,R_1、R_2、R_3 为地线的等效电阻,I_1、I_2、I_3 是电路1—电路3 的电流,则 A 点电位并不是零。$V_A = (I_1+I_2+I_3)R_1$,$V_C = (I_1+I_2+I_3)R_1+(I_2+I_3)R_2+I_3R_3$。这种串联接地方式虽然不合理,但由于简单、方便,在电路电平相差不多时,仍可使用,但应注意将低电平电路(如电路1)放在距离接地点最近处,如图中 A 点,使之最接近地电位。在生物信号测量中,由于是低频信号,最适用的是图 6.14(b)所示的并联接地方式。A、B、C 各点电位只与本电路的地电流、地线电阻有关。

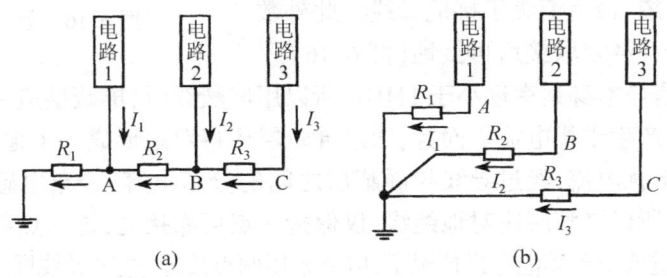

图 6.14　一点接地
(a) 串联方式;(b) 并联方式

并联方式的一点接地，由于各电路之间形成耦合而不适用于高频。高频时要考虑地线的感抗和各地线之间的电感耦合，以及地线之间的分布电容在地线相互间形成耦合。当频率升高，尤其当地线长度是 $\lambda/4$(波长)的奇数倍时，地线阻抗会变得很高，这时地线就变成了天线，可以向外辐射干扰。所以这时地线长度应短于信号波长的 1/10，以防止辐射，并降低地线阻抗。

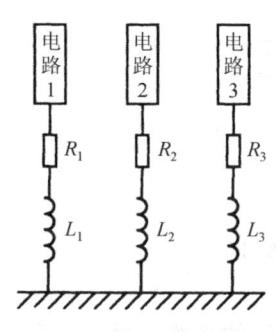

图 6.15　高频电路的多点接地

多点接地方式如图 6.15 所示，电路中所用的地线分别连到最近的低阻抗地线排上，地线排一般用大面积的镀银铜皮，但要注意，由于高频时的集肤效应，增加铜皮厚度并不能减小接地阻抗。由实验得到，各接地点的间距应小于 0.15λ。长电缆多点接地有助于屏蔽层更接近地电位，因为高频时屏蔽层对地分布电容和自身阻抗影响较大，多点接地后反而能减小阻抗的影响，使接地的屏蔽层保持在地电位。即使各接地点之间有电位差，电位差产生的干扰电压的变化频率也远低于信号频度，在电路中容易滤除。测量系统里的数字电路部分，尤其高速逻辑电路中脉冲信号的宽度仅几个毫微秒，频谱范围达几十兆赫兹，分布在印刷线路板上的地线，以及板与板之间的地线，均应采用多点接地方式。

一般来说 1MHz 以下可以采用一点接地；频度高于 10MHz 时采用多点接地。在 1～10MHz 范围，如用一点接地时，其地线长度不得超过波长的 1/20，否则应采用多点接地。

对一个低频的电子系统，如生物信号的提取及预处理过程，从通过传感器拾取生物信号，到放大、处理、记录或显示，是典型的低频测量系统。其接地设计是采用串联并联综合方式，即在符合干扰标准和简单易行的条件下，统筹兼顾。但作为系统，应首先区分低电平电路和高电平电路以及功率相差很多、干扰电平相差很大的电路，其地线均应分别接地。即系统中至少要有三个分开的地线：①低电平信号地线；②功率地线，包括继电器、电动机、大电流驱动电源等大功率电路及干扰源的地，又称为干扰地；③机壳地线，包括机架、箱体，又称为金属件地线，此地线与交流电源零线相接。三套地线分别自成系统，最后汇集于接地母线。此外数字地和模拟地也应分开各自联接后再接地(图 6.16)。

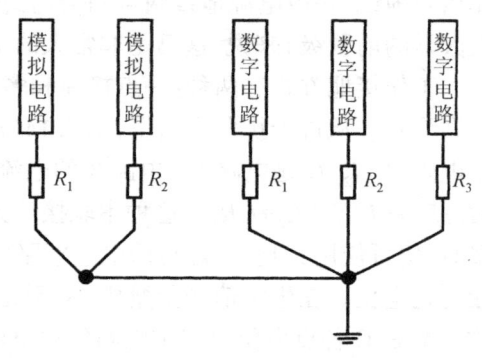

图 6.16　数字地与模拟地

2) 屏蔽　生物信号本身频率远小于 1MHz，所以用屏蔽线时，屏蔽层应一点接地。屏蔽层有一个以上接地点时将产生干扰电流。而且，通过屏蔽层还将对地形成一个地环路，产生电感性耦合，在屏蔽层中产生干扰电流，经过导线与屏蔽层之间的分布电容、分布电感耦合到放大器输入回路形成干扰电压。所以屏蔽层应对地绝缘，仅保持一点可靠接地，这一点甚为重要。

在磁场干扰不严重或出于其他考虑情况下，电路采用两点接地，这时导线屏蔽层也应两点接地。

一点接地时，信号源不接地和放大器不接地的情况分别如图 6.17 的(a)和(b)所示。图 6.17(a)中 U_{G1} 为放大器公共端对地的电位，U_{G2} 为两个接地点之间的电位差，可以估算出，如图所示的接地点是合理的，这时 U_{G1} 和 U_{G2} 对放大器输入没有影响，不造成干扰电压。图 6.17(b)中，信号源公共端与屏蔽层相接，它比地电位高 U_{G1}，如图所示的接地点是合理的，不造成放大器

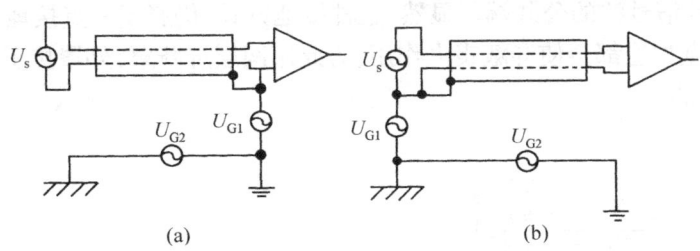

图 6.17　屏蔽层的一点接地
(a) 放大器处接地；(b) 信号源处接地

输入端附加干扰电压。

采用屏蔽绞合电缆和同轴电缆屏蔽层接地方式如图 6.18 所示,从 A 到 D 表示一点接地。在信号源、放大器都接地时,干扰电压由地环路对磁场的感性耦合形成。图 6.18(F)中同轴电缆的屏蔽层两端接地,地环路电流流经阻抗较低的电缆屏蔽层而不流经芯线,图 6.18(E)中芯线造成地环路电流的分流,都减小了对放大器输入端造成的干扰电压。

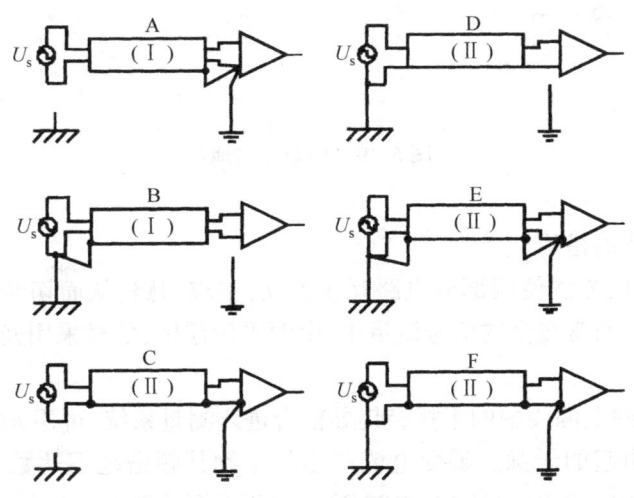

图 6.18　优选方案接地

当频率高于 1MHz 或电缆线长度超过波长的 1/20 时,常采用多点接地方式,以保证屏蔽层上等地电位,同时还可提供一定的磁屏蔽。电缆屏蔽层可以两点接地,长电缆在每隔 1/10 波长处接地一次。这时地电位差在电路中引起干扰电压(工作频率及其谐波),由于频率上的差别,容易滤除。

几乎所有生物电放大器的前置级都加装屏蔽,这在减小干扰方面,有十分明显的效果。屏蔽罩接地的原则是确保屏蔽罩的电位与放大器输入回路的地电位相等。图 6.19(a)表示地电位差 U_G 产生两路电流,其中 I_1 经 R_s、R_1、C_{1G},I_2 经 R_2、C_{2G},因电流流过的总阻抗不同而在放大器输入端形成电位差。图 6.19(b)表示放大器装在屏蔽罩内,且使屏蔽罩电位等于 A 点电位。如图屏蔽罩接于电缆的屏蔽层,屏蔽层另一端接于 A 点,假如 A 点与信号源公共端之间有干扰电压,则屏蔽罩应直接接到信号源的公共端。显然,这种接地方式,仍属于一点接地。应注意的是屏蔽罩内任意一点与 B 点相连都会使屏蔽丧失作用,为此用两层屏蔽罩,外罩接于 B 点如图 6.19(c)所示,这样才是安全的。

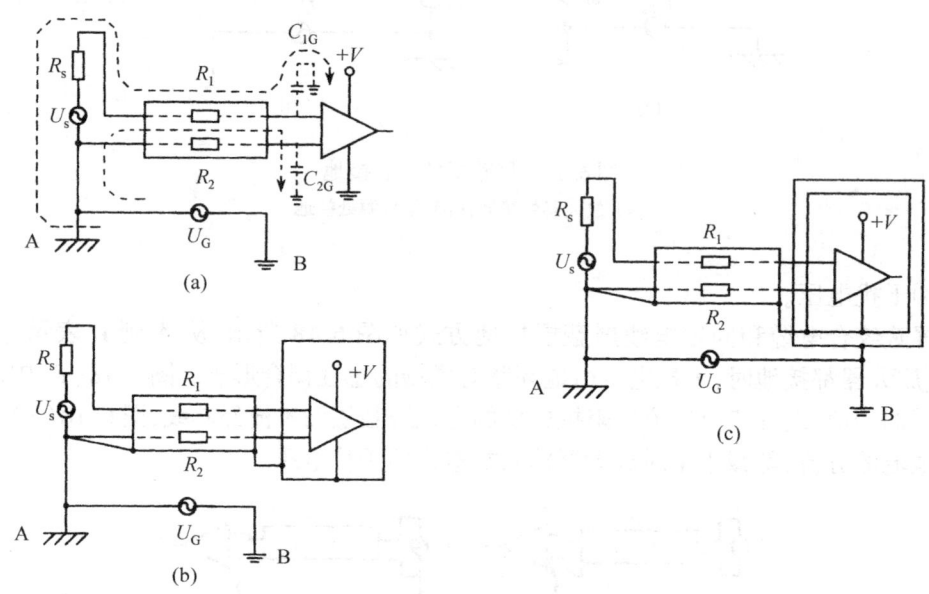

图 6.19 屏蔽罩接地

(4) 其他抑制干扰的措施

1) 隔离 用隔离的方法使两部分电路互相独立,不成回路,从而切断从一个电路进入另一个电路的干扰的通路。通常在生物信号测量中,电源采用浮地,信号采用光电耦合或变压器耦合实现隔离。

2) 去耦 为了去除电源线中的干扰经传导耦合进入测量系统,可用 RC 或 RL 滤波环节消除直流电源因负载变化引起的干扰。瞬变电流产生的干扰其频谱范围达数十兆赫兹,可以用 RC 高频去耦环切抑制($0.01 \sim 0.047 \mu F$,$10 \sim 100 \Omega$)。由于电源内阻和电源线本身分布电容、分布电感的存在,难以保证电源等效内阻是低阻抗,因此在电源端会出现随信号频度变化的干扰电

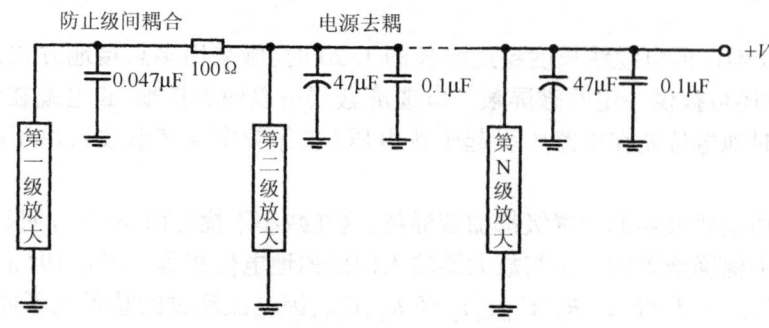

图 6.20 在多级放大器加入去耦电路
(如果是双电源电路,$-V$ 应作同样处理)

压。可以在电源端对地并联一个电容,以保证在放大器的工作频率范围内,对地形成低阻抗回路。在多级放大器中,在级间尤其是第一级电源供电线上还应加 RC 去耦环节,如图 6.20 所示。

3) 耗能抑制　医学设备内部的各种继电器、接触器、电动机等有接点的器件和设备开启和闭合,产生瞬时击穿,造成高频辐射和引起电源电压、电流的冲击,这种干扰的抑制是电磁兼容性设计的一个重要任务。

电路中的电感性负载在瞬变过程中,形成很大的感性冲击电压: $u = L\dfrac{\mathrm{d}i}{\mathrm{d}t}$ 成为辐射干扰源。为此必须为电感性负载提供另外一个回路,释放它所储存的电磁能量。常用的方法是在电感或接点两端加一个耗散瞬变过程产生的电磁能的耗能电路(又称为吸收电路)。有时为了防止开关的接点在断开时产生辉光放电或电弧烧毁结点,在接点两端并接一个耗能电路,通常由电阻、电容、二极管等组成。图 6.21 是并接在电磁线圈 L(电磁阀、继电器等的电磁线圈)上的几种耗能抑制电路。

图 6.22 中列出了两个应用于动力设备电路的耗散电磁能电路,从而可减小动力设备开断时对医学仪器放大器的干扰。

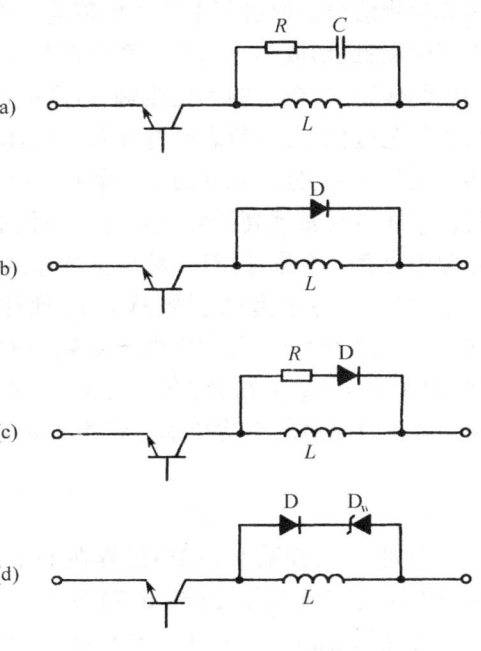

图 6.21　常用的几种耗散电磁能电路

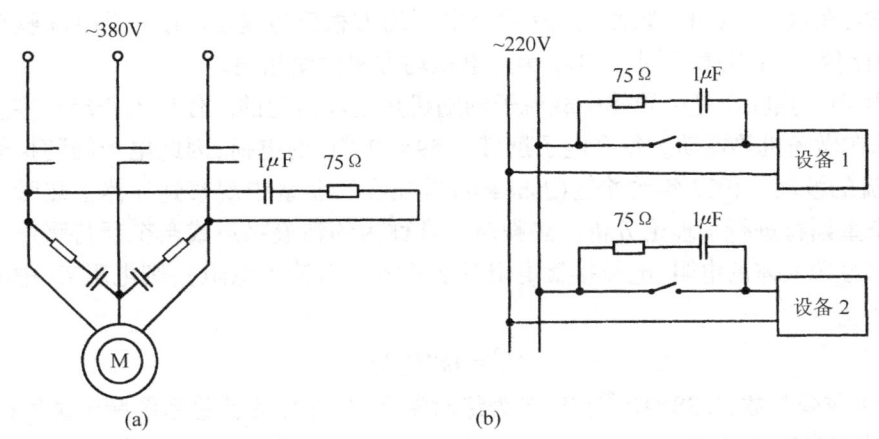

图 6.22　动力设备耗能电路实例
(a) 电机绕组耗能电路;(b) 多台设备之间防止电源开关的相互影响

2. 系统中的主要噪声类型

与外部干扰相区别,把测量系统内部由材料、器材、部件的物理因素产生的自然扰动称为噪声(或系统噪声)。可见噪声是电路内固有的,不能用诸如屏蔽、接地等方法予以消除,从造成危害的严重程度而言,生物医学测量系统中,主要的噪声类型是:$1/f$ 噪声(又称为闪烁噪声或低频噪声)、热噪声、散粒噪声。

(1) $1/f$ 噪声(低频噪声) 由于生物信号的频带范围大都属于低频、超低频段,$1/f$ 噪声是造成生物信号提取过程中的主要障碍。在测试系统中,$1/f$ 噪声是普遍存在的,凡两种材料之间不完全接触,形成起伏的导电率便产生 $1/f$ 噪声。它发生在两个导体连接的地方,如开关、继电器或晶体管、二极管的不良接触,以及电流流过合成碳质电阻的不连续介质等。各种有源器件在制作工艺过程中,材料表面特性及半导体器件中结点中的缺陷等,是 $1/f$ 噪声的主要成因。改善器件制作工艺,分立元件的 $1/f$ 噪声将得到明显的降低,而集成运算放大器件,由于设计上的限制,$1/f$ 噪声常常远高于分立元件。不仅晶体管、运放器件和电阻中存在 $1/f$ 噪声,在热敏电阻、光源中也有。有报导指出,甚至生物体的膜电位的起伏过程中也有 $1/f$ 噪声存在。

$1/f$ 噪声功率谱密度服从 $1/f_a$ 规律,f 为频率,a 是取值范围为 $0.5\sim2.0$ 的常数,通常取 $a=1$。这种噪声,其噪声电压随频率的降低而增加。$1/f$ 噪声的功率谱密度 $S(f)$ 是频率的函数,即 $S(f) = K\Delta f/f$,K 为 f 等于 $1Hz$ 时的谱密度值,是由具体器件决定的常数,Δf 为带宽。由 $f_1 \sim f_2$ 带宽内噪声的平均功率得到相应此频段内噪声电压均方值为

$$U_f^2 = \int_{f_1}^{f_2} S(f)\,df = \int_{f_1}^{f_2} \frac{K}{f}\,df = K\ln\frac{f_2}{f_1} \tag{6.7}$$

例如: 已知某 $1/f$ 噪声过程在 $1Hz$ 上的谱密度为 $5\times10^{-10} V^2/Hz$,求 $100\sim200Hz$ 范围的 $1/f$ 噪声电压均方值 U_f^2。由式(6.7)可得:

解:$U_f^2 = K\ln(f_2/f_1) = 5\times10^{-12}\ln 2 = 3.45\times10^{-10} V^2$

$U_f = 18.6\mu V$

同理可知,在 $400\sim200Hz$ 频段的 $1/f$ 噪声电压均方根值也是 $18.6\mu V$,即 $1/f$ 噪声电压取决于 f_2 和 f_1 的比值,频率比值相同,则 $1/f$ 噪声电压均方根值便相同。

(2) 热噪声 热噪声是由导体中载流子的随机热运动引起的。任何处于绝对零度以上的导体中,电子都在做随机热运动。每个电子携带 $1.59\times10^{-19}C$ 的电荷,因此电子的随机热运动表现出导体中电流的波动。1927 年约翰逊(Johnson)首先在实验室中观察到导体上热噪声电压的存在,1928 年奈奎斯特进行了理论分析。热噪声又常称为约翰逊噪声或奈奎斯特噪声。设源电阻为 R_s(包含信号源人体的电阻,电极接触电阻及前置放大器输入电阻),则电阻 R_s 中的热噪声电压均方值 U_t^2 为

$$U_t^2 = 4kTR_s\Delta f \tag{6.8}$$

式中,k 为波尔兹曼常数,$1.38\times10^{-23} J/K$;T 为绝对温度(K);Δf 为测量系统频带宽度(Hz)。

热噪声的谱密度 $S(f)$ 为

$$S(f) = 4kTR_s \tag{6.9}$$

可见热噪声的谱密度与工作频率 f 无关,属于白噪声。

式(6.8)为热噪声的基本计算公式,由此可见,热噪声电压均方值与绝对温度 T 成正比,温度越高,导体内自由电子的热运动越激烈,噪声电压就越高,温度降低,可以削弱热噪声。在微弱信号检测的低噪声电子设备中,常利用超低温技术来减小噪声。热噪声电压还与工作频带 Δf 成正比,式(6.8)还与源电阻阻值成正比。在保证信号不失真传递的条件下,应尽量减小系统的频带与源电阻阻值。提取信号的传感器电阻应尽可能小,避免增加额外的串联电阻。任何一个测

量系统,其分辨能力最终的限制将是热噪声,即使放大器能够实现完全没有噪声(实际上是不可能的),信号源的内阻 R_s 仍将贡献热噪声。

无源器件中线绕电阻,金属膜电阻比碳质电阻的噪声系数低很多(约 100dB),电容器的噪声一般也比较小。有源器件如晶体管中热噪声来源于晶体管的基区电阻 r_{bb}',结型场效应管多数载流子在沟道中随机热运动形成热噪声。热噪声电压均方值都可用式(6.8)计算。

(3)散粒噪声 散粒噪声是一种电流噪声,在半导体器件中,载流子产生与消失的随机性,使得流动着的载流子数目发生波动,时多时少,由此而引起电流瞬时涨落称为散粒噪声。散粒噪声电流的均方值为

$$I^2 = 2qI_{DC}\Delta f \tag{6.10}$$

式中,q 为电子电荷,$q=1.59\times10^{-19}$C;I_{DC} 为器件的平均直流电流(A);Δf 为测量系统的频带宽度。

散粒噪声属于白噪声,其谱密度为 $2qI_{DC}$。散粒噪声与流过半导体 PN 结位垒的电流有关,所以三极管、二极管中,都存在着散粒噪声的电流噪声机构,但在场效应管(FET)内通常可以忽略,在简单的导体中没有位垒,因此没有散粒噪声。

6.2.3 前置放大器电路设计

生理测量仪的放大电路设计应满足以下基本要求:① 在测量过程中不允许影响正常的生理过程;② 测得的生理信号不得失真;③ 最大可能地将信号与各种干扰相分离;④ 一旦有电击事故等危险情况发生必须对病人提供有效的保护。

在上述基本要求中,①②④均直接与前置放大器设计的优劣有关,而③主要靠后级的滤波电路实现,但仍依赖于前置级的成功设计。

1. 前置放大电路的主要设计参数

由于模拟集成技术的飞速发展,在生理前置放大电路的前端,几乎都可直接采用专用仪用运算放大器(如 INA118、AD620 等,见图 6.23)。很少再有人采用分列元件或普通运放来自组织前置放大电路,故读者应充分认识到对集成仪用运放技术参数选择在前置放大电路设计中起着决定性的作用。在这些参数中最重要的是:输入阻抗(input impedance)、共模抑制比(common mode rejection ratio,CMRR)、偏置电流(bias current)、输入失调电压(input offset voltage)及输入噪声(input noise),以下分别讲述。

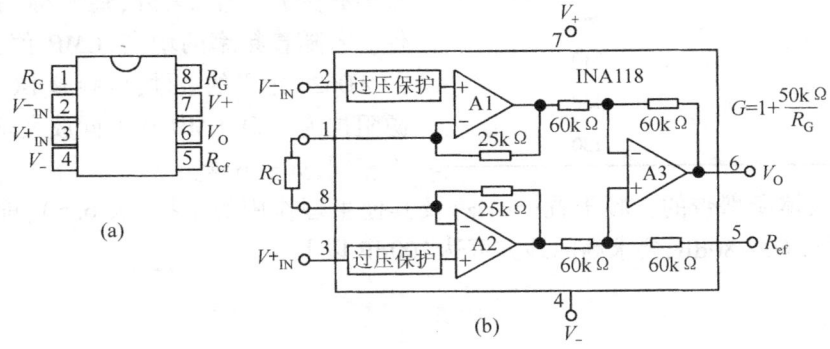

图 6.23 仪用运放 INA118
(a)外观图;(b)内部原理图

(1) 输入阻抗 输入阻抗有差分输入阻抗(differential input impedance)和共模输入阻抗(common mode impedance)之分,通常多指前者。

1) 差分输入阻抗,是在室温25℃时仪用运放两输入端之间的阻抗,一般指的都是动态情况,应说明在两个输入端间并联的电容值。如AD620,该参数为10GΩ//2PF,INA118为10GΩ//1PF。

2) 共模输入阻抗,是在室温25℃时每一输入端与公共电源线之间的阻抗。同样当考虑动态情况时,也应说明与电阻并联的电容值。如AD620,该参数为10GΩ//2PF,INA118为10GΩ//4PF。

生理信号源本身大都是高内阻的微弱信号源,加上其他因素(如生物电信号采集、电极与皮肤的接触阻抗等),常常高达100kΩ左右,因此选择高输入阻抗的仪用运放,是避免信号失真的关键。表6.3举例说明了部分生理信号对前置放大器输入阻抗的要求。

表6.3 部分生理信号对输入阻抗要求

放大器 参数	ECG-Amp	EEG-Amp	BAEP-Amp	EMG-Amp
输入阻抗(>)	1MΩ	5MΩ	200MΩ	100MΩ
频带	0.05~250Hz	0.5~70Hz	100~3kHz	10~10kHz

(2) 共模抑制比(CMRR) 在仪用放大器两输入端加有(差分)生理电压($V_s^+ \sim V_x^-$),但由于外界干扰(如工频50Hz)的存在,则在正负两输入端又加上了幅度、相位几乎完全相同的共模干扰电压V_{cm}。若仪用运放设计高度精确(对称),则在输出端仅存在差分信号的放大输出,而不会有共模电压的放大输出。但事实上好的仪用运放只能尽可能减小共模输出,而不能将它完全消除。衡量放大器这种能力的指标是共模抑制比(CMRR),其定义为放大器的开环差动增益A_d与共模增益A_c之比,即

$$CMRR = A_d/A_c \tag{6.11}$$

技术资料中共模抑制(CMR)通常是用对数来表示的,则单位为分贝(dB)(注:一般资料中CMR常与CMRR符号混用本书建议不要混用):

$$CMR(dB) = 20\log_{10}(CMRR) \tag{6.12}$$

表6.4 AD620的共模抑制比

增益(G)	CMR/dB
$G=1$	90
$G=10$	110
$G=100$	130
$G=1000$	130

值得注意的是,仪用运放在对CMR值的定义中通常是取平均值,若考虑温度变化等的因素会有变异发生,另外,通常标明的是低频条件。若随着频率的增高,CMR值会有所减小。如AD620定义的条件是:频率DC~60Hz,信号源阻抗为1kΩ,CMR在不同放大增益时的值也不相同,如表6.4。

为了抑制人体所携带的工频干扰(50Hz)及其他生理作用的干扰(表6.5),前置放大器的CMR值一般要求60~80dB,要求高的地方可达100dB以上。

表 6.5　部分生理信号对放大器 CMR 值的要求

参　数 \ 放大器	ECG-Amp	EEG-Amp	BAEP-Amp	EMG-Amp
共模抑制比	≥60dB	≥80dB	≥100dB	≥80dB
频带	0.05～250Hz	0.5～70Hz	100Hz 至 3kHz	10Hz 至 10kHz

(3) 偏置电流(bias current)　从仪用运放的两个输入端到地有一个小的偏置电流(直流)。在分立元件组成的运放中,双结型晶体管的输入偏置电流与基极电流相同,约在 0.01μA 范围内,而场效应管输入级的偏置电流要小得多,通常低于 0.01pA。对于高输入阻抗、低电平生理信号,仪用运放的偏置电流参数值的选择十分重要,常易被设计者所忽略。仪用放大器 AD620 该参数为 0.5nA,最大为 2nA,INA118 为 1.0nA,最大为 10nA。

(4) 输入失调电压(input offset voltage)　一般仪用运放两个输入端电压差为零(两端分别与地短接)时,其输出都不为零。如果在任意一个输入端加上一个大小和方向合适的直流电压,便可人为地使输出为零,这个外加的直流电压,便是仪用运放的失调电压。对于微弱、缓变的生理信号如胃电(幅值 10～1000μV,带宽 DC～1Hz)等,该项参数的影响就十分明显。尤其在环境等因素影响下,该参数并非一个固定值。AD620 该参数最大值可达 125μV。

(5) 输入噪声　输入噪声分电压噪声和电流噪声两种,在低频条件(生理信号在此范围)发生的 $1/f$ 噪声,常常引起运放工作点的长期漂移;电阻、半导体结间噪声除受温度影响外,还随工作频度变化而变化。通常对于 0.01～1Hz(或 0.1～10Hz)的噪声按峰-峰值(peak to peak)定义,而一般频带噪声按均方根(root-sum-of-squares)定义,也有用功率谱密度图或针对具体频率的"点噪声",单位为 $nV/\sqrt{Hz}$、$PA/\sqrt{Hz}$。仪用运放 AD620 工作频度 1kHz 时输入电压噪声为 $9nV/\sqrt{Hz}$ 在 0.1～10Hz 工作频段输入电流噪声为 $10PA_{p-p}$,仪用运放 INA118 工作频率 1kHz,输入电压噪声为 $10nV/\sqrt{Hz}$;在 0.1～10Hz 频段输入电流噪声为 $80\ PA_{p-p}$。

集成仪用放大器内部电路中输入端采用场效应管(FET),与输入端采用双结晶体管(BJT)的电路比较,前者输入电压噪声为后者的 5 倍,但电流噪声不到后者的 1/100,设计时应予考虑。

当放大器两输入端互相短接时,我们测出放大器的输出电压 V_{no},若放大器的增益为 G,则输入噪声电压为 $V_{ni}=V_{no}/G$。表 6.6 给出了几种生理信号对生理放大器输入电压噪声的要求。

表 6.6　部分生理信号对放大器输入噪声要求

生理信号	V_{ni}	带宽 Hz
体表心电图	<10	0～250
体表希氏束图	<0.5	80～300
头皮脑电图	<1	0～100
针电极肌电图	<1	20～10 000
听觉诱发电位	<0.1	100～10 000

对于多级放大器,若以 N_1、N_2、…分别表示各级噪声系数,以 P_1、P_2、…表示各级的功率增益,则整个放大电路的噪声系数 N 表示为

$$N = N_1 + \frac{N_2-1}{P_1} + \frac{N_3-1}{P_1 \cdot P_2} + \cdots \tag{6.13}$$

由此可见,放大器的噪声系数主要取决于第一级的噪声。因此前置级的设计是提高整个放大器信噪比的关键。

附:采用非仪用放大器的高共模抑制比前置放大器设计

前置级设计中,若不直接采用仪用放大器,而用普通运放器件(如 OP07)组成差动放大器,为确保高的共模抑制比,在设计与制作中有一定难度,现将设计中值得重视的几个问题说明如下:

(1) 输入阻抗的考虑 通过电极获取的生物电是不稳定的高内阻信号,而且阻抗受多种因素影响,变化很大。图 6.24 示出输入系统的等效电路,V_c 为被测体携带的共模电压,Z_1、Z_2 为电极阻抗。若放大器的共模抑制比为 CMRR,则包括输入回路的整个系统的共模抑制能力一般低于放大器本身的 CMRR。

由 CMRR 定义可知,共模电压 V_c 折合到放大器输入端,将具有 V_c/CMRR 的等效差模误差(注意:CMRR 值不是用分贝表示,相应的值分贝表示记为 CMR)。它随差模信号 V_{in} 一起送入放大器被放大输出,造成共模干扰。设 A_c、A_d 分别表示放大器的共模增益和差模增益,并设电极阻抗不平衡,则 V_c 等效到放大器输入端的总误差电压 V_{ci} 为

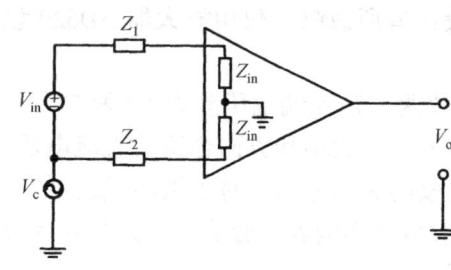

图 6.24 输入等效电路

$$V_{ci} = \frac{V_c}{\text{CMRR}} + V_c \frac{\|Z_2 - Z_1\|}{Z_{in}} = V_c \left(\frac{1}{\text{CMRR}} + \frac{\Delta Z}{Z_{in}}\right) \tag{6.14}$$

而输出中共模干扰电压为 $V_{co} = A_d V_{ci}$。

因此,据式(6.11)包括输入回路在内的整个系统的共模抑制比 CMRR′实际为

$$\text{CMRR}' = \frac{A_d}{V_{co}/V_c} = \frac{1}{\frac{1}{\text{CMRR}} + \frac{\Delta Z}{Z_{in}}} \tag{6.15}$$

如果电极阻抗有 $5\text{k}\Omega$ 的不平衡,放大器本身 CMR 为 100dB,而 Z_{in} 为 $30\text{M}\Omega$,则整个系统的共模抑制比 CMR′仅有 75dB,若放大器输入阻抗为 $60\text{M}\Omega$,则系统的 CMR′提高到 80dB。通常电极阻抗的不平衡是不可避免的,因此高输入阻抗是系统共模抑制比得以保证的必要条件。输入回路的电路结构直接影响放大器的输入阻抗,应特别注意。图 6.25 所示同相输入结构形式采用一般器件,共模输入阻抗可高达几十至近百 $\text{M}\Omega$。选用 FET 作运放器件的输入级,可以使输入阻抗的要求得到满足。

(2) 共模抑制比的限制因素 放大器的共模抑制能力,主要取决于前置级。影响放大器共模抑制能力的因素,在外电路已处平衡的状态下,只剩下两个可能原因,一是器件本身的 CMRR 不是无限大,二

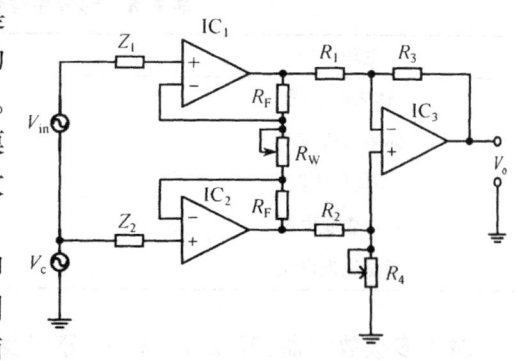

图 6.25 前置级电路结构

是外回路电阻存在误差,它们共同造成匹配误差,使得共模成分向差模成分转化。对于图 6.25 所示的同相并联结构的前置级,运放 IC_1 和 IC_2 组成第一级电路,设其差模增益相等。其外回路电阻的取值对共模电压没有作用,只存在上述第一种可能,即 IC_1 和 IC_2 器件本身的 $CMRR_1$ 和 $CMRR_2$ 值有限造成共模量的转化,等效到输入端的转化电压 V_{ci} 为

$$V_{ci} = V_c \left(\frac{1}{CMRR_1} - \frac{1}{CMRR_2} \right) \tag{6.16}$$

输出中的共模干扰电压为 $V_{co} = A_{d1} \times V_{ci}$,其中 A_{d1} 为第一级的差模增益,它是由 R_F、R_W 确定的,即 $A_{d1} = (2R_F + R_W)/R_W$。这样,第一级电路的 CMRR 实际为

$$CMRR = \frac{A_{d1}}{V_{co}/V_c} = \frac{CMRR_1 \times CMRR_2}{CMRR_2 - CMRR_1} \tag{6.17}$$

由此可见,严格挑选 IC_1 和 IC_2 使其共模抑制比相等,可以保证第一级的共模抑制能力。值得指出的是,同一芯片上的两个运放,其 CMRR 值并不一定相等。实际上往往是有很大的差别,应该通过测量 IC_1 和 IC_2 的 $CMRR_1$ 和 $CMRR_2$ 值,进行严格选择、匹配。

举两组数据为例,设 IC_1 和 IC_2 的 CMR_1 和 CMR_2 分别为 80dB 和 90dB,则第一级的 CMR 只有 83dB;若挑选 80dB 和 80.5dB 的两个运放组成第一级时,其 CMR 理论值可达 160dB。IC_1 和 IC_2 的共模抑制比并不要求很高,而其对称性是应严格保证的。通过实测选择,不难做到使第一级的 CMR 很大,至少在 100dB 以上。

第二级 IC_3 组成的电路 CMRR 决定因素与第一级不同,电路结构基本上是差动放大电路。在理想情况下,完全处理平衡状态的条件是 $R_1 = R_2$,$R_3 = R_4$,而且运放器件本身的 CMRR 视为无穷大,这样共模量可以认为完全被抑制,输出只反映差模输入。由此可知,对共模量的实际抑制程度,也就取决于上述两个方面,即运放器件本身的 CMRR 值的大小和外回路电阻的匹配误差。

对于输入噪声要求很小,输入阻抗要求很高的特别场合,用集成运放难以达到要求,常常采用分立元件,即用场效应晶体管(FET)经严格配对后组成前置差分放大电路,如图 6.26 所示,由 Q201、Q202 组成的第一级差动输入,第二级采用普通集成运放。

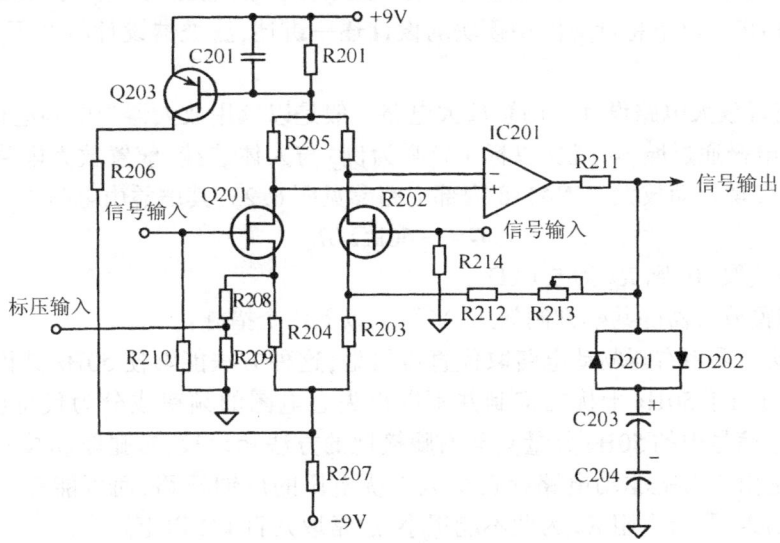

图 6.26　由场效应管(FET)组成的差分放大电路

2. 前置放大电路设计

根据以上放大器参数分析,前置级的设计参数主要由处在最前端的仪用放大器决定。一旦仪用放大器选定(如 INA118、AD620 等)则前置级参数便基本确定。设计者接着应当考虑的仪用放大的增益(G)。一般说来共模抑制比(CMRR)随增益(G)增大而有所提高,但考虑到前置级对整个放大电路噪声的贡献(式(6.13)),放大器的噪声性能一般随第一级增益的提高而明显变差,特别是集成器件噪声性能一般比分立元件差。因此第一级增益不宜取值过度,一般 $G<20$ 为宜。

下面以体表心电图(ECG)诊断仪设计为例说明前置级的设计方法。此设计对其他生理信号的放大电路设计也有较大的参考借鉴价值。

(1) ECG 放大电路总体方案设计 设 ECG 信号幅度范围 0.5~5mV,带宽 0.05~250Hz,以下以单通道 ECG 设计为例,对于非同步的 12 导联 ECG 放大电路,只需在此基础上稍加改进即可实现(参见 6.3.4 小节,ECG 的导联组合)。放大电路设计总框图如图 6.27 所示。

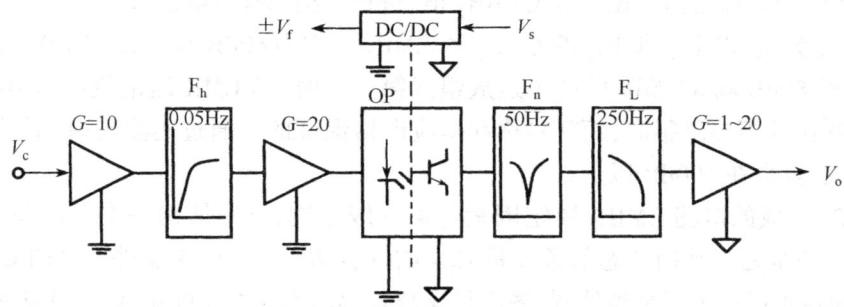

图 6.27 ECG 放大电路设计总框图

图中 F_h 为高通滤波器(high pass filter),F_n 为陷波器(notch filter),一般工频干扰不强烈的地方可不采用 F_n。F_L 为低通滤波器,本放大器前置级要求浮地,电源隔离采用 DC-DC,信号隔离采用光电隔离电路 OP。以下将针对图中模块的设计逐一讲述,滤波器设计将在下一节(6.2.4)讲述。

(2) ECG 前置放大电路设计 前置放大电路一般是以仪用放大器为中心进行设计的。如图 6.28 所示,ECG 电极通过肢体导联(以标Ⅰ导联为例)与人体连接,前置放大电路采用集成仪用运放 INA118,以实现差动放大。INA118 内部电路参见图 6.23,其增益由电阻 R_G 决定:

$$G = 1 + 50\text{k}\Omega / R_G \tag{6.18}$$

本电路前置级增益取 10,则 R_G 为 5.6kΩ。

为了提高前置放大器的共模抑制效果,采用了以下两个措施:

1) 右腿驱动。采用右腿驱动电路取代直接接地,这种方法能够使 50Hz 共模干扰电压降低到 1% 以下。而且对于 50Hz 干扰的抑制并不以损失心电图的频率成分为代价(如果用陷波电路,则去掉了心电信号中的 50Hz 分量),与右腿接地的方法相比较,右腿驱动技术抑制交流干扰的效果更佳;但是由于右腿驱动电路存在交流干扰电压的反馈环路,而可能有交流电流流经人体,成为不安全因素,限流电阻 R_z 为此不能很小,通常取几百 kΩ 以上。

2) 屏蔽驱动。从与人体相接的电极到测量系统,通常有大于 1m 以上的距离。例如 ECG,

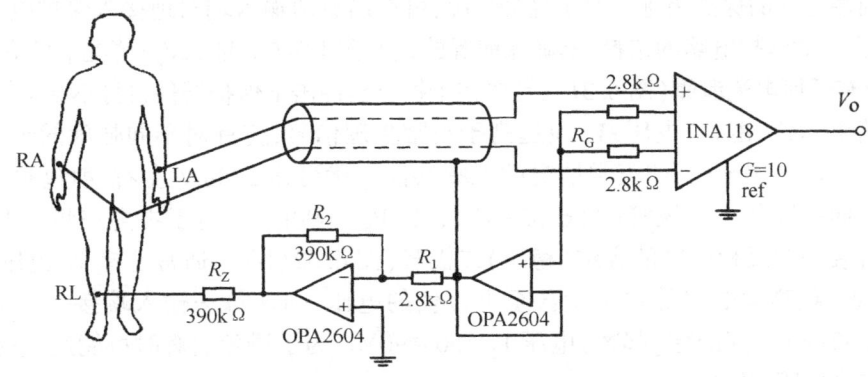

图 6.28 ECG 前置放大电路设计简图(为进一步消除高频电磁波干扰,在 NIA118 两输入线上,分别串一个 20～100kΩ 的电阻,并在正负端各接一个 200pF 电容到地)

ECG 体表电极到前置放大器之间有数根约 1m 以上的导联引线。导联引线用屏蔽电缆,这样,信号通过电缆传输时,在信号线(芯线)和电缆屏蔽层之间将存在可观的分布电容。屏蔽接地时,分布电容变为放大器输入端对地的寄生电容 C_1、C_2。如图 6.29 所示,在两根导联线的分布电容不可能是完全相等的,加之电极阻抗 R_s 的不平衡,则 $R_{s1}C_1 \neq R_{s2}C_2$,从而造成共模电压的不等量的衰减,使放大器的 CMRR 下降。

我们已经知道,对于共模电压在输入端造成的差模转化,即使放大器的共模抑制比为无穷大,也必将产生共模误差输出。正是由于这种阻抗的不对称,导致了包括输入回路在内的整个放大系统的共模抑制能力降低。

为消除屏蔽层电容的不良影响,在图 6.28 导联线的屏蔽层不予接地,而接到与共模输入信号相等的电位上,则共模电压就能不衰减地传送到差动放大器输入端,从而不会产生共模量不等量衰减形成的共模误差。从这个观点出发,我们取出放大电路共模电压用以驱动屏蔽层,使分布电容 C_1、C_2 的端电压保持不变,即 C_1、C_2 对共模电压不产生分流,从而产生在共模电压作用下电缆屏蔽层分布电容不复存在的等效效果。

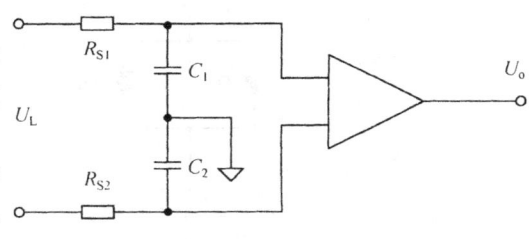

图 6.29 导联线分布电容的影响

3. 前置级的保护电路设计

这里仍以体表心电图仪(ECG)设计为例加以说明。这对其他生理信号检测仪器设计有较大的参考和借鉴价值。

由于放大器,特别是作用于人体的前置级设计不当造成对人体(包括仪器)的危害主要来自于两个方面:一是从前端进入。由临床同时使用的其他仪器(如高频电刀、除颤器等),由于种种原因在大电流经人体进入,使前置级阻塞或损坏,从而使心电检测无法进行。另外由于仪器的损坏,有时也可能直接危害人体。二是从后端(电源)进入。由于供电部分(220V/50Hz)的泄露、击穿等原因,高压电流经前置级导联线电极引入人体,严重可引起心室颤动和心脏停搏。

（1）从前端进入的保护措施　对于这种情况,可在前放两输入端对地接入保护电路 T_1、T_2（图 6.30）加以解决。对保护电路的选择,是确保前置放大器在正常（信号<$\pm V_b$）情况下的高输入阻抗,即 T_1、T_2 不应有任何电流泄露（图 6.31）,且要在干扰电压冲击下保护器件自身不会损坏。

保护电路工作的"击穿"电压$\pm V_b$ 应远高于正常生理信号,应针对不同强度的干扰电压选择保护器件。对于低电压情况,如正常情况的工频共模干扰可达 300mV 左右,前放每一输入端可以采用一对反向并联的硅二极管（图 6.32(a)）,其$\pm V_b \approx 600$mV。对于再高一些的干扰电压,在每一输入端可接一对反相串联的齐纳（稳压）二极管（图 6.32(b)）,通常选择 V_b 范围为 $V_b = 3 \sim 20$V。对于除颤器、高频电刀等数千伏甚至上万伏的电压,则在每一输入端接一个充气放电管（氖泡）（图 6.32(c)）,其击穿（起辉）电压 $V_b = 50 \sim 90$V。为了避免启辉时可能造成的浪涌电流,应在电路中串入电阻（图 6.30）。

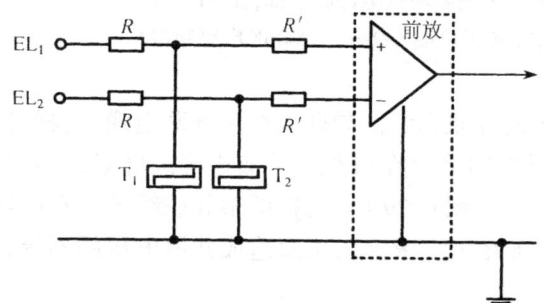 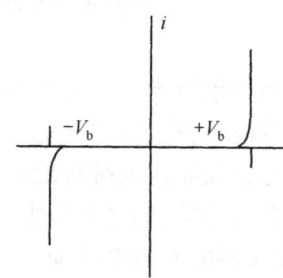

图 6.30　在前放输入端接入保护电路　　　　图 6.31　正常工作时,T_1,T_2 呈高阻抗

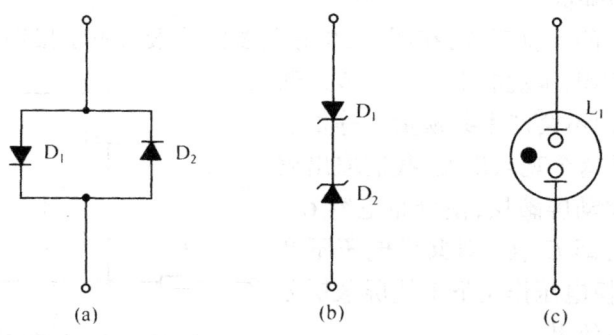

图 6.32　前置级输入保护器件

(a) 低电压"击穿"的硅二极管;(b) 中等电压"击穿"的齐纳二极管;(c) 高电压"击穿"的充气放电管（氖泡）

（2）交流电源端泄漏的保护措施　针对交流电源端泄漏可能带来的危害,可采用对前置级浮地隔离的方法（图 6.26）,前后电源采用 DC-DC 器件隔离,信号采用光电耦合隔离,或信号经调制后用变压器耦合。目前信号隔离大多采用光电耦合隔离的方法,其隔离电压值可达 5000Vrms（如 PS256 等）,但由于光耦电路的非线性特性,直接耦合会带来模拟信号较大失真,为确保线性不失真,传统的做法是增加电路的复杂度,而这又给电路调试带来很大困难。较好的解决办法是将信号调制到较高频率后再耦合,图 6.33 采用了脉宽调制（PWM）的方法,确保了心电

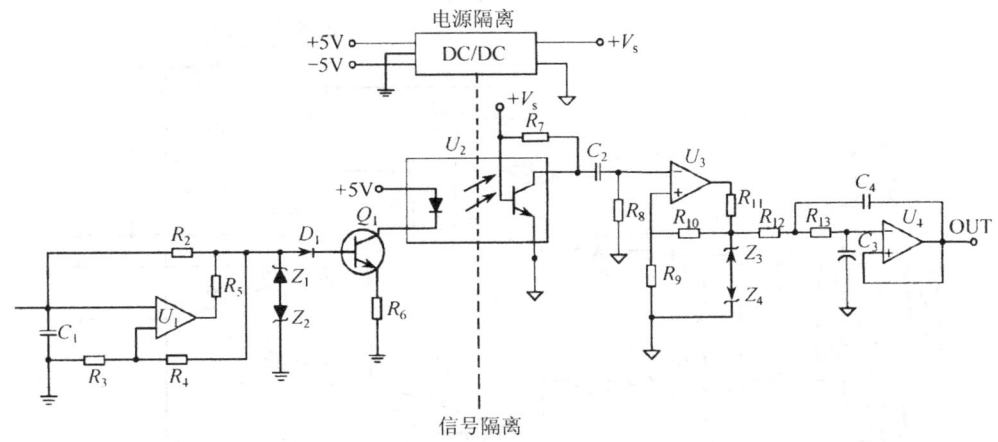

图 6.33 光电隔离电路(PWM 方式)

信号经隔离后输出的品质,且调试十分便捷。

在图 6.33 中的脉宽调制电路保持调制前后脉冲频率不变,输入心电信号的变化仅仅改变脉冲宽度(即占空比),它由 U_1 及周围电路组成。振荡部分采用 RC 充放电回路,利用比较器 U_1,通过电容 C_1 的充放电,并利用稳压管 Z_1、Z_2 钳位,产生方波脉冲,方波脉冲的占空比随着输入电压幅值的变化而变化,从而实现信号的脉宽调制。振荡频率取决于 RC 电路的时间常数:

$$f_0 = \frac{1}{2C_1 R_2 \ln[1+(2R_3/R_4)]} \qquad (6.19)$$

为保证被调方波在其可调范围内都受控制电压的连续调制,脉宽调制电路之前用一个钳位电路限制脉宽调制的状态范围。

被脉宽调制的心电信号,经过光电隔离(U_2 等),然后解调(U_3 等),并通过低通滤波(U_4 等),去除解调后残存在信号中的载波高频成分,即可得到经过隔离的心电信号。

在前置级隔离设计中也可直接采用内部带有光电隔离的仪用放大器(如 BURR-BROWN 3650/3652),有关原理见图 6.34,其生理测量应用见图 6.35,电源仍采用 DC/DC 隔离。

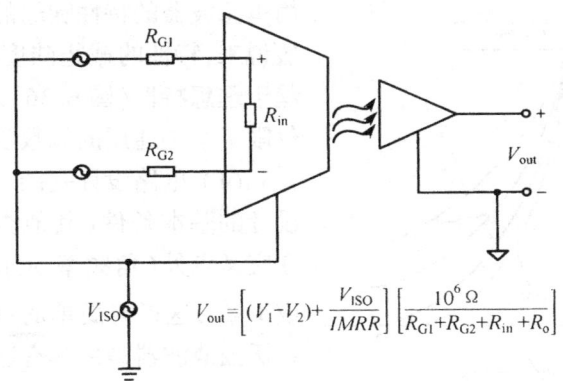

图 6.34 带有光电隔离的仪用放大器简化图
(V_{ISO} 为隔离电压,$IMRR$ 为隔离模抑制比(isolation mode rejection ratio))

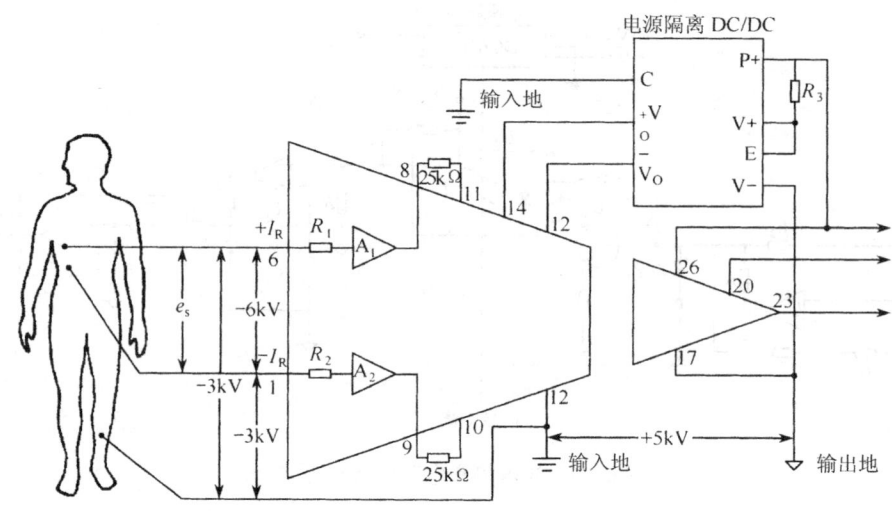

图 6.35　光电隔离仪用放大器的应用(用于 ECG、EMG 的前放中)

6.2.4　生理放大器滤波电路设计

一般生理信号都十分微弱,且伴有强大背景干扰与系统噪声,故生理放大器的核心技术集中于前置放大电路和滤波电路的设计中。在生理信号的放大设计中,一般均采用有源滤波器。较适合生理信号特征的滤波器有巴特沃兹(Butterworth)滤波器、贝塞尔(Bessel)滤波器等。对于注重频度有较好截止特性的场合,选用巴特沃兹滤波器;当注重相位的场合,则选用贝塞尔滤波器为好,一般前者使用较为广泛。对工频(50Hz)干扰太过强烈的场合,则可增设陷波器电路。以下讲述 Butterworth 滤波器、带通滤波器和陷波器的设计。

1. Butterworth 滤波器设计方法

由巴特沃兹设计的多阶有源滤波器是一种比简单滤波器的特性陡峭的高通或低通滤波器。一般说来,特性的截止陡度随滤波器阶数的增加而趋于理想特性(图 6.36)。为了简便,这里的讨论仅限于某些通用的偶数阶的巴特沃兹滤波器。

(1) 电路设计基础　对巴特沃兹滤波器进行设计的基本条件(其他类型的滤波器也一样)是在交叉点处(角频率 ω_x)增益的数值 $|A|$ 为 -3dB 或 $1/\sqrt{2}$,这正与简单的单级 RC 滤波器一样。巴特沃兹滤波器是由具有这种特性的单级或多级串联的二次有源滤波器组成。二次滤波器的传递函数或增益表示为

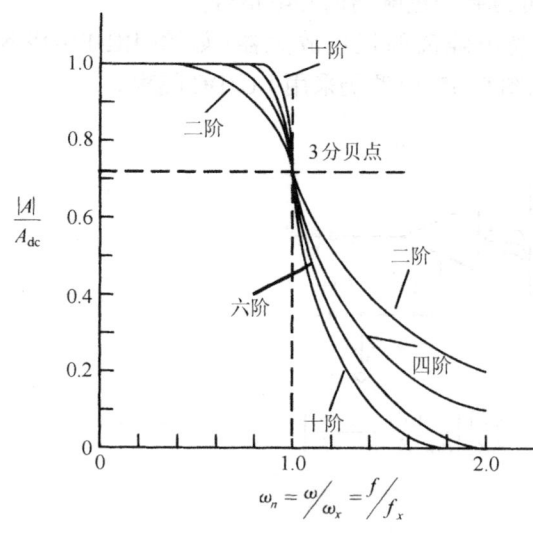

图 6.36　不同阶数的巴特沃兹滤波器的频率响应

$$A = \frac{1}{1 + jb\omega/\omega_x - (\omega - \omega_x)^2} \tag{6.20}$$

对单个二次滤波器来说，b 值为 $\sqrt{2}$，则

$$|A| = \frac{1}{\sqrt{1 + (\omega/\omega_x)^4}} \tag{6.21}$$

一个二次滤波器的频响与一个二阶巴特沃兹滤波器的特性相同，其曲线如图 6.36 所示。

许多运算放大器都能够构成二次滤波器，其中的两种示于图 6.37。这两种滤波器的响应都可用等式(6.21)表示。只是定标系数或直流增益不同。电容器和电阻的多种组合都能得到相同的滤波器的特性。虽然在同相连接的电路(图 6.37(a)中)中可以得到平稳的直流增益 $A_{dc}(>1)$，但更符合要求的是电阻与电容的等值特性。对反相连接的电路来说(图 6.38(b))，选择参数的依据是增益为 1，因此，电容量可能是非标称值。应该指出，参数 ω_x 和 b 是独立进行调整的。因为电容器只能在有限的范围内取值，因而通常是先选择电容器的值，然后再根据 $R = 1/\omega_x C$ 计算出 R 值。一般来说应尽可能采用高精度的元件，因为滤波器的特性和稳定性完全取决于每个元件的精度。

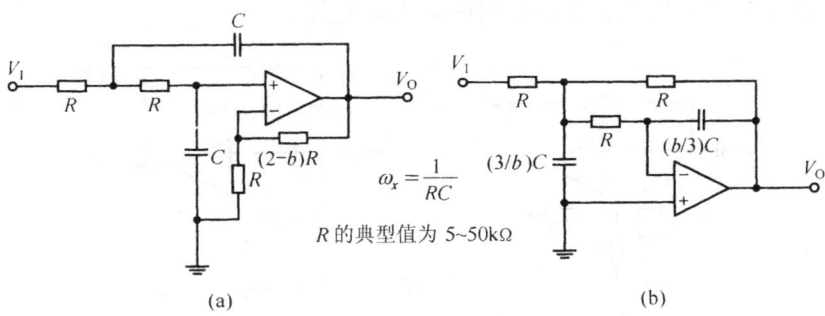

图 6.37　二阶低通巴特沃兹滤波器(给定 b 值在表 6.7 中为 1.414)
(a) 同相接法；(b) 反相接法

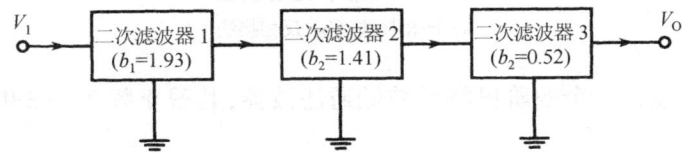

图 6.38　3 个二阶滤波器串联的六阶巴特沃兹滤波器

高阶的巴特沃兹滤波器由两个或多个二次滤波器串联组成，如图 6.38 所示。尽管每个滤波器的形式相同，ω_x 相等，但它们的 b 值不同。总的增益函数变为

$$A = \frac{1}{1 + jb_1\omega/\omega_x - (\omega - \omega_x)^2} \times \frac{1}{1 + jb_2\omega/\omega_x - (\omega - \omega_x)^2} \tag{6.22}$$

如果根据表 6.7 来选择 b 值，增益(数值)可表示为

$$|A| = \frac{1}{\sqrt{1 + (\omega/\omega_x)^{4n}}} \tag{6.23}$$

式中，n 是二次滤波器的数目，$2n$ 是巴特沃兹滤波器的阶数。尽管步骤冗长，但对任何偶数阶的巴特沃兹滤波器都可将等式(6.23)代入 $A^2=AA^*$ 中，以导出其 b 值。其中 A^* 是 A 的共轭复数，b 的解就是这一多项式的根。因为滤波器的陡度要求通常不超过六阶，或者最多不超过十阶，因而表 6.7 的数据已足够用了。

表 6.7　巴特沃兹滤波器常数表（$a=1$）

阶　数	b_1	b_2	b_3	b_4	b_5
2	1.414				
4	1.845	0.7654			
6	1.932	1.414	0.5176		
8	1.962	1.663	1.111	0.3896	
10	1.976	1.783	1.414	0.9081	0.3128

利用同样的设计规范，也可以设计出高通巴特沃兹滤波器，只是把变量 ω/ω_x 颠倒，也就是说，在表示 A 的式(6.23)中用 ω_x/ω 代替 ω/ω_x。表 6.7 中的 b 值仍然适用。当然，高通滤波器的电路联接不同，如图 6.38 所示。第一个电路（图 6.39(a)）的高频增益 A_{hp} 大于 1，第二个（图 6.39(b)）的增益为 1，但其缺点是在高频时的输入阻抗低。

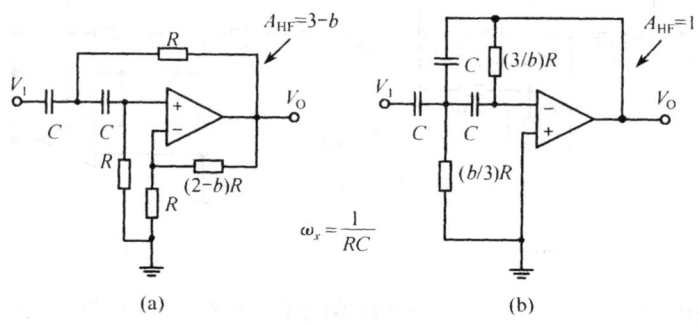

图 6.39　二阶高通滤波器
(a) 同相接法；(b) 反相接法

（2）设计实例　设计一个四阶巴特沃兹低通滤波器，其截止频率(-3dB)：4.0kHz，电压增益：2.58。

按照前面提出的设计步骤，用两个二次项滤波器串联构成四阶滤波器。为了使获得电容器的工作简单起见，选择了图 6.37(a) 等值电容型运算放大器的方案，选取容抗约为 10kΩ 的一种标称值电容器（运算放大器最佳阻抗范围）。然后根据谐振条件计算电阻值（$R=1/2\pi fC=8.06\text{k}\Omega$）。巴特沃兹滤波器常数 b 根据表 6.7 为 1.845 和 0.765，因而反馈电阻 R_1 和 R_2 分别为 0.16R 和 1.24R。在总增益为 2.58 时，两级放大器增益分别是 1.16 和 2.24。如果滤波器不由低阻抗源激励，则需要一个增益为 1 的输入缓冲放大器。具体电路设计见图 6.40。

2. 带通滤波器设计

在要求不大高的场合，可考虑采用较为简单的带通滤波器。

图 6.41 中所示是几种良好的有源带通滤波器中的一种，它是有源高通和有源低通滤波器的

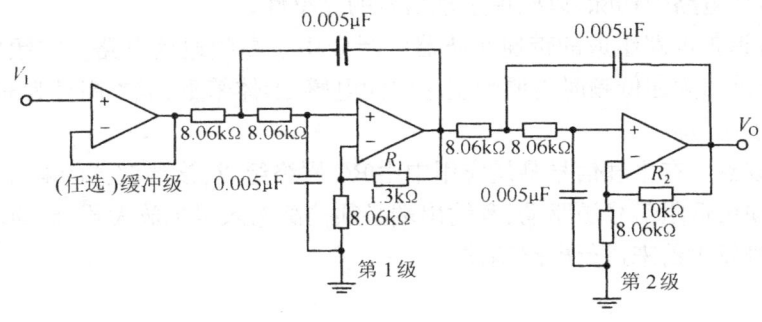

图 6.40　四阶低通巴特沃兹滤波器

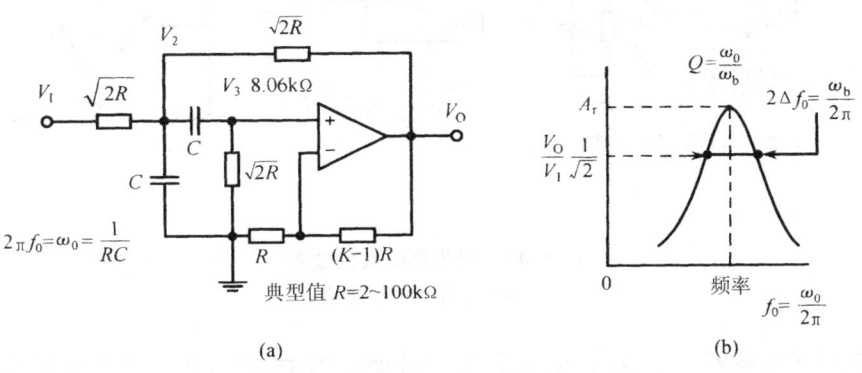

(a)　(b)

图 6.41　有源带通滤波器
（a）基本电路；（b）频率响应

组合。为了调整到所规定的频率 f_0，首先需要选择（数值相等的）电容器，然后再根据所给的关系式计算出电阻 R（以及其他的电阻）。通常，C 要选择合适的标称值，以避免 R 过大或过小。为避免振荡，需要高精度的元件，为了获得所要求的 Q 值，即带宽的倒数，应该正确地选择放大器的增益 K。在峰点（$\omega=\omega_0$）上，增益为 A_r（见表 6.8）。

表 6.8　有源带通滤波器的带宽 $2\Delta f/f_0$、级增益 A_r 与放大器增益 K 的函数关系

K	$2\Delta f/f_0$	Q	A_r
2.00		0.7	1.0
3.00	0.71	1.4	3.0
3.50	0.35	2.8	7.0
3.70	0.21	4.7	12.3
3.80	0.14	7.1	19.0
3.85	0.12	9.4	25.7
3.90	0.07	14.1	39.0

3. 陷波器（notch filter）设计

在工频（我国为 50Hz）及其谐波分量干扰极其强烈的场合，且常规滤波电路又无能为力的情况下，可考虑在放大电路中加入陷波器。一般采用开关切换，在干扰消失以后，或干扰不大的地

方,则可将陷波器从电路中切除,以确保生理信号的完整性。

由电感-电容谐振电路组成的带通滤波器广泛应用于高频通信电路。在频率较低时,LC网络不常使用,主要是因为在低频时需要带铁芯的大电感,形体笨重,成本高且为非线性。因此,关于LC网络的讨论将从略。

(1) 双T陷波器　在生理信号测量应用中由RC网络组成,该滤波器的响应如图6.42所示。这种电路网络必须由低阻信号源驱动,其输出端必须接高输入阻抗放大器,例如增益为1的放大器。一般采用信号发生器来进行电路调试。

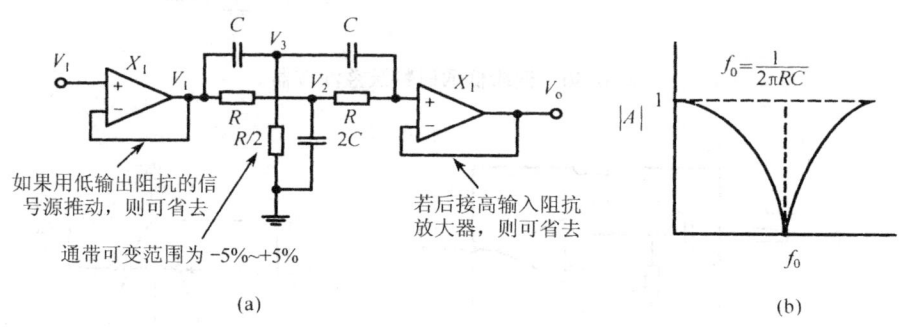

图6.42　双T型陷波滤波器
(a) 基本电路;(b) 频率响应

(2) 文氏桥式陷波器　在使用RC元件的陷波滤波器中,也可用文氏电桥组成的电路来实现(图6.43)。在陷波频率f_0处,串联阻抗等于(数值和相位)并联分支阻抗的两倍,于是$V_2=V_i/3$。在反相端的电阻应该这样选择:使得反相端与同相端的增益(在f_0)配合适当,使输出电压V_o为零。元件的精度要高,但数值并不要求太精确,因为在RC臂中加了个电阻,可以对陷波频率进行辅助性调整。改变接在反相端上的任一电阻,可以使在陷波频率上的输出非常接近于零。

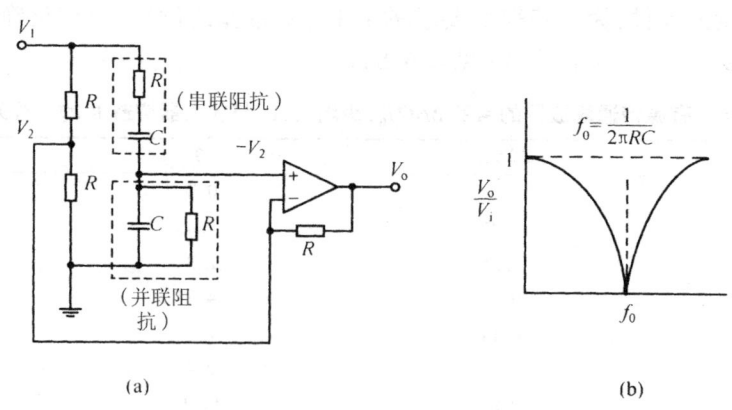

图6.43　文氏桥式陷波滤波器
(a) 基本电路;(b) 频率响应

(3) 梳状滤波器　梳状滤波器可以认为是一种数字滤波器,如图6.44(a),它能抑制基频f_0及其奇次谐波,于是形成如图6.44(b)所示的频响特性,并由此而得名。梳状滤波器以模拟延迟

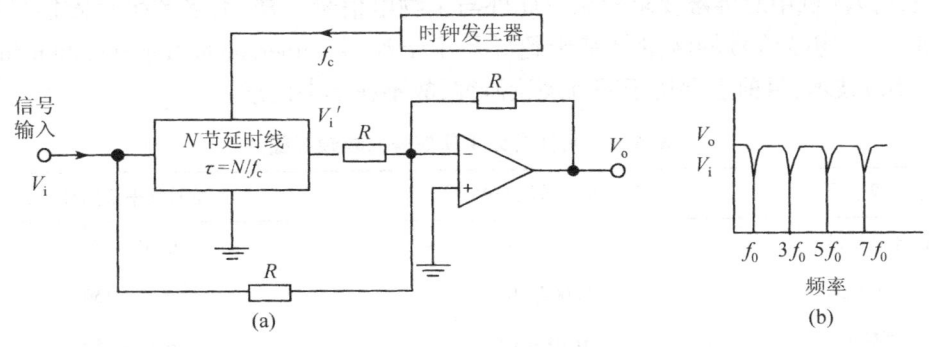

图 6.44 梳状陷波器
(a) 基本电路；(b) 频率响应

线为基础。这种延迟线通常用一种电荷耦合器件来实现。

梳状滤波器的工作是以相位延迟导致信号抵消为基础的。延迟线输出 V_i'，经延迟 τ 后，简单地重现输入信号。延迟线有 N 个相同的部分，每部分延迟 $1/f_c$，τ 等于总的延迟 N/f_c。假设一个频率为 f_i 的正弦波加在输入端，调整延迟，使 $2\tau = 1/f_o = 1/f_i$。在这种情况下，延迟后的信号 V_i' 的相位为 $180°$，这时，与未延迟的信号 V_i 相加，其输出为零。对于给定的 τ 值，在 $f_i = f_o, f_i = 3f_o, f_i = 5f_o$ 等频率上的输出为零，或产生陷波。如果延迟电路的增益不为 1，可以改变相加电阻的比值，以得到零输出。应该指出，陷波频率是时钟频率 f_c 的整数倍，改变 f_o 的简便方法是控制 f_c。

6.3 电生理信号测量

6.3.1 概述

生理电磁信号大多数极其微弱，上一节讲述的生理类仪器设计的共性问题，在本类仪器设计中都会遇到。此外还有其他特殊问题也应认真加以解决。例如，绝大多数电生理信号都是通过电极与人体（体表或介入）接触的条件下获得的，在这个界面上产生的物理化学反应，将直接影响到信号采集的成功与失败。此外，许多电生理信号的幅频特性及其相位，与电极安放的人体部位有关，有的部位，有关国际组织已有严格规定，应当遵守；有些则应根据人体电生理学知识进行探索，以求取得最佳测量效果。诱发电位与自发电位测量在临床生理学中有不同的价值。为了获取诱发电位而引入的声、光、电等刺激信号，不仅是为了提供生理信号采集所需要的同步信号，同时也是为了将刺激引入不同神经通道的必需手段，因此在仪器设计中相关刺激器的设计也应认真对待。

6.3.2 生理电磁信号的电学特征

人体的绝大多数的生物电位幅度在 1mV 以下，处在 10kHz 以下低频段。细胞静息电位幅度较高些为 $0.05 \sim 0.1$V，而在体表记录到的与中枢神经系统活动有关的生物电常常在微伏级。表 6.9 列出在一定频率范围记录到的几种常见生理信号的幅度。

相比之下，来自人体器官的磁信号都是极其微弱的。最大仅为 10^{-10}T，而地球的静磁场为

$10^{-5} \sim 10^{-6}$ T。故测试中对屏蔽要求较高。此外与生物电信号一样,大多数生物磁信号在低频范围(图6.45)。生物磁信号的测量是基于超导量子干涉器(superconducting quantum interference device, SQUID)技术,目前主要用于基础理论研究,故不在本书讲述。

表6.9 几种常见生理信号的幅频范围

电生理信号	信号范围/mV	信号频率范围/Hz
心电图 ECG	0.5~4	0.01~250
脑电图 EEG	0.005~0.3	d.c.~150
皮层脑电	0.01~5.0	d.c.~150
胃电图 EGG	0.01~1	d.c.~1
肌电图 EMG	0.1~5	d.c.~10000
眼电图 EOG	0.05~3.5	d.c.~50
视网膜电图 ERG	0.0~0.9	d.c.~50
神经电位	0.01~3	d.c.~10000

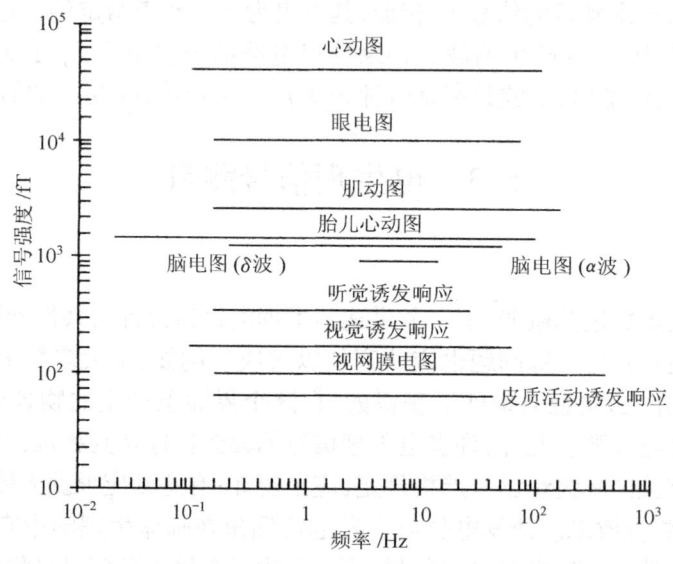

图6.45 人体几种器官的生物磁信号($1fT = 10^{-15}$T)

附:生理电磁测量单位

1. 电学单位

电极中所获得的信号或电位,一般用电压单位伏(V)或毫伏(mV)、微伏(μV)、毫微伏(nV)等表示。生理信号的功率用瓦(W)表示,信号谱表示为:V^2/Hz 或 $V/\sqrt{Hz}$。赫兹(Hz)为SI系统(The international System of Units 国际单位系统,简称SI)的频率单位。电极电流用安培(A)或毫安(mA)、微安(μA)。对于电荷流动的阻力常用复数表示，单位为阻抗，形式为 $Z=R+jX$，式中 R 是实部，称电阻，X 是电抗，单位都是欧姆（Ω），在生理测量中电抗可以是感抗或容抗，电容的计量单位是法拉（F），电感的计量单位是亨利（H）。

$$X/R = \tan\theta \tag{6.24}$$

用以表示器件两端的电压与流经该器件的电流间的相角，用度（°）或弧度（rad）表示。

2. 磁学单位

（1）磁通密度或磁感应（B）：其单位可从方程中导出：

$$F = I \times B \tag{6.25}$$

式中，F 是作用在单位长度的线性导体（在磁场 B 之下流经导体的电流 I）的力。B 的单位是 T（特斯拉），当电流 I 的单位是 A，F 的单位是 N/m 时：

$$1T = 1Vs/m^2 = 10^4 Gs \tag{6.26}$$

式中，V 为伏特，s 的为秒。

（2）磁通用韦伯（Wb）表示，是在 B 上的面积分：

$$1Wb = 1T/m^2 \tag{6.27}$$

（3）磁场强度 H 是矢量，它是单位长度导线上的电流强度，单位为 A/m，磁场强度与磁通密度之间的关系为

$$B = \mu H \tag{6.28}$$

式中，μ 为导磁率，用 H/m 表示。

6.3.3 电极电位与电极的极化

电生理信号的获取大多是通过各类电极来实现的，故对电极的选择及其相关效应的掌握在电生理类仪器设计中至关重要。

1. 电极电位

当不同的材料（固体或液体）相互接触时，在交界面上会产生接触电位，此接触电位的值取决于所使用的材料、液体中离子的浓度和外界的温度。

当电极与人体接触时，在电极上也会产生电位，电极实质上完成了将人体内离子（主要是细胞外液中的 Na^+ 和 Cl^- 离子，在高频测量中还有细胞内液中的 K^+ 离子）转化为可在金属电极直至前置放大器中流动的电子。

为研究这一转化过程，我们假设一种较理想的情况，电极与电解液的界面如图 6.46，图中的 C 为组成金属电极的原子，电解液是含有电极金属阳离子 C^+ 和阴离子 A^- 的水溶液。

在此液面上的化学反应如下：

$$C \rightleftharpoons C^{n+} + ne^- \tag{6.29}$$

$$A^{m-} \rightleftharpoons A + me^- \tag{6.30}$$

式中，n、m 分别为 C 和 A 的化学价。

在界面处，电极氧化产生正离子 C^+ 和自由电子 e^-，正离子 C^+ 进入电解液中，而电子保留在电极上，见式（6.29）和图 6.46。而电解液中的阴离子 A^{m-} 被氧化为中性原子，将自由电子释放到电极上，见式（6.30）和图 6.46，上述式子中相反方向的反应也会发生，称为还原反应，即使没有外加电流时，氧化反应与还原反应照样发生，但因两种反应的速率相等，因此在界面上的电荷转移为零。

进一步的分析，我们看到当金属电极插入电解液时，在相互接触的界面处，正负离子的浓度

由于化学反应,已发生了显著的变化,其结果是环绕金属电极周围的电解液,与其余电解液之间形成了电位差,该电位差称为半电池电位——这个电位的大小取决于电极所使用的材料、液体中离子的浓度及外界温度。每种金属电极材料都有自己的标准半电池电位(E_0)。它是在标准温度条件下(25℃),电极材料置于含有该材料阳离子的浓度为单位浓度的电解液中,且以标准氢电极(SHE)为参考电极而测得的(图6.47)。

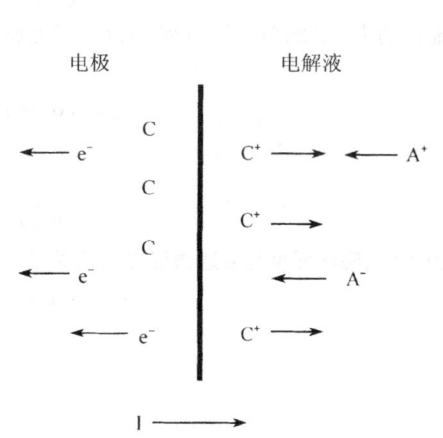

图6.46　电极-电解液界面　　图6.47　用标准氢电极(SHE)测定金属X的标准半电池电位

表6.10　常用电极材料的标准半电池电位(25℃)

金属材料及反应	半电池电位 E_0/V
Al ⟶ Al^{3+}+$3e^-$	-1.706
Zn ⟶ Zn^{2+}+$2e^-$	-0.763
Cr ⟶ Cr^{3+}+$3e^-$	-0.744
Fe ⟶ Fe^{2+}+$2e^-$	-0.409
Cd ⟶ Cd^{2+}+$2e^-$	-0.401
Ni ⟶ Ni^{2+}+$2e^-$	-0.230
Pb ⟶ Pb^{2+}+$2e^-$	-0.126
H_2 ⟶ $2H^+$+$2e^-$	0.000
Ag+Cl^- ⟶ AgCl+e^-	+0.223
2Hg+$2Cl^-$ ⟶ Hg_2Cl_2+$2e^-$	+0.268
Cu ⟶ Cu^{2+}+$2e^-$	+0.340
Cu ⟶ Cu^++e^-	+0.522
Ag ⟶ Ag^++e^-	+0.799
Au ⟶ Au^{3+}+$3e^-$	+1.420
Au ⟶ Au^++e^-	+1.680

氢电极的电位是基于如下反应:
$$H_2 \rightleftharpoons 2H \rightleftharpoons 2H^+ + 2e^- \quad (6.31)$$
纯氢气从外面以一个大气压吹入,气泡围绕在铂电极周围,给溶液(pH=0)不断提供氢分子。铂电极具有较大的吸氢能力。同时在式(6.31)的反应自左向右起着一定的催化剂作用。上述条件下产生的氢电极电位在任何温度下都定义为0V。

常见的几种电极材料的标准半电池电位示于表6.10中。

当电解液中离子浓度从单位浓度发生偏移(即离子浓度变化)时,半电池电位将随之发生改变。变化后的半电池电位可以用能斯特(Nernst)方程表示为

$$E_{hc} = \frac{RT}{nF}\ln(a_c^{n+}) + E_0 \quad (6.32)$$

式中,E_0 为标准半电池电位,R 为气体常数,$R=8.314 J mol^{-1} K^{-1}$,$F$ 为法拉第常数,$F=96\,500 C mol^{-1}$,T 为开尔文温度(K),n 为电极材料C的原子价,a_c^{n+} 为离子C^+活度(与浓度相关)。

当考虑单价离子,温度在25℃时,式(6.32)可简化为

$$E_{he} = 0.0258\ln(a_c^+) + E_0 \tag{6.33}$$

式中,当溶液较稀时,a_c^+ 与离子浓度变成线性关系,人体的体液符合此种情况,如正常生理含盐量为 0.9%。故在生理测量中,通常可视离子浓度为活度(a_c^+)。因此,半电池电位便直接反映了离子浓度变化。

2. 电极的极化

上面讲述的标准半电池电位是在电极与电解液之间无电流时的电位。但是若有电流存在时半电池电位就会发生变化(式(6.32)),我们把半电池电位与平衡状态(零电流)时的半电池电位的差称为"超电位"(overpotential)或称电极极化电位(V_p)。产生电极极化的"超电位"有三种:

(1) 欧姆超电位(V_r)　低离子浓度的电解液不利于电流的流动,产生了电压降,此电压降与电流大小及电解液的阻抗成正比。当然由于人体离子浓度很低,因此不完全满足欧姆定律,尽管如此,我们仍称由此产生的超电位为欧姆超电位。

(2) 电解液浓度超电位(V_c)　当有电流流动时,式(6.29)和式(6.30)所示的氧化-还原反应平衡关系被打破,引起离子浓度分布的改变,从而使半电池电位偏离平衡态时的半电池电位,其差值称为浓度超电位。

(3) 活度超电位(V_a)　当电极与电解液接触时,发生的氧化—还原反应都需要克服一定的能量势垒,称为活度能。在平衡状态时金属原子被氧化为离子,或金属离子被还原为金属原子沉淀在金属电极上,所需要的活度能量相当的。但是当有电流流过时,则正反两方向所需的活度能不再相等,其大小直接与电流的方向相关联,这个能量的差值表现在电极与电解液这间的电压差,称为活度超电位。

于是,总的超电位或电极极化电位 V_p 为

$$V_p = V_r + V_c + V_a \tag{6.34}$$

理论上讲电极可划分为完全极化电极与完全不极化电极两种。

(1) 完全极化电极　当电流流过电极与电解液时,在此界面上没有发生实质上的电荷转移,电极与电解液界面上形成的双电层,如同一个电容器(其极性与外加电压极性相反),流经此界面的电流称为位移电流。

接近此类型的电极主要是由贵金属材料做成,如铂(Pt)、金(Au)等均属不活泼惰性材料,要使它们氧化,离解非常困难。因此当电流流过时,在界面处离子浓度分布便会发生变化,引起半电池电位的变化,从而产生浓度超电位(V_c)。这类电极显示很强的电容效应。

(2) 完全不极化电极　外加电流可自由地通过电极-电解液界面,其转移过程不需要任何能量,因此完全不极化电极没有超电位(V_p)产生。

银/氯化银(Ag/AgCl)电极,甘汞电极接近于完全不极化电极。

3. 电极的特性与电极选择

在生理测量中电流密度很小,电极与电解液的等效电路如图 6.48 所示。

图中,E_{he} 为半电池电位,C_d 代表电极与电解液面双电层所表现的电容性,R_d 代表双电层上的泄漏电阻,R_s 表示电解液电阻。由等效电路可以看出在电极-电解液界面处,电压与电流关系为非线性,电极的电特性与电流大小、波形、频率有关。两种极端的情况是:第一,当流过电极的

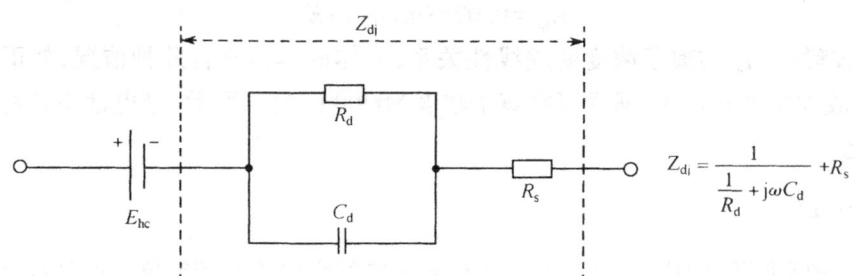

图 6.48 金属电极/电解液界面等效电路

电流为高频电流时,$1/\omega C_d \leqslant R_d$,电极阻抗近似为 R_s(常数);第二,当流过电极的电流为低频电流时,$1/\omega C_d \geqslant R_d$ 电极阻抗也是常数,但等于 R_s+R_d。除了上述两种极端频率之外,一般来说,电极阻抗是频率的函数,即电极阻抗的大小与电流频率有关。

根据人体的电生理测量的需要可采用不同的电极,以下从电极材料进行重点分析,电极形态可因测试的需要作出选择。

(1) 银/氯化银(Ag/AgCl)电极　Ag/AgCl 电极是由表面上镀有氯化银的银板或银丝放在含有 Cl⁻ 离子的溶液中形成的。该电极通常可表示为 Ag⁺/AgCl/Cl⁻,其电极特性主要由以下两个化学反应式支配:

$$Ag \rightleftharpoons Ag^+ + Cl^- \quad (6.35)$$

$$Ag^+ + Cl^- \rightleftharpoons AgCl \quad (6.36)$$

首先电极上的 Ag 原子被氧化为银离子 Ag⁺(式(6.35)),紧接着 Ag⁺ 与溶液中的 Cl⁻ 结合生成 AgCl。由于 AgCl 比较难溶解于水,故沉淀在电极表面上使电极电位不变。当 Ag/AgCl 电极通过小电流时,非常接近于完全不极化电极,但在通过较大的电流时,也会产生浓度超电位(V_c)和欧姆超电位(V_r)。

值得注意的是,AgCl 对光敏感,尤其对红外光更敏感,故应当保存在暗处。此外 Ag/AgCl 对于生物组织有害,只能用于体外,而不能用于体内。在体内一般用贵金属或不锈钢材料的电极。

常用的制作 Ag/AgCl 电极的方法是:电解法和烧结法。

图 6.49 所表示的是电解法制作 Ag/AgCl 电极的装置。要镀 AgCl 层的银电极作为阳极,表面积较大的银板作为阴极。1.5V 电池作为电源,串联电阻用以限制峰值电流。电流表用来观察电流以便控制电极反应速度,电流密度以 5mA/cm² 为宜。随着 AgCl 镀层厚度(用 mA·s)的增加,电流逐渐减小,几分钟后稳定有 10μA 左右,电镀结束。Geddes(1972)认为充电数值为 100~500 (mA·s)/cm² 可提供低电极阻抗和满意的频响(图 6.51)。由于使用中 AgCl 的磨损与消耗,一般几个月应电镀一次。

医学仪器常用的 Ag/AgCl 电极是采用烧结法制作的。将净化的纯银丝放在模具内,再填满银和氯化银粉末的混合物,用扳压机加压,压成圆柱体,然后再从模具中取出,在 400° 的温度下烘几个小时,便制成一个银导线四周包围着 Ag 和 AgCl 圆柱体的 Ag/AgCl 电极(图 6.50)。这种方法制作的 Ag/AgCl 电极不怕磨损,便于保存,成本低,常作为体表电极用于记录心电、脑电和肌电等,在临床和基础研究中应用较为广泛。

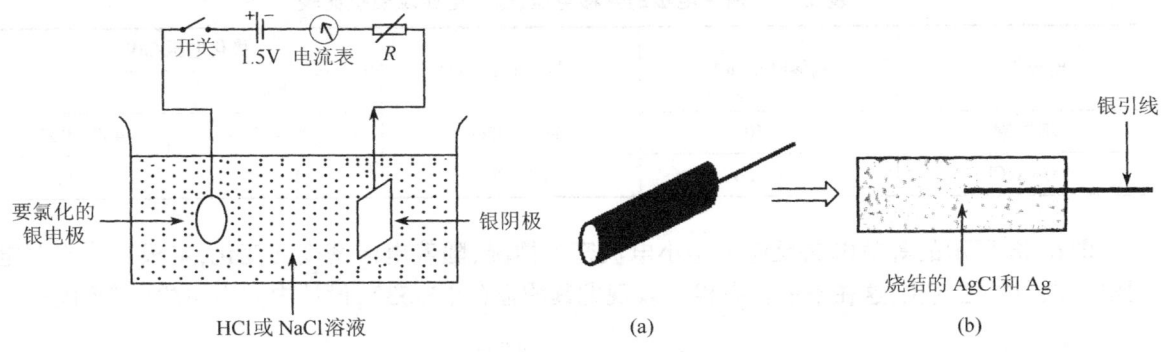

图 6.49　电解法制作 Ag/AgCl 电极的装置

图 6.50　烧结法制作的 Ag/AgCl 电极
(a) 外观图；(b) 内部图

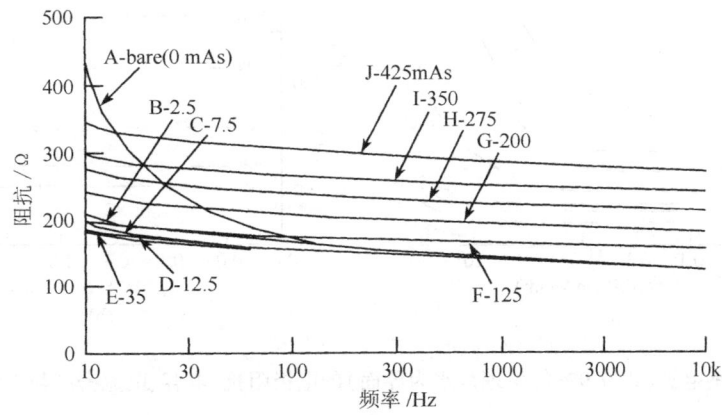

图 6.51　Ag/AgCl 电极阻抗与工作频率、电镀层厚度(mA·s)的关系(电极面积 0.25cm^2)

(2) 不锈钢电极　在生理测量中也常常用到不锈钢电极如 12 导联心电诊断仪中的肢体电极和胸电极(图 6.52)。

图 6.52　心电诊断仪中使用的不锈钢电极
(a) 胸电极；(b) 肢体电极

不锈钢电极材料选择在体表测量中常用的标准型号是 304 或 316，在体内测量常用 MP35N (Co、Cr、Ni 合金)。不锈钢电极属可极化电极，极化程度、电极阻抗等均远大于 Ag/AgCl 电极，例如若有 200V,2mC(毫库仑)的干扰作用于该两种电极，其效果如表 6.11 所示。

表 6.11　两种电极的偏移电压、极化电压及阻抗比较

电极类型	偏移电压/mV	阻抗/(10Hz,Ω)	极化电压/mV	
			5 s	35 s
不锈钢	1~50	800~2200	600~1200	400~900
Ag/AgCl	0.1~50	70~300	1~30	1~10

图 6.48 所示的等效电路反应的是小电流密度情况,随着电流密度的变化,电极阻抗与双电层电容也会随之变化,这在不锈钢电极中表现尤其明显(图 6.53),设计中应当注意这个问题。

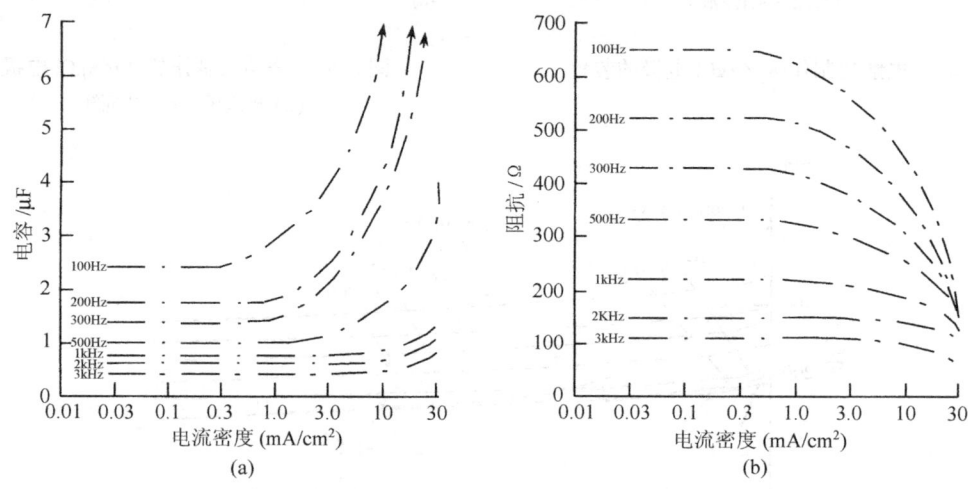

图 6.53　不锈钢电极(以 0.9%的生理盐水为界面)的电极阻抗、电容、电流密度与工作频率的关系

(3) 导电硅胶电极　导电硅胶一般由硅胶混合导电材料形成,图 6.54 是一种含镍(Ni)和碳(C)的硅胶电极的阻抗-频率特性图,其电极阻抗比 Ag/AgCl 电极高很多,如在 10Hz 时,硅胶电极阻抗为 30kΩ,而 Ag/AgCl 阻抗仅 10Ω,但随着工作频率的增高,阻抗下降较明显。在前置放大器设计中应予以考虑。

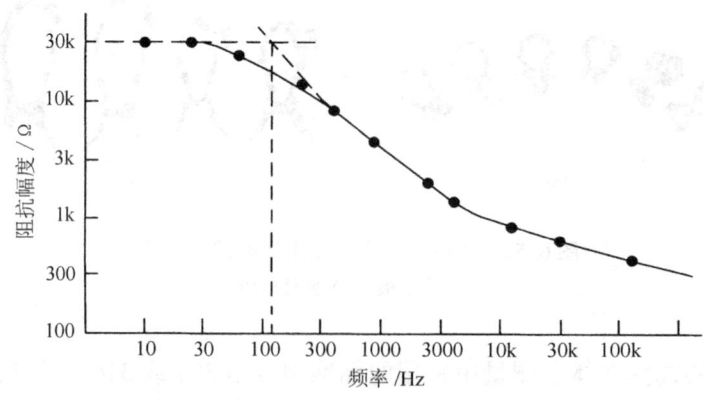

图 6.54　导电硅胶电极阻抗-频率特性曲线

（4）干电极　以上所述的体表电极都是使用导电膏使电极与皮肤保持良好接触的。测定生物电位也可不用导电膏将电极直接与皮肤接触来进行。为了区别常规的湿电极而称这种电极为干电极。由于不使用导电膏，因而避免了由此产生的对皮肤的腐蚀和刺激。这对长时间连续测定是很有益的。例如在宇宙飞行中检测电极处于使用状态常为几天至几十天，这样长的时间，就有可能造成电极下的皮肤溃烂，一般应采用干电极。

干电极是采用电容耦合的原理测定信号，这种电极与人体接触面之间有一层很薄的绝缘膜，人体和金属电极之间便形成一定的电容，人体和电极片分别为电容器的两个极板，绝缘膜便成为此电容器的中间介质。生物电信号可通过此电容器进入放大器的输入端。因此使用时不必对皮肤作认真清理，从而简化了电极的使用程序。这也是干电极的一大优点。普通湿电极通常易产生运动伪差，而使用干电极，可得到改善。因电极通过绝缘膜与皮肤接触，故这种电极的阻抗远高于湿电极。为减少因电极阻抗高而在长线传输中产生拾取信号的干扰，可考虑在干电极内装一个增益为1的缓冲放大器实现阻抗变换，其输入阻抗大于$10^9 \Omega$，输出阻抗小于$10^3 \Omega$。这种电极的结构见图6.55。

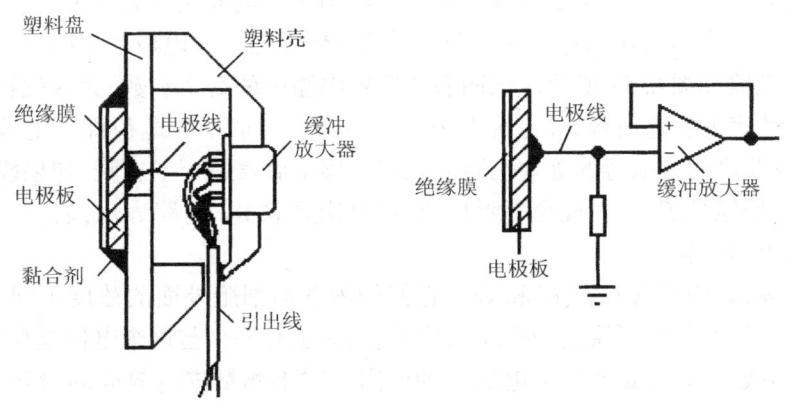

图6.55　装有高阻放大器的干电极

4. 电极在实际体表测量中的物理模型与运动伪差

当我们从皮肤表面记录生物电时，还必须考虑另外一个界面，即电极/电解质溶液和皮肤之间的界面。为使电极和皮肤有良好的接触，通常在它们之间放有一种以Cl^-作为主要离子的导电膏。这种导电膏和电极之间的界面就是上述的电极/电解质溶液的界面，但导电膏和皮肤之间的界面则是另一种不同的界面。为此简单介绍一下皮肤的结构。

（1）各层皮肤的解剖剖面图　皮肤由三个主要层（图6.56）组成，包围着全身。最外层的表皮在电极-皮肤界面中起着主要作用，这一层由三层所构成，并不断更新。细胞在生长层进行分裂和生长并向外移动。细胞在通过颗粒层时，就开始死亡并失去细胞核，进到透明层再向外移动，它们就退化变成扁平的角质物质，这就是皮肤表面上角化残废细胞所组成的疏松角质层。表皮就是这样一种不断更新的皮肤层。

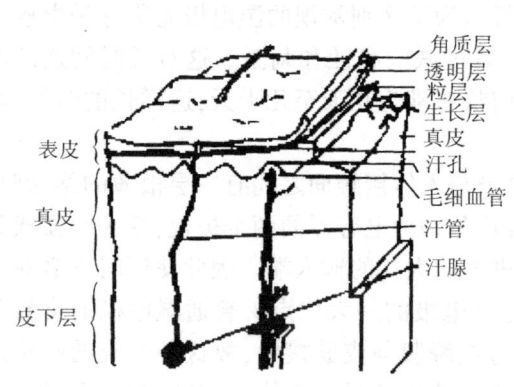

图 6.56　皮肤组织剖面图

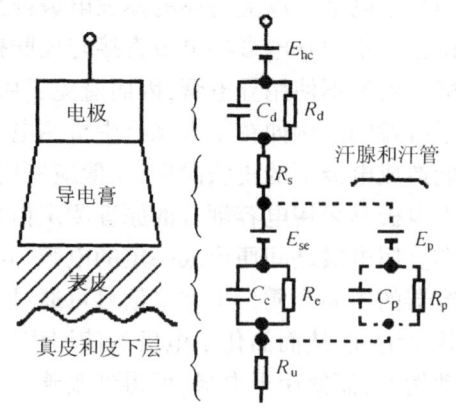

图 6.57　电极-皮肤接界及其等效电路

皮肤较深的几层,除汗腺外类似于体内其他一些组织。因此在此只考虑汗腺的电性质。

(2) 电极和皮肤之间用导电膏作导电介质时的等效电路　在电极和皮肤之间用导电膏作导电介质时的等效电路如图 6.57 所示。该图右边等效电路中的每个参数,大致就在同一水平面上的左边图形中所代表的实验内容。E_{hc} 为电极与导电膏接触的电极电位即半电池电势。串联电阻 R_s 是电极和皮肤之间导电膏的等效电阻。表皮对离子而言是个半透膜,如果膜两边的离子浓度不同,则将产生膜电位 E_{se}。表皮也有阻抗,它也可用并联 RC 电路表示,表皮下面的真皮和皮下层的性能像纯电阻一样。

汗腺分泌液体,其中含有 Na^+、K^+ 和 Cl^-,它们的浓度与细胞外面的浓度不同,因此在汗管腔和真皮之间以及汗管腔与皮下层之间产生电位差,同时也有一个与这个电位差相串联的 $R_p C_p$ 并联电路,见图中虚线所示,这是产生皮电反应的原因。对不测量皮电效应的检测电极,这些部分可忽略不计(如图 6.48)。

(3) 运动伪差分析　当一个可极化电极与电解质溶液接触时,在界面上便形成双电层,如果电极相对于电解质溶液运动,则会搅乱界面处的电荷分布,使半电池电势产生瞬间变化,直到重新建立平衡状态为止。在电解质溶液中放入一对电极,一个电极运动,而另一个电极保持静止不动,在运动期间,在两个电极之间便会产生电位差,这种由运动产生的电位差称为运动伪差。它可能成为在测量生物电时造成干扰的一个重要原因。

如果上述的实验改用非极化电极如 Ag/AgCl 电极,则运动伪差会减小到很小。

当检测电极与皮肤接触时,电极与电解质溶液界面并不是运动伪差的惟一来源。除半电池电势外,还有导电膏-皮肤电位 E_{se},如果它随着电极运动而变化,也会产生运动伪差。

运动伪差是一种随机的难以避免的干扰,其幅度、频度及带宽都无法预测,因而难以靠仪器设计的办法来解决。减小这种干扰的方法,一是尽量保持放置电极的局部皮肤不变形,使电极/导电膏/皮肤接界稳定;二是对皮肤进行充分打磨,以减小皮肤阻抗中的表皮阻抗部分,该方法因皮肤受到损害,易受导电膏的刺激。另外,当电极用于长时间的记录时,要注意角质层在 24 小时之内便可再生一次,因而又会产生运动伪差。大的伪差信号会使放大器造成阻塞,设计中应予以考虑。

6.3.4 多功能电生理信号测量仪设计实例

由于个人计算机技术的高速发展,其丰富的软硬件资源越来越成为我们在现代医学仪器设计中不可少的手段。一般说来,我们只需在 PC 机的总线上配上一个多功能数据采集通信接口卡—DAQ 卡(含多路 A/D、D/A、8bit 以上的 I/O 通道,16bit 以上 的计数定时器等)即可建立一个低成本的设计平台。相应的各电生理信号的模块设计,均可在此平台上进行。一旦实验研究成功,这些电生理模块即可与上述基于 PC 机的实验平台一起构成一台完整的医学仪器,即所谓"虚拟医学仪器"(在本书第三章已详述其设计方法)。当然也可将此实验研究成果进行转化,如将上述基于 PC 机的设计转变为基于单片计算机(MCU)的小型化设计。上述设计中的电路与程序均可进行移植,满足其他如专用化、微型化、个性化的设计需求。

以下是一个基于 PC 的虚拟医学仪器设计实例,可实现心电(ECG)、脑电(EEG)及多种自发和诱发电位(EP)等生理信号的测量(图 6.58)。

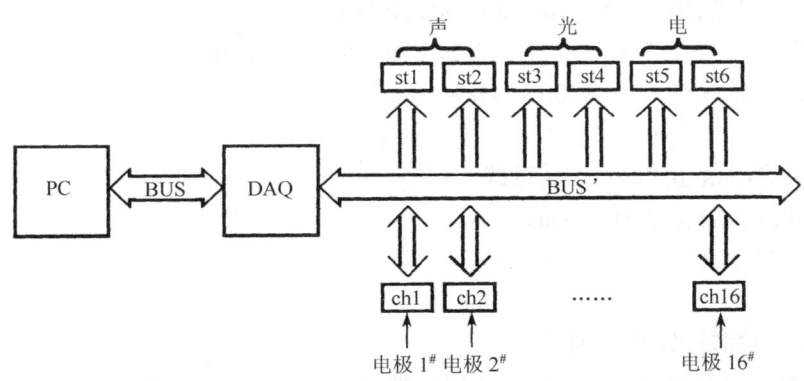

图 6.58　基于 PC 的神经电生理信号测量仪设计框图

1. 设计要求

现将该系统主要设计参数说明如下:

(1) PC 机或工作站　计算机 CPU 为 P4-1.2G,以 Windows 或 Linux 为操作系统,彩显 800×600 以上分辨率,内存 256M,硬盘 20G。采用 VC 或 VB 及一般小型数据库等开发软件。当然也可直接采用商业虚拟仪器设计软件,如 LabVIEW 等。

(2) DAQ 接口卡　DAQ 卡是基于单片机的数据采集接口通信电路,它面向 PC 总线(如 ISA、PCI、USB 等)设计,A/D 输入 16 路,分辨率 12bit,最高采样率 200kHz,D/A(或 PWM)输出 2 路,计数定时器 2 路 24bit,I/O 通道 8bit,译码端口 128 个。

(3) 生理信号放大器(CH1~CH16)设计技术指标

通道数:16

　　输入阻抗:≥200MΩ

　　噪声:≤0.5μVrms(1Hz~10kHz)

　　共模抑制比(CMRR):≥95dB(50Hz)

　　灵敏度:0.1μV/div~10mV/div 可调

低截止频率(高通):0.05,0.1,1,5,10,20,50,100,200

高截止频率(低通):20,50,100,200,500,1k,3k,5k,10k

定标线幅度:1μV,10μV,100μV,1mV,10mV

皮肤接触阻抗检测:2~20kΩ

输入隔离:光/电隔离(符合GB9706.1-1995,TYPE BF)

(4) 生理刺激器(ST1~ST6)设计技术指标

1) 声刺激器

输出声压:20~135dB,5dB/div 可调

输出侧:右耳,左/右耳同时,左耳

相位:+,+/-交替,-

声刺激脉宽:0.1,0.2,0.3,0.5,1.0ms

声调频率:125,250,500,1k,1.5k,2k,3k,4k,6k,8k

包络时程:0,1,2,5,10,20,50,100,200,500,1000ms

上升/下降时间:0.1,0.2,0.3,0.5,1,2,3,5,10,20,50,100ms

屏蔽声压:0,-10,-20,-30,-40dB,OFF

2) 电刺激

输出电流:0~50mA,0.2mA/step 可调

脉宽:0.05,0.1,0.2,0.3,0.5,1ms

刺激频率:0.1~80Hz

3) 光刺激

刺激方式:图形翻转,发光管闪烁

刺激位置:左,左/右同时,右,包含不同视野选择

图形大小:4,8,16,32,64

(5) 安全设计　符合GB9706.1-1995,Ⅰ类BF型设备要求。

2. 整机系统与模块设计

仪器整机系统(图6.58)由PC机、数据采集接口电路模块(DAQ)、放大器模块(ch1~ch16)和刺激器模块(st1~st2)等四部分组成,完全按照虚拟医学仪器设计步骤(详见第三章)进行系统设计,这里不再重述。以下重点介绍各模块的设计。

(1) DAQ模块设计　DAQ模块承担了数据采集和PC总线通信等接口驱动功能,它是PC机与本仪器的医学功能模块之间的桥梁。因而其设计具有"两面性":一面是完全面向计算机总线的设计,另一面则是面向医学功能模块的数据与信号的收(采集)发(控制)设计。常用的总线是ISA、PCI和USB等(见3.2节)。组成DAQ模块电路的核心是承担数据采集功能的单片微机(如MSP430)和总线接口驱动与通信电路。对于PCI,USB总线的接口与驱动电路设计,常采用专用集成电路芯片来实现。除上述自行设计的方法外,也可采用市售专用虚拟仪器设计软件和配套的DAQ模块进行设计(见3.4节)。

(2) 放大器模块(ch1~ch16)设计　放大器模块共由16个完全相同的模块组成,每一个模块

代表一路信号放大通道(Channel),其设计如图 6.59 所示。其中,各级放大倍数(G)及调节范围,高通(F_h)、低通(F_L)滤波器及调节范围均已经在图中标明。

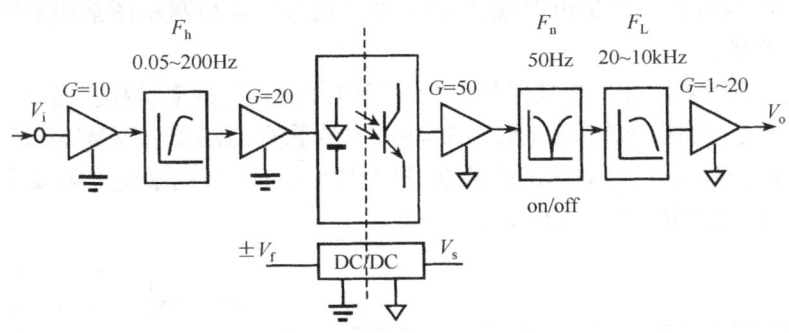

图 6.59 生理放大器设计框图

放大电路设计各级有关参数已在图中标出,陷波电路(F_n)如工频干扰十分强烈,且50Hz 非被测生理信号的主要成分时,可以启用,一般情况最好不用,以避免造成正常生理信号的抑制和畸变。放大电路设计的关键技术是前置设计(详见 6.2.3)和滤波电路设计(详见 6.2.4),以及来自前端(信号端)和后端(电源端)的安全设计(详见 6.2.3 小节)。这里不再详述,以下重点谈谈关于放大器灵敏度的设计。

放大器灵敏度决定了放大器最高放大倍数设计,而总的放大倍数是各级放大倍数的乘积。放大器的灵敏度设计应考虑两点:① 要满足最弱的电生理信号的有效放大,本实例中最弱的目标信号是脑干听觉诱发电位(一般幅度为 0.1~0.3μV),故设计指标中提出的最高灵敏度为 0.1μV/div,而每一刻度(div)要清晰显示,至少应有 10 点(pixel),这样每采集点的信号幅度为 0.01μV/pixel;② 要考虑模数转换器可提供的分辨率,若选用 A/D 为 12 位(bit),当工作电压为 3V 时,则不设符号位的 A/D 分辨率约为 0.74mV/bit,设符号位后的 A/D 分辨率约为 1.47mV/bit。

根据上述两点讨论可知,每一采样点的原始信号仅为 0.01μV,欲达到 A/D 分辨范围,放大器总的增益倍数应为

$$0.74\text{mV}/0.01\mu\text{V} = 74\,000(\text{无符号位})$$

和

$$1.47\text{mV}/0.01\mu\text{V} = 148\,000(\text{有符号位})$$

若考虑生理信号的离散性、滤波损耗等因素,则可分别取 100 000 倍和 200 000 倍。因此综合考虑,本放大模块最终按 200 000 倍设计。当然放大倍数必须提供多档选择,以满足不同电生理信号放大的需要。

(3) 刺激器模块(st1~st6)设计 刺激器分为声、光、电三组刺激器,每组有两个完全相同的刺激器备用。三组刺激器的分工是:

1) 电刺激器主要用于体感诱发电位、运动神经传导和感觉神经传导、F 波、H 反射等的测量,一般采用恒流输出方式。为满足个体差异的需要,电流、脉宽和频率应在上述设计范围内有级可调。

2) 声刺激器主要满足听觉诱发电位的需要,一般采用带屏蔽罩的耳机发声刺激,刺激信号

应在指标范围内有级可调。

3) 光刺激主要用于视觉诱发电位,一般有两种方式:一种是由发光二极管阵(安装在护目镜内)组成的闪光刺激器;另一种是由电视或CRT屏上的条纹或棋盘格图案组成的按一定频率翻转变化的模式刺激器。

上述声、光、电刺激器除驱动方式各异外,有关波形的形态、频率、幅度、相位等参数的发生与控制均由单片机产生,具体由单片机(如MSP430)内的脉宽调制器(PWM)编程实现。PWM输出经低通滤波电路,即可获得所需形态的波形,再经放大驱动(电刺激还需要安全隔离),即可作用于刺激器,产生声、光、电信号(图6.60)。

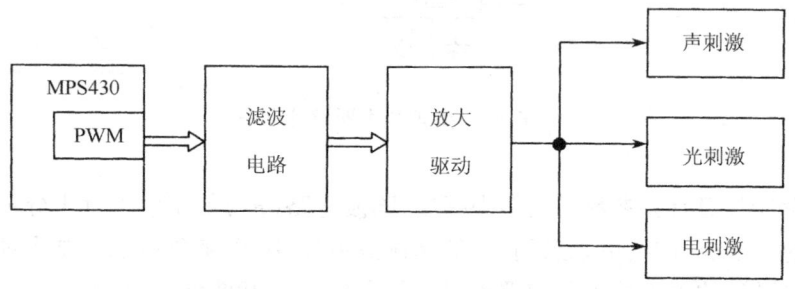

图 6.60 刺激器设计框图

有关PWM编程,滤波及放大驱动电路设计细节可参见9.2.7节。

利用上述虚拟仪器平台和公用模块(DAQ模块,放大器模块,刺激器模块),配上相应的电极和刺激器,即可实现对心电(ECG)、脑电(EEG)和各种诱发电位(EP)的测量,以下分别介绍这些生理信号的基本特征、电极测量位置、标准导联连接方式等。

3. 心电图测量

(1) 心电图导联的组合设计

1) 双极导联心电图 最早记录心电图(electrocardiogram,ECG)的方法是荷兰生理学家威廉·爱萨文(Willem Einthoven)发明的。爱氏发明了双极标准(肢体)导联,又叫做Ⅰ、Ⅱ、Ⅲ导联的方法,用来记录心电信号。第Ⅰ导联的心电信号是心脏活动时传导到左手和右手上的心电电位差,第Ⅱ导联是传导到右手与左脚之间的电位差,第Ⅲ导联是传导到左手与左脚之间的心电电位差。这种方法就是通常所说的爱氏三角形法,如图6.61所示。

爱氏三角形的三个顶点分别是右手、左手和左脚,设心脏活动时传导到右手、左手和左脚的心电电位分别是U_R、U_L和U_F,那么第Ⅰ、Ⅱ、Ⅲ导联的组合原理可由下式表达:

$$\begin{cases} Ⅰ = U_L - U_R \\ Ⅱ = U_F - U_R \\ Ⅲ = U_F - U_L \end{cases}$$

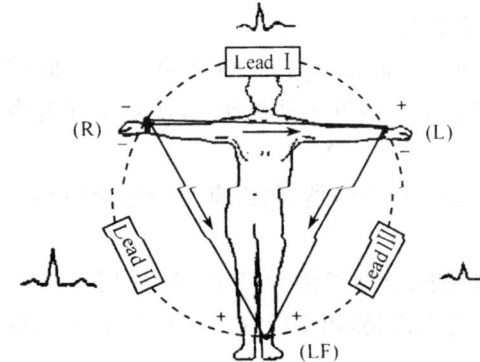

图 6.61 爱氏三角形标准导联法示意图

这就是通常所说的双极标准导联心电图。

2) 单极胸导联和单极肢体导联心电图　双极导联心电图反映的是爱氏三角形中两个顶点之间的心电电位差,但却不能反映每个独立顶点的心电电位变化情况。1932 年,物理学家威尔森(Wilson)将单极性导联的方法引入心电测定技术。

单极性导联法就是设置一个星形电阻网络,即在爱氏三角形的三个顶点上分别接入一个等值电阻,三个电阻的另一端接在一起,视为中性点,叫做威尔森网络的中心点。然后分别测定某个顶点到威尔森网络中心点之间的心电电位。测定胸部某些特定部位到威尔森中心点之间的电位所记录的心电图,就叫做单极性胸导联心电图。单极性胸导联心电图一般有 6 个导联,分别叫做 V_1、V_2、V_3、V_4、V_5、V_6。单极性胸导联的组合原理可用下式表达:

$$V_n = U_{cn} - (U_R + U_L + U_F)/3 \tag{6.37}$$

式中,V_n 为 $V_1 \sim V_6$,U_{cn} 为胸部特定部位 $C_1 \sim C_6$ 的心电电位。用上述方法所获取的单极性胸导联心电信号是真实的,但所获取的单极性肢体导联的心电信号比实际的幅度要低。之后,一个叫做戈德伯杰(Goldberger)的科学家对电阻网络进行了改进,在测定爱氏三角形某一顶点的心电信号时,去掉这一顶点到威尔森中心点的连接电阻,其他条件不变。用这种网络所获取的心电图叫做单极肢体导联心电图,即通常所说的增广肢体导联,分别叫做 aV_R、aV_L 和 aV_F。单极肢体导联的组合原理可用下式表达:

$$\begin{cases} aV_R = U_R - (U_L + U_F)/2 \\ aV_L = U_L - (U_R + U_F)/2 \\ aV_F = U_F - (U_L + U_R)/2 \end{cases} \tag{6.38}$$

以后,人们把威尔森星形网络和戈氏(Goldberger)的单极肢体导联法中的电阻网络结合起来,形成现在的威尔森网络。实际上威尔森网络是用来获取单极导联的心电图的电路方法,这种传统的导联方法一直被沿用到现在。图 6.62 是单极性心电导联的测定电路。图中的电阻网络是威尔森网络。人体心电信号首先经过缓冲放大器放大,然后通过威尔森网络获取单极性心电导联。

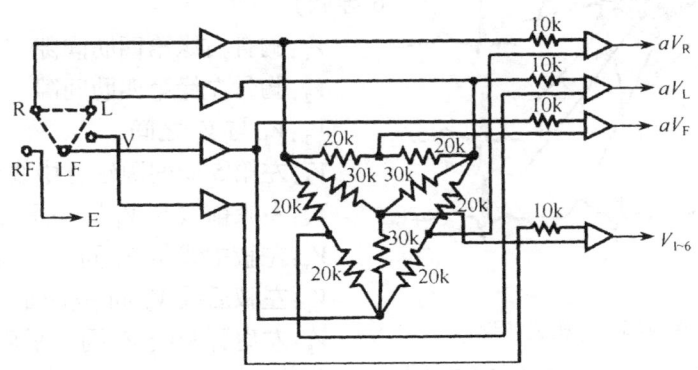

图 6.62　单极性心电增广肢体导联与胸导测量电路

综上所述,心电图一般有 12 个标准导联:标准双极性肢体导联(Ⅰ、Ⅱ、Ⅲ),单极性增广肢体导联(aV_R、aV_L 和 aV_F)和单极胸导联($V_1 \sim V_6$)。由于这 12 种导联的心电信号,通常能反映出人体心脏某些特定部位的健康状况,在临床诊断上具有重要意义,所以一直沿用下来,并已积累了大量丰富的临床诊断资料。12 标准导联的组合示意图如图 6.63 所示。

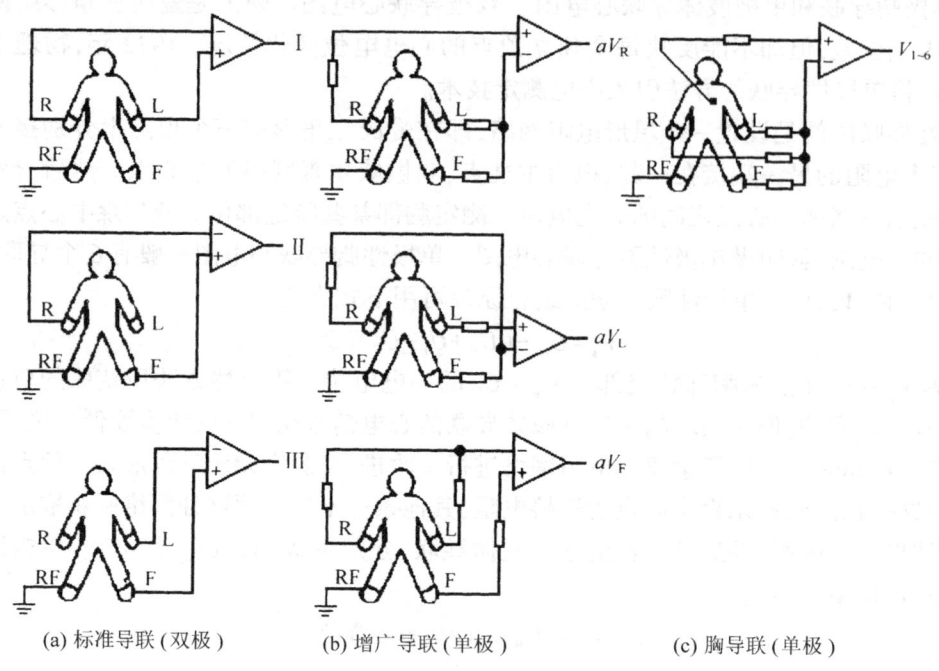

(a) 标准导联(双极)　　　(b) 增广导联(单极)　　　(c) 胸导联(单极)

图 6.63　12 标准导联组合示意图

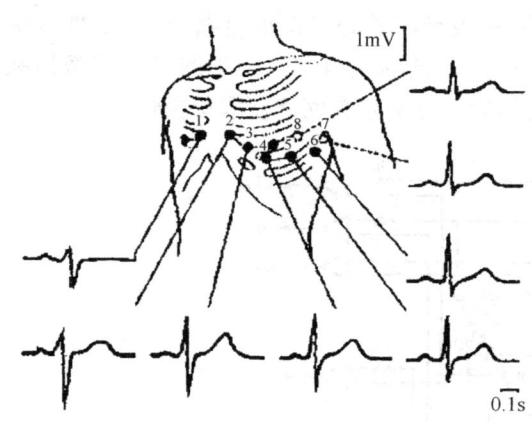

图 6.64　胸导联的部位与相关波形

这里特别说明一下,胸导联的测量部位。胸导联的电极连接部位如图 6.64,电极安装部位及相应心电波形如下(注意根据临床需要,可不局限于 6 导联):

V_1:胸骨右缘第四肋间隙

V_2:胸骨左缘第四肋间隙

V_3:V_2 与 V_4 之间

V_4:左第 5 肋间隙锁骨中线处

V_5:左腋前线与 V_4 同一平面

V_6:左腋中线与 V_4 同一平面

V_7:左腋后线 V_4 同一平面

V_8:左肩胛骨线 V_4 同一平面

在对心电的记录中,有两种标准记录方法,一种是欧洲标准,一种是美国标准。其走纸速度前者为 50mm/s,后者为 25mm/s。图 6.65 为用标准导联测量时采用两种标准记录的图谱。

(2) 心电监护导联设计　目前尚未统一标准,一般都安放在胸部,用双极导联方式进行测量。导联线常用的有三导联线和五导联线两种。普通监护导联的连接方法见表 6.12,其中 MⅡ 导联图形近似 V_5 导联,所得心电图波幅大,干扰小,是 CCU/ICU 监测心律失常的导联之一。

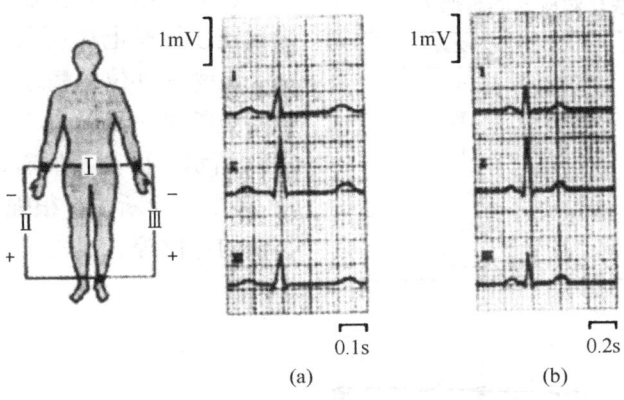

图 6.65　采用(a)欧洲标准和(b)美国标准记录的心电图

表 6.12　普通监护导联连接方法

ECG 电极监测导联	左手(正极)	右手(负极)	右脚(地线)
M I	左锁骨下外 1/4	右锁骨下外 1/4	右腋前线肋缘处
M II	左胸大肌下缘或左腋前线肋缘处	右锁骨下外 1/4	右腋前线肋缘处
M III	左胸大肌下缘或左腋前线肋缘外	左锁骨下外 1/4	右腋前线肋缘处

为了能够在心律失常监测的同时做心电图波形分析,许多人对监测导联进行了改良并获得了满意的效果。几种常用的改良心电监测导联的连接方法与特点如表 6.13 所示。

表 6.13　几种常用改良心电监护导联的连接方法

ECG 电极监测导联	左手(正极)	右手(负极)	右脚(地线)	左脚	胸 V1
MCL1	胸骨右缘第四肋间	左锁骨下外 1/4 处	右锁骨下外 1/4 处		
MCL$_{5(6)}$	左腋前线第五或第六肋间	左锁骨下外 1/4 处	右锁骨下外 1/4 处		
BBL	左腋前线第五或第六肋间	胸骨右缘第一肋间	右腋前线第五或第六肋间		
S5	胸骨右缘第五肋间	胸骨柄上端或右胸骨旁线第一肋间	右腋前线肋缘处		
四角五电极	左锁骨下外 1/4 处或左肩	右锁骨下外 1/4 肋间或右肩	右腋前线肋缘处	左腋前线肋缘处	胸骨右缘第四肋间
起搏监测	左腋前线肋缘处	右腋前线肋缘处	正极与负极连线中点		

表6.14 几种导联与对应的心脏部位

心脏部位	导联名称
左心室前壁	I, aV_L
左心室侧壁	V_5, V_6
右心室前壁	V_1, V_2
心室隔膜	V_3
心室腔	aV_R
心室后壁	II, III, aV_F

（3）心电导联在临床诊断学上的意义　正确地连接导联电极所获得的心电图,通常能说明心脏每一部位的病理变化情况。各种心电导联与心脏每一部位的对应关系如图6.66和表6.14所示。由图我们看出,正确地安装导联电极,在临床诊断中有很强的指导意义,例如确定心梗的部位等。

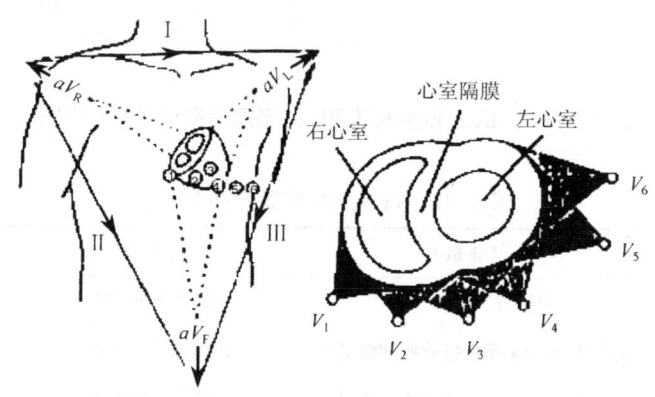

图6.66　心电导联与心脏部位的关系

（4）心电图仪与心电监护仪的主要设计指标　心电图仪与心电监护仪的设计应遵守国际上有关标准规定,我国已制定了相应的标准,即"YY91139-1999 单道和多道心电图机"及"YY9107-1999 心电监护仪"。主要设计指标摘录于表6.15中,有关电路设计还可参阅本章6.2节。

表6.15　心电图仪与心电监护仪设计指标

设计指标	心电图仪	心电监护仪
灵敏度	$20\mu V$	$20\mu V$
输入阻抗	$\geqslant 2.5 M\Omega$(单端)	$\geqslant 5 M\Omega$(单端)
系统噪声	$\leqslant 15\mu V_{p-p}$	$\leqslant 30\mu V_{p-p}$
幅频特性	$1\sim 75Hz(+0.4dB, -3.0dB)$	$1\sim 25Hz(+0.4dB, -3.0dB)$
低频特性	$\leqslant 0.3Hz$	$\leqslant 3Hz$
共模抑制比	$\geqslant 80dB$	$\geqslant 60dB$
耐极化电压	$\pm 300mV(DC)$	$\pm 300mV(DC)$
环境温度	$+5 \sim +40°C$	$+5 \sim +40°C$
相对湿度	$\leqslant 80\%$	$\leqslant 80\%$
安全要求	IEC601-1(TYPE BF)	IEC601-1(TYPE BF)

4. 脑电图测量

1924年,法国学者Berger首次用头皮电极记录到人脑的电活动,精确地描述了α和β节律,并首次记录到人类癫痫发作时的脑电图(electroencephalogram,EEG),确立了脑电活动起源于脑组织的理论。

（1）电极安放标准　按脑电图国标"10~20系统"电极安放的标准方法。由于头部大小和形状人因人而异,故采用百分数来定位划分,即以10%和20%来计算电极安放位置（图6.67(a)、(b)）。主要按三条线：前后正中线($FP_z \sim O_z$),冠状线($A_1 \sim C_z \sim A_2$)及侧连线($FP_z \sim T_3/T_4 \sim O_z$)分布。

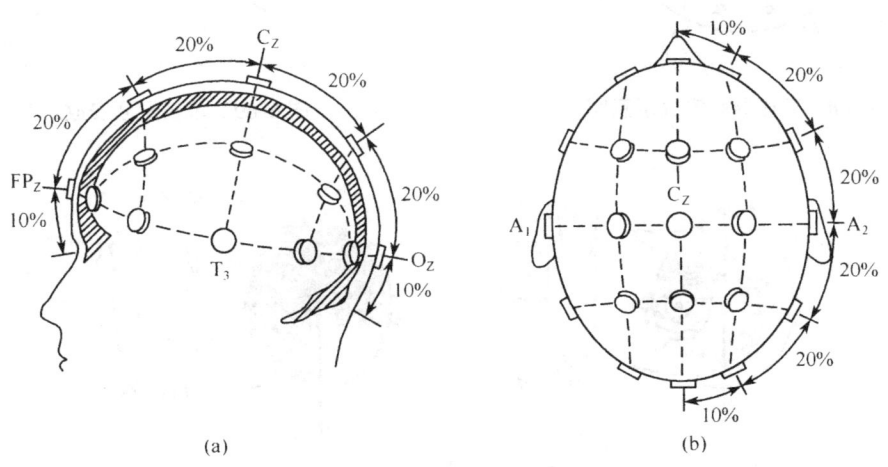

图6.67　电极放置的10~20系统(a)侧面观；(b)头顶在面观,
基于头皮4个标准点(鼻根、枕外粗隆、左和右耳前点)间的百分比距离而来

（2）导联线的连接方式设计

1）双极导联法　把头皮上两个作用电极分别连接到差动放大器的两个正负输入端进行记录的方法,叫双极导联法。记录到的是两个作用电极间的电位差（图6.68）。两个头皮电极通至一个导程。可将相邻的电极依纵向或横向连接。一般将前面（或左面）的电极通至放大器正端,将后面（或右面）的电极通到放大器负端,双极记录至少应有一种前后串联和一种横行串联,这种连接由于距离短,所以干扰小,定位精确,但波幅较低。

2）单极导联法　该方法是由一个放置于头皮的作用电极与一个距离要检查的脑组织区域越远越好的中性电极（一般取两耳做中性电极）构成的导联方式,通常被看作是只描记来自一个作用电极的电位改变,所以叫做单极导联（图6.69）。因此当在某处记录波形及频度异常时,则应考虑该处可能是病变区。这种连接方法记录的波幅高,异常电活动表现较明显,但干扰较大。

在图6.70中,可以看到对于脑部同一病灶,用两种导联方法测量得到不同的波形效果。对临床诊断均有很大的指导价值。

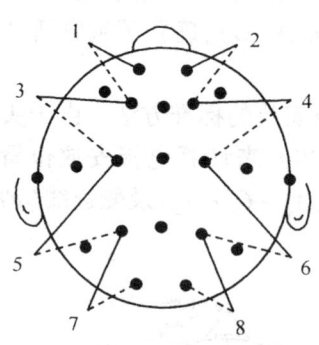
图 6.68 双极导联安放示意图

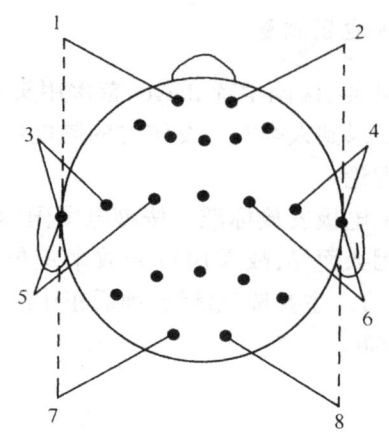
图 6.69 单极导联安放示意图

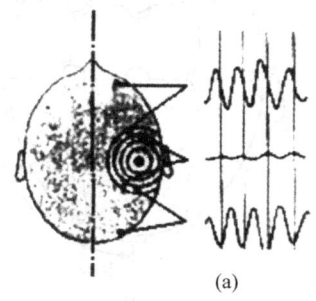

图 6.70 两种导联法对同一病灶点的诊断显示的波形不同
(a) 双极导联；(b) 单极导联

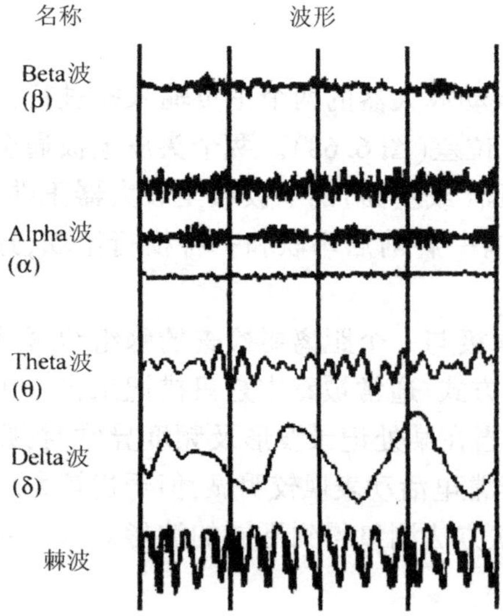

（3）脑电波波谱与形态学　通常脑电图可划分为 4 种节律的波谱，分别叫做 α 波、β 波、θ 波和 δ 波。以下是对正常人 4 种波形的说明。

1) α 波：8～13Hz，成人平均幅度为 50μV。主要分布在枕部，当人处于苏醒、松弛且闭眼状态时均可测得。

2) β 波：13～30Hz，主要分布在头顶部和额叶。

3) θ 波：4～8Hz，主要发生在儿童，或轻睡状态下的成人。

4) δ 波：<4Hz，主要发生在婴儿、早产儿或深度睡眠的成人。

一般说来，脑电波形的幅度随着频率的增高而降低，图 6.71 为常见 4 种波形与癫波（棘波）的图谱。

在脑电测量中应闭合双眼，若睁开眼睛，记录波形会受影响，特别是 α 波会被抑制（图 6.72）。

图 6.71 脑电波图谱

（4）脑电图的临床生理学意义　当颅内发生损伤、占位性病变(如肿瘤等)时,均可影响到神经细胞功能,从而使脑电波形发生改变,从而给临床提供参考。不仅如此,由于脑电图中所含信号量极其丰富,包含人类的意识活动(图6.73)及高级精神活动等,在脑电图中均有反应。

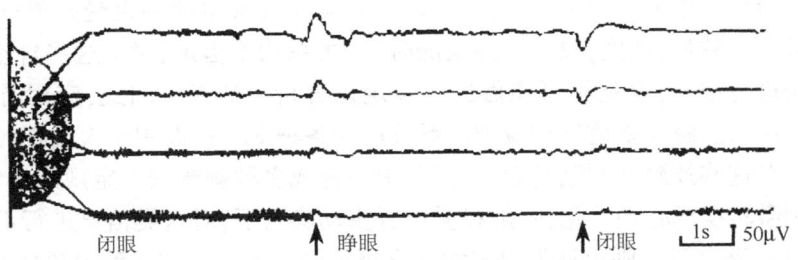

图 6.72　脑电记录中睁眼对 α 波的影响

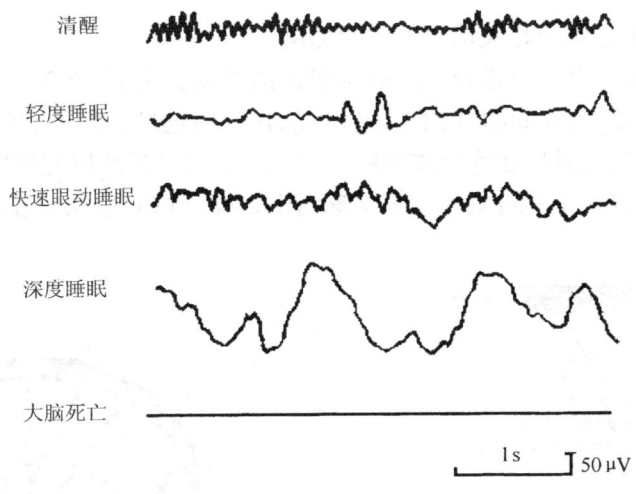

图 6.73　不同意识状态下的脑电图

(5) 脑电放大电路设计要求　脑电波形频率主要集中在 0~30Hz 内,其平均幅度为 50μV,但老人和儿童会远离这个值,一般老人可在 20μV 左右,而儿童可达 100μV 至数百 μV,故对仪器设计要求是:

灵敏度:2~50μV/div 可调

带宽:DC~150Hz

输入阻抗:≥200MΩ

共模抑制比:≥80dB

系统噪声:≤5μVrms

头皮电极接触阻抗:≤5kΩ

安全要求:GB9706.1-1995

电路设计可参考图 6.59。

5. 诱发电位测量

诱发电位(evoked potential,EP)或称诱发反应,是指神经系统(包括外周或中枢,感觉或运动神经)接受内、外界"刺激"所产生的特定电活动。人类在日常生活中接受外界的刺激或信息是复杂的,由于其性质、数量、强度,以及所涉及的时-空关系均不恒定,对于这些自然刺激引起的诱发电信号尚无法进行记录,也就不可能做进一步定量分析和研究。因此,应用有规律的人工刺激,如脉冲电流、声、光、磁场来诱发相应神经系统产生各种 EP,从而用于人类神经系统生理病理研究。此外还可在这些外源性刺激基础上,以其中一种或多种刺激按一定规则编制成刺激序列,将这些物理性刺激转换成心理信息,一般在受试者主动参与下,对这类信息进行不同程度的加工(注意、识别、比较、反应等),则可诱发出与大脑高级神经活动有关的多种内源性 EP。

诱发电位有多种分类方法。为了临床实用,我们可将 EP 分为两大类,即外源性的与感觉或运动功能有关的刺激相关电位(SRP)和内源性的与认知功能有关的事件相关电位(ERP)(表 6.16)。

以下重点介绍外源性刺激相关诱发电位的测量。

(1) 视觉诱发电位 对人眼进行不同的有节律的光刺激之后,在头皮的视觉区可记录到视觉诱发电位(visual evoked potential,VEP)。VEP 包含了视觉过程的最后结果,即视网膜对光的感觉,沿视觉通路的传输及最后在大脑皮层的显示。对大脑半球的研究可以清楚地看到,对典型的半视野刺激的响应,是位于其对侧的大脑半球(图 6.74),VEP 在头皮记录到的强度分布见图 6.75。

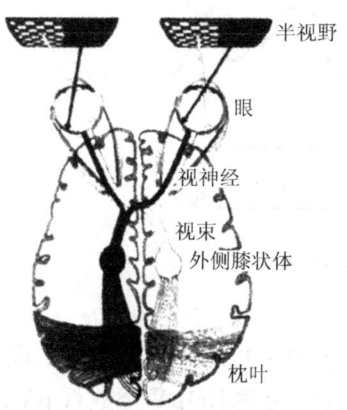

图 6.74 视觉半视野刺激与视网膜-皮质传导通路

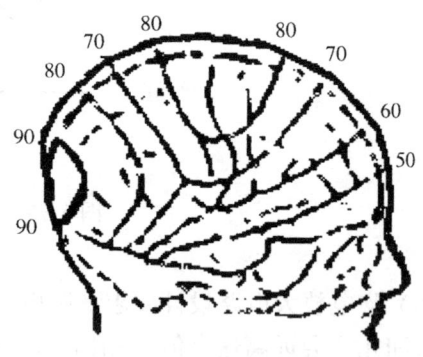

图 6.75 VEP 在头皮的强度分布图

1) 模式翻转视觉诱发电位(P-VEP) 模式翻转视觉诱发电位的电极安放与波形见图 6.76。图形模式(一般采用棋盘格)由 TV 或 CRT 显示。

测量电极安放位置如下:

作用电极(-):T_5,O_1,O_2,O_3,T_6

参考电极(+):F_{pz}

地电极:A_1/A_2(A_1/A_2 表示 $A_1 A_2$ 并联后接地)

表 6.16 诱发电位的类型

外源性刺激相关诱发电位(SRP)	按刺激的类型和模式	感觉诱发电位(SCV)	视觉诱发电位(VEP)	模式刺激 VEP
				弥散光刺激 VEP
				其他刺激 VEP
			听觉诱发电位(AEP)	短潜期 AEP
				中潜期 AEP
				长潜期 AEP
				其他 AEP
			躯体感觉诱发电位(SEP)	刺激上肢神经的 SEP
				刺激下肢神经的 SEP
				其他 SEP
		运动诱发电位(MEP)	电刺激 MEP	
			磁刺激 MEP	
	按 EP 的起源	皮层 EP	(上述各种刺激模式)	
		皮层下 EP	SEP	脑干电位
				脊髓电位
			AEP	脑干听觉诱发电位(BAEP)
				其他 AEP 皮层下电位
			VEP	VEP 皮层下电位
	按记录跟神经发生源远近	近场电位	皮层电位,脊髓电位,外周神经动作电位,感受器电位(EcochG,ERG 等)	
		远场电位	如 BAEP 以及 SLSEP 的某些成分等	
内源性事件相关诱发电位(ERP)	据 ERP 与认知的关系分类	与注意、记忆、思维有关,按启动方式分类的 ERP	启动与语言、文字有关的 ERP(如 N400)	
			启动与 oddball 刺激序列或新奇刺激有关的 ERP(如 P300)	
			其他 ERP	
		与选择和注意有关的 ERP	Nd(或 PN)(与注意有关)	
			MMN(与不注意或被动注意有关)	
			其他	
		与准备状态和期待有关的 ERP	运动相关的 ERP	
			伴随负反应(CNV)	
			指令后负变化(PINV)	
			其他	

注:所有头部电极的位置均按 10~20 国际标准安放(见图 6.67),包括以下要讲述的听觉与体感诱发电位测量均按此标准。

2) 发光管闪光刺激诱发电位(F-VEP) 发光管闪光刺激诱发电位的电极安放与波形如图

6.77 所示。发光二极管阵安放在护目镜内。

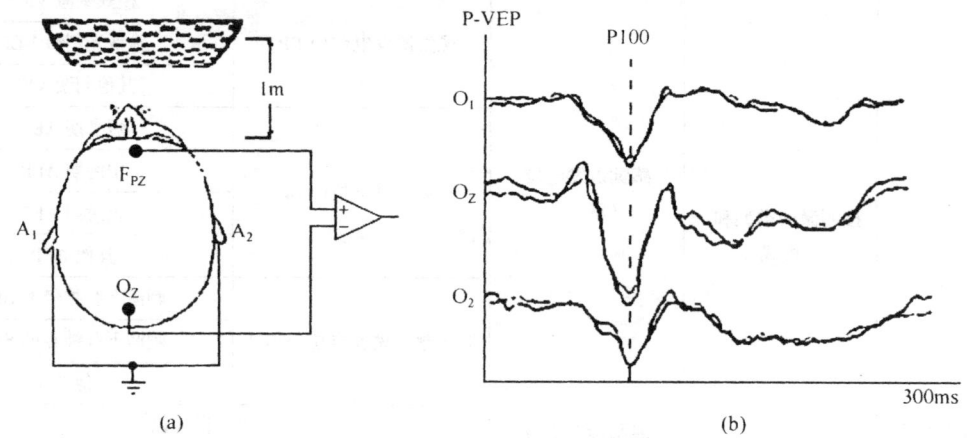

图 6.76　(a) P-VEP 的电极安放；(b) P-VEP 波形

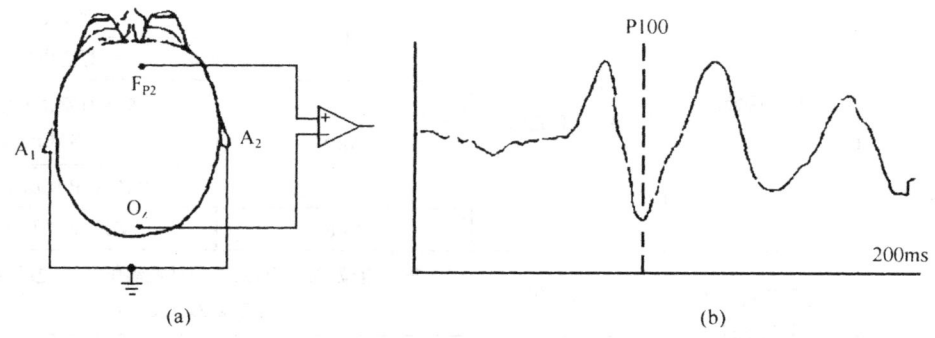

图 6.77　(a) F-VEP 的电极安放；(b) 波形

作用电极$(-)$：T_5,O_1,O_z,O_2,T_6(10~20 国际标准)

参考电极$(+)$：F_{pz}

地电极：A_1/A_2

(2) 听觉诱发电位　当一定节律的声音对耳朵刺激后,在头皮上可记录到听觉诱发电位(auditory evoked potential, AEP)。AEP 分早成分(8ms 以内)、中成分(8~60ms)和晚成分(60~300ms),均可从脑干和听觉中枢传导路径获得。临床实用面最广的是属早成分的脑干诱发电位(brain auditory evoked potential, BAEP),其解剖位置及在头皮之上的强度分布分别见图 6.78(a)和图 6.78(b),BAEP 的电极安放与波形见图 6.79。

BEAP 测量电极安放位置规定如下：

作用电极$(+)$：C_z

参考电极$(-)$：A_1/A_2

地电极：F_{pz}

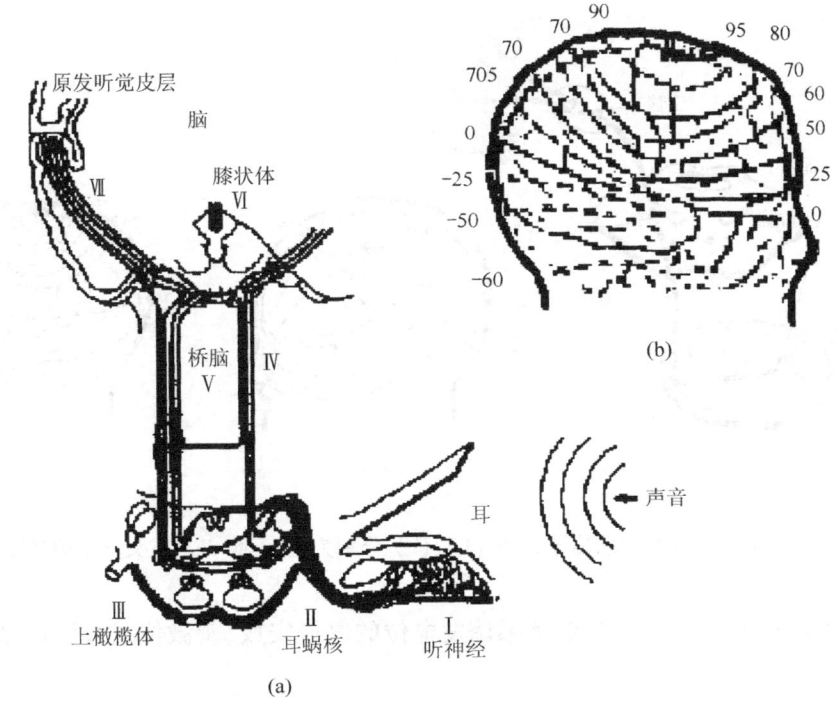

图 6.78 (a) 听觉传导通路及 BAEP 各波对应关系;(b) AEP 在头皮的强度分布图

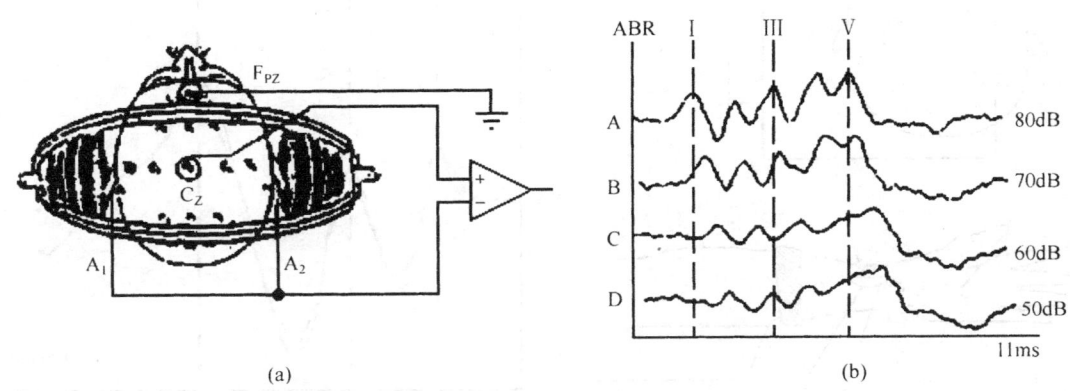

图 6.79 (a) BAEP 的电极安放示意图;(b) 刺激强度变化对 BAEP 各波潜伏期及波幅的影响

(3) 体感诱发电位 在诱发电位中,体感方式是比较独特的一种,电刺激脉冲可以通过外周感受器官,直接作用于神经干。电刺激导入一系统的冲动,沿外周神经通达脊髓,进入中枢神经系统。这样便可在被刺激肢体对侧的头皮上记录到 SEP(somatosensory evoked potential, SEP),SEP 与传统的肌电图(EMG)有着非常密切的关系,在一定条件下,SEP 可取代常规的 EMG 检查。当外周神经严重失调,感觉神经作用电位(SNAP)无法记录到时,SEP 仍可在头皮电极上获得此电位,这种现象称作"突触放大",有关解剖位置及其在头皮上的强度分布分别见图 6.80 (a)、(b)、(c)。

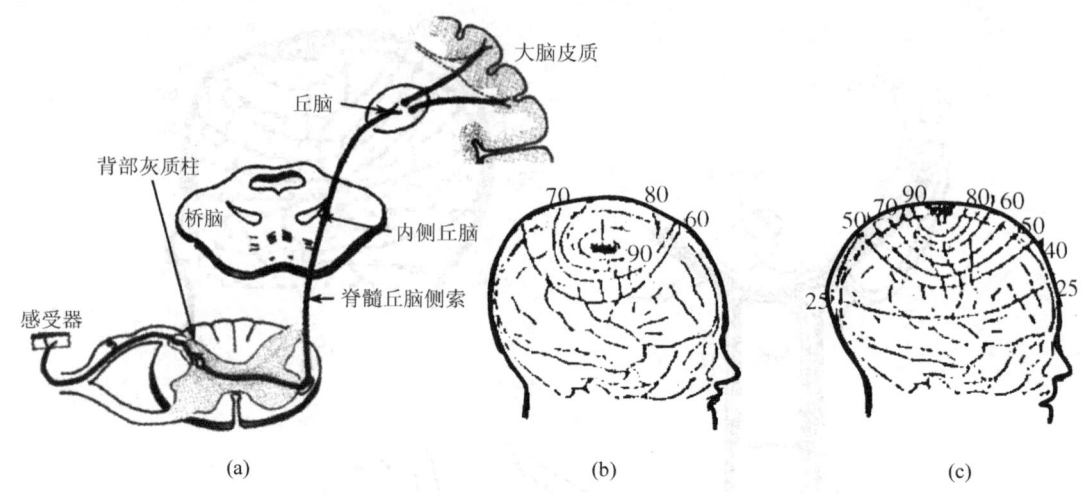

图 6.80 （a）痛觉、温度、体感传导路径；(b)、(c) 分别为上、下肢 SEP 在头皮上的强度分布

1）上肢体感诱发电位 SEP　上肢体感诱发电位的电极安放、刺激位置及波形见图 6.81（a）和（b）。

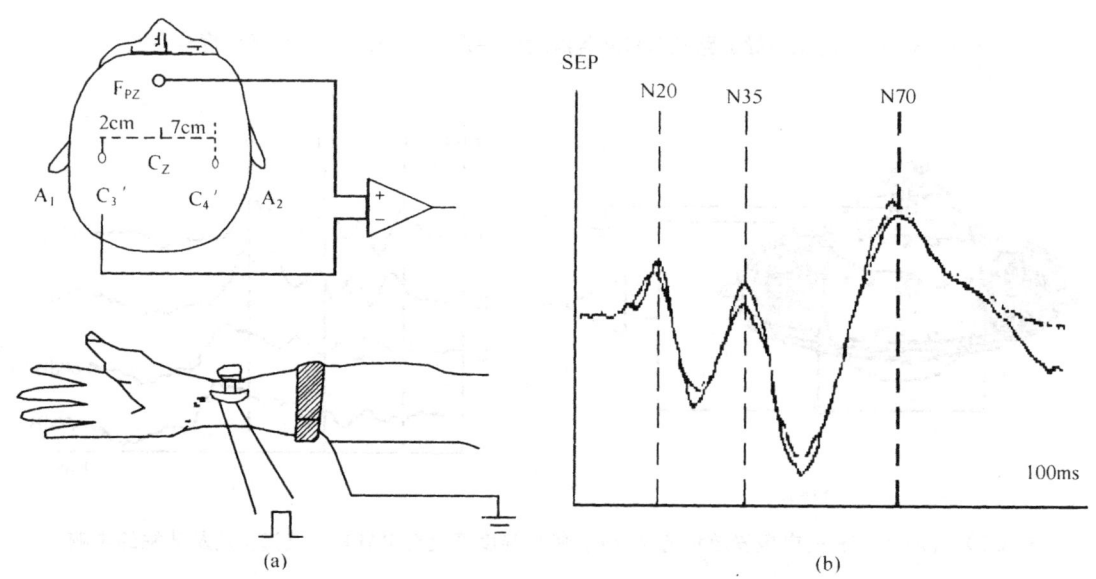

图 6.81 （a）上肢体感诱发电位的电极安放和刺激位置；(b) 上肢 SEP 波形

上肢 SEP 测量电极安放位置规定如下：
作用电极(−)：C_3'，C_4'（Shagass 点：过 C_z 的轴线，左右侧各 7cm，再分别向后 2cm）
参考电极(+)：F_{pz}（或采用刺激对侧的 A_1/A_2）
地电极：手腕

2) 下肢体感诱发电位(SEP)　下肢体感诱发电位的电极安放、刺激位置及波形见图 6.82。下肢 SEP 测量电极安放位置规定如下：

作用电极(−)：C_z'（C_z 之后 2cm）

参考电极(+)：F_{pz}（或采用刺激对侧的 A_1/A_2）

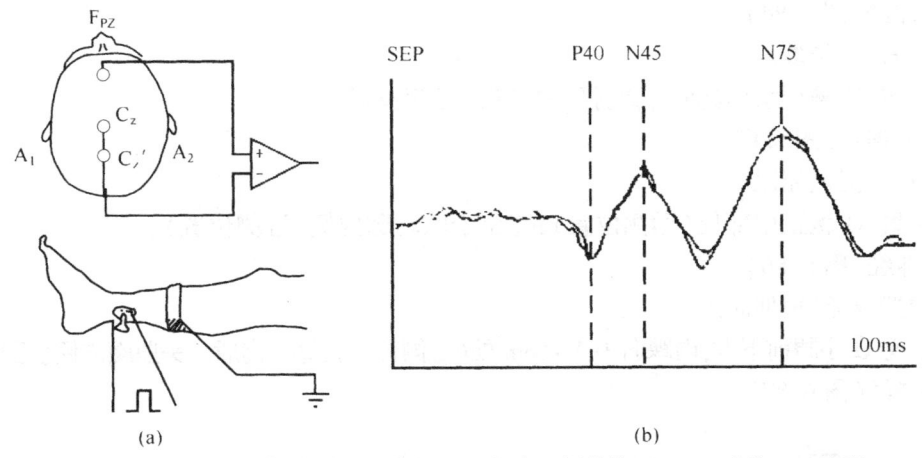

图 6.82　(a) 下肢体感诱发电位的电极安放和刺激位置；(b) 下肢 SEP 波形

地电极：小腿中下部

（4）运动神经传导(MCV)　支配肢体肌肉的任何周围神经，其运动轴突的功能可通过运动传导检测进行评价，但前提是神经能够被刺激，且可从该神经支配的肌肉记录到电位反应。在运动传导检测中，最常用的神经，在上肢为正中神经和尺神经，在下肢为胫神经和腓神经。当刺激这些神经时，在刺激部位远侧该神经支配的肌肉可诱发电反应（图 6.83），产生的波称为 M 波，在同一神经的两个远近不同位点刺激，则在同一记录电极上可得到两个不同时间处出现的两个 M 波。M 波是一个双相波，初始位负，分别测量从刺激电位到 M 波的时间（称为潜伏期：latency）

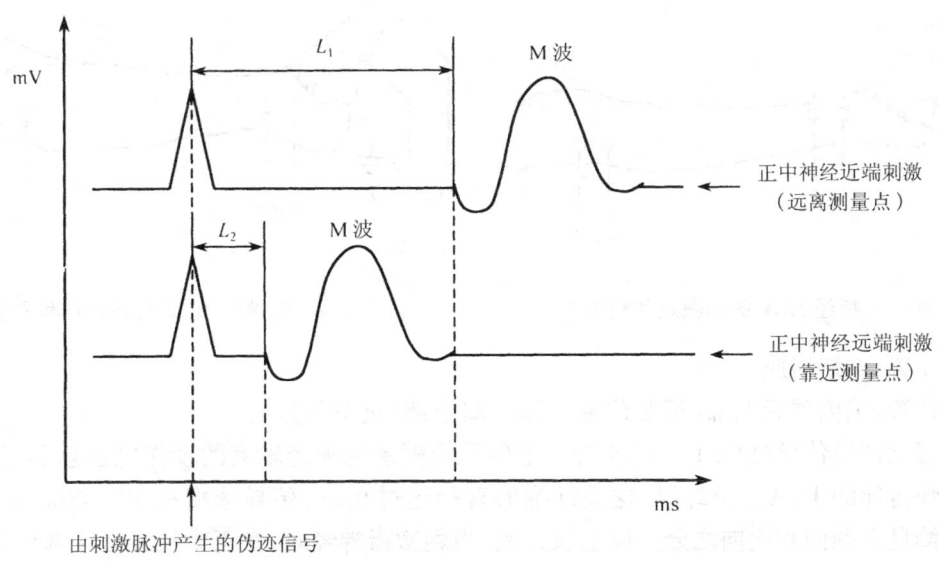

图 6.83　运动神经传导（正中神经为例）波形与测量

L_1、L_2 及两个刺激位点(阴极)之间的距离 D,则运动神经传导(motor conduction velocity, MCV)定义为

$$MCV = D/(L_1 - L_2) \tag{6.39}$$

以下介绍几种神经的刺激位点和记录位点。

1) 尺神经(图 6.84)

测量位置:小指展肌

刺激位置:①腕(远侧位置);②肘尺神经沟(近侧位置)。

2) 正中神经(图 6.85)

测量位置:拇短屈肌。

刺激位置:①腕正中部位(远侧位置);②位于肱动脉内侧(近侧位置)。

3) 腓神经(图 6.86)

测量位置:小趾短伸肌。

刺激位置:①小腿前下方,内踝向中 4~6cm 处(远侧位置);② 窝股二头肌腱内侧(近侧位置)。

4) 胫神经(图 6.87)

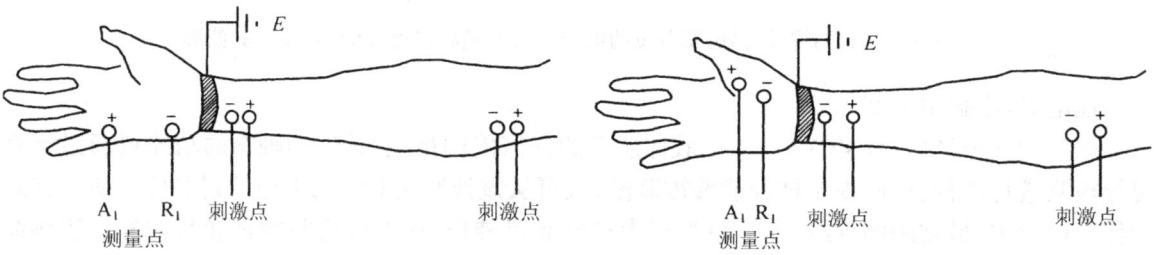

图 6.84 尺神经 MCV 的刺激点和测量点　　图 6.85 正中神经 MCV 的刺激点和测量点

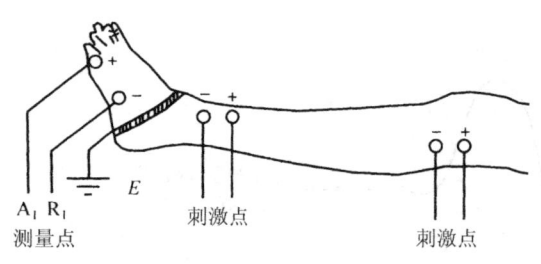
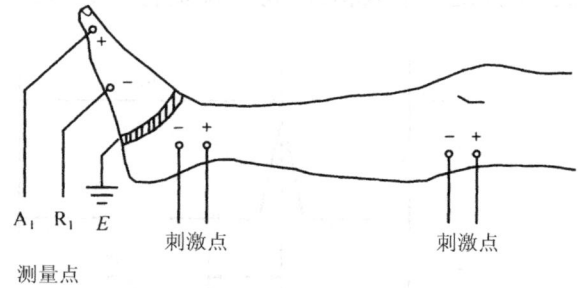

图 6.86 腓神经 MCV 的刺激点和测量点　　图 6.87 胫神经 MCV 的刺激点和测量点

测量位置:拇短展肌。

刺激位置:①内踝后上部(远侧位置);② 窝中部(近侧位置)。

(5) 感觉神经传导(SCV)　感觉神经电位是骨髓感觉神经轴突的动作电位总和,其主要成分起源于快传导的 I(A_X)类纤维,这类纤维的直径超过 $9\mu m$,传导速度在 40~60m/s。对于感觉传导的测量有顺向和逆向之分。以上肢为例,当刺激指神经时,在正中神经近端部位诱发出的电位称为顺向感觉电位;反之,若在近端神经干刺激,于手指记录的电位,则为逆向感觉电位。习

惯上正中神经和尺神经采用顺向法,而其他多数神经则采用逆向法。对于感觉神经传导速度(sensory nerve conduction velocity,SCV)的测量与 MCV 相似(图 6.88),以上肢测量为例,当在同一位点(如手指)刺激时,在同一神经的两个不同位点测量,则可得到两个潜伏期不同的波,设分别为 L_1、L_2,两个测量点距离为 D,则

$$SCV = D/(L_1-L_2) \tag{6.40}$$

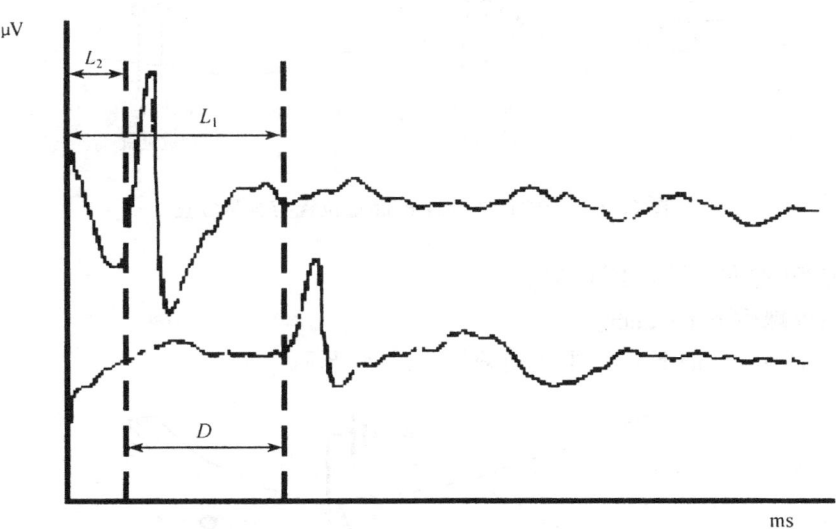

图 6.88　感觉神经传导(正中神经为例)波形与测量

以下分别介绍三种神经的刺激位点和记录位点。

1) 尺神经(顺向传导)(图 6.89)

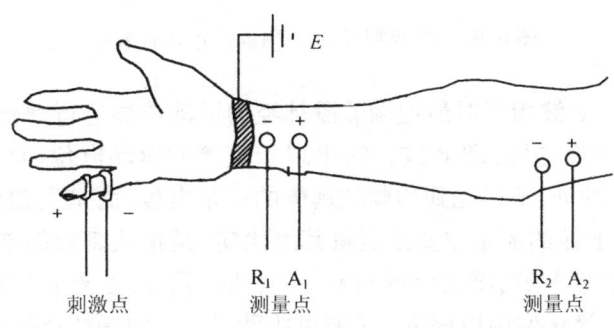

图 6.89　尺神经 SCV 的测量位置和刺激位置

测量位置:①腕(远侧位置);②肘尺神经沟(近侧位置)。
刺激位置:小指。

2) 正中神经(顺向传导)(图 6.90)
测量位置:①腕正中部位(远侧位置);②肘肱动脉内侧(近侧位置)。
刺激位置:食指或中指。

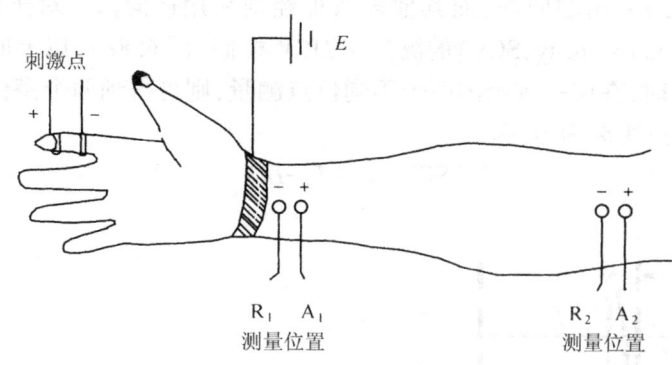

图 6.90　正中神经 SCV 的测量位置与刺激位置

3）腓肠神经(逆向传导)(图 6.91)
测量位置:外踝后下 1~2cm。
刺激位置:①小腿后部下 1/3,中线稍偏外侧;②腓肠肌。

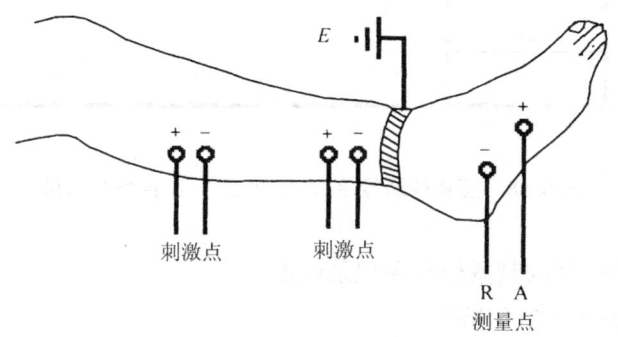

图 6.91　腓肠神经 SCV 测量位置和刺激位

(6) F 波(F 反应)　F 波用于对最近端节段神经的运动传导进行评价。当给予神经以超强刺激时,常可诱发出一个晚电位,即 F 波。它出现于直接的运动电位(即 M 波)之后如图 6.92(a),这表明诱发 F 波的冲动,不是先到达刺激远侧的记录电极,而是先朝骨髓方向传播,然后再转兴奋远端肌肉。对于 F 波的测量主要是测量其潜伏期(是指从刺激伪迹到所诱发 F 波反应的起始)。每一次刺激引起的 F 波,潜伏期可能不完全相同(数 ms 之差),因此至少应给予 10 次以上的连续刺激,得出平均潜伏期用以评价。F 波可协助对多种周围神经病损的定位。

F 波的测量与刺激部位完全与 MCV 相同。

1）尺神经(图 6.92(b))
测量位置:小指展肌
刺激位置:①腕(远侧位置);②肘尺神经沟(近侧位置)

2）正中神经(图 6.92(c))
测量位置:拇短屈肌
刺激位置:①腕正中部位(远侧位置);②位于肱动脉内侧(近侧位置)

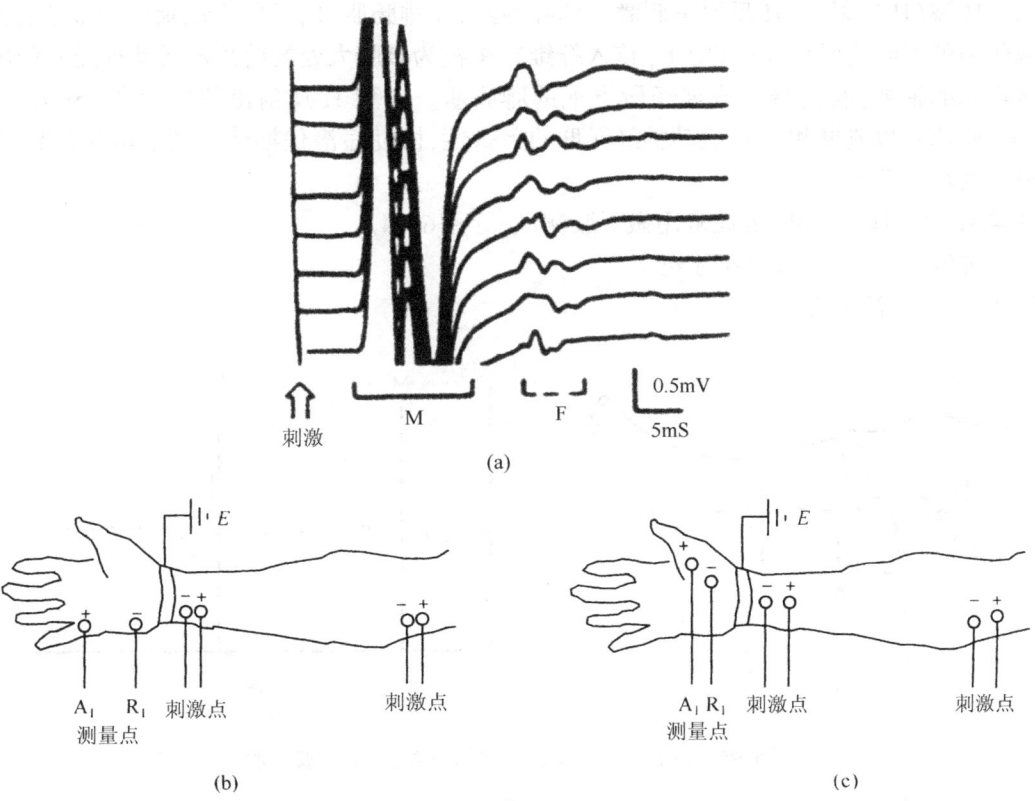

图 6.92 (a) F 波连续刺激下产生的波形图;(b) 尺神经 F 波的刺激点和测量点;
(c) 正中神经 F 波的刺激点和测量点

3) 腓神经(图 6.93(a))

测量位置:小趾短伸肌

刺激位置:①小腿前下方,内踝向中 4~6cm 处(远侧位置);② 窝股二头肌腱内侧(近侧位置)

4) 胫神经(图 6.93(b))

测量位置:拇短展肌

刺激位置:①内踝后上部(远侧位置);② 窝中部(近侧位置)

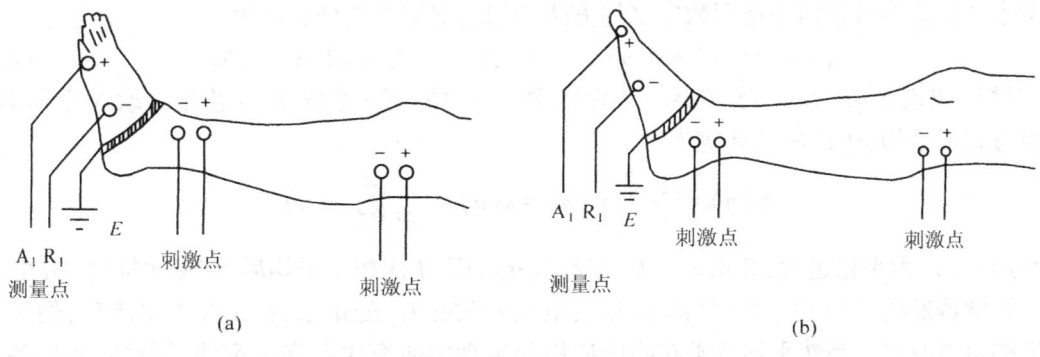

图 6.93 F 波的刺激点和测量点
(a) 腓神经;(b) 胫神经

(7) H波(H反射) H反射是刺激 部胫神经,在腓肠肌、比目鱼肌记录到的节段性反射。反射弧传染的神经为胫神经(其中I_a传入纤维),中枢为腰膨大处的前角α运动神经元传出为α运动神经元的轴突,效应器为该神经所支配的腓肠肌。典型H反射潜伏期为28.5ms,上限为33.5ms。临床用以判断相应α运动神经元群的兴奋性,协助短潜伏期体感诱发电位(SLSEP)对脊髓外伤的预后评价。

通常H波出现在下肢,因此常用做下肢测试,见图6.94。

胫后神经测量位置:脚跟胫骨处

刺激位置: 窝中部

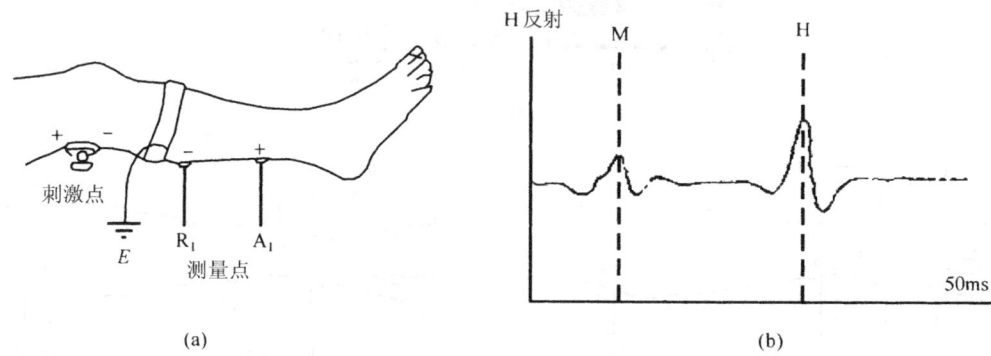

图6.94 (a) H波的刺激和测量位置;(b) H波波形

(8) 诱发电位的提取 目前在临床测量中,对诱发电位(EP)的提取主要依靠平均技术。

平均技术用以记录EP的理论依据是,EP与刺激有锁时关系,而背景噪声的出现与刺激无特定的时间关系,这样经过多次叠加,与刺激无关的噪声(n)逐渐消减,而与刺激有锁时关系的信号(s)以代数和的方式逐渐增大;如果除以叠加次数,则诱发信号恢复其原貌,噪声进一步减小,这就是平均叠加技术,简称为平均技术。

设每一次刺激后所记录到的信号为$\chi_i(t)$,则

$$\chi_i(t)=s(t)+n_i(t), \quad i=1,2,\cdots,M; 0 \leq t \leq T \tag{6.41}$$

式中,$\chi_i(t)$为第i次刺激后的记录,$s(t)$为EP信号,$n_i(t)$为背景噪声。

考虑到目前多数仪器中使用数字平均方法,因此,把记录信号表示为

$$\chi_i(n)=s(n)+n_i(n), \quad i=1,2,\cdots,M; n=1,2,\cdots,N \tag{6.42}$$

式中,下标i仍表示第i次记录,变量n表示该次记录中的第n个样本,每次记录取N个样本。

经过相干平均,$s(n)$的估计值为

$$ff(n)=\frac{1}{M}\sum_{i=1}^{M}\chi_i(n)=s(n)+\frac{1}{M}\sum_{i=1}^{M}n_i(n) \tag{6.43}$$

如果假定$n_i(n)$为平稳过程,其均值为0,方差为σ_{n^2},则M次相干平均后,信噪比提高$\sqrt{M}$倍。

以视觉诱发电位(VEP)为例(图6.95),电极安放在O_z处记录,经128次刺激后,便可得到较清晰的可测波形。当然平均技术在临床应用和生理学研究中存在一定的局限性,运用各种数字滤波技术的探索,减少平均次数,甚至实现逐拍测量的目标,一直在研究中。

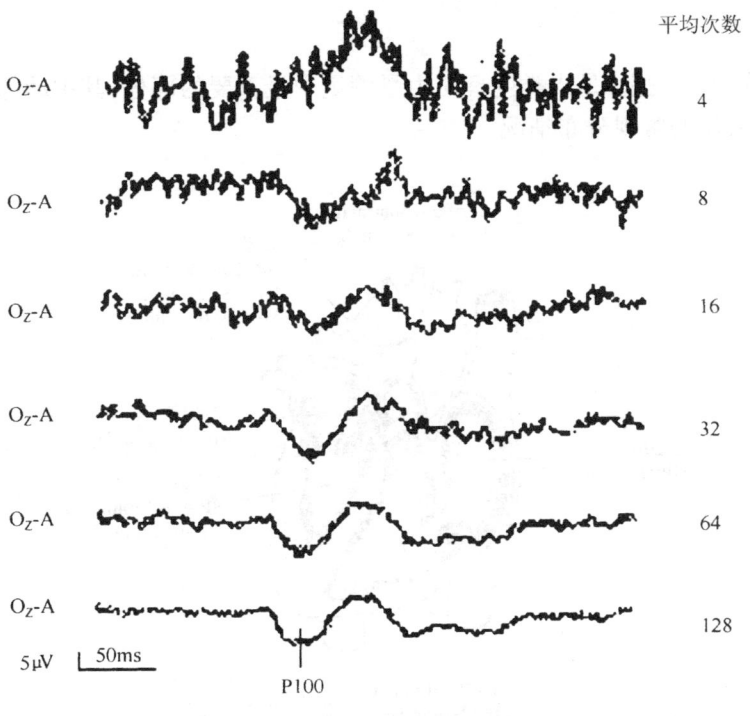

图 6.95　用平均技术提取的 VEP 波形

6.4　生理压力量测量

在进行人体压力量测量的仪器设计中应首先了解人体各部分生理压力量的一般正常范围和有关的标准计量方法,然后根据临床需要对有创测量与无创测量的方法做出设计选择。

6.4.1　人体重要部位压力量的测量范围

人体有关部位生理压力量的正、异常范围示意图 6.96,下面逐一加以说明。

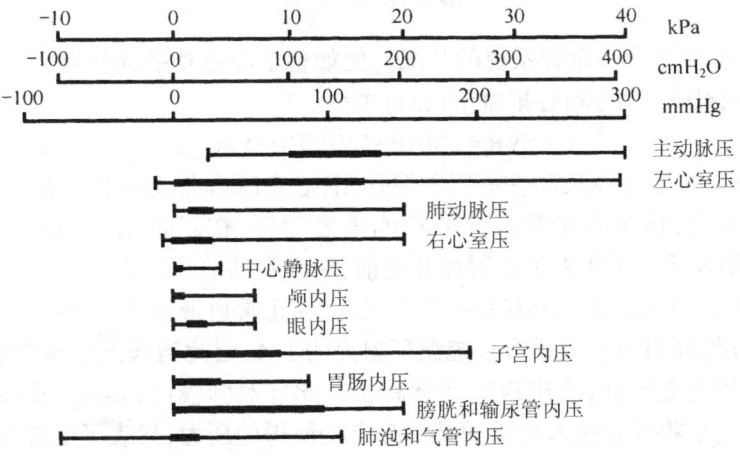

图 6.96　人体压力量的正常生理(粗线)与异常生理(细线)范围

1. 心血管系统

心血管系统的压力测量,是人类生理压力量测量中最重要的部分,其中动脉压尤为重要。图 6.97 是在心脏中血压的常规分布情况。

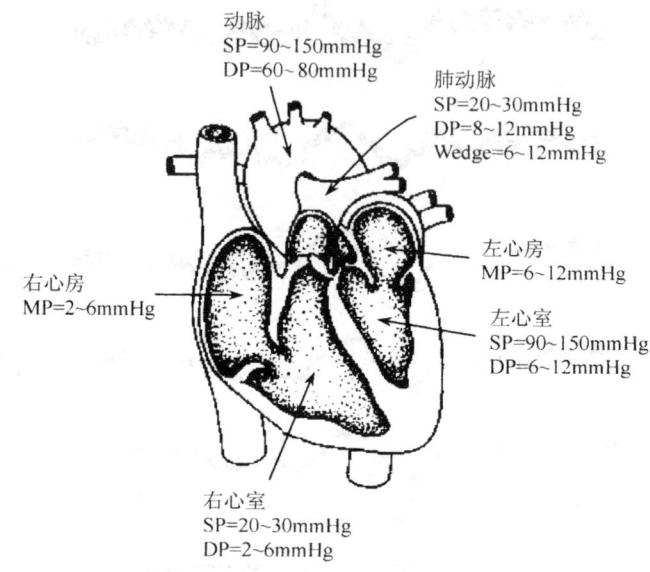

图 6.97　在心脏各处收缩压(SP)和舒张压(DP)及平均压(MP)的常规范围

(1)收缩压 SP(systolic pressure)和舒张压 DP(diastolic pressure)　在心室收缩间期,心脏主动脉瓣开放,此时的动脉压通常反映的是心室的机械运动;而在心室舒张间期,心主动脉瓣关闭,动脉压则反应的是从主动脉向外周血管系统的流动能力。动脉压通常定义为收缩压与舒张压之差,是反映动脉系统特性的重要指标。

(2)平均压(mean pressure,MP)　平均压是在整个心动周期动脉压的平均值,由下式求得

$$MP = DP + \frac{SP - DP}{3} \tag{6.44}$$

MP 通常用以评价整个心血管系统的状况。例如整个心血管系统的阻力(SVR),便可用平均压(MAP)、中心静脉压(CVP)和心排血量(CO)求得

$$SVR = (MAP - CVP/CO) \times 80 \tag{6.45}$$

(3)左心室压　左心室压反映左心室的泵作用,心室压力曲线的上升沿斜率(dP/dt)反映了心室收缩初期的力度,作为心血管系统的功能重要指征,在舒张期,左心室压一般低于 1kPa (8mmHg)。舒张期末端压则代表了在射血开始前,对心室的灌注压力。

(4)右心室压和肺动脉压　由右心室收缩引起,在正常血液循环中,这两种压力低于系统动脉压。因为肺动脉循环阻力一般只有系统循环阻力的 1/4,因此当病人出现严重的肺部疾病(如肺动脉狭窄、室间隔病变等)时会出现肺动脉高压。此外对肺楔压(wedge pressure)的测量可评估左心房的压力,它是将导管楔入动脉的某一分支处测得的压力,代表了毛细管压与左心房压之间的压差。

(5) 中心静脉压　中心静脉压的测量点靠近右心房,是静脉管的弹力与胸膜压力的总和。在胸膜腔内的绝对压力值低于1kPa(10cmH$_2$O),胸膜压在正常情况下几乎与大气压相等。中心静脉压是反映静脉系统血液容量和静脉弹力的指数。当总的血容与静脉弹性不变时,静脉压随心功改变而改变。当心脏功能退化时,中心静脉压升高。因此它是监视人体心脏衰竭的重要指标。

(6) 大血管中血液压力导管测量法　根据贝努利定理(Bernoullis theorem)对大血管中血流动力学分析,单位容积流体的总能量 E 的计算公式为

$$E = P + \rho g h + \frac{1}{2}\rho U^2 = Const \tag{6.46}$$

上式对于理想流体(不可压缩,粘度为0)成立。式中,U 是流速,P 是静压力,ρ 是密度,g 是重力加速度,h 是高度,则整个血液中 E 是常数。式中第一项代表静压力,第二项为重力位能,第三项为动能。若高度 h 不变,则动能的改变是引起压力改变的原因。若 $h=0$,动能的改变与导管开口处的线速度相关,导管口逆着血流方向,则流速 $U=0$,$P=E$(图6.98(a))。若导管开口与血流方向成直角,则将为边压,$P=E-\rho U^2/2$(图6.98(b))。若导管开口顺着血流方向(图6.98(c)),则在开口处 $U=0$,故 $P=E$。但在实际情况,由于涡流等的存在 $U\neq 0$,$P=E-\rho U^2/2$。

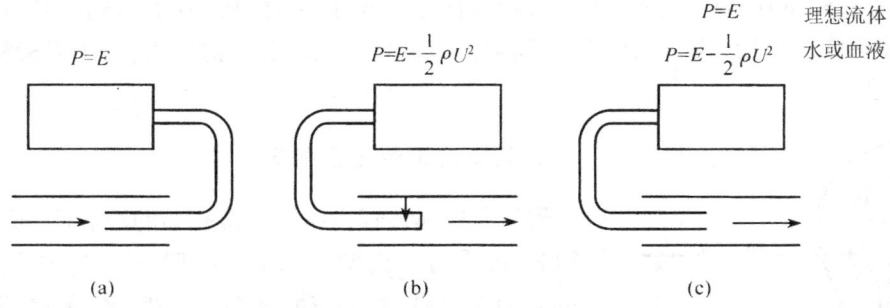

图6.98　相对血流方向不同开口的导管动能效应对所测压力的影响
(a) 上游终端压力;(b) 侧压力;(c) 下游终端压力

在实际循环系统中,动能效应在血管簇系中各部位都是有差异的。在主动脉中动能对压力的贡献约为0.5kPa(4mmHg),流速大约为100cm/s,而收缩压为16kPa(120mmHg),此间动能的贡献不到3%。在肺动脉中,动能对压力贡献0.4kPa(3mmHg),肺动脉压为2.7 kPa(20mmHg),可见动脉的总贡献为15%。临床中将导管插入右心房和肺动脉时,开口是顺血流方向(如图6.98(c)),中心静脉血流速度通常小于30cm/s,动能对压力贡献不到0.05 kPa(0.38mmHg),故中心静压最稳定。

2. 颅内压

颅内压是存在于颅腔内空间的压力,通常是在脑脊髓、脑室、硬膜内或硬膜外测量。正常人的颅内压小于1kPa(7.5mmHg),由于脑肿瘤、脑水肿,脑出血等原因,颅内压会升高,对这类患者通常需要实施颅内压的连续监测。

3. 眼内压

眼内压是指眼球内的压力,通常是在角膜表面间接测量。正常人眼角膜压为 1.3~2.6kPa(10~20mmHg),青光眼患者眼内压可升高达 3.3 kPa(25mmHg)。

4. 子宫内压

子宫内压是指在羊膜腔羊水中测量的压力,它是宫缩压与腹膜内压力之和,子宫收缩压大约在 5~11kPa(40~80mmHg)之间。

5. 胃肠内压力

胃肠内压力主要在消化腔内测量,其压力是胃肠中蠕动产生的压力和腹膜腔内压力的总和。胃部器官运动产生的压力约为 4kPa(30mmHg)。

6. 膀胱压

膀胱压是指膀胱内流体产生的压力,用于检查膀胱的尿意反射收缩功能。通常尿意反射发生在大约 5kPa(50cmH$_2$O)的时候,排尿时膀胱压增高至 10~15kPa(100~150cmH$_2$O)。在非排尿情况下,尿道在尿道括约肌作用下紧关闭着。将液体引入尿道所需压力,可用以检测尿道括约肌的收缩强度。

7. 胸膜内压和气管内压

胸膜内压和气管内压用以检查肺的顺应性、通气阻力及换气的机械活力。正常呼吸时,胸膜压力通常低于 0.5kPa(5cmH$_2$O)。最大自动换气压变化范围为 -10~15kPa(-100~150cmH$_2$O)。胸膜内压力的测量是经食管放入气球,通过测定气球的压力得到的。

6.4.2 生理压力量测量的参考点

人体除了器官和组织产生生理压力之外,还有因重力和大气压力产生的非生理压力。在有些测量中要求将生理压力与非生理压力量分开。

大气压力在人体分布是均匀的,当测量人体相对压力量时,大气压力变化不会影响测量结果。但是当测量绝对压力时,大气压的变化就必须考虑,即在测量过程中应随时标测当时的大气压。

重力效应较为复杂,如果忽略阻力和动力等因素引起的血压下降,则血液两点之间的压差等于重力位势之差(如图 6.99),大约为 ρgh(其中 ρ 为两点间血液的密度,h 为两点的高度差,g 为重力加速度)。显然每点的压力,会因体位的变

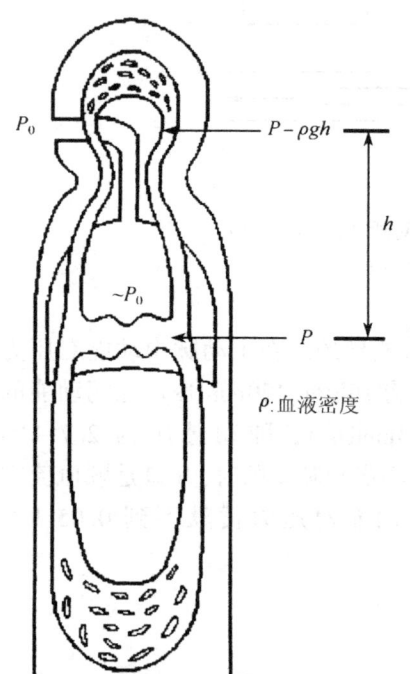

图 6.99 血液循环系统中不同体位的重力效应对压力测量的影响

化而变化。

在心血液系统中,右心房压最稳定,几乎不受人体姿态变化的影响,这一重要特征,对于使人体在运动中保持循环系统的稳定,起了很重要的作用。

中心静脉压位于胸部紧靠心脏的位置,胸腔中的压力由于与大气压相近,因而与体位无关,即作用于中心静脉与右心房的外部压力是稳定的,从而心脏泵的运行通常也应是稳定的,故右心房压不受外部干扰而对心脏功能非常敏感。

当对右心房血压进行测量时,体位引起的血压变化很小,故临床大多在上臂进行血压检查是很恰当的,因为它几乎与右心房在同一水平线上。而在别的高度上测量血压时,应根据高度差进行校正。这样右心房可作为血压测量的参考点(图6.100),该参考点大致位于胸纵轴的中央处,具体位于胸腔左右第四肋之间的空间,中央肋软骨节前,离后背约10cm处。此外也可由超声心动图确定从前胸壁到左心房之间的中间位置,也是一个精确的参考点。

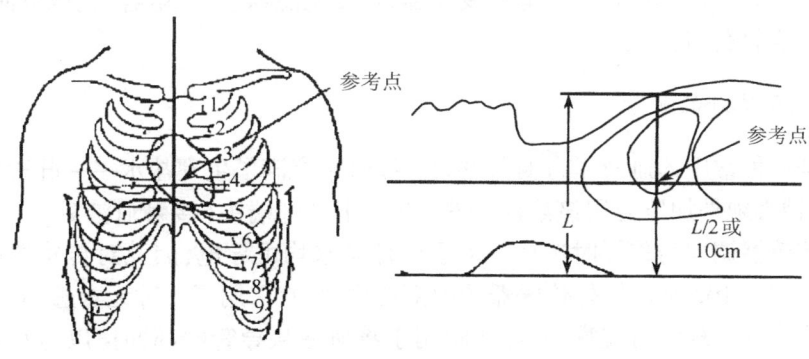

图6.100 人体压力测量的参考点

用充满液体(一般是生理盐水)的导管测量人体内部压力时,一般是通过液体将压力引到人体外部的传感器进行测量。为反映人体内导管端部的压力,应将外部传感器置于同一水平线上,但最好的办法是将外部传感器置于上述参考点的水平线上,这样就不用考虑导管的端部在体内的位置了。然而,在导管中液体(生理盐水)的密度约为 $1.009g/cm^3$,这与从测试点到参考点的血管是有差异的,血液的密度约为 $1.055g/cm^3$。从而带来 $\rho g h$ 值的差异,使得上述测量方法并非绝对精确。

附:生理压力计量单位

在国际标准单位系统 SI 中,压力单位是帕 Pa(pascal),
$$1Pa = 1N/m^2$$
生理测量中惯用的单位是毫米汞柱(mmHg)和厘米水柱(cmH_2O),将逐渐被 SI 标准单位帕 Pa 所取代。临床一般用千帕(kPa)表示,这些标准的相互换算如下:
$$1mmHg = 133.322Pa = 0.133322kPa$$
$$1cmH_2O = 98.0665Pa = 0.098066kPa$$
当测量生理绝对压力量时,需排除大气压力(atm),
$$1atm = 101.325kPa$$

在实际测量中用的是气压计,其刻度单位是毫巴(mbar),
$$1\text{mbar} = 0.1\text{kPa}$$
压力单位还有用每平方厘米千克力(kg f/cm²),
$$1\text{ kg f/cm}^2 = 98.0665\text{kPa}$$

6.4.3 生理压力量的直接测量

对生理压力的直接测量大多属侵入性测量,亦称有创测量,例如针对血压的测量。直接测量按传感器的位置又分两类:一类是将血管内测量点的压力引出(一般通过充满液体的导管)体外,传感器置于体外进行测量;另一类测量则是将传感器置于导管的顶端,直接进入血管内测试点进行测量。

常用的传感器有:应变电阻膜片、差动变压器、可变电感器、可变电容器、压电晶体(声表面波器件)、光电子耦合器件等。

1. 传感器置于体外的测量

图 6.101 是一种常用的血液压力测量方案。导管中充满了生理盐水——肝素(抗凝药)混合液,且每隔几分钟必须外加压力用该溶液冲洗,以防止导管端头(接触血液处)产生血凝。图中的三通阀用于传感器调零与采样时选择。由于生理盐水均可导电,因此对传感器电隔离等性能均有严格要求。图 6.102 是该体外传感器的内部结构图,它采用了一种无毒透明塑料作外壳,这样一旦溶液中有气泡出现均可观察到,冲洗阀用于将血液从导管端部冲掉以防止导管端产生血凝,硅片上有四个硅压敏电阻膜片组成的惠斯登电桥,用以测量溶液压力。根据安全隔离的要求,硅片不直接与溶液接触,而是通过生物相容性好的弹性硅胶与溶液接触。

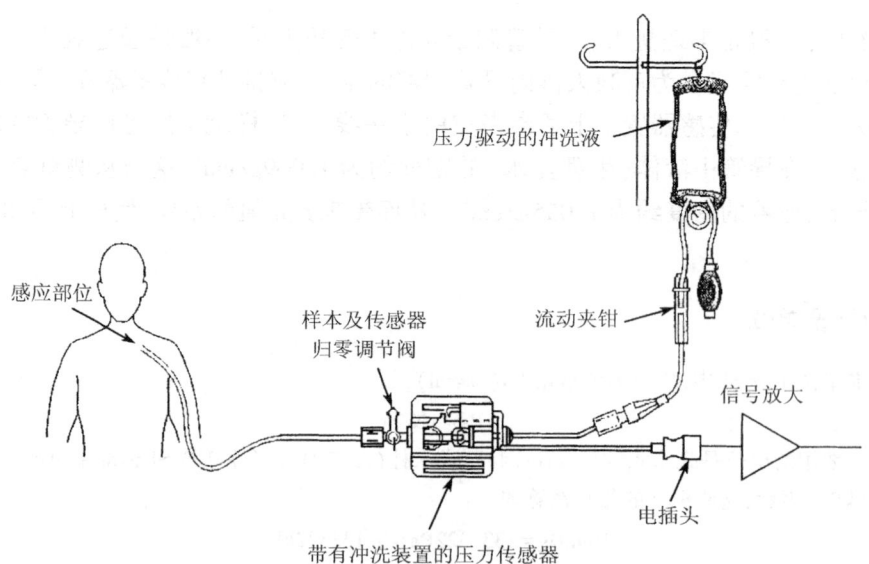

图 6.101 传感器置于体外的有创血压测量

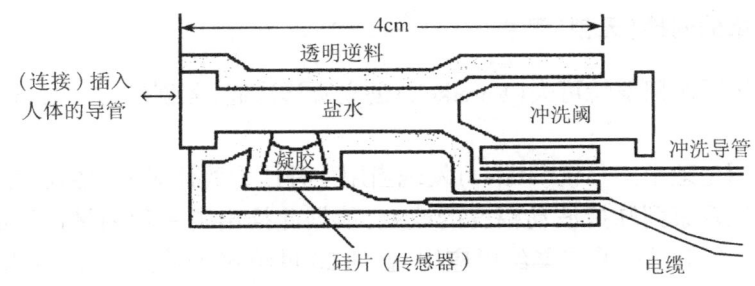

图 6.102 体外压力传感器

2. 传感器置于体内的测量

这是一种将传感器置于导管端部,并能直接达到被测部位的测量方式。由于不需要置于体外的传感器中所用的传导压力量的液体,因此在频响和时延方面均能达到更理想的指标(一般可达几千赫兹)。

在传感器选用上,最常采用的有两类:(1)由压敏材料制成的应力传感器,如电阻应变片(resistance strain gauge)、硅压敏电阻传感器(silicon piezoresistor),一般固定在柔性的膜上,并安装在导管的端部。导管的直径约 1.5mm,每个传感器如应变片的宽度约 0.33mm,在设计中应变片大多按惠斯登电桥方式连接以解决温漂造成的影响。此外还应满足电隔离、防脆裂的要求,以及能承受高压、高温条件下的消毒处理等。(2)采用光纤传感器,即利用光纤束导入光线(光源可用LED),射在导管端部的金属薄膜上。体内压力作用在金属膜上,压力改变时,膜发生形变,从而造成反射角的变化,将反射光(其光通量随反射角的改变而改变)由光纤束引出,透射到光敏器件上,可转换为相应的电信号(图 6.103(a))。

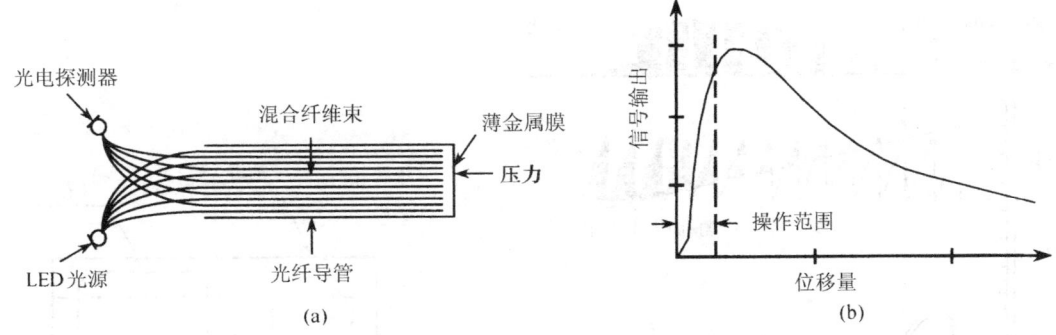

图 6.103 (a)直接用于血管内测量的光纤传感器;(b)光纤压力传感器特性曲线

在小压力下,经精确设计,能使反射光强正比于膜片两边的压力差(图 6.103(b))。一种典型的用于血管内血压测量的光纤传感器的数据是:膜片为 6μm 铍铜膜片,膜片与光纤束之间的空气隙相对外界密封,外径 0.86~1.5mm,压力范围 -6.67~26.7kPa,线性度 2.5%,分辨率 133.3Pa,频响 0~15kHz。

除了在血管内测量外,这类传导器还可插入心腔测量,如心内压测量。由于与人体是非电接触,因此光纤方式十分安全。

6.4.4 生理压力量的间接(无创)测量

自 1905 年俄国军医柯罗特可夫(Korotkoff)创立听诊法起,无创(间接)血压测量就在临床得到了广泛应用。

在此之前,法国生理学家马锐(Marey)发现当用一种压力腔体对手臂施压时,随着施压变化,通过腔体起伏,可以观察到脉搏波动幅度的改变,他据此推出了一种测量血压的方法,叫"示波法"(oscillometry)。但其后一直未能给以应用,直到 20 世纪 60 年代后,随着微电子技术的发展,利用充气袖带和压力传感器的自动测量技术,才使"示波法"无创血压测量技术得以应用。如今在家庭保健、临床生理监护及动态血压测量中成为主导方法。

上述两种方法都是基于施加外力 $f(t)$ 经臂部组织加载动脉管,而实现血压测量的。$f(t)$ 是随时间变化的力,全部测量往往需耗时 1min 以上时间,因此属非连续的测量。连续的血压测量,即逐拍(beat to beat)测量,对于危重病人监护、麻醉监护以及生理学研究(如血压变异性分析)都十分重要,已成为人们探索的焦点;先后产生了张力测量法、容积补偿法、脉搏波传递时间测量法等,但至今未得到临床的完全认同,尚处在不断的改进和完善中。

1. 基于柯氏音法的无创血压测量

基于柯氏(Korotkoff)音法的无创血压测量的基本原理和方法如图 6.104 所示,它主要由血压计、袖带和听诊器所组成。袖带内部由无弹性的纤维覆盖的橡皮囊所构成,把它在上臂的臂动脉或腿部的大腿动脉绕一周,袖带分别与压力计和充气球相连。操作方法是用充气球给袖带充气,当袖带内压力超过收缩压(一般超过 30 mmHg)时,打开针形阀,使袖带以 2~3 mmHg/s 的速度缓慢放气,袖带内压力逐渐减小,当其小于动脉收缩压时,动脉管部分打开,血液喷射形成涡流或湍流,使管壁振动并传到体表,即为柯氏音——由放在袖带之下动脉之上的听诊器听到。最

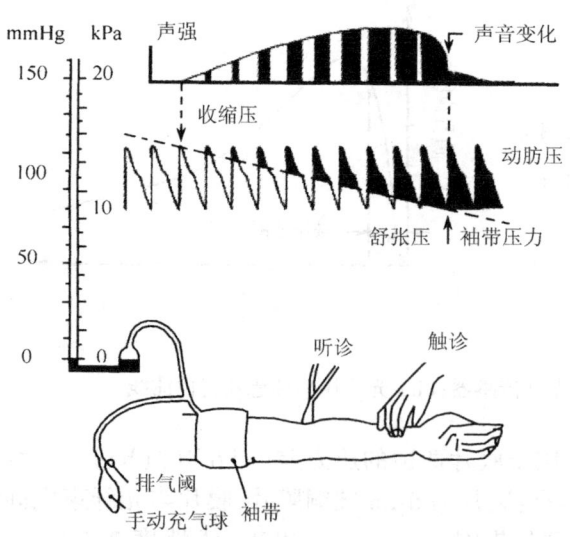

图 6.104 柯氏音法的无创血压测量原理图

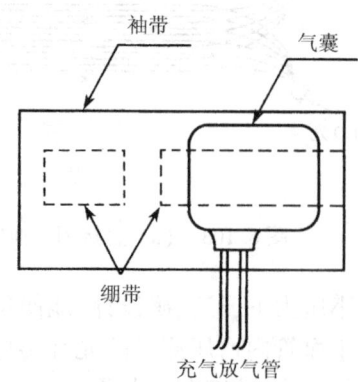

图 6.105 袖带几价结构(其中充放气管常常合二为一,仪器中用三通阀自动切换)

初听到的"砰"音(称为柯氏音Ⅰ相),代表收缩压;接着柯氏音声音增高(Ⅱ相),到达到最大声强(Ⅲ相),由于湍流在低沉的杂音后可出现"砰"声(Ⅳ相),随后声音变得轻柔无力,最后声音完全消失(Ⅴ相)。无声时的压力,即提示为舒张压。

袖带几何形状,特别是气囊的宽度(图 6.105)设计不当对测量精度影响较大。与直接血压测量的数据比较,选用过窄的袖带,所测血压值明显偏高,较合理的袖带宽度应为手臂周长的40%左右,一种适合于普通成年人的标准袖带气囊尺寸为 12cm×23cm,而对于肥胖人建议为 14cm×38cm,对于不同年龄段的袖带几何尺寸,可参见表 6.17。

表 6.17 血压袖带气囊推荐尺寸

中点处的手臂周长[①]/cm	袖带类型	气囊宽度/cm	气囊长度/cm
5~7.5	新生儿	3	5
7.5~13	婴儿	5	8
16~20	少年	8	13
17~26	青少年	11	17
24~32	成人	13	24
32~42	中年	17	32
42~50[②]	股骨	20	42

① 手臂中点定义为从肩峰到肘关节距离的一半处;② 对于四肢特别发达的个体,可在腿部或前臂进行间接血压测量。

基于柯氏音法的血压测量尽管在临床上能广泛应用,但其存在的问题是十分明显的,主要有袖带、压力表的精度及柯氏音的主观判断所带来的误差。有观察报告表明,用此方法对收缩压的值常常被低估 0.67~2.66kPa(5~20mmHg),而对舒张压的值常常被高估 1.60~2.66kPa(12~20mmHg)。此外一些人在Ⅲ相后柯氏音处声音消失,而被误判为舒张压。为避免此种情况的发生,在测量(特别是自动测量中)应继续放气,从而可获第Ⅳ相柯氏音。尽管存在上述问题,柯氏音法至今仍被大多数标准化组织视为无创血压测量的标准,且常用以评估其他无创测量方法。

2. 基于示波法的无创血压测量

示波法与柯氏音法均是基于血管卸载原理(vascular unloading principle)实现血压测量的,设 P_a 为动脉压,P_c 为袖带压,则

若 $P_a > P_c$,则血管开放

若 $P_a < P_c$,则血管闭合

示波法是利用压力传感器观察随着 P_c 的变化,血管从开放到闭合(或相反情况,血管从闭合到开放)时,脉搏波幅度的变化来实现血压测量的,有关原理图分别见图 6.106 和图 6.107。

在图 6.106 中一开始气泵快速对袖带充气,一般充气压 P_B 应高于收缩压 P_s 30mmHg 后开始缓慢放气,脉搏波从无到有,其包络成钟形变化,当检测不到脉搏波时袖带快速放气。

在图 6.107 中,一开始也是对袖带快速冲气,等检出第一个脉搏波时,充气变缓。检测到的脉搏波包络成钟形变化,继续冲气直到脉搏波消失,然后打开气阀快速放气。

在系统设计中针对不同的个体,前者(图6.106)的关键是有效地控制(t_1-t_2)段袖带的放气速度,而后者(图6.107)的关键是有效地控制充气(t_1-t_2)段袖带的速度。

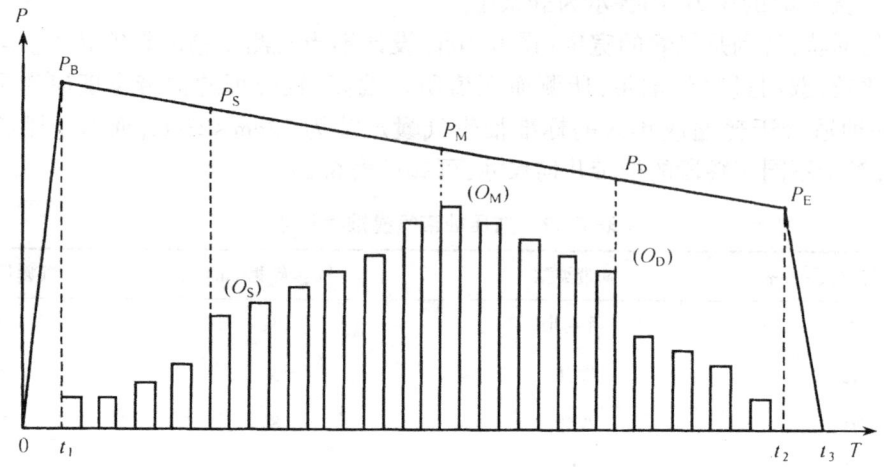

图6.106 基于放气过程的血压测量原理图(P_S:收缩压;P_D:舒张压;P_M:平均压)

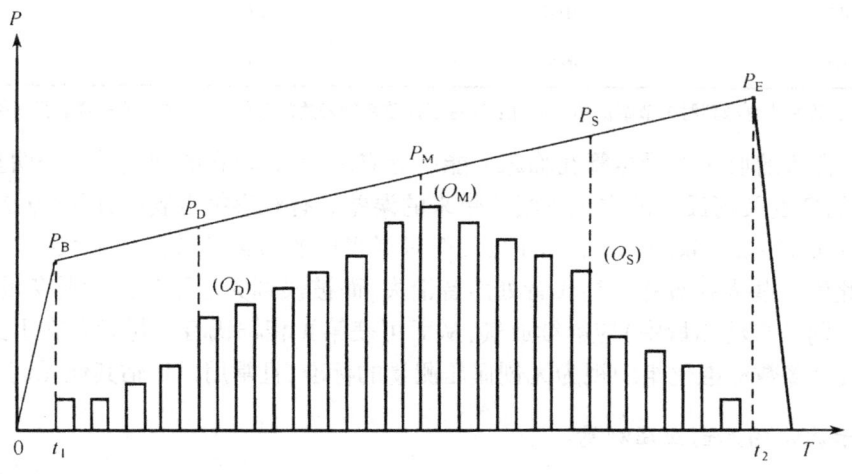

图6.107 基于充气过程的血压测量原理图

系统设计框图如图6.108所示,图6.109是实际采集袖带放气时的静压力和脉压施加于袖带产生的振荡波形。

系统设计中有关袖带的选择参考表6.17,传感器可选用固态硅压敏电阻(silicon piezoresistor)传感器。如摩托罗拉公司的MPX50,其压力测量范围0~50kPa,灵敏度1.2mV/kPa,线性度±0.1%,输出阻抗475Ω。

在示波测量中,主要从脉搏波构成的钟形包络中识别特征点获取血压值。目前主要采用两种方法:

方法一:由Geddes提出的固定比率计算法。首先寻找脉搏波钟形包络的顶点O_m,其对应的袖带压P_m,即为平均压;另外,在包络线上升沿存在一点O_s和下降沿存在一点O_d,分别对

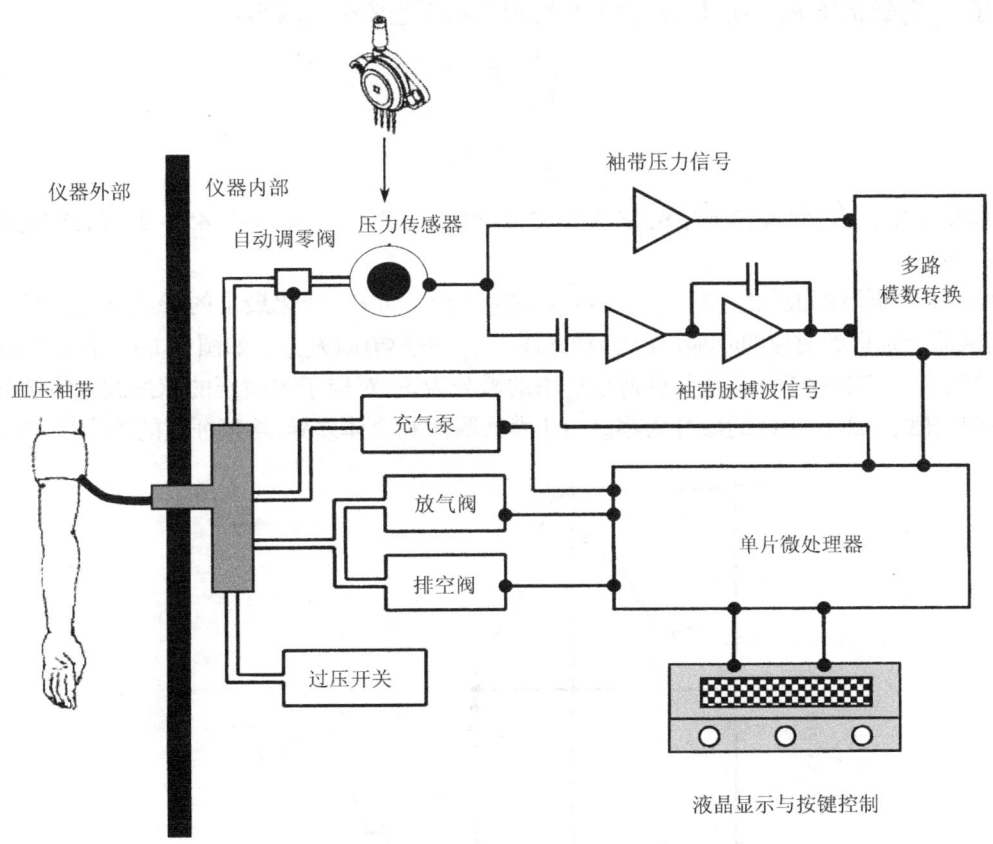

图 6.108　示波法血压测量的系统设计框图

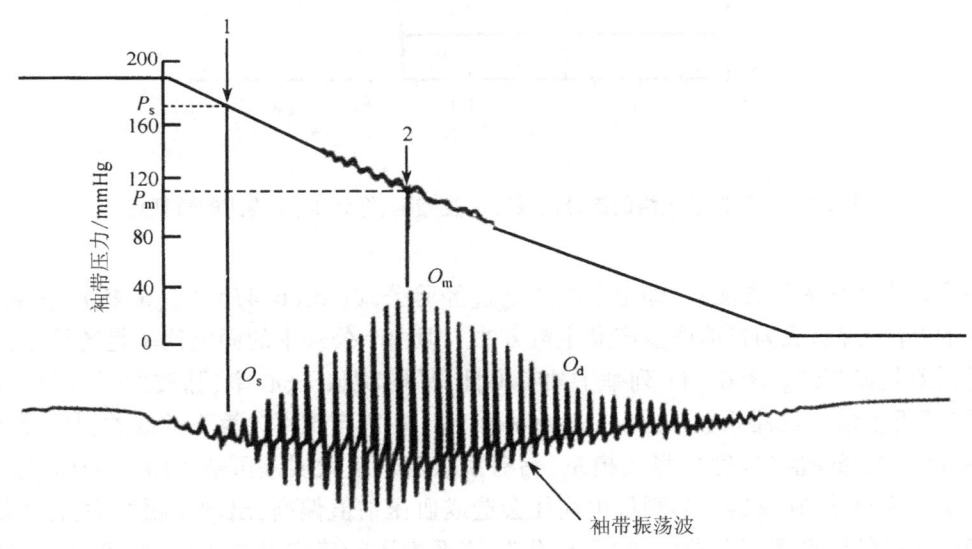

图 6.109　实际采集的静压力和脉搏压力引起的振荡波形
1. 收缩压 P_s；2. 平均压 P_m

应收缩压 P_s 和舒张压 P_d。O_s 和 O_d 的大小可根据如下经验公式求得：

$$\frac{O_s}{O_m} = 0.55 \tag{6.47}$$

$$\frac{O_d}{O_m} = 0.82 \tag{6.48}$$

临床实际测量中，上述经验公式中的取值变化范围较大，式(6.47)为：0.45~0.57；式(6.48)为：0.69~0.89。

方法二：根据脉搏波包络 O_s、O_d 点的变化陡度较大，而 O_m 变化最小的特点，对脉搏波包络进行微分，从而分别得到对应的收缩压(P_s)舒张压(P_d)和平均压(P_m)。如图6.110 所示为脉搏波包络的微分图谱。其中对于舒张压的脉搏波包络的微分为正，对应于收缩压的脉搏波包络微分为负，而对于平均压的脉搏波包络的微分为零。由于背景噪声和个体差异，给特征点的确定带来困难。

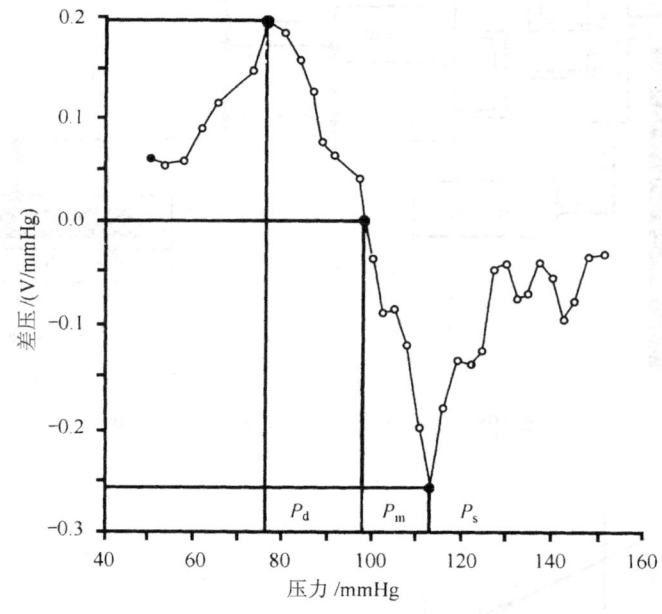

图6.110　脉搏波包络的微分图及对应收缩压、舒张压、平均压的特征点

目前设计中大多采用方法一，即由平均压通过经验公式(式(6.47)、式(6.48))获取收缩压和舒张压的办法，现已成为目前商业产品主流方法。但由于公式中的固定比率是统计量，个体差异造成的误差是显著的。图6.111 列举了袖带弹性、平均动脉压、心率、脉波的峰-峰值、动脉管壁的刚性(杨氏模量)、黏滞系数(viscous coefficient)等，在固定比率计算下的误差，其中影响最大的有心率、脉搏波峰峰值(幅度)、杨氏模量、黏滞系数等。最大误差可达10%~15%，这几项在老人中影响尤为显著，在仪器自动测量中往往会造成血压估值偏高，出现误报"高血压"等结果。此外脉搏波包络的钟形顶部常常出现"平台化"，使平均压的确定并非惟一，特别是心率的简单变化，可造成顶部特征点的较大偏移，从而造成平均压估值的误差，如图6.112 所示。这些是在采用示波法原理进行自动血压测量仪设计中值得进一步探索的问题。

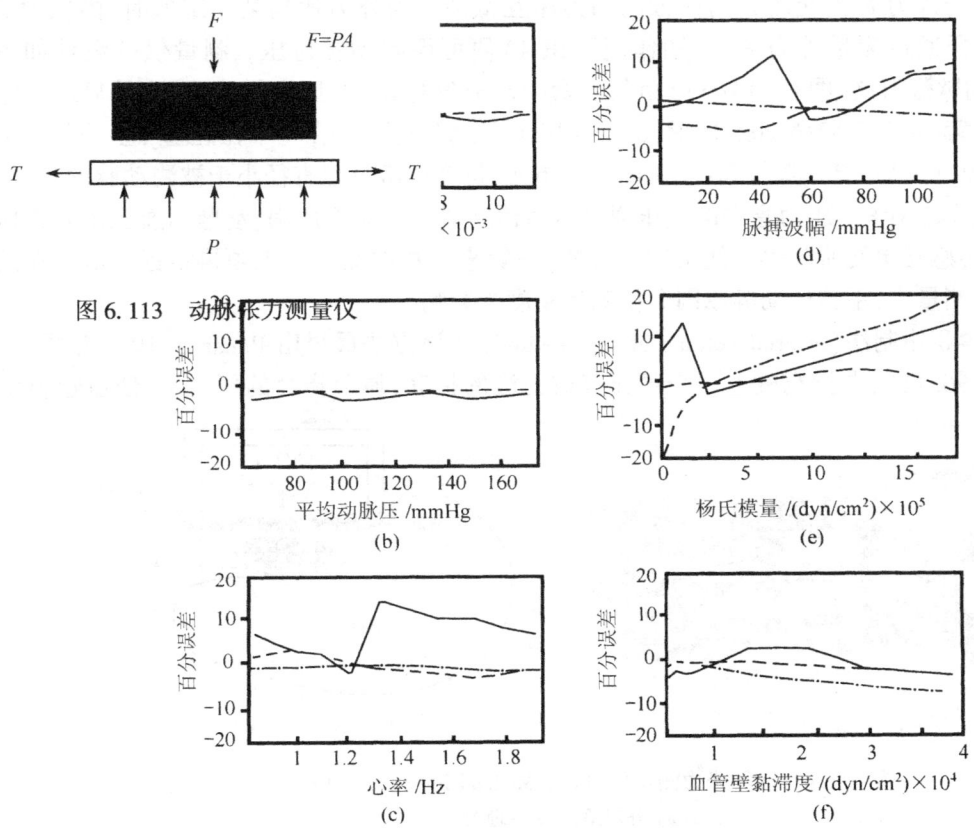

图 6.113　动脉张力测量仪

图 6.111　采用固定比率计算时,由于一些物理和生理因素变化,常给收缩压(点画线)、平均压(实线)和舒张压(虚线)测量结果带来的误差(Mauro Ursino, et al. 1996)

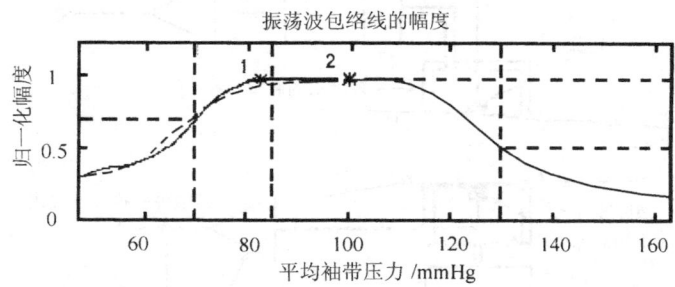

图 6.112　顶部平台化效应及心率变化(图中实线为 1.17Hz 点线为 1.3Hz 心率)对平均压测量的影响(Mauro Ursino, et al. 1996)

3. 连续无创血压测量

连续无创血压测量,是在每一个心动周期内完成血压的测量,故又称逐拍无创血压测量,许多方法一直在探索中,尚待临床认可,以下介绍三种方法。

(1) 动脉张力测量法(arterial tonometry method)　该方法的基本原理是(图 6.113)当一个具有内在压力 P 的动脉血管被外在物体施力 F 时,部分压扁其动脉管壁使其周边应力 T 发生变化,方向是向着与外力 F 正交的方向该方向的力相互抵消。当外力达到某一定值时,内压力 P 等于外力 F,这样通过测量外力 F(已知作用面积 A)便可得到动脉血压。测量仪的设计如图 6.114 所示。动脉张力仪(图 6.114(a))由气压盒手动充气橡皮球、压力传感器、液晶显示器等组成。张力传感面置于手腕桡动脉上(图 6.114(b)),压力传感器是在一个在硅基片上蚀刻的传感器阵列(约 10μm 厚的膜),共计 30 个压敏电阻单元,每个压敏电阻直径小于被测动脉的直径,频响>50Hz,迟滞<1.0%。压力盒中的气压通过压力传感器膜使血管压扁,动脉内血压由处在血管中心位置的传感器单元所测得。使用这种方法,一般来说每次测量时无须再定标。所存在的问题是,在长期测量中,手腕运动等原因会使测量精度受影响。

(2) 动脉容积钳制法(arterial volume clamp method) 该方法最早由 Penaz 于 1973 年提出,其设计原理如图 6.115,在指端戴上一个可充气或充液的指套,调节指套的压力值,使血管容积

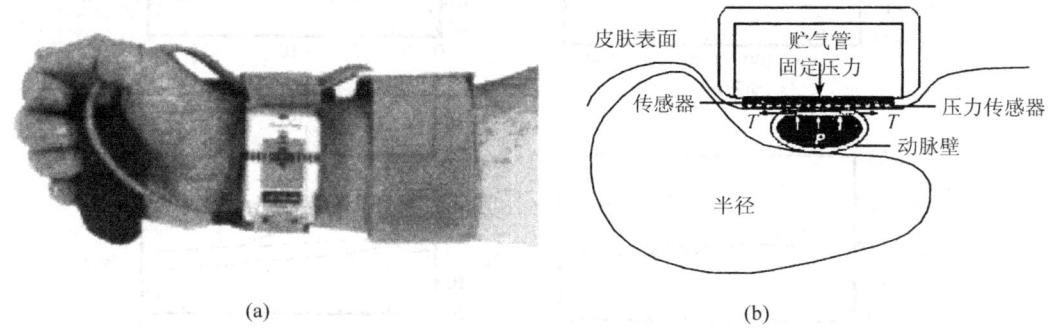

图 6.114　动脉张力测量仪(Colin Medical Instruments Corp.)
(a) 外观图;(b) 原理图

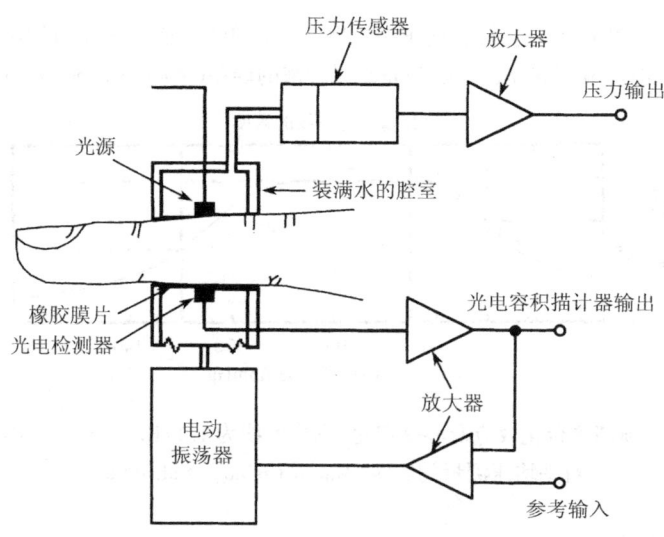

图 6.115　动脉容积钳制法原理图

保持恒定,即获得最大脉搏波,此时动脉处于卸载(unloading)状态。脉搏波的变化由红外光检测,并反馈至气压或液体系统,对指套压力通过电动振荡器不断进行调整,这样指套压力始终等于动脉压,该压力值由压力传感器测得。

该方法由于需要在被测部位始终保持一定压力,长时间测量会引起静脉充血等反应,此外指端的运动较频繁,也会使测量中间出现不断停顿,故系统一般设有伪差信号检测。

(3) 脉波传递时间测量法 该方法是基于生理学的直观认识,即认为当血压增大时,会扩张动脉管壁,从而降低动脉的弹性和顺应性,脉搏波传递速度因而加快。通过与标准测量方法对比和回归分析,建立起脉搏波传递速度与血压间的数学模型,从而指导仪器设计。有关设计原理的具体描述见2.3 实例3。

6.5 生理流体量的测量

在人体内最重要的流体量是存在于血液循环系统中的血液;而在体内外代谢交换中,最重要的流体是呼吸系统中的气体。对于人体这两种流体的测量,同压力测量一样,存在有创和无创、短时和连续测量等模式。相对来说,对血液的测量临床应用较为广泛,内容较丰富,难度也较大。

6.5.1 体内流体量的测量范围

1. 血管中的血流

血管中的血流速度或平均速度,可以用血管的大小粗略估计。因为这个大小反映了血管对血流速度的适应性。在动脉系统中血流速度与动脉直径的关系见图6.116。

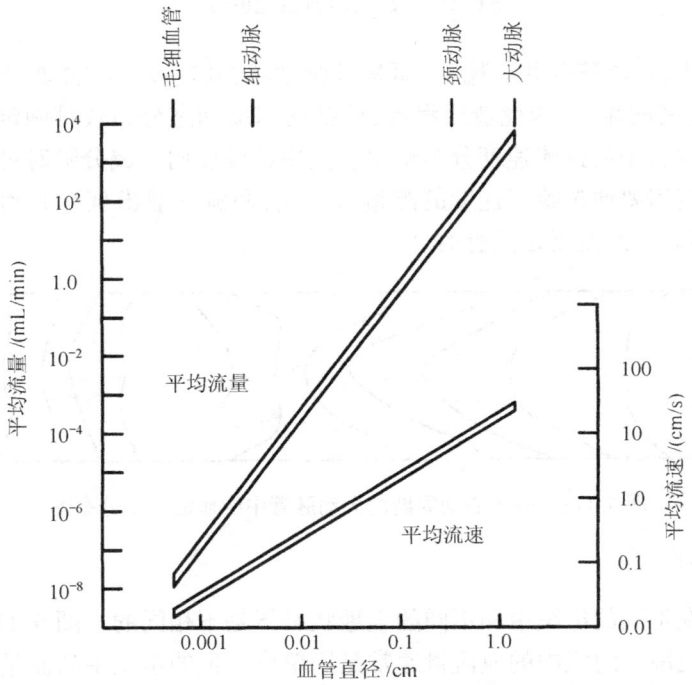

图6.116 动脉系各血管流量(mL/min)平均流速(cm/s)与血管直径的关系

血管的流量(mL/min)大约与血管直径的三次方成正比,而平均流速(cm/s)则与血管直径成正比。直径 2cm 大动脉管中的血流量是 6μm 直径毛细管血流量的 10^9 倍,前者流量达到 200mL/min。迄今还没有任何仪器可以对整个血液系统的流量进行测量,一般针对不同流量或流速范围设计出不同的测量仪器。

在血管中,或任何导管中的流体,在某一断面的速度不会是恒定的,而存在一个流速分布。假如导管是一个长的直管,具有圆形的断面,且假设液体是稳定的和具有层次的,则可建立一个如图 6.117 所示的抛物形速度分布。其中 $U(r)$ 为对应于距离管中心为 r 的流体的速度

$$U(r) = U_m(1 - r^2/R^2) \tag{6.49}$$

式中,R 是管内半径,U_m 是最大速度。于是该断面的流量为

$$Q = \int_0^R U(r) \times 2\pi r \mathrm{d}r = \frac{1}{2}\pi R^2 U_m \tag{6.50}$$

将上式流量 Q 除以断面面积 πR^2,可得 $U_m/2$,即当速度分布呈抛物状时,平均流量为最大流速的一半。

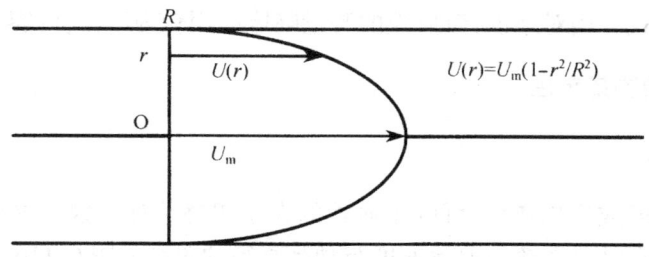

图 6.117　抛物形血流速度分布

但在实际血管中,血流速度并非稳定,而是呈脉动状,其速度分布并非严格呈抛物状。在大动脉中,会突然出现高的流速,因此造成涡流,严格的速度动态分布较难确定。图 6.118 是在一个心动周期内大动脉管中的血流速度分布情况。其中速度反向的成分随时可以看到。在小动脉中对流体方向的确定需要通过瞬态速度的测量来决定,回流一般出现在心动收缩期末端。然而对于动脉瓣缺陷的病人,回流则是固有的。

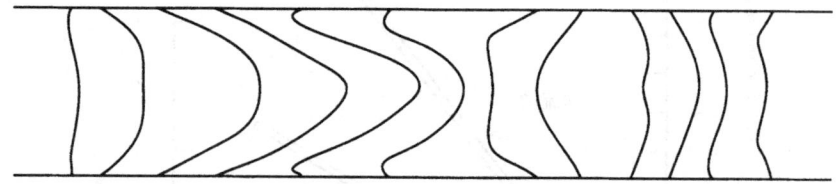

图 6.118　一个心动周期内大动脉管中的血流速度分布图

2. 组织中的血流

组织中的血流在不同的组织中和不同的生理状态下是不相同的。图 6.119 是人体不同器官组织中血流的正常范围。组织中的血流量通常是用单位质量的组织中的流量来表示的。如果对某一范围内的组织均匀地灌注,则组织中的血流量等于该范围灌注的总量除以该组织的总重量。

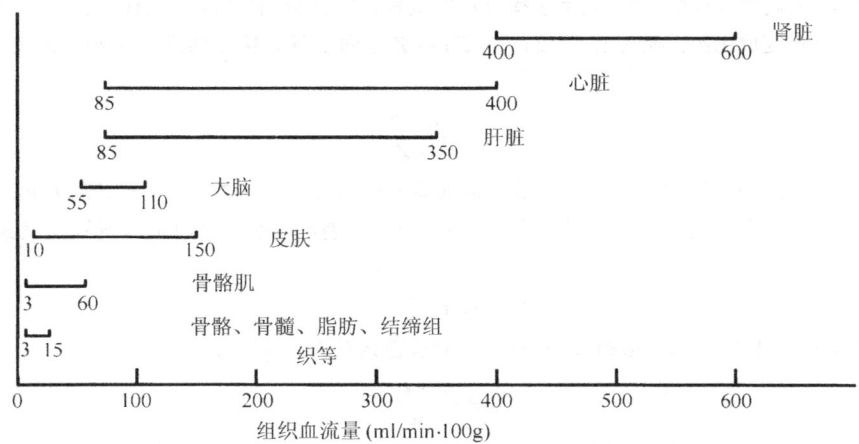

图 6.119　不同组织中的血流量
（标在各组织的数据表示从静态到最大舒张时血流量的变化范围）

如果血流在组织中非均匀分布,则以平均血流量用以作为对该范围内血液循环状态的评估。例如流过某一段肢体组织的平均血流,可以作为对外周循环功能评价的指征。

3. 呼吸气流

通气量(ventilation)是呼吸气测量中的一个重要生理指标,它可以通过对肺部气体容积及其变化来评估,呼出和吸收的气体容积和气体流速的测量反映了肺通气的能力。然而实际肺部的气容难以简单的测定,因为无论多大强度的呼出,始终有一定量的气体残存于肺部。

当通气的温度、压力、水蒸气含量等不变时,气路中的气流大约等于气体容积对时间求导,这样只要已知肺的初始容量,对肺容量的测定,便可以通过对气路中暂态流量的测量来获取。

临床呼吸测量范围不包含最大呼出时的峰值流速。根据美国胸科学会(ATS)提供的标准,流速和容积的测量范围分别是 0~12L/s 和 0~7L。在呼吸测量中,气体的成分可能变化较大,氧和二氧化碳的成分在呼出气体中的变化取决于在肺中气体的传输速度,当纯氧加入气体中时,氧的成分便增加,氦或氩有时被作为示踪气体用于肺功能测量。在麻醉监护中,需要对含有麻醉气的气流进行测量。

由于不同气体物理性质不同,气体中成分的相对差异,会影响流速的测量,即现有测量方法多少都会受气体物理特性的影响,故对于气体成分变化太大的情况,所测流速应予适当校正。通常混合气体物理特性与每种气体的量成线性关系。

附:生理流体量计量单位

通常所指的流量是容积流速(volume flow rate),即一定体积的液体经过一个断面的速率。在 SI 制中,容积流速的单位是 m^3/s,而在生理测量中单位 L/s、L/min 或 mL/min 更为通用。质量流速也可使用,它定义为一定质量的流体流过一个断面时的速率,在 SI 系统中是 kg/s。

当某一流体,如血液从组织中均匀地注入或流出时,其流量通常用单位质量组织的容积流速来表示,某 SI 单位为 $m^3/(s \cdot kg)$,在生理测量中更为通用的单位是 $mL/(min \cdot 100g)$。同样单位容积组织的容积流速也可看作流体在单位间隔时间内的若干次的循环。流体也可以用流速来表征,在 SI 单位中流速为 m/s。

流速如果不均匀,则出现速度梯度,它是速率对其体坐标轴的微分,在黏稠的流体中,其沿切线方向力称为剪切强度,并与速度梯度成比例。换言之,当流速 $U(Z)$ 在 Z 方向上具有速度梯度 $dU(Z)/dZ$,则剪切强度 τ 表示为

$$\tau = \mu \frac{dU(Z)}{dZ} \tag{6.51}$$

式中,μ 是流体的黏度,在牛顿流体中为常数。剪切强度单位在 SI 系统中为帕(Pa),而黏度为 Pa·s。在生理测量中,通常用泊 P[Poise,即 (dyn·s)/cm^2] 与分泊 cP(centiPoise)表示黏度,它与 Pa·s 转换关系式为

$$\begin{aligned} 1P &= 0.1\,Pa\cdot s \\ 1cP &= 10^{-3}\,Pa\cdot s \end{aligned} \tag{6.52}$$

对于流体的平均流速 $\bar{U}$,横断面为圆形的管,内径为 d,则有雷诺数 Re

$$Re = \frac{\rho \cdot \bar{U} d}{\mu} \tag{6.53}$$

式中,μ 为流体密度,ρ 为流体黏度,雷诺数(Reynold's number),Re 为无量纲数。在气体中,流速也是用体积流速来表示,但气体的可压缩性和热膨胀特性是不可忽略的,故经过某一断面的气体的准确的克分子是不能简单地用容积来表示,必须准确地标明所处的压力、温度等。水蒸气压力的变化也会对气体成分的相对量造成影响,通常容积和容积速率均可转换成在标准温度、压力、干度(STPD)条件下的对应量,该标准条件是 0℃,101.3251kPa (1atm),及零水蒸气压。在呼吸测量中,典型的体温条件是环境压力与饱和水蒸气的条件(BTPS),环境温度和饱和水蒸气压力的条件(ATPS),这些条件常附属于每个单位中,如 L/s(STPD),L/s(BTPS)等。

6.5.2 血管中的血流速度测量

在血管中脉动的血流,其变化时而剧烈,时而平稳,对其测量设计根据临床需要,可分瞬态流速测量和平均流速测量两种设计方法。

1. 血流的瞬态流速测量

(1) 电磁流量计　电磁流量计测量适用于任何导电流体,包括血液和生理盐水等,其原理如图 6.120 所示。

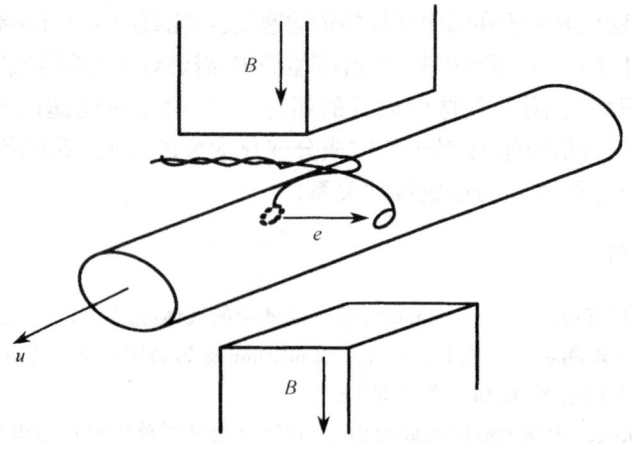

图 6.120　电磁流量计原理图

图中血液以 u 的速度流过电磁场 B，感应电动势 e 可通过传感器测得。根据法拉第电磁感应定律，当导体（血液）在磁场中流动时，在导体上产生的感应电动势为

$$e = \int_0^L u \times B dL \tag{6.54}$$

式中，B 为磁通密度，L 为两测量电极间的距离（m），u 为血流的瞬态速度（m/s），对于恒定磁场（B）和均速（u）的血流感应电动势为

$$e = BLu \tag{6.55}$$

由图 6.117 可知，式（6.55）右端三个向量成正交。流量 Q 可表示为

$$Q = \frac{\pi L^2 u}{4} = \frac{\pi Le}{4B} \tag{6.56}$$

按照 SI 单位标准，Q 的单位是 m^3/s，B 的单位是 T，L 的单位为 m，e 的单位为 V。设计中传感器探头大多采用线性差动变压器（linear variable differential transformer，LVDT），其原理如图 6.121 所示。LVDT 由一个主线圈（图中 a-b）和两个反相串联的副线圈（c-e 和 d-e）组成，主副线圈之间由一个高导磁率的合金棒耦合，主线圈由 60～20kHz 的正弦波激励（在电磁血流计中，一般采用 500Hz 左右），副线圈中感应输出的电压 $V_{cd} = V_{ce} - V_{de}$。当插入合金棒处于正中对称位置时，$V_{cd} = 0$。目前商品化的 LVDT 灵敏度远高于应力变送计，对应于主线圈合金棒

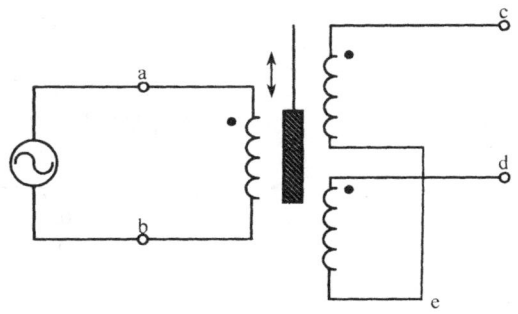

图 6.121 线性差动变压器原理图

0.01mm/V，在副线圈上可得到 0.5～2mV 输出。满量程为 0.1～250mm，线性度±0.25%。因此 LVDT 可直接用于生理压力和位移量的测量。在血流测量中合金棒由血管取代。

LVDT 副线圈上得到的反映位移量的主调制信号（500Hz），经解调后所得到的是位移的大小，而没有位移的方向指示。解决的办法是采用图 6.122 所示的环形解调器，它是由相敏检波电路产生的有方向的全波整流输出。图中 V_c 为载波激励电压，V_i 的相位相对于 V_c 的变化可以由 V_o 反映出来。为了便于理解，将图 6.122 进一步简化可得到图 6.123。图中方波代表解调信号 V_c 与开关二极管的组合效应。当方波处于正向时，开关 K 向上，方波为负向时开关 K 向下，a、b 两输入信号经此开关调制后，得到解调整流信号 a′、b′，由于 a 与 V_c 同相，故整流得出的是正向波形 a′，而 b 与 V_c 反相（180°），故得到输出为负波 b′。这样既能检测血流大小，也能检测到血流的方向。此外任何信号只要其频率与 V_c 不等，均会被阻塞而难以到达 V_o，因此此电路具有很高的信噪比。

一种在血管外周测量血流的电磁血流计探头设计如图 6.124 所示。磁芯为圆环形层叠坡莫合金，上有两组反绕的线圈，从而共同产生一个向套口的磁场 B。为适应不同直径动脉测量的需要，测量探头的直径以 1mm 为间隔，可选范围为 1～24mm。

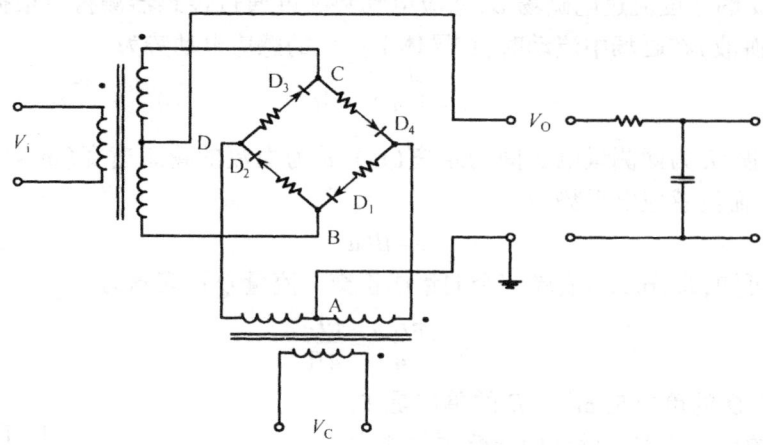

图 6.122　相敏环形解调器

（当 V_i 与 V_C 同相对，V_o 为正；V_i 与 V_C 反相对，V_o 为负）

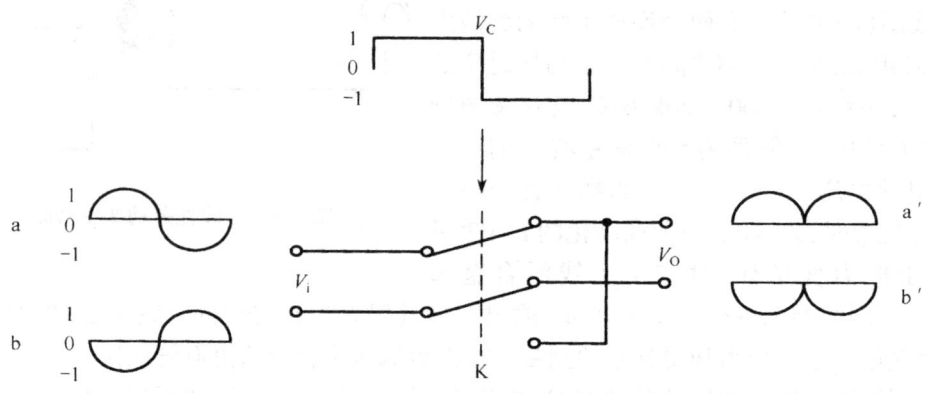

图 6.123　相敏解调原理图

（受 V_C 调控，前半波 K 向上；后半波 K 向下）

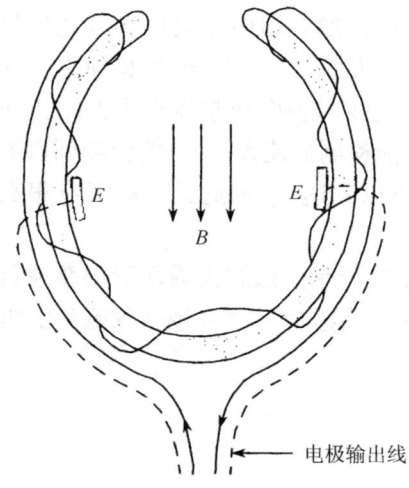

图 6.124　在血管外测量的环形探头

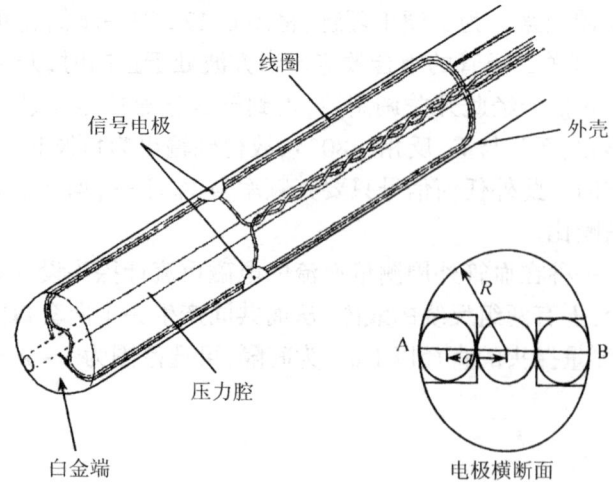

图 6.125　在血管内测量血流的电磁探头

对于较大直径的血管,可直接在血管内测量,采用导管式电磁测量探头,如图 6.125。图中导管外径为 3mm,由于采用无磁芯线圈,圈数不多,仅 30 圈,因此对激励电流需要较大,采用 1A/975Hz 正弦波时,灵敏度为 13.6μV/(m·s)。

有关电磁流量计在血流测量中的精度问题,Shercliff 等在对各种影响因素分析的基础上,得出了有关感应电动势的更为精确的计算公式

$$e = \frac{2B}{\pi a} \int_0^{2\pi} \int_0^a U(r,\theta) \cdot W(r,\theta) r \mathrm{d}r \mathrm{d}\theta \quad (6.57)$$

式中,假设血管外周为圆形,血管外周媒体的导电率为 0,血液流速为 $U(r,\theta)$,其中 r、θ 为血管断面极坐标变量,B 为磁通密度,a 是血管半径。在公式中 Shercliff 首次引入了权重函数

$$W(r,\theta) = \frac{a^4 + a^2 r^2 \cos 2\theta}{a^4 + r^4 + 2a^2 r^2 \cos 2\theta} \quad (6.58)$$

权重函数反映了在血管断面(极坐标)上的某一点 (r,θ) 对所产生感应电动势 e 的贡献。

当采用探头与电极在血管外周测量时(图 6.124),权重函数的分布如图 6.126 所示。

由图可见靠近二电极(E_1、E_2)处的权重函数最大,即对电动势 e 贡献最大,因而所测得的流速较多地反映了在电极附近血流的速度。当采用的探头与电极在血管内测量时(图 6.125),其权重函数分布如图 6.127 所示。探头周围 1mm 范围内占有 90% 的权重,即是说在横断面上只有很小的流量对电动势做了贡献。因此与其说是流量计,不如说是局部流速测量计。但在一定条件下,所测信号与流量还是具有很好的相关性。

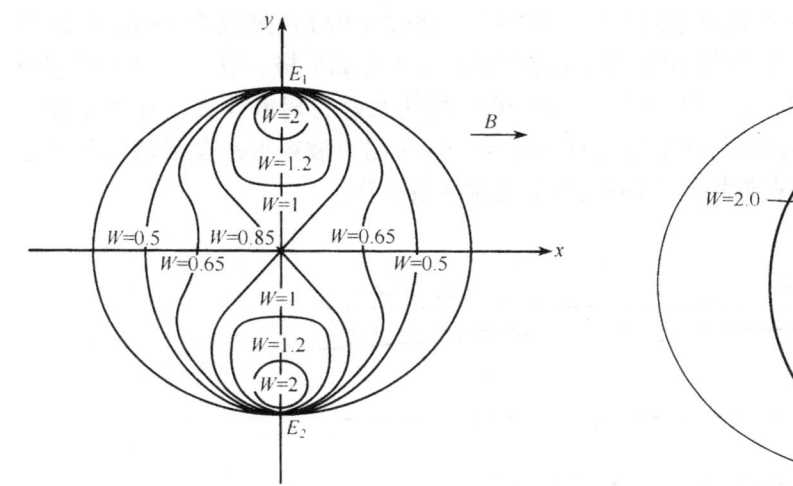

图 6.126 探头置于血管外周测量时的权重函数分布　　图 6.127 探头置于血管内测量时的权重分布

(2) 超声流量计　超声波不属于电磁波,而是由高频机械振动产生的具有力学特性的波,其频率高于 20kHz 超出人类听觉范围。医学应用主要集中在 1MHz(波长 1.5mm)至 20MHz(波长 0.075mm)之间。除骨骼外,人体软组织声学特性接近于水(表 6.18),水中横波与纵波的振幅比为 -32dB,所以利用超声波在人体诊断中一般只考虑纵向声波的作用。超声波的速度 c_L 与其频率 f 和波长 λ 的关系如下式:

$$c_L = f\lambda \quad (6.59)$$

超声在软组织中传播速度约为1540m/s,则当f为1MHz时,λ为1.5mm。式中速度c_L还与组织的温度有关,对于非脂肪为正温度系数,而脂肪组织为负温度系数。

表6.18　超声在正常组织和材料中的声学特性

材　料	速度(m/s)	阻抗(10^6Pa·s/m)	衰减(1MHz时 dB/cm)
空气(STP)	330	0.0004	12
水	1480	1.48	0.002
脂肪	1450	1.38	0.63
血液	1570	1.61	0.18
肾脏	1560	1.62	1.0
软组织	1540	1.63	0.70
肝脏	1550	1.65	0.94
顺纹肌	1580	1.70	1.3
横纹肌			3.3
骨骼	4080	7.80	15
陶瓷晶体	5100	3.0	2.3
树脂玻璃	2670	3.2	2.3

超声探头采用机电能量可互为转换的压电晶体材料制成,因此既可以产生超声波,又可用以接收超声波。医学上一般采用转换效率很高的铅-锆酸盐-钛酸盐(PZT),经混合、融化后,冷却通过居里温度,然后在强电场下使材料极化而成,晶体材料两面为金属电极。设一个盘状的超声探头(图6.128),取其半径r为波长λ的10倍,即$r=10\lambda$,则其发射的超声波束在近场呈圆柱形,圆柱长度为r^2/λ;而远场呈圆锥形,其半角为γ,$\sin\gamma=0.6\gamma/r$超声波束形态及沿轴向的声压变化见图6.128。声压大小变化在近场起伏振荡,而远场幅度较平稳。

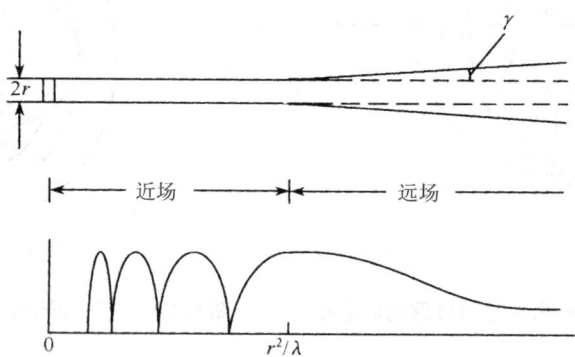

图6.128　圆盘形传感器发射的超声波束形态(上图)及其沿轴向的声压变化(下图)

根据超声在媒质中的传输时间和相移可以进行血流测量。超声发射与接收探头分别置于血管上、下游,如图6.129。

假设血液在整个断面上的流速分布均匀,则传输时间T由下式表示

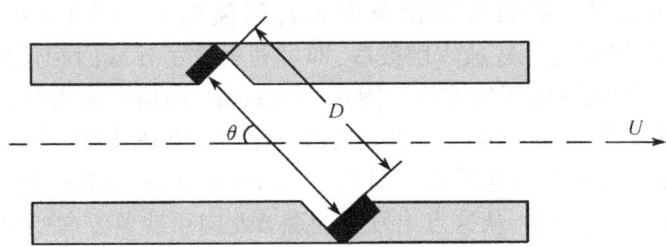

图 6.129　超声传输时间与相位测量

$$T=\frac{D}{c_L \pm U\cos\theta} \tag{6.60}$$

式中,c_L 为超声波速度,D 为超声发射与接收两传感器之间的距离,U 是被测血流速度,θ 是超声波束与血管轴线间的夹角。式中±的选择是,当超声发射方向顺血流方向时取+号,相反则取-号。两个方向的传播时间差值:

$$\Delta T=\frac{2DU\cos\theta}{c_L^2-U^2\cos^2\theta}=\frac{2DU\cos\theta}{c_L^2} \tag{6.61}$$

一般,$U \ll c_L$,由传输时间差 ΔT 引起的相差 $\Delta \Phi$ 为

$$\Delta\Phi=\omega\Delta T=\frac{2\omega DU\cos\theta}{c_L^2} \tag{6.62}$$

式中,ω 为超声波的角频率。显然只要通过仪器测得 ΔT、$\Delta \Phi$,联立式(6.61)和(6.62),便可求得血流速度 U。ΔT 的测量设计如图 6.130(a),其原理是第一个脉冲周期,由一个超声探头发出超声波,由另一个探头接收,测出传输时间延迟;在下一个脉冲周期两个探头的功能切换,并测出相应的传输时间延迟,两次测得的脉冲传输时间差,由同步检波器检波输出。$\Delta \Phi$ 的测量如图 6.130(b)所示,测量顺流方向和逆流方向超声信号的传输相位差,脉冲仍然交替发出,使超声波

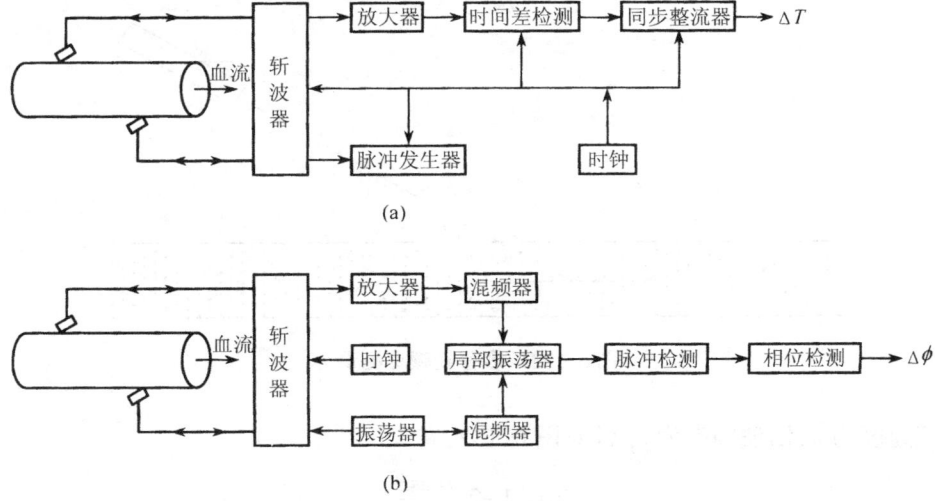

图 6.130　超声流量计 ΔT 与 $\Delta \Phi$ 的测量

依次顺流发射和逆流发射。若顺流的相角为 $\omega_0 t$，逆流的相角为 $(\omega_0 t + \Delta\Phi)$，构建正交信号 $\cos(\omega_0 t)$、$\sin(\omega_0 t + \Delta\Phi)$ 经过比较放大削波后，即可利用数字异或门相位检波器（图 6.131）检出与 $\Delta\Phi$ 值大小相对应的线性电压的输出。图 6.131(a)中，两信号输入经比较器 Q_1、Q_2 整形为方波信号 A、B，再经异或门 Q_3 输出 V_d，V_d 方波的占空比与 $\Delta\Phi$ 成正比，经低通滤波可得到与 $\Delta\Phi$（范围 $\pm\pi/2$）值大小成正比的线性电压 V_O。显然，当 $\Delta\Phi = 0$ 时，A 与 B 相差 90°，异或门输出一半时间为 1，平均输出为 V_{DD} 的一半，从这点出发可判别 $\Delta\Phi$ 向正或负方向变化（图 6.131(b)）。

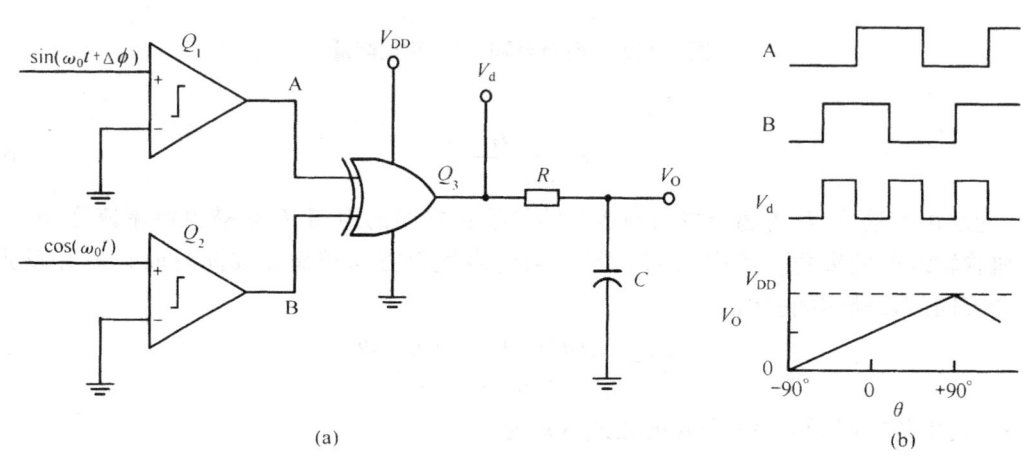

图 6.131 采用异或门的相位检波器原理

(3) 多普勒超声血流计 多普勒效应表明，当被测目标远离发射探头而去时，接收到的超声回波频率变低，相反则变高。有关频率与速度变化有如下的关系式

$$\frac{f_d}{f_0} = \frac{u}{c_L} \tag{6.63}$$

式中，f_d 为多普勒频移，f_0 为发射源频率，u 为目标速度，c_L 为声波纵波速度。

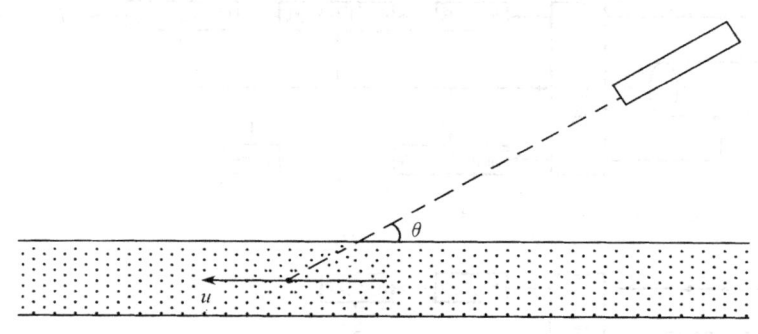

图 6.132 多普勒频移测量

设血流速度为 u，回波频率为 f，针对图 6.132，有

$$f = f_0 \left(1 \pm 2\frac{u\cos\theta}{c_L}\right) \tag{6.64}$$

则多普勒频移 f_d 为

$$f_d = f - f_0 = \pm \frac{2f_0 u \cos\theta}{c_L} \tag{6.65}$$

在血流测量中入射超声波频率范围一般为 1～10MHz，$u\cos\theta$ 一般在 0～1m/s，f_d 为 0～13kHz，正好处在音谱范围，故可以监听。为获取大的信噪比，应正确选择入射频率 f_0，f_0 与血管深度密切相关，如图 6.133。

采用多普勒频移原理测量血流速度有两种设计方法，一种是基于连续超声波（图 6.134（a）），系统发出两束相交叉重叠的超声波以确定其测量部位，另一种是基于脉冲波（图 6.134（b）），其被测部位的确定依靠波束的宽度和脉波波长。

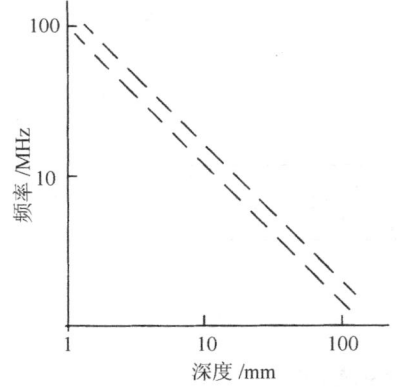

图 6.133　入射频率与肌组织深度的关系

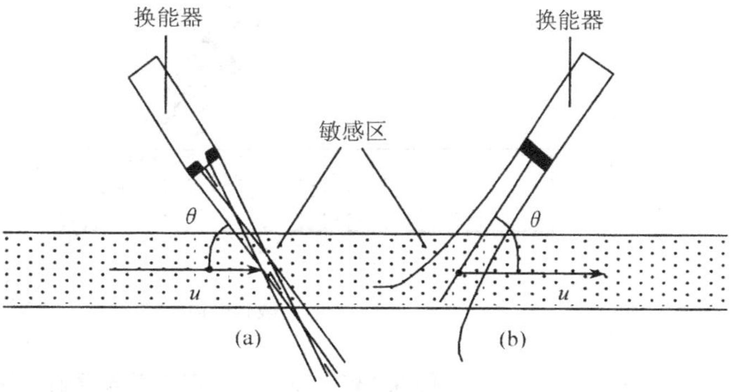

图 6.134　两种形式的多普勒系统
（a）连续多普勒系统；（b）脉冲波系统

采用连续波的多普勒系统设计较为简单，如图 6.135 所示。其缺点是无法获取空间信息。较为符合实际应用的设计是采用脉冲信号的方法，它将多普勒系统与脉冲回声系统相结合，如图 6.136，从而不仅测得血流速度，同时也测出了血管的大小和深度。超声波进入人体所达到的不同深度，其回波探头都可以接收到，但距超声探头不同距离的组织声波传输时间是不同的。故系统设计（图 6.136）中采用了门控电路，按探测深度的不同控制发射与接收超声信号的时间间隔。

除血管深度和大小不同外，在测量中会遇到多个血管共存的情况，因此在测量中需要界定一定的范围，从而确保对单根血管的测量。如图 6.137，假如被监测的血管小区为 d，配以相应的门控脉冲宽度为 τ，显然所发射的短脉冲宽度 τ_p 控制在 τ 范围内，即 $\tau_p < \tau$，d 由下式决定：

$$d = c_L \tau / 2 \tag{6.66}$$

根据上式，若 $\tau = 4\mu s$，$c_L = 1.5 \times 10^3 m/s$，则 $d = 3mm$。显然 d 的分辨力与 τ 有关，τ 越短分辨力越高。但 τ 太短，会使产生的多普勒频移很小，当 τ_p 只有几微秒，超声频率为几兆赫兹时，对于原脉冲的超声频移根本不可能测得（f_d 远小于 f_0），从而也无法求得血流速度。解决这一问题的方法是按一定时间间隔（T），重复发送超声脉冲，发出的每组信号由许多脉冲组成，它们具有很锐的谱特征和固定的相位关联，这样即使很小的多普勒频移也可通过谱分析获得，重复发送脉冲的重复频率 f_{prr} 由下式决定：

$$f_{prr} = \frac{c_L}{2D_{max}} \tag{6.67}$$

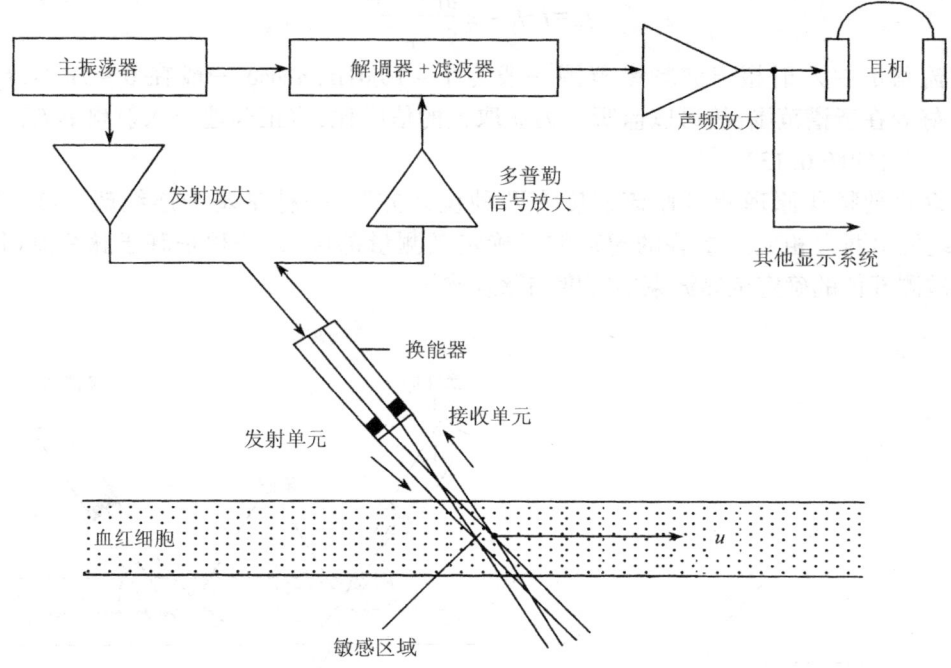

图 6.135 连续超声多普勒频移血流速度测量系统框图

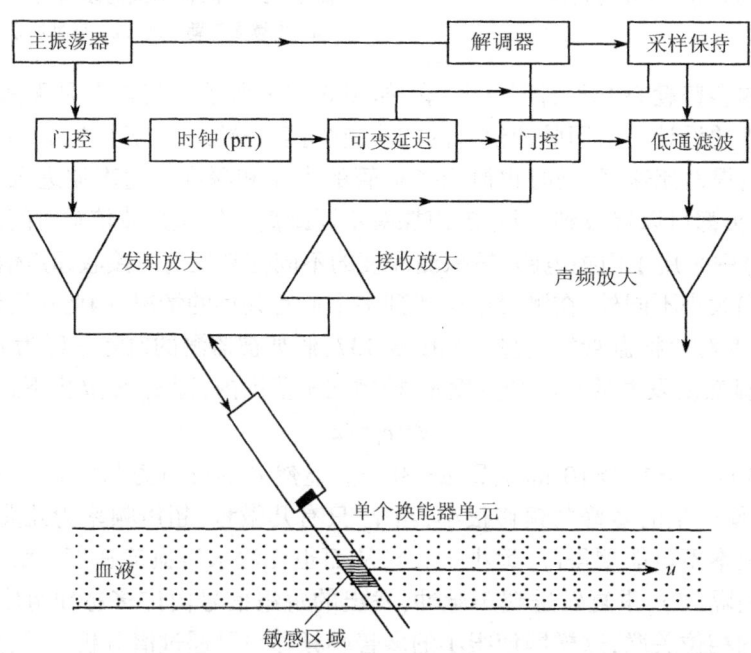

图 6.136 脉波式多普勒超声血流速度测量系统框

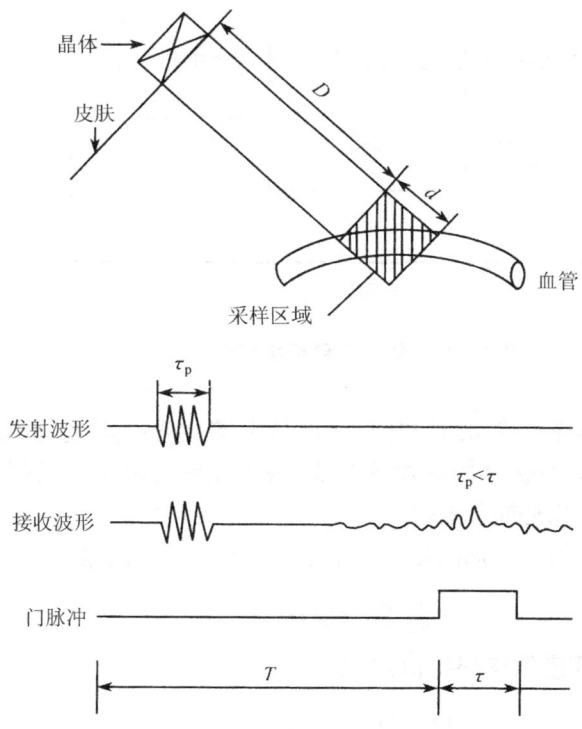

图 6.137 脉波式多普勒超声血流测量原理图

式中,D_{max} 是最大探测深度,而可测的血流最高速度为

$$U_{max} = \frac{c_L f_{dmax}}{2f_0} = \frac{c_L^2}{8f_0 D_{max}} \tag{6.68}$$

式中,f_0 为 MHz,D_{max} 为 mm,U_{max} 为 mms^{-1},c_L 为 ms^{-1}。根据 Nyquist 定律,式中最大超声频移 $f_{dmax} \leq f_{prr}/2$,上式表明仪器能测得的血流的最高速度,受到超声发射频率和最大观察范围(深度)的限制。

2. 血流的平均流速测量

血流平均速度测量方法有两类,一类是有创的,典型的方法为指示剂稀释法,它是在血管"上游"注入指示剂,然后在血管"下游"测量指示剂浓度从而估算出血流的平均速度。第二类是无创的,典型的有生物阻抗法,它借助了容积导体模型,将血管中血液阻抗的变化,定量地反映出来,从而求出血流的平均速率。

(1) 指示剂稀释法 在指示剂稀释法中,常用的指示剂有染料、放射性核素、电解质、热量等。此外在专用于心排血量测量的费氏方法(Fick's method)中,采用气体(O_2、CO_2 等)作为指示剂。

1) 测量原理 该方法的物理模型如图 6.138 所示,指示剂从上游(左端)注入,在腔体中均匀混合,然后进入下游(右端),并在此处测出指示剂浓度,指示剂从上游注入有两种方法:一种是快速注入;一种是持续(恒量)注入。

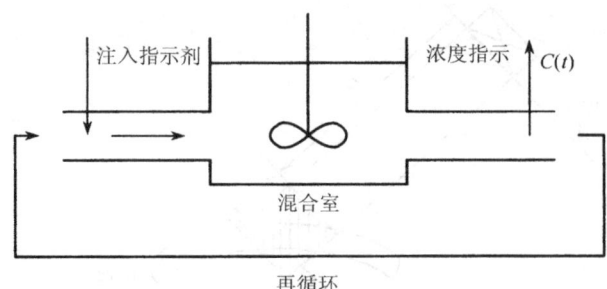

图 6.138 指示剂稀释法原理

A. 快速注入法。该方法是在很短的时间内,在血管上游注入一定量的指示剂,然后在下游测量血液中该指示剂的浓度,从而获得指示稀释曲线(图 6.139),由于指示剂参与血液再循环,因此在曲线下降沿接近低部处出现向上波动。

若设血流速率为 Q,在 t 时刻指示剂浓度为 $c(t)$,则注入指示剂的量为

$$I = \int_0^\infty Q \cdot c(t) \mathrm{d}t \qquad (6.69)$$

如果没有再循环存在,且血流速度始终保持恒定,则

$$Q = I / \int_0^\infty c(t) \mathrm{d}t \qquad (6.70)$$

但在实际测量中,指示剂可能参与再循环,则需进行必要的修正,以消除再循环的影响,一种称为"前三角形"(forward triangle)的修正方法,常被采用,如图 6.140 所示,它把整个稀释曲线的上升段作为对流量计算的参照和依据,并得出如下近似式

$$\int_0^\infty c(t) \mathrm{d}t \cong 1.35 c_p t_p \qquad (6.71)$$

式中,t_p 和 c_p 的含义是,稀释曲线经过时间 t_p 达到其最高浓度 c_p,代入式(6.70)即可求出平均

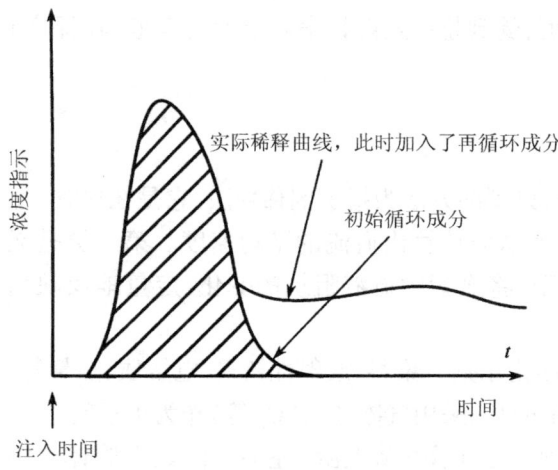

图 6.139 指示剂快速注入的稀释曲线

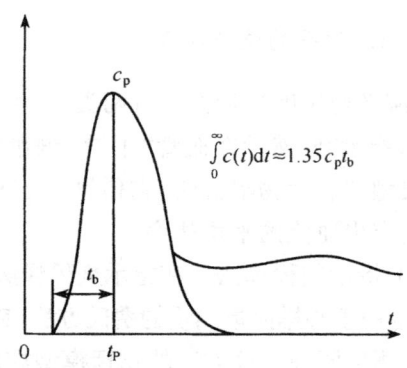

图 6.140 前三角形修正法

流速 Q。

B. 连续注入法。该方法要求指示剂按一定的速度在上游连续注入,以确保在血管下游段测得的指示剂浓度保持平衡。假如给定指示剂的量为 I_0,注入容量为 V 的血管中,所得到的浓度为 c,则 $c=I_0/V$。假如再额外加入量为 I 的指示剂时,则有 $\Delta c=I/V$。由于血液处在不停的流动中,为确保浓度变化为一常量,必须在单位时间内,连续地加入一定量的指示剂,即 $\Delta c=(\mathrm{d}I/\mathrm{d}t)/(\mathrm{d}V/\mathrm{d}t)$,因此血流速度可由以下公式计算:

$$Q=\frac{\mathrm{d}V}{\mathrm{d}t}=\frac{\mathrm{d}I/\mathrm{d}t}{\Delta c} \tag{6.72}$$

2) 染料稀释法(dye dilution method) 有多种染料可以用作血流测量。在心排血量测量中常采用一种有色染料印度花青绿(indo-cyanine green),又称心脏绿(cardiogreen),它能较好地满足指示剂的要求 ①具有惰性;②无害;③可测量;④经济;⑤始终能保留在血管中。另外很重要的是吸收光谱对称地分布在 800nm 两边——氧合血红蛋白与还原血红蛋白光谱正好分布在 800nm 两边,故血氧饱和度的变化,不会对光谱吸收造成影响(图 6.141)。此外在可见光谱段,其光谱吸收特性很差,因此不会对组织产生染色效应。对于浓度的测量采用光谱分析方法检出。

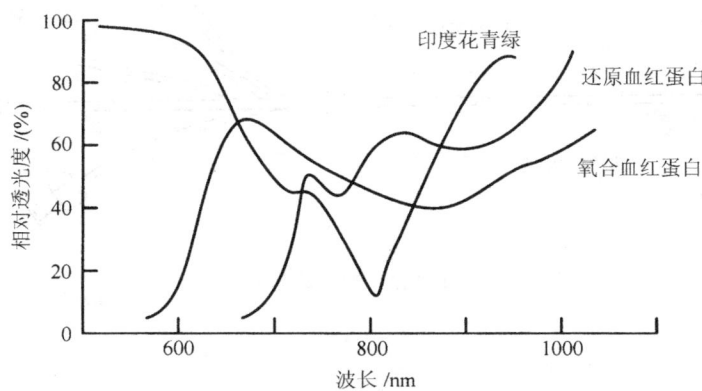

图 6.141 印度花青绿、氧合血红蛋白及还原血红蛋白的吸收谱

当染料浓度 c 不太高时,入射光 I_0 与吸收后的光强 I 之间符合朗伯-比尔(Lambert-Beer)定律

$$\frac{I_0}{I}=\mathrm{e}^{\varepsilon cd} \tag{6.73}$$

式中,ε 为吸光系数,d 是血管中剖面血液的径向尺度。当指示剂染料为一定量输入(如染料 5mg,生理盐水 10mL),由上式求得 c,再引用式(6.70),便可求出平均血流 Q。

3) 热稀释法(thermodilution method) 该方法一般采用接近 0℃ 的冷盐水(或等渗葡萄糖液)作为指示剂,用量控制约 10mL,这样冷盐水在血中迅速被加热,就不会有再循环而出现稀释曲线后沿的波动。此外该指示剂无毒,因此可重复使用。

设注入的指示剂容积为 V_I,密度为 ρ_I,温度为 T_I,血液密度为 ρ_B,血液温度为 T_B,指示剂比热为 C_I,血液比热为 C_B,则血流速率 Q 为

$$Q = \frac{\rho_I C_I}{\rho_B C_B} \times \frac{V_I(T_B - T_I)}{\int_0^\infty \Delta T_B \mathrm{d}t} \tag{6.74}$$

式中,ΔT_B 为血液温度的变化,系数 $\frac{\rho_I C_I}{\rho_B C_B}$ 对应于 5% 等渗葡萄糖液为 0.93,对于盐水为 0.91。

用热稀释法作心排血量测量,广泛采用 Swan-Ganz 热稀释导管(图 6.142),导管直径为 2.3~2.5mm,装有一个小气球和一个热敏电阻(时间常数为 0.2~0.45s),冷试剂注入口距端口 25~30cm,另有一附加腔口可用于压力测量或提供治疗用。插入位置如图 6.143 所示,导管从外周静脉管进入通过右心室插入肺动脉。冷盐水或等渗液从导管开口处注入右心房,与右心房和右心室中的血液混合后,血液温度降低,温度变化为 ΔT,由位于肺动脉处的热敏电阻测得。

4) FICKS 方法　该方法被视为心排血量测量的标准方法,一般采用氧气(O_2)作为指示剂,因氧耗单位时间

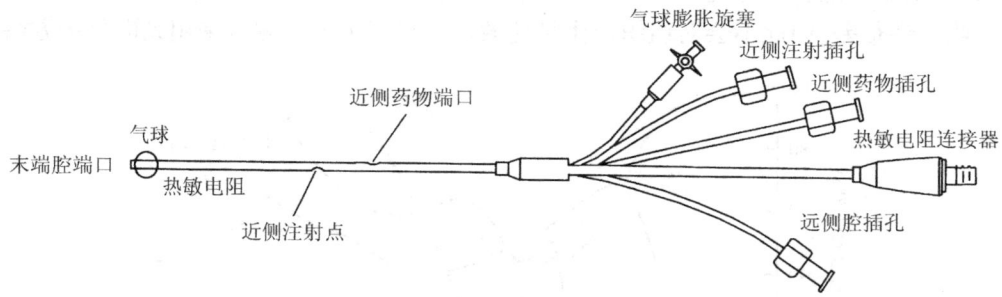

图 6.142　热稀释导管

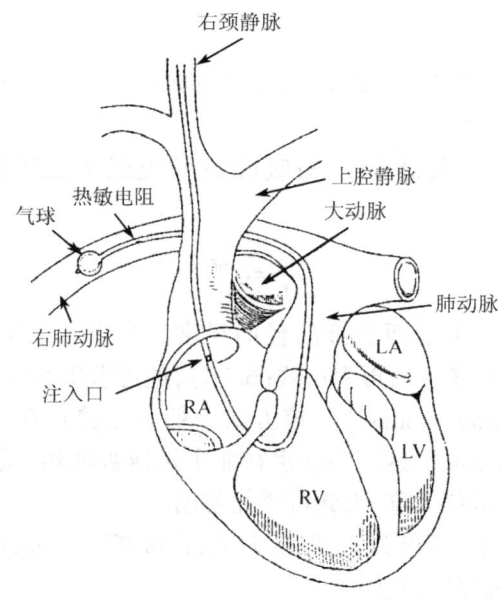

图 6.143　用热稀释法监测心输出

内补充氧气的量为 V_{O_2},速率为 $\dot{V}_{O_2}=dm/dt$(L/min),动脉 O_2 的浓度为 C_{aO_2},静脉氧 O_2 的浓度为 C_{vO_2},则血流速率为

$$Q=\frac{\dot{V}_{O_2}}{C_{aO_2}-C_{vO_2}} \quad (6.75)$$

式中,Q 的单位为 L/min,其测量原理如图 6.144,氧耗速率 V_{O_2} 由肺活量计测出。动脉血从手臂或腿动脉处取样,静脉血则从肺动脉处取样。测量中分别在动脉内和肺动脉内置入导管,以便随时取血样测量。

肺活量计(spirometer)原理图,参见图 6.159 纯氧从肺活量计吸入,故可直接读出,排出的 CO_2 由肺活量计中的苏打石灰过滤器吸收。

此外还有不需要导管的所谓间接 FICKS 方法,它借助于对呼出的气体进行分析获得有关血液循环的有关参数。作指示剂的气体还有 CO_2,NO 等。

(2)生物阻抗法 采用生物阻抗法进行心排血量的测量,1939 年由美国生理学家 Nyboer 首次提出。

其基本思想是基于容积导体理论,人体是一个

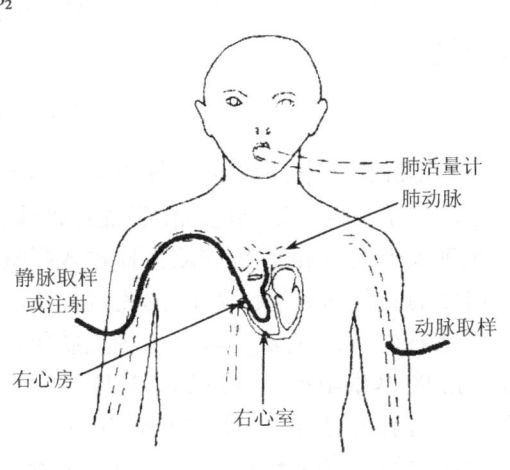

图 6.144 FICKS 法测量心排血量

导电体,但各组织电阻率(ρ)并不相同。Nyboer 公式导出是基于电阻公式 $R=\rho\cdot\frac{L}{S}=\frac{1}{\sigma}\cdot\frac{L}{S}$($\rho$ 为电阻率,σ 为电导率)以及容积导体并联模型(图 6.145)。图中将胸部以及其他组织的平均电阻率设为 ρ_2,电导率为 σ_2,半径为 a 的中央空心圆柱形容积导体,主动脉、大动脉血管视为位于圆柱中央的弹性腔,其中血液的电阻率为 ρ_1,电导率为 σ_1,其半径为 b,两供电电极接到恒流源 I 上,两测量电极之间的距离为 L,设血液电阻 R_1,其他组织电阻 R_2,则有

$$R_1=\rho_1 L/\pi b^2, \quad R_2=\rho_2 L/\pi(a^2-b^2) \quad (6.76)$$

考虑到 $a\gg b$,利用电阻并联公式可得两电极之间胸腔总电阻为

$$R=\frac{L}{\pi(a^2\sigma_2+b^2\sigma_1)}=\frac{L\rho_1\rho_2}{\pi(\rho_1 a^2+\rho_2 b^2)} \quad (6.77)$$

上式两边对 b 求微分可得

$$\Delta R=-\frac{L\rho_1\rho_2(2\rho_2 b\Delta b)}{\pi(\rho_1 a^2+\rho_2 b^2)^2}=-R^2(\Delta V/L^2\rho_1) \quad (6.78)$$

式中,$\Delta V=2\pi Lb\Delta b$ 为弹性腔体积的改变量。将式(6.78)左边 ΔR 用 ΔZ 表示,右边 R 用胸部基础阻抗 Z_0 表示,则得

$$\Delta V=-\rho_1(L/Z_0)^2\Delta Z \quad (6.79)$$

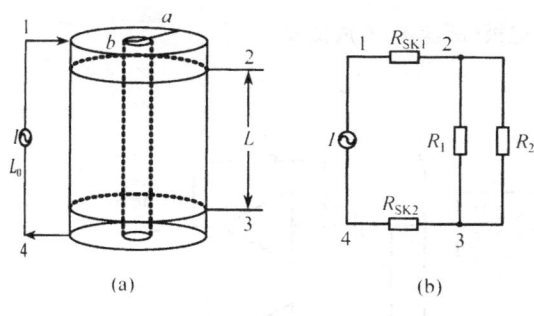

图 6.145 人体容积导体模型
(a)大圆柱为人体上部躯干,内部小圆柱体为主动脉管;
(b)电路模型

假如心脏每搏输入弹性腔的血量全部用于扩充其体积,则有 $\Delta V = SV$(心脏每搏输出量),于是有 Nyboer 公式

$$SV = -\rho_1 (L/Z_0)^2 \Delta Z \tag{6.80}$$

Kubicek 于 1966 年引入射血间期 T_s,用 $\left.\dfrac{dZ}{dt}\right|_{max} \cdot T_s$ 代替 ΔZ,并去掉负号,得到目前常用的 Kubicek 公式

$$SV = \rho_1 (L/Z_0)^2 \left.\frac{dZ}{dt}\right|_{max} \cdot T_s \tag{6.81}$$

在实际设计中,为消除皮肤阻抗等因素,采用四条带状电极,也可用八个盘状电极(如一次性心电图粘贴电极),激励电流由恒流源产生,一般频率为 20~100kHz,电流 1~5mA,恒流源输出阻抗远大于人体阻抗,前置放大器输入阻抗远大于人体总阻抗,从而确保阻抗测量的可靠性。有关电极的安置和 Z_0 及 dZ/dt 的测量分别示于图 6.146 和图 6.147 中。

在图 6.147 中,Z_{SK1} 和 Z_{SK2} 为皮肤阻抗,Z_{b1} 和 Z_{b2} 为同侧激励电极与接收电极之间的阻抗,Z_0 为胸腔基础阻抗一般在 25~35Ω 之间。根据 Kubicek 公式(式 6.81)要测出每搏心排血量,还需要知道射血间期 T_s,为此应增加心音检测,根据第一和第二心音求出 T_s。此外为了克服背景噪声和动作电位的干扰,往往采用几个到十几个 dZ/dt 波形叠加,得到一个光滑平稳的波形,以方便测量。

为此需记录一导心电波形,提取QRS波作为叠加的同步标识。完整的测量记录示于图6.148

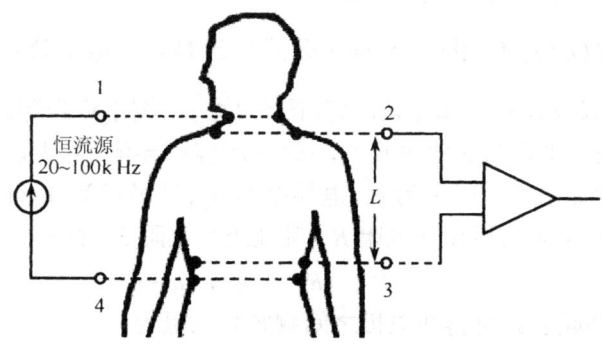

图 6.146 4 电极(带状)或 8 电极(圆盘状)安放位置

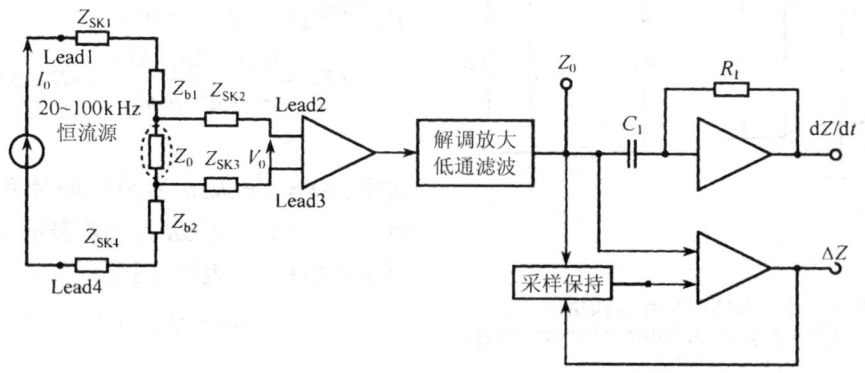

图 6.147 人体阻抗测量原理图

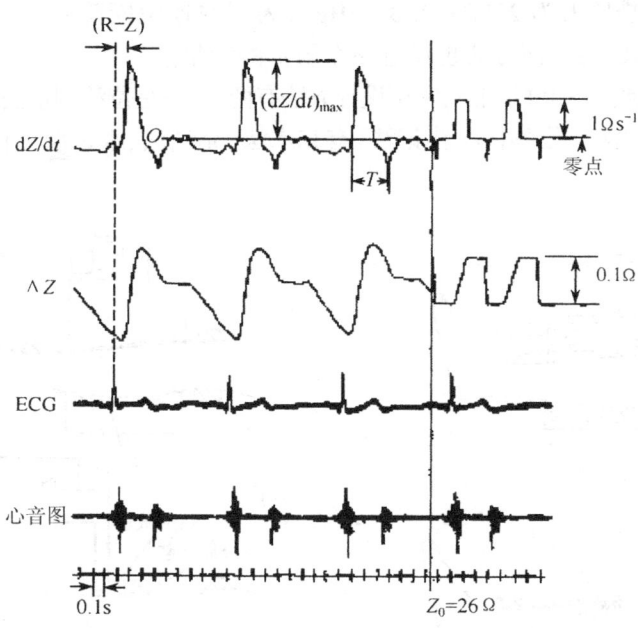

图 6.148　用于每搏心排血量测量同步记录的生理信号

中,根据实测生理信号,利用 Kubick 公式,即可求得每搏心排血量。例如,两测量电极间距为 $L=25\text{cm}$,血液电阻率 $\rho=150\Omega$,实测 $Z_0=26\Omega$,$\mathrm{d}Z/\mathrm{d}t_{\max}=2\Omega\text{s}^{-1}$,$T=\dfrac{1}{3}\text{s}$,则每搏心排血量 $SV=100\text{ml}$。有关心排血量的数学模型至今仍处在不断的改进和完善中(参见 2.3.3 小节实例 6)。

6.5.3　人体组织中的血流测量

人体组织中的血流测量根据不同的生理需要有不同的测量方法。如对于肢体的平均组织血流测量采用压迫静脉的体积描记图方法,对于局部浅表层组织血流测量采用激光多普勒技术;而对于深层组织的血流测量采用放射性同位素或用核磁共振测量,对于断层血流分布则可采用 CT 技术等。

1. 压迫静脉的体积描记方法

该方法的基本原理示于图 6.149,以小腿测量为例,两个充气袋分别套在小腿的近端和远端,对远端袋充气使其压力大于最大动脉压,这样在充气袋下的所有动脉和静脉均处于闭塞状态,然后用略低于最低动脉压的压力提供近端充气袋,这样阻塞了静脉血流,但动脉血流并未阻断。记录下该小腿段的体积变化,则血流 Q,由该段体积增量 $\mathrm{d}V/\mathrm{d}t$ 确定,即

$$Q=\frac{\mathrm{d}V}{\mathrm{d}t} \qquad (6.82)$$

对于正常人近端阻断静脉压力,一般取 6.7kPa

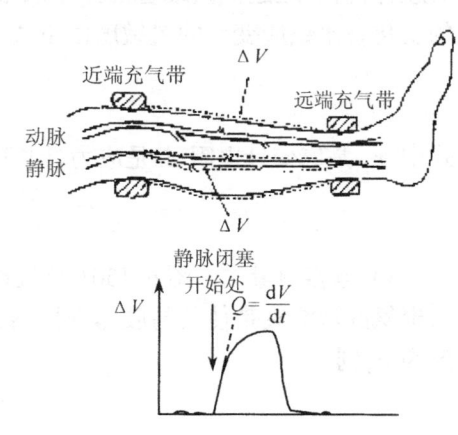

图 6.149　静脉压迫方法原理图

(50mmHg),而远端气袋压力为 20kPa(150mmHg),为了快速阻断静脉,一般要求到达最高压力的时间应尽可能短,如 0.1s。该方法也适宜整个腿部的测量。

对于体积变化 ΔV 或 dV/dt 的测量,常用设计方法有两种:一是位移测量法,二是生物阻抗法。

(1) 位移体积描记法　位移体积描记法,有充水法、充气法、水银应力计量法和电容法,如图 6.150。

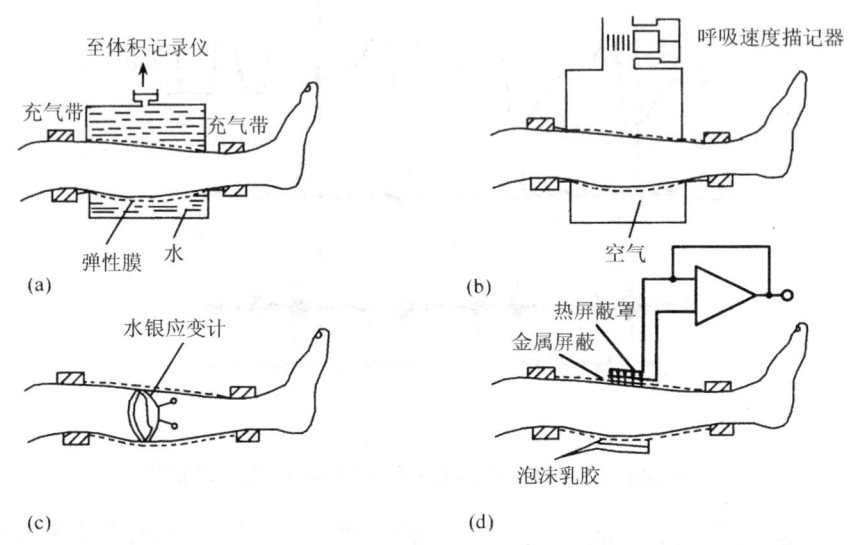

图 6.150　位移体积描记法
(a) 充水法;(b) 充气法;(c) 水银应力计量法;(d) 电容测量法

1) 充水法和充气法　图 6.150(a)、(b)该两种方法采用了与肢体紧密结合的弹性腔(采用软橡胶膜等),以反映体积的变化,测量较为简单直观。如充水法,只需要记录测试孔液面的变化,而充气法将呼吸速度描记器作为气流传感器,在充气袋出入气孔处进行测量记录。

2) 水银应变计测量法　图 6.150(c)在一种具有高膨胀度的细管内充满水银细管缠绕在被测肢体部位,通过测量细管拉伸中水银电阻值的改变,获得肢体周长变化的量,从而计算出体积的变化。水银应变计的灵敏度由下式表示:

$$\frac{dr_m}{r_m} = 2\frac{dL}{L} \tag{6.83}$$

式中,r_m 是应变计电阻,L 是应力计长度,若引线电阻为 r_w,则总电阻的相对变化为

$$\frac{dr}{r} = 2\frac{dL}{L} \cdot \frac{1}{1+r_w/r_m} \tag{6.84}$$

3) 电容测量法　图 6.150(d)假设被测肢体部位为圆柱体,直径为 D,带状电极由金属薄膜与聚氨酯泡沫夹带使其与肢体密切贴合,带状电极的宽度为 L,厚度为 s,电极与肢体间的介电常数为 ε,则

$$C = \frac{\varepsilon L \pi D}{s} \tag{6.85}$$

带状电极包裹下的肢体容积 V 为

$$V = \frac{\pi L(D-2s)^2}{4} \tag{6.86}$$

如果 $D \geqslant 2s$，则

$$\frac{dC}{dV} = \frac{dC}{ds} \Big/ \frac{dV}{ds} = \frac{\varepsilon}{s^2} \frac{D}{D-2s} \approx \frac{\varepsilon}{s^2} \tag{6.87}$$

即

$$dV = dC \cdot \left(\frac{s^2}{\varepsilon}\right) \tag{6.88}$$

由上式，假如一个电极带宽 38mm，平均直径 64mm，厚度为 6mm，则电容的改变可以精确地以 2% 的线性度反映体积变化。

(2) 阻抗体积描记法　该方法按照标准的静脉压迫法，并结合生物阻抗法实现。阻抗测量采用四电极，激励电源为恒流源，激励电流为 0.1～10mA，频率为 20～200kHz，两激励电极置于两端，测量电极置于其内侧，如图 6.151 所示。假设被测肢体部位的长度为 L，体积为 V_0，组织电阻率为 ρ_0，假设该段肢体截面的面积均为 A_0，有 $A_0 = V_0/L$，设组织血管的体积为 V_b，血液电阻率为 ρ_b，组织中血管截面 A_b 为 $A_b = V_b/L$，肢体组织与血管的并联导体模型示于图 6.152 中，两导体的阻抗分别为

$$Z_0 = \frac{\rho_0 L}{A_0} = \frac{\rho_0 L^2}{V_0} \tag{6.89}$$

$$Z_b = \frac{\rho_b L}{A_b} = \frac{\rho_b L^2}{V_b} \tag{6.90}$$

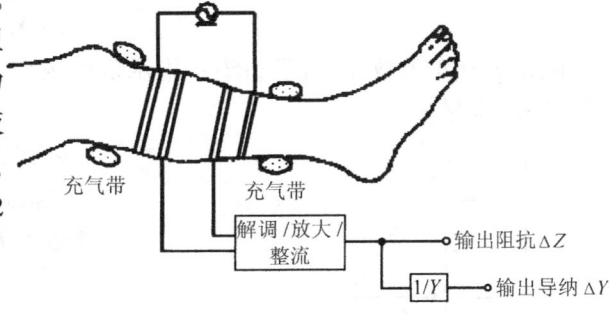

图 6.151　阻抗体积描记原理图

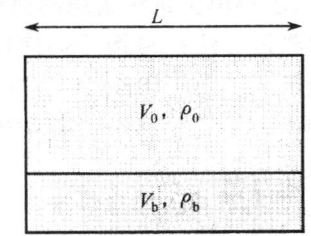
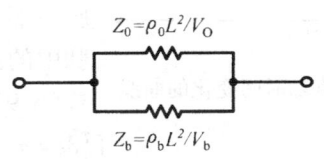

图 6.152　肢体与组织中血管的并联导体模型

设总阻抗为 Z（或者总导纳为 $1/Y$），参考式 (6.79) 可得

$$\begin{cases} \Delta V_b = -\dfrac{\rho_b L^2}{Z_0^2} \Delta Z \\ \Delta V_b = -\rho_b L^2 \Delta Y \end{cases} \tag{6.91}$$

2. 指示剂冲洗方法

当含有某种指示剂的血液通过动脉灌注至组织中时，经过一定时间，组织中的指示剂将会全部被冲洗至静脉血液中。灌注入组织中血液的速度可以通过动脉和静脉中指示剂浓度随时间的

变化估计出来。当动脉血液中没有指示剂时,保存在组织中的指示剂呈指数衰减。灌注率可通过组织中指示剂减小的速率估算出来。

指示剂冲洗法(indicator dilution method)的基本原理是假设指示剂能自由地从组织向血液扩散,反之亦然。事实上惰性气体、氢气或氧化氮都能满足这种假设。在脑组织血流的测量则广泛采用惰性气体的放射性同位素 ^{85}Kr、^{79}Kr、^{133}Xe 等,可用带准直器的闪烁计数器、γ 照相机、单光子发射计算机断层扫描(SPECT)等在体外测量记录。

当某一组织区域被血液均匀灌注时,在该区域指示剂的变化为

$$dI = Q(c_a - c_v)dt \tag{6.92}$$

式中,c_a 和 c_v 是动、静脉血液中指示剂的浓度,Q 为血液流速,如果单位重量组织中指示剂总量为 c,血液流速为 q,则

$$dc = q(c_a - c_v)dt \tag{6.93}$$

如果指示剂扩散得非常快,顷刻间能使组织中的指示剂浓度与毛细管中的浓度达到平衡,则

$$c = \lambda c_v \tag{6.94}$$

式中,λ 为分布系数,c_v 表示组织中指示剂的浓度,c 表示单位重量组织中指示剂的量,λ 的单位是:容积/重量。

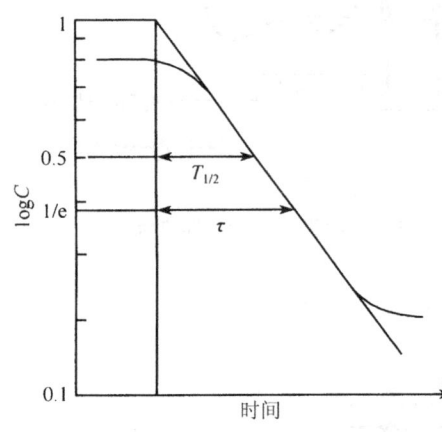

图 6.153 指示剂浓度随时间变化的曲线

以肺部血液测量为例,假如肺部组织中的指示剂完全被血液运走,在肺与外界无指示剂的空气换气之后,使动脉指示剂中的浓度为 0,根据式(6.93),有

$$dc = -(qc/\lambda)dt \tag{6.95}$$

对上式积分后可得

$$c = c_0 \exp(-qt/\lambda) = c_0 \exp(-t/\tau) \tag{6.96}$$

式中,时间常数 $\tau = \lambda/q$,根据随时间变化的浓度曲线(图 6.153),即可求得单位重量组织的血液流速 q。

另一种测量方法是将指示剂连续地注入动脉中,动脉中部分指示剂扩散至组织中,直到组织中的浓度与动脉中的浓度相等。只要整个过程中流速 q 不变,则可对式(6.93)求积分得

$$\int_0^T dc = q \int_0^T (c_a - c_v) dt \tag{6.97}$$

式中,T 是达到饱和的时间,求得 q 为

$$q = c_s \bigg/ \int_0^T (c_a - c_v) dt = \lambda c_{vs} \bigg/ \int_0^T (c_a - c_v) dt \tag{6.98}$$

式中,c_s 和 c_{vs} 是 c 和 c_v 处于饱和状态的值,该方法需要通过动、静脉腔内导管连续取样测量 c_a 和 c_v,其优点是测量中无需等待将指示剂从被测器官(如肺)中完全消除。

3. 激光多普勒流量计

对组织中血流的测量,激光多普勒流量计(LDF)可提供无创、连续的测量。该方法常用于对皮肤病、整形手术及胃肠手术后血流状况的评测,以及对许多微小血管血流的测量。

LDF 的测量原理是基于多普勒频移。所谓多普勒频移,是由信源和观察者之间的相对运动

产生的,最大频移由下式给出:

$$\Delta f_d = \frac{u}{c} f_0 \tag{6.99}$$

式中,u 是信源相对于观察者的速度,c 是超声速度,f_0 是发射超声的频率。如果已知 c 和 f_0,当测得 f_d 后,信源的速率 u 即可确定。多普勒流量计有很高的分辨率,一般可达 1mm^3,但对于高吸收率的组织,如肝脏等较低,一般低于 1mm^3,而神经组织具有较高的散射性质,分辨率高于 1mm^3。

与空气相比,组织是具有较高散射性、吸光性和高折射度的介质。当一束激光照射在皮肤表面时,部分被反射(仅占入射能量的 4% ~ 5%),其余的光束将进入组织,并产生散射和吸收。组织中流动的血液对光的多普勒频移,可通过对血液散射光的测量获取,从而求出血流速度。仪器设计原理如图 6.154 所示。

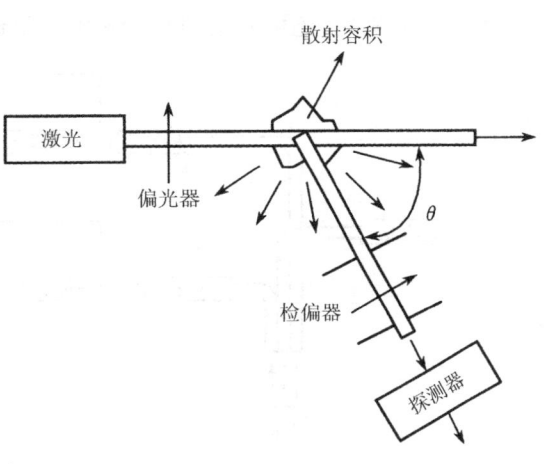

图 6.154 散射光检测原理

激光通过偏光器(polarizer)照射到人体被测部位,组织和血液产生的散射光经过检偏器(analyzer)选择偏光角,使最大强度的散射光到达检测器,到达检测器的散射光与入射光之间的夹角 θ 称为散射角,由流动的血液产生的多普勒频移为

$$\Delta f = (\mathbf{K}_S - \mathbf{K}_0) \cdot \mathbf{V}/2\pi \tag{6.100}$$

$$|\mathbf{K}| = |\mathbf{K}_S - \mathbf{K}_0| = \frac{4\pi}{\lambda} \sin\frac{\theta}{2} \tag{6.101}$$

式中,$\mathbf{V}$ 是血液速度矢量,入射光与散射光矢量为 $\mathbf{K}_0$ 和 $\mathbf{K}_S$,λ 为激光波长。

实际仪器设计如图 6.155,激光源一般采用气体激光器(也可用半导体激光,波长 800nm 左右),激光的导入和散射光的引出,一般采用直径为 50 ~ 2000μm 的光纤束,激光首先经过透镜(显微镜物镜×5 至×40,数值孔径 0.1 ~ 0.6)与光纤耦合,将光束引至待测皮肤,另一束光纤在皮肤表面将组织散射的光导出至光电探测器。

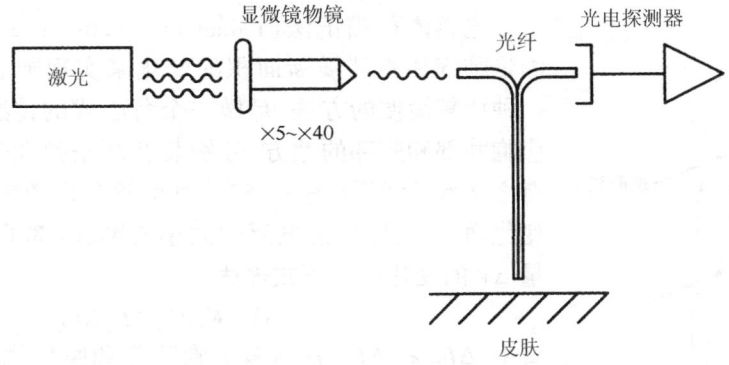

图 6.155 LDF 测量的基本组件

一般毛细血管血流速度很低(10^{-3}m/s),由激光产生的频移很小,难以测量。为此采用频移光与一个未产生频移的光,在非线性检测器中混合,从而产生多普勒频率的差频。在微循环血流研究中,差频在 $10 \sim 10^4$ Hz 之间。

为提高信噪比,还可采用图 6.156 中的双通道检测方法,其中光纤束间距离为 0.5mm。

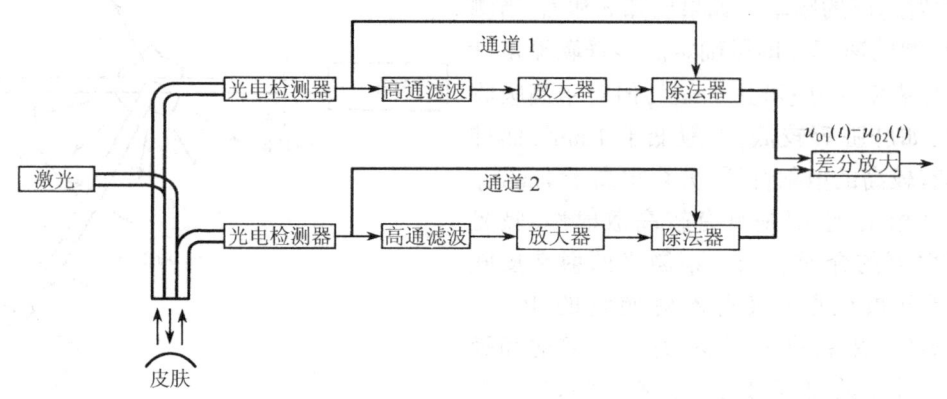

图 6.156 采用双通道检测的激光多普勒皮肤血流计原理框图

6.5.4 呼吸测量

机体为维持生命活动而摄取必需的 O_2,同时排出体内物质代谢所产生的 CO_2,这种功能活动称为呼吸(respiration)。肺泡内的空气与血液间的气体交换称为外呼吸或肺呼吸,血液与组织细胞间的气体交换称为内呼吸或细胞呼吸。细胞呼吸也叫组织呼吸,组织呼吸多半是指细胞内物质代谢过程中的 H^+ 转运而言。归根结底,呼吸就是以血液作为中间媒介,将空气中的 O_2 运送到组织,将组织中的 CO_2 排出体外的过程。当肺中 O_2 少,CO_2 多时,呼出气与外界空气进行交换,这个过程叫做通气(ventilation),通气要靠呼吸运动来实现。描记呼吸运动过程的曲线的方法叫做呼吸曲线描记法(pneumogram),本节主要讲述有关肺呼吸(或外呼吸)的测量方法。

1. 电感体积描记法

电感体积描记法(inductance plethysmograph)在体外通过测量肺部和腹部横断面积的变化来实现肺通量的连续监测。一种比较简便的方法,是做一个背心式的传感装置,背心在对应胸肋部和腹部的地方,分别装有两条弹性带,每条带上包含有之字形的线圈(图 6.157),其电感分别随胸腹部横断面积的变化而变化,即是说电感的大小与胸、腹部的体积相关。肺容量 ΔV 的变化可用下式表达

$$\Delta V = K_1 \Delta L_R + K_2 \Delta L_A \quad (6.102)$$

式中,ΔL_R 和 ΔL_A 分别表示胸肋部和腹部线圈电感输出的变化,可通过相应 LC 谐振电路的频率的改变来获取;系数 K_1 和 K_2 分别表示胸肋部和腹部对肺容量变化的敏感性,它们可以通

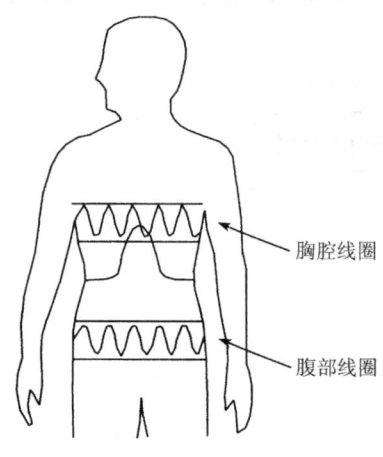

图 6.157 电感体积描记法

过同时使用肺活量计(spirmeter)标定该方法抗干扰能力强,适宜动态监测。

2. 阻抗呼吸描记法

阻抗呼吸描记法(impedance pneumograph)在呼吸测量中也称为阻抗体积描记法(impedance plethysmograph),它在许多生理体积变化的测量中已获得应用。在呼吸测量中,既可采用两电极方法,也可采用四电极方法。电极一般采用一次性使用心电图监护电极,粘贴于人体胸部剑突上6cm处。在两电极方法中,交流激励电流输入和信号输出共用该电极,对于一般要求不高的场合已能满足。要求较高的场合宜用四电极,激励电流输入和信号输出各用两个电极(图6.158)。激励电流一般取 20~100kHz,电流 25~500μA,当肺部呼吸时体积变化 ΔV,阻抗变化 ΔZ,$\Delta Z/\Delta V$ 与人的身体大小关系很大,故应考虑到人的体重因素。若取体重 W,单位为 kg,$\Delta Z/\Delta V$ 取 Ω/L(每升欧姆),则有如下经验公式:

$$\Delta Z/\Delta V = 453.23 W^{-1.084} \quad (6.103)$$

与肺活量计测量比较,阻抗法精度约为±10%,该方法还可根据记录的 ΔZ 的波形,测定每分钟呼吸次数。由于其简单易行,目前广泛应用于多参数生理监护仪设计中,常与心导联共用,而不必增加新的导联。

3. 肺活量计测量法

肺活量计(spirmeter)是用以描记肺容量曲线(spirogram)的标准方法。典型的肺活量计是采用水封的(图6.159)圆柱形容器,其内外圆柱之间

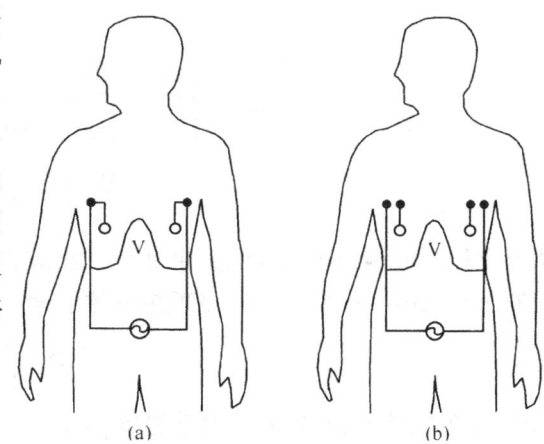

图 6.158　阻抗法呼吸描记
(a) 二电极方式;(b) 四电极方式

充有水,上面罩的钟形顶盖,可在充水的夹层中随意移动,其摩擦力几乎为零。顶盖的重量由配重砝码(counter weight)平衡,这样呼出的气体将使钟罩上升,其上升的空间体积可以记录下来。此外有针对呼出 CO_2 气体的,并在钟形罩内充满纯氧,随着呼吸氧耗增加,用本装置可记录下氧耗的速率曲线。有关瞬态流量的变化,可用微分的方法或求曲线对应时刻的斜率值即可。

由于肺活量计和肺处于同一密封系统内,所以肺在气道口处丢失气体的克分子数等于肺活量计所得到的气体克分子数。假设忽略气体压缩性,呼出的二氧化碳为钠石灰罐所吸收,所以不发生二氧化碳和积聚,则系统的质量平衡式为

$$\rho_L \dot{V}_L + \dot{U}_b = -\rho_S \dot{V}_S - \dot{U}_{abs} \quad (6.104)$$

式中,ρ_L 为肺和气道内气体克分子数,ρ_S 为肺活量计内气体克分子数密度,$\dot{U}_b$ 为血液对气体的净摄入率,$\dot{U}_{abs}$ 为吸收剂对二氧化碳的摄入率,为肺和气道容积的变化率,$\dot{V}_L$ 为肺活量计内容积变化率。假如在平和呼吸时 $\dot{U}_b$ 是常数,对式(6.104)积分时,总摄入作用表现为与时间成比例的容量变化,即近似于基准线的偏移。对上式积分并改写为

$$V_L \approx \frac{\rho_S}{\rho_L}(V_S - offset) = -\frac{\rho_S}{\rho_L} V_S' \quad (6.105)$$

V_S' 为偏移矫正后的肺活量计的容积,可见肺活量 V_L 与 V_S' 成比例。式中的比例常数,可用气体

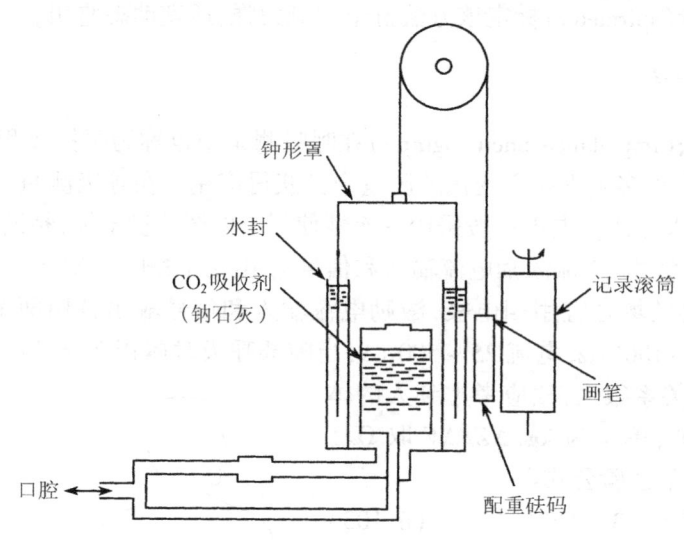

图 6.159 肺活量计原理图

状态方程以可测的压力和温度来计算。除混合气体中的饱和水蒸气压力外,常规呼吸试验中碰到的所有气体状态变化均遵循理想气体定律

$$P = \frac{N}{V}RT = \rho RT \tag{6.106}$$

式中,R 为气体常数,T 为热力学温度,ρ 为气体克分子密度,它等于容器内均匀混合气体克分子数 N 和容器的容积之比。上式也适用于混合气体中的个别气体 x,在这种情况下,用分压 P_x 克分子数 N_x 和克分子密度 $\rho_x = N_x/V$ 代入上式计算。

为了增强设备动态响应的能力,满足有关约定,如美国胸科医师研究协会(ACCPC)要求对 6Hz 的变化响应误差应小于 5%。为此需减小肺活量计的惯性,如采用的轻型塑料材料仅重 175g,记录不用笔而用线性电位器记录,则响应频率可达 48~52Hz,4Hz 时的过冲(误差)仅为 2%。

作为小型化的考虑,几种非水封的所谓干式肺活量计的风箱式设计示于图 6.160 中,无论何种干式肺活量计,都必须与水封式作比较,并符合有关标准。如美国胸科协会(ATS)要求肺活量计的测量范围,应涵盖最大呼吸量的峰值,要求气流量和肺容积测量范围分别为 0~12L/s 和 0~7L³。

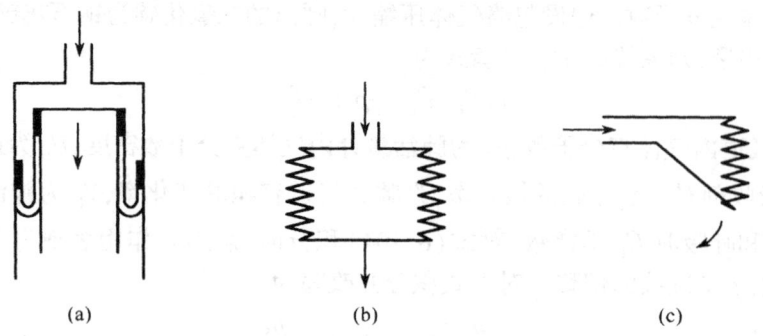

图 6.160 干式肺活量计的几种风箱式结构
(a)卷形封条式;(b)直接进气膜盒式;(c)边缘进气膜盒式

4. 差压气流测量法

生理测量用的呼吸气体流量计(pneumotachograph)大多基于差压气流测量方法。以下介绍两种流量头:一种是Fleisch气体流量计头,一种是文氏管(Venturi tube)测量头。

Fleisch气体流量计头,是一个内含多层中心对称的金属箔的腔体,气流流经时将产生气压降,气体的流速与此压降的平方根成正比。Fleisch头可测量最大气压降为0.07kPa(7mmH$_2$O),一般根据测定流速从0~60至0~1000L/min,Fleisch头有四种不同大小的规格,为防止呼出水蒸气凝在金属箔上,流量头内装有电加热装置(图6.161)。

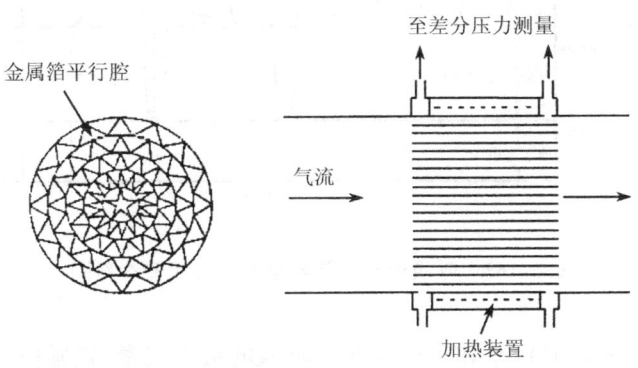

图6.161　Fleisch气体流量计测量图

文氏管测量头示于图6.162,其原理是基于贝努利定理(Bernouli's theorem)

$$\frac{1}{2}\rho U^2 + P = const \quad (6.107)$$

式中,ρ是气体密度,U为速度,P是静压力。文氏管入口断面积为A_2,中心最窄处断面积为A_1,则压差ΔP与气流速度的平方成正比,即

$$\Delta P = \frac{1}{2}\rho\left(1 - \frac{A_2}{A_1}\right)U^2 \quad (6.108)$$

5. 肺功能测量分析

在肺功能测量中,最基本的是肺容量、肺活量和呼吸气流量的测量。最基本的测量仪器是肺活量计、呼吸气体流量计等。

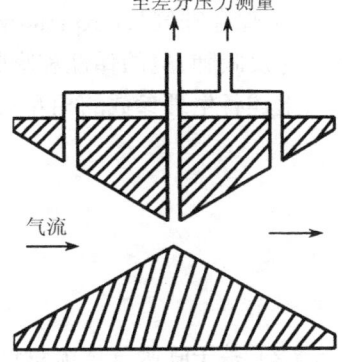

图6.162　文氏管气流压差测量

(1) 肺容量和肺活量的测量　采用肺活量计(图6.159)记录人在正常呼吸最大呼气和最大吸气时肺容量变化,可测到一个完整的呼吸运动图(图6.163),从图中我们可以获得许多重要的生理参数有关术语以及年轻男性的统计值,分别说明如下:

1) 肺总量(total lung capacity, TLC):深吸气后肺内所含气量,正常值约为5800mL。
2) 残气量(residual volume, RV):深呼气后肺内剩余气量,正常值约为1200mL。
3) 功能残气量(functional residual capacity, FRC):平和呼气后,肺所含的容积,正常值约2300mL。
4) 肺活量(vital capacity, VC):深吸气后做最大呼气所能呼出的气量,正常值约4600mL。深

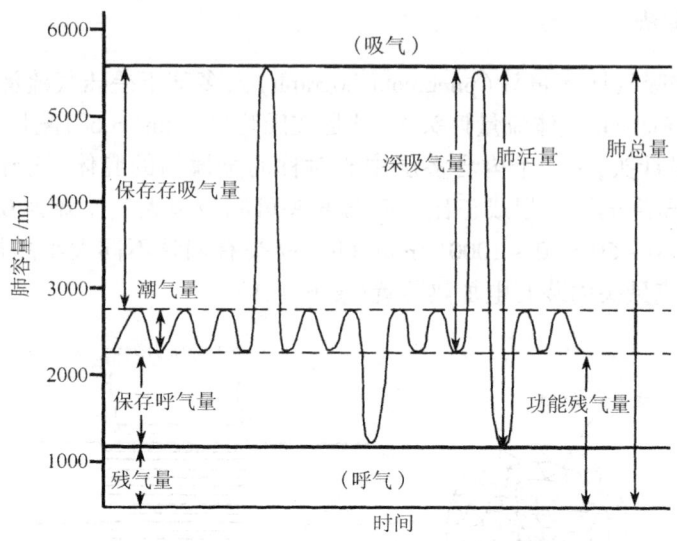

图 6.163　呼吸运动的肺容量变化与相关参量图

吸气量(inspiratory capacity, IC)：平和呼气后所能吸入的最大气量,正常值约 3500mL。

5）潮气量(tidal volume, TV)：在正常、平和状态下每次吸入和呼出的气量。实际吸入量稍多于呼出量,由于相差不多,肺活量计测定时可以不计,正常值约 500mL。

6）保存吸气量(inspiratory reserve volume, IRV)：平和吸气后,用力吸气所能吸入的最大气量。它反映肺、胸的弹性和吸肌力量。正常值约 3000mL。

7）保存呼气量(expiratory reserve volume, ERV)：平和呼气后,继续呼气所能呼出的最大气量。它反映肺、胸的弹性和胸腹肌的力量,正常值约 1100mL。

上述各生理参数的相互关系为

$$VC = IRV + TV + ERV$$
$$VC = IC + ERV$$
$$TLC = VC + RV$$
$$TLC = IC + FRC$$
$$FRC = ERV + RV$$

（2）**基于呼吸气体流量计的测量**　上述基于肺活量计的测量,是侧重于肺功能静态量的测量,而对于肺功能动态性能的研究,可借助于呼吸流量计,并配合相应的电子线路和计算机分析处理。

呼吸流量计有压差式、热线式及涡轮超声流量计等。一般采用压差式、Fleisch 气体流量计测量头(图 6.161)和文氏管测量头(图 6.162)。一种基于单片微机(MPU)的便携式测量仪的设计方案示于图 6.164 中,该仪器的生理测量分两大类：一类是用力吸气到最大位置即 TLC,然后用力迅速呼气,得到最大呼气流量图(图 6.165),从图中可以看出,由于呼气时胸腔的收缩使肺泡和气路受到压迫,使气体进入支气管,同样支气管受到压迫而塌陷,迫使气体呼出体外,随着支气

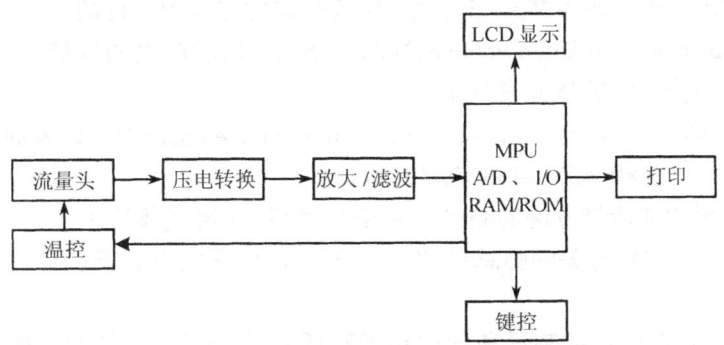

图 6.164　便携式呼吸流量测量计原理框图

管的塌陷和气路的阻力的增加,限制了气流速率的进一步增大。曲线表明最大呼气速率随着肺容量的减小而减小,仪器测量中将提取的重要生理参数是:

1) 用力肺活量(forced vital capacity, FVC):它是从最大吸气位置(即TLC)用力迅速呼出时的总呼出量。

2) 每秒钟用力呼出量(forced expiratory volume in one second, FEV_1):它是从 TLC 用力呼出经 1s 时间呼出的气体量。

3) 一秒率:$FEV_{1\%} = (FEV_1/FVC) \times 100\%$。

上述用力呼气的生理测量在临床对大小气道阻塞性肺病的诊断效能是显著的,如图 6.166 和图 6.167 所示。

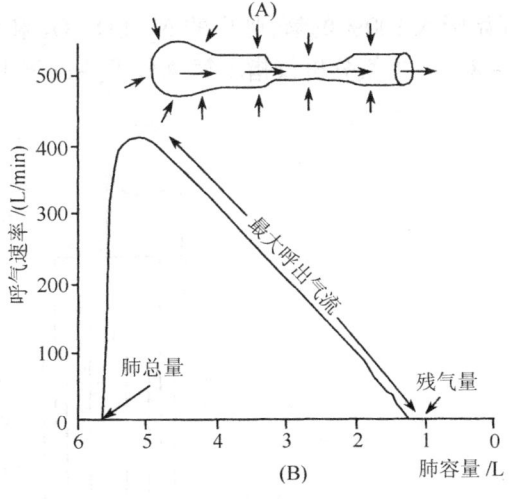

图 6.165　最大呼气流量图
(A) 为由于最大呼气时胸腔压缩引起气路的塌陷;
(B) 为呼气速率与肺容量的关系曲线

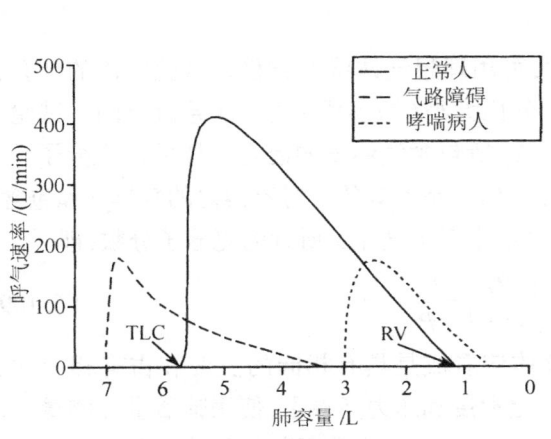

图 6.166　FVC 曲线反映正常人(a)与气路障碍者(b)的差异

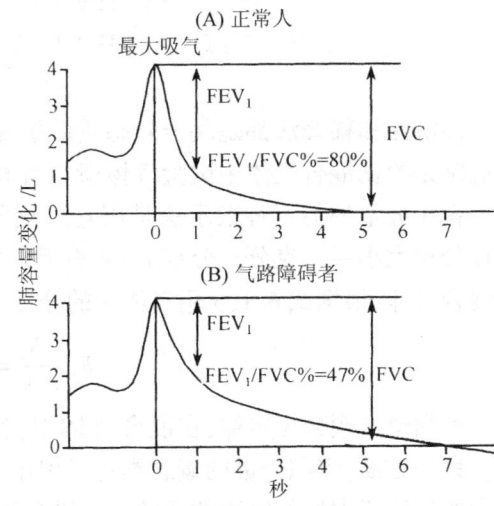

图 6.167　最大呼气流量-容积图反映正常人与气路障碍、哮喘病人的差异

在仪器测量中第二类生理参数是在持续12s快而深的呼吸中获得的。

1) 换气量(maximum ventilation volume, MVV) 指12s内所产生的以最大努力得到最大换气量的5倍即换算成一分钟内的最大换气量。

2) 表面积最大换气量MVV/BSA,其中BSA(body surface area)为身体表面积,可用Dubois公式求得。BSA(m^2) = 体重×0.425×身高×0.725×71.8。

(3) 基于指示剂冲洗稀释方法的测量 对于呼气后,残留气体所占的空间有残气量(RV),功能残气量(FRC)及与RV有关的肺总量(TLC)的测量,可采用类似于6.5.2节中第2小节的指示剂稀释法测定。

1) 氮冲洗法 测量FRC的装置和气体包括肺活量计,吸气、排气的单向阀管道,氮分析仪和100%的纯氧,如图6.168所示。受试者在平和呼气的终末与该装置接通(对应于FRC时刻)。开始吸入100%的氧,呼出的N_2、CO_2、O_2和水蒸气经单向阀由肺活量计收集,对装置平和呼吸约7~8min,当氮分析仪指示氮克分子数近于零或<2%时,表明肺内N_2已被全部冲洗,则试验结束。

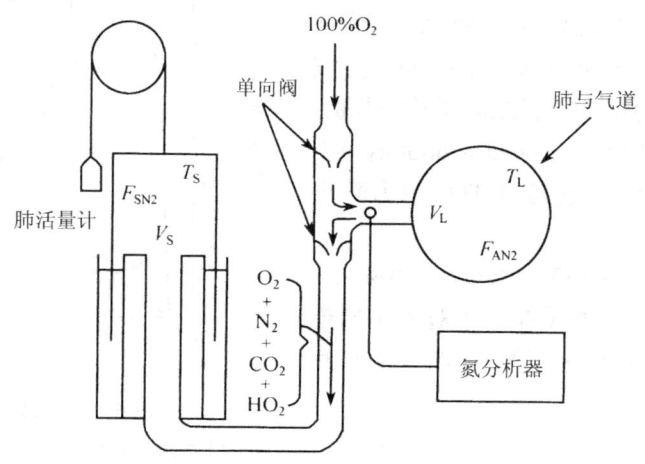

图6.168 N_2冲洗法装置原理图

(V_L、V_S为容积,T_L、T_S为绝对温度,F_A、F_S为克分子分数)

冲洗法和稀释法都是基于静态质量平衡原理,可用理想气体状态方程。试验气体的计算公式通常是根据混合气体中试验气体所占容积的百分比大小(即容积分量)推导得出的。试验气体x容积分量的另一种表示法是用它的克分子数N_x所包含气体x的混合气体的总克分子数N的百分比大小——克分子分数F_x来表示。两者在数值上是等效的。对容器内的气体x和包含x的混合气体,根据式6.106用气体x的分压P_x的大小来表示气体x所含的克分子分数,即

$$F_x = \frac{N_x}{N} = \left(\frac{P_x V}{RT}\right)\left(\frac{RT}{PV}\right) = \frac{P_x}{P} \tag{6.109}$$

根据道尔顿分压定律,在混合气体中,各种气体应看成是具有相同的温度和占有相同的容积。另一方面,容积分量的概念本身又引出了在一定温度和压力条件下,使用肺活量计测量一定质量的气体所占据的容积的问题。假设在温度T、压力P时N_x克分子数的气体x所占据的容积为V_x,包含气体x在内的混合气体的总容积为V,总克分子数为N,则克分子分数F_x为

$$F_x = \frac{N_x}{N} = \left(\frac{PV_x}{RT}\right)\left(\frac{RT}{PV}\right) = \frac{V_x}{V} \tag{6.110}$$

因此,克分子既可用分压力表示,也可用等效容积百分比来表示,但两种表示法所指的温度必须相同。

假设在试验期间从肺组织和毛细血管扩散到肺泡气体中的 N_2 可以忽略,并假设测试前肺活量计内无 N_2,则冲洗后肺内 N_2 的减少等于肺活量计内 N_2 数量。因 $F_x = N_x/N, N_x = NF_x = \frac{PV}{RT}F_x$。根据静态 N_2 质量平衡关系得

$$F_{AN_2}(t_1)\frac{V_L(t_1)}{T_L} - F_{AN_2}(t_2)\frac{V_L(t_2)}{T_L} = F_{SN_2}(t_2)\frac{V_S(t_2)}{T_S} \tag{6.111}$$

如果冲洗开始时刻 t_1 和结束时刻 t_2 的肺容量相等,即 $V_L(t_1) = V_L(t_2)$,则上式可写为

$$V_L = \frac{T_L}{T_S}\left[\frac{F_{SN_2}(t_2)V_S(t_2)}{F_{AN_2}(t_1) - F_{AN_1}(t_2)}\right] \tag{6.112}$$

当 V_L 为平和呼气终末的容量时,即为功能残气量 FRC。

上式右边括号内分子代表肺活量计在测试条件下所收集到的氮容量,分母为肺部呼出的氮克分子分数。式中所有变量均可测定。若用于干燥气体而不是用于湿气,则上式右边还应乘干燥气体分压比 $(P_{atm} - P_{SH_2O})/(P_{atm} - P_{AH_2O})$,$P_{atm}$ 为大气压,P_{SH_2O}、P_{AH_2O} 分别为肺中的不蒸汽分压。测定了功能残气量 FRC,由此减去保存呼气量,就得到残气量 RV;而 FRC 加上深吸气量 IC,就得到肺总量 TLC。

2) 氦稀释测定功能残气量 在图 6.168 所示的肺活量计中,充入已知浓度、已知容量(等于肺活量计具有的初始容量)的无毒不溶解气体,如氦气、氩气或氖气。受试者在平和呼气的终末,即在 FRC 时刻,对着肺活量计做平和呼吸,几分钟后,当气道口的氦分析仪在两次呼吸期间氦含量的指示值变化极小时,可认为肺内和肺活量计中的气体已完全混合,即 $F_{AHe}(t_2) = F_{SHe}(t_2)$。在达到平衡后,可对系统加氧,以使肺活量计的平均容积保持与初始容积 $V_S(t_1)$ 相同,以补偿被血液吸收的氧气。此时在平和呼气终末(FRC)时刻停止试验。在试验中,氦在肺内和肺活量计内不断混合和重新分布,但其总量因没有扩散到组织中去而基本保持不变。用钠石灰吸除呼吸气体中排出的 CO_2,O_2 减少也可以得到补充,这样系统中干燥气体的平衡克分子总数固定不变。所以,对试验气体氦来说,可认为该系统是封闭的。

为此,氦气按湿气法测定,同静态质量平衡式,即可求出 FRC:

$$F_{SHe}(t_1)\frac{V_S(t_1)}{T_S(t_1)} = F_{SHe}(t_2)\frac{V_S(t_1)}{T_S(t_2)} + F_{AHe}(t_2)\frac{V_L(t_2)}{T_L} \tag{6.113}$$

当氦的克分子分数在肺和肺活量计中相等而 $V_S(t_1)$ 保持不变时,$V_L(t_2) = V_L = \mathrm{FRC}$,则可写成

$$V_L = \frac{V_S(t_1)}{F_{SHe}(t_2)} \cdot \left[\frac{T_L}{T_S(t_1)}F_{SHe}(t_1) - \frac{T_L}{T_S(t_2)}F_{SHe}(t_2)\right] \tag{6.114}$$

V_L 即为稀释法测定的功能残气量。通常式(6.114)中 $V_S(t_1)$ 用原来加到装置中去的氦容积 V_{SHe} (即 $V_S(t_1) = \frac{V_{SHe}}{F_{SHe}(t_1)}$)来表示,则

$$V_L = \frac{T_L}{T_S(t_1)} \cdot \frac{V_{SHe}}{F_{SHe}(t_2)} - \frac{T_L}{T_S(t_2)} \cdot \frac{V_{SHe}}{F_{SHe}(t_1)} \tag{6.115}$$

如果用于干燥气体测定克分子分数,则式(6.115)中的温度 T_L 和 T_S 应分别乘上干燥气体分压比,即分别乘上 $[P_{atm}-P_{SH_2O}(t_1)]/$ 和 $[P_{atm}-P_{AH_2O}]/[P_{atm}-P_{SH_2O}(t_2)]/(P_{atm}-P_{AH_2O})$。由式(6.115)即可直接求出功能残气量 FRC。

6.6 人体的温度测量

6.6.1 温度测量的生理学基础

在临床诊断与监护中,常需在人体许多部位进行温度测量。人类及其他恒温动物,在生理热调节功能作用下,中央部位的温度是稳定的(36.8℃±0.6℃)。位于人体中央部位深部组织的温度,称为中心体温(core temperature)或深部体温。由于人体温度并非均匀,即温度随身体部位不同而存在差异,故通常所说的"体温"是指中心体温。临床诊断体温主要从直肠、口腔和腋窝获取。

中心体温因生理和病理的原因变化范围一般保持在 35~40℃,在早晨或冬季最低,剧烈运动和发烧时最高;绝大多数温度都在这个范围。考虑到治疗和高热状态,设计中应提供更宽的测量范围。

在中心体温测量中,温度的分辨率要求 0.1℃,在基础温度测量时,有时需要 0.05℃。大多数临床情况下,0.1℃ 的绝对精度是可以接受的。

在临床诊断、监护和生理学研究中,常测量皮肤温度。为了评估人体与周围环境的热交换,可采用平均体表温度 $\overline{T_S}$,它是人体每个区域的表面积 A 和该区域平均温度 $\overline{T_{Sj}}$ 的乘积被人体总面积 A_b 除,即

$$\overline{T_S} = \sum_j (A_j \overline{T_{Sj}})/A_b \tag{6.116}$$

实际应用中,3~15 个位点的皮肤温度的加权求和可近似表示平均体表温度:

$$\overline{T_S} = \sum_j W_j \overline{T_{Sj}} \tag{6.117}$$

在不同的位置上有不同的权值 W_j。比较研究表明:在环境温度控制较宽松的范围内,测量中大多数能满足 1℃ 的精度。

在临床监护中,体表温度可用以监护外周循环,通常以大拇指的温度作为此测量点。

体表温度随环境温度和中心温度变化而变化。当皮肤出汗时,温度有时会低于环境温度,最低时,可低至露点。当体表受到外部冷却或加温时,体表温度变化很大,这样体表温度计应有一个大的测量范围,如 0~50℃。应用不同,对温度的分辨率和绝对精度的要求也不同。

在非正常生理循环时,体表温度的异常分布是可以观察到的,一般采用热像图仪来观察。热像图可包含整个体表温度的范围,且具有足够的分辨率来确定异常生理发热和定位病原。例如诊断乳腺癌扫描产生的热像温度通常高于正常值+1℃ 或+2.5℃。

有时需对组织的局部温度进行测量。在热平衡条件下,组织温度是由该处局部热量的产生和热传输决定的。新陈代谢活动的组织比其他测量位点有更高的温度,一般保持着比动脉血更高的温度。当组织温度增高超过动脉血温度时,血液会使组织冷下来。为了增强代谢,动脉血供应的氧必须增加,这样动脉血的冷却效应增强了。由于 1L 动脉血中含有 0.2L 氧,在代谢中,每

升氧大约产生21J(5 kcal)的能量,在代谢活动的组织中增加的温度一般小于1℃。在运动中,肌肉的温度会增高,在骑自行车运动中四头肌最高温度可超过直肠温度0.95℃。恶性肿瘤高于动脉血温度1~2℃。

在癌症的热疗中,对局部组织温度的测定是重要的。为确保疗效,温度应持续在43℃。它接近了正常细胞的存活极限,而癌细胞要在比这稍低一些的温度下存活,因此0.5℃的温度差会造成严重后果:温度测量应足够精确以确保组织在这个边界范围内。一般建议,温度范围在20~55℃的热疗中温度测量的精度和分辨率应为0.1℃,距离分辨率为1cm。

附:温度的热学单位

在SI系统中,热动力学温度和绝对温度用开尔文(K)表示,而生理温度一般用摄氏度(℃)表示,其相互关系为:

$$t(℃) = T(K) - 273.15 \tag{6.118}$$

$$0℃ = 273.15K \tag{6.119}$$

开氏和摄氏温度的间隔差表示方法相同。严格来说,0℃是水的三态点之下0.01K,即273.16K。温度系数用开尔文的倒数表示(K^{-1})。

6.6.2 常用温度传感器的选用与设计

温度传感器的种类很多,用于生理检测的传感器一般温度范围不要求太宽,约在20~45℃之间,分辨率应不小于0.1℃,且在测试范围内应有较高的线性度。

1. 热敏电阻

热敏电阻(thermistor)是一种半导体温度敏感器件,由金属氧化物材料烧结而成。这些金属有锰、钴、镍、铁、铜等。通常热敏电阻具有负的温度系数,典型值为-0.04/K。作为对比,金属铂线电阻具有正温度系数,为+0.0039/K,前者灵敏度比后者高出10倍。热敏电阻适宜生理测量使用,在生理测量中往往将测量温度限制在一个很窄的范围,同时需要较高的分辨率。

若热敏材料的阻值为ρ,绝对温度为T,通常有如下关系式:

$$\rho \propto \exp(E_g/2kT) \tag{6.120}$$

式中,E_g为半导体的间隙能量(gap energy),k是波尔茨曼常数。进一步假设当热敏电阻值为R_0时对应的温度为T_0,则当温度为T时的电阻R为

$$R(T) = R_0 \exp\left[B\left(\frac{1}{T} - \frac{1}{T_0}\right)\right] \tag{6.121}$$

式中,$B = E_g/2k$,是与热敏电阻材料相关的具有温度单位的常数,B的范围通常在1500~6000K之间。

热敏电阻的温度系数α可由上式推得为

$$\alpha = \frac{1}{R}\frac{dR}{dT} = \frac{d}{dT}\left(\frac{B}{T}\right) = -\frac{B}{T^2} \tag{6.122}$$

上式表明热敏电阻的温度系数为负值且与温度相关,通常若取$B=4000K$,则当温度为37℃时,α约为-0.0416。

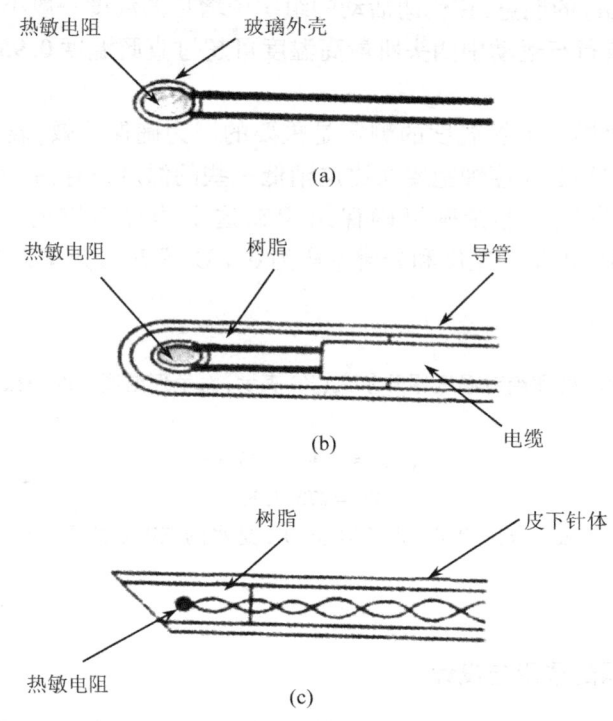

图 6.169 热敏电阻探头结构
(a) 玻璃珠外壳热敏电阻,裸线输出;(b) 导管型探头;(c) 针型探头

一般医用热敏电阻的结构如图 6.169 所示。

利用热敏电阻作传感器测量体温,在设计中还需考虑到以下几点:

(1) 商品化的热敏电阻通常在 0℃ 时为 6~60kΩ,37℃ 时为 15~150kΩ,但在要求低功耗的场合,一般应将阻值级别增高至 1MΩ 左右。此外在稳定性方面,一般均可实现低漂移,即平移 100 天为 0.1mK,已可满足临床实用。

(2) 热敏电阻的响应时间取决于其形状、大小、材料,及环境媒介,图 6.169(b)、(c) 所示的导管型和针型探头,在水中的响应时间等于或小于 0.1s,而在空气中则增大至 3s 以上。

(3) 热敏电阻由式 6.121 可知电阻-温度的关系呈非线性(这一点较其他传感器突出)。为了获得较好的线性度,一般将测量温度约束在尽可能窄的范围;此外可加电阻 R_1 进行校正,对于恒压源和恒流源电路,R_1 的接入方式不同,如图 6.170。

R_1 的值由下式确定

$$R_1 = R(B-2T)/(B+2T) \tag{6.123}$$

式中,T 是测温范围的中间温度,R 是热敏电阻在 T 时的电阻值。例如,当 $B = 3000K$ 时,若需测量范围为 290~310K(17~37℃),线性偏移为 0.03K;若允许误差 0.1K,则设计测量范围可覆盖 285~315K(12~42℃)。

2. 热电偶

热电偶(thermocouple)是一种热电传感器,将 A、B 两种不同的金属接触组成电路,如图

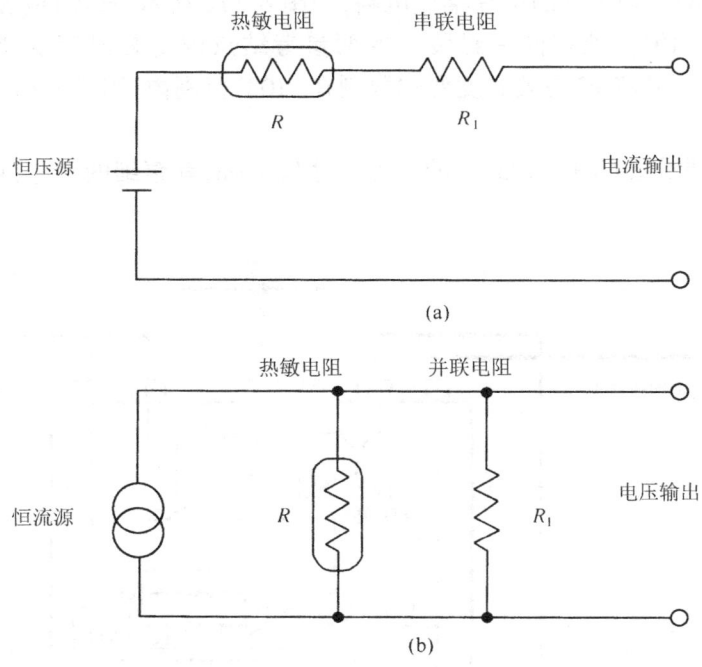

图 6.170 热敏电阻的线性化电路方案

6.171(a),若金属的两结点间存在温差,则在两结点间会产生电势,其大小与两结点间的温差有关,这种效应称为塞贝克效应(zeebek effect)。

在图 6.171(a)中,当参考结温 T_2 保持恒定时(一般置于冰点),则电势变化仅与测量结点温度 T_1 相关。在图 6.171(b)中,若将第三种金属 C 同时与 A、B 金属相连,则只要这两个新的结点具有相同的温度 T_2,电路将提供与图 6.171(a)相同的电势,而与第三种金属的材料无关。图 6.171(b)的电路的采用还可使因参考结点温度(T_2)的变化引起的参考电位的变化得以自动补偿,从而降低了对参考结点温度(T_2)恒定的要求。

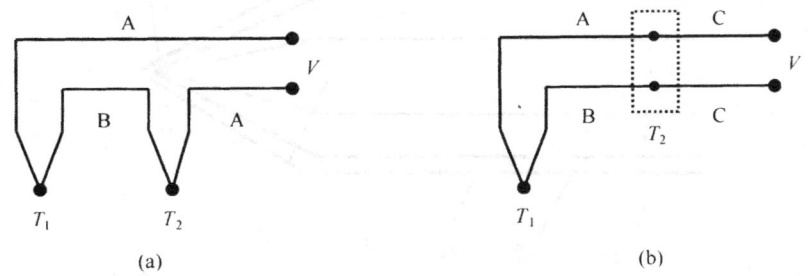

图 6.171 热电偶电路
(a) 两种不同的金属 A 和 B;(b) 增加的三种金属

典型的铜/康铜热电偶的灵敏度在 20℃ 至 40℃ 时约为 41μV/K,镍铬合金/镍基铝锰合金为 40μV/K,铂/铂铑(10%)为 6.1μV/K。与其他传感器比较热电偶信号输出相对较弱。

按照图 6.171(b)原理设计的单片集成电路,如图 6.172 所示,该器件(AD594/595)通常在 25℃时绝对精度为±1℃。处在同一封装上的两参考结点因封装温度变化而引起的效应小于±0.025℃/1℃,这样若将 IC 封装温度变化限制在±10℃ 范围内,则参考结点的温度可稳定保持在±0.25℃。

一种微型热电偶示意如图 6.173,它的结点尺寸仅 1μm,其精细的工艺,可确保它在水中的响应时间小于 50ms。

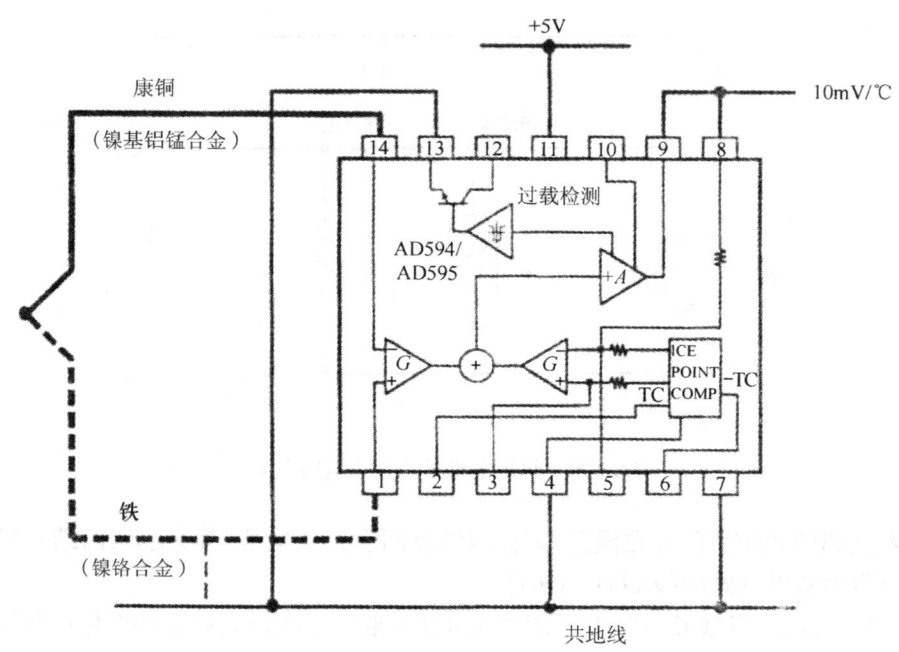

图 6.172　单片 IC 热偶放大器(AD594/595)

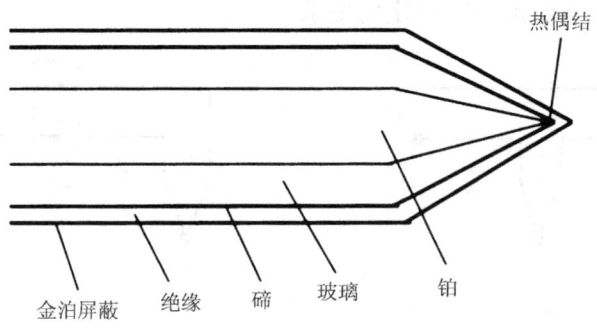

图 6.173　微型热电偶探头

3. 二极管和三极管的 p-n 结

当 p-n 结(p-n junction)正向偏置电流满足恒流条件时,在较宽的温度范围内,跨 p-n 结的电压随温度变化而变化,具有很好的线性度(这一点较其他传感器突出)。

在正向偏流下的 p-n 结电压-电流特性可由下式表达

$$I = A\exp(qv - E_g)/kT \tag{6.124}$$

式中,I 为正向偏流,A 是与 p-n 结几何尺寸相关的常数,q 是电荷,V 是跨 p-n 结的电压,E_g 是带隙(bandgap)能量,k 是波尔茨曼常数,T 是绝对温度。

在式(6.124)中当 I 保持恒定时,$(qV-Eg)/KT$ 也保持恒定,此时,跨结电压 V 是绝对温度 T 的线性函数。温度系数总是为负。在小信号条件下,电流大约为 100μA 时,二极管的 dV/dT 的范围为 $-1.3 \sim -2.4\text{mV/K}$。

对于三极管,利用基-射 p-n 结,而基极常与集电极短接。当施与 p-n 结的电流电压变化时,有下式

$$V_1 - V_2 = (kT/q)\ln(I_1/I_2) \tag{6.125}$$

上式说明当电流变化保持一个比例常数时,电压变化的差值与绝对温度成比例。这样若对 p-n 结加方波电流,或让两个互相配对的器件工作在不同的恒定电流下,根据其输出电压的变化,便可求出绝对温度 T。该方法可克服器件电漂移等因素带来的影响。

一种采用三极管 p-n 结测温的电路结构如图 6.174,图中 Q_1 与 Q_2 参数一致,并具较大的放大倍数,其集电极电流相等,且对 Q_3、Q_4 集电极电流起约束作用;Q_3 与 Q_4 基-射极结面积之比为 r,Q_3 射随输出电压为 V_T,Q_4 射随输出电压为 0,则据式(6.125),有下式

$$R \cdot I = (kT/q)\ln r \tag{6.126}$$

根据两路总电流与绝对温度 T 成比例,即可进行温度测量。

单片集成的传感器电路大多是采用上述原理制作的,如 AD590,电流输出为 1μA/K,测温范围为 $-55 \sim +150℃$,温度线性度为 $0.3℃$。

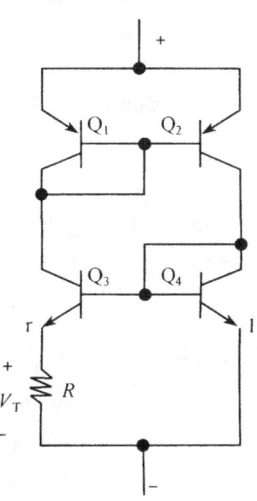

图 6.174 采用三极管 p-n 结的传感器设计

4. 压电晶体振荡器

石英晶体振荡器(crystal resonator),频率稳定度较高,频率漂移一般在 ppm(百万分之一)的数量级,石英晶体的振荡频率有一定的温度系数,大小为 $10 \sim 100\text{ppm/K}$。以这种石英晶体构成的振荡器,频率很稳定,同时又与温度相关,其他因素影响很小,测量其频率,即可得到高精度的温度数据。采用温度晶振作传感器,将其频率与标准振荡器比较,可以获得 10^{-4}K 的温度测量精度,但测量电路较复杂。在体温测量中,一般有 0.1℃ 的精度即可,可以用单片机直接测量温度晶振的振荡频率,获得体温数据。

下面以温度晶振 HTS-206 为例,讲述晶体振荡法测温的设计原理。温度晶振一般具有如下的频率/温度特性:

$$f_t = f_0[1 + a(t-t_0) + b(t-t_0)^2 + c(t-t_0)^3] \tag{6.127}$$

式中,t_0 为基准温度,f_0 为 t_0 时的振荡频率,a、b、c 为常数,t 为待测温度,f_t 为温度等于 t 时的振荡频率。在 HTS-206 中,t_0 为 25℃ 时,f_0 等于 40kHz,$a = -29.6 \times 10^{-6}$,$b = -6.4 \times 10^{-8}$,$c = -1.5 \times 10^{-10}$。该晶振温度相对频率的变化很小,只有 1.2 Hz/℃;在时钟频率一定的情况下,需要的精度越高,计时的时间就要越长。

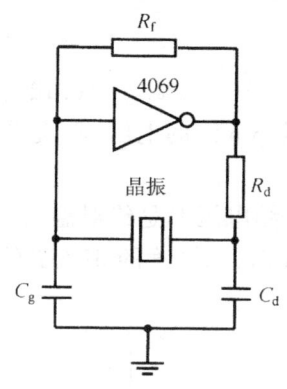

图 6.175 温度晶体振荡电路

在以下设计实例中,晶体振荡电路如图 6.175,由一个普通的非门(74HC04 或 4069)加两个电阻($R_f = 20\text{M}\Omega$,$R_d = 470\text{k}\Omega$)、两个电容($C_g = C_d = 20\text{pF}$)组成,非门的输出端作为频率输出端。由于振荡电路的频率较高,因此振荡电路输出又经过了 4020 计数器的 16 分频,然后接至单片机(实例中采用了 89C51)的计数器 1 输入端,89C51 的定时/计数器 0 设为 16 位定时方式,定时/计数器 1 设为 16 位计数方式,开始计数的同时启动定时器,从 0 开始计时。计数脉冲定为 25 000 个,计数器溢出时记录定时器记录的时间。以频率为 40kHz 时为例,计数 25 000 个经 16 分频的 40 kHz 脉冲,时间应为 25 000×16/40 000 = 10s。若 89C51 的时钟频率采用 12MHz,定时器的计时单位为 1μs,则 10s 时间大大超过了 16 位定时器的最大范围,必须另外设置一个变量,每当定时器溢出时,该变量即加 1,实际上达到了扩充定时器计时时间的目的。

表 6.19 中是实验得出的随温度变化的脉冲计时数据,分别在每个整数温度点测量了 5 次。温度的改变通过将温度晶振置于恒温水槽中精确调整实现的。

表 6.19 各整数温度点 5 次温度测量计时数据(单位:μs)

水槽温度	第 1 次	第 2 次	第 3 次	第 4 次	第 5 次	平均值($\bar{t}$)
45.0	9996625	9996637	9996635	9996623	9996619	9996627.8
44.0	9996313	9996301	9996321	9996323	9996311	9996313.8
43.0	9995969	9995977	9995981	9995981	9995985	9995978.6
42.0	9995675	9995663	9995683	9995669	9995671	9995672.2
41.0	9995365	9995373	9995355	9995355	9995353	9995360.2
40.0	9995069	9995063	9995047	9995051	9995065	9995059.0
39.0	9994747	9994731	9994729	9994751	9994753	9994730.6
38.0	9994433	9994431	9994433	9994421	9994421	9994427.8
37.0	9994115	9994117	9994099	9994121	9994111	9994112.6
36.0	9993805	9993797	9993797	9993793	9993801	9993798.6
35.0	9993517	9993511	9993499	9993515	9993517	9993511.8
34.0	9993179	9993173	9993183	9993195	9993189	9993183.8
33.0	9992901	9992921	9992897	9992903	9992893	9992903.0
32.0	9992609	9992599	9992587	9992601	9992593	9992597.8
31.0	9992285	9992279	9992281	9992275	9992279	9992279.8
30.0	9991969	9991979	9991981	9991973	9991991	9991978.6
29.0	9991693	9991697	9991681	9991693	9991681	9991687.0
28.0	9991393	9991379	9991393	9991377	9991387	9991385.8
27.0	9991083	9991081	9991095	9991083	9991089	9991086.2
26.0	9990801	9990817	9990807	9990807	9990805	9990807.4
25.0	9990491	9990493	9990505	9990493	9990495	9990495.4

表中的每一个数据实际上都是 400 000 个周期的实测时间值,要得到温度值,还须求倒数得出频率,这在单片机上实现起来比较困难。由于体温测量的范围一般在 25~45℃,在该范围内温度晶振振荡周期变化非线性比较小,因此可通过分段线性化处理,直接由周期值得出温度值。具体方法为是:将整个体温区间分为 4 段,每 5 度分为一段,对某一段 $(a-b)℃$ $(a<b)$,按下式得出该段体温的计算公式:

$$T = a + \frac{X - \bar{t}_a}{\frac{\bar{t}_b - \bar{t}_a}{5}} \tag{6.128}$$

式中,$\bar{t}_a$、$\bar{t}_b$ 分别为 a、b 两温度点的周期测量平均值,X 为测得的周期值,T 为实际体温值。如:对于 25~30℃ 区间,计算公式为

$$T = 25 + \frac{X - \bar{t}_{25}}{\frac{\bar{t}_{30} - \bar{t}_{25}}{5}} = 25 + \frac{X - 9990495.4}{\frac{9991978.6 - 9990495.4}{5}} = 25 + \frac{X - 9990495.4}{296.64} \tag{6.129}$$

其余各段可相应得出计算公式如下:

$$30 \sim 35: T = 30 + \frac{X - 9991978.6}{306.64} \tag{6.130}$$

$$35 \sim 40: T = 35 + \frac{X - 9993511.8}{309.44} \tag{6.131}$$

$$40 \sim 45: T = 40 + \frac{X - 9995059}{313.76} \tag{6.132}$$

根据这些公式,可由表 6.19 计时值得出各自对应的温度值,计算值与实际值相差最大不超过 0.1℃。实际测量时,只需判断测得的周期值位于哪个温度区间,然后应用对应的公式即可得出体温值。

6.6.3 强电磁场下的温度传感器

在针对癌症等微波热疗中,需监测组织的温度,因为当温度超过一定限度(43℃)时,正常细胞也会被杀死。由于电磁场对普通传感器金属与导线的感应,使测试带来较大干扰和误差。目前已有许多特殊的传感方式应用于这种场合。如采用高阻值的热敏电阻和高阻导线或采用直径小于 50μm 的热电偶,微波场干扰可忽略不计,亦可采用非金属的热电偶、配以极细的导线等。

更为理想的设计方法是采用液晶光纤传感器,它是利用液晶分子排列受外部温度影响而改变的原理设计而成。

1. 用胆甾相液晶作体表温度测量

可见光的波长范围从紫色的 0.38μm 到红色的 0.78μm。胆甾(cholesterol)相液晶分子的排列螺距通常在 0.2~20μm 范围内。所以,当此螺距与折射率之积在可见光波长范围内时,就呈现出特定的颜色。此螺距一般随温度上升而缩短,所以呈现的颜色就发生变化,从红到紫,这是胆甾相液晶用于温度测量的最基本的原理。螺距的变化也有例外的情况,比如螺距随温度上升而增大,颜色从紫色到红色。

胆甾相液晶一般由油基碳酸酯(oleyl carbonate)、壬酸酯(nonanoate)、苯甲酸酯(benzoate)混

合而成,测温范围随混合比例的改变而改变,例如上述材料分别为32%,58%和10%时,测温范围为36~39℃。

测量物体表面温度时,将胆甾相液晶涂复在复盖于体表上的导热膜上,若预先校准液晶呈现的颜色和温度的关系,就能测出体表的温度。根据液晶表面温度分布,就可作出体表温度分布图。

胆甾相液晶测量温度,空间清晰度可达300条/mm,温度精度在0.1℃以内。

2. 人体表面微小区域的温度测量

癌细胞与正常细胞相比,具有怕热的性质,故可用微波照射患部来治疗癌症。为实施此种治疗,需要高精度地测量人体表面温度而又不干扰照射的微波。微波照射时,若温度超过必须的温度限值,正常的细胞也会被杀死的,故必须设计一种可以用非金属材料也就是液晶材料测量温度的传感器。图6.176是使用液晶的温度传感器或温度探头。

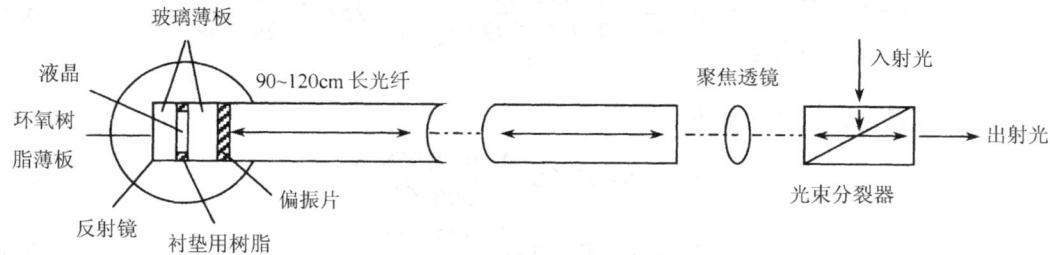

图6.176 液晶温度探头

探头顶部的液晶盒,其玻璃板的直径仅1mm大小。其内的液晶材料,使用N-甲氧基亚苄基-p'-丁基苯胺(MBBA)和胆甾稀基油酸脂(CO)的混合液晶。若向列型液晶MBBA和胆甾相液晶CO混合,其分子轴则按螺旋状排列。用两块玻璃薄板夹着液晶材料,并使其排成平面组织的排列。液晶盒连接部分的温度一旦增高,液晶材料的螺旋距就随之变化。由于液晶盒的厚度是一定的,最后的结果是液晶轴的扭曲角度改变了。入射光通过偏振片、液晶盒后,借反射镜反射,再通过液晶盒、偏振片作为反射光返回。返回的光量取决于偏振片的偏振光方向和邻接偏振片部位的液晶分子的排列轴方向,两者一致时返回的光最多。在实际测量温度时,一边转动偏振片,一边观看出射光探察出最感明亮的偏振光方向,由此时偏振片的旋转角度就可测知温度的大小。

6.6.4 非接触式温度测量

非接触式温度测量,主要利用人体的热辐射来实现。红外热辐射计和红外热像图主要用于皮肤温度测量;微波辐射计用于测量在微波频段的热辐射,可用于人体深部组织的温度测量。

任何物体的温度只要高于开氏(Kelvin)绝对温度零度(-273℃),便会产生能量辐射,辐射强度和频带宽度随物体温度的增加而增加。纯粹黑体的总辐射能量可由斯特藩-玻尔兹曼(stefan-boltzmann)定律描述:

$$R(T) = \sigma A T^4 \tag{6.133}$$

式中,$R(T)$是辐射到一个半球面的总功率,单位为瓦(W),σ是斯特藩-玻尔兹曼常数($5.57 \times 10^{-8} \mathrm{Wm^{-2}K^{-4}}$),$A$是辐射体的有效面积,$T$是辐射体表面的绝对温度。当$A$一定时,从式(6.133)

可知,物体辐射能量与物体温度 T 的四次方成正比。

物体(严格说是黑体)辐射的强度与频谱的关系示于图 6.177,由图可见,辐射的最大强度集中于红外光谱区,人体热辐射一般在 9.5μm 附近(8~14μm);其次,分布在射频区,主要是在微波频段 1GHz(30cm)~300GHz(1mm);在可见光频段强度趋于零。

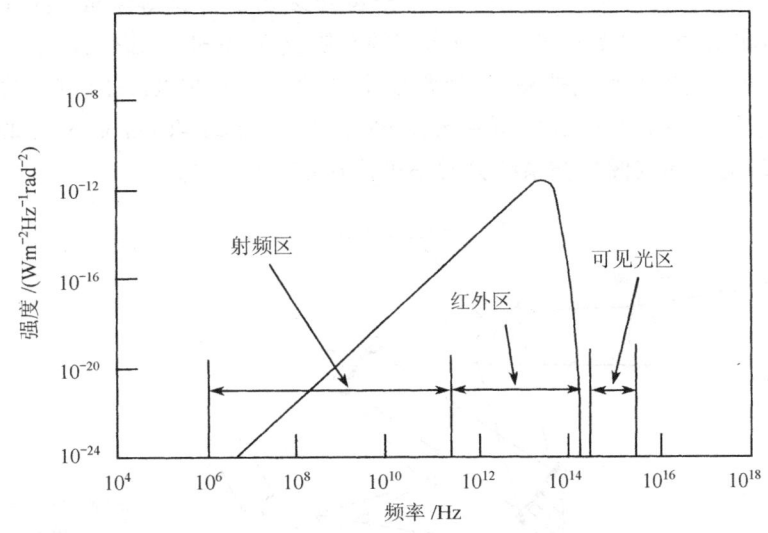

图 6.177　黑体辐射强度与频谱的关系图

1. 红外辐射温度计

红外辐射温度计是利用人体表面散发出来的远红外段热辐射进行非接触式测量的仪器,一般由红外滤光片、透镜和热敏器件(如热电堆或热释电传感器等)组成。从人体表面散发出来的热辐射,包含了体表的辐射和环境物质的辐射,总的辐射能为

$$W = \varepsilon P(T_s) + (1-\varepsilon) P(T_a) \tag{6.134}$$

式中,ε 为人体表面的辐射率,T_s 和 T_a 分别为人体表面和周边环境的辐射温度。根据普朗克公式,对于绝对温度 T 的物体的辐射能量为

$$P(T) = \int \frac{C_1 \lambda^{-5}}{\exp(C_2/\lambda T) - 1} d\lambda \tag{6.135}$$

式中,λ 为波长,C_1、C_2 为普适常量

$$C_1 = 3.74 \times 10^{-16} \text{Wm}^2$$
$$C_2 = 1.44 \times 10^{-2} \text{mk}$$

当辐射测量仪的灵敏度波长范围从 λ_1 到 λ_2 时,式(6.135)变为在此范围内的定积分,如果 ε 和 T_a 已知,则可首先求得 $P(T_a)$,再通过对人体表面总辐射能的测量,由式(6.134)可以求出体表温度 T_s。人体表面辐射的能量97%在波长 8~14μm 范围。人耳鼓膜接近人体中心体温,故红外辐射温度计一般深入耳腔测量。

2. 红外热像图

红外热像图把对人体的诊断从点扩展到面,故可获得更多的病理生理信息,如对乳腺瘤的诊断等。其成像方法有很多,现重点介绍光学扫描成像方法和热电光导管成像方法。

(1) 基于光机扫描系统的红外热成像技术　对于要求较高的临床热成像诊断,一般采用光机扫描热成像系统。

光学系统的设计要满足对红外辐射的传输与聚焦,集中在人体近红外辐射范围 $8 \sim 14\mu m$。机械扫描系统由透镜、旋转棱镜、多边形旋转反射镜及多边形摆镜等组成,如图 6.178。在医学应用场合,热辐射测量器中的光电转换材料常用的有锑化铟(InSb)、碲化镉汞(CdHgTe)、碲化铅(PbTe)。为降低热检测器本身的热噪声,通常要求必须冷却至 77K($-196℃$)的温度,冷却方法可采用液氮直接冷却,也可采用焦耳-汤姆逊冷却法(Joule-Thompson cooling),或斯特林(Stirling)循环冷却机。热成像扫描系统分辨率可达 $0.05 \sim 0.1℃$。

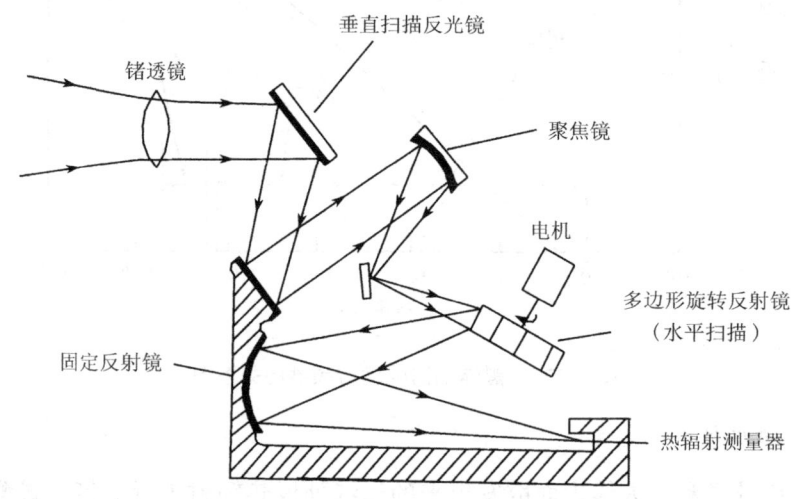

图 6.178　机械光学扫描热成像原理

一些基于固态器件的电子扫描系统也已开发成功。它们一般由光电转换器配以电荷耦合器件(CCD)来实现。其面板由布设在半导体基体上的许多感光小单元构成,所产生的光-电信号可由控制脉冲读取。检测元件必须有良好的光吸收特性和电荷转换能力。如图 6.179 是采用固态器件的电子扫描成像系统,由锑化铟(InSb)或碲化镉汞(CdHgTe)组成红外监测器阵列和由 CCD 组成的扫描电路,共同实现了上述光机系统的功能。

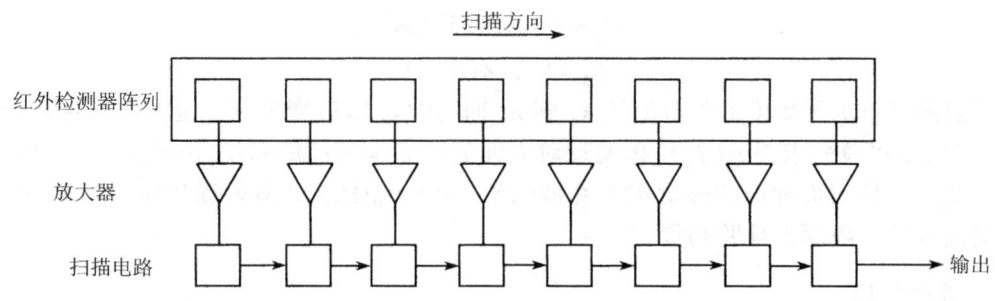

图 6.179　利用固态器件组成的热成像系统

(2) 热电光导管成像　在一些对温度分辨率要求不高的医学应用场合,可采用热电光导管(pyroelectric vidicon)成像技术。

热电光导管成像是建立在某些铁电晶体材料如钛酸钡、硫酸三甘钛的热电效应基础上的。这些材料随温度的变化而产生极化,如果极化轴垂直于晶体,则由温度的变化引起的单位面积电荷的增加为 $P\delta T_m$,其中 P 为材料热电系数,δT_m 是温度的变化。将这类材料作为光导管的靶面,光导管在单位面积下产生的信号电流 $i(t)$ 为

$$i(t) = \frac{P}{\delta t}[T_m(t) - T_m(t-\tau_f)] \tag{6.136}$$

式中,δt 是对元件(热电材料)的扫描时间,T_m 是元件温度,τ_f 是累积时间。

由式(6.136)可知,光导管的响应 $i(t)$ 仅与辐射温度的变化 T_m 有关,从而有两点结论:①与环境温度相关的背景辐射对结果不产生影响。②一旦光导管靶面与被测目标物的温度达到热平衡时,不会有视频信号产生,因此为了观察目标物(病人),必须对输入的视频信号进行调制,才能完整显现人体热像。通常在光导管与测量物(人体)之间要加一个斩光盘。

典型的光导管的剖面图如图 6.180。其前端是采用锗材料制作的窗口,具有抗反射功能,对 8~14μm 红外波段有很好的透光性,热电转换靶为 30μm 厚的硫酸三甘钛(TGS)晶体,光导管阴极为间接加热型,G_1 为控制栅,G_2 为加速栅极,G_3 为阳极,G_4 紧靠靶板呈网格状,目的是使靶板电场均匀。相对于阴极电位,G_2、G_3 一般为 200V,G_4 为 210~230V。测温时,靶板通常保持一个均匀电位,当受到热辐射时,靶板产生的极化效应区域,会使入射电子束的电流发生改变。

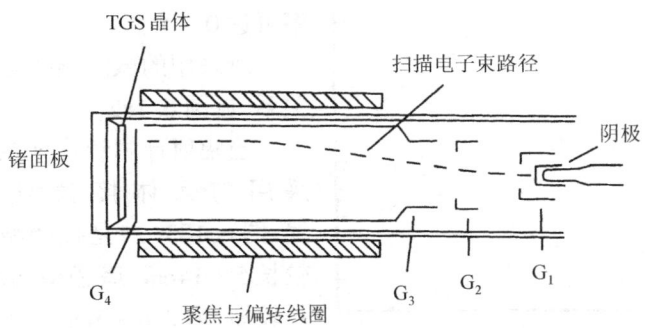

图 6.180　热电光导管剖面图

完整的测量系统示于图 6.181。图中除热电光导管外,还有信号调制用的斩光盘,透镜和监视器,调制频率一般为 25Hz。

该系统的最大分辨率为 0.1℃,一般为 1℃。该仪器的优点是在室温下即可操作,不需冷却系统;此外信号与视频摄像机标准兼容,因此人体的热像和视频图像可以重叠显现,从而给诊断定位等带来方便。

3. 微波热像图

微波辐射计用以检测人体在微波范围段的热辐射信号,人体在微波段的辐射能量远小于在红外波段的辐射能量(图 6.177)。

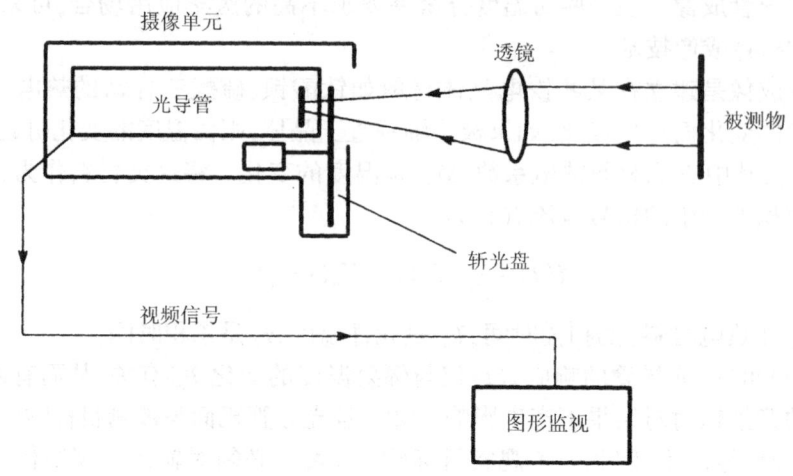

图 6.181　热电光导管测量系统

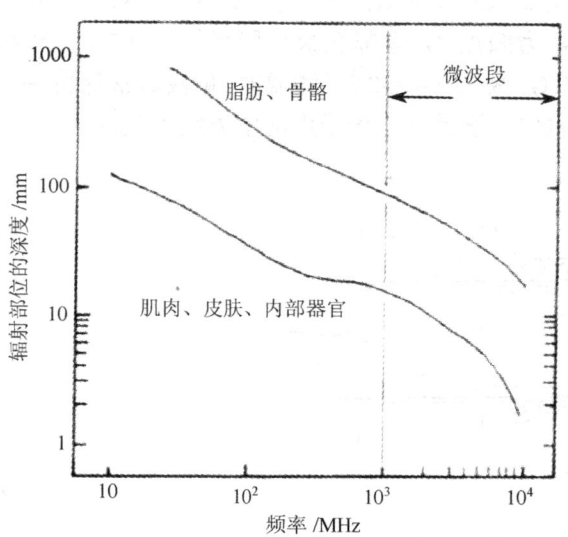

图 6.182　在射频区域人体不同深度组织与频谱的关系

微波辐射测量计,源于射电天文测量技术,因此用于人体热计量有足够的灵敏度。

例如,对 1GHz 的热辐射采用装有温度特性稳定的隧道二极管的辐射计,测量温度分辨率可达 0.1℃。

所采用的微波频率与人体组织检测深度的关系,见图 6.182。

当辐射计测量皮肤层下组织的温度时,可采用与人体接触型和遥感型两种天线,图 6.183(a)是接触型天线,一般采用波长较长 5～14cm;遥感型如图 6.183(b)所示,波长较短,为 0.4～3cm。

4. 几种温度测量方法的性能比较

对各种测温方法的比较,主要是基于它们对小信号的响应能力,以及自身系统的噪声大小。一种规范化的参数 D^*,称为探测度(detectivity),可作为比较的尺度。

$$D^* = (A\Delta f)^{1/2}/\text{NEP} \tag{6.137}$$

式中,A 是传感器面积,单位是 cm^2,Δf 是辐射频率的带宽,单位是 Hz,NEP 是噪声的功率当量,单位是 $WHz^{-1/2}$。大多数传感器的 NEP 与传感器面积 A 的平方根成正比。

几种温度测量方法的探测度与热辐射波长的比较示于图 6.184。

6.6.5　监护用多路数字体温计设计实例

仪器设计选用热敏电阻温度传感器作为测温探头,其体积小重量轻,可用胶布将其粘贴在人

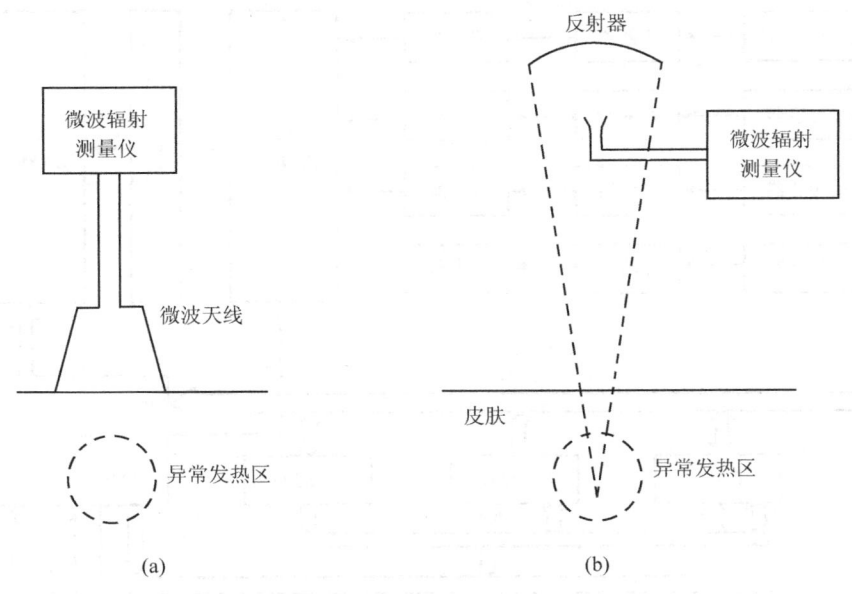

图 6.183　可作体表温度测量的微波辐射测量仪
(a) 接触型；(b) 遥感型

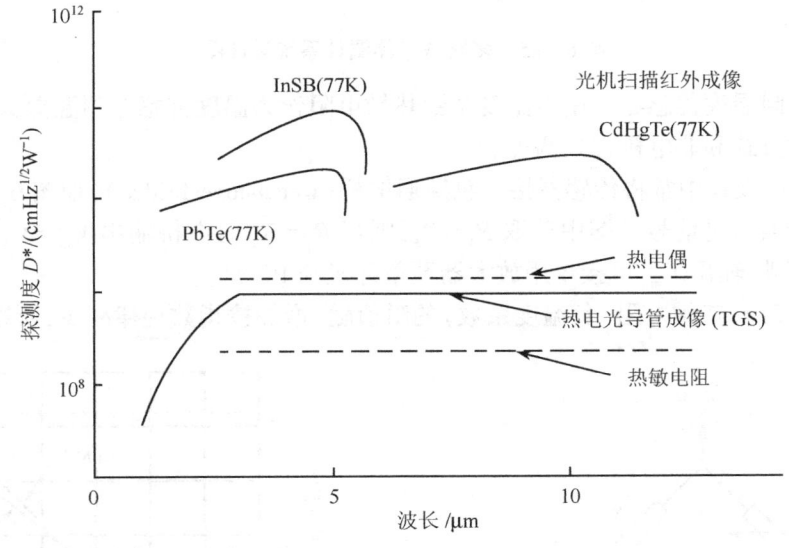

图 6.184　几种测温方法的性能比较

体体表,使用方便,测量等待时间短。测温共采用四个传感器,可同时测量人体体表的四点体温,所测数据由显示器循环显示。显示所测温度值采用 LED 显示器。仪器还具有温度报警功能,当所测病人体温超过限定值时,便发出音响报警信号。

仪器系统设计如图 6.185 所示,由热敏电阻温度传感器、前置放大器、A/D 转换电路、单片机 8031 系统、LCD 显示器、报警和报警预置电路,开关稳压电源电路组成,其工作原理分述如下。

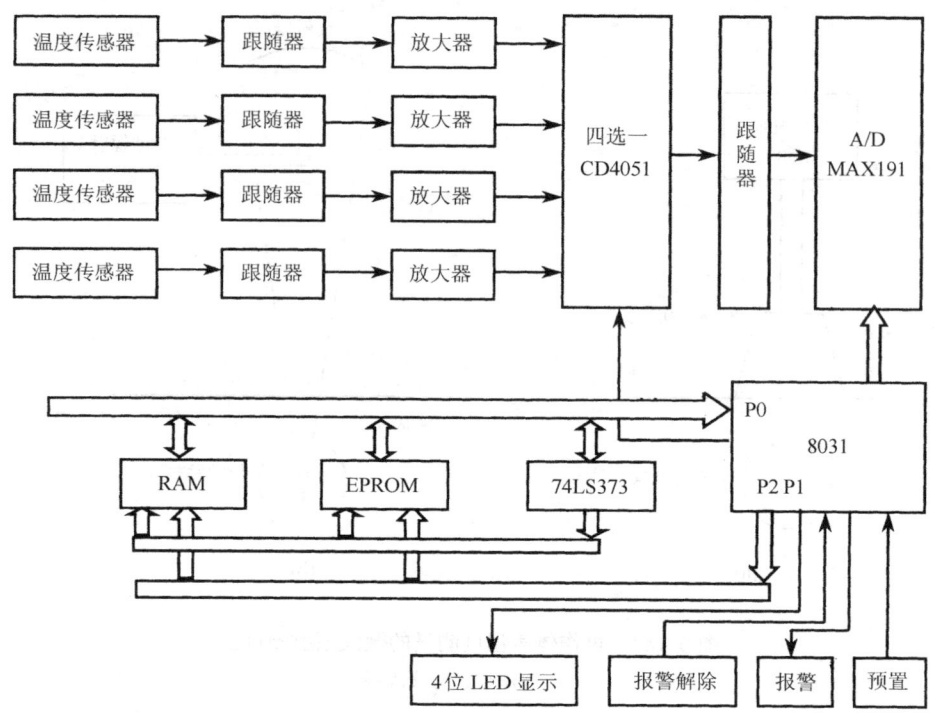

图 6.185　多路数字体温计系统设计图

(1) 热敏电阻温度传感器　用负温度系数热敏电阻作为温度传感器测温探头。热敏电阻的电路连接有电桥方式和非电桥方式两种。

1) 电桥方式：设计中常将传感器接入惠斯通电桥(wheatstone bridge)，如图 6.186，将人体体表的温度信号转换为电信号。图中若取 $R_1 = R_3$，则当 $R_T = R_2$ 时电桥输出 $V_{out} = 0$；当 R_T 变化时，上述平衡便被打破，输出 V_{out} 可接仪用放大器至单片机和 PC 机。

根据式(6.121)，热敏电阻(负温度系数)的阻值随 T 增加按指数规律减少，所以当热敏电阻通

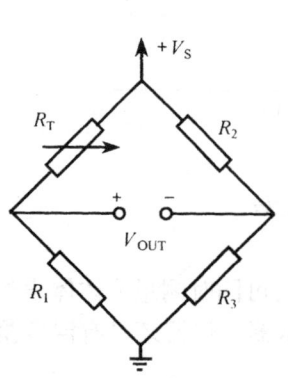

图 6.186　热敏电阻(R_T)接入惠斯通电桥电路

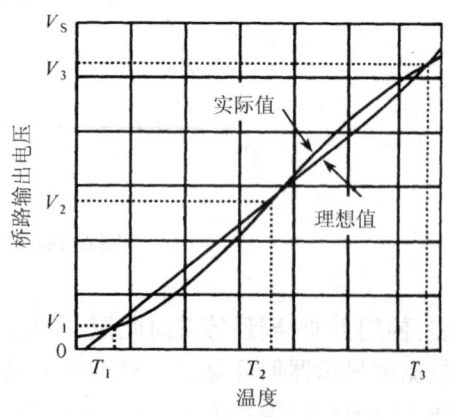

图 6.187　惠斯通电桥电路输出

有电流时,桥路产生的输出电压与温度变化呈非线性关系(图 6.187)。这与热敏电阻在低端、中间和高端的电阻 R_{T1}、R_{T2}、R_{T3} 的变化有关。对于负温度系数的热敏电阻,一般曲线低端电压值偏高,高端电压值偏小。

线性化的途径是电桥中 R_1 的值采用下式计算:

$$R_1 = \frac{R_{T1}R_{T2}+R_{T2}R_{T3}-2R_{T1}R_{T3}}{R_{T1}+R_{T3}-2R_{T2}} \tag{6.138}$$

2) 非电桥方式 热敏电阻采用非电桥接入的设计方案可参考图 6.170 和式(6.123),但由于设计中往往与热敏电阻材料相关的 B 值难以获得,故本设计采用了如下方法。

首先在热敏电阻两端并联补偿电阻 R,如图 6.188 所示,流过 a、b 的电流 $I = I_R + I_{R_T}$。I_R 由于是流过补偿电阻的电流,几乎不随 T 变化,它与 I_{R_T} 并联相加后,使总电流 I 随 T 变化的曲线变得平坦,改善了线性,但也降低了对温度的敏感性,所以并联补偿电阻 R 不能取得过小,一般不小于 R_T。为了进一步改善温度传感器的线性,再采用串联补偿,R' 是串联补偿电阻,它与热敏电阻 R_T 及其并联补偿电阻相互串联,如图 6.188 所示,其线性补偿原理和计算方法叙述如下:

设 c、d 两端点间电压为 V^+,当传感器达到上限温度 $T_H = 45℃$ 时,传感器两端 a、b 的并联电阻为 R'_{TH}。传感器两端 a、b 间输出电压为

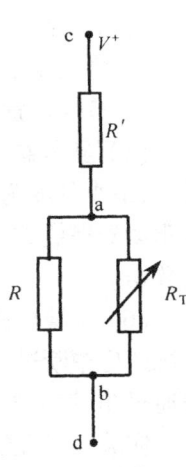

图 6.188 补偿电路

$$V_H = \frac{R'_{TH}}{R'_{TH}+R'}V^+ = \left(1-\frac{R'}{R'_{TH}+R'}\right)V^+ \tag{6.139}$$

当传感器温度达到下限温度 $T_L = 25℃$ 时,a、b 间并联电阻为 R'_{TL},a、b 间输出电压为

$$V_L = \left(1-\frac{R'}{R'_{TL}+R'}\right)V^+ \tag{6.140}$$

当传感器温度达到中点温度 $T_M = 35℃$ 时,a、b 两端并联电阻为 R'_{TM},其输出电压为

$$V_M = \left(1-\frac{R'}{R_{TM}+R'}\right)V^+ \tag{6.141}$$

由于中点温度为上限温度和下限温度的平均值,要使在这三个点上传感器的输出电压与温度成线性,中点温度输出电压也应该为上限温度和下限温度输出电压的平均值,即:

$$V_M = \frac{V_H + V_L}{2} \tag{6.142}$$

将式(6.139)、(6.140)、(6.141)代入式(6.142)式求解,可得线性串联补偿电阻:

$$R' = \frac{R_{TM}R_{TH}+R_{TM}R_{TL}-2R_{TH}R_{TL}}{R_{TH}+R_{TL}-2R_{TM}} \tag{6.143}$$

只要将上限温度、下限温度和中点温度的传感器两点间并联电阻值代入上式,就可算出串联线性补偿电阻,使输出电压与温度接近线性。

(2) 前置放大器和模拟开关 温度传感器两端 a、b 获得温度电压信号的输出,为了确保其线性补偿特性不受后继电路影响,在输出端接有一跟随器。通过跟随器的温度电压经一反相放大器放大后,使得温度电压由原来的随温度递减关系转变为随温度递增,这样就可以用电压来表

示温度。经放大器放大后的各路温度电压信号经模拟开关分时送入 A/D 进行模数转换。

（3）A/D 转换电路 采用 MAX191 的 12 位 A/D 转换集成电路，电路内置有参考电压和时钟。A/D 转换受单片机控制，单片机通过片选口和读写口启动 A/D 转换，转换完毕由单片机分两次读出转换数据的低 8 位和高 4 位。

（4）单片机系统 仪器用 80C31 单片机作为控制和数据处理系统，其 P0 口和 P2 口外接 RAM62256 数据存储器和 EPROM27512 作为程序存储器，其基本功能如下：

1）对多路温度电压信号依次采样。

2）将重复采样中还获得的数据进行平均计算后换算成对应点的温度，并送 LED 显示。

3）参数预置和报警。

（5）显示器 采用 4 位高亮度 LED 作为显示器，首位用来显示通道地址，后三位显示测量温度，最小分度为 0.1 度。每位 LED 受一个 CD4511BCD 码驱动器驱动，单片机 P1 口低四位向各驱动器提供数据，高四位提供位选择信号，每路温度数据静态显示 2s 钟，再循环显示下一路温度数据。

（6）报警电路 单片机 INT0 口外接按钮开关构成报警预置电路，当按钮被按下时，单片机系统产生中断进入预置状态，数码显示器闪烁显示预置初值；当仪器所测温度超过预置温度时，即通过 T0 向蜂鸣器送出音响信号，进行报警。

实验样机经恒温水槽实测表明，在 25.0℃ 到 45.0℃ 范围内，绝对误差不超过 0.1℃，已可满足医学临床的需要。对人体多点体表温度测量值的后处理参见式(6.117)。

习　题

1. 实现电子医学仪器前置放大器的高共模抑制比有哪些途径？

2. 分别叙述工频（我国为 50Hz）干扰，在实验室环境和医院环境的来源及主要抑制措施和方法。

3. 根据脑电（EEG）的基本参数，参考图 6.27，试设计一单导联的 EEG 放大电路（附加参考条件：该放大电路输出至单片机，其内置的 A/D 分辨率为 10bit）

4. 研制的电子血压计，最后需要采用传统水银血压计定标，试拟定一个定标方案。

5. 无创血压检测采用固定比值求出平均压、收缩压和舒张压，受到多种物理和生理变化因素的影响，从而出现"误报高血压"等错误，如何克服这些因素的影响？试提出你的设计方案。

6. 用生物阻抗法，在虚拟医学仪器平台上设计一呼吸监护仪。要求：①显示呼吸波形；②显示每分呼吸次数。在此基础上试设计用相同电极在监测呼吸的同时监测一导心电（ECG）信号。

7. 根据图 6.27 的 ECG 放大电路框图，设计出具体电路。用信号发生器验证其增益和带宽；并采用一次性粘贴电极实际采集人体单导心电，在示波器上验证显示。

8. 在热电偶测温电路图(6.171(b))中，接入第三种金属，并将其作为参考端的设计方案，有何优势？

第七章 医学成像类仪器设计基础

7.1 概 述

成像(imaging)包括光学成像和非常规光学的各种射线、粒子束、能量波等的成像。成像的一个共同特点是需要有传递物的特征量的信息载体。医学成像的信息载体有光子、各种频带的电磁波、能量波和粒子束等,如射频波、红外(微米波)、可见光、紫外光、X射线、γ射线、中子、电子、离子、质子、声子等。信息载体携带需要成像的物体的特征量信息,通过成像系统形成物体的图像或影像。

在现代医学中,成像技术已成为极其重要的诊断、治疗及医学基础研究的手段,尤其是20世纪70年代以后,医学成像无论在理论上和临床应用上均取得了巨大的进展。X射线成像、同位素扫描成像、磁共振成像和超声成像等装置已成为临床医学常规诊断的四大影像仪器。图7.1给出了目前使用的医学成像装置的分类图。

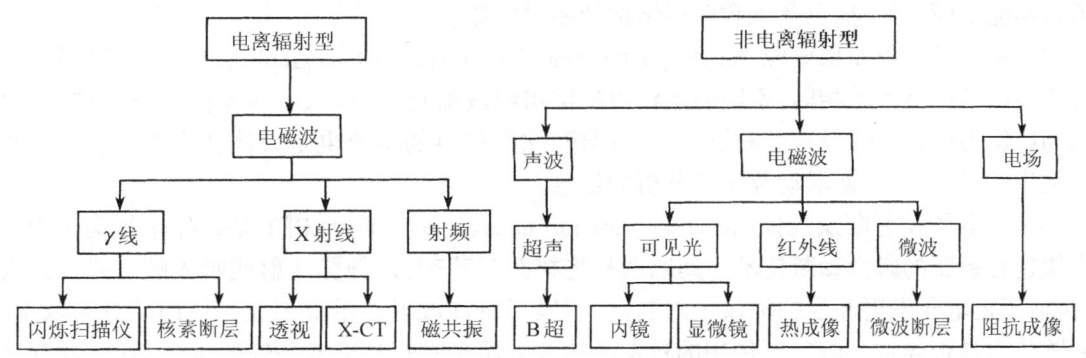

图 7.1 医学影像装置分类图

本章将主要讲述目前在临床中广泛使用的成像技术及其设计原理。

(1) X射线透射成像及CT(X-ray projection radiography & computed tomography):当X射线穿过人体时,由于人体内不同的组织或器官各自拥有不同的密度与厚度,使其对X射线产生不同程度的衰减(attenuation)作用,而形成不同组织或器官具有灰度对比的分布图,进而以病灶的相对位置、形状和大小等改变来判断病情。X射线成像所得的影像是与射线垂直的各组织投影的叠加,因而常常使重要的空间信息模糊或丢失。而CT由于有计算机的辅助运算,所以呈现为断层截面且解析度很高的影像。这两种影像所能提供的是人体解剖结构方面的信息。

(2) 超声成像(ultrasound imaging):由于人体内不同的物质或组织彼此之间密度与硬度都不相同,因而具有不同的声波阻抗,超声成像是利用探头产生频率大于20kHz以上的声波,当声波在人体内传播时,不同物质与物质(或组织与组织)之间相交的界面,由于彼此声阻抗差异大小的不同,会造成入射声波不同程度的反射和散射,再由同一检测探头将这些反射和散射声波收集并经计算机处理后,即可形成不同成分、组织或器官的灰度影像对比分布图,超声影像提供的也是关于人体解剖结构方面的信息。

(3) 磁共振成像(magnetic resonance imaging,MRI):MRI 是通过计算机技术重构 ^1H(质子)在断层上分布的核磁共振(nuclear magnetic resonance, NMR)信号而实现成像的。该 NMR 信号特征是人体内 ^1H 的密度,受所处周边环境影响而变化的 T_1 值(自旋-晶格弛豫时间)和 T_2 值(自旋-自旋弛豫时间)以及流动效应的综合反映。借助特定的感应线圈,通过收集磁场感应的 NMR 信号变化,最后经计算机处理和重建而形成不同成分、组织或器官的灰度图像分布图。MRI 所呈现的为断层切面且解析度很高的影像,它不但提供了人体解剖结构特别是软组织方面的信息,而且又能显示原子核水平上的生化信息和某些器官的功能信息。

(4) 放射性同位素断层成像(emission computed tomography,ECT):将传统的放射性药剂,如:^{99m}Tc、^{67}Ga、^{201}Ti、^{133}Xe,以静脉注射或吸入的方式注入人体内,然后依照不同药剂的特性以及在人体内特定组织或器官的分布情况,等待一段特定的时间后,采用 NaI 等闪烁扫描仪接收来自人体发射的 γ 射线,最后经计算机处理,即可得到静态的核医学影像。若欲得到一连串动态的影像,则在药剂注入人体时,立即开始扫描。一般的核医学影像所能提供的主要是人体中特定组织或器官功能方面的信息,以及大致解剖结构的相对位置。

(5) 单光子发射断层成像(single photon emission computed tomography,SPECT):其基 c 本原理与上述医学仪器大致相同,不同的是针对特定组织或器官做 360°、三维空间静态的造影扫描,得到的影像为包含立体及三个断层切面的影像,它所提供的主要也是人体特定组织或器官功能的有关生理、生化和代谢活动及定量分析的信息。

(6) 正电子发射断层成像(positron emission tomography,PET):PET 是近年来核医学中发展相当快速且崭新的影像诊断技术。其原理是将核医学药剂,以静脉注射或吸入的方式注入人体内,再使用正电子发射断层扫描仪予以测定,借以了解该放射性示踪剂在人体内的分布状况,判断新陈代谢是否异常。PET 所使用的核医学药剂多属于具有高度专一性的生命基质(或其衍生物)并能进行正电子发射的核标记(labeled)物,发射出的正电子(β^+)在极短时间内与其邻近电子(β^-)发生碰撞而产生湮灭辐射,产生出两个方向相反(基本共线)具有大约 511keV 的光子(γ 射线)。成像系统依靠光子对的同步检测,可以针对特定组织或器官以定量的方式测定其单位体积内的放射性浓度,借以了解该特定组织或器官对特定药剂的代谢情况,进而探讨疾病的致病机制。PET 能比 ECT、SPECT 提供更为精确的人体特定组织或器官的生理、生化和代谢活动方面的信息,以及解剖结构的相对位置。

7.2 X 射线透射成像

1895 年伦琴发现 X 射线并拍摄了世界上第一张 X 射线照片,首次记录了医学放射影像,开创了 X 射线透视成像(X-Ray projection radiography)技术的研究史。100 多年来,电子技术和计算机技术的迅猛发展,促使 X 射线透视成像技术由模拟化走向数字化,并产生了放射诊断和放射治疗两个不同的学科。

7.2.1 电子、X 射线与物质的相互作用

高能电子(energetic electron)和物质之间的相互作用是 X 射线产生的基础,而 X 射线光子(X-ray photon)与物质之间的相互作用则在成像过程中起着主导作用。图 7.2 是 X 射线产生过程的示意图,描述了从 X 射线管阴极发射的电子到 X 射线探测器或影像接收器接收到的 X 射线,以及它们的医用意义。图中二次电子产物,包括 X 射线碰撞产生的光电子(photoelectrons)、俄歇电子(Auger electrons)、康普顿散射电子(Compton scattered electrons),以及二次 X 射线束(康普顿散射 X 射线与本征荧光 X 射线)。在与靶撞击的四束 X 射线中,X 射线束 A 与 D 主要用于成像,X 射线束 B 散射后被防散射栅极截获,而 X 射线束 C 主要被人体吸收并形成对人体有害的放射剂量。

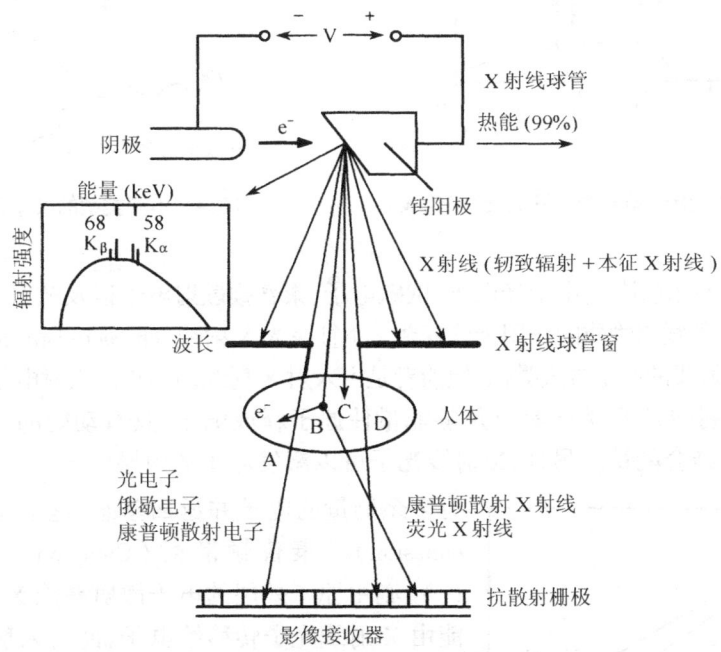

图 7.2 由钨阳极产生的 X 射线谱及其临床应用

X 射线的产生主要包括两个基本过程,这表现在电子撞击金属靶产生的 X 射线谱中。图 7.3 为钼阳极(molybdenum anode) X 射线谱,钨阳极 X 射线谱示于图 7.2 中。这些谱线的特征是有一个平滑的本底辐射(background radiation),本底辐射对所有材料都基本相同,其上叠加了一些标志着阳极材料的离散峰线。平滑的背景为轫致辐射(bremsstrahlung)或制动辐射(braking radiation),离散的峰线为本征 X 射线。这两种类型的 X 射线的产生机制示于图 7.4 中。

当电子穿过物质偏转或撞击原子核时,加速的电子与原子核之间的电磁作用产生光子辐射,这就是轫致辐射。此过程产生的 X 射线的波长的低限为

$$\lambda_{min} = hc/eV \tag{7.1}$$

式中,V 是电子的加速电势,e 为电子电荷,h 为普朗克常数,c 为光速。

当电子由一个定常态变化,例如从 $n=2$ 到 $n=1$(n 为主量子数)时,原轨道上的电子在电子

碰撞作用下射出,就产生了本征 X 射线(characteristic X-ray)。图 7.4(b)将可能的跃迁形式分为 K 级数、L 级数、M 级数等组,每一个组内的变迁记为 α、β、γ 等。

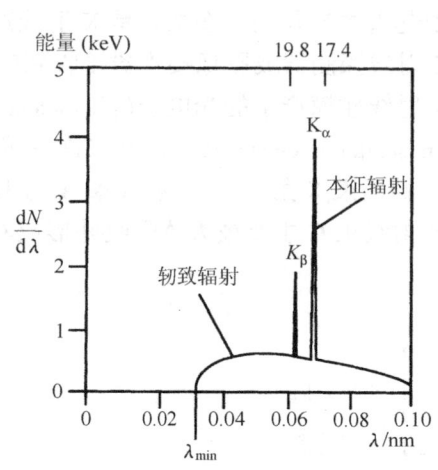

图 7.3　钼阳极的 X 谱线(球管的激发能量为 35keV)

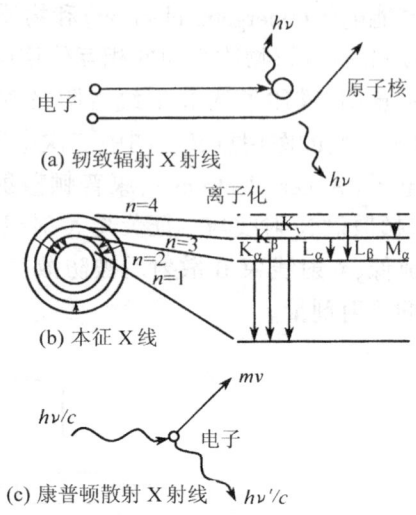

图 7.4　不同类型的 X 射线产生原理模型

在可供医用的能级范围内,由于光电子、俄歇电子、康普顿散射电子以及散射 X 射线和本征荧光 X 射线的产生,使 X 射线与物质的作用十分复杂。本征荧光 X 射线(characteristic fluorescent X-ray)的产生方式与本征 X 射线的产生方式类似,但前者是由入射 X 射线而不是由入射电子激发;在光电子的作用下原子吸收 X 射线光子,光子具有足够能量使原子释放电子,具有动能的电子能量等于入射光子能量减去电子结合能量。另外,X 射线光子可以激发原子的内层电子,于是原子就发射出带有多余能量的电子并返回基态,这就是俄歇辐射(Auger emission)。康普顿散射(Compton scattering)(图 7.4(c))则由原子外层的电子散射高能 X 射线光子产生,动能由 X 射线光子转移给电子,此时入射光子的能量非常之高以至于可以将电子看作是自由粒子,而原子的其他部分在散射过程中不起作用。加上散射电子后,使光子的波长比入射光子的波长加大,高于 30keV 的 X 射线光子与人体软组织作用主要是康普顿散射。对光电子的吸收主要发生在具有较高原子序数(即有较高的核电荷 Z)的物质,如具有正反差的介质和骨骼中。

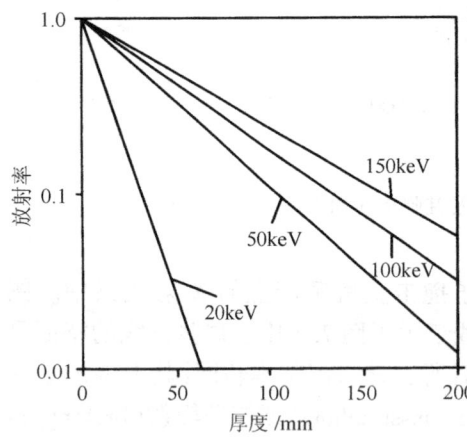

图 7.5　以 X 射线能量为参数时,X 射线透射率相对介质厚度的变化;当 X 射线能量减小时,透射率也减小,而病人承受的剂量增加。X 射线在通过介质的过程中,一个多色谱的 X 射线会因丢失低能量成分而"硬化"

如上所示,虽然实际中 X 射线并非是单能,但为了方便,我们仍将 X 射线源视为单能。单能 X 射线光子在组织内的传播随光子能量及组织厚度的变化而改变。如果透射光子的比例较少,则只有极少量的光子能够到达探测器或接收器,同时由于光子被组织吸收,从而使放射剂量大大增加。相反,如果透射光子比例很大,即接近于

1,那么对于不同的组织而言,透射过的光子差别甚小,从而大大降低图像的对比度。单能 X 射线光子对组织透射率随光子能量的变化示于图 7.5 中。

在实际应用中,我们必须在影像的对比度与人体的照射剂量之间找到一个平衡点,通常能量范围选择在 20~150keV 之间。在此能量范围内,光子的相互作用主要包括:光电效应、康普顿散射、本征荧光 X 射线和俄歇电子的产生。这些过程作用的结果分为以下四类:

(1) 穿过人体但没有发生偏转的 X 射线。
(2) 已经发生偏转,或不位于入射线束轴线的 X 射线。
(3) 被人体吸收的 X 射线。
(4) X 射线与物质作用时产生的电子。

临床使用的诊断用 X 射线的最高能量为 150keV,但在此能量状态,电子的作用范围在 0.3mm,且所有产生的电子都可以认为是被局部吸收了,构成病人接收剂量。而如果电子是在影像接收器中产生的,那么能量就会在上面聚集。

X 射线(或透视照相)的图像是 X 射线光子与不同类别的光子探测器相互作用的结果,由光子探测器记录下了穿过人体光子的分布。只有那些到达图像接收器而没有发生偏转的光子(即图 7.2 中的 A 和 D)携带了有用的结构信息,它们其实是光子穿过人体而没有发生相互作用的光子概率的量度。描述沿 X 射线束组织衰减特性的一个重要参数是线性衰减系数 μ(linear attenuation coefficient),X 射线影像本身只是一个投影图,是所有组织在 X 射线束路径中的衰减特性的投影。在研究 X 射线图像信息之前,有必要先分清成像过程中遇到的两个名词:吸收(absorption)和衰减(attenuation)。

X 射线对物质的作用由单位质量的物质吸收的总能量所决定。从 X 射线束中转移出的能量比定义为 $I(\mu/\rho)_e$,其中 I 是 X 射线强度,$(\mu/\rho)_e$ 是射线能量为 e,密度为 ρ 的介质的质能吸收系数(mass energy absorption coefficient),μ 为线性衰减系数。此能量可能会在电子作用或康普顿散射作用中释放。若是后者,只有部分光子能量转移给了电子,而散射光子可能根本没有被吸收;因此光电子的作用在很大程度上决定了所吸收的能量。

但通常情况下,当考虑射线对均匀物质的作用时,我们感兴趣的是射线强度的减少,这可以用质量衰减系数(mass attenuation coefficient)μ/ρ 来表示,如图 7.6 所示,当能量低于 30keV 时,质量衰减系数与质能吸收系数相当。因此,强度衰减可以用下式来表示:

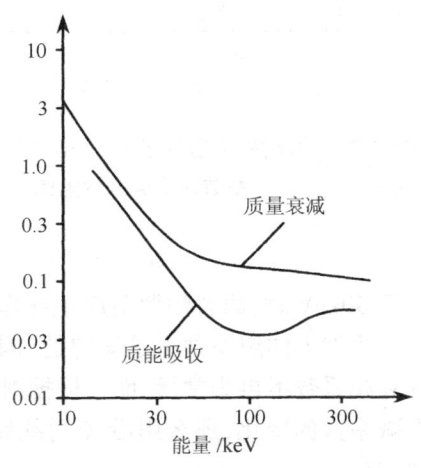

图 7.6 水的质能吸收系数与质量衰减系数在诊断用 X 射线范围内的变化曲线

$$I_t = I_0 \exp[-(\mu/\rho)\rho t] \tag{7.2}$$

式中,t 为介质的线性厚度,I_0 为入射 X 射线强度,I_t 为透射 X 射线强度,质能系数和质量衰减系数的单位均为 m^2/kg,这里"厚度"是指 kg/m^2。一般而言,用线性维数(linear dimension)就可以描述 X 射线的影像信息,这里我们用线性衰减系数 μ(质量衰减系数乘以密度)来表示。线性衰减系数的单位为 m^{-1},它是指 X 射线通过介质时在单位距离上的强度损失因数;而上面讲到的比率 μ/ρ,即质量衰减系数,代表的是单位横断面上的 X 射线束经过单位质量的材料时强度的损失因数;若采用单色 X 射线束,则对于任意给定材料,该系数是一个常数,并随物质原子重量的增加而增大。值得提出的是若 μ 与密度成比例,则 μ/ρ 恒为常数。

7.2.2 X 射线的成像原理

如果人体是均匀的,那么 X 射线的成像过程可以简单地用透射强度 I_t 与入射强度 I_0 之间关系来表示,即当 X 射线束横穿厚度为 t 的均匀物质时,有

$$I_t = I_0 \exp(-\mu t) \tag{7.3}$$

式中,μ 在波长一定时为常量,即上节提到的线性衰减系数。式(7.3)即为光学上的朗伯吸收定律。μ 在很大程度上依赖于电子的密度,因此与材料密度大致成比例。X 射线成像正是基于该特性。

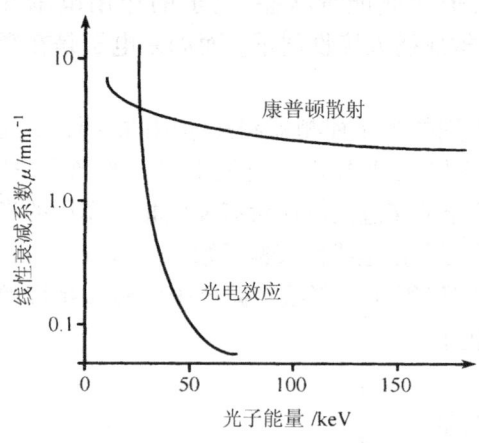

图 7.7　诊断用 X 射线能级范围内线性衰减系数的主成分示意图

事实上,线性衰减系数 μ 是在几种类型的 X 射线的相互作用下各自衰减系数的总和。在医学图像涉及的能级范围内,主要有两种类型的相互作用:光电效应(photoelectric effect)和康普顿散射(Compton scattering)。由于光电效应中,X 射线光子作用于原子内部被原子核紧紧束缚着的电子,这种束缚随着原子序数的增加而增加,因此光电系数随着原子序数 Z 的增加而增加(实际与 Z^3 成比例)。而康普顿散射相互作用在原子外层,原子与电子呈松弛结合,光子也因碰撞而改变方向出现散射,因此康普顿系数与相对原子序数依赖性较小。这两个系数都随组织密度的增加线性增长。由图 7.7 可以看出,对于人体组织之间原子序数(Z)变化很小的部位,要想得到较满意的反衬度影像,就必须使用低能 X 射线,此时占主导作用的是光电效应,其衰减系数与 Z^3 成比例。一般说来当 X 射线能量大于 30keV 时,康普顿散射起主导作用,而小于 30keV 时,光电效应占优。

当然人体组织并不是均匀的,因此实际应用中需要对式(7.3)进行改进。任一射线路径上的衰减系数不再为常量,而是根据射线路径的不同而发生变化。我们用密度函数 $\mu(x,y,z)$ 表示衰减系数的变化,那么用沿 X 射线路径(假定为 z 轴)上的线性积分来代替式(7.3)中的衰减系数,有:

$$I_t = I_0 \exp\left[-\int_{\text{detector}}^{\text{source}} \mu(x,y,z) \, dz\right] \tag{7.4}$$

式(7.3)和式(7.4)中只考虑主射线束中的光子而忽略了散射光子,散射光子比主射线束更有效地被记录或吸收到,因此从光子探测器或接收器的角度来看,这是非常不利的。可以通过加窗减小射线的空间尺寸;加抗散射栅板,减小 X 射线束尺度或增加病人与接受器之间的距离(图 7.8)等方法来减少二次电子和 X 射线光子的影响。此外,可以假设散射与主射线辐射的比值 R 为可以由测量或是计算获得的常量,从而取代式(7.4),有

$$I_t = I_0 \exp\left[-\int_{\text{detector}}^{\text{source}} \mu(x,y,z) \, dz\right](1+R) \tag{7.5}$$

以上都是假定 X 射线的能量分布为单能 X 射线或单色 X 射线。而在实际中情况并非如此,

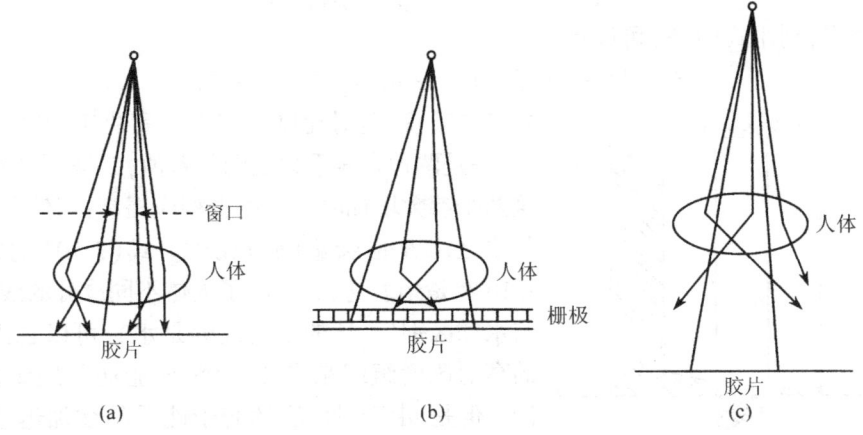

图 7.8 X 射线成像过程中减少散射的主要方法
(a) 加窗法;(b) 抗散射栅极;(c) 加大人体与胶片的距离

由轫致辐射产生的 X 射线的连续能量谱叠加了因 X 射线阳极材料的本征辐射 K 线(图 7.3)而形成的特定峰值。X 射线束在某一点的衰减由位于该点的介质和 X 射线束的能量分布决定。由图 7.5 可知,在通过介质过程中 X 射线谱会改变,这是 X 射线束中的低能量成分逐渐除去的过程,称为"硬化"(harden)。低能量的"软 X 射线"波段在 0.2~10nm(6.2~0.12keV)范围,目前主要应用于显微成像,如 X 射线衍射仪,在生物大分子结构的研究中获广泛应用。

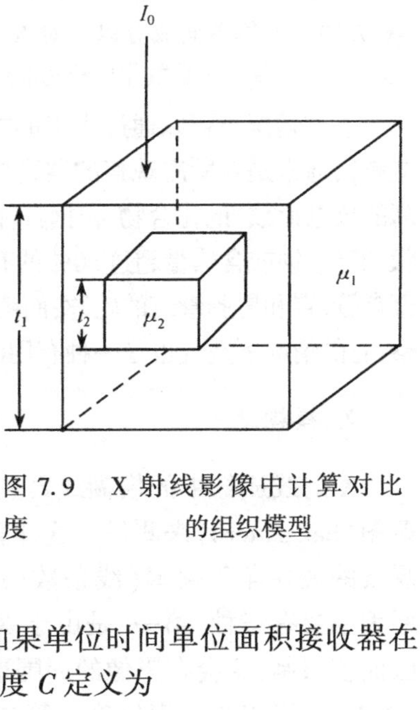

7.2.3 成像质量的评价

对所设计的 X 射线成像系统的性能的评价参数主要有:对比度(contrast)、模糊度(blur)、噪声(noise)和放射剂量(radiation dose)。

1. 对比度

图 7.9 X 射线影像中计算对比度的组织模型

把此物理过程理想化(图 7.9),把一个厚度为 t_2、线性衰减系数为 μ_2 的立方体("靶"区)植入厚度为 t_1,线性衰减系数为 μ_1 的物体中。假定接收器的响应与吸收的能量成线性关系,如果单位时间单位面积接收器在"靶"区外吸收的能量为 I_1,在靶区内吸收的能量为 I_2,那么对比度 C 定义为

$$C = (I_1 - I_2)/I_1 \tag{7.6}$$

由于这里忽略了散射过程,由式(7.3)可得

$$I_1 = I_0 \exp(-\mu_1 t_1) \tag{7.7}$$

和

$$I_2 = I_0 \exp[-\mu_1(t_1 - t_2) - \mu_2 t_2] \tag{7.8}$$

因此有

$$C = 1 - \exp[-(\mu_2 - \mu_1)t_2] \qquad (7.9)$$

考虑到散射效应,利用式(7.5)可以得

$$C = \{1 - \exp[-(\mu_2 - \mu_1)t_2]\}/(1 + R) \qquad (7.10)$$

式(7.10)说明:对比度由三个因素决定,其中主要的有两个,一是两种衰减系数之间的差值,二是"靶"物质的厚度,这两个参数增加时对比度也相应提高;当然散射射线与主射线之比 R 也会影响对比度。式(7.10)的意义可由图 7.10 清楚地表达,它画出了人体不同成分的线性衰减系数与水的区别(人体的主要成分是水),可以看出,我们期望的高对比度组织来自于骨骼,而脂肪与组织的对比度最低。但是,由于对比度随光子能量的增加迅速减小,它们之间的变化曲线如图 7.11 所示,这使得情况更为复杂,因此要获得高对比度影像就要减小光子能量。而如前所述,光子能量的减小导致病人所接收的辐射剂量的增加,因此必须在光子能量与辐射剂量之间选择一个折中的方案。而事实上,由于影像接受器的响应与吸收的能量之间并非上述假设的线性关系,因此式(7.10)中的对比度就不完全正确,在实际应用中仍需要对它进行修正,临床观察 X 胶片通常允许的可见对比度约为 2%。

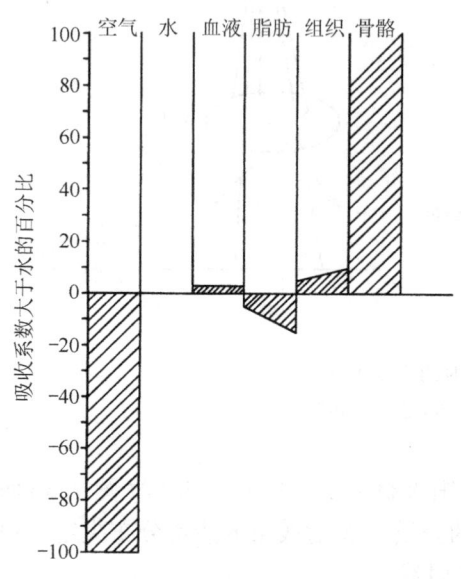

图 7.10 人体不同成分以水对 X 射线的吸收衰减系数作比较基准图

有些情况下可以通过人工的方法提高对比度(如血管造影),通常是对所需观察的器官中注入高原子序数(具有高的核电荷数)的化合物,根据具体情况可以选择水悬浮液状的硫酸钡或含碘量超过 50% 的有机化合物。钡餐用于观察食管、胃和胃肠管道的轮廓;而碘化合物用于小血管的观察;有的情况下空气也是一种有用的对比度造影剂。

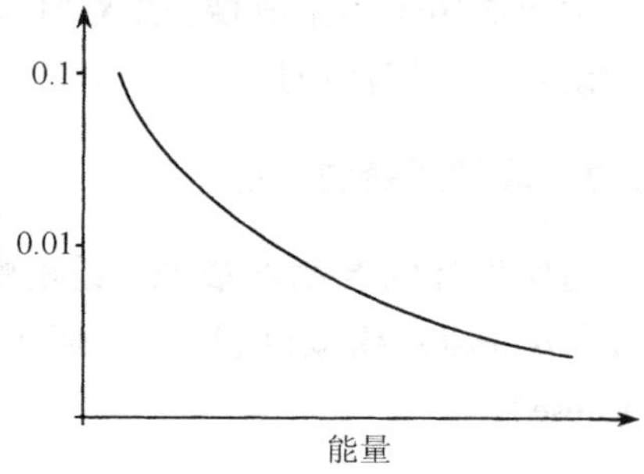

2. 模糊度

X 射线成像中的模糊或聚焦不好,可以通过成像样条图(bar pattern)来测量。这样影像模糊度就定义为可观察的最高样条频率(线条数/mm)。造成影像模糊的原因主要有三种:第一,是由于 X 射线球管阳极的发射区面积限制,这会在影像的周围形成半影区,形成几何影像模糊。将球管的焦点减小,如 0.3mm×0.3mm,可以减小模糊度。第二,影像接收器本身具有影像分辨率的限制(接收器模糊)。第三,考虑人体移动的影响(运动模糊),通常情况下运动模糊可以被忽略,但如果身体的成像部分始终处于运动状态,那结果就完全不同了,如心脏及其周围血管。

图 7.11 人体组织的对比度随 X 射线能量的变化曲线(能量轴取对数刻度值)

由图 7.12 可以理解几何模糊,影像的模糊度即半影区的宽度 Δl 为

$$\Delta l = x d_2 / d_1 \qquad (7.11)$$

式中,x 为 X 射线源的宽度,d_1、d_2 分别为 X 射线源与物体和 X 射线源与接收器之间的距离。将半

影模糊度除以系统的倍率数 m 可使 Δl 规范化,其中 $m=(d_2+d_1)/d_1$,规范化的模糊度 ΔL 为

$$\Delta L = x(1 - 1/m) \tag{7.12}$$

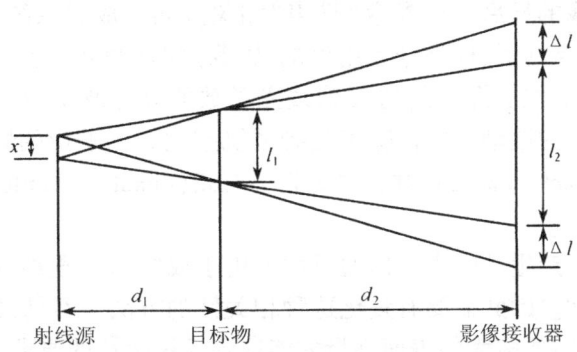

图 7.12 由 X 射线、物体和图像计算几何模糊,其中 l_1 为物体宽度,Δl 为半影宽度

影像的整体模糊度不但与 X 射线源有关,而且与接收器有关。我们用 ΔR 表示接收器模糊度,由此可以用平方和的形式得到整体模糊度

$$U = (\Delta R^2 + \Delta L^2)^{1/2} \tag{7.13}$$

接收器模糊度 ΔR 其实是固有模糊度 Δr,它由厚度为零的物体与接收器接触时测得,由增益 m 规范化后 $\Delta R=\Delta r/m$。将此值代入式(7.13)中,就得到宽度为 x 的 X 射线源的整体模糊度为

$$U = \left(\frac{\Delta r^2}{m^2} + x^2 \frac{(m-1)^2}{m^2}\right)^{1/2} \tag{7.14}$$

由式(7.13)与式(7.14)可知,当 ΔL 远远大于 ΔR 时,整体模糊度就随增益 m 的增加而增加,而当 ΔR 远远大于 ΔL 时,整体模糊度则与增益 m 成反比关系(由 $\Delta R=\Delta r/m$)。由于通常在 X 射线照相中整体模糊度随增益的增大而增加,因此病人应尽可能与接收器靠近(减小 d_2),而 X 射线源与接收器的距离则就尽可能远(d_1+d_2)。对于采用增益控制的 X 射线照相,增益适当时,整体模糊度随增益的增大而减小,但此后就随增益的增大而增加,因此在使用中要谨慎地选择增益值。

在分析放射剂量之前,先定义几个用到的单位量。放射剂量定义为单位质量的物质上接收射线的能量,单位为(gray,Gy),$1Gy = 1J/kg = 6.24\times10^{12}MeV/kg$,用于测量吸收放射剂量(radiation absorbed dose)。入射的射线能量类型不同,其生物损害作用也不相同,如 1MeV 的 α 粒子(氦核)就比 1MeV 的电子产生的生物危害性大。在定义放射剂量当量(radiation dose equivalent)时考虑了这个因素,这里将放射吸收剂量乘以一个依赖于射线类型的因子 Q。放射剂量当量的单位为希沃特 Sv(sievert),$1Sv = 1(Gy)\times Q$。表 7.1 列出了不同类型射线的 Q 值。

表 7.1 不同类型射线的 Q 值

射线类型	Q 值	射线类型	Q 值
γ 射线(Gamma-ray)	1	质子(protons)(1GeV)	2
X 射线(X-ray)	1	热中子(thermal neutrons)	3
电子(electron)	1	快中子(fast neutrons)	10
质子(protons)(10MeV)	1	α 粒子(alpha-particles)	20

3. 噪声

上述剂量问题与影像的最后一个参数"噪声"相关。如果成像系统具有很高的对比度和影像分辨率,但噪声水平很高的话,也是毫无用处的,因为这时的影像会非常模糊。影响噪声水平的两个主要因素:在单位面积上探测到的 X 射线光子数的统计波动(量子噪声),和由于图像接收器及显示系统特性造成的波动。影像噪声受到系统空间频率响应的影响,因此空间频率响应差时会产生斑污图像(blotchy image),并称之为量子斑点(quantum mottle)或射线照相斑点(radiographic mottle)。

这种由于量子斑点而产生的噪声可以通过增加用于成像的 X 射线光子的数量来减小,但这又会造成照射剂量的增加。因此需要有量化这种相关性的方法。参见式 7.10,针对一定的背景量子斑点,一定面积 A 上需要多大的表面剂量才能达到反衬度 C 的要求?换句话说,我们需要一个描述信噪比 SNR(signal-to-noise)的式子。

针对一定面积的区域 A,我们需要检测的信号为

$$\text{Signal} = (I_1 - I_2)A = I_1 C A \tag{7.15}$$

将式(7.7)中的 I_1 代入上式,这时只需要考虑散射作用以及单位面积上的入射光子数 N、光子能量 E 和接收器的效率 α,这时信号为

$$\text{Signal} = CA[\alpha N E \exp(-\mu_1 t_1)(1 + R)] \tag{7.16}$$

影像噪声随接收器吸收的能量的波动而增大,这种波动呈泊松分布,因此与靶相邻的区域 A 上检测到的光子数目为 $E(I_1 A/E)^{1/2}$,噪声为

$$\text{Noise} = E[\alpha N A \exp(-\mu_1 t_1)(1 + R)]^{1/2} \tag{7.17}$$

于是我们可以得到信噪声比为

$$\text{SNR} = C[\alpha N A \exp(-\mu_1 t_1)(1 + R)]^{1/2} \tag{7.18}$$

将式(7.9)中的 C 值代入上式,有

$$\text{SNR} = [1 - \exp(\mu_1 - \mu_2)t_2][\alpha N A \exp(-\mu_1 t_1)/(1 + R)]^{1/2} \tag{7.19}$$

另一方面,信噪比的重要性在于只有它大于一定阈值时,X 射线影像才可以分清不同的物体,这相当于最小照射剂量的情况。

4. 放射剂量

若将信噪比的阈值设定为 r,那么可以得到人体单位面积入射线所需要的最少光子数 $N_{\min}$。整理式(7.19)并假定 $\mu_1 - \mu_2$ 的差值很小,则

$$N_{\min} = \frac{(1 + R)r^2}{\alpha(\mu_1 - \mu_2)^2 t_2^4} \exp(\mu_1 t_1) \tag{7.20}$$

式(7.20)是在假定所要成像的物体是边长为 t_2 的标准立方体的情况下得到的。最小表面剂量就是单位面积上的光子数 $N_{\min}$、质能衰减系数 $(\mu_1/\rho)_e$ 及光子能量 E 的乘积:

$$\text{最小剂量} = \frac{(\mu_1/\rho_e E r^2 (1 + R))}{\alpha(\mu_2 - \mu_1)^2 t_2^4} \exp(\mu_1 t_1) \tag{7.21}$$

式(7.21)的指导意义在于它指出了观察物体图像需要的最小剂量与物体尺寸的四次方成反比,与衰减系数差值的平方成反比,当然式(7.21)仍是一个比较理想化的模型,在实际中还会有其

他的约束条件。例如,若接收器是用于照相的胶片,那么还要考虑产生可估计黑度的最小剂量,以及使胶片饱和的最大剂量。影像接收器的速度对胶片图像的噪声也有重要的影响,因此应在可以获得的分辨率下选取较低的对比度。

由此我们可以总结出 X 射线照相过程中对最小照射剂量与图像对比度的考虑,它强调了 X 射线穿过人体时线性衰减系数差异的重要性。式(7.10)表明对比度随衰减系数之间的差异及所要观察的器官的尺寸增加而增大。另一方面,最小照射剂量与线性衰减系数差值的平方成反比,与物体尺寸的四次方也成反比。当器官的尺寸一定时,对比度与照射剂量之比随线性衰减系数差值的增大而增大。另一方面,如果放宽对器官尺寸的限制,如果想保持对比度与照射剂量之间的适度关系,那么我们就应该把目标放在体积较大器官的成像上。

7.2.4 X 射线球管

现代 X 射线球管是在库利吉(Coolidge)设计的基础上制造的,现已经过了不同程度的改进。X 射线球管是将一个钨丝电源和一个钨阳极封装在硅酸盐玻璃外罩内(图 7.13)而成。当灯丝中有电流通过时会产生一个狭窄的电子束,电子束经过 20 到 150kV 的电压加速后轰击阳极。电子与阳极物质碰撞过程中被减速并停止,将能量转移给阳极,其中 99% 为热能,1% 为 X 射线。其中一部分 X 射线穿过包裹 X 射线球管的充满油的外壳出口窗,其余 X 射线被外壳里的铅衬吸收。

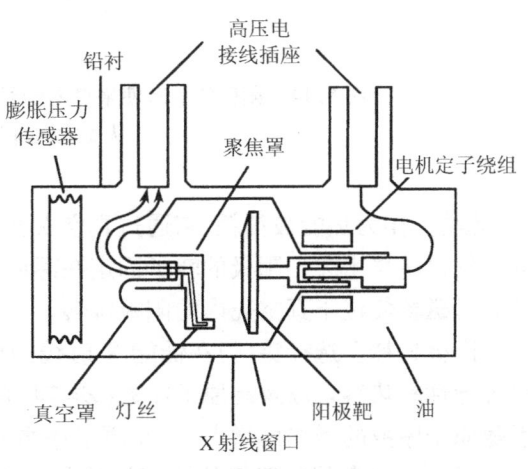

图 7.13 采用旋转阳极的 X 射线球管的横断面结构示意图

在球管的设计中,灯丝与引导电子到达阳极的电子光学的设计异常重要,这是由于它们控制了阳极电子斑点的形状与大小,即 X 射线源的大小。球管输出的 X 射线强度由轰击阳极的电流大小决定,灯丝是将钨丝螺旋状缠绕在镍块上制成的,镍块不仅起到支撑灯丝的作用,它还形成一个使电子聚焦为狭条的电场。阳极有一个与电子束成倾角的斜边,电子束在阳极上呈矩形;而由球管出口缝隙发出的 X 射线与电子束成直角发射出来,因此从接收器的方向看,X 射线源近似为一正方形。图 7.14 画出了其原理示意图,阳极通常采用 17 度的倾角。由于阳极圆盘还可以制成两种不同的倾角(对应两组灯丝),因此就有粗、细两种可供选择的聚焦点。

设计 X 射线球管时的一个核心问题是如何使电子线束撞击阳极过程中产生的热量散发出去。尽管从得到清晰 X 影像的角度考虑,阳极焦点是越小越好(减小了半影模糊),但这样却造成焦点上的功率密度过大而产生局部高温。有两种解决以上问题的方法(图 7.14):①采用矩形截面的电子线束轰击呈一定角度的阳极,从而使撞击区域大于看到的射线源区域。例如电子线束轰击在阳极上的区域为 2mm×6mm,而球管出口射线源面积为 2mm×2mm,此时功率密度减小了 3 倍。②最重要的措施是采用旋转阳极。电子线束实际上撞击的是一个 6mm 宽的圆环(图 7.14 中,左图的虚线部分)。通常阳极的旋转速度为 3000r/min,阳极直径约为 100mm,这时有效面积约为 1500mm²。虽然阳极的旋转减小了阳极上的功率密度,但转移到阳极的总功率并未改

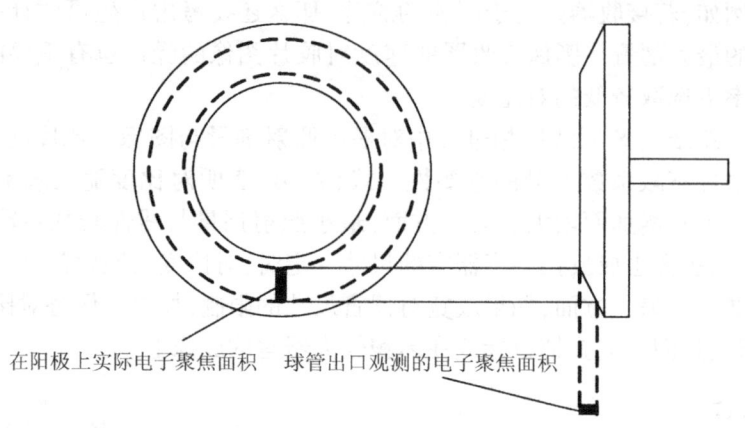

图 7.14　阳极的旋转使来自电子射线的功率转移到图中用虚线画出的圆环上，
从而大大降低了阳极的功率密度

变,此功率作为热能被消耗,它通过真空 X 射线管辐射,并被周围的油吸收。油的热量通过周围的空气再转移出去。阳极的转子固定在感应电动机的鼠笼里,定子位于真空壳外,定子绕组产生的旋转磁场使位于真空壳内的阳极旋转。

阳极材料多选择钨,但在低能 X 射线的情况下也采用钼。钨具有高熔点(3410℃)、良好的热传导性和热容量以及高原子序数($Z=74$)的特点。高原子序数的重要性在于靶产生的韧致辐射随原子序数的增加而增大,且高原子序数元素产生的 X 射线谱适用于人体较厚部分的成像。操作过程中 X 射线管阳极的持续加热与冷却会使阳极表面产生裂隙,这个问题通过采用钨/铼(90/10)合金来解决。另一个重要的问题是阳极热容量要求很高。高热容量允许高额定功率,从而允许短曝光时间,也就使两次曝光之间的时间间隔缩短。钨阳极的热容量可以通过钼的配合来提高,因为钼具有比钨更高的比热,如图 7.13 中阳极固定于很细的轴杆上,轴杆通常由钼制成,这是为了减少进入到含铜鼠笼式转子中的热传导。X 射线阳极球管的热量会很高,如当发射电流为 10mA,加速电压为 100kV 时,转移到阳极的总功率约为 1kW,其中 0.99kW 作为热能消耗,实际中的功率消耗可高达 75kW。

我们知道传统 X 射线球管输出的是波长范围很宽的韧致辐射加上相应阳极材料的特征波长的 X 射线。随阴极/阳极电势的增加,韧致辐射短波长的截止频率向低波长方向移动。在讨论病人照射剂量时知道,若 X 射线谱太软化则低能光子只会增加照射剂量而不会提高影像的对比度。因此需要在 X 射线束到达人体之前将这些光子去除。原则上可以通过采用不同的加速电势或加入滤波器来解决,也可同时使用两种方法。滤波器通常由铜或铝材料,而在能量低于 20keV 如乳房 X 射线投视中则采用钼滤波器。用钨作为阳极材料产生的钨 X 射线谱最合用于较厚人体部位的成像,而钼阳极适用于具有高反衬度的人体较薄部位的成像。上述铝滤波器和铜滤波器的选择与否要根据球管的电势来决定。

7.2.5　X 射线影像接收器

历史上 X 射线的第一个影像接收器为直接曝光的摄影胶片。由于它在诊断用 X 射线的能量范围内对光子的吸收效率很低,因而这种直接曝光的摄影胶片只在一些特殊的情况下才会使用。摄影胶片还可以与屏幕胶片组合使用。这样会比直接曝光的胶片速度快,但却不能达到相同的空间分辨率;因此在照射剂量(较低)与分辨率(较高)之间应有一个折中选择。当然使用影像增强器可以使照射剂量很低。以下将从分析 X 射线胶片的工作原理出发了解影像接收器。

图 7.15 为一直接曝光用 X 射线胶片的横断面示意图。胶片是由厚度为 20μm 的感光乳胶涂在透明基片(厚度约为 200μm 的聚酯或乙酸酯,基片为组成胶片的其余成分提供了物理支架,它不参与图像的形成过程)的两侧而成。感光乳胶通过底层附着在胶片的基底,其外表面有一层很薄的表面镀膜以防止磨损。在乳胶基中有极为敏感的感光乳胶悬浮物,即直径约为 1μm 的卤(溴或碘)化银粒子。胶片采用两层感光乳胶用于增加 X 射线的吸收效率。当 X 射线光子与感光乳胶相互作用时,卤化物中的银和溴(或碘)原子在横断面上的吸收效率比组成明胶的碳、氢等轻元素要高得多,因此相互作用主要发生于卤素粒子。在此相互作用过程中,高能电子被释放,当这些电子速度降低时,由于电离作用电子会进一步释放。这些电子一部分被卤化银粒子俘获,并有一小部分卤化银原子还原为银形成潜影。而每个卤化银颗粒中都有少量的作为敏化剂或催化剂的银原子,当胶片显影时整个颗粒就还原为银。胶片中含有较多银颗粒的区域对光线的吸收较强,结果产生一个较黑的区域。胶片中辐射较少的区域呈现灰色,而无 X 射线照射的区域则是透明的。

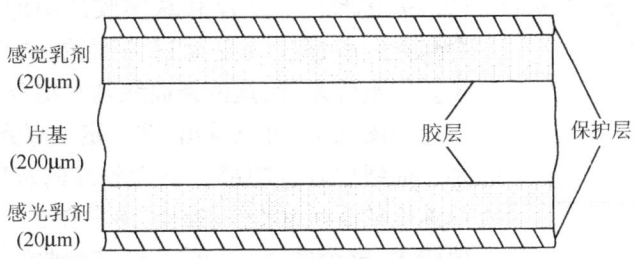

图 7.15 X 射线胶片的横断面图

胶片的曝光程度通常用光密度(optical density D)来表示,它定义为

$$D = \log_{10} I_0 / I_t \tag{7.22}$$

式中,I_0 为入射光强度,I_t 为透射光强度。人眼对不同灰度的阴影非常敏感,可以很精确地辨别 X 射线摄影中的细节信息。由于人眼的物理响应呈对数形式,因此如果我们要量化测量,就要像式(7.22)那样进行对数转换。此外,我们还需要建立光密度与胶片曝光之间的关系式,这用一个简单的曝光模型就可以实现。

考虑单位面积上含有 k 个溴化银颗粒的感光剂的情况,经 X 射线照射以后,每单位面积上提供了 N 个光子,并在每一个横断面 b 上产生了 k^* 个活化颗粒。如果假定每一个光子都能产生一个活化颗粒,可得到:

$$\frac{dk^*}{dN} = (k - k^*) b \tag{7.23}$$

对上式积分后得

$$k^* = k[1 - \exp(-bN)] \tag{7.24}$$

乘积 bN 代表撞击溴化物颗粒的 X 射线光子数,并与照射剂量相关。

假定每一个活化颗粒都会产生一个横断面积为 σ 的银亮斑,那么对于厚度为 t 的感光乳剂,

深度 y 上的光密度 $I(y)$ 为

$$\frac{dI}{dy} = -I(y)\left(\frac{k^*}{t}\right)\sigma \tag{7.25}$$

积分后得

$$I_t = I_0 \exp(-k^*)\sigma \tag{7.26}$$

式中，I_t 是经过厚度为 t 的物质后的光密度。上式进一步描述了 I_t 与 I_0 之间的关系，这样式(7.22)就成为

$$D = 0.434 k^* \sigma \tag{7.27}$$

此式即为 Nutting 定理。当 $k = k^*$ 时就得到光密度的最大可能值 D_{max}：

$$D_{max} = 0.43 k \sigma \tag{7.28}$$

将式(7.24)、(7.27)和(7.28)组合后得

$$D = D_{max}[1 - \exp(-bN)] \tag{7.29}$$

虽然该结果是由一个非常简单的模型得出的，但如图 7.16 所示，它仍很好地反映了胶片的真实特性。图 7.16 分别画出了胶片密度在曝光情况下和根据式(7.29)的预测曲线。但式(7.29)的预测无法反映真实胶片中即使是在未曝光区域也会包含一些还原为金属银的颗粒，从而产生背景"走光"现象。但整体来看，这两条曲线基本吻合。

由图 7.16 可以看出，在一定的曝光范围内曲线呈线性关系。曲线中较直的部分称为胶片的灰度系数伽玛(Γ)，是胶片速度的量度单位，它的值通常在 2～3 之间，快速胶片的 Γ 值较大，整个曲线称为胶片的特性曲线。

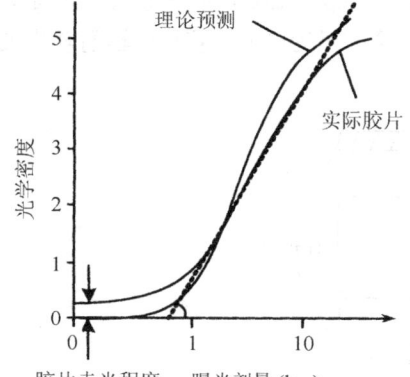

图 7.16 实际胶片密度值与式(7.29)预测值之间的对比曲线图

一种加快胶片速度的方法是使用增强荧光板。图 7.17(a)是一个典型图像增强屏结构的剖面示意图，图 7.17(b)为屏幕-胶片组合图。这里也有一个折中的问题，因此尽管胶片的速度可再增加 30 倍左右，但这样又降低了照射剂量，因而得到的影像就不会有很好的分辨率。尽管有这个缺点，但影像接收器通常仍选择屏幕-胶片的组合方式，因为在大多数应用中，低照射剂量往往比影像的细节信息更为重要。

屏幕-胶片接收器的影像产生是一个多级过程。首先 X 射线光子被荧光剂吸收，其中一部分能量以荧光光子的形式再次发射。这些光子在与屏幕的作用下使胶片的感光乳剂曝光(图 7.17(b))，然后以常规方式形成影像。通常使用的荧光剂有钨酸钙、活性铽及稀土硫氧化物，这些稀土通常为钆、镧或钇，这些荧光剂具有很高的质能吸收系数。图 7.17(b)中的这种胶片-屏幕组合有时也被图 7.17(c)中的双屏幕组合代替，这时感光乳剂夹在两个屏幕之间。

7.2.6 X 射线影像增强器

在获得 X 线影像过程中降低照射剂量是非常重要的，影像增强器就是以牺牲一定的影像质量为代价使照射剂量减小到很低程度的一种方法。影像增强器不仅用于常规 X 线降低照射剂量，而且还以完全不同的方式应用于放射诊断。在这种方式下 X 射线管在低工作电流下连续工

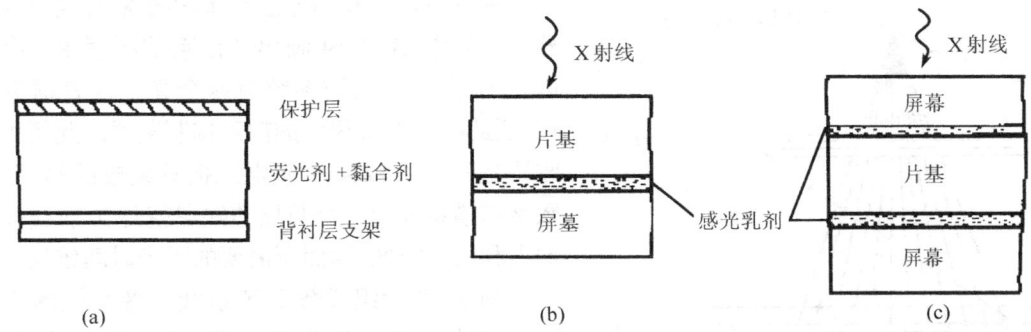

图 7.17 (a)荧光增强屏;(b) 单层增强屏—胶片组合;(c)双层增强屏—胶片组合

作,这样可以对人体的运动过程进行观察。心导管检查术就是这样一个重要的例子,此时就需要对导管插入及输送到心脏的过程进行全程监控。

图 7.18 为影像增强器的基本结构简图,它由两端各有一个荧光屏的真空玻璃管、与荧光屏紧密相连的光电阴极以及一些简单的电子光学部件组成。球管输入端的窗口必须对 X 射线具有很高的透明度,这通过使用薄玻璃或是由与玻璃金属密封的玻璃罩连接的薄金属(铝)窗实现。当 X 射线穿过窗口后撞击荧光屏并聚集在窗口的真空侧,该荧光屏产生的可见光子撞击相邻的光电阴极发射出光电子。这些光电子通过加在光电阴极与荧光输出屏之间 20~30kV 的电压加速后,到达输出荧光屏(output phosphors)。输入端屏幕的直径范围为 125 ~ 570mm,而观察端屏幕通常为 25mm。影像的缩小与

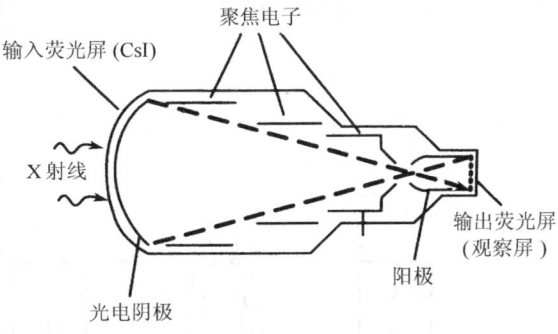

图 7.18 影像增强器的基本结构简图

电子加速一起确保了影像增强器具有很高的光子增益。经影像增强器引导输出光的强度与标准荧光屏相比可以增加 10 000 倍。

现代影像增强器的输入屏采用碘化铯作荧光剂,这种荧光剂可以以 100% 的充填密度敷设,而不需要粘合剂。每个被碘化铯吸收的入射 X 射线(光子)大约激发出 2000 个光子,而光电阴极的效率通常为 0.1,因此每个入射 X 射线光子产生的电子数可以达到 200 个。这些光电子经聚焦和加速后到达输出屏幕形成影像。由影像增强器输出的图像并不真正适合于人眼直接观察,它通常被记录在胶片上或是通过摄像在电视屏上进行观察。

7.2.7 数字 X 射线成像

普通 X 射线成像系统完全工作在模拟状态下,因此无法进行图像处理。显然,如果将 X 射线影像记录的方式改成数字形式,那么我们就可以对影像数据进行处理并且可以改变图像的显示方式。数字设备的核心是影像接收器能够以数字方式存储记录的影像,它将整个图像以一个文件或一个序列的方式进行存储。除了前面描述的影像接收器、影像增强器外,离子图形腔(ionographic chamber)和受激发光板都可用于提供数字形式的 X 射线影像。

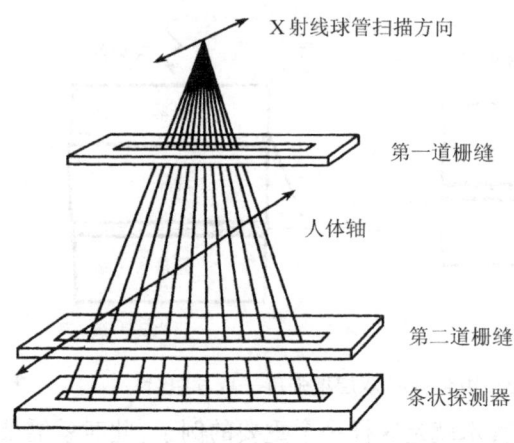

图 7.19 用于数字射线摄影的线性扫描系统原理示意图

一种可供选择的方法是将扫描 X 射线束与接收器组合使用,图 7.19 画出了该系统的框图。由图可以看出,由于该扫描系统对两个光束准直器进行操作,因此必须具有很好的散射抑制装置。此例中的接收器是一个由 1204 个光电二极管组成的窄带屏幕。数字扫描系统的一个明显的缺点就是 X 射线球管的输出利用率降低,因而所需要的曝光时间较长。

图 7.20 为组成数字 X 射线成像系统的基本框图,X 射线球管及影像接收器与计算机连接并由计算机控制。数字信息可以存储或是由视频显示装置显示,同时也可进行硬拷贝(模拟信号)。虽然数字 X 射线成像的分辨率比屏幕-胶片的影像接收器低,但这并不是最重要的,数字化 X 射线成像设备的优越性及灵活性主要体现在四个方面:

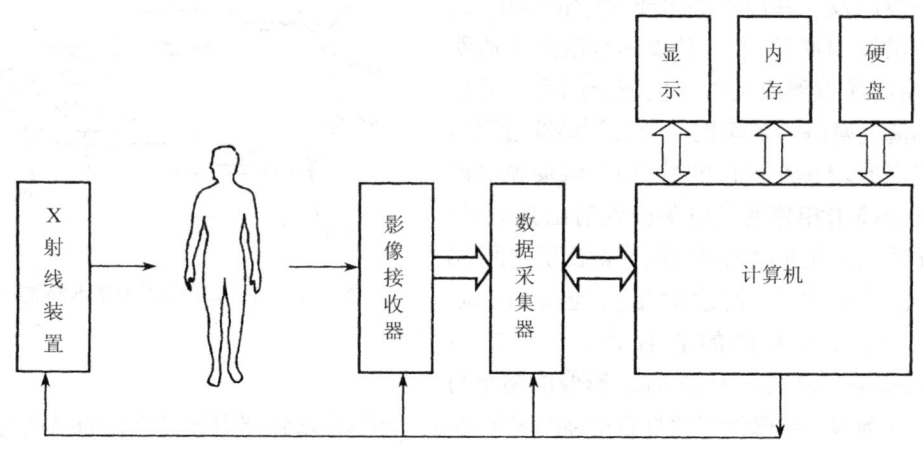

图 7.20 数字 X 射线成像的基本组成

(1) 影像显示。
(2) X 射线剂量。
(3) 成像过程。
(4) 影像存储与回放。

数字 X 射线摄影中的影像显示,允许使用者在监视器上设置显示亮度或胶片记录密度水平。数字化记录装置可以用这种方式按照影像的像素值范围对得到的胶片选择合适的曝光参数。此外,还可对影像的密度或亮度在特定的区域(或窗口)进行人工调节。

数字 X 射线成像的一个重要优越性就在于放射剂量的降低。在传统的 X 射线成像系统中,放射剂量由影像接受器的灵敏度、信噪比及胶片的灰度系数一起决定。在数字 X 射线成像中可以进行计算机优化处理,从而放宽这些限制。

数字化的影像处理方法使得我们可以对存储的图像进行很方便的数值运算,例如相减,这样可以去除复杂的背景结构而只显示所需要的影像特征。图像相减的一个重要的例子就是数字减影血管造影术(digital subtraction angiography, DSA),它通过注射血管造影剂观察血管。首先在影像区域获得用于屏蔽(或减除)的注射含碘造影剂前的影像,并加以存储,然后从经过注射含碘造影剂后的影像中将其存储的(未注射造影剂)图像减除就得到血管的图像,这样就可观察造影剂流过血管的整个过程。如果造影剂到达感兴趣区域时浓度很低,这时数字信号处理对获得高对比度分辨率的图像显得非常重要,分辨率一般可达到1%。

数字图像处理还可用于减小静电电子放射线摄影术中的边缘增强,这在数字影像中通过高通滤波器即可实现,但若处理过分会使图像看起来有些异常。因为图像存储在硬盘上,并可随时进行拷贝与网上传输,实施远程会诊等,因此数字 X 射线成像系统为医疗工作带来了极大的便利。

7.3 X 射线计算机断层扫描成像

X 射线透射计算机断层扫描(X-ray transmission computed tomography, X-ray CT),又称 X 射线 CT,简称 CT,其实质是一种 X 射线断层图像,是借助于电子计算机来重建和处理所得到的图像。1963 年美国科学家科马克(A. M. Cormack)首先提出了用 X 射线投影重建断层图像的计算方法,1972 年英国 EMI 实验中心的工程师豪斯费尔德(G. N. Hounsfield)研制成功了第一台头颅 CT,并获得了清晰的头部截面图像。随着计算机图像处理系统的发展,CT 技术很快进入临床,从而使 X 射线透射成像诊断技术有了划时代意义的进展。

7.3.1 CT 的基本原理

广泛应用的传统 X 射线透射成像系统得到的影像是无数多个投影图的叠加平均,它在一定情况下非常适用于诊断需要。但当需要对人体 X 射线吸收率相差很小的部分成像的时候,传统 X 射线成像系统就有些力不从心了。虽然针对这个问题也提出了一些相应的解决办法,主要是利用数字摄影技术将放射性遮光材料注入组织,但仍有一些部位是 X 射线成像系统无法实现的,最明显的例子就是脑部。如果我们要得到身体一个切面或断面上的影像,那么我们就必须将 X 射线限制在层面(切面或断面)上,从而根本改变 X 射线机的工作方式。也就是说,我们必须使用笔射束 X 射线(pencil of X-ray)在多个不同的方向上针对所选择的同一层面进行扫描;对每一个方向上 X 射线的衰减通过一系列均匀分布的射线路径进行测量;而每一个射线路径上的值通过射线累积或射线求和的方式获得。例如按图 7.21(a)所示以并行方式将 X 射线束与探测器步进平移,那么我们就可以得到给定方向的平面结构投影图,接着如果在同一个平面内通过逐次等角旋转 X 射线源与检测器,就可以获得更多的投影图,从而得到如图 7.21(b)所示的脑部影像。

这是豪斯费尔德在早期工作中提出的很直接的一种方法,得到一幅影像需要 4~5min 的时间。这主要是因为在 180 个角度上,每个角度位置上的 X 射线源与探测器需要再细分 160 个分度进行扫描(图 7.22),这样共获得 28 800 个数据,然后进行处理才能得到一个切面影像。这个过程中成像速度的关键步骤是获得数据,因而所有改进都集中在数据记录的机械结构的配置上。理论上可以在横向步进运动的基础上加上角度旋转。实际中的切片厚度约为 2mm,所得到图像就如同由身体内取出的组织切片一样。获得的影像反映了人体组织的解剖学结构,其剖面空间分辨率约 1mm;对线性衰减系数 μ 的相对衰减系数变化的判别小到 0.005;相对于传统 X 射线机影像质量提高了两个数量级。事实上,传统的 X 射线胶片记录了光子透射过程中的全部影像信息,但由于胶片作为检测器的局限以及人眼的区分能力有限,再加上投影叠加造成细节模糊化的原因,使我们无法获得胶片记录的所有信息。CT 还可以分辨软组织的细节,并可以区分叠加在一起的结构。

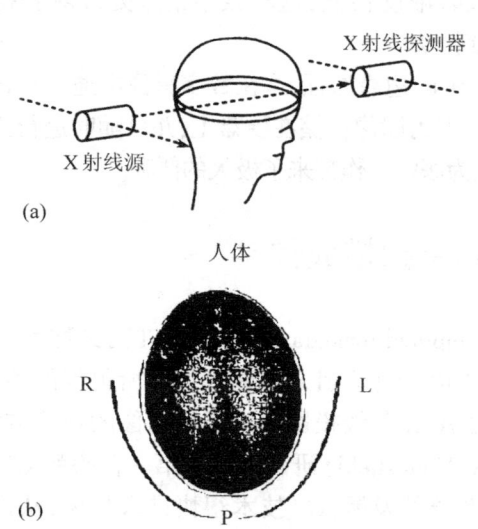

图 7.21　(a) X 射线 CT 的扫描原理;(b) 使用 CT 获得的脑部断层影像

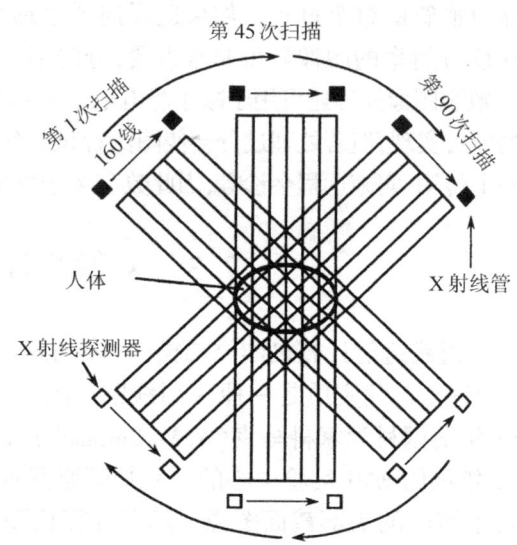

图 7.22　第一代头部 X 射线 CT 的扫描原理（基于 EMI MKI CT1000,1972）

7.3.2　CT 扫描技术的发展

1. 第一代 CT 扫描系统

如上一节所详述,CT 在头颅成像(图 7.22)中获得成功,由于过去从没有一种方法可以获得满意的颅内成像,加之头颅的固定相对容易,因此早期设备扫描时间较长(约 4.5min)并不算很大的缺陷。但显然,将此技术应用于其他部位就要求比较高的扫描速度,因为身体的其他部分很难保持固定状态,尤其是那些进行自然内部运动(如呼吸)的部位。当然早期(或第一代)CT 也有其优越性,这与其获得数据的方式有关。精确准直的 X 射线源产生的 X 射线笔射束被同样精确准直的探测器获得,这种线源-探测器组合以一次测量一个投射图的方式逐次步进。由于只有一个探测器,因此不存在下一代高速系统中多个探测器之间的平衡问题,散射抑制能力也比其他系统高,因为其他系统存在线源与探测器间的二维准直问题。

2. 第二代 CT 扫描系统

采用单 X 射线源及多探测器技术,以约 10° 扫描角度扫描(图 7.23),第一次降低了扫描时间。虽然仍保留了横向的步进电极,但每一步可同时测量多个投射线。投射线的数目与探测器的数目相等,但需要的横向步数减少以及角度变化增大为 10°(扇角),这就大大缩短了成像时间(通常约为 20s)。如此短的时间差足以使病人屏住呼吸,从而可以获得胸部及腹部影像,这就是第二代 CT。

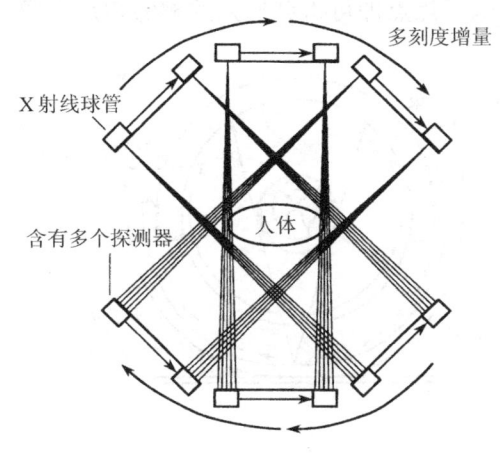

图 7.23　第二代扇形扫描 CT

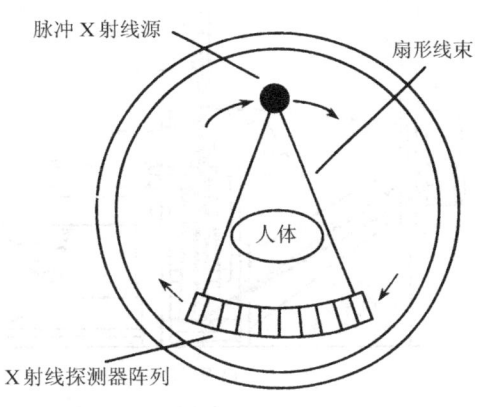

图 7.24　第三代扇形自旋扫描 CT

3. 第三代 CT 扫描系统

对第二代 CT 的显著改进是扇形射线束角度的加大,从而可包含更多的探测器以及同时对病人全身扫描。由于不再需要横向运动,改进后的含有 X 射线源及探测器的门架只须不停地旋转。因此,采集数据的时间更短,为 4~5s。这样更容易使病人在扫描过程中保持固定姿势。但大数量横向排列的探测器必须保持精确的平衡,以避免伪影,探测器选用工作特性稳定的氙探测器。X 射线源工作在脉冲方式,由于共有几百个探测器,因此每个脉冲都会产生几百次的测量,这就是第三代 CT 的配置特点(图 7.24)。

4. 第四代 CT 扫描系统

第四代 CT(图 7.25)的结构更加简单,仅 X 射线源绕病人做 360°旋转,探测器位于静态的圆环内,数量可达 1000 个或更多。与第三代 CT 相比,扫描时间并无明显提高,但扇形射线束包含的范围扩大到人体之外,使得探测器能够采样到未衰减的射线,从而实现了实时校准定标,消除了伪影。

5. 第五代 CT 扫描系统

以上 CT 可对身体的大部分结构进行成像,但心脏及其他脏器由于供血血管的搏动而无法进行 X 射线成像,除非将数据采集的时间降低到 100ms 以下。这在第五代 CT 系统 Imatron(GE 公司生产)中得以实现。从严格的机械

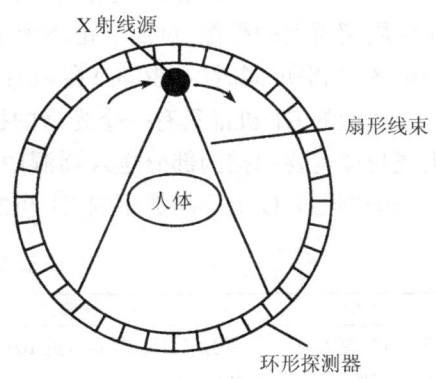

图 7.25　第四代扇形自旋扫描 CT

角度讲,第五代 CT 中完全没有可以移动的部分。它使用了一种完全非传统的 X 射线球管,球管阳极电子束的聚焦由外部的偏转圈控制,X 球管阳极环绕人体呈 210°,这样阳极就是位于圆周上的一个扇面。图 7.26 为 Imatron C-100 的结构图。其主要优越性表现在:

(1) 在电子的控制下,高速 X 射线源(电子线束的焦点)可以环绕病人运动。
(2) 将阳极分割成几个平行分布的圆弧,并移动电子焦点即可得到病人的相邻切片影像。

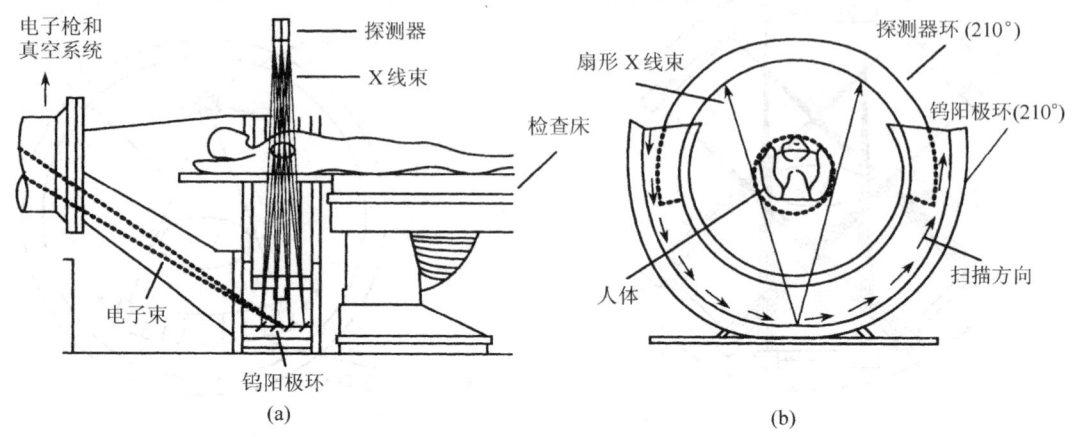

图 7.26　超高速心脏 CT 扫描系统 Imatron C-100

由于惟一运动的部分是电子束,数据采集时间可以缩短到 50ms,这样即可对身体的任何部位进行成像。Imatron 中的另一个非常规特征是靶环与探测器环的几何关系。传统 X 射线 CT 中,X 射线源与探测器必须严格与影像平面共面。而 Imatron 的扇形射线束的几何特征使得采样要求的最小角度超过了180°,静止的探测器环无法与靶环精确地存在于同一平面,但必须在轴向上调整偏差(图 7.26(a))。X 射线束与探测器的准直由一对准直器完成,它将三维的扇形射线束与靶平面和探测器平面交连在一起。图像重建中仍使用标准二维扇形(或锥形)束滤波反投影算法,而不必考虑其特殊的几何结构。

Imatron 含有四个独立的靶环和两个连接在一起的探测器环。单靶扫描(50ms)产生一对相邻断层切面上的影像,对四个靶环顺序扫描以及两个探测器同时工作,可以获得 8 个断层切面上的影像,几乎可同时(<230ms)在 8cm 的成像厚度上获得 8 幅不严格平行的图像。

典型的 CT 机都具有一个光滑的机架结构包围的一个很大的圆洞。诊断时检查床将人体的头或身体需要扫描的部分送入圆洞中。光滑的圆形结构内安装了复杂的门架、X 射线源以及 X 射线探测器。以上不同类型的 CT 机的特性列表 7.2。

表 7.2　不同类型 CT 机的特性

类型	工作模式	说明	扫描时间
第一代:笔射束步进扫描	笔射束,每次转角步进 160 级,读完 160 级数后旋转 1°	不存在检测器校准问题,线源与探测器随门架一起移动	4~5min
第二代:扇形射束步进扫描	10°的扇形束,每一转角内步进减少,每次读数后旋转 10°	使用多探测器,对多组平行 X 射线同时采集,X 射线总数增加	~20s
第三代:扇形旋转扫描	大角度扇形射线束,适于人体,无横向步进,采用脉冲线源,转动无须停止	存在探测器的平衡与校正问题,共需几百个检测器,每个脉冲产生几百个读数值	4~5s
第四代:扇形旋转扫描	大角度扇形射线束(非脉冲)X 射线源旋转无须停止,静态探测器分布在圆环内侧	实现实时校正	4~5s
第五代:Imatron	特殊的 X 射线源结构,无机械移动部件	可同时进行多层面成像	~50ms

7.3.3 CT 成像的一般问题

在研究人体透射的切面影像重建之前,先了解一些成像问题的背景知识。为产生物体的图像,我们必须把物体的信息传递给图像。从实际应用的角度看,成像模式要求保证形成图像上一点的信息来自于物体上的一个点,即物体与图像具有一对一的关系。但实际上,元素的其他邻近点也会对该点的成像产生一定量的信息,且离该元素位置越远,此信息量就会越小,称之为邻域原理(neighbourhood principle)。这可以用一个点源响应函数(point-source response function,PSRF)来进行定量描述。对于成像效果好的系统,其邻域应限制在一个很小的区域,因而作用范围很窄。为了重建图像,我们就需要建立一个物体与图像之间的物理联系,在物理成像中,这种联系方式可以有多种形式,如 γ 照相中的 γ 射线光子,热成像中的红外光子以及 X 射线成像中的 X 射线光子。

物体平面与影像平面之间的关联函数是空间变量点源响应函数(space variant point-source response function,SVPSRF),在有些情况下该函数其实也是空间不变的,即对所有的位置值都相同。图像其实就是物体分布与 PSRF 函数的卷积,它携带了从物体平面信息到影像平面的信息,我们期望解卷积过程可以消除信号的畸变。由于两信号的卷积等于其傅里叶变换的乘积,注意在傅里叶空间中,物体可以按其空间频率分量进行分割。清晰图像所包含的空间频率比模糊图像中相应的频率要高。以下将用 X 射线束影像为例说明卷积及傅里叶变换的应用。

我们的目标是要得到人体每一个切片层面上的影像。为此先将每层切片分割成任意的正方形横截面区域或是体积等于切片层厚度的体积单元,简称为体元(voxels)。这是为了给每个体无赋予一个对 X 射线的线性衰减系数为 μ 的值,并用矩阵的形式进行显示,矩阵中的 μ 值即为最终成像中的各个像素(pixel)的灰度值。在将这些数据送到 CRT 屏幕显示以前,通常先将它们重新调整为 CT 数(CT number)的形式:

$$CT_{\text{number}} = \left(\frac{\mu_{\text{tissue}} - \mu_{\text{water}}}{\mu_{\text{water}}} \right) \times 1000 \tag{7.30}$$

上式表明:任何组织的 CT 数都是它相对于水的线性衰减系数的差分因子。虽然大部分软组织的 CT 数通常接近于零(这些组织无法通过传统的 X 射线成像),但 CT 仍可以很容易地将它们区分开来。此外,从显示的角度讲,CT 数的微小差别可以通过增加显示的对比度进行光学放大,即操作者可以改变设定的 CT 数的亮度范围。通过这种方法,即使是 CT 数相差很小的组织,也可转换为黑和白之间的灰度图像(图 7.27)。这种方法的重要性在于,它允许比那些由传统的采用胶片的 X 射线透视摄影的灰度系数(Γ)小 100 倍的目标物成像。

当 X 射线束穿过人体时,它在任意一点的衰减由该点组织特性与射线束的能量分布决定。X 射线 CT 中射

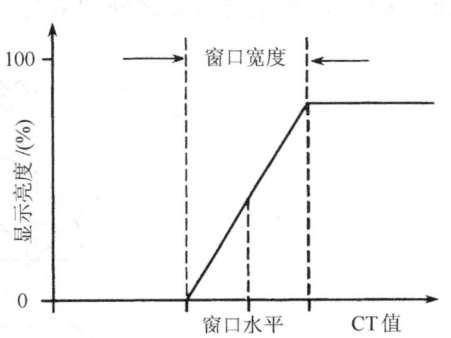

图 7.27 通过调节窗口的水平与宽度,可以将 CT 值调整到任意示示的亮度范围内

线束的能量分布谱是多色谱的,它会在射线束穿过人体时改变(硬化)。这种改变的一个重要结果是射线束在任一点的衰减取决于射线束的入射方向。显然对于单色谱射线束的情况就不会这么复杂,我们可以给人体每一点赋一个唯一的衰减值,这样衰减系数重建的问题们也就解决了。每

个体元的 CT 值是由组成该体元的组织特性决定的,它与体元在切片中的位置无关。

假定有一光子能量已知的单色谱 X 射线源,对于固定位置的线源和探测器对,我们可以测出由线源到达探测器的光子数,以此作为定标测量,并记此定标值为 C_M,如果对人体重复进行此测量,那么到达探测器的光子数目就会减少,并得到实际测量值 A_M,我们定义单色谱 X 射线束的总和 m 为

$$m = -\log_e(A_M/C_M) \tag{7.31}$$

将所有的线源与探测器对在不同位置上的 m 值的集合作为单色谱 X 射线投射数据的参考值,我们将证明在一定能级范围内,切片内的相对线性衰减系数可以由单色谱投射的数据来准确估计。

由于实际 X 射线源为有色谱的,如同在单色谱线定义方法一样,我们分别定义有色谱射线总和 p、定标测量值 C_P、实际测量值 A_P,则有:

$$p = -\log_e(A_P/C_P) \tag{7.32}$$

实测中,我们可以得到所有线源与探测器不同位置上的 p 值(多色谱投射数据)的集合。但由于我们需要的是 m 值,所以问题就在于 p 值能不能唯一地确定 m 值,通常情况下答案是不能。换一个思路是,能否用已知 p 值近似 m 值从而得到满足临床需要的 CT 数?这个问题的答案看起来是肯定的,以下部分将说明具体的实现方法。为实现图像重建(reconstruction),我们首先作以下简化的假设:

(1)切片无限薄。

(2)对于每一个特定的射线源与探测器位置,所有的 X 射线光子沿同一直线行进,且位于无限薄的切片内。

实际上,第一个假设是忽略了体素与像素的区别,因此最终得到的影像是以灰度水平代表了体素与体素之间的相对线性衰减。参考图 7.28,可以得

$$m \cong \int_{\text{detector}}^{\text{source}} \mu(x,y) \, dy \tag{7.33}$$

由于 $\mu(x,y)$ 在重建区域之外的值为零,因此我们可以对式(7.33)的积分值进行任意扩展而不

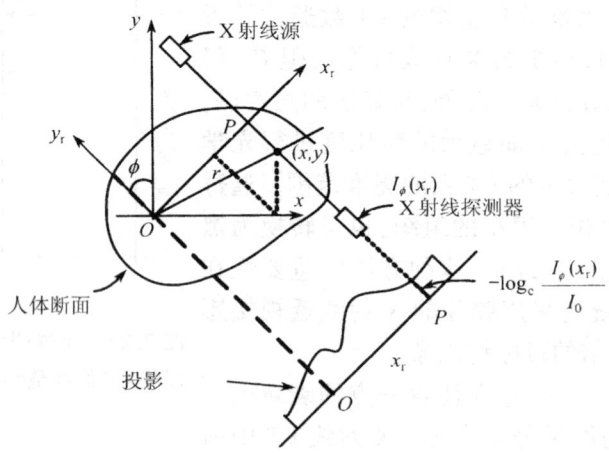

图 7.28　CT 的投射图

会使等式无效。现在问题是要简化由沿一系列直线的 $\mu(x,y)$ 积分值计算,即求单色投影数据。此问题的算法是基于1917年奥地利数学家拉东(Radon)提出的理论及公式,它全部由线性积分值来确定一幅图像。但我们能够提供的只是一组有限的投影或线性积分的集合,因此只能是估计值而不是精确值。此估计值受很多因素的影响,如X射线束的宽度、线束的硬化、光子统计分布以及探测器误差(即没有全部记录所有到达的光子数目)等。如图7.29所示,由于射线束的有限宽度局部体积效应会使 $\mu(x,y)$ 的估计产生较大的误差,假定图中的X射线为点光源单色谱的,X射线源照射直线段探测器,并由虚线将其分为两半。为简单说明问题,我们取扇形面图中单位长度元素的衰减系数为2(打点的区域),其余部分均为零。如果有等数量的光子进入左右两侧的扇形区域,那么由于左侧的光子没有衰减,因而比值 I/I_0 为1,而右半侧光子穿过单位长度的物质时,强度降低,比值 $I/I_0 = \exp(-2) = 0.135$。虽然 m 的实际测量平均值为1,但用式(7.31)计算出的值为0.567,因此局部小块衰减材料的存在使得误差加大。

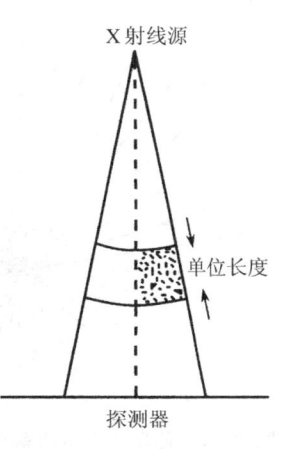

图 7.29 局部体积效应示意图

7.3.4 反投影重建法

一种由不同角度投影图重建图像的方法是如图7.30所示的反投影法(backproject methods),这可通过数学或是模拟方法实现。由于真实的密度分布是未知的,为简化起见,假定沿某一条X射线路径上测量出来的吸收率值沿长度方向上是呈均匀密度分布的,这样得到的反投影图像并不是真实物体的精确复制。这可以由图7.30看出,图中一个简单的小圆形物体投影重建后变为一个星形图像。我们已将一个一维的数据均匀反投影在了二维空间里。星形图形可以用点分布函数(point spread function)来描述。虽然使用较大数量的投射图可以减小星形效应,但仍难以使影像细节的模糊度加大到可以接受的水平。随向心方向直线密度的增加表明点分布函数与 $1/r$ 呈相关性(图7.31)。用这种方法重构的图像上的任意一点的密度为通过该点的所有X射线投影的总和,因此这种方法也称作求和法(summation method)或线性叠加法(method of linear superposition)。重构过程的数学描述为

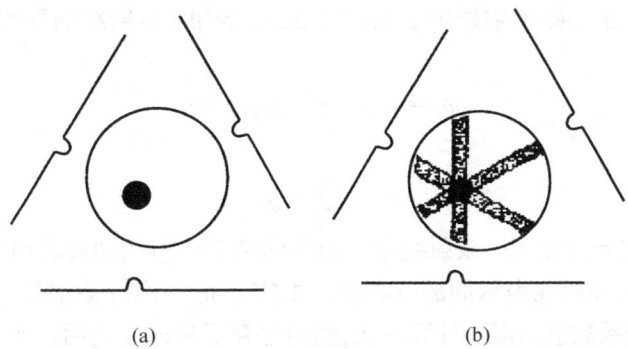

(a)　　　　　　　　　(b)

图 7.30 (a)对一个内有高密度小圆的大圆进行投射,获得的三个投影图;(b)将三个投影图进行反投影而得到并非精确的重建图像

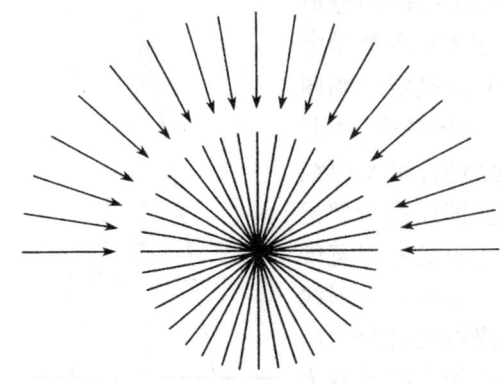

图 7.31 使用大量 δ 函数时背景投影导致形式为 $1/r$ 的点散射函数

$$\mu'(x,y) = \sum_{j=i}^{n} p(r_j,\phi_j)\Delta\phi \quad (7.34)$$

或

$$\mu'(x,y) = \sum_{j=1}^{n} p[(x\cos\phi_j + y\sin\phi_j),\phi j]\Delta\phi \quad (7.35)$$

式中,$r_j = x\cos\phi_j + y\sin\phi_j$,$n$ 为求和总数,各求和数之间的角度间隔为 $\Delta\phi$,即 $\Delta\phi = \pi/n$。需要说明的是,用此式计算时一些点的 $\mu(x,y)$ 值如 x_1、y_1,若通过 x_1、y_1 射线积分值只有一个,则只对投影数 n 求和。

由于重建过程使图像的明显特征变得模糊,因此单靠反向投影是无法重建出令人满意的 CT 图像的,还有一个基本的原因就是反向投影与我们要得到的衰减系数的量纲不同,前者是无量纲,而衰减系数的量纲为 L^{-1},其实际值由使用的测量单位决定,而反向投影与测量单位无关。在 7.3.7 节中可以看到通过适当的正则化方法可得到正确的量纲。

7.3.5 迭代重建法

解决反向投影重建缺点的途径之一是找到一种方法,去除我们所做的沿各 X 射线路径上的均匀密度分布或是 μ 为常量的不合理假设。早期 CT 中使用的一种概念上比较简单的方法是迭代方法(iterative methods),曾在豪斯费尔德研制的第一代 CT 中使用。这种方法尽管在现在的 X 射线 CT 中已不再使用,但在放射性同位素断层成像(7.6 节)中仍在使用,该方法实质上是用迭代的方法求解方程:

$$-\log_e(I/I_0) = \int_{\text{detector}}^{\text{source}} \mu[x,y]\mathrm{d}y == p_\phi[x_r] = p_\phi(r;\phi) \quad (7.36)$$

这是一种逐步逼近法,初始值任意给定,然后利用修正值对每次计算的结果进行迭代,直到得出的解值与实验数据值相近为止。由于实际测量中空间位置是离散的,而且 X 射线笔射束的横断面是有限的,因此对式(7.36)中的积分其实就是求和。如图 7.32 所示,图像层面由像素(pixel)点组成,我们用 X 射线带代替 X 射线束。对图 7.32 中的第 j 条射线的射线积分可以表示为射线求和的形式:

$$p_j = w_{1j}\mu_1 + w_{2j}\mu_2 + \cdots \quad (7.37)$$

或

$$p_j = \sum_i w_{ij}\mu_i$$

这里,w_{ij} 为权重因子,它允许在同一条射线带上的不同像素对射线的吸收可以不同,其对投影图的贡献示于图 7.32 射线路径粗线表示的部分高度。事实上 w_{ij} 为第 j 束射线穿过第 i 个区域或像素的平均路径长度。这些系数值只需要计算一次,然后保存下来即可使用。实际设计中,式(7.37)代表约 10^5 个联立方程,它的解是在不断迭代中调整 μ_i 的值直到计算出的投影值 P_C 与实验测得的投影 P 非常接近为止。把迭代的 μ_i 值的最终结果作为解,也即是重构图像的像素值。

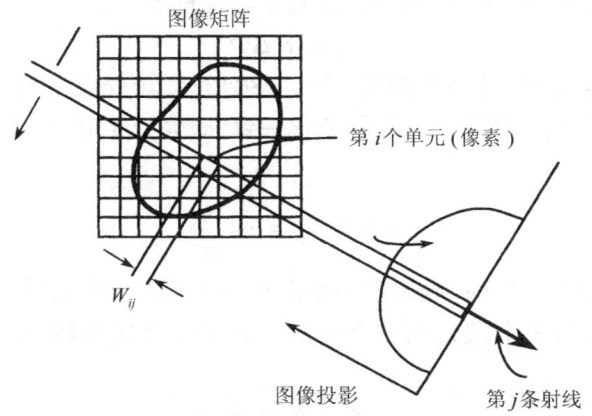

图 7.32 像素阵叠加在所要成像的断面上(在射线 j 上的第 i 个像素对射线衰减的影响用 w_{ji} 表示,它在投影图上的贡献由粗实线表示在第 j 条射线带上测量的射线之和为投影图像的高度)

这种求解方法得到的解并不惟一,一个原因就是通常方程数多于未知量,因而存在多重解。迭代算法中修正值的计算与应用也可采用不同方法,修正值可以以相加或相乘的方法应用,它们可以在计算后立即使用,或存储起来在每一次迭代后循环使用。

此外,需要回答的一个问题是,重构物体的投影图像需要全部的视图还是可以选择最小数量的视图?如果物体只有一个点组成,那么显然两个视图或是两个角度上的投影即可。如果物体的复杂度增加,那么情况就不同了,如图 7.33 所示。图中 8 个点以不同的形式位于正方形网格中,但若仅从水平和垂直方向上得到完全相同的视图或投影上来看,这三个物体似乎完全相同;显然这时只需要在对角线方向增加一个视图,就可以将三个物体分开。因此我们期望在物体的复杂度与所需要的投影图数目之间存在某种关系,通常可以证明:

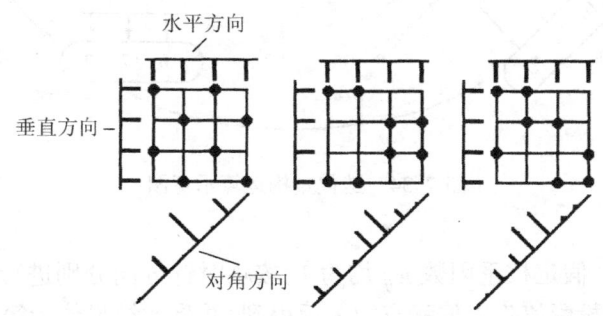

图 7.33 由 8 个点组成的三个物体在不同视解得到的投影图

(1)任何物体可由其投影图的连续集合来完整表示。
(2)在每个投影图中包含有与物体相关的信息。
如果使用平行线束扫描物体的圆截面并进行采样(图 7.22),则每个投影图上的采样点数 N_S 为

$$N_S = 2a/d \tag{7.38}$$

式中，$2a$ 为圆形物体的直径，d 为步进间距。这时考虑视角数 N_ϕ：

$$N_\phi = \pi/\Delta\Phi \tag{7.39}$$

采集时只需要将探测器旋转达到 180° 即可，大于 180° 的旋转仅仅是对原先保存的图像进行复制。将旋转角 $\Delta\Phi$ 调整到与物体周长的线性变化一致，即等于 d，由式(7.38)和式(7.39)可以得到总的数据点数 N：

$$N = N_S N_\phi = 2\pi \frac{a}{d^2} \tag{7.40}$$

为了说明迭代重建算法，图 7.34(a) 画出了一个由 9 个点像素组成的物体(圆圈内)，已知它在四个方向的投影数(每个方向 3 个数)，而 9 个点的实际线性衰减系数(待求)尽管已列于小方格

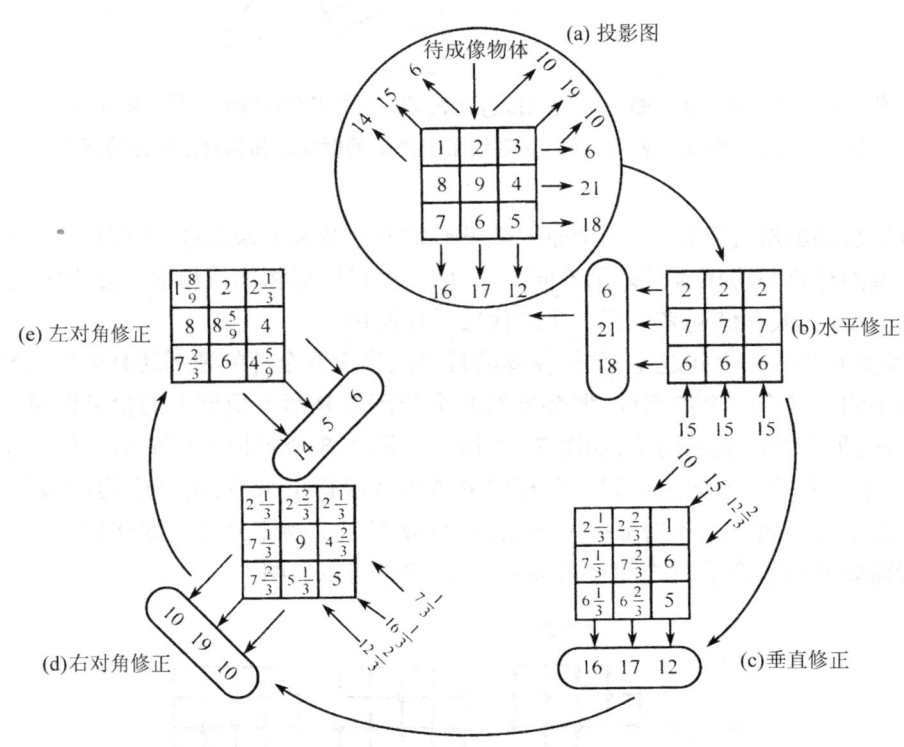

图 7.34　迭代重构运算示意图

内，但测量者并不知道！假定权重因数 w_{ij} 均为 1，按顺时针方向分别进行处理，第一组线性衰减系数值分别由水平方向投影值除以像素点数 3 后得到，并将此结果作为第一个预测值，如图 7.34(b)但预测值在垂直方向上对各值求和得到的结果显然与投影值不符；于是将垂直方向误差平均(即误差除以 3)后分配到垂直列的各点中即各点加(误差值偏小列)或减(误差值偏大列)误差，使其和投影值相符，这样就在垂直方向上，做了修正，如图 7.34(c)。在两对角线上也重复此修正过程，从而完成第一次迭代。可以看出，第一次迭代结束后结果就已经与原线性衰减系数值非常接近了，但仍不完全相等。在迭代过程中误差由第一步的 1.4 减小到第四步的 0.5，继续迭代最终可达到所要求的精度。

7.3.6 重建分析法

重建分析法(analytical methods of reconstruction)的基础是图像的傅里叶变换与投影的傅里叶变换之间具有相关性。先考虑第一代平行线束 CT 扫描系统,然后再通过角度旋转过渡到现代 CT 系统中来。现代 CT 采到的数据集与第一代相同,只是在分析过程中增加了几何复杂性。

重建图像所需要的数据为穿过物体(人体)射线的透射量,假定有一束很窄的单色谱 X 射线束在未发生散射的情况下穿过人体到达探测器。我们定义两个共面的参考坐标系,一个是与物体相对应的固定坐标系 x 与 y,另一个是旋转坐标系 x_r-y_r,其中 y_r 的方向始终与入射 X 射线束的方向一致。这两个坐标系的原点相同,均位于扫描门架旋转中心轴上,坐标系 x_r-y_r 相对于坐标系 x-y 的旋转角为 ϕ。在以下的公式运算中,我们用方括号[ ]表示直角坐标,而用圆括号( )表示极坐标。因为 CT 扫描的几何结构具有圆对称性,所以用极坐标处理比较方便。

设式(7.36)的值与 $P_\phi(x_r)$ 相等,$P_\phi(x_r)$ 为 $\mu(r)$(或 $\mu[x,y]$)的投影,也称之为拉东变换(Radon transform)。我们的目的是要对式(7.36)进行逆变换由投影重构物体的切面图像。实际上在 x_r 和 ϕ 中都进行了对透射数据的

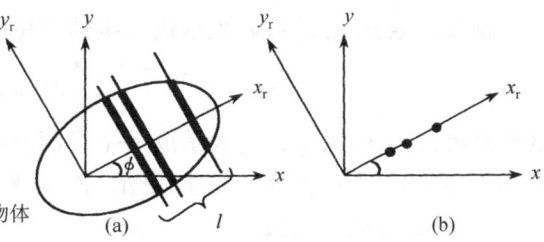

图 7.35 (物体空间(a))与拉东空间((b))之间的变换);沿 l 路径的线积分变换为拉东空间中的点

采样,但我们可以将 $P_\phi(x_r)$ 看作是在固定投射角 ϕ 时自变量为 x_r 的一维连续函数,或是 ϕ 与 x_r 的二维连续函数。这可帮助我们理解数据是如何由表示真实物体的 x-y 空间映射到表示投影的 x_r-ϕ 空间的。投影空间既可以用直角坐标表示,也可以用极坐标来表示,用极坐标表示也称为拉东空间(Radon space)表示。这时每一个点代表通过物体的一个线性积分,线性积分的方向为 x_r 轴的直角方向(图 7.35)。对于物体上的一点 P,通过它就共有 180 个积分路径(假定扫描方式为图 7.22),因此在物体空间中的一点 P,由通过该点的所有积分路径的轨迹决定它到拉东空间的映射。该轨迹为一直径为 r 的圆,直径的一端位于 $x_r=y_r=0$,另一端位于 P 点(图 7.36)。

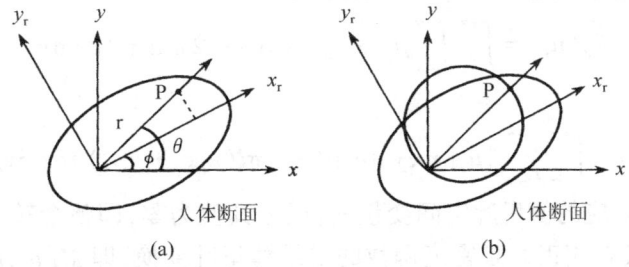

图 7.36 物体空间上经过 P(r,θ)点的投影的轨迹为一直径为 r 的圆,其中 $X_r=r\cos(\theta-\phi)$

投影数据集 $P_\phi(x_r)$ 有三个值得注意的特性:
(1) 它是有界的。
(2) 射线源与探测器对的组合其位置的相互交换不会影响透射测量的结果,即在半个圆周

上测量时,投影图就包含了所有可能的投影数据。因此有:$p_\phi(x_r) = p_{\phi+\pi}(-x_r)$。

(3) 投影数据的积分 $\int_{-\infty}^{+\infty} p_\phi(x_r) dx_r$ 为常量,这是由于:

$$\int_{-\infty}^{+\infty} p_\phi(x_r) dx_r = \int_{-\infty}^{+\infty}\int_{-\infty}^{+\infty} \mu(r) dx_r dy_r = \int_{-\infty}^{+\infty}\int_{-\infty}^{+\infty} \mu[x_r, y_r] dx_r dy_r \tag{7.41}$$

这里用包含物体所有空间的二维积分代替对 $p_\phi(x_r)$ 的积分,显然此积分为常量与被积图像帧的方位无关。

我们再对有关的符号表示进行说明:密度函数 μ 的直角坐标为 $\mu[x,y]$,旋转后的坐标为 $\mu_\phi[x_r, y_r]$,而在极坐标中用 $\mu_\phi(x_r)$ 表示。同样,P 点的投影在直角坐标中为 $p_\phi[x_r, y_r]$,在极坐标中为 $p_\phi(x_r)$。以下对某个量的傅里叶变换用大写字母的形式来表示。

密度函数 $\mu[x,y]$ 可以表示成二维的傅里叶积分:

$$\mu[x,y] = \int_{-\infty}^{+\infty}\int_{-\infty}^{+\infty} M[u,v] \exp(2\pi i(ux + vy)) du dv \tag{7.42}$$

这样就将密度函数 $\mu[x,y]$ 表示成 x-y 平面上不同方向的正弦曲线("密度波")的叠加。指数的实部与虚部分别用余弦和正弦表示,而 u 和 v 为表示与 x、y 相对应的空间频率。$M[u,v]$ 是 $\mu[x,y]$ 的傅里叶变换。

式(7.42)中的 $M[u,v]$ 可由逆变换得到:

$$M[u,v] = \int_{-\infty}^{+\infty}\int_{-\infty}^{+\infty} \mu[x,y] \exp(-2\pi i(ux + vy)) dx dy \tag{7.43}$$

成像问题就变为如何由投影函数 $p_\phi(x_r)$ 求 $M[u,v]$。下面讲述的中心截面定理(central slice theorem)建立了 $p_\phi(x_r)$ 与 $M[u,v]$ 之间的联系。

首先将式(7.36)中的对单色谱 X 射线的求和或投影用其傅里叶变换 $P_\phi(u_r)$ 来表示,即

$$P_\phi(u_r) = \int_{-\infty}^{+\infty} p_\phi(x_r) \exp(-2\pi i u_r x_r) dx_r \tag{7.44}$$

下标表示是对参考坐标系的旋转。

用式(7.36)代替 $p_\phi(x_r)$,同时将积分区间扩大到 $\pm\infty$,这一扩大是基于物体与线源,或物体与探测器之间的 μ 值为零。这样,式(7.44)就成为

$$P_\phi(u_r) = \int_{-\infty}^{+\infty}\int_{-\infty}^{+\infty} \mu_r[x_r, y_r] \exp(-2\pi i u_r x_r) dx_r dy_r \tag{7.45}$$

或

$$P_\phi(u_r) = \int_{-\infty}^{+\infty}\int_{-\infty}^{+\infty} \{\mu_r[x_r, y_r] \exp(-2\pi i(u_r x_r + v_r y_r)) dx_r dy_r\}_{v_r=0} \tag{7.46}$$

上式中加入了与 y_r 相对应的傅里叶空间变量 v_r,但令其值为零,即整个转换过程是沿与 x_r 相对应的 u_r 轴进行的,等式右侧正好是密度函数的二维傅里叶变换,即 $M[u_r, v_r]_{v_r=0}$ 是沿直线 $v_r = 0$ 求得的。

综上可知,断面或截面上物体的二维傅里叶变换等于投影的一维傅里叶变换,此投影是指沿与 x_r 相对应的 u_r 轴断面上的投影,这就是中心截面定理。由此得到了我们所需要建立的方程:

$$P_\phi(u_r) = M[u_r, v_r]_{v_r=0} \tag{7.47}$$

此结论的重要性在于它说明了如果投影数据是在不同方向上得到的,那么就可以通过所有投影的傅里叶分量的合成直接来重构二维密度函数 $\mu[x,y]$。这个定理告诉我们,如果有无限的或连

续的投影数据,那么投影中便包含了足够重构物体图像所需要的信息。但事实上并不可能得到连续投影数据,因为 X 射线束尺寸限制了投射数据,事实上,使用有限数目的投影角和投影位置仍可以获得满意的重构图像。

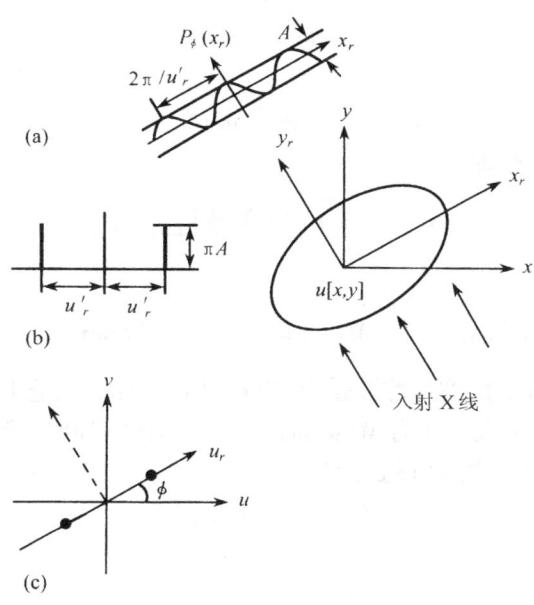

图 7.37 (a) 物体的密度分布可由投影的傅里叶分量之一余弦分量重构;(b) 该分量的傅氏变换是一对 δ 函数,且对应于(c) u_r 轴上的两个点

图 7.37 的例子说明了中心截面定理的应用。考虑有界物体(如人体)的一般情况,该物体可以由其二维空间频率成分通过线性叠加的方式合成。如果我们只考虑单个余弦空间频率成分,那么只有当投影方向与波峰的方向平行时投影才不为零。沿着该方向,全部余弦分布都投影到 x_r 轴上。此单一频率分量的傅里叶变换为一对 δ 函数,对于波长为 $2\pi/u'_r$、波幅为 A 的余弦曲线,其 δ 函数分别位于 $u_r=0$ 两侧 $\pm u_r$ 处。当然所有物体都是由不同相位、周期以及方向的波形分量叠加而成的,但这些波中只有与第一个波平行的才变换到 u_r 轴上,也只有这些波才会改变投影值 $p_\phi(x_r)$。

7.3.7 滤波反投影法

前面(7.3.4 节)我们看到,仅由反投影方法获得的被测物体的影像是很模糊的,物体的各个点被星状斑纹所取代。斑纹上的辐射量根据它到几何中心距离的增大而减小。此斑纹,即点分布函数(point spread function,PSF),使影像的质量严重下降因而在医学成像中无法应用。但由于点分布函数在各个位置上都相同,我们考虑将它与一个适当的滤波函数作卷积,然后再对此卷积进行反投影变换。事实证明这种算法的结构非常简单,因此滤波反投影(filtered backprojection)是影像重建应用中最为广泛采用的处理方法。

我们通过二维极坐标形式的逆傅里叶变换得到 $\mu[x,y]$:

$$\mu[x,y] = \mu(r,\theta) = \int_0^\pi \int_{-\infty}^{+\infty} M(w,\phi)\exp[2\pi iwr\cos(\theta-\phi)]|w|\,d\phi dw \qquad (7.48)$$

这里关于描述物体上一点 p 的坐标和积分中的极坐标 $|w|d\phi dw$ 可参考图 7.36(a)。在此例中 w 与 r 相关,是沿 r 坐标系的空间频率,同时有:

$$w = (u^2 + v^2)^{1/2} \qquad (7.49)$$

及

$$\phi = \tan^{-1}(u/v) \qquad (7.50)$$

式(7.48)可以表示成两部分,即

$$\mu(x,y) = \int_0^\pi p_\phi^*(x_r)d\phi\Big|_{x_r = r\cos(\theta-\phi)} \qquad (7.51)$$

其中

$$p_\phi^*(x_r) = \int_{-\infty}^{+\infty} M(w,\phi)|w|\exp(2\pi iwx_r)dw \qquad (7.52)$$

这里定义了一个新的量 $p_\phi^*(x_r)$,称为滤波投影(filtered projection),它其实是对 $M(w,\phi)$ 和 $|w|$ 乘积的一维傅里叶变换,因此可表示成为 $M(w,\phi)$ 与 $|w|$ 各自傅里叶变换的卷积。对 $M(w,\phi)$ 的变换可以由式(7.47)(中心截面定理)得到,即

$$M(w,\phi) = P_\phi(u_r) \qquad (7.53)$$

和

$$p_\phi(x_r) = \int_{-\infty}^{+\infty} P_\phi(u_r)\exp(2\pi iu_r x_r)du_r \qquad (7.54)$$

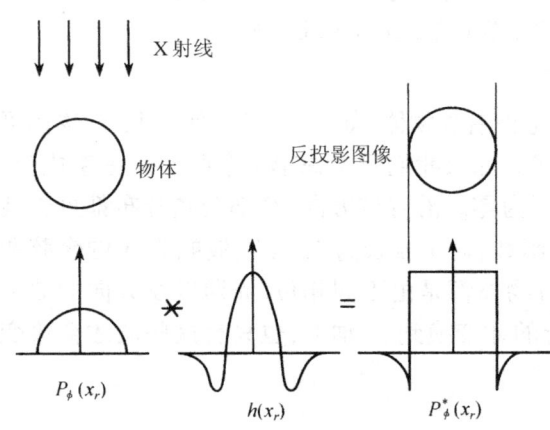

图 7.38 对一个圆形物体的滤波反投影重建

对 $|w|$ 的变换需要特别注意,因为它的傅里叶变换并不是严格存在的。但由于数据扫描系统是带宽有限的,因此可以对 $|w|$ 进行截断处理。图 7.38 画出了该函数的近似特性,最后一步是:

$$p_\phi^*(x_r) = p_\phi(x_r) * h(x_r) \qquad (7.55)$$

式中, $h(x_r)$ 为 $|w|$ 的傅里叶变换,此式即表示 $p_\phi^*(x_r)$ 是投影数据与滤波函数 $h(x_r)$ 的一维卷积。最后将其反投影得到 $[x,y]$,再将各反射投影的结果相加即可得到欲重构的图像。图 7.38 画出了图像重构的全过程,此过程称为"卷积和反投影"(convolution and backprojection)或"滤波反投影"(filtered backprojection)。也就是说,投影数据在反投影之前先与一个适当的滤波函数 $h(x_r)$ 进行卷积(滤波),滤波函数的中心为正值,左右各有一负值旁瓣,因此在对滤波反投影结果相加时,正负作用的结果正好消除了中心圆以外的。由此得到的反投影与原物体的图像非常接近,而且由于是对各个视图上得到的数据分别进行卷积和反投影运算,因此可以边扫描,边重建,这样得到的图像与其他重建技术相比,不但影像质量相近,而且成像速度大大加快。同 CT 重建一样,在磁共振成像(MRI)中也广泛采用了此算法。

最后需要指出的是,在计算机断层成像中,应该对成像的有关参数如信噪比 S/N、空间分辨

率 ε 及切片厚度 h，与病人受到的照射剂量 D 进行合理权衡，其关系如下式：

$$D = k\left(\frac{S}{N}\right)^2 \frac{1}{\varepsilon^2 h} \tag{7.56}$$

无论采用何种 CT 成像算法，均需要遵循上述关系式，即任何性能参数（信噪比、分辨率、切片厚度）的改善都与照射剂量（D）的提高相关联。故必须认真权衡，因为这涉及有关照射剂量的安全控制标准。

7.4 超声成像

超声是指高于人的听觉范围的声波，通常是指频率高于 20kHz 的机械波。在医学应用中的超声频率一般在 1MHz 至几十 MHz 之间。现代医学超声的基础是 1880 年 Jacques 和 Pierre Curie 发现的压电效应。1952 年，J. J. Wild 和 J. M. Reid 首次将超声成像（utrasound imaging）应用于医学，1958 年商业化的超声成像产品问世，并从此在医学领域逐渐占据了越来越重要的地位，现在，超声成像仪器已成为继 X 射线成像设备之后的第二大类医学影像仪器。

超声在医学中的重要作用在于它不但可以穿透人体，而且可以与身体组织相互作用。X 射线通过人体时只发生衰减，而超声波穿过人体时则还要经过折射和反射，这可发生在超声波经过的任何交界面上，其作用就如同光束经过一个非均匀物质一样。在医学应用中的超声波是一种纵向压力波，它的传播速度比 X 光慢很多，从而使传播时间容易测量，如脉冲回波法（pulseecho methods）的应用。还有一个重要的特性，就是与可听声谱不同，超声波的波长很短，从而有利窄脉冲波束的实现，因此声源可以做得小而紧凑。超声波的这些特性，加上电子技术的发展，使得超声成为最常用的医学诊断设备之一。

7.4.1 超声传播的物理学基础

在医学中应用的超声波是指纵向压力波而不是横波或切向波，这是因为除了骨骼以外，生物组织同液体一样（在水中横波与纵波的振幅比为 -32dB），不支持横波的传播。若不考虑骨骼，则超声波的传播速度在 1350 至 1800m/s 之间，超声波在软组织中的平均速度通常为 1540m/s。图 7.39 列出了超声波在不同人体成分中的传播速度，由图可以看出，超声波的传播速度对于不同组织成分差异较小，因此我们可以认为它与频率无关（骨骼除外），传播速度 c_L 与频率 f 和波长 λ 的关系：

$$c_\mathrm{L} = f\lambda$$

如果考虑到医学超声的频率范围，那么最低频率为 1MHz（波长 1.5mm），最高频率为 20MHz（波长 0.075mm）。此外超声波的传播速度与体温相关，对于非脂肪成分为正温度系数，而对脂肪成分则为负温度系数。

我们用压电晶体产生的纵波分析其传播过程，波速为 c_L，振幅为 ξ，有

$$\frac{1}{c_\mathrm{L}^2}\frac{\partial^2 \xi}{\partial t^2} = \frac{\partial^2 \xi}{\partial x^2} \tag{7.57}$$

此方程的通解为

$$\xi(x,1) = \xi_1\cos(\omega t - \beta x) + \xi_2\cos(\omega t + \beta x) \tag{7.58}$$

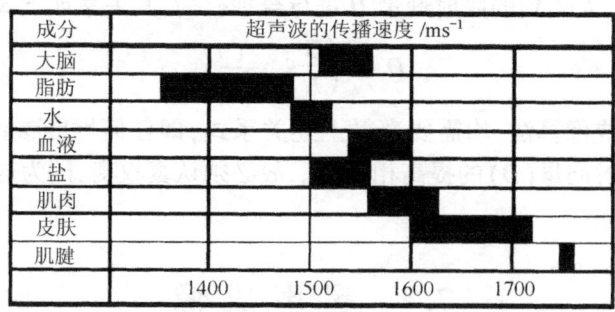

图 7.39 超声波(纵波)在人体不同成分中的传播速度

式中,ξ_1 代表正向波(右向传播)的幅度,ξ_2 为反射波(左向传播)的幅度,ω 为角频率,$\beta = 2\pi/\lambda = \omega/c_L$,$\lambda$ 为波长,x 为质点位移。

方程(7.57)的另一种通解形式为

$$\xi(x,t) = \xi_1 \exp i(\omega t - \beta x) + \xi_2 \exp i(\omega t + \beta x) \tag{7.59}$$

该通解的实部即为式(7.58),它将用于导出超声传播的基本参数。根据波动理论,在 x 方向上施加的压力 p_x 为

$$p_x = -c_L^2 \rho_0 \frac{\partial \xi}{\partial x} \tag{7.60}$$

式中,ρ_0 是超声传播介质的静态密度,利用式(7.59)可以将其表示为

$$p_x = c_L^2 \rho_0 i\beta [\xi_1 \exp i(\omega t - \beta x) - \xi_2 \exp i(\omega t + \beta x)] \tag{7.61}$$

同样,x 方向的质点速度 u_x,即 $\partial \xi/\partial t$ 为

$$u_x = i\omega [\xi_1 \exp i(\omega t - \beta x) + \xi_2 \exp i(\omega t + \beta x)] \tag{7.62}$$

推导出这些等式的原因是它们要在简单的电学概念与相应的声学量之间构建类比关系,并通过这种关系进一步寻找电学阻抗与声学阻抗之间的类比关系。电学阻抗即为 V/I,这在声学中可类比为压力与质点的速度,因此可以将声阻抗 Z_{sp} 写为

$$\frac{p_x}{u_x} = \rho_0 c_L \left[\frac{\xi_1 \exp i(\omega t - \beta x) - \xi_2 \exp i(\omega t + \beta x)}{\xi_1 \exp i(\omega t - \beta x) + \xi_2 \exp i(\omega t + \beta x)} \right] \tag{7.63}$$

上式即为声阻抗 Z_{sp} 的定义,它是一个包含有类似电阻(resistive)分量(实部)与电抗(reactive)分量(虚部)的复数量,但它实际反映的是单位面积上的力学阻抗大小。如果没有反射波,那么 $\xi_2 = 0$,式(7.63)就简化为

$$Z_{sp} = \rho_0 c_L = Z \tag{7.64}$$

Z 为传播媒质的特征阻抗,且仅仅与该媒质有关。式(7.63)中压力使得位移偏转了 90°角,而在式(7.64)中,压力与位移同相位,且特征阻抗为实数,是纯阻性的,其单位为 $kg/(m^2 \cdot s)$。

在实际中,由于多数声场呈不均匀分布,因而采用穿过单位面积的功率来描述,这就是声强 I,单位为 W/m^2。考虑式(7.63)只有正向波的情况,它可以写为

$$p_x = u_x Z \tag{7.65}$$

机械功率等于作用力与速度乘积的时间平均值。考虑声压 p_x 对面积 A 上总的作用力,故改为 $p_x A$,质点速度为 u_x,因此声功率 W 为

$$W = \overline{u_x p_x} A \tag{7.66}$$

公式中的上划线表示时间平均。如果压力与质点速度是同相位的,那么它们可分别进行时间平均,即均方根值 p_{rms} 和 u_{rms}。对于简单的简谐振动,它们与峰值压力值 P 和峰值速度值 U 有关:$p_{\text{rms}} = P/\sqrt{2}$,$u_{\text{rms}} = U/\sqrt{2}$。因此可以将式(7.66)改写为

$$W = p_{\text{rms}} u_{\text{rms}} A = \frac{PU}{2} A = \frac{U^2 Z}{2} A = \frac{P^2 A}{2Z} \tag{7.67}$$

根据声功率 W 的定义,声强 I 即为

$$I = W/A = \overline{up} = u_{\text{rms}} p_{\text{rms}} = \frac{U^2 Z}{2} = \frac{P^2}{2Z} \tag{7.68}$$

我们可以通过下式建立声强 I 与振荡压力增量 p 和质点速度 u 之间的关系:

$$I = \frac{c_L}{2}\left(\rho_0 U^2 + \frac{P^2}{\rho_0 c_L^2}\right) \tag{7.69}$$

括号中的第一项表示动能密度(kinetic energy density),第二项表示势能密度(potential energy density),单位都是 J/m³。当峰值速度为 U,压力等同环境水平,势能分量就为零;而在峰值压力 P,质点速率为零,位移达到最大值,这时动能为零。由此可以看出,压力与速度之间的变化呈 90°相位差。

超声波在媒介中传播时会像光通过光学媒介或 X 射线穿过物体一样发生衰减。这个过程同样用朗伯定律(Lambert's law)来描述,它通过下式建立入射强度 I_0 与距离 x 上的强度 I_x 的关系:

$$I_x = I_0 \exp(-\mu x) \tag{7.70}$$

式中,μ 为线性衰减系数,单位为 m⁻¹ 或 cm⁻¹。我们可以用同样的方法描述压力或质点速度的幅度,如

$$p_x = p_0 \exp(-\alpha x) \tag{7.71}$$

式中,α 为幅度衰减系数,单位也是 m⁻¹。由式(7.68)可知 I 与 U^2 或 P^2 成正比,则

$$I_x/I_0 = \left(\frac{P_x}{P_0}\right)^2 = \left(\frac{U_x}{U_0}\right)^2 \text{ 及 } \mu = 2\alpha \tag{7.72}$$

通常用分贝数(dB)表示强度比和幅度比率,因此强度水平表示为 $10\log_{10}(I_x/I_0)$ dB,由于 I 与 P^2 成正比,幅度衰减表示为 $20\log_{10}(P_x/P_0)$ dB。如果将 μ 的单位也用 dB/m 的形式,那么 $\mu(\text{m}^{-1}) = 0.23\mu(\text{dB/m})$,幅度衰减系数的表示也相同,只是乘以因子 0.115。

与 X 射线相似,强度衰减系数是由散射和直接吸收决定的,只是对于多数人体组织,这两个过程的相对值并不确定。但对于超声波,幅度衰减随频率的升高而增加,在衰减对频率的依赖性方面人体大多组织表现出相似的特性。因此对大多数组织可以表示为 $\alpha \approx 1\text{dB}/(\text{cm}\cdot\text{MHz})$。

当组织吸收使得强度降低时,声波能量转化为热能,使得组织的温度升高。这种温度的升高也就是超声波产生高温的基础,但在一定情况下,可将其控制在最低限度内。超声波能量转化为热能的主要机制有三种:

(1)经典黏滞损失(classical viscous loss)。
(2)分子弛豫(molecular relaxation)。
(3)相对运动损失(relative motion losses)。

在软组织中最重要的作用就是分子弛豫，入射超声波使得组织的分子结构发生可逆变化。通常分子的结构越复杂，它对超声波的吸收作用就越大。

超声波在体内的散射可以分为以下三种：

(1) 几何散射(geometrical scattering)。
(2) 随机散射(stochastic or probabilistic scattering)。
(3) 瑞利散射(Rayleigh scattering)。

几何散射可以用光学定律来描述，因此在接触面较大的两种不同媒质之间，应用反射定律和折射定律来确定折射波束和反射波束(如图7.40(a)所示)。如果入射角为θ_1，反射角为θ_2，折射角为θ_3，那么：

$$\frac{\sin\theta_1}{c_1} = \frac{\sin\theta_2}{c_1} = \frac{\sin\theta_3}{c_2} \tag{7.73}$$

式中，c_1、c_2为声波在这两种不同媒质中的传播速度，并且$\theta_1 = \theta_2$。

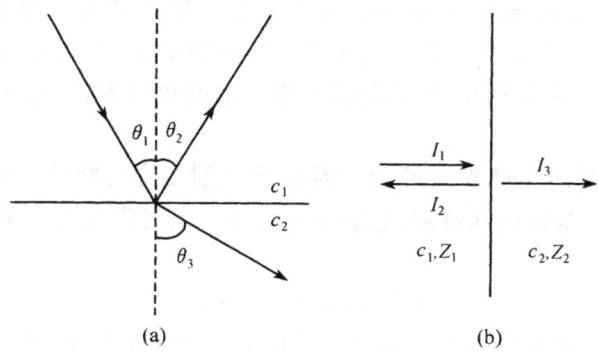

图7.40 波束在两种不同媒质交面上发生的折射和反射

如果入射波束在两种媒质的交界面发生反射，那么入射波束与反射波束的强度之比为

$$\frac{I_2}{I_1} = \left(\frac{Z_2 - Z_1}{Z_2 + Z_1}\right)^2 \tag{7.74}$$

式中，I_2为反射波束的强度，Z_1和Z_2为交界面两种媒质的特征阻抗(图7.40(b))，这就是瑞利(散射)定律。透射波束比率的表达式为

$$\frac{I_3}{I_1} = \frac{4Z_1 Z_2}{(Z_2 + Z_1)^2} \tag{7.75}$$

式(7.74)是脉冲超声成像的核心，同时，它将"回波(echoes)"解释为超声波束通过两种不同媒质界面时所得到的信息。交界面上两种媒质的特性阻抗差异越大，被反射的超声波也就越多，因此，如果入射波所在的媒质为空气，那么波束几乎全部被反射。在医学中，肺部后面的结构就是这种情况，因此对于超声波而言，这部分结构是无法显示的。

发生在交界面上的随机散射改变波束的反射，并且呈各向异性，它主要发生在各器官内部。瑞利散射发生在很小尺度的结构中，如组织细胞或血液中的红细胞，散射作用与散射的体积成比例，并随频率的四次方(f^4)变化，尽管如此，散射作用还是很弱的，但在基于多普勒频移的血液流速测量中却非常重要。

7.4.2 超声波的产生与接收

1. 基本原理

医学应用的超声波是由具有压电效应的换能器产生的。许多材料都可表现出这种效应,在医学中应用的有锆钛酸铅(PZT)(陶瓷)和聚偏二氟乙酸(PVDF)(塑料)等,早期主要是晶体和四水合酒石酸钾钠。这些材料的一个特性就是它们都是无中心对称的极性结构,因而在机械压力或电压的作用下电荷的分布是不平衡的。图 7.41 为压电晶体在压力或电压作用下的结构简图,虽然图中画出的是对晶体的作用,但也同样适用于其他的压电材料。晶体在压力的作用下破坏了电荷的对称分布,因而通过作用力可获得晶体表面的电荷或电势差,这就是压电效应(piezoelectric effect)。同样,对晶体施加一定的电压会在其表面得到一个作用力,这就是逆压电效应(inverse piezoelectric effect)。锆钛酸钡其实是铁电性的,以陶瓷方式存在时,它包含了大量的随机方向的极化区域。若将此材料加热到居里(Curie)温度并在强电场环境中冷却,极化电场的方向就与强电场的方向一致,并且会在材料冷却以及强电场撤销之后得到保持。这样该材料就含有了固定的电偶极,并具有了天然压电材料的性质,以上过程称为极化(poling)。

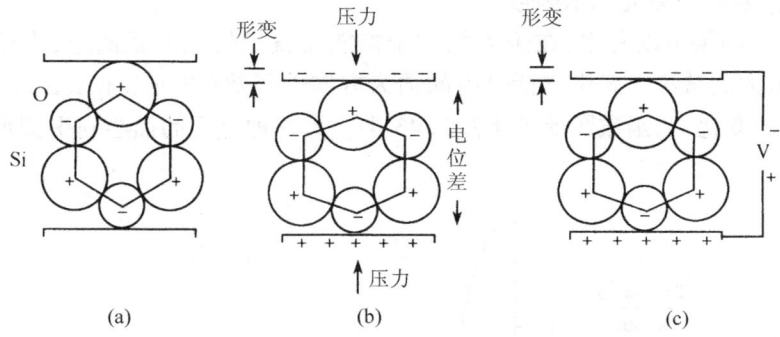

图 7.41 晶体结构、压电效应及逆压电效应原理图
(a) 晶体原始结构;(b) 两端施加压力产生电位差(压电效应);(c) 两端加电压,晶体收缩(逆压电效应)

超声波发射器也是一种诊断用辐射源,这是因为它是相干波束,具有明显的干涉效应,就如同我们看到的激光一样。此外,超声波接收器由于压电效应的作用是对幅度敏感的,而其他成像系统则通常是对强度敏感的。这就使得超声波接收器可以根据接收波的幅度产生相干或干涉波动,以便于不同平面接收波的信号合成。

多数超声波换能器都是扁平状的,切面通常为圆形,其前表面的振动平行于法线,类似于活塞(piston)的作用一样产生纵向的压力波。为简化说明,我们假设一个半径为 r_0 的圆形换能器是一个无限大板面上的一个圆孔。这种结构可防止由换能器背后的射线束到达前侧并干扰前进波的能量。图 7.42 为由圆形换能器产生辐射图的结构。

Q 点的压力 P_Q 与辐射面积成正比,与到辐射面的距离成反比,并可以用接近辐射换能器表面的压力来表示:

$$P_Q = P^* \int_A \frac{1}{h} \exp i(\omega t - \beta h) \, \mathrm{d}A \tag{7.76}$$

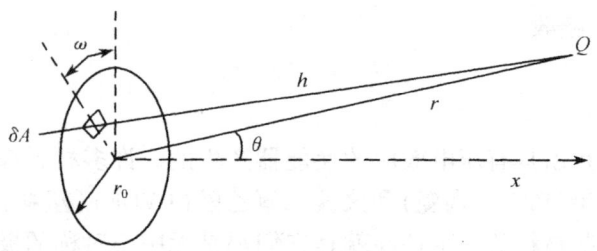

图 7.42　产生声辐射图的圆形陶瓷压电晶体换能器

式中,P^* 与换能器表面的压力成正比,单位为 N/m^3 或单位长度上的压力。由于上式无法直接计算,因此需要作一些近似。我们对两种情况特别关注,第一是 $r \gg r_0$ 即远场的情况,这样我们就可以做一些近似,即 $1/h \approx 1/r, h \approx r - y\sin\theta\cos\psi$。

这样式(7.76)的积分为

$$P_Q = P^* \frac{\pi r_0^2}{r} \exp i(\omega t - \beta r) \left[\frac{2J_1(\beta r_0 \sin\theta)}{\beta r_0 \sin\theta} \right] \tag{7.77}$$

其中,$\beta = 2\pi/\lambda$,J_1 为第一类贝塞尔函数。

由式(7.77)的结果可以看出,在距离相对于换能器直径较远的距离上,声压是 θ 的复值函数,并随距离的增大而减小。式中方括号内的项为方向性函数(directivity function),它代表了压力随轴向角度 θ 的变化,此函数图形画于图 7.43 中。另一种直观的描绘扁平圆形换能器压力分

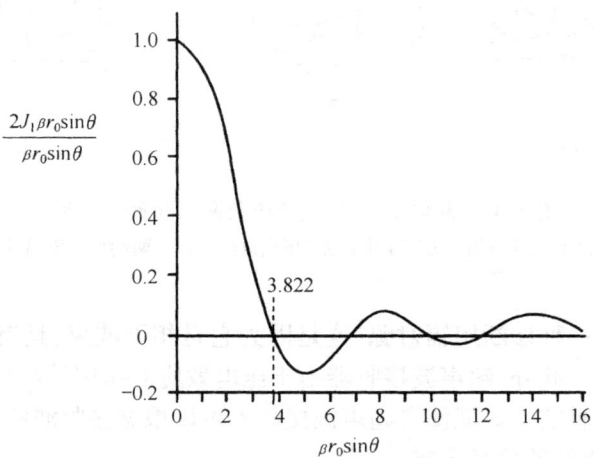

图 7.43　圆形压电换能器的方向函数图

布的方法是极坐标图。图 7.44 为由圆形换能器的直径与声波波长的比率改变时的极坐标图。这些极坐标图的一个重要特性是强化了压力分布的方向性;当换能器直径 $2r_0$ 与波长 λ 的比值增加时,波束主瓣的角散度下降且较小的旁瓣出现。如果将主瓣想象成位于转换器顶点的圆锥体,那么圆锥体的半角 θ_c 为图 7.43 中 $(\pi r_0/\lambda)\sin\theta$ 的最小值,它使其坐标值为零,成立的条件为

$$(2\pi r_0/\lambda)\sin\theta_c = 3.822 \text{ 即 } \sin\theta_c \approx 0.61\lambda/r_0 \tag{7.78}$$

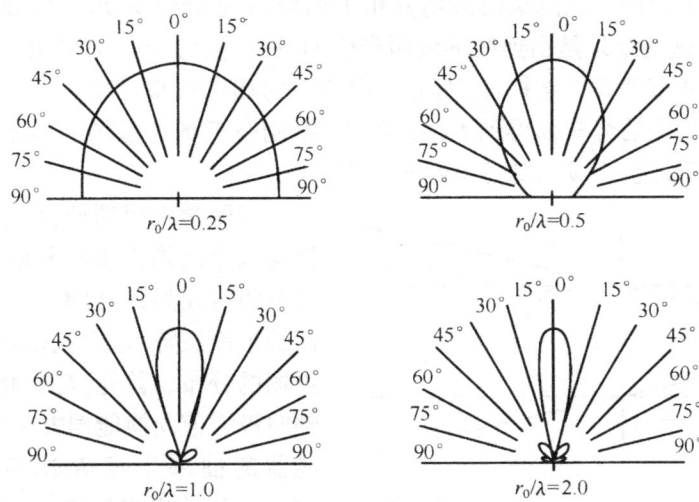

图 7.44　圆形压电"换能器"产生的辐射与 r_0/λ 关系的极坐标图

图 7.44 显示了产生的超声波束的特征对 r_0/λ 的变化敏感性，它同时还说明了为什么要在医学诊断中应用超声波，因为在音频范围之内，即使选择 20kHz，相应的波长为 75mm，那么超声波换能器的最小直径也需要 150mm，远大于实际的应用要求。

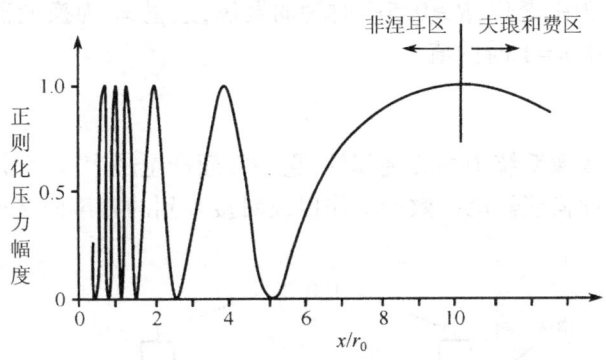

图 7.45　沿半径为 r_0 的圆形换能器沿辐射轴的正则化峰值压力分布图

如果我们将压力限制在换能器轴上，那么我们可以求解式(7.77)并画出经峰值压力正则化的幅度随 x/r_0 变化的 P_0 曲线。其结果示于图 7.45 中，从中可以区分出 P_0 随 x/r_0 变化而急剧变化，和随 x/r_0 增加而单调下降的范围，并可通过下式得到曲线(图 7.45)上极大值与极小值的位置：

$$x_n = r_0^2/n\lambda - n\lambda/4 \tag{7.79}$$

n 为奇数值时为极大值，n 为偶数时为极小值。当 n 增加时，沿换能器的表面向前。

最后一个极大值，即与换能器距离最远的位置，当 $n=1$ 且 $r_0 \gg \lambda$ 时由下式决定：

$$x \approx r_0^2/\lambda \tag{7.80}$$

最后一个轴向极大值通常作为近场或非涅耳(Fresnel)区与远场或夫琅和费(Fraunhofer)区的界限。式(7.80)限定了近场的范围，此时换能器的能量被限定在换能器直径的中心轴以内，从而波束可以看作是平行的。在远场时波场分布更加均匀,但趋于球形发散波。波束的形状或分布见图 7.46。当然这些结果是由连续的波源产生的,而在实际应用中采用的是脉冲源。脉冲波源的使用简化了声波束的整体结构,因而可以用单一的场参数来描述,如压力幅度峰值。总之,近场的干涉结构与远场的旁瓣都得到了很好的平滑,同时近场与远场的界限变得难以区分。所有这些效能都由用于评价声场的脉冲参数来决定。

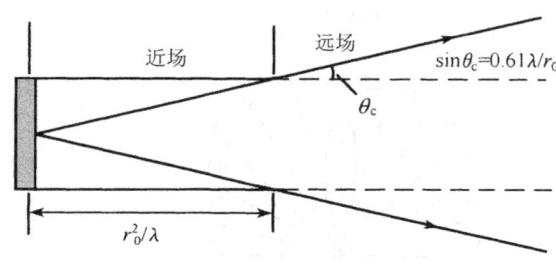

图 7.46　圆形压电换能器的波束轮廓近场和远场分布图

在医学应用领域,由于波源需要聚集,从而使得以上结果受到种种限制。超声波在物体中的聚焦将在后面介绍。我们用球面波阵代替前面的平面波阵,这样就在几个不同的方面改变了声场的分布。首先,与平面波源相当的最后一个轴向极大值向换能器方向移动,而且比通过由换能器的曲率半径 R 决定的几何聚焦和由式(7.80)计算出来的结果都更靠近换能器。随着轴向最后一个极大值的移动,焦点上的轴向压力极大幅值增加,而在焦点位置上声波束的宽度减小。经过焦点之后波束发散,但这时的发散程度超过了公式(7.78)中平面波源的情况,因此使用聚焦之后,窄波束覆盖的深度范围变小。聚焦越强,焦点处的波束的宽度就越窄,窄波束覆盖的范围就越小。因此常常用"聚焦强度(strength of focusing)"来描述换能器,即 $R<0.25x_1$ 为强聚焦,$0.25x_1 \leq R<0.5x_1$ 时为中聚焦,$R \geq 0.5x_1$ 时为弱聚焦,这里 x_1 为换能器表面到近场与远场交界面的距离,即式 7.79 中 $n=1$ 时的值。

2. 超声波换能器

超声换能器是超声成像系统中的关键部件,它一方面产生超声波信号,另一方面接收人体组织的超声回波信号。因此换能器的高效能工作以及对接收到的超声回波产生精确的电学当量是非常重要的。

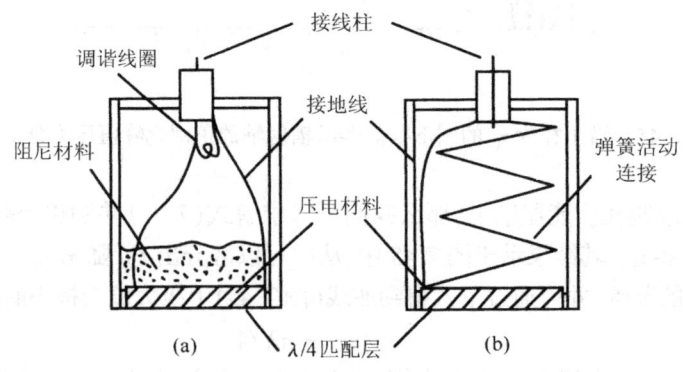

图 7.47　超声换能器的剖面图
(a)适于脉冲方式工作;(b)适于连续方式工作

图 7.47(a)画出了传统超声换能器的基本特征。换能器通常是由锆钛酸铅陶瓷(即压电换

能器 PZT)切割而成,它经过极化后在与平面成直角的方向上产生最大的机械响应,镀银的换能器表面提供接触电极。这样,加在电极两端的电压就会产生图 7.41 所示的机械压力,反过来,机械压力也会在银电极两端产生一个电压差。

另一种可供选择的材料是聚偏二氟乙烯(PVDF),它具有非常有用的特性,其中包括低机械品质因子 Q 和低声阻抗值。其输出电压约是锆钛酸铅陶瓷 PZT 的 20 倍,频率响应从 DC 到 GHz。在超声波频率范围内,可以产生几个 MPa 的压力值。

锆钛酸铅类的换能器通常工作在自由振铃模式(free-ringing mode)或半波共振(half-wave resonance)模式,换能器厚度为 $\lambda/2$,λ 为压电材料的纵波波长。根据经验,共振频率为 f(MHz)时,换能器厚度 T(mm)在数值上等于 $2/f$。当换能器工作时,必须确保其振动能量有效地耦合到所要测量的媒质中去。当然超声换能器从前后两侧都有能量的传递。背侧媒质的特征阻抗为 Z_1 的换能器为获得最大输出功率 W_{max},并将其传递到特征阻抗为 Z_2 的媒质中,我们可采用式(7.81),它将共振功率输出表示成上面两种阻抗、驱动电压 V、换能器电容 C 和压电常数 h' 的关系式:

$$W = \frac{(4h')^2 C^2 V^2 Z_2}{(Z_1 + Z_2)^2} \tag{7.81}$$

当 $Z_1 = 0$ 时,即当背侧阻抗为零时得到最大功率。这通常是利用空气作为背侧媒质,图 7.47(b)画出了其主要组成结构。但因为换能器通常都工作在脉冲方式,因此需要短脉冲,而背侧媒质空气提供的高机械因子 Q 是不适当的,我们定义 Q_{mech} 为

$$Q_{mech} = f_0/(f_1 - f_2) \tag{7.82}$$

式中,f_0 为共振频率,f_1、f_2 为辐射功率降低到它在频率为 f_0 时功率的一半值的频率(分别为背侧媒质和换能器的频率),式中 $(f_1 - f_2)$ 为带宽的变化。当背侧阻抗 Z_1 的值与换能器本身的阻抗值相等时可获得低的 Q_{mech} 值,实际中要使它们完全相等也是不可能的,一般取 Q_{mech} 为 2~4 即可获得适当的阻尼,通常采用含 15% 钨粉的环氧树脂材料。事实上我们还要避免反射能量进入换能器,因此背衬材料需要有好的吸收性,通常使用嵌有细散射材料(铝粉)的环氧塑料。以上这些是针对基于 PZT(锆钛酸铅)换能器的。基于 PVDF 的塑料膜换能器的固有 Q_{mech} 值很低,因此就不需要为提高带宽而增加特殊的背衬材料。由于电子和机械品质因数 Q 都对整体 Q 值有影响,因此可以通过电调谐,控制电子品质因数 Q 以在敏感性和分辨率之间折中选择。这通常是在主要呈容性的换能器中接入一个电感来实现的(图 7.47(a))。

以上考虑的问题都是通过使背衬材料的能量聚积减到最小,以确保超声换能器工作在最大效率。但是确保换能器前侧发射的能量都能耦合到人体组织中去也是同样重要的一个问题。如果换能器是工作在连续波模式下,我们可以用传输线理论,使用 $\lambda/4$ 的匹配层厚度的特征阻抗 Z_m 值满足下式为理想匹配阻抗:

$$Z_m = (Z \times Z_{ti})^{1/2} \tag{7.83}$$

其中 Z 为换能器阻抗,Z_{ti} 为组织阻抗。PVDF 换能器不需要匹配层,而对于 PZT 换能器就有匹配的问题。但无论是在哪种情况下,换能器必须和身体表面通过耦合剂有良好的接触,耦合剂一方面作为润滑剂,而它更重要的是用以排除换能器与身体接触面上的空气,所有耦合剂的使用都是为了这个目的。

7.4.3 超声波束的聚集

超声波束的聚焦非常重要,它可通过以下四种方法来实现:

A. 使用碗形换能器(图 7.48(a))。
B. 在换能器平面的辐射表面配以透镜(图 7.48(b))。
C. 通过适当的反射体(图 7.48(c))。
D. 通过多元相控阵(图 7.48(d))。

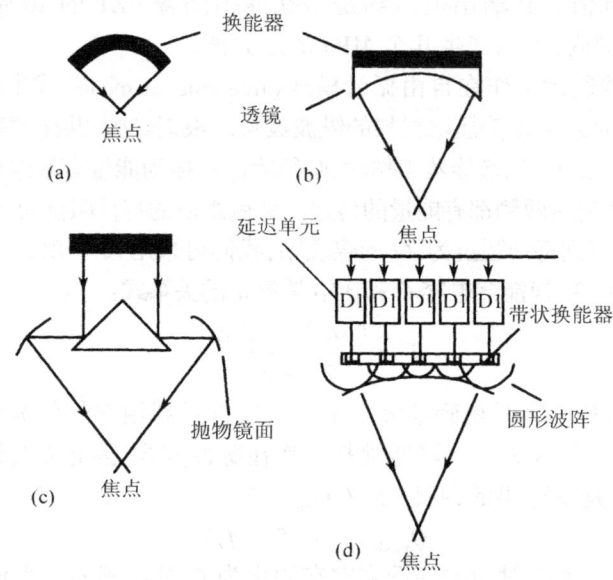

图 7.48 超声波聚焦的不同方法

(1) 简单的聚焦 即是将换能器制成所要求的形状(图 7.48(a)),但由于超声波在很多方面与光波相似,即它们都可发生反射和折射,因此我们希望能够构造出像光学系统里一样的透镜来实现。

表 7.3 一些常见材料的物理常数

材料	密度 $\rho_0/(kg/m^3)$	纵波速率 $c_L/(m/s)$	特征声阻抗 $Z/[kg/(m^2 \cdot s)]$
空气	1.29	331	425
水	1.0×10^3	1.5×10^3	1.5×10^6
石英	2.65×10^3	5.9×10^3	15×10^6
PZT	7.5×10^3	4.6×10^3	34.5×10^6
PVDF	1.78×10^3	2.2×10^3	3.91×10^6
硅橡胶	1.2×10^3	1.03×10^3	1.23×10^6
铝	2.69×10^3	6.26×10^3	16.9×10^6
有机玻璃	1.2×10^3	2.67×10^3	3.2×10^6
聚苯乙烯	0.98×10^3	2.35×10^3	2.3×10^6

对超声波的会聚,使用光学发散透镜是很重要的,因为透镜材料可以传递不同速度进出组织的纵向声波。由表 7.3 和图 7.39 可以看出,声波在有机玻璃或聚苯乙烯中的传播速度大于在人

体组织如脂肪、血液等中的传播,因此可用其中一种材料制作一种背面为平面,正面为凹面实现光学散射的透镜;如果用的是硅橡胶,那么透镜就需要做成平面+凸面的方式实现光学会聚,这是因为声波在这种材料中的传播速率比在多数人体组织中的要小。同时作为透镜的材料,其特性阻抗应尽可能与所要耦合的组织相似,并且吸收系数要小。聚苯乙烯比有机玻璃更符合以上条件,在透镜中这两种材料都有使用。图7.48(b)即为透镜聚焦法,此时透镜必须与换能器粘结在一起,以彻底排除它们之间的空气。

超声聚焦并不仅仅限于使用透镜,如使用镜面,那么所用材料的特征阻抗应与干涉物质的阻抗差别尽可能大。如果干涉物质是水,那么使用钢镜就可以了。图7.48(c)为一反射聚焦系统,它不是将超声波源放置在反射镜前,而是采用了一个中央锥形反射器与抛物线剖面反射镜相配合的方式。入射的平面波经90°锥体转变为柱面波,最后变成球面波进行聚焦。这种方法由于比较昂贵而没有在医学超声成像中得以应用。

(2) 多元换能器聚焦　这种换能器是被切割成许多窄带或是环形圈,每一个带或环或者由主振荡器直接控制,或者经过可调的延迟元件后再控制。图7.49(a)示出了当没有延迟时侧向扫描由一个阵列元件到下一个阵列元件分别切换得到的波形或是由一个多元组到下一个交叠的多元组切换。

当使用延迟元件时就会得到相控阵列,它使我们有了一种获得超声影像的非常有效的方法,它具有以下优点:① 波束转向时无需换能器运动;② 动态聚焦,既可沿换能器法线聚焦,也可在法线两侧聚焦;③ 采用数字计算机控制。

波束转向示意图见图7.49(b),波束聚焦见图7.49(c),每一元件都是可独立调控的波源。通过选择合适的相位延迟就可以得到朝向换能器法线任意一侧的平面波阵,甚至是曲面(聚焦)波阵。在计算机的控制下,利用适当设计的数字延迟,还可以得到在不同方向瞬时变化的聚焦。

可以想到,用这种方式也会存在一些问题,其中主要是栅格波瓣,由于在远场,衍射图实际是通过源孔径的傅里叶变换得到的。因此,我们可以认为主波束与副栅格波瓣均位于 sinc 函数的包络之中。由于主波束偏离换能器法线行进,且其幅值随 sinc 函数包络轮廓减小。位于主瓣行进方向相反侧

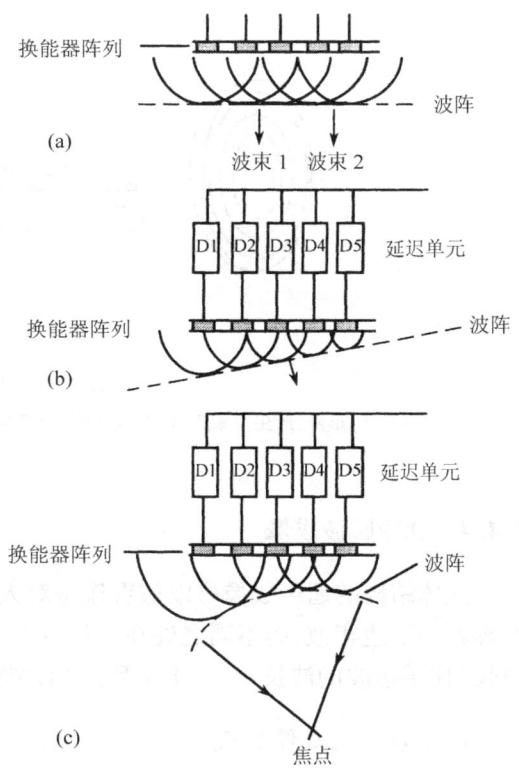

图7.49　由多元阵列产生超声波束转向及聚焦的原理图
(a) 侧向行进;(b) 角向行进;(c) 聚焦加角向行进

的副栅格波瓣的幅度随 sinc 函数轮廓增加,而位于主瓣另一侧的光栅波瓣的幅度减小。图7.50画出了其波形简图。在实际应用中,主波束瓣与第一个栅格波瓣在最大行进角 θ_{max} 时幅度相等:

$$\sin\theta_{max} \approx \lambda/2r_0 \tag{7.84}$$

一些相控阵列的典型结构如图7.51所示。在各种阵列中,各个单元之间的间隙尽可能小,各单

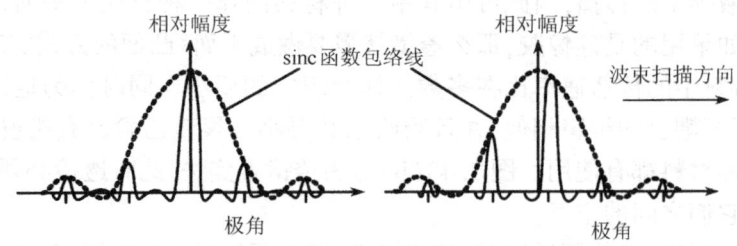

图 7.50　多元阵列的主瓣及副栅格波瓣

元之间的宽度小于等于 $\lambda/2$，因而每个单元或多或少都可作为一个全向波源。这种情况对应图 7.44 中的前两种情况，图 7.51 只画出了部分相控阵列的结构。

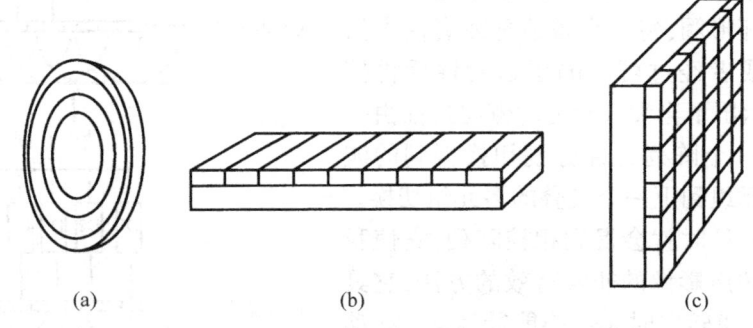

图 7.51　相控阵列的典型结构

（a）环形阵，产生点聚集；（b）线性阵，能产生线聚焦；（c）二维阵，能侧向运动，产生点聚焦和线聚焦

7.4.4　脉冲回波成像

人体结构的超声成像可以被看作是对人体的雷达探测，在这个意义上人体组织的超声成像原理就与雷达相似，而不同之处在于波的扰动（纵向压力波）、波的传播速度（比雷达慢得多）和波长（比雷达波的波长短）。上节所述相控阵超声传感器就是应用了雷达技术。

1. 脉冲回波成像原理

图 7.52(a) 为一个最简单、最基本的脉冲回波成像系统结构。它由一个工作在脉冲模式的发射器组成，允许压电晶体按其固有频率（由其厚度决定）振荡 2～4 个周期。这是利用一个由设置脉冲重复频率 f_{pr} 的主振荡器触发电子开关，调节跨在主要呈容性的传感器回路的电容充放电来实现。一个脉冲产生以后，在声波脉冲经过的界面上就会产生一系列回波。显然，所有的影像信息都包含在一个脉冲周期之内，发出脉冲的频率受限于成像深度。脉冲重复频率或时钟周期与成像深度 D_{max} 的关系为

$$f_{pr} = c_L/2D_{max} \tag{7.85}$$

式中,D_{max} 单位为 mm,如果速度 c_L 的单位为 m/s,那么 f_{pr} 的单位是 kHz,通常脉冲重复频率取 1kHz。

图 7.52(b)为实现原理图的简单电路图。晶体管 T_1 作为开关,其电压为 200V,在主振荡器的两次触发脉冲(工作频率 1kHz)期间,晶体管截止,电容 C_1 通过 R_1 和 D_1 充电至 200V,此时 D_2 反向偏置防止换能器放电。当主振荡波的正向脉冲到达 T_1 的基极时,晶体管饱和导通,其集电极电位近似为零,同时由于 D_2 导通 D_1 反向偏置,200V 的电压就加在了换能器的两端;此瞬间阶跃电压使换能器在其固有频率上产生几个周期的机械振荡,这就是发射脉冲。由图 7.52(b)可知,与换能器连接的还有回波检测放大部分,这是因为换能器具有两重功能,即超声波的发射(逆压电效应)和回波的接收(压电效应)。设计中要考虑保护回波放大电路,此外除选择适当的脉冲重复频率外,还应考虑换能器实际的工作频率,以获得较好的分辨率和穿透性。3~5MHz 的工作频率适用于肝和其他腹部器官以及心脏的成像;而表浅结构成像一般采用 4~10MHz;眼等可直接接触到的器官的成像频率在 7~15MHz 之间。工作频率是由换能器的材料特性和加工工艺所决定的(7.4.3),如 PZT-8,其频率常数为 2.07MHz·mm。

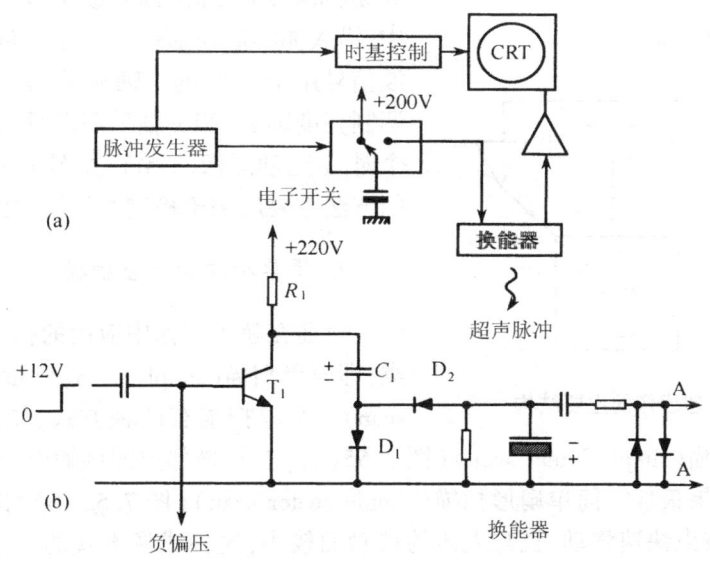

图 7.52 (a) A 超脉冲回波成像系统的基本结构图;(b) 基本电路,基中 A-A 至回波放大器

由图 7.52(b)组成的仪器称为 A 超(A-scan or A-mode),它得到的只是反射面距离(回波时间)和声失配信息(回波强度),并没有形成可以描述的图像信息。

临床最常用的是 B 超(B-scan or B-mode),也就是我们经常提到的超声成像。图 7.53 画出了超声成像的几个主要特性,其中一个特征是增加了一个换能器的位置信号,并作为 CRT 上 x 轴的位移;A 超的距离(回波时间)信息用于 y 轴的时基操作;而幅度(峰值高度)调制亮度(z 轴)。当换能器在 x-y 平面上移动时就得到了一个二维图像。这就得到了人体的横断面图像,并且是第一个断层扫描或层面形式的图像。显然 x-y 平面可以任意选择,因此我们可以通过对断面图像进行组合从而得到人体结构的三维显示。事实上,超声是基于物理学技术得到人体横断面图像的第一个例子,即 X 射线断层扫描出现在超声断层图像发明之后。

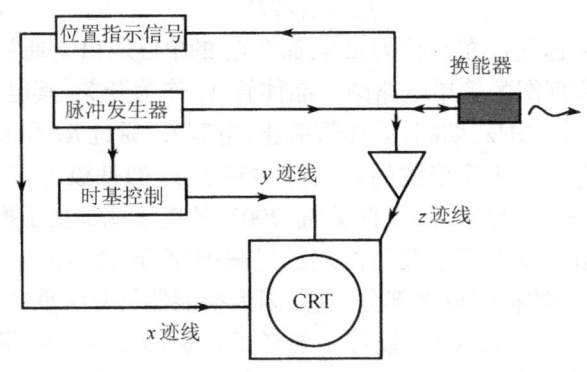

图 7.53 B 超成像的主要结构

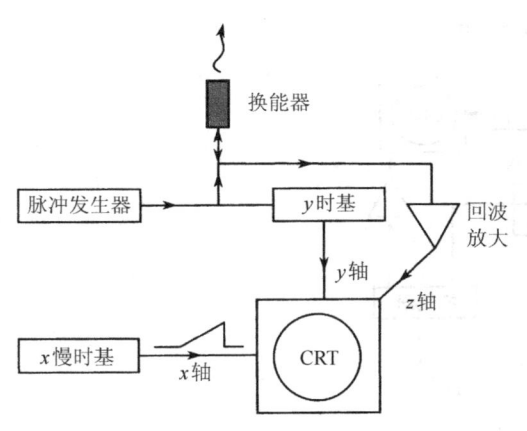

图 7.54 M 超成像的主要结构

另一种对人体内运动结构进行成像的方法称为 M 超(M-scan 或 M-mode 或 T-M mode),在这种方式中,沿人体的诊断部位一恒定直线上得到的 A 超回波信号用于 CRT 的 y 轴显示,显示信号的幅度用于调制亮度轴 z。当 x 轴采用慢时基扫描时,就产生一个时间-运动图像(T-M),如图 7.54 所示。这种成像的方法主要应用于检测心脏瓣膜的成像。

2. 简单扫描和混合扫描

目前在超声成像中应用的扫描方式可以分为两类,即简单扫描(simple scan)和混合扫描(compound scan)。简单扫描有两种方式,如图 7.55(a)和(b)所示。简单线性扫描(simple linear scan)(图 7.55(a))与扫描部位的接触面较大,但得到的近皮肤广视场图像的效果最佳。简单扇形扫描(simple sector scan)(图 7.55(b))的优点是如果是机械扫描,则易于对波束快速移动,且与人体的接触面较小,这种成像方式的一个例子就是通过肋间隙对心脏成像。混合扫描(图 7.55(c))可以在整个界面上得到完整的图像,并通过对图像的噪声和斑块做平均处理,有效提高侧向分辨率。但是,它需要与人体成像部位有一个较大的接触面,且结构复杂,难以实现快速扫描。另外,这种方法不能对运动部位成像,因为噪声平均依赖于物体的位置固定。

7.4.5 超声多普勒成像

1. 超声多普勒频移

超声的另一个重要应用是利用多普勒频移测量血液流速。血液不是像水一样的简单的牛顿流体,而是由不同散射体组成的悬浮液。红细胞可以看作是直径为 $8\mu m$ 的两面凹的圆盘,其最大厚度为 $2\mu m$,通常人体每毫升血液中含有 5×10^9 个红细胞。红细胞容积与血液容积之比即血球容量(haematocrit)约为 0.45。对于典型的 3MHz 多普勒超声,它在血液中的波长为 0.5mm,这比红细胞体积要大两个数量级。但超声波在血液中发生瑞利散射,其反向散射的功率与频率的四次方成正比(7.4.1节)。超声血流检测是基于血流与超声波束的相互作用,如同一个随机的离散靶阵列被悬浮的移动媒质扫描,如果考虑一个单独的速度为v的散射体,它与透射波的夹角

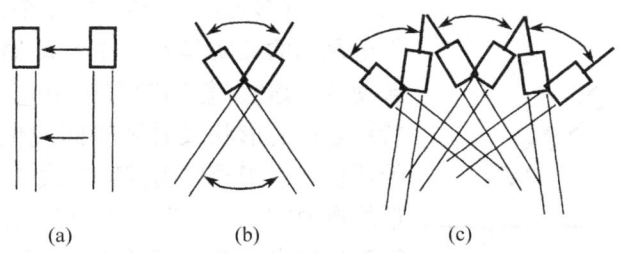

图 7.55 脉冲回波成像中常用的扫描方法
(a)简单线性扫描;(b)简单扇形扫描;(c)对一系列扇扫平均后形成的混合扫描

为 θ,则连续声波可以由下式表示:

$$\xi_t = \xi_0 \cos\omega_0 t \quad (7.86)$$

式中,ξ_t 为透射波幅度,ξ_0 为入射波幅度,ω_0 为角频率,那么在相隔距离 x 的目标物上接收到的声波 ξ_r 可以表示为

$$\xi_r = \xi_0 \cos[\omega_0(t - 2x/c_L)] \quad (7.87)$$

系数 2 表示往返全程距离为 $2x$,c_L 为波速,当 x 以速度 $v\cos\theta$ 变化时,t 时刻的 x 变化为 $tv\cos\theta$。因此上式可表示为

$$\xi_r = \xi_0 \cos[\omega_0(t \pm 2tv\cos\theta/c_L)] = \xi_0 \cos[\omega_0 t(1 \pm 2v\cos\theta/c_L)] \quad (7.88)$$

比较式(7.88)与式(7.86),我们可以将它表示成 $\xi_r = \xi_0 \cos\omega t$ 的形式,其中

$$\omega = \omega_0 \cos(1 \pm 2v\cos\theta/c_L) \quad (7.89)$$

或

$$f = f_0 \cos(1 \pm 2v\cos\theta/c_L) \quad (7.90)$$

因此多普勒频移 $f - f_0 = \Delta f$ 为

$$\Delta f = \pm 2f_0 v\cos\theta/c_L \quad (7.91)$$

图 7.56 为多普勒频移测量的几何图示。

我们知道这种多普勒频移是相对的,但通过"波源"移动而"观察者"静止来检测频移是较为常规的作法,这里"波源"是反射而不是发射声波。当入射超声频率为 1~10MHz,$v\cos\theta$ 在 0~1m/s 范围时,Δf 为 0~13kHz,位于听谱范围之内,因此我们可以听到血流的声音,事实上,这已成为多普勒相移信号主观判断的常用方法之一,并有效应用于多种生理状态的检测。

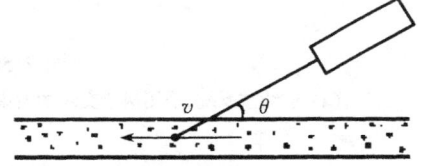

图 7.56 多普勒频移测量的几何位置

在多普勒频移测量过程中存在两个问题,一是 f_0 的选择,二是 $\cos\theta$ 的确定。由于主要作用机制是瑞利散射,因此我们可以利用 f^4 选择 f_0,并利用这个值获得最佳的信噪比。此外血液反向散射的效率随频率的增加而增加,而穿透深度随频率的增加而下降,从而由给定的深度可以得到最佳频率(图 7.57)。$\cos\theta$ 的确定比较困难,除非在有超声波束与血管相切的情况下,即 $\theta = 0$,

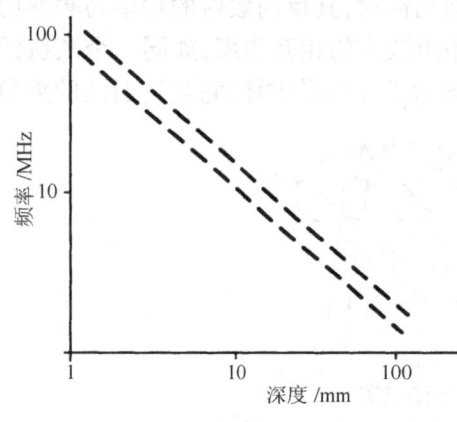

图 7.57　频率范围是肌肉组织深度的函数，正确选择超声频率可使检测血液散射波的信噪比最大化

$\cos\theta=1$ 时,这时可对上行主动脉进行血流测量。

在多普勒频移测量中还会遇到一些其他问题,第一是所测结果为散射体的速度值而不是需要的流速值;第二,存在许多可以产生不同 Δf 值的运动散射体,因此我们记录到的其实是在一个心动周期内随时间变化的多普勒频移谱,多普勒频移谱中包含了许多有用的信息,特别是谱的形状及其随时间或位置的变化对动脉功能的评价具有指导作用;第三,式 7.91 式是在忽略超声波束的有限宽度的情况下得出的,而实际中运动散射体可能跨过波束。总之,我们实际得到的是一个血流回波的加宽谱,而不是期望的线谱。最后,我们假定超声波源是连续的,而在实际情况中也并非如此。

2. 多普勒频移的测量

采用两种不同波源即连续波源和脉冲波源,都可实现多普勒频移的测量,其结构图见图 7.58。从理论上最简单的方法是基于对连续波源的测量,其过程见图 7.59。换能器的一个单元发射连续超声波而另一个单元接收反向散射信号。差频率由原信号与散射信号的混合信号中提取,然后经过低通滤波和放大电路。由于混合信号产生和频和差频,而我们只需要差频信号,因此这里需要低通滤波。但是,这种简单的方法无法区别

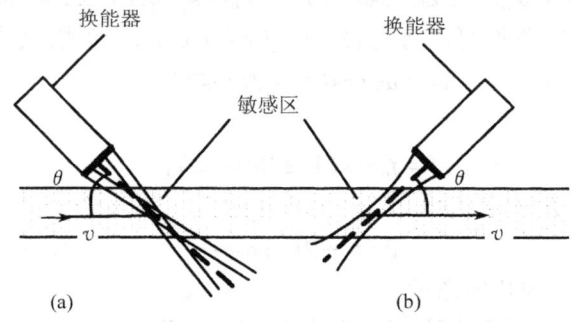

图 7.58　两种不同波源时的多普勒系统

(a)连续波系统,采用两个交织的波束确定敏感区容积;(b)脉冲系统,敏感区容积由波束宽度和波长决定

血液相对于换能器的相向流动和背向流动。我们通过将散射信号与一个参考频率信号混合,如果结果大于参考频率为相向流动,小于参考频率就为背向流动。当然,这种方法在速率 $v=0$ 的情况下也会有频率输出,因而不适合用声音描述。但它可实现相对于换能器迎向流动与背向流动的电子判别(通过相差),将此测量结果与多普勒频移频率结合起来,就是我们见到的传统雷达系统。通过头戴式耳机,一侧是迎向信号,另一侧是背向信号。现在已提供了实时谱分析,即将多普勒信号显示为频率(纵坐标)与时间(横坐标)的关系,并用灰度级表示幅度,这种表示方法称为声像图(sonogram)。声像图可用于分析其他特性如均值频率和峰值频率,这些结果同样

可以被显示，并与时间变化相联系。

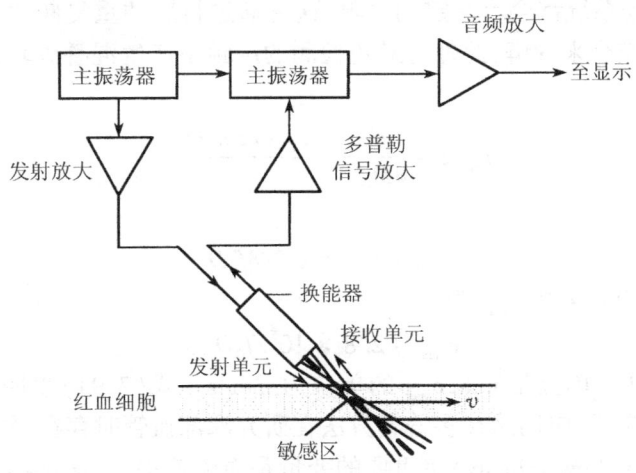

图 7.59　用连续超声波实现多普勒血液流速测量系统框图

上述多普勒系统的一个主要缺点是无法得到空间信息，但如果换能器中含有增敏探测器，就可以得到一定深度上的空间信息。采用脉冲波代替连续波源就可克服以上缺点，这样，脉冲回波系统与多普勒系统结合即可产生同时含有距离和速率信息数据的信号，采用一个换能器同时发射和接收。图 7.60 为脉冲多普勒系统的电路原理图，主振荡器信号由决定脉冲重复频率的时钟

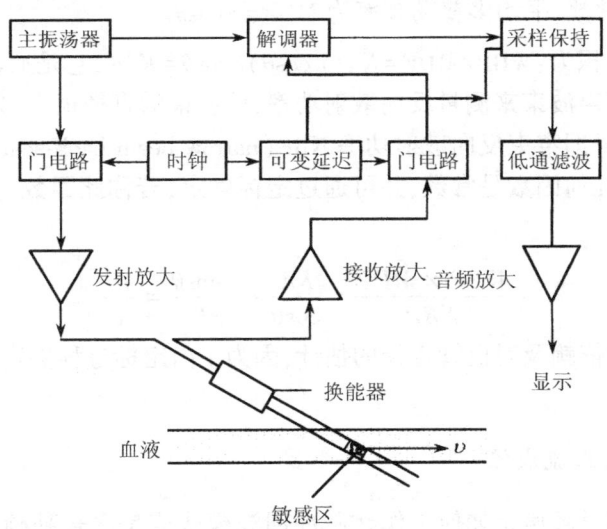

图 7.60　脉冲多普勒系统的基本框图结构

信号控制。长度为几个周期的驱动信号作用于换能器单元，它同时作为接收器使用。回波信号放大之后通过另一个门控电路，对回波信号的采样，与启动发射脉冲时钟频率相关。此时门电路的输出是对身体结构的一定深度相关部分的反射信号，而该信号经解调滤波后就得到前面所述

的多普勒频移信号。

但是所有的多普勒系统都会有一定的局限,这可通过将脉冲重复频率公式(7.85)与多普勒频移频率公式(7.91)结合来理解,此外为避免检测的声频率产生混叠失真,要求 $\Delta f \leqslant f_{pr}/2$(即奈奎斯特频率),有

$$f_{pr}/2 = \frac{c_L}{4D_{max}} = \frac{2f_0(v\cos\theta)_{max}}{c_L} \tag{7.92}$$

及

$$(v\cos\theta)_{max} = c_L^2/8f_0 D_{max} \tag{7.93}$$

如果假定 $\theta = 0, c_L = 1500 \text{m/s}$,则 v_{max} 为

$$v_{max} = 2.8 \times 10^5/f_0 D_{max} \tag{7.94}$$

式中,f_0 单位为 MHz,D_{max} 单位是 mm,v_{max} 的单位为 mm/s。式(7.94)表明随 f_0 或 D_{max} 的增加,v_{max} 迅速下降,这就证实了,应用脉冲多普勒方法在研究深部血管时存在严重局限。

另一个比血流速度(flow velocity)更重要的变量是血流速率(flow rate),为测定流率,需要对血液流动速度进行假设及所测血管的内径进行估计或测量。后一个量可以通过脉冲回波超声成像获得,但仍需要对多普勒频移公式中的 $\cos\theta$ 进行可靠估计。P. N. T. Wells 等对这些问题提供了一些方案,他们提出了衰减补偿,并用图 7.51(a)中的环形阵列产生两个同心超声波束控制容积流量计,其中一个波束较宽并包含了式中的整个血管,反向散射功率与投射的血管面积成正比,而由平均多普勒频移频率可以得到分解的速度分量。

宽波束反向散射功率(WBP)与 $A/\cos\theta$ 成正比,即 WBP = $KA/\cos\theta$,其中 A 为横断面面积,θ 为测量角度,K 为比例常数,平均多普勒频率为 MDF = $\bar{v}\cos\theta$。

因此这两个量的乘积为:WBP×MDF = $KA(\bar{v}\cos\theta)/\cos\theta = KA\bar{v}$,它是血流速率 $A\bar{v}$ 与未知常数的积。如果由第二个超声波束来测量反向散射功率,该波束的直径很小,只与血管面积的一小部分交叉,则接收到的信号即窄束反向散射功率 NBP(narrow-beam back-scattered power),其量值与某种几何因数有关,该几何因数是常数,并可通过定标确定,若称此因数为 x,那么实际的血流速率为

$$\frac{WBP \times MDF}{NBP} = \frac{KA}{\cos\theta} \cdot \frac{\bar{v}\cos\theta}{xK} = \frac{A\bar{v}}{x} \tag{7.95}$$

这种方法消除了对 θ 的依赖及对血管直径的估计,因为 x 由定标过程决定,故可视为一种绝对测量法。

3. 实时多普勒彩色血流成像

由前面部分已经知道超声是如何工作在脉冲回波模式或是多普勒频移模式,但在血流的测量与显示中,则需要将两种方法组合使用,这两种方法首次成功结合是在 1978 年。

这种方法以一个曲面或相控阵列换能器提供扇形扫描来生成血管的结构,而用脉冲多普勒的扫描线慢扫描成像平面以区分血管的血流信号(图 7.61),用伪彩色加以区别。彩色不仅具有亮度,还具有色度(hue)和饱和度信息。色度由光的波长决定,饱和度表明该色彩与白色之间的差异。当色度的饱和度被白光降低或是削弱时,它就被分为不同的色调(tint)。人眼可区分的色度位于可见光谱的中间部分(390~740nm),各色谱的波长差异为 1~2nm,因此在可见光谱范围

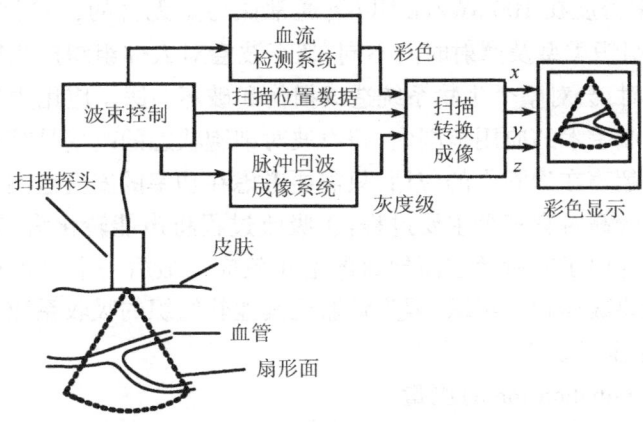

图 7.61　二维实时彩色超声血流成像系统框图：扇形扫描由相近控阵或曲面换能器产生，血管位置信息由脉冲回波系统提供，而血流速度由多普勒频移决定，这两个信号连同扫描的位置信号一起产生彩色血流图像

内可以分成 130 个不同的色度。每一色度又可分成 20 个色调，因此彩色提供了一个比较精细的可视化尺度。

当然，不同的仪器采用不同的彩色编码。通常情况下，朝向超声探头一侧流动的血流速度增加用红-橙-黄-白来编码，而背向超声探头流动的血流速度增加时显示为深蓝色到浅蓝和白色。其实物理学的实际情况与期望分配的色彩刚好相反，多普勒频移观测时朝向观察者流动为蓝色，而远离观察者流动为红色。

7.4.6　超声功率测量

在医学诊断应用中，还必须对医用范围内超声的安全功率以及检查中所使用的功率进行描述，否则，这样的超声仪器是不完整的。超声在骨骼和人体组织中的效应由其功率水平决定，如果使用功率过高，会对人体产生严重后果。

表 7.4　不同医用超声的功率谱密度范围

用途	功率谱密度 /W/cm²			
	0	0.1	1.0	2.0
诊断（血管多普勒）		———		
其他		—		
治疗			———	
外科手术				—
	←— 安全 —→		←— 有害 —→	

诊断用超声的功率密度在 100mW/cm² 以下通常认为是无害的,而当功率密度为 1～20W/cm² 时,依据被照射的组织类型及照射时间不同,超声波会对人体组织产生破坏性作用。当超声波功率高于 20W/cm² 时,会对整个生物系统造成损伤和破坏。医学应用中的超声功率范围见表 7.4,可以看出,在治疗和手术的应用范围内,超声波对细胞状态的改变是其在临床应用中的一个主要特征。但是,关注超声在诊断中的应用,只需要考虑在功率的安全范围内使用。在声波压力的作用过程中,当功率较高时有三个主要过程:①吸收过程将声能转化为热能;②非线性效应产生高频成分和冲击波;③由于能量耗散而导致的空化效应。最后一个对含有液体的组织尤其具有破坏作用,热效应主要破坏骨骼组织,因为骨骼比其他软组织的吸收系数大。

超声功率的测量主要有以下三种方法:

(1) 辐射压(力)(radiation force)测量。
(2) 热量(calorimetric)测量。
(3) 光衍射(optical diffraction)测量。

这里介绍前面两种比较常用的方法。辐射压测量是基于换能器辐射的时间平均总功率 (time-averaged total power) $<W>$ 与辐射压 P 之间的相关性:

$$<W> = c_L P/k \tag{7.96}$$

式中,c_L 为声波在传播媒质(通常指水)的速度,k 为常量,超声波全部被吸收时为 1,全部被反射时为 2,部分反射(吸收)时 k 值介于 1 和 2 之间。可测功率值一般在毫瓦至数十瓦之间。

图 7.62(a) 是 M. A. Perkins 在 1989 年实现辐射压力测量的具体原理图,悬浮在装有宝石架上的中空锥形靶置于装满水的容器中。平衡位置由光电二极管测定,而磁铁和平衡线圈产生回复力。在受到超声辐射时,锥体在其周围磁场中运动时产生的反馈信号,可使锥体返回平衡状态,如图 7.62(b)。反馈信号可以通过施加在圆锥靶上的辐射压来校正。靶周围是柱形的吸收

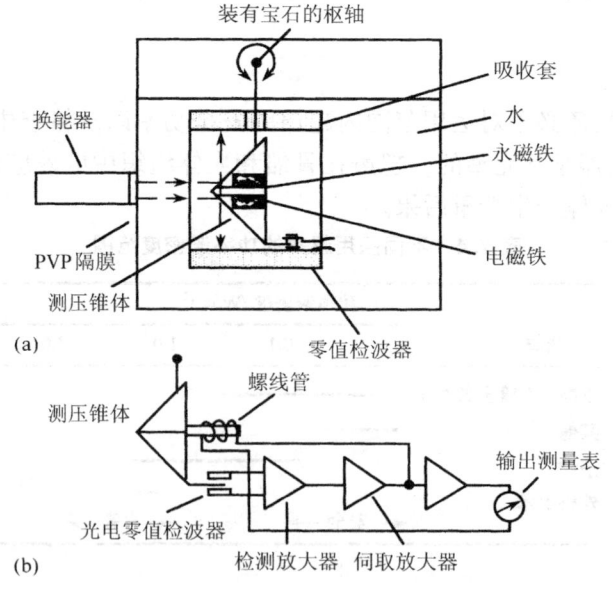

图 7.62 辐射压力测量法原理图
(a) 装置剖面图;(b) 信号测量与平衡调节

物质，它们将辐射的超声波全部吸收以防止辐射的超声波经悬浮的锥体反射后再次撞击锥体产生二次读数。用这种方法测量超声功率可以达到 1mW 的精度。

超声功率测量的另一种方法是基于温度变化与媒质中传播的超声的吸收之间的关系。同辐射压测量类似，热量测量法通过直接的物理量测量，也是一种绝对测量法。

热量测量中，超声功率被传统的吸收媒质如蓖麻油吸收，然后测定其温度的变化。这种方法也可达到 1~10mW 的测量范围。热量测量可以基于恒流测量、差分测量或是绝对测量。图 7.63 是绝对测量的剖面原理图，超声功率被装在杯子中的蓖麻油吸收，杯子与导热柱柄相连，这样柱两端的温度差就在数值上等于杯子吸收的功率。热量测量计的下端通过电子控制的珀耳帖热泵（Peltier heat pump）保持恒温。超声功率产生的温差由铜-康铜温差电偶测定，在接收杯周围还有一个电热器，用于初始化校正。

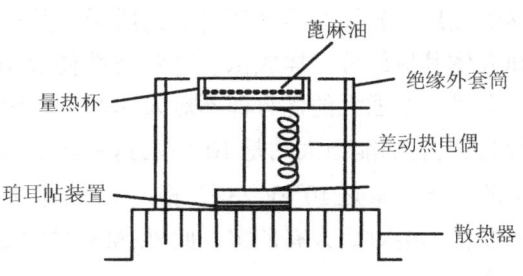

图 7.63 绝对热量法测量超声功率原理图

当长度为 l，横截面积为 A，导热率为 K 的导体两侧温差为 $\Delta\Theta$ 时，其输入功率 W 为

$$W = K \frac{A}{l} \Delta\Theta \tag{7.97}$$

对于给定的材料，可以将比值 l/A 设置为与 K 相等，这样，W 在数值上就与 $\Delta\Theta$ 相等。测出的热量是一个绝对值，且线性度好（0.1%）。

7.5 磁共振成像

7.5.1 概述

前面我们所学习的成像技术一般都依靠吸收、发射或反射一束能量来产生图像，其原理也很容易理解，但对磁共振成像（magnetic resonance imaging, MRI）却不太适用。虽然它采用了射频波段的电磁辐射，但其吸收是一种发生在单一频率或一系列离散频率上的共振现象。其次，与 X 射线或 γ 射线成像系统不同的是核磁共振（nuclear magnetic resonance, NMR）不仅包含相位和强度信息，而且在它的图像中还含有更为丰富的在原子核水平的物理特性，如自旋质子密度、弛豫时间 T_1、T_2，物质的局部扩散或流动效应等。因此，磁共振可能是我们所要处理的最复杂的诊断技术。

核磁共振作为化学分析的一种谱分析方法可以追溯到 1946 年 F. Bloch 和 E. Purcell 的研究工作，他们因此而获得了 1952 年的诺贝尔物理学奖。NMR 波谱技术引入不久，化学位移现象被人们发现，这项技术可以鉴别在不同化学环境下的原子核，原子的核自旋会对射频场产生响应，即吸收或发射电磁辐射，这就是核磁共振波谱学和磁共振成像的物理基础。1973 年，P. C. Lauterbur, P. Mansfield 和 P. K. Grannell 各自获得了小目标物的第一幅图像，与 X 射线 CT 成像同时问世。1977 年，R. Damadian 和同事生成第一幅全身图像，从那时起，不但可以质子成像，钠、磷等也可以成像。技术发展到可以通过质子图像区分脂肪和水，并可测量静脉中的血流，甚至可以用 NMR 波谱进行空间定位。

与 X 射线成像相比，X 射线成像提供了人体结构的电子密度图像（与物理密度相关），而从最简单的表现来看，磁共振成像提供人们的是质子（^{1}H）密度图像。因为人体所有的组织具有相同的 NMR 可观测的氢原子密度，而氢原子是人体内数量最丰富的元素，同时 MRI 可通过化学位移明显地区分处在不同环境下的质子。此外，因为骨骼能通过射频辐射，故骨骼内部结构也可以和人体其他部分一样成像。这些特性使 MRI 可以产生 X 射线成像所不能获得的图像。MRI 还具有另一个强大的优势即不对人体产生辐射伤害。以适合于激发氢原子核的射频（RF）辐射能量为例，它的能级大约是 10^{-7} eV，这种电磁波强度低于化学键的跃迁能量。而 X 射线诊断所产生的质子能量是 10^5 eV 左右，相差 12 个数量级！目前为止，不论是 RF 密度还是普通应用的磁场强度都不会对病人有危害。此外，MRI 方法因为能针对不同元素，故成像分辨率优于 X 射线 CT 成像。

磁共振成像除了可以对氢成像，还有相当大的潜能给其他元素成像，例如磷元素，它在新陈代谢中的角色引起人们特别的兴趣。不同的磷酸盐分子特别是三磷酸腺苷（ATP），在活细胞内调节能量的存储和转移，对磷水平的无创检测提供了对人体重要器官前所未有的检查方法。不同化学环境下磷原子的核磁共振信号代表了不同的生物磷酸盐，可以分别采集，而且这可通过原子核的化学环境即所谓的"化学位移"实现。除氢和磷之外，其他原子在 MRI 中也是很重要的，参见表 7.5。我们可以把 MRI 看作是一个多功能技术，因为与 X 射线 CT 成像或电子发射成像不同，它能同时提供解剖结构和显示原子核水平的生化信息；此外，核磁共振提供的疾病组织信号明显不同于健康组织。MRI 为医学临床和研究提供了一个强大平台。

表 7.5　不同核素的 NMR 特性

核素	核自量子数 I	旋磁比 $\gamma/2\pi$/(MHz·T)	近似化学位移/ppm	恒定场中的相对（^{1}H）敏感性
^{1}H	1/2	42.57	10	1
^{2}H	1	6.54	—	9.64×10^{-3}
^{12}C	0	—	—	—
^{13}C	1/2	10.71	250	1.59×10^{-2}
^{14}N	1	3.07	—	1.01×10^{-3}
^{15}N	1/2	−4.31	1000	1.04×10^{-3}
^{16}O	0	—	—	—
^{17}O	5/2	−5.77	650	2.91×10^{-2}
^{19}F	1/2	40.06	500~1000	8.34×10^{-1}
^{23}Na	3/2	17.91	—	9.27×10^{-2}
^{31}P	1/2	27.41	700	6.64×10^{-2}
^{129}Xe	1/2	11.78	185	2.12×10^{-2}
^{129}X		超极化到 25%		2×10^3

为理解磁共振成像的基本原理，我们将首先从原子核自旋和外加磁场与磁性原子核的相互作用来解释核磁共振的经典理论。

7.5.2 核磁共振的物理学基础

1. 原子核的自旋

在自然界有 2/3 的原子核存在自旋,由于原子核拥有电荷,所以核的自旋会产生环电流,从而建立磁场,称为核磁。

基于自旋的性质可将原子核划分为三种类型:

(1) 自旋为零:原子核的中子数和质子数都是偶数,则自旋量子数为零。这种类型的原子核不产生 NMR 信号,它们也不影响来自其他原子核的 NMR 信号,例如 ^{12}C,^{16}O。

(2) 自旋为半整数:原子核的中子数和质子数中有一个是奇数,则自旋量子数为半整数。例如 ^{1}H,^{23}Na,^{19}F 等。

(3) 自旋为整数:原子核的中子数和质子数都是奇数,则自旋量子数为整数,例如 ^{2}H,^{14}N。

核自旋具有角动量,它是量子化的,大小用单位 $\hbar$ 表示($\hbar = h/2\pi$,$h = 6.626 \times 10^{-34} J \cdot S$,$h$ 是普朗克常量)。总的自旋角动量与原子核的自旋量子数有关,原子核自旋量子数是中子和质子的内禀自旋量子(intrinsic spin quantum)数之和。根据量子理论,自旋角动量 S 是一个矢量,它的幅值表示为

$$|S| = \hbar\sqrt{I(I+1)} \tag{7.98}$$

式中,I 代表核自旋量子数,它的可能取值为 $0,1/2,1,3/2,2,\cdots$ 大于 4 可能性很小。在量子理论范畴内,S 的方向不能确定,除非我们只有用一个外部特定方向的磁场 B_0 来设定一个数轴。以 z 方向为例,S 在 z 方向矢量值 S_z 为 $m_I\hbar$,m_I 是磁量子数,它取值范围 $\pm I, \pm(I-1)$ 共产生 $2I+1$ 个可能出现的能级。

表 7.6 通过原子核中质子数和中子数推测核自旋量子数 I

类型	质子数	中子数	I
1	偶数	偶数	0
2	奇数	奇数	$1,2,3,\cdots$
3	偶数	奇数	$1/2,3/2,5/2,\cdots$
	奇数	偶数	$1/2,3/2,5/2,\cdots$

如果 $I=3/2$,例如 ^{23}Na,此时 $m_I = -\frac{3}{2}, -\frac{1}{2}, \frac{1}{2}, \frac{3}{2}$,这种情况如图 7.64 所示,此时 S 与 z 轴有一个半角 β:

$$\cos\beta = m_I\hbar/|S| = m_I[I(I+1)]^{1/2} \tag{7.99}$$

对一个质子而言 $I=\frac{1}{2}$,m_I 取 $\pm\frac{1}{2}$,与自旋向上(平行)和自旋向下(不平行)状态有关,如果设一个独立的质子具有电荷 $+e$ 和固有自旋角动量 I,从经典理论观点来看,可以想像这个电荷以轴中心环绕分布,这就产生了磁场 B 和一个磁偶极矩 μ_p(图 7.65(a))。另一种观点(图 7.65(b))认为,环电荷可被视为沿一个导电环分布。根据经典理论电流 i 沿环形域 A 流动产生了经典磁矩,其大小为

$$\mu_p = iA \tag{7.100}$$

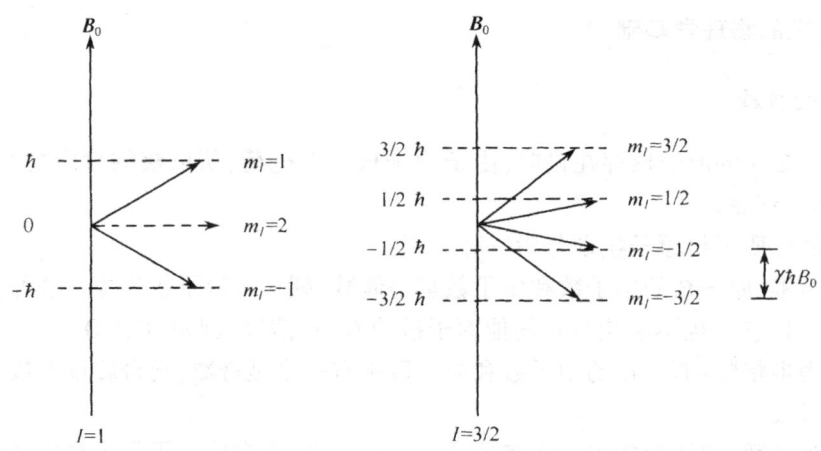

图 7.64 自旋量子数 1 和 3/2 的核的容许杭方向及相应的自旋角动量值 $m_I\hbar$

磁矩矢量的方向与电荷旋转环平面垂直且方向与矢量 S 一致，事实上这个磁矩与 S 直接成比例，令质子的质量为 m_p，我们可以记：

$$\boldsymbol{\mu}_p = \gamma S = \frac{e}{2m_p}S \tag{7.101}$$

比例常数 γ 称为旋磁比（或磁旋比），单位是 Hz/T。对一般的原子核，此比例常数也可用 $Ze/2m_N$ 代替，这里 m_N 是原子核质量，Z 是其电荷数，但是通常核磁矩记为

$$\mu = g_N\mu_N S/\hbar = g_N\mu_N[I(I+1)]^{1/2} \tag{7.102}$$

这里 $\mu_N = e\hbar/2m_p$ 是核磁子（nuclear magneton），它与质子在质量上有区别，与核因子 g_N 一起共同产生量子效应，μ_N 大小为 5.0505×10^{-27} J/T。电子磁矩同样也可量化，但单位取 $\mu_B = e\hbar/2m_e$，这里 m_e 是电子质量，μ_B 名为玻尔磁子（Bohr magneton），大小是 9.2732×10^{-24} J/T。

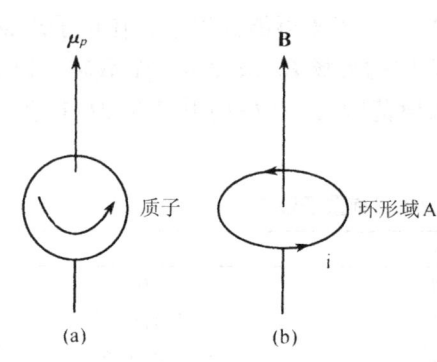

图 7.65 自旋电荷分布及环流电荷
（a）自旋电荷分布；（b）环流电荷

也许有人会想到，既然原子核是带正电的，所有的核因子（g_N）应该是正的。然而事实并非如此，其原因必须从原子核的结构上寻找。中子本身具有 I=1/2，但电荷为 0，我们可能会因此想像其磁矩为 0，但从中子的结构（夸克）中我们实际发现了大量的磁矩 μ_n，$\mu_n = -1.91\mu_N$，负 g 因子意味着自旋磁矩与角动量（对于电子来说）反平行，正值表示 $\boldsymbol{\mu}$ 和 S 平行。从表 7.6 中可以看到 ^{15}N 和 ^{17}O 具有负 γ，因此 g 因子为负。

2. 核磁共振的物理学原理

磁矩 $\boldsymbol{\mu}$ 和磁场 $\boldsymbol{B}_0$ 之间的能量可表示为

$$E = -\boldsymbol{\mu} \cdot \boldsymbol{B}_0 \tag{7.103}$$

这里，E 是结果状态的能量，如果我们把 z 轴作为静磁场的方向，那么系统允许的能级是：

$$E = -\gamma S_z B_0 = -\gamma m_I \hbar B_0 \tag{7.104}$$

总的状态量(能级)为 $2I+1$，各能级增量为

$$\Delta E = \gamma \hbar B_0 = \mu_B B_0 \tag{7.105}$$

我们知道对于原子系统，存在的能级状态如图 7.64 所描绘，可以用共振吸收辐射的方法检测。如果处于恒定外磁场的核子系统上施加一交变电磁场，便可因核子系统吸收交变电磁场的辐射能量引发能级间的跃迁。若辐射的角频率 ω_0，且满足以下关系：

$$\hbar \omega_0 = \Delta E = \gamma \hbar B_0 \tag{7.106}$$

则上式称为共振条件，产生的共振(吸收)能级跃迁现象，称为核磁共振，简称 NMR。上式还可进一步简化得

$$\omega_0 = \gamma B_0 \tag{7.107}$$

我们发现普朗克常量在式(7.107)中消失了，这说明完全可以通过经典物理学途径研究核磁共振。ω_0 称为拉莫尔(Larmor)角频率或共振频率。不同核素具有不同的共振频率，例如在 1T 的磁场中：^{1}H—42.57MHz，^{19}F—40.06MHz。自旋量子数为 I 的核子允许发生 $2I$ 个能级跃迁，且都具有相同跃迁能量，但是原子核在分子中感受到的局部磁场与外磁场稍有不同，所以原子核所处的化学环境特征会以相应的共振频率表达出来。

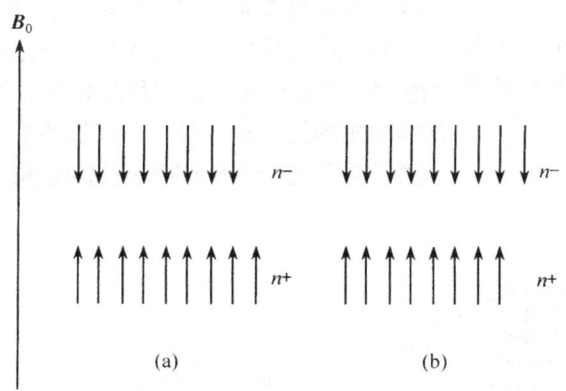

图 7.66 核自旋 1/2 在平衡和激发态两种状态时的分布
(a) 平衡态；(b) 激发态

图 7.64 表明了自旋量子数为 1 和 3/2 的原子核的状态，一个质子，即 ^{1}H(自旋量子数等于 1/2)允许占用两个状态，自旋向上或自旋向下，观测位置不同结果可能不同。没有磁场 $\boldsymbol{B}_0$ 就不能定义自旋向上或自旋向下。在磁场 $\boldsymbol{B}_0$ 存在的情况下自旋可以被分为这两个状态，在平衡处，自旋向上状态(即与 $\boldsymbol{B}_0$ 同向)是低能态，是首选状态(图 7.66)。分布的数量可以用玻尔兹曼分布描述：

$$\text{自旋向上/自旋向下} = \frac{n_{+\frac{1}{2}}}{n_{-\frac{1}{2}}} = \exp(\Delta E / k_B T_s) \tag{7.108}$$

k_B 是玻尔兹曼常量，T_s 是自旋系统的温度。在平衡态，如图 7.66(a)所示，T_s 只是样品温度，自旋向上状态的质子仅略多一点，这种状态意味着核磁共振相对于放射性同位素而言，灵敏度较低。式(7.108)表明如果 ΔE 固定不变，欲改变两种状态间的数量差异必须改变 T_s，因而当自旋向下状态 $n(-1/2)$ 数量增加时，T_s 也增加，一旦恢复到平衡态分布，T_s 将重返平衡态的值。对于大量的独立的原子核的集

合,可以从经典理论研究它们的表现,这很方便实现。从式(7.107)中看到引起两种状态中跃迁所需的角频率完全可通过经典模型获得,以下我们便用经典物理理论的方法一步步阐明 NMR 原理。

3. 核磁矩的特性

自旋磁矩 $\boldsymbol{\mu}_P$ 与外磁场 $\boldsymbol{B}_0$ 的耦合产生扭矩 C 引起自旋角动量 S 的改变,如下式:

$$C = \boldsymbol{\mu}_P = dS/dt \tag{7.109}$$

这种作用类似于有一个重力场在自旋体上方,磁偶极子在外磁场作用下进动(precess)。用式(7.101)代替上式 S 可得

$$\frac{d\boldsymbol{\mu}_P}{dt} = \gamma \boldsymbol{\mu}_P \times \boldsymbol{B}_0 \tag{7.110}$$

式(7.110)即拉莫尔方程,它描述了 $\boldsymbol{\mu}_P$ 以拉莫尔角速度 ω_0 围绕磁场 $\boldsymbol{B}_0$ 的进动。在式(7.107)中 $\omega_0 = \gamma B_0$,如果磁偶极矩的方向与 $\boldsymbol{B}_0$ 相同,没有力矩作用,进动不会发生。但当磁偶极矩与外磁场间保持夹角 Φ 时便产生进动,图 7.67 形象地描绘了这种情况。

以上的讨论中主要是针对单个自旋质子,一个典型的样本应当包括许多原子核。因此我们必须处理复杂的净磁矩,它是所有的核磁矩的矢量和。对一个完整的单个自旋运动的描述应该完全遵循量子理论,而经典理论完全能够描述大量核集合的表现。

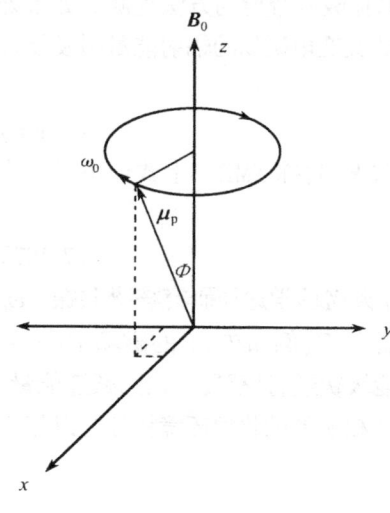

图 7.67 核磁矩 $\boldsymbol{\mu}_P$ 与磁通密度 $\boldsymbol{B}_0$ 的耦合效应,产生围绕 $\boldsymbol{B}_0$ 的角速度为 ω_0 的进动

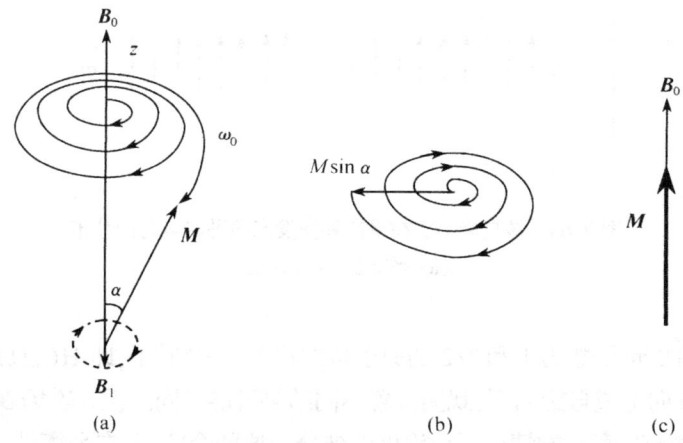

图 7.68 (a)在存在静磁场密度 $\boldsymbol{B}_0$ 时,如果在 x-y 平面上加一旋转磁通密度 $\boldsymbol{B}_1$,则合成的净磁矩产生最终 角度为 α 的进动;(b)净磁矩的水平分量;(c)当不存在旋转磁通密度时,净磁矩指向 $\boldsymbol{B}_0$

在磁通密度 $\boldsymbol{B}_0$ 中,净磁矩 M 在平衡态与 $\boldsymbol{B}_0$ 方向一致时,不能直接测量。为了测量 M,磁矩必须与 $\boldsymbol{B}_0$ 方向或 z 轴有一倾角,这样就产生了在 x-y 平面可测量的分量,这是 NMR 的基础。

倾角的实现通过一个源自 x-y 平面的磁场 $\boldsymbol{B}_1$ 完成,并且以拉莫尔进动频率 ω_0 旋转。磁矩 M 受到一扭矩作用,从 $\boldsymbol{B}_0$ 轴偏离 α 角,α 的值由 $\boldsymbol{B}_1$ 的持续时间和强度决定;$\boldsymbol{B}_1$ 的频率在射频范围。

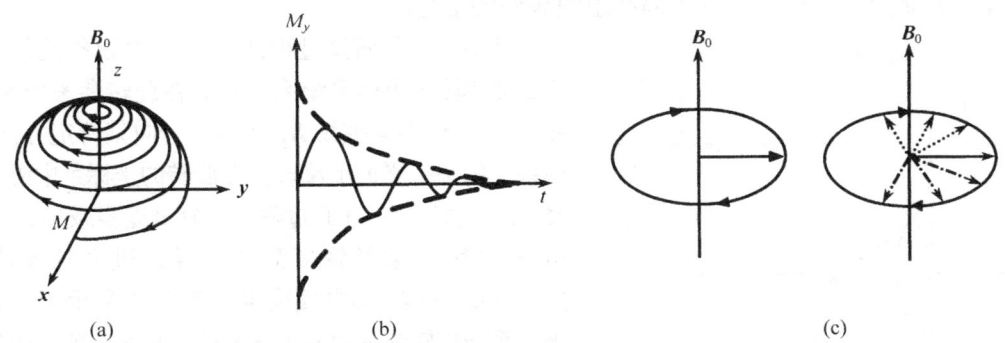

图 7.69 (a) 射频 90°脉冲效应:旋转磁场 B_1 使净磁矩螺旋向下,外表轨迹呈球面;(b) 在 y 轴方向产生的自由感应衰减(FID)信号,样品磁化是在 90°脉冲之后,引起衰减的原因是 M 的个别水平分量的相移;(c) 随时间的自旋相移表明,自旋转动的变化较 ω_0 慢很多(虚线)或快很多(点划线)

图 7.68(a)显示了磁矩是如何偏离 B_0(或 z 轴)做螺旋运动的,在一个横向的磁通密度 B_1 作用下,产生了水平分量 $M\sin\alpha$,它随时间增加,如图 7.68(b)所示,如果旋转磁场作用时间为 t,M 将以一个角度旋转:

$$\alpha = \omega_0 B_1 t \tag{7.111}$$

当 $\alpha=\pi/2$ 时,M 正好在 $x-y$ 平面,也就是我们所要用的 90°脉冲。显然 α 与 B_1 和 t 相关。理论上我们可以选择改变其中一项值获得理想的角度,因为 α 和磁旋比 γ 也相关,脉冲能量或得到 90°倾角所需的持续时间也取决于所观察的特定原子核,图 7.69(a)显示了 90°脉冲的作用。当 M 倾斜 90°时,磁化矢量继续在 $x-y$ 平面围绕 z 轴进动,因而 M 在 z 方向的分量 M_z 为 0,M 在 x,y 方向的分量 M_x、M_y 将以拉莫尔频率围绕 0 点振荡,振幅为 M。这种旋转磁场将在探测线圈中引发 RF 信号(以拉莫尔频率),将探测线圈置于 $x-y$ 平面,这样得到的信号被称为自由感应信号。

4. 弛豫(relaxation)效应

当 M 在 z 方向的分量恢复初始值时,一般认为水平分量 $M\sin\alpha$ 会简单地衰减到 0。事实较复杂,由于水平分量因磁场不均匀和自旋-自旋运动相互作用,使得单个磁矩产生了相移,因而净磁矩的水平分量值随时间衰减,即所谓的自由感应衰减(free induction decay,FID),衰减速度与横向弛豫时间 T_2 相关。图 7.69(b)显示了这个自激衰减信号的特性和它的衰减包络线,它决定于原子核所处的局部环境,图 7.69(c)是单个磁矩的相移,虚线磁矩运动速度远比 ω_0 慢,点划线磁矩运动较快。

在 M 的水平分量衰减过程中,垂直分量 M_z 从 0 增加到最大值,这个进程发生在一个不同的(一般较长)时间常数 T_1 下,机制也不同,但简单说来,只包括能量的转移,起初由 B_1 脉冲产生,从磁矩进动到周围晶格。这种热传递作用可以忽略。因而 T_2 称为自旋-自旋弛豫时间(spin-spin relaxation time)或横向弛豫时间,T_1 称为自旋-晶格弛豫时间(spin-lattice relaxation time)或纵向弛豫时间,图 7.70 揭示了两种弛豫机制表现出来的不同的衰减特性。两种弛豫时间均取决于原子核所处的局部环境,如原子核自身的运动、组织的粘性(内摩擦)、区域的温度及附近原子核磁性的影响等。因此 T_1、T_2 能提供一个局部组织病变的信息。

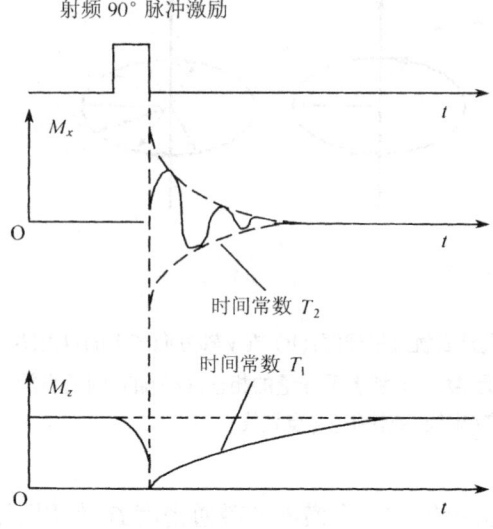

图 7.70　比较在 90°脉冲之后的自由感应衰减 (FID)：在 x 方向，M_x 以时间常数 T_2 衰减速到零，而在 z 方向，M_z 以时间常数 T_1 恢复到最大值

为进一步了解该过程,可放在一个以拉莫尔频率围绕 z 轴旋转的坐标系来讨论。在旋转参考坐标系中,磁化矢量 M 在恒磁场 B_1 作用下指向某特定方向,在坐标系中的 x-y 平面上旋转。在旋转的坐标系中磁化矢量 M 围绕此场进动,在此过程中 z 分量逐步减小到 0,变为负值,然后又重新恢复到初始值。进动的速率由等式 $\omega_1 = \gamma B_1$ 中 B_1 的强度决定。图 7.71 显示了实验参考坐标系与旋转参考坐标系 $x'y'z'$ 的关系。在旋转参考系中,还可任意将 B_1 调整到 y' 方向。

5. 布洛赫 (Bloch) 方程

在我们讨论的系统中,净磁通量是根据自旋向上或自旋向下的不平衡造成的,这里向上或向下指自旋矢量在 z 方向分量。因为每个自旋带有内禀磁矩 $\mu = \gamma \hbar m_I$,所有的核磁矩之和组成了磁通量在 z 方向分量,结果是：

$$M_z = \sum_{i=1}^{\rho} u_i = \rho \mu_z \tag{7.112}$$

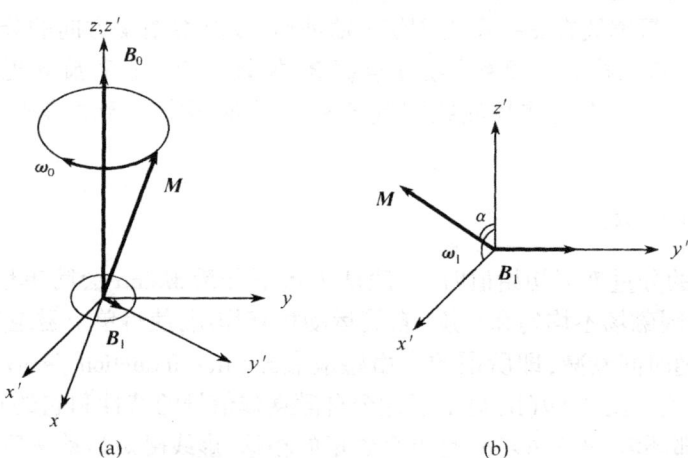

图 7.71　(a) 在旋转磁场 B_1 作用下,磁化矢量 M 在实验参考坐标系中以角速度 ω_0 绕 B_0 进动(旋转)；(b) 在旋转参考坐标内,B_1 静止,M 不向 $z=z'$ 轴进动。但是向 B_1 即 y' 轴的进动,其角速度 ω_1 依赖于 B_1 的强度,倾角 α 也取决于 B_1 及作用时间 t

式中 ρ 为单位体积内核磁矩数(自旋核密度),是在 MRI 成像中的自旋核的 $\rho(x,y,z)$ 密度图像,也即是质子密度图像。μ_z 为该体积内所有 μ 在 z 方向的分量的平均值。

我们现在依据 Bloch 提出改进的拉莫尔方程：

$$\frac{d\boldsymbol{M}}{dt} = \gamma \boldsymbol{M} \times \boldsymbol{B}_0 \tag{7.113}$$

在自旋-晶格弛豫过程中，电磁激励能量迁移围绕在晶格周围，转变的速率 n 表示为

$$\frac{dn}{dt} = \frac{n_0 - n}{T_1} \tag{7.114}$$

n_0 是热平衡处的 n 值，因而 M 在 z 方向分量必须符合相应的方程：

$$\frac{dM_z}{dt} = \frac{M_0 - M_z}{T_1} = -\frac{(M_z - M_0)}{T_1} \tag{7.115}$$

如果净磁化矢量具有在 x-y 平面的分量，则与 z 方向垂直的横向磁化，将因自旋运动相互作用引起磁矩相移而衰减，以下是 M 在 x，y 方向分量的方程：

$$\frac{dM_x}{dt} = -M_x/T_2 \tag{7.116}$$

$$\frac{dM_y}{dt} = -M_y/T_2 \tag{7.117}$$

此处 T_2 是横向弛豫时间。我们可以合并上述弛豫和自旋引起的运动的方程得

$$\frac{d\boldsymbol{M}}{dt} = \gamma \boldsymbol{M} \times \boldsymbol{B}_0 - \frac{(M_x \boldsymbol{i} + M_y \boldsymbol{j})}{T_2} - \frac{(M_z - M_0)\boldsymbol{k}}{T_1} \tag{7.118}$$

这里，i，j，k 是实验室参考坐标系单位矢量，我们这里假设在静磁场和一个很小的 RF 射频场的作用下，弛豫作用可以叠加在自由自旋运动上。以下将会详细研究 T_1、T_2。

7.5.3 核磁共振波谱仪设计原理

核磁共振波谱仪（nuclear magnetic resonance spectroscopy，NMRS）的诞生早于 MRI，从 20 世纪 50 年代以来，一直被广泛应用于生物分子结构的研究。本节所要讲述的概念（如 T_1、T_2 等）同样适用于 MRI。

1. 基本配置

核磁共振（NMR）检测的基本设施如图 7.72 所示，它包括一个主磁体（可以是大的电磁铁或是超导体），它们的磁极带有调制线圈，在两磁极间放置一个射频（RF）线圈环绕被测样本。激励共振可以通过两种方法完成：改变产生电磁场 B_1 的 RF 线圈电流频率，同时保持 B_0 不变；或是改变 B_0 而使 B_1 恒定。实现后一种方法可由小磁场放大稳态磁场，即利用缠绕在主磁极上的调制线圈电流来改变主磁场。围绕被测样本的 RF 线圈可用来激励共振状态和探测共振信号。另一种方法是用一个单独的感应线圈，通常朝向 x-y 平面，与 RF 线圈成 90°角。在完善这些技术之前，应当进一步研究发生磁共振的条件，特别仔细研究 T_1 和 T_2 这两个参数。

2. 核磁共振脉冲序列

如果我们由从一个位于 B_0 场中的处于热平衡状态下的核自旋系统开始，磁化矢量 M 几乎是准确地沿着 z 方向以拉莫尔频率围绕 B_0 进动。在 x-y 平面施加一个频率是 $\omega_0 = \gamma B_1$ 的 RF（射频场），使磁化矢量偏离 z 方向，就像我们以前看到的一样。如果在 M 旋转 90°时关闭 RF 场，磁

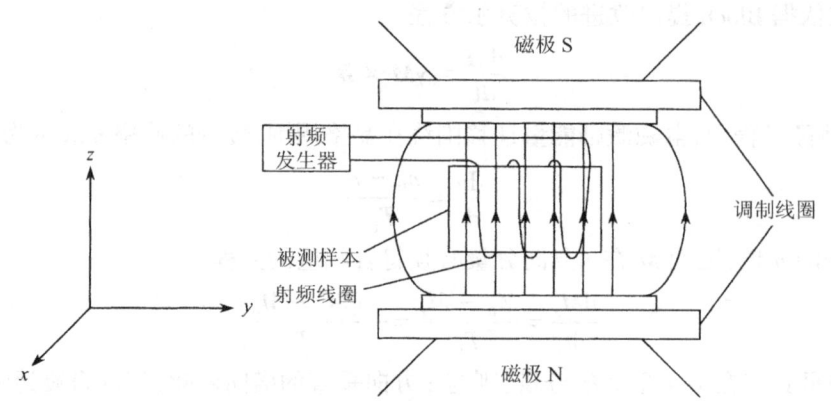

图 7.72　NMR 检测的基本设施配置图

化矢量将继续绕 z 轴进动,当这种情况发生时,M 在 z 方向分量 M_z 为 0,x、y 方向分量 M_x、M_y 将以振幅 M 和拉莫尔频率围绕零点振荡。这个旋转磁化向量将在探测线圈中感应一个 RF 电场,探测线圈的轴位于 x-y 平面。自由感应信号不能持续很久,因非均匀场和自旋-自旋相互作用而衰减,这个衰减曲线由有效自旋-自旋弛豫时间 T_2^* 描述。我们可以分解这个量值来区别真正的自旋-自旋弛豫时间 T_2(生物组织)和非均匀场产生的分量 T_{2f} 以及磁感应作用产生的 T_{2m},参量 T_{2f} 由 $\gamma\Delta B_0/2$ 给出,此处 ΔB_0 是磁场中非均匀性产生的变量,记:

$$1/T_2^* = 1/T_2 + 1/T_{2f} + 1/T_{2m} \qquad (7.119)$$

在 90°脉冲作用下,核磁矩在绕 z 轴进动时,因为局部静磁场非均匀性而产生质子(核磁矩)之间相位不同步。假设 $T_1 > T_2$,FID 信号经 Δt 时间衰减到 0。如果使用 180°脉冲使所有磁矩在横向平面内反转 180°,所有(质子的)核磁矩将以相同方向同步围绕 z 轴进动,从而克服可由磁场的非均匀性所引起的相位失步,由于局部静磁场大于 B_0,在 $t=0$ 和 $t=\Delta t$ 间,这些自旋进动速度很高,再经过时间增量 Δt 后,所有的自旋恢复原相位,这一过程还可由下个 180°脉冲继续下去,…以至成为脉冲序列。在实验中可看到,在一个按指数增长的自由感应信号之后是一个等量的或者说是镜象的衰减信号,这个信号即自旋-回波信号。图 7.73(a)描绘了这一过程,图 7.73(b)和(c)显示了自旋的各种表现。自旋-回波的幅度峰值将总是小

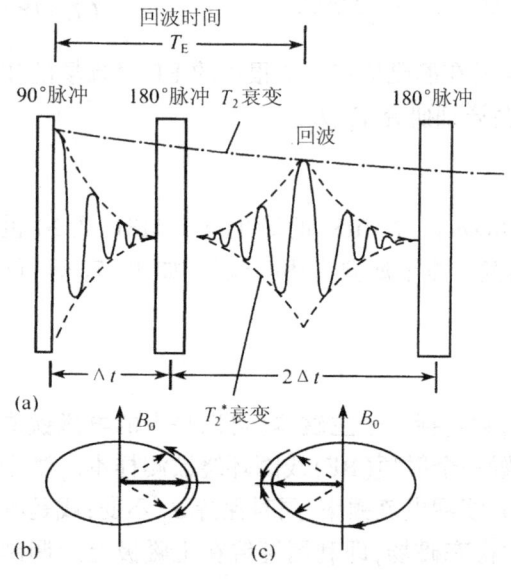

图 7.73　(a) 采用自旋-回波技术克服相位失步;(b) 90°脉冲后的自旋相位失步;(c) 180°脉冲后自旋相位恢复同步

于起始信号。自旋回波过程中,考虑了静磁场 B_0 的空间非均匀性,但回波的第二部分具有与自由感应衰减一样的波形,能被检测出来,经傅里叶变换可得到幅度与场的均匀性无关的含有 NMR 的谱线。需注意的是自旋-回波过程,未考虑分子运动引起磁场波动中的相位恢复问题,即

方程(7.119)的第三个分量,因为这些分子运动是随机的而且并不能被180°脉冲"重聚焦"。在脉冲序列中每两个脉冲间检测到的信号强度的峰值$I(\Delta t)$遵循以下方程:

$$I(2\Delta t) = I(0)\exp(-2\Delta t/T_2) \tag{7.120}$$

上述方程可用以计算 T_2,通常约定 T_2 的值是磁化的初始值损失 63% 时所需要的时间。函数$I(\Delta t)$表现在图 7.73(a)中是点划轮廓线。

自旋-晶格时间常量 T_1 同样可以用脉冲序列得出,只是在时间间隔 Δt 用 90°脉冲就足够了。跟随两个90°脉冲的自由感应信号如图 7.74 所示,通过调整 Δt 值我们可以看到自由感应信号幅度在时间上的依赖性,如果 $\Delta t > T_1$,M_z 将从 0 恢复到最大值;如果 Δt 太短,则 M_z 不能充分恢复,产生图 7.74 所示虚线;如果采用等间隔的序列脉冲,则建立一个稳定的状态;在这种状态下,每个 90°脉冲后所产生的 FID 信号在 z 方向达到的最大值 M_z 可以表示为

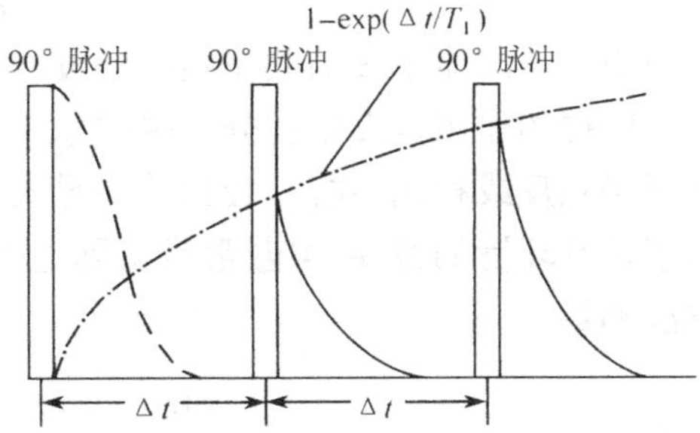

$$M_z = M_0[1 - \exp(-\Delta t/T_1)] \tag{7.121}$$

式中,M_0 是 M 的最大值(见图 7.69),Δt 是两个脉冲间

图 7.74 三个 90°脉冲之后的自由感应信号

的间隔。上述方程可用以计算 T_1。通常约定用磁化达到最大值的 63% 时所需要的时间,来确定弛豫时间 T_1。这种 90°脉冲序列被称为是部分饱和序列,它影响着 MRI 的对比度。自旋-自旋弛豫过程也会影响 MRI 的对比度。由脉冲回波序列导致的自旋回波是目前许多流行的成像序列的基础,由此可见其重要性。就生物体中质子而言,T_1 是 300~1000ms,T_2 是 10~500ms。

磁化强度的弛豫时间 T_1 和 T_2 是不同物质磁共振固有的重要参数,对磁共振图像的信号强度、组织对比度有直接的影响。它们分别反映了磁化强度的垂直分量 $M_z(t)$ 和水平分量 $M_x(t)$ 恢复到平衡状态的弛豫过程。凡病变组织的弛豫时间 T_1 和 T_2 值都会发生很大变化,在 MRI 的信号强度上均会有明显反映,如在癌变组织中,这两种弛豫时间都会增长。

3. 化学位移和 NMR 波谱

研究 NMR 必须考虑环境的相互作用及最终达到的热平衡,但到目前为止,我们只把原子核当作一独立系统。事实上,每个原子核都被电子包围,价电子的结构完全决定了化学组成,这些相同的电子受磁场影响,同时它们也反作用于原子核的磁场,在饱和化学混合物中电子自旋是成对的。在这种情况下磁场的应用改变了电子正常波动的作用,引发反磁场。根据经典理论的观点,我们说磁场下的感应电流遵循法拉第定理,会产生反向磁场,这种原子核与电子的磁耦合产生了化学位移。原子或分子的原子核感受的磁场 B_n 与磁场 B_0 稍有区别,B_n 可以被视为一个没有电子的单原子核的场,在原子中 B_n 稍小于 B_0,因为外部场使电子围绕原子轨道

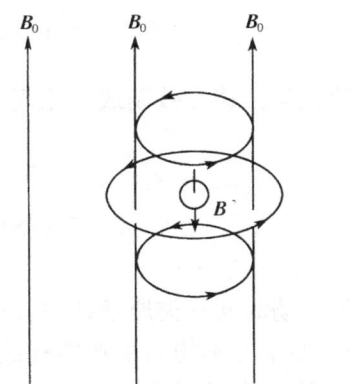

图 7.75 外加磁场 B_0 使原子中的电子在其轨道上旋转,并产生与 B_0 方向相反的磁场 B'

旋转,这种感应运动就像电流流过线圈产生与 B_0 相反方向的小磁场 B'。图 7.75 画出了这种作用,我

们可以说原子核通过其周围的电子对外磁场屏蔽,因此:

$$B_n = B_0 - B' = B_0(1-\chi) \tag{7.122}$$

式中,χ 是 B' 和 B_0 间的比例系数,称为屏蔽常量,是一个张量。B' 与 B_0 成正比例是因为外磁场越强,被移动的电子越多,产生的反磁场 B' 就大,B' 一般比 B_0 小 $10^4 \sim 10^5$ 级,其结果使式(7.107)的共振条件改为

$$\omega_0 = \gamma B_0(1-\chi) \tag{7.123}$$

这说明原子内原子核的共振频率比没有电子的裸核稍小。

同样的作用也发生在分子中的原子核上,只是电子运动比原子中更复杂,感应磁场可能与外部磁场相反或相同,式(7.122)中屏蔽常数的大小由围绕原子核的电子结构决定,因此核的共振频率是其环境的特性,屏蔽常量实际上不便用"化学位移"来测量,所以我们采用另一种不同的方法测量。

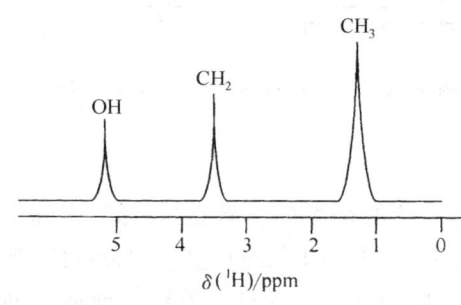

图 7.76 乙醇的化学位移波谱表明三种类型的质子在不同环境中的效应

一个简单的化学位移例子是乙醇(CH_3CH_2OH)中的质子(^1H)共振模式,如图 7.76 所示,从这种物质得到的共振谱线中,峰值下的波形积分面积比例是 3∶2∶1,最强的谱线由 CH_3 三价质子产生,其次是 CH_2 二价质子,最弱的是单质子 OH 组。这些共振频率的漂移反映了分子的局部的情况。在这里分子中的电子云产生了一个小的附加磁场。在后面的章节中我们可以看到根据化学位移还可建立空间定位波谱,因此对它进行量化是很重要的。设样品元素线频率为 f_{sample},以某种参考化合物如稀释的四甲基硅烷(TMS)的谱线频率 f_{ref} 作为参考,定义化学位移 δ 如下:

$$\delta = \frac{(f_{sample} - f_{ref}) \times 10^6}{f_{ref}} \tag{7.124}$$

δ 以百万分之一(ppm)表示,是一个无量纲量。在许多分子中原子的化学位移已被制成一览表,表 7.5 记录了一些医学上常用原子核的 δ 值。

为表明 δ 与 χ 的关系,将方程(7.123)和(7.124)联立得

$$\delta = 10^6(\chi_{ref} - \chi)(1 - \chi_{ref}) \tag{7.125}$$

从中可以看出 δ 实际是个去屏蔽参数。

在激励脉冲之后检测到的 NMR 信号是关于时间的函数,在均匀磁场的同一类原子核中,是单一的指数衰减信号(FID),该信号的频率与被研究的原子核有关。如果在不均匀磁场的样品中存在几种原子核作为 MRI 检测对象,那么信号是复杂的,在这种情况下,检出信号是在不均匀磁场中以其自身频率进动并以各自弛豫速率衰减的多种信号之和。这样复杂的信号很难解释清楚,然而,如果我们通过傅立叶变换把时域中的 FID 信号转换到频域范围,情况大大简化,指数 FID 信号变为洛仑兹线,衰减越慢谱线越尖,图 7.77 形象地显示 FID 的实部信号,当然,对更复杂的 FID 信号,将得到一组谱线。

NMR 信号从数学意义上说是复数,其实部和虚部可以被认为是横向磁化在 x、y 轴上的分量。为了完全地探测 NMR 信号,我们必须使用能独立测量两个 NMR 信号的正交分量的线圈,也

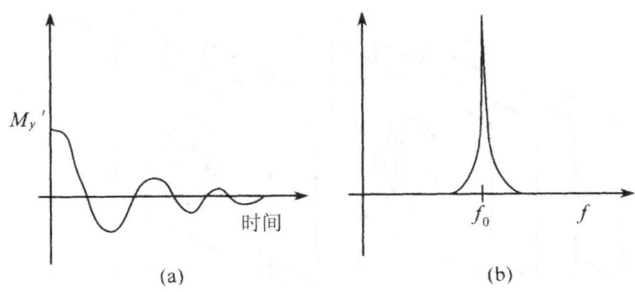

图 7.77　FID 信号实部及其傅里叶变换。
(a) 时域的 FID 信号；(b) 频域的洛仑兹峰

就是说我们必须用正交法记录信号。如果只用一个线圈探测一个分量,仍可以得到频谱(即在 MRI 中的一幅图像),但是我们没有充分有效地利用得到的信息。

4. 波谱定位

我们已从物理上解释了 NMR 波谱形成的基本方法,并证明可以从这些波谱中得到信息,特别是化学位移。NMR 的化学应用主要是小体积的、同质的样本,相对而言,人体在结构上是不同质的,且体积很大。因此我们仅关注 NMR 波谱以下问题:

(1) 定位那种体积小到足以可视为同质的信号源。
(2) 确定这些小体积的目标位置。

原则上我们使用一个小的表面线圈来定位信号的发生区域,这种方法的优点是简单。但是,这种方法的空间选择能力较差且只能用于靠近表面的区域。尽管有这些缺点,这种方法在其他方法应用之前可以用来辅助定位信号源,其他的定位方法包括电子定位和利用 NMR 系统的三个特征:磁场 B_0、B_1 和梯度场的定位。

通过合适的磁场设计和匀场线圈的使用,可产生一个基础磁场,在球状体的几何中心磁场密度均匀,外围是一非均匀区域,由这个磁场产生的 NMR 信号被限定在均匀场,因为在其他任何位置组织信号都会迅速衰减并能够被滤掉。这种方法的局限在于敏感区域只在磁场的几何中心,位置不易变化,我们把这种技术称作 B_0 磁场成形术。

由表面线圈产生的 B_1 场是不均匀的,如果线圈用于传输-接收模式,而不是纯接收模式,该磁场也可作为附加定位方法。

另一种方法是使用下一节要讲述的梯度场来定位波谱,它通过多维傅里叶变换实现,此处 x、y、z 是三个变量。一种直接获取的方法是通过化学位移成像序列,由普通方法选择一个切片,x、y 信息是相位编码。化学位移信息是频率编码。通过这个过程,对于给定的化学位移或波谱会产生相应的图像。图 7.78 表明,用这种方式所收集的图像信息,以及从感兴趣区域(region of interest,ROI)获取的波谱。

7.5.4　磁共振成像仪设计原理

1. 基本原理

在 MRI 中,不但可以观察一个样本的静态参数分布,例如质子密度,同时还可以得到动态参

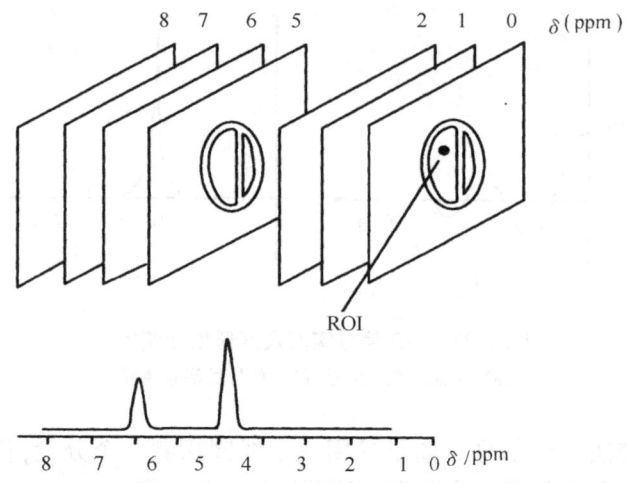

图 7.78 化学位移成像。所产生的图像阵列中,每幅图对应一个具体的化学位移量,也即是说,在一个感兴趣的区域,数据可以用谱线的形式提供

数 T_1、T_2,它们提供了原子核的环境信息。

目前为止我们还不能提供必要的位置信息来得到实际的原子核空间分布图像。就前面所描绘的均匀磁场而言,在被测信号中没有任何空间判别信息,因为所用的射频信号相应波长在 10~100m 任何形式的配准方法都无法使用。磁共振成像的关键技术是在 1973 年分别由 P. C. Lauterbur,以及 P. Mansfield 和 P. K. Grannell 发现的,他们把线性磁通梯度场叠加到主磁场 B_0 上,对于一个给定频率的脉冲,只有在平面上特定 x 位置并垂直于 x 轴的原子核才会产生与脉冲辐射共振的正确的进动频率(共振频率与磁场强度成比例),磁通梯度场从不同方向作用于被选中的切片(比如一个宽度为 Δx 的切片)将产生一系列投影,可用来精确重建该切片的质子密度图像。就一个在主磁场上叠加有梯度场 G_x 的磁场而言,拉莫尔频率取决于式(7.126)中所示的 x 轴上的位置:

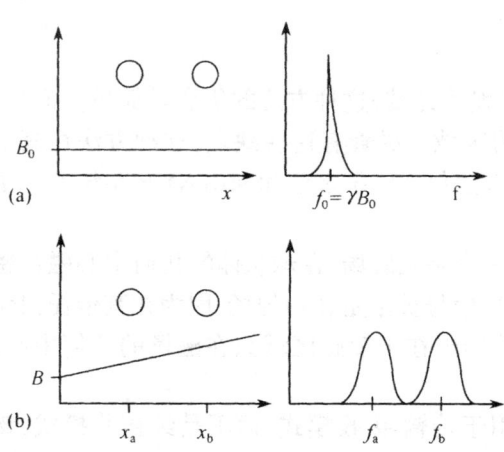

图 7.79 (a)两杯水分别在单一均匀磁场 B_0 中仅得到一个拉莫尔频率;(b)而在静态场上叠加梯度磁场后得到两个拉莫尔频率

$$\omega_a = \gamma(B_0 + xG_x) \tag{7.126}$$

如果利用一个含有两杯水的仿真人体模型(简称"体模"),如图 7.79 所示,经过检测获得信号然后经傅里叶变换到频域,得到的结果是一条拉莫尔谱线。而在梯度场 G_x 上,每杯水将有不同的拉莫尔频率:

$$\omega_a = \gamma(B_0 + x_a G_x) \tag{7.127}$$

$$\omega_b = \gamma(B_0 + x_b G_x) \tag{7.128}$$

频谱将由两条谱线组成,在频率上相差 $\gamma(x_a - x_b)G_x$。

为了重建两杯水的图像必须得到更多的信息,而不仅是在单一的 x 轴的投影。我们可以用 y 方向梯度场得到第二个投影,而对复杂结构而言需要更多的信息,在这个问题上,Lauterbur 首先采用的方法是结合 x 方向和 y 方向梯度场($G_x\cos\theta+G_y\sin\theta$)来产生一系列的投影作为 θ 函数,并采用 X 射线 CT 常用的滤波反投影法来重建图像,这种方法现在已很少使用。

现在所采用的成像方法源自 R. R. Ernst 等(1975)提出的 NMR 二维傅里叶变换成像算法,称为 Zengmatography(来自希腊语,意指组合)。如果我们收集了 x 方向梯度场的 n 个数据点,产生的频率编码信号可以被转化为 n 个空间编码数据点。就一个平面图形而言,我们同样也需要关于 y 方向梯度场表达的空间信息,对应式(7.126),这里我们通过信号相位 ϕ 完成,它用数学公式表达为

$$\phi = \gamma y \int_0^t G_y(t)\,\mathrm{d}t \qquad (7.129)$$

式中,G_y 是 y 方向梯度场。如果两个余弦波具有相同振幅,频率稍有不同,分别是 $\cos(\omega_1 t)$ 和 $\cos(\omega_2 t)$,在时间 0 处信号相位 $\phi=0$,经过时间间隔 τ,频率较高的信号将领先于频率低的信号,两信号相位差为

$$\phi = (\omega_1 - \omega_2)\gamma \qquad (7.130)$$

或

$$\phi = \gamma G_y y \tau \qquad (7.131)$$

对于质子(^{1}H)磁旋比($r/2\pi$)为 42.57MHz/T。这样我们有了另一种可作为位置函数的变量。图 7.80 所示的简化波形中我们可以看到这种技术的应用,图中解释了相位编码。在收集信息阶段按相位的 x 轴和 y 轴分成两部分,相应的信号相位决定于梯度场强度 G_y 和它在 y 方向的位置,紧跟其后的是信号采集的起始阶段。相移量决定于相对于由 y 梯度场产生自

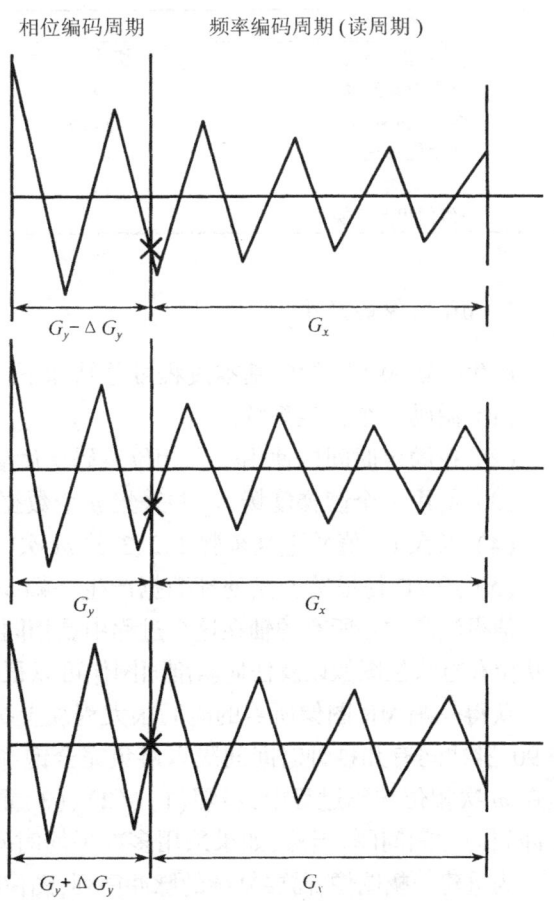

图 7.80 相位编码的原理:以上三组脉冲序列在相位编码周期内梯度场相位编码值是递增的,而各序列读周期的起点用×号标出

旋的位置,如果用同一梯度场 G_y 以不同的持续时间重复同一过程,我们将得到一系列时域点 n,它们与自己的初始相位不同。如果以 m 个不同的 G_y 值重复这个过程,我们将得到一个包括 $m\times n$ 的数据阵列,行变量代表时间,即相位方向。沿行方向和列方向进行二维傅里叶变换产生了由梯度场定义的两个轴之间的图像。此外,z 方向梯度场(G_z)一般用于切片选择。

这样我们有了一个三个梯度场(一般先选定 z_0)的二维傅里叶图像系统,其中两个梯度场用于不同的目的,即相位(G_x)和频率 G_y 编码。在这个例子中我们把相位看成 y 轴,而把频率看成 x 轴,这种赋值并非强制性的,变量的选择决定于所用的技术和成像平面,可选用的方案汇总在

表 7.7 中。以下为讨论方便,采用相位梯度编码符号 G_φ 和频率梯度编码,也称梯度符号 G_ω。

上述梯度场的概念和编码方法,联合布洛赫(Bloch)方程(7.5.2)共同构成了 MRI 成像算法的基础。

表 7.7 MRI 傅里叶变换的变量分配

成像技术	选 择	相 位	频 率
二维傅里叶变换	切片(z)	y	x
化学位移选择	(z)	y,(δ)	x
化学位移量标定	(z),(δ)	y	x
化学位移成像	(z)	x,y	δ
血流	(z)	y,(flow)	x
三维傅里叶变换	—	x,y	z

2. MR 图像的产生

产生一幅 MR 图像的基本过程可总结如下:
(1) 激励一个自旋系统。
(2) 在固定时间内使用一个相位编码梯度场 G_φ。
(3) 使用一个读梯度场 G_ω 并采集 n 个数据点。
(4) 增大 G_φ 值并重复步骤 1、2、3 共 m 次(通常是 256 次)。
(5) 用 2D 傅里叶变换处理数据产生一幅 $m\times n$ 图像。

值得注意的是所有的轴在这个过程中是相同的,因为这些轴是由梯度线圈的方向定义的,因此矢状位和冠状位图像以及任何斜剖面图像可以很容易地选择,就像我们熟知的轴向 X-CT 图像。

获得一幅 MR 图像所需的时间很大程度上决定于 90°激励脉冲所用的重复频率,实际中必须在 90°脉冲间有几秒钟时间间隔以避免完全饱和,虽然步骤(1)、(2)、(3)本身只占用几十毫秒,但在 m 次相位编码过程中,步骤(1)、(2)、(3)重复 m 次,共需时间 mt_r,这里 t_r 是两个连续激励脉冲间的时间间隔,当然,如果采用多次平均时间还将延长。

为重建一幅图像,需要复杂的脉冲序列,图像脉冲可以从一系列组件组合起来。这些组件结合在一起,在预定的时间(这个时间经由适当的自旋特性 T_1 和 T_2 加权得到)产生一个信号,这些组件包括:① 非选择性射频(RF)脉冲;② 选择性 RF 脉冲;③ 梯度场;④ 数据采集周期。

上面①、②所示两种脉冲的类型,实际上形成傅里叶变换对,如图7.81所示,非选择性脉冲用来均

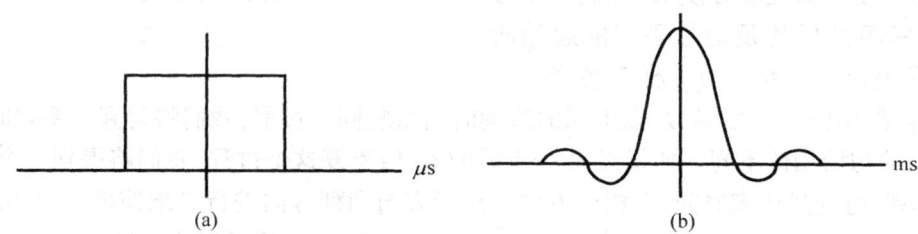

图 7.81 代表 MRI 中使用的 RF 脉冲类型的傅里叶变换对
(a) 矩形非选择脉冲其很短的持续时间(μs)和很宽的频带;(b) 选择性的 sinc 函数波,具有窄的频带和较长的时段(ms)

等地激励所有的原子核。

梯度场用作对 NMR 信号进行空间信息编码,但它们实际上对 NMR 信号有两个作用,其一如上所述。副作用是使信号产生相移,两种作用密切相关。90°脉冲后的磁化矢量 M 指向 y 轴,非均匀场与梯度场使 M 偏离 x-y 平面,移相的程度给出可探测到的空间信息,这是最终图像中的像素(pixels),如果移相太大,信号将衰减过度,如果移相早于脉冲序列发生,我们可以用时间反转梯度场存储这些不想要的移相,这是个幅度相同但方向相反的梯度磁场。在时间反转梯度场作用下,由最初的梯度引起的移相被反转,信号也再次增加,净相位为 0,因为随时间反转移相的方向也反转。在图像序列中最后的因素是读梯度场 G_x 中检测信号的时间周期,现在 NMR 信号中包括各种频率,其范围由物体大小和所用梯度场的幅度决定,如果一个直径为 200mm 的物体在 $5×10^{-3}$T 的梯度磁场中心位置,方程(7.127)和(7.128)说明磁共振信号频率大概在脉冲基本频率周围±21kHz,奈奎思特采样定理指出如果要记录这些信号而不产生混叠效应,采样频率必须大于该频率 2 倍以上,获取数据的速率与梯度场(T/m)和视野(m)的乘积成比例,NMR 信号的持续时间将在 ms 量级。实际上数据采集时间通常保持恒定,而调整梯度场与视场(field of view)相匹配。应用于二维傅里叶成像中的脉冲序列如图 7.82 所示。

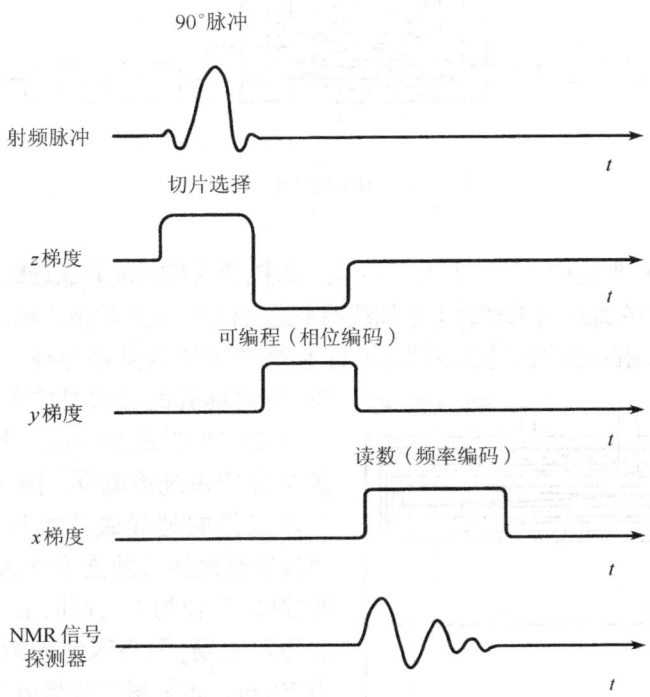

图 7.82　MRI 二维傅里叶成像:在 y 方向梯度场完成一个周期的相位编码后,在读梯度(x 方向梯度场)期间可获得一个自由感应衰减信号。相位编码间期的持续时间随着脉冲序列的每一次重复而递增

3. MRI 磁体

实现核磁共振图像和磁共振波谱所需设备的主要部分示于图 7.83,其中最重要的部分是磁体。磁场的设计必须满足一些关键指标,最重要的是场的均匀性,产生 MRI 所需的磁场形状最方便的

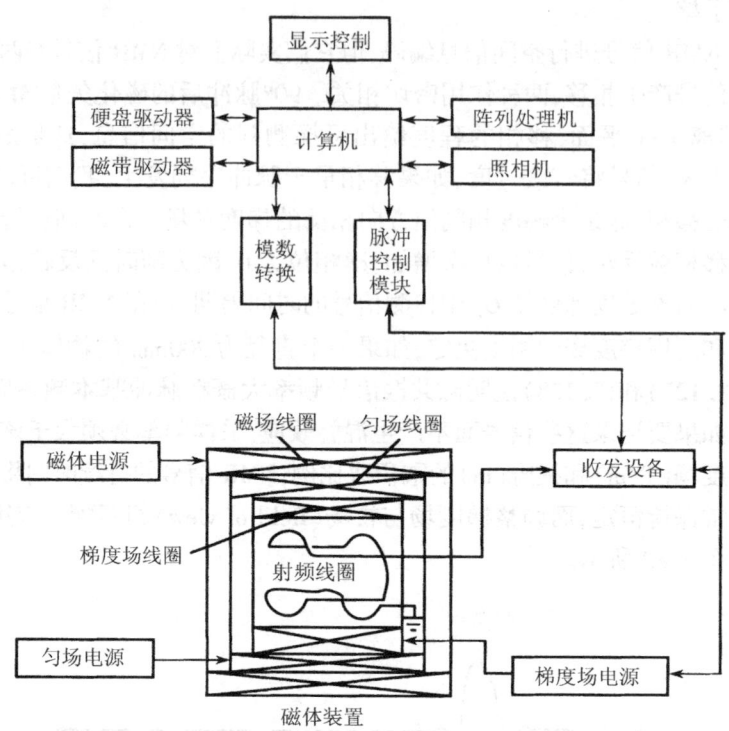

图 7.83 MRI 系统的结构框图

方法是使用简单螺线管,但这种方法不能符合均匀性要求,因为磁场随着靠近螺线管两端而减小,通常解决这个问题的办法是在螺线管末梢缠上附加线圈来进行校正,最终的结构包含 4~6 个线圈。

MRI 磁体由所采用的导体的特性来划分,即它是常导体或是超导体,虽然超导磁体较难构建,但它具有的优势是它们没有阻抗,可以使用大电流产生强磁场,而能量消耗很小,故它们已在 MRI 中占统治地位。图 7.84 显示了用来产生人体成像的超导磁体的横截面的简单示意图。因为这些磁体必须能容纳人体,它们需要一个大的腔体,直径约 1m,同时需产生范围在 0.05~2T 的均匀磁场,中心区域周围 0.5m 内的场均匀度为 20ppm,如果用于成像外还要产生 NMR 波谱,则中心周围 0.1m 处场均匀性必须达到 0.1ppm,场强必须不小于 1.5T。通常磁场的设计是使病人的身体轴线为从头到脚,可以沿 B_0 方向躺着,超导线圈由铌钛合金组成,嵌于铜模之内。超导状态只能在液氦温度(4.2K)实现,因此必须特别注意传导、对流、辐射造成的热损失,这些可以通过使用外真空罩和二级真空屏蔽实现,用液氮和

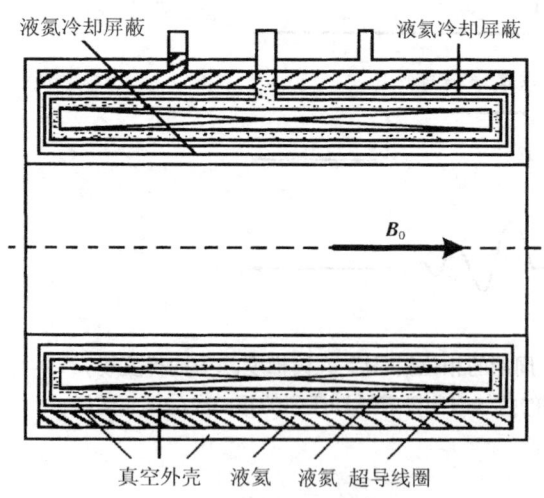

图 7.84 超导磁体的横截面结构

液氦冷却以减少液氦冷却线圈上的热负荷,磁体整体由真空包装密封。随着高温超导材料的出现,我们期望用这些易于实现超导的新材料制作线圈,这将导致线圈设计的改变,因为不再需要液氦,或许有一天液氦也不需要了。

据前节讨论,MR 成像的关键是选用合适的 x、y、z 方向梯度场。因此,三组梯度线圈用来产生沿 x、y、z 轴方向的梯度场,但它们的幅度随 x、y、z 方向线性变化,其通常结果是增加或减少主磁场 B_0。这些磁场的确切使用方法取决于实际应用,就大多数图像要求而言,只要具备高度线性并可以开关的静态梯度场,且其幅度可变就足够了,但快速成像要求梯度场能够迅速开关。大多数情况最重要的是梯度场幅度的最大值,因为它影响到在选择性激励和在读出方向上化学位移的程度。梯度必须大于场的非均匀性,大小一般选 3~6mT/m,若超过此值的 2 倍也算正常。另一个所考虑的设计是梯度场建立的时间,即梯度场升至最大值和关闭梯度场减小到 0 所需时间,这些时间制约着快速成像或波谱应用,为此梯度磁场需要能驱动大电流和迅速开关的电源。梯度场本身的控制由微处理器驱动数字模拟转换器(DAC)来实现。

尽可能均匀的磁场对 MRI 是很重要的,它是通过磁体结构的优化设计实现的,另外使用校正线圈或匀场线圈提高整体均匀性(图 7.83),匀场线圈的调整在系统安装时进行,对不同病人在成像前都要进行匀场。

4. 射频线圈

射频线圈用来产生射频无线电波激励自旋原子核产生共振或用于探测信号。常用的 RF 线圈有 4 种,如图 7.85 所示,除表面线圈主要为接收信号外(图 7.85(a)),其他线圈设计用来产生尽可能均匀的 B_1 磁场,因为任何 B_1 的非均匀性将影响原子核感应脉冲角度而在最终图像中产生伪影。最有效的设计是图 7.85(b)所示的螺线管,但它只能用于病人在主磁场内躺在适当角度的系统中,因为它产生并探测与其轴平行的磁场。另一更实用的设计是亥姆霍兹(Helmholtz)线圈,它的频率在 15MHz 以下,如图 7.85(c)所示。而分布电容线圈又称鸟笼(bird cage)线圈,如图 7.85(d),能产生一旋转磁场。

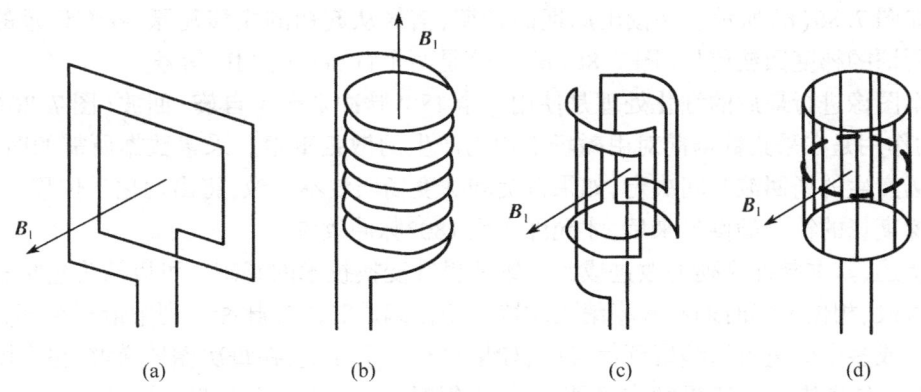

图 7.85 MRI 中常用的四种 RF 线圈

表面线圈基本上是单匝螺线管,其实际概念通常很复杂,它监视大约半球状的辐射,球半径与线圈半径相同,它的灵敏度随离线圈中心的距离变大而减弱。通常表面线圈工作简单,只作为接收器,而另一独立的线圈产生均匀的 B_1 激励,但在磁共振波谱仪中表面线圈常常既作为发送器,也作为接收器,但因其 B_1 场中的非均匀性故只可作为附加的定位方法。

5. 收发器

收发器是 MRI 系统工作的核心,因为它关系到给发射线圈产生正确的 RF 电压,以及检测感应信号。标准的频率合成技术产生一定频率和波形的脉冲,通过功率放大器连接到 RF 线圈。因为 RF 线圈既作为接收又作为发送线圈,故作接收时需要与一个非常灵敏的低噪声前置放大器相连然后再接到主放大电路;前放需进行保护设计,这是为了避免来自主放大电路大功率能量激励脉冲冲击。放大的 RF 信号采用与发射器相对应的基础频率解调后产生音频范围内的信号,它等同与直接转换到 7.5.2 节中所述的旋转坐标系。信号经模数转换后送入计算机进行处理。

6. 图像优化

脉冲序列已在图 7.82 中阐明,虽然简单但却有一些副作用。轴向切片的选择是通过使用 z 轴向梯度场和一个 90°选择性脉冲,其结果是在相应的 x-z 平面激励了所有的原子核。如果需要窄的切片,需要高梯度场和长的选择脉冲。在选择期间,产生了大量的不希望要的相移,导致 NMR 信号降低,梯度场只是用于选切片,一旦完成任务就不再需要了,可以说相移是切片选择时不想要的结果。

去除这些相移可以通过修改 z 梯度场波形,使之包括一个时间反转梯度场(图 7.86(a))。现在,在时间反转周期的末尾可得到一个比以前大得多的 NMR 信号。一旦切片选定,必须对它进行空间信息编码。就一个轴向而言,在激励后采用相位梯度场编码,然后在自由感应衰减信号 (FID)期间采用读梯度场(图 7.82 中第 3、4 图)。

但是存在一些与图 7.82 所示简单序列相关的问题,原因是梯度场并不能如图示那样迅速开关。在梯度场稳定之前有一短暂但是明显的时间段,可以采集到数据。这个问题可以通过在读出前使用一个时间反转梯度场来克服,该场可设计成与克服 G_z 相移的时间反转梯度场同步。这个梯度场如图 7.86(b)所示。在读出周期的初期,信号从起初的相移复原,我们记录的 NMR 信号内容即所谓的梯度回波信号(图 7.86(b)),这是两个背靠背的 FID 信号。

对基本图像进行最后的细化处理是使用一个 180°脉冲来产生自旋-回波(图 7.86(c))。自旋-回波的作用是在采集数据前对由磁场不均匀产生的散相重聚。采集数据所需的时间由时间反转梯度场产生的场回波时间决定,如果自旋和梯度场回波不一致,将出现化学位移。应当注意时间反转梯度场的符号颠倒过来后,才允许产生 180°脉冲效应。

如上所述,基本脉冲序列的改进成为二维傅里叶变换技术的基础。可以认为包括三个时段:层面选择时段、相位编码时期和频率编码时段。相位编码时段是脉冲序列中最复杂部分,因为在这期间一个或多个变量可以编码到信号中,如果只有一个变量,在每次循环递增,整个图像需 mt_r 时间,这里 m 是最终图像所需的变量值,t_r 是重复时间,如果在这个期间超过一个变量,成像需 lmt_r 时间,这里 l 是需要定义的新变量数据参数。

7. 多切片成像

在简单的二维傅里叶变换成像中,一个切片需 t_r 秒,事实上 RF 激励和数据采集的时间很短(<50ms),因为大量的时间浪费在等待自旋弛豫恢复,如果采用多切片方法,将获得显著改善。从采集

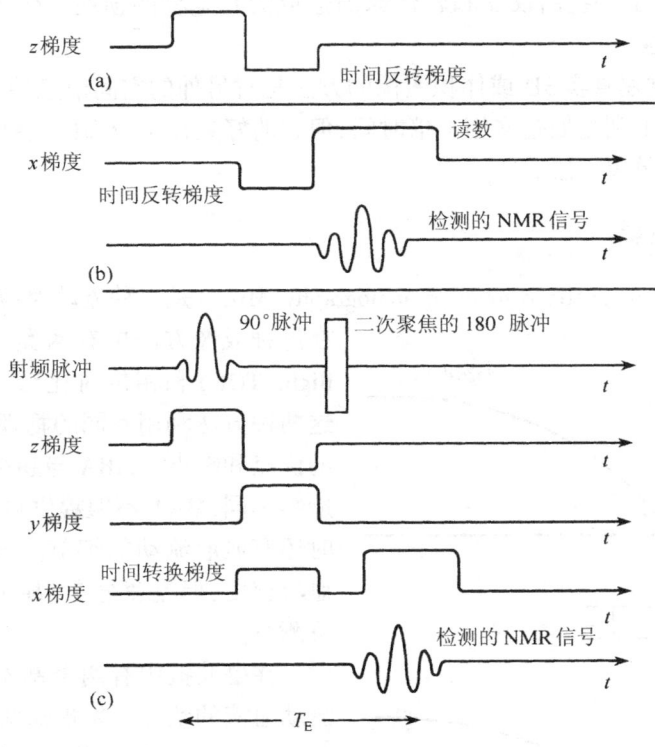

图 7.86　用于图像优化的脉冲序列

(a) z 轴时间反转梯度；(b) x 轴时间反转梯度；(c) 采用 180°脉冲产生自旋-回波实现二次聚焦，T_E——回波时间

数据结束到另一 90°脉冲间的"停滞时间"，由弛豫时间规定，可利用来进行其他切片成像。其原理如图 7.87 所示。一旦第一层切片被激发，采集数据后第二层切片被激发，如此继续直至 t_r，此时第一层切片又开始。数据采集结束时段基本由初始的 90°脉冲和回波之间的时间（即回

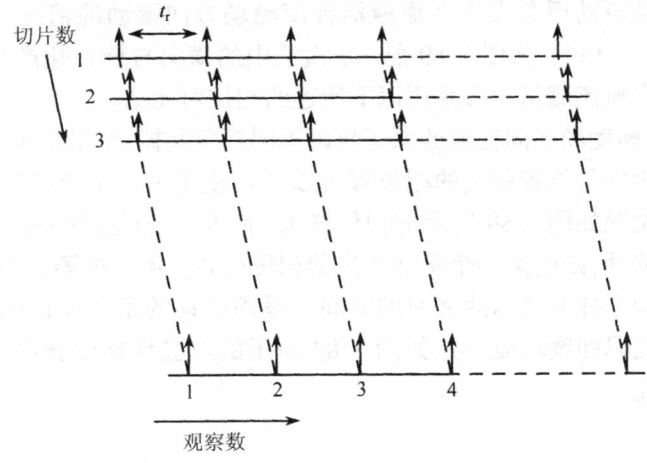

图 7.87　利用数据采集结束与下一个 90°脉冲之间的停滞时间实现多层成像的过程

波时间 T_E)确定,另加上一些由仪器和软件原因造成的几毫秒的损耗。效率增加由 t_r/T_E 决定,通常在 10~20 范围内。

显然,另一可以重建真实 3D 或体积图像的方法是对另外的空间信息用以前描述过的方式编码。虽然这种方法的不利之处是多用 1 倍时间,但它的好处在于较高的信噪比,因为它能从整个体积采集数据而不用单单一层。

7.5.5 磁共振血管造影

磁共振血管造影(magnetic resonance angiography,MRA)是一种流动血液的选择性成像方法,在这种成像方法中有两类:飞行时间法(time of flight,TOF)和相位对比法(phase contrast,PC)。这两种方法利用不同的物理现象,每种都有独特的优点和缺点。MRA 与超声、CT 和 X 射线血管造影不同,MRA 不但提供血管的形态学表征,同时还有血液流动的细节。虽然这里只考虑测量血流速度,但流速分布,甚至是动脉壁顺应性也可测量。

在磁共振中有两个基本的流动现象可显现流动血液的状况。发现这两个现象是在 20 世纪 50 年代末 MRI 出现的前几年里。首先第一个现象,飞行时间效应是基于相对长时间的血液流动(如图 7.88)。在指定待测的血流区域(空间),使用短重复时间(t_r)的强 RF 脉冲,使血管周围静态组织处于纵向"饱和"磁化状态,从而发出很低的 MR 信号,而流动血液源源不断地流入受检部位,使其始终呈"不饱和"磁化状态(即充分弛豫状态),从而发出明亮的高 MR 信号。

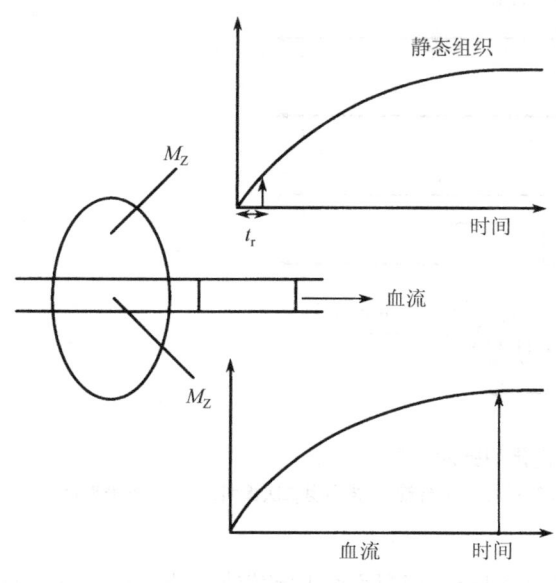

图 7.88 飞行时间效应

第二种磁共振血液流动现象发生在血液沿梯度磁场方向流动的情况下血液中产生横向磁化。如果此梯度场与时间相关,如图 7.89 所示,血液中的横向自旋磁化产生一个与流速成比例的相移。利用此现象在血流测量中可采用以下所述的相位对比法。

在梯度磁场下,沿梯度场不同位置的原子核以不同频率共振,结果得到与原子核位置成正比的相移。由梯度场产生的与位置相关的相位移可以通过使用另一个持续时间相同,极性相反的梯度磁场除去。这种情况如图 7.89 所示的相位移 ϕ_{s1} 和 ϕ_{s2}。但是,如果原子核在第一个脉冲和第二个梯度脉冲之间移动,则由第一个脉冲产生的相位移 ϕ_{M1} 不会被第二个脉冲 ϕ_{M2} 抵消,产生的相位移与原子核在两个梯度场脉冲之间的时间间隔内运动的距离成正比,它同时和流速也成正比。最常见的流动编码梯度场波形是如图 7.89 所示的双极性梯度脉冲。它产生的相移与位置无关但与流速成正比。

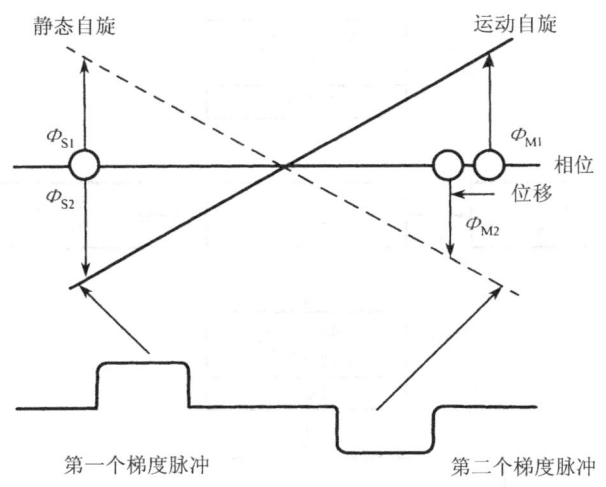

图 7.89 双极梯度脉冲在静态与运动自旋磁化强度中的效应

7.6 放射性同位素成像

7.6.1 概述

放射性同位素成像(imaging with radioisotopes)与 MRI 方法不同,其基本工作原理是通过在人体内注入可以发射伽马(γ)射线的放射性同位素(radioisotopes)来实现的。

放射性同位素成像应用了许多技术来产生由放射性核标志物在人体内分布而产生的图像。这些物质一般叫做放射性药物(radiopharmaceuticals),它们能够提供关于体内单个器官的生理和代谢信息,而其他的成像方式主要提供解剖学方面的细节。这种差异产生的原因在于放射性药物的分布主要由代谢过程、血流等实现。一个更为重要的差异在于在 X 射线成像的过程中 X 射线的光子的发射和检测位置都可以精确地知道,而在放射性同位素成像的过程中只有 X 射线和 γ 射线的检测装置的位置已知。一幅图像只有通过给出某种形式的 X 射线和 γ 射线经准直处理后方可确定光子的发源处和方向。

由于放射性药物的空间分布是时间的函数,因此放射性同位素的使用要有一个重要的时间维,取值范围在毫秒到分钟。通过这种测量我们可用以评估具体器官或者正在被研究的器官的基本功能,这项技术被称做动态平面闪烁成像法。

我们是否能够由一副二维图像来确定在三维空间中放射性同位素的分布,换句话说就是我们是否可以产生断层图像,该项技术就是同位素放射计算机断层成像(emission computed tomography,ECT),它与 X 射线计算机断层成像几乎同时出现。X 射线计算机断层摄影技术主要决定于身体上不同组织对 X 射线的衰减系数,然而这种影响我们却不希望在 ECT 中出现,而且在计算放射性活动的分布时我们要对它进行修正。通过 ECT 获得的图像的质量并不能直接与 X 射线断层摄影所获得的图像相比,但这并不是一个严重的问题,因为它本身就不是一种解剖学成像技术。基于放射性同位素成像的仪器列于图 7.90 中。

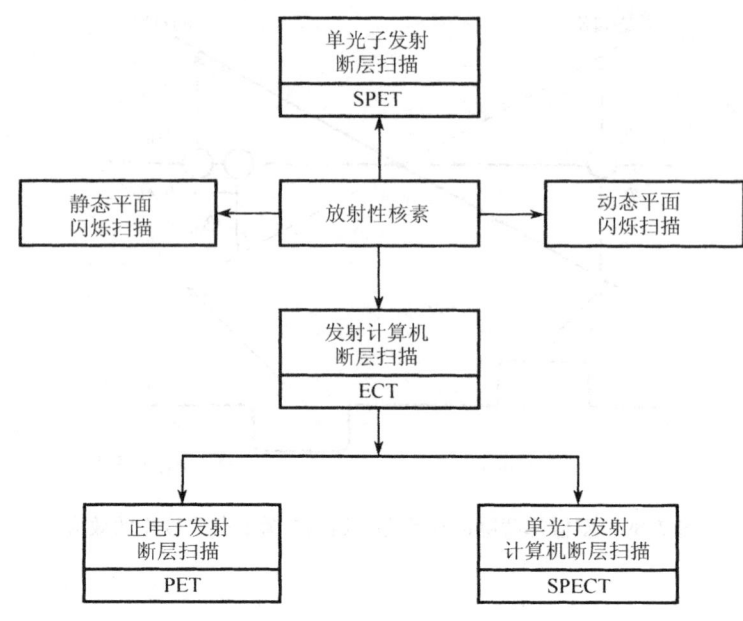

图 7.90 放射性同位素成像技术

根据所用的放射性核素的不同,放射性衰变会产生 α、β、β^+、γ 和 X 射线。在这组粒子中体内的 α 粒子和 β 粒子非常小以至于他们不能从身体中射出而产生任何形式的图像。然而 X 射线和 γ 射线在穿过身体的各种组织的时候并不会遇到很多困难,能量低于 30keV 的 X 射线和 γ 射线会由于光电吸收而大量的衰减,只有能量高于 30keV 的 Compton 散射能够起作用。一般来说,我们只检测能量大于 50keV 的光子(γ 射线)。

放射性同位素成像得益于相关技术的发展,这里有两个特殊的条件必须满足:一是能够生产放射性核;二是具备检测放射线的方法。从 19 世纪 30 年代开始,随着洛伦兹的回旋加速器的发展和放射性同位素锝 99(^{99}Tc)的大规模应用,第一个条件已经得到满足。从 19 世纪 40 年代中期开始,放射性同位素开始广为使用。

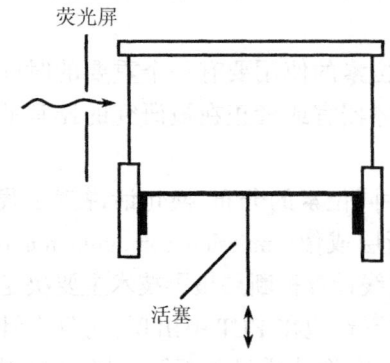

图 7.91 早期 γ 射线探测器 Wilson 云室

在 1896 年之前,人们普遍认为一种元素的原子会永保其形式不变,但是 H. Bequerel 和 Curies 的研究成果改变这种看法并且导致了放射性现象及放射性同位素,即钋、镭和锕的发现。γ 射线的检测器已经应用了很长时间,虽然它并不适合成像。1895 年出现的 Wilson 云室(图 7.91),实现了对放射线的观察。其基本原理是高能核子能使得气体电离,而电离产生的气体离子在过饱和蒸汽中可以成为蒸汽的凝结中心,过饱和蒸汽以这些离子为中心而结成液滴。在云室中这些液滴形成一条很窄的雾带,指示出该核子的轨迹。在我们了解现代放射性成像系统的复杂性之前,有必要先讨论一下放射性现象的本质和同位素的形成。

7.6.2 放射性及放射性衰变

1. 关于原子核的一些基本概念

原子核是由一定数目的质子(^{1}H 或 P)和中子(N)所组成。核内的质子数等于它的原子序数 Z(也称核电荷数)。组成核的质子和中子总称核子(necleon),其总数等于原子核的质量数 A(即 $A=N+Z$)。我们将质子数、中子数都相同的一类原子称为核素(nuclide)。

原子核采用的通用标记符为^A_ZX,其中 X 为元素符号,左上角 A 表示核质量数,左下角 Z 为原子序数(即质子数,也即核电荷数),通常可简写为^{A}X,如$^1_1$H 简记为^{1}H。原子序数相同、质量数不同(也即中子数不同)的核素统称为同位素(isotope),它们在元素周期表中占据同一位置,物理化学性质相近,但核性质的差别可能很大,如^{3}H 能发射 β 射线而^{1}H 和^{2}H 却很稳定。

迄今人类了解的核素共有 2000 多种,其中绝大多数是不稳定的。不稳定的原子核能自发地放射出射线变成另一种原子核,这种过程称为核衰变(nuclear decay),这些核自发地放射出射线的性质称为放射性(radioactivity),具有这种特性的核素称为放射性核素(原子序数在 83 以上的元素均为放射性核素),不具备这种性质的核素称为稳定核素(stable nuclide)。

2. 放射性核素的衰变方程

如果有 n 个核子,那么它们的放射性衰变本质上是一个随机线性过程,即衰变率正比于当前衰变原子的数目。我们可以用下面的等式来描述该过程:

$$\frac{dn}{dt} = -\lambda n \tag{7.132}$$

这里的 n 表示当前放射性核素的数目,λ 是比例常数,是核素的特征值。我们可以对式(7.132)进行积分,得到等式(7.133):

$$n = n_0 \exp(-\lambda t) \tag{7.133}$$

式中,n_0 表示在 $t=0$ 时核子的数目。我们可以定义一个时间,半衰期 $t_{1/2}$,就是半数核子发生衰变所需要的时间,因此有:

$$t_{1/2} = (\log_e 2)/\lambda \tag{7.134}$$

每一个放射性核素都是用其半衰期来标志,也必须用其半衰期来标志,这是因为 λ 是由放射性核素的性质所决定的;$t_{1/2}$ 可以从 10^{-7}s 到 10^{14} 年的大范围内变化。

通常,某种特定的放射性核素衰变将会在每一步有固定的产物生成,但也有链式衰变现象发生。如果一种给定的放射性物质衰变成另一种放射性物质,那么第一种放射性物质的活性会衰减而第二种放射性物质的活性会增加。最终将会达到一种平衡态,在这种状态下第一种物质活性的衰减与第二种物质活性的增加会达到平衡。在一个有 n 个元素的链式反应中,我们可以写出如下的平衡表达式:

$$n_1 \lambda_1 = n_2 \lambda_2 = n_3 \lambda_3 = \cdots = n_n \lambda_n \tag{7.135}$$

式中下标表示所包含的不同的核素。

由式(7.132)到式(7.135)使我们可以在零时刻(我们的参考时刻)对放射量进行测量后,在任意时刻测量任何核子团的放射量,但是他们解释不了为什么该物质起初具有放射性。所有放射性物质的一个特征性的属性就是有一个不稳定的核子以至于我们要研究一下出现这种情况的原因。大多数核子都是稳定的,这是由于在质子和中子之间存在着引力。当然,在质子之间同时也存在着库仑斥力。如果仅仅考虑引力的存在,那么似乎当相同的数量的质子和中子存在时这些粒子之间的能量交换是最大的。因此,我们可以预测到稳定核子中的质子数与中子数之比将达到 1。另外,随着质子数目的增加,它们之间的斥力将会导致质子数有减少的趋势。当核内质子数较多时,这种效应更加强烈。实际上质子与中子比会在引力和斥力之间达到一种平衡,因此对于质子数较少的核子第一种趋势将占主导地位,即 $N=P$;随着质子数目的增加第二种趋势会变得越来越重要,即 $N:P$ 将会缓慢地增加(对于自然发生衰变的核子,这个比例会达到 1.6:1)。这种影响在图 7.92 中可以看出来,从图中我们可以看到在稳定的自然衰变的核子中质子数和中子数。根据最大的潜在的核子稳定性所对应的质子数和中子数的数目,我们可以画出一条平均曲线。在低核

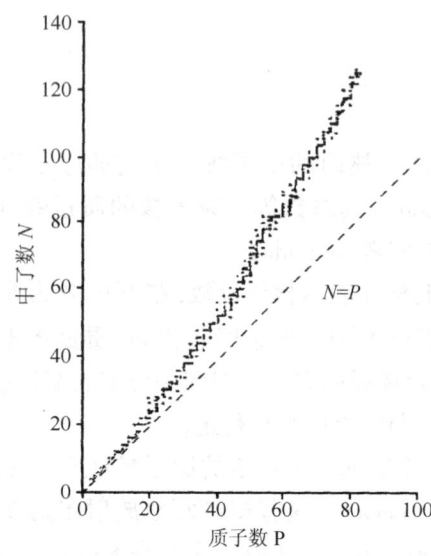

图 7.92 稳定元素的中子数与质子数比较

电核数(质子数)的核子中,它满足 $N=P$;在核电荷数较高的核子中,它偏离了这种情况。我们可以总结如下:对于一个给定的核电荷数只有有限数量的同位素核子具有稳定性;质子数的缺少和多余都会导致不稳定,而且质子数相对于平均曲线偏离越远,这个核子就越不稳定。

3. 放射性核素辐射衰变的方式

核子的不稳定性将导致核子将不适宜的质子数和中子数之比重新调节到合适的值。对于具有高中子与质子比(过多的中子)的核子通过提高核电量或者减少它们的质量数来进行调整,这有两种方法,一般叫做 β 辐射或者中子辐射(一般来说后者不可能的);具有较低中子数和质子数之比的核子(质子数过多)通过减少它们的核电量来调整,这里有四种方法:正电子辐射 β+,轨道电子捕获(electron capture, EC),质子辐射(一般来说不可能)和 α 粒子辐射。各种不同的调节方式总结如下:

(1) β 辐射($β^-$):就是电子($_{-1}^{0}e$)辐射,这个过程可以被看作是中子转变成质子的结果。β 粒子的辐射将核的带电量加 1($Z→Z+1$),但对核子质量数没有什么影响。在元素周期表中中子核对于父核右移一格,如 $_{83}^{210}Bi→_{84}^{210}Po+β^-$。

(2) 中子辐射:很难检测,而且相对来说不太重要。中子辐射将核的质量数减 1($A→A-1$),并不影响核的带电量。

(3) 正电子辐射($β^+$):可以被看作是一个质子转变成了一个中子。正电子($_{+1}^{0}e$)辐射将核电量减 1($Z→Z-1$),但是对于核子的质量数没有什么影响。能量守恒还是由中微子辐射来保持,这种类型的转变只发生于人工合成的放射性衰变中。当正电子静止下来时它将和一个电子结合产生两个平行但方向相反的 γ 射线(光子),每一个光子的能量是 511keV(此时电子和正电子同时发生湮灭)。

(4) 电子捕获：是正电子辐射的替代形式，在这个过程中一个核子捕获了一个轨道电子，因此该过程将会与正电子辐射有同样的结果：将一个质子转变成中子。被捕获的电子通常是那些与核子最接近的电子，例如 K 层电子，所以该过程又被叫做 K 层电子捕获。为了弥补电子被捕获后留下来的空缺，在高电子层会有一个电子跃迁到 K 层并发射特征 X 射线。

一般来说，一个核子是否通过 β 辐射或者正电子辐射或者 K 层电子捕获过程来获得稳定性，可以用同质异位核子法则来预测。这个经验性法则说明了稳定的同质异位核子对（且相同质量不同原子序号）在其核电荷只差 1 的情况下是不能同时存在的。因而，其中一个不稳定的会衰变成一个稳定的同质异位核子。这样不稳定的 $_{11}^{24}$Na 就会通过 β 辐射衰变成更稳定的 $_{12}^{24}$Mg，另一方面，不稳定的 $_{7}^{13}$N 会通过正电子辐射衰变成稳定的 $_{6}^{13}$C，而不稳定的 $_{23}^{49}$V 会通过 K 层电子捕获变成稳定的 $_{22}^{49}$Ti。

(5) α 粒子辐射：α 粒子就是氦原子核 $_{2}^{4}$He，故其辐射会将核子的质量数减 4（A→A-4），核电量减 2（Z→Z-2）。发射像这样质量大而且带电量高的粒子的核子必须具有高能量。因此，只有重核才能产生这样的过程，如 $_{88}^{226}$Ra→$_{86}^{222}$Rn+α($_{2}^{4}$He)。

(6) 同质异能跃迁（γ 辐射）：是由处于激发态的原子核通过发射 γ 射线（亦称 γ 光子）跃迁到低能态（或基态）的过程，如 $_{43}^{99m}$Tc $\xrightarrow{IT}$ $_{43}^{99}$Tc+γ（式中 m 表示原子核处于亚稳态）。显然在 γ 衰变时原子核的质量数电荷数保持不变，只是能量状态发生改变而已。通常在 α、β 衰变过程中，由于原子处于激发态，所以这些过程往往伴随 γ 射线辐射，这是因为一个给定的核子（Z 和 A 固定）可能会在不同的核能级上存在，这样它们就会有不同的属性。从图 7.93 中，我们可以看到不稳定的核子可能会存在于能级 A、A′、A″中的任何一个上，这里 A、A′对于 A″来说是亚稳态。这样一个核子由 A 或者 A′向 A″跃迁时会损失能量而

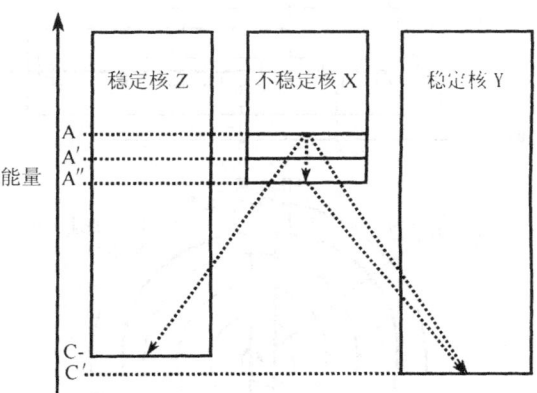

图 7.93　原子核的同质异能现象

达到稳态，这就是同质异能跃迁（isomeric transition, IT）过程。虽然在此之间没有发生质量和电量的损失，但是通过低波长辐射和轨道电子的跃迁，能量会减少。

从图 7.93 中我们可以看到不稳定核子 X 可以通过不同的途径衰变成处于能级 C′上的稳定核子 Y。核子 X 向核子 Z 衰变将沿着路径 A→C 衰变。这种情况只有当能级 C 和 C′接近相等的时候才会发生。表 7.8 总结了前面讲过的核子衰变过程。

表 7.8　核衰变过程一览表

衰变过程	符号表示	Z 变化	A 变化	实例
β 辐射	β^{-1}	+1	0	$_{6}^{14}$C→$_{7}^{14}$N+β^{-}
正电子辐射	β^{+}	-1	0	$_{12}^{23}$Mo→$_{11}^{23}$Na+β^{+}
K 层电子俘获	EC	-1	0	$_{26}^{55}$Fe→$_{25}^{55}$Mn
同质异能跃迁（γ 辐射）	IT	0	0	$_{43}^{99}$Tc^{m}→$_{43}^{99}$Tc+γ
α 辐射	α	-2	-4	$_{88}^{226}$Ra→$_{86}^{222}$Rn+α

7.6.3 放射性核素的产生

为了产生放射性核素,必须在一个核子中产生不平衡的质子数和中子数之比,这里有四种方法:中子捕获(或激活)、核裂变、带电粒子的轰击和放射性核素发生器,这些方法均在医学中具有广泛应用。

(1) 中子捕获是一个中子被原子核吸收伴随有新的放射性核子的产生,也就是该物质的同位素,通过反应式 7.5 所描述的反应,这两个核子具有同样的质子数。

$$^{98}\text{Mo} + n \rightarrow {}^{99}\text{Mo} + \gamma \tag{7.136}$$

要发生这样的过程,需要能量在 0.03~100eV 范围内的中子,也就是所谓的"热"中子,这样的中子在核反应堆中很容易产生。该过程的产物是原始的稳定物质和放射性核的混合物,按照以下反应式,最初的衰变从放射 β^- 辐射开始:

$$^{99}\text{Mo} \xrightarrow{\beta^-} {}^{99m}\text{Tc} \xrightarrow{IT} {}^{99}\text{Tc} + \gamma \tag{7.137}$$

这样原始物质 ^{99}Mo 的半衰期大约是 66h 并且有大部分会衰变为它的亚稳态形式 ^{99m}Tc(其半衰期为 6.02h),接着发生同质异能跃迁,变成 ^{99}Tc 并伴随有 140keV 的 γ 射线放出。通常用物理或者化学的方法可以很容易地将放射性核素与源放射性核素分离。这种方法经常被用在放射性核素生成器中,并将在以后介绍。

(2) 通过重核的裂变来产生放射性核的情况较为复杂,这是因为所需要的放射性核素经常是包含在裂变产物中。通常情况下,裂变产物中的质子比较丰富而且主要通过 β^- 辐射,这样就使得它们不能被用于医学成像。但是也有很多有用的放射性核素是用这种方法产生的,这中间包括 ^{99}Mo, ^{131}I 和 ^{133}Xe。

(3) 另一种产生放射性核的方法是用带电粒子,如 H^+,$^3He^{2+}$ 和 $^4He^{2+}$ 与稳定原子的原子核相互作用。为了克服正电核子之间的静电斥力,必须给带电粒子足够的能量,通常在 0~100MeV 之

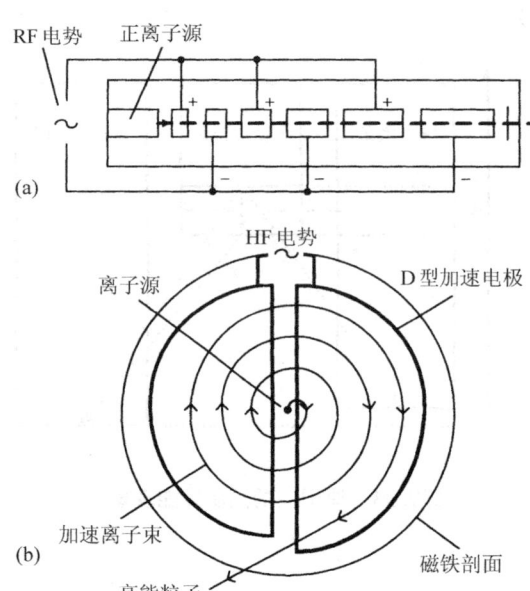

图 7.94 (a)产生高能带电粒子的直线加速器结构图;(b)回旋加速器剖视图;D 形加速电极和粒子轨迹

间。这是通过粒子加速器来实现的,例如,直线加速器或者回旋加速器。这两种加速器的工作原理基本上相似。在直线加速器的漂移管(drift tubes)中或者在回旋加速器的 D 型管中通过选择合适的电压就可以使带电粒子在很短的距离上被加速(图 7.94)。采用带电粒子轰击产生同位素具有独特的优势,这是因为我们需要的同位素的原子序数通常和靶物质不同,生成的放射性核素具有高度专一性的活性和较高的纯度。用带电粒子轰击产生放射性核素的另一个好处是所产生的放射性核素通常都缺少中子而且产生正电子辐射(β^+)或者电子捕获衰变,由于电子捕获没有额外的放射性产生,因而减少了病人所接受的剂量,所以在医学应用中有广泛的用途。表 7.9 中列出了一些可以用于医学中的放射性核素。

表 7.9 部分医学放射性核素的特征

元素	γ 射线能量/keV	半衰期/$t_{1/2}$	元素	γ 射线能量/keV	半衰期/$t_{1/2}$
^{11}C	511	20.30min	^{59}Fe	1099	47.51d
^{15}N	511	9.97min	^{99}Mo	740	65.94h
^{15}O	511	122s	^{99}Tc	143	6.02h
^{18}F	511	109.80min	^{123}I	159	13.1h
^{24}Na	1369	15.00h	^{138}Xe	81	5.25d
^{51}Cr	322	27.70d	^{201}Tl	68~80.3	3.05d

从前面的介绍中我们可以看到,放射性衰变可以产生一个稳定的或者具有放射性的核素。根据衰变的方式不同,所产生的新核素的原子序数也不同。对于产生不同核电荷数的放射性核子(子核)的放射性衰变过程,我们可以尝试用尽可能简单的化学方法来分离父核与子核的混合物,特别在子核具有能够用于医学成像的物理特性而且父核具有足够长的半衰期来保证生产、处理和转运。在核医学中应用最广泛的放射性核子是 ^{99m}Tc 这在同质异能跃迁的介绍中已经提到了(式(7.137)),它是由 ^{99}Mo 生成的,半衰期 6.02h。放射性父子核的产生过程如图 7.95 所示。

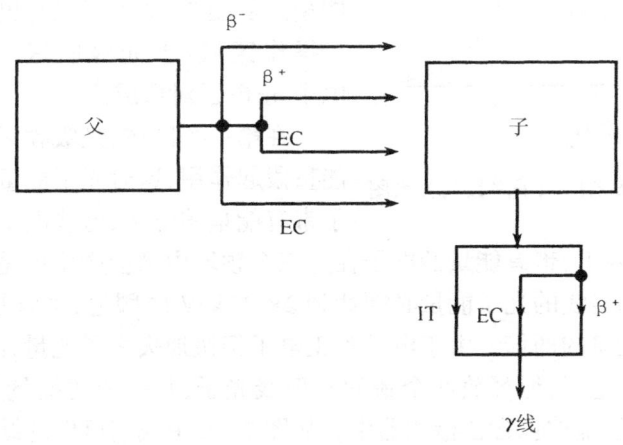

图 7.95 放射性同位素的父-子核产生过程

7.6.4 放射探测器

放射性核子检测装置所用的物质是在能量被电离辐射吸收时可以放出可见光或者接近可见光的光子。它们可用于对成像的放射性同位素进行计数。这些物质都是具有较高的核电荷数的无机闪烁体,同时具有较好的终止能力。它们和光电倍增管共同组成一个具有较高灵敏度的放射性检测器,特别是闪烁体放出本身具有的光子并且辐射特点同光电倍增管相符合。大多数无机闪烁体的光辐射与其本身获取的能量成比例,因此,检测器也可以测量被检光子的能量。

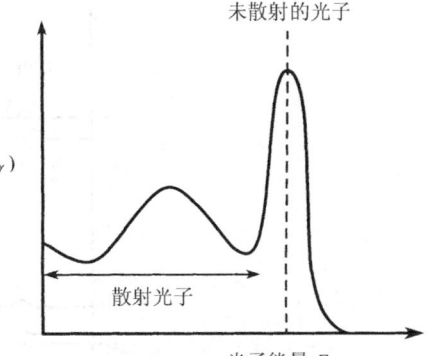

图 7.96 无机闪烁体探测到 γ 线的脉冲幅度谱,虚线代表光子能量

在100~200keV之间,能量测试的分辨力大约是10%~15%,这对区分未发生散射的γ射线和因发生散射而损失能量的γ射线已经足够了。从图7.96中我们将这种区别看得更清晰,人类发现的无机闪烁体材料有碘化钠(涂有碘化铊)、氟化钡和锗酸铋。表7.10中列出了它们的特性。

表7.10 无机闪烁体的特性

闪烁体	有效原子序数	相对光输出/(%)	衰变时间/ns	闪烁波长/nm
碘化钠(NaI)	50	100	230	410
氟化钡(BaF_2)	54	5	0.7	195,220,310
锗酸铋($Bi_4Ge_3O_{12}$)	74	12	300	480

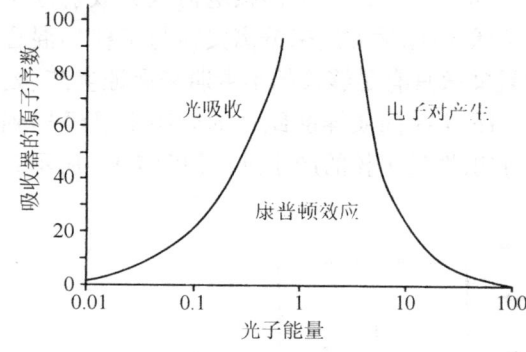

图7.97 光子能量与吸收器的原子序数的关系图

当无机闪烁体接收入射线后,晶格中的原子处于激发状态。当原子返回稳态时,便发出光。产生原子激励的全过程的中介是一个高能电子。在这个过程中有三种不同的机制:具体启用哪一种机制取决于闪烁体的原子数和入射的γ射线的光子的能量。从图7.97中可以看出这些数量的关系和三个操作区域:①光吸收区;②开普敦效应区;③电子-正电子对形成区。

在第一个区域,光吸收区域在γ射线光谱的低能量段起作用,这时光子能量被完全吸收并且产生了带有能量的电子,这些电子反过来又会激励闪烁体中的原子。当然,实际上,带有能量的电子在这三个领域中都会产生但是并不是都很有效。电子对产生的条件是伽马射线的光子能量必须达到2×511keV的阈值,也就是电子-正电子对的能量是静态等质量电子能量的两倍。由于电子和正电子很快地失去了能量,因而它们都不能逃逸,正电子最终将湮灭一个电子,但释放两个新的γ射线光子,每一个的能量是511keV。若要记录全部能量,两个光子必须都被包含在检测器中。从图7.98中我们可以总结出理想的核子检

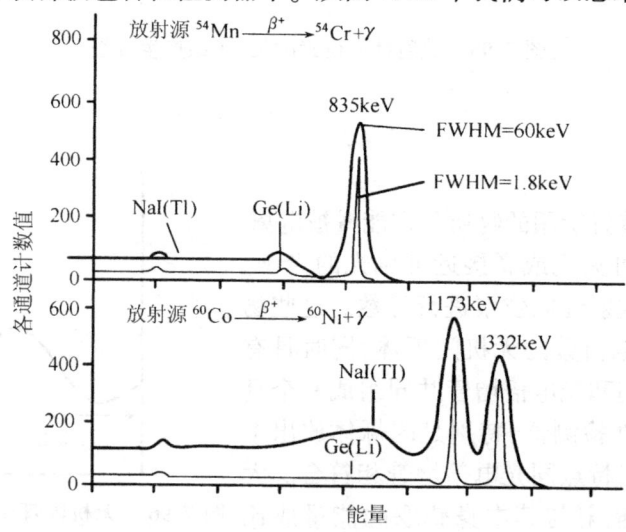

图7.98 用NaI(Tl)和Ge(Li)探测器测出的放射源的γ线谱,FWHM——空间分辨率

测器所具有的特点：①较高的核电荷数（高Z），这样可以强化光子的吸收；②合理的尺寸，这样可以使光子能更有效地供给晶体（或气体）离子化的高能量；③高密度，使同等路径上产生的电子数目最大化。第一种放射性检测器的晶体是在碘化钠中掺入一定量的碘化铊NaI(Tl)形成的，其直径可以达到813mm，从而大晶体的直径可以很容易地获得。

第二种放射性检测器目前在医学成像中较为重要，它是基于硅和锗的单晶体。它的操作机制仅仅是在γ射线相互作用的过程中产生了电子-空穴对，从而导致产生了流经PN结晶体二极管的电流信号。这种检测器和闪烁体计数器相比具有较高的能量分辨率。图7.98给出了对于两种不同的γ射线发射器，锗掺锂晶体(Ge(Li))与NaI(Tl)晶体能量分辨率的对比。锗检测器的能量分辨率为几keV，而碘化钠检测器的能量分辨率较低为几十keV。在每种方法中低能量的背景信号代表了在晶体中损失能量但却最终逃逸的γ射线光子；这种现象叫做"开普敦平台"。

第三类检测器通常叫做气体检测器，或者气体电离室。这种检测器对于电离辐射非常灵敏而且精确，虽然这种检测器对于γ射线和X射线相对来说作用很小，除非被充入的气体具有较高的原子序数，为了达到这个要求通常用高压氙。图7.99给出的原理框图是一个气体检测器的简化图。入射光子使一个气体原子发生电离，放出的电子可以在阳极和阴极之间引起进一步的电离。这个过程可以被叫做气体放大，其放大因子可以达到大约10^8。在外部电路上产生的电流正比于所用电极的电压。

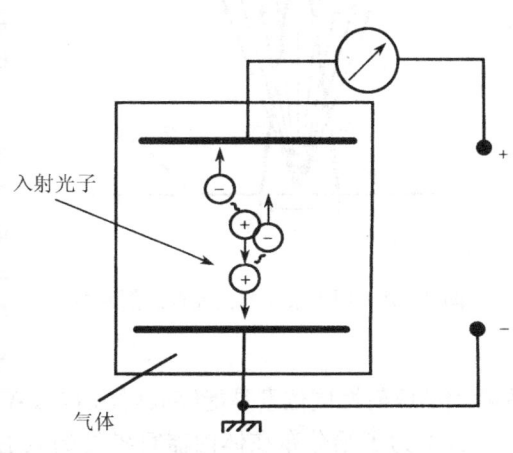

图7.99 气体电离室的原理框图

气体检测器的一种变化形式就是图7.100中给出的多线检测器。它包括一个多层三明治式的探测器，阴极是薄铅箔片，其上面布置的平行线阵构成了阳极。入射光子撞击铅箔后转化为电子。这些电子与气体检测器相同的方式引起腔室内气体电离。虽然这种检测器相对来说效率很低，但它们可以很容易地覆盖很大的面积，因而可以产生足够的灵敏度，特别是空间灵敏度很高。

7.6.5 放射性同位素成像基础

根据γ射线光子源的原点未被定义这一事实，放射性同位素成像可以和X射线成像区分开。因此，任何放射性同位素成像系统前端必须有一个可以接受来自人体的一个小区域光子的准直器，从而将光子引向由闪烁器等构成的检测装置。

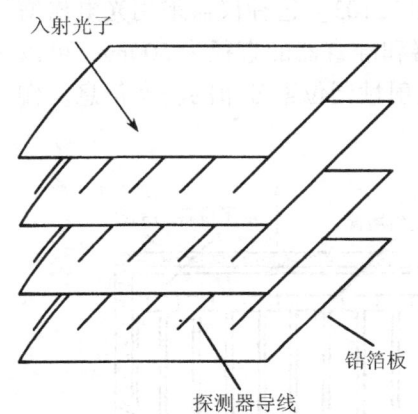

图7.100 多线检测器，它由多层铅箔片组成阴极，平行导线阵组成阳极，其所在腔内充有气体

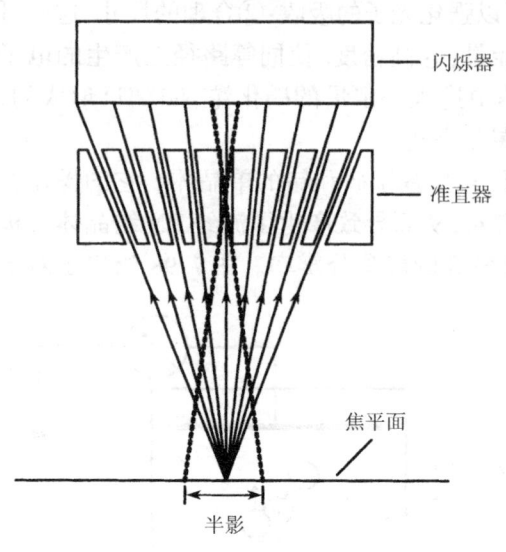

图 7.101　用于聚集的铅准直器剖面图

（1）图 7.101 给出了准直器的基本原理，它是一个大的用金属铅制成的截头圆锥体，其上有规则地排列着许多孔腔，每一个孔腔都朝向焦点并可能具有圆形、矩形、六角型或者三角形的横断面。横断面的选择在很大程度上取决于制造成本和灵敏度。孔腔准直器提高了灵敏度而且可以设计成可聚焦于人体内的不同距离位置的待检器官。如果发射的能量很小（<150keV），那么可以用较多的孔腔（对于直径为 12.5cm 的闪烁晶体可用 100~200 个孔腔），这是因为孔腔之间的间隔可以相对较小，具体来说是小于 5mm。然而，对于高能量的发射器，放射线将可能通过这些间隔，这样就会产生空间分辨率的损失。因而对于一种给定的 γ 射线的能量都有一个最佳间隔厚度，这个值的最佳化可以提高空间分辨率。在间隔很薄的情况下孔的宽度也必须很窄，这样可以平衡灵敏度的损失，从而避免闪烁体信号的衰减。对于实现成像为目标的系统来说，一个较为常用的放射性同位素是能够发射出 140keV 能量 γ 射线的 ^{99}Tc。

（2）为了给分布在体内器官各处的放射性同位素构建一副图像，准直器的焦点必须能横向和纵向交叉地穿越人体。图 7.102 中所描述的直线性扫描系统是这种扫描系统的最早的示例。这种扫描系统对病人的放射性药物剂量利用率低，但对于身体具体部位的成像花费时间少。

（3）另外一种成像方法基于大面积 NaI 单晶的应用和发展。这可以配合使用大面积、平行孔腔的铅准直器检测放射性核素在体内的分布，用这种方法可以给出体内器官 1∶1 的图像。具有这种结构的伽马相机于 1958 年由 H. O. Anger 研制，示于图 7.103。这种仪器采用光电倍增管阵和模拟电路来测量闪烁器上光子作用的位置。晶体闪烁器和准直器的直径为 500mm，可以实现对体内大器官的成像，以及随时间变化的图像，从而获得放射性同位素分布的动态信息。伽马相机还可以用于二维平面、动态和多平面闪烁扫描技术。

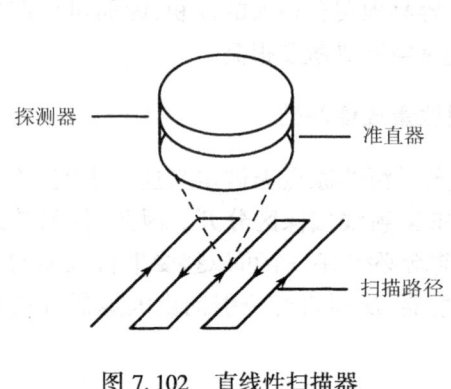

图 7.102　直线性扫描器

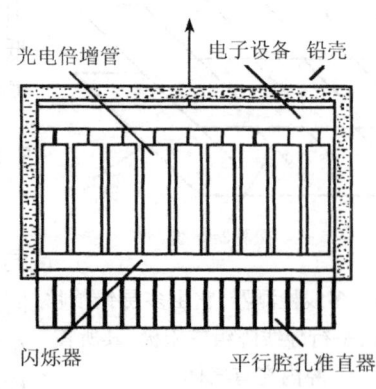

图 7.103　伽马相机的剖面图

(4) 一种特殊的放射性核素成像是基于正电子辐射的放射性同位素。正像我们所看到的那样,这个过程将会导致一个电子的湮灭和两个近似反平行的 γ 射线光子,每一个都是 511keV。用产生正电子辐射的放射性同位素成像的一种有效的方法是用大量的单个闪烁体检测器将病人包围起来,这样的检测器在空间是对偶放置的,因此可以检测到反平行的伽马射线。图 7.104(a)给出了准直器检测器的组配,这种组配以相应电子线路检测正电子发射器的位置。这种构造就是正电子辐射断层成像技术(PET)的基础,这种成像技术在脑新陈代谢和神经病学问题的研究中有特殊的应用。图 7.104(b)和(c)给出了构成一个典型的 PET 系统的闪烁器和光电倍增管的配置。图 7.105 给出了这种配置在装有多线检测器的一个剖面图。

(5) 在对核成像系统作进一步的讨论之前,有必要先总结一下用于这种成像系统的最理想的放射性核素所拥有的特性。一般来说理想的放射性核素应通过光子辐射而衰变,而不存在粒子辐射,因此可以减少病人的剂量。发射的光子必须拥有足够的能量穿过人体组织而不产生过大的衰

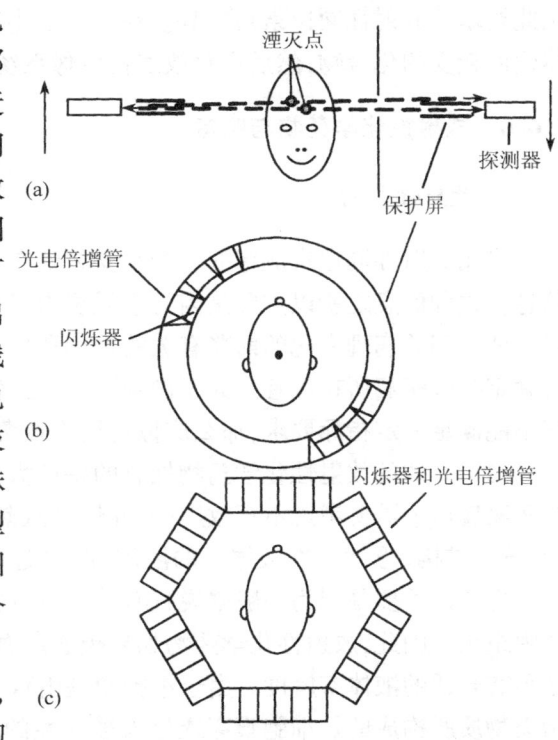

图 7.104 (a) 多晶 PET 照相机侧视图;(b) 探测器环的平面图;(c) 六边形探测器系统的平面图

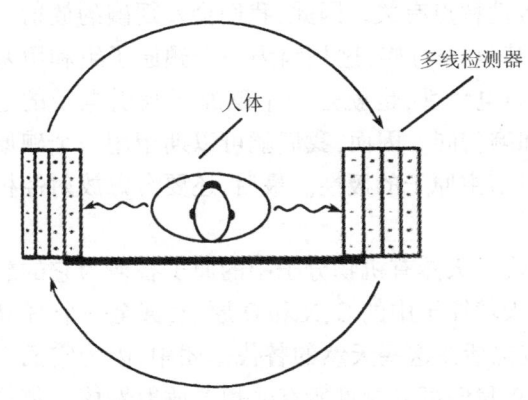

图 7.105 配有多线检测器的 PET 成像系统示意图,一对检测器绕人体旋转

减,光子所具有的能量之所以重要有两方面的原因。首先光子能够有效地从身体组织中穿过,其次光峰又比较容易与其他的散射线分离(图 7.96),高能量光子可以很容易地达到这些要求。但是当用传统的伽马相机时,要产生高能量的光子需要相应地提高准直器孔间隔的厚度,这样就会降低灵敏度,从而降低分辨率,因此我们需要一个折中方案。其次产生高能量光子时需要考虑的一个因素是要用屏蔽物来保护在场的工作人员。最后,放射性化学药品有效半衰期 t_e 实际上是由物理半衰期 t_p 和生理半衰期 t_b 组合而成的,这里所说的生理半衰期是指通过身体周期性的衰减使化学性药物衰减一半所需要的时间,因而有:

$$\frac{1}{t_e} = \frac{1}{t_p} + \frac{1}{t_b} \tag{7.138}$$

上式是从剂量方面来考虑,有效的半衰期必须和实验、研究、持续时间的需要相符合,几乎完全满

足此要求的放射性同位素是^{99m}Tc。在下一节中我们将进一步观察放射性元素如何形成可以被人体代谢接受的化合物,然后再对放射性成像系统做更细致的研究。

7.6.6 放射性化学药物与制备

1. 放射性药物

采用放射性同位素成像的一个重要之处在于它们能够提供关于人体生理功能的定量和定性信息。这种信息之所以重要是因为它无法由其他的成像技术提供,用放射性同位素成像可以获得一些和相关病理变化的前兆有关的生理和生化信息,换句话说,我们可以了解其生物学功能或者确定某些疾病所在位置。为了做到这一点,必须对放射性药物本身的特点有所了解,因为如果它不能满足一定指标要求,那么成像过程将耗费大量时间。

(1) 有效的放射性化学药物拥有的特性大致上分为三种:药物属性、物理属性和化学属性。在药物属性中需要考虑不育效应、特异性和致热性。物理化学属性主要是浓度、分子大小、半衰期、分子结构(形状)、在液体中的溶解度(穿过磷脂结构的能力)和一般细胞膜穿过能力。分子大小之所以重要是因为一般来说只有分子重量较小的化合物(小于500道尔顿)才能够穿过人体的膜组织。因此,放射性化学药物如果想通过血脑屏障进入脑组织就必须满足这个要求,另外还必须有合适的液体溶解度。由于细胞膜是由双层水溶性磷酸盐和夹在其中间的一层不溶于水的脂类物质所构成的。细胞膜穿透分为被动性的(简单扩散)或者主动性,包括载体、受体识别或者能量相关的机制,受体识别是采用对某些分子具有高度选择性的受体,能主动与目标分子聚拢在一起。

(2) 设计放射性化学药物最好的方法就是将放射性核素原子结合或者插入人体已经接受的分子中。如果这是一种在人体新陈代谢中比较重要的分子,效果会更好。现在已经发现了一些可以完成这种插入的方法,这些方法与分子构象和极性特点有关。因此,我们会发现碘的放射性同位素在器官性分子中可以代替甲基(CH_3)或者乙基(C_2H_5)族,这是因为一个碘原子组和甲基或者乙基族具有类比性。考虑到极性特点,碘化物的电负性,也就是一个碘原子吸引电子的趋势,已经确定为2.4。而碳的电负性是2.5,基本上和碘相同。因而,我们就可以期望用一个碘原子来代替甲基烷或者乙基族而不改变分子构象,或者宿主原子的极性。最后,还要考虑放射性核素的半衰期,正如式7.138中所概括的那样。

(3) 有一种非常具有吸引力的方法是通过将父代是天然有机物分子中的原子替换为它的放射性同位素来产生有机药物。原则上我们可以替换天然原子中的C、N和O原子,甚至一个H和OH基团。对于后两种实体我们可以用^{18}F,它可以被包括在这些天然的替代基团中,因为它插入宿主分子中并不会引起极化和结构干扰。观察表7.9我们可以看见所有的相关放射性核素都是产生正电子发射的,因此它们仅限于PET系统。很明显,一般成像所需的放射性核素通常由其他的非有机物放射性核素来合成。

(4) 正像我们已经看到的那样,可以通过将碘的放射性同位素(代替甲基或者乙基基团)植入有机物分子中来构造一个含碘的模拟分子。对于金属性放射性核素来说,确定位置通常来说更为困难,金属必须和有机物基团绑定或者固定在一起以形成一个混合的,或者合成的化合物。在合成物的形成过程中最具活性的金属是过渡金属元素,虽然这些属性并不是它们所独有的。

我们发现在用于放射性成像中能被有机合成,或者形成螯合物(chelating agents,取自希腊语 chele,意为螃蟹的爪子)的金属中最为重要的过渡金属锝(Tc);金属硼族中的三种元素也具有广泛的用途,它们分别是镓(Ga)、铟(In)和铊(Tl)。表 7.11 是一些常用放射性核素的分类,包括"有机"和金属的。

表 7.11 常见放射性核素的医学应用

放射性核素	应用	说明
^{11}C	PET	^{11}C-葡萄糖用于脑部成像,正电子发射
^{13}N	PET	正电子发射
^{15}O	PET	正电子发射
^{18}F	PET	^{18}F-氟去氧葡萄糖代替葡萄糖脑部成像
^{133}Xe	脑血流成像	
^{67}Ga	肿瘤成像	对血浆铁离子转运蛋白有强亲和力
^{111}In	炎性过程成像	
^{201}Tl	心脏成像,心肌灌注	代替心肌中的 K
^{123}I	甲状腺研究	
$^{99}Tc^m$	广泛应用	因器官而异
^{82}Rb	心肌灌注研究	类似于心肌中的 K

锝(^{99m}Tc)是最常用的放射性核素,通常以一种有机金属化合物或者金属螯合物的形式放入体内。在这种形式下,它在人体内的表现就可以根据合成物的性质是否明显地依靠锝的存在来描述。我们因此就有"用锝作标记"的化学性药物。为了使这种概念更加明显,如果锝是和紫色六丙烯胺肟混合形成 Tc-HMPAO,它就可以穿过血脑屏障并存在于局部脑组织,其数量取决于血流。然而,HMPAO 本身并不会穿过血脑屏障,锝是一种基本的放射性化学药物。过渡金属的存在以某种方式影响螯合物的性质。螯合物族通常都有两个或者更多的原子来作为施主原子,可接受金属原子的存在形成闭合的环状分子等。

2. 放射性核素发生器

临床上使用的放射性核素的制备主要采用放射性核素发生器。在研究核素发生器的物理结构前,让我们先了解一下生成器系统中子核和父核之间的关系。图 7.106 总结了一个发生器系

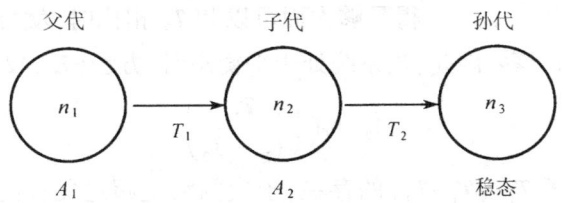

图 7.106 发生器中核衰变序列之间的关系

统放射性核衰变的序列之间的一般关系。通过式(7.132),(7.133)和(7.134),我们可以得到子代核子 n_2 的变化率是时间的函数,它等于形成率 $\lambda_1 n_1$ 与衰变率 $\lambda_2 n_2$ 之差,所以:

$$\frac{dn_2}{dt} = \lambda_1 n_1 - \lambda_2 n_2 \tag{7.139}$$

我们也可以用式(7.133)将上式改写为

$$\frac{dn_2}{dt} + \lambda_2 n_2 - \lambda_1 n_1^0 \exp(-\lambda_1 t) = 0 \tag{7.140}$$

这里的 n_1^0 表示在零时刻父代核子的数量。这个微分方程的解为

$$n_2 = \left(\frac{\lambda_1}{\lambda_1 - \lambda_2}\right) n_1^0 (\exp(-\lambda_1 t) - \exp(-\lambda_2 t)) + n_2^0 \exp(-\lambda_2 t) \tag{7.141}$$

这里的 n_2^0 表示在零时刻时子代核子的数量。

如果要把衰变率 $-dn/dt$ 用字母 A 代替,称为活性或活度(activity),参考式(7.132)、(7.133)、(7.134),那么式(7.141)可以被改写成表达父代核子和子代核子之间关系的形式,它被表达为时间的函数:

$$A_2 = A_1\left(\frac{T_1}{T_1 - T_2}\right)\left\{1 - \exp\left[-0.693\left(\frac{T_1 - T_2}{T_1 T_2}\right)t\right]\right\} \tag{7.142}$$

这里 T_1 是方程(7.134)中的 $t_{1/2}$ 更紧凑的表达,它表示父代核子的半衰期,T_2 表示子代核子的半衰期,这两个量都是由式(7.134)定义的。一个样本的活度被定义为每秒核子衰变的数量,在 $t=0$ 时它等于 $n_1^0 \lambda_1$。活度的单位是居里(简写成 Ci),这里一个 Ci 等于每秒 3.7×10^{10} 次衰变(或裂变)。活度的 SI 单位是贝克勒尔(简写成 Bq),这里一个 Bq 等于每秒一次衰变,因此 $1Ci=3.7\times10^{10}Bq$。

当父代核子和子代核子的活度之比是一个常量时,也就是 A_2/A_1 是一个常量时,我们就可以认为在这个系统中父代核子或者子代核子的活动达到了一个平衡。根据一个随意性的约定,如果 $T_1/T_2<100$ 时图 7.106 中所描述的生成序列可以达到一个暂态平衡,另一方面如果 $T_1/T_2>100$,则说系统能达到一个长期平衡。

图 7.107 以图形形式表达了暂态平衡。这里,如果纯净的父代核素在一个理想的发生器中分离出来,那么方程(7.142)就可以表达子代核子活度的增加。当分离时间 t 变得足够大而可以和 T_2 相比时,就可以达到平衡。在这个时

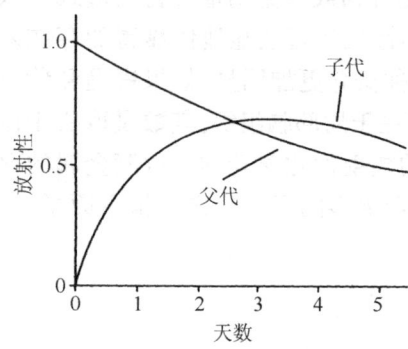

图 7.107 放射性核素父核与子核之间活度的暂态平衡关系

候式 7.142 指数形式趋向于零,因此,当系统处于平衡态时,方程(7.142)变为

$$A_2 = A_1\left(\frac{T_1}{T_1 - T_2}\right) \tag{7.143}$$

从另一方面来说,由于因子 $T_1/(T_1-T_2)$ 的存在,子代的活度超过父代的活度。如果父代核子和子代核子半衰期很短,那么在平衡态时活度之比就越大。如果父代和子代的半衰期很大,也就是 T_2 和 T_1 相比很小,那么方程(7.142)就可以被写为

$$A_2 = A_1[1 - \exp(-0.693t/T_2)] = A_1[1 - \exp(-\lambda_2 t)] \tag{7.144}$$

这是一个长期平衡关系(图 7.108)。由于 $\exp(-\lambda_2 t)$ 和 1 相比很小,我们可以作进一步的简化,将式(7.144)简写成 $A_2=A_1$,我们可以令 $T_1 \gg T_2$ 而从式(7.144)中得到这个结果,它表示父代和

子代活动度之比随时间的推进而趋向于长期平衡。生成关系表现为长期平衡的一个典型例子就是 ^{68}Ge 和 ^{68}Ga,而表现为暂态平衡的例子是 ^{100}Pd 到 ^{100}Rh。图 7.109 显示了一种放射性核素发生器的基本结构,它可以用于生成最重要而且最常用的放射性同位素核子 ^{99m}Tc。子代核子和父代核子在发生器中分离可以用各种技术,而最常用的方法是层析分离法(又称色谱法)。这里的色谱媒介是氧化铝,放射性元素 ^{99m}Tc 通过由圆柱体注入的等渗盐水溶液(0.9% NaCl)来洗提。这样 ^{99m}Tc 几乎可以完全同父代核素 ^{99}Mo 分离。被洗提的 ^{99m}Tc 接着可以和那些根据应用选定的化合物结合使用,但须注意 ^{99m}Tc 并不产生正电子辐射。

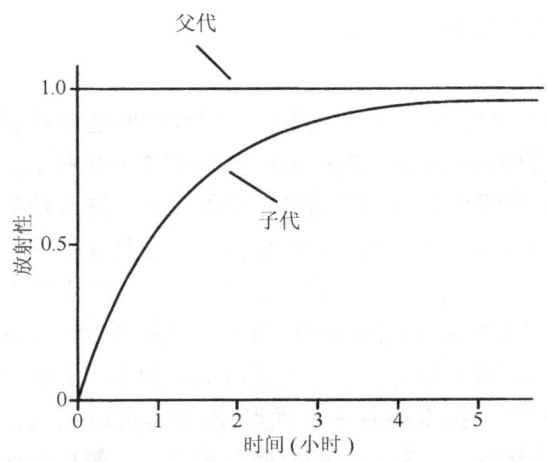

图 7.108 放射性核素父核与子核之间活度的永久平衡

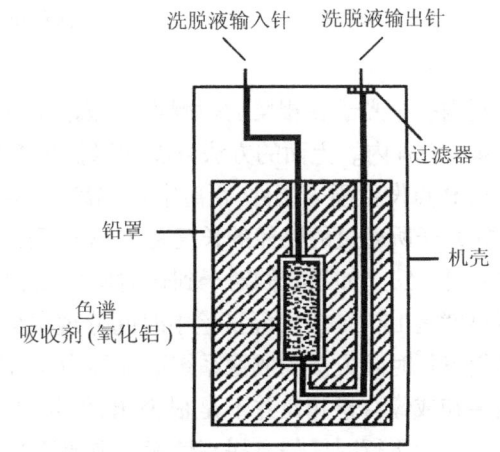

图 7.109 基于色谱法分离父核与子核的放射性核素发生器原理框图

以下将研究人体组织功能的断层图的产生过程,它的产生方式和 X 射线类似,只不过现在使用的是放射性同位素。这种技术就是放射性计算机断层成像(ECT),这项技术可以很容易地分为两种单独的模式:正电子发射断层成像(PET)和单光子发射计算机断层成像(SPECT)。

7.6.7 正电子发射计算机断层成像

1. 成像原理

正电子发射断层成像技术(positron emission tomography, PET)是一种非常重要的技术,特别是在脑成像过程中。这项技术是基于以正电子辐射形式衰变的放射性核素。该衰变过程的最后一个阶段就是正负电子对(β^+ 和 β^-)发生湮灭后产生两个具有大约 511keV 的光子(γ 射线),它们基本上是共线反向射出的。这种成像系统依靠光子对的同步检测,如图 7.104(a),这里只有一件湮灭事件被两个准直检测器记录下来,而其他的光子对仅仅通过与两个准直检测器中的一个发生作用,并且它们将作为结果从测量结果中排除出去。

对于任一共线光子对,我们实际上定义了一条直线,该直线穿过发生湮灭过程的起始点。同时我们计算这个湮灭过程的线积分,凡沿着这条线上的所有的湮灭事件都可以被测量并记录。这种测量方法在 X 射线数字式断层照相技术发射 X 射线的方法比较类似。判断两个光子同时到达并且和一个湮灭事件相联系的情况是通过在一定时间内一个光子触发一个电子门控信号,如果在这段

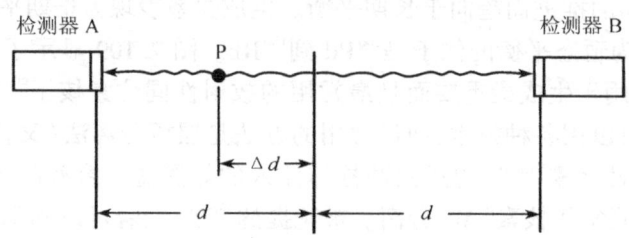

图 7.110　沿两个辐射检测器重合线利用光子飞行时间信息对正电子湮灭现象定位

时间内一个光子在相反的检测器中被记录,那么我们就说发生了一次重合。门控时间通常被设置在 4～10ns 内。上面的方法可以加以扩展产生飞行时间(time-of-flight)信息,如图 7.110 所示。一个在 P 点发生湮灭事件,距离中点偏离了 Δd,产生出两个具有不同路径长度的光子。进入检测器 A 的光子所通过的路径的长度是 $d-\Delta d$,而进入检测器 B 的光子所通过的路径的长度是 $d+\Delta d$;两者之差是 $2\Delta d$。如果我们对于到达时间的变化作一个限制,就算是 1ns,那么湮灭点距离中点最近短距离就是 150mm。实际试验中时间分辨率会提高到大约 500ps,同时空间分辨率会提高大约 75mm。应用飞行时间方法的成像系统通常称为飞行时间的正电子辐射。虽然上面所引用的空间分辨率的数字和成像背景相比并不是很突出,但是这种飞行时间技术还有一个优点,那就是可以提高信噪比。应用飞行时间信息提高信噪比取决于被观察物体的大小和系统的时间分辨率。一般比较典型的改进因子是 5～10。如果对被测体给定平面内所有可能的线积分都进行测量,那么采用 7.3 节中所述的图像重建技术在该平面内放射性活动的分布就可以确定。例如 7.3.7 中的滤波反投影算法就可以被用来重建这种分布的图像。在图 7.104(b)、(c)和图 7.105 中给出了 PET 实际配置。

通过湮灭重合检测所获得的数据相对于一个单光子/准直器装置能更好地接近实际的线积分。湮灭重合检测装置的展线(linespread)功能对于大多检测距离来说几乎都是恒定的,这是由监测装置的几何刚度性能保证的。另外,在重合处的光子检测因子只与物体的厚度有关,而与湮灭发生点在物体内的深度无关。这种因子可以被测出并修正。这种修正通常是在外部加一个环状源,通过一个发射扫描有物体存在和没有物体存在的两种情况,两种信号之间的比值就是衰减因子。图 7.111(a)、(b)给出了单光子检测和符合性检测的对比。

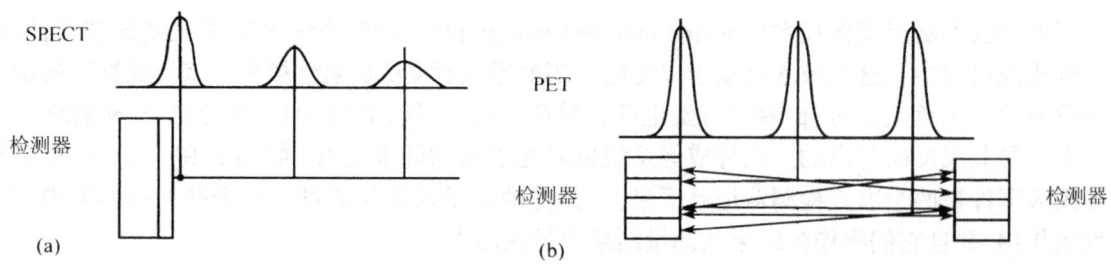

图 7.111　(a) 单光子断层扫描系统位置的空间信号分辨率,随着被检部位离检测器的距离增大而变小;
(b) 正电子湮灭光子系统信号,其分辨率与距离无关

PET 成像系统相对于单光子系统的另外一个好处是不需要大平行光管,因此检测灵敏度几乎高两个等级,这样重建的图像就会更加精确。

2. PET 的应用

PET 应用的一个重要的领域是研究脑功能和新陈代谢。1902 年 P. Ehrlich 提出在大脑中必定存在一个屏障阻止血流中的许多分子进入脑组织,这就是所谓的血脑屏障(BBB)。虽然暗示着完全非透性,但是实际上情况并非如此,存在着选择性渗透。事实上,一旦脑功能完全失常,血脑屏障也就失去作用了。

按照常规,许多分子由于对于大脑的功能非常重要,它们都能正常穿过血脑屏障。一个比较好的例子就是 β-D-葡萄糖,它是大脑的"原料"。图 7.112(a)中给出了 β-D-葡萄糖的分子结构。另一种物质就是在许多人血液中都会出现,但却不是血液正常成分的尼古丁。尼古丁可以穿过血脑屏障。一些不太大(分子尺寸小于 500D)并且具有较高溶解度的分子也可以穿过血脑屏障;一个典型的例子就是锝的混合物^{99m}TcHMPAO,图 7.112(b)给出了它的结构。正电子辐射断层

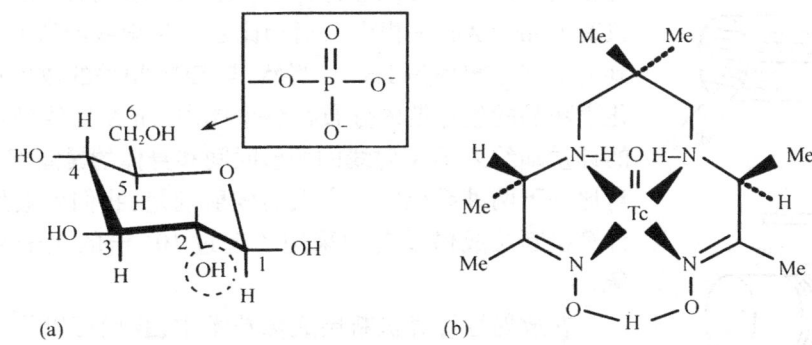

图 7.112　(a) 大脑燃料 D-葡萄糖的结构;(b) ^{99m}TcHMPAO 的结构

成像技术在临床上应用的一个完美例子就是研究脑的新陈代谢。实际上大脑对能量的消耗非常巨大,它的原料就是 D-葡萄糖,通过使用"带有标记"的葡萄糖我们可以研究大脑功能的区域性分布。为了使这种方法能够有效,所使用的葡萄糖不仅要有作适合标记的正电子发射体,而且还要作结构上的改变,使它能够在脑组织中被吸收。一种满足上述要求的结构改变就是用氢原子代替葡萄糖中的羟基团,即图 7.112(a)被虚线圈出的部分。如果用来代替环中的碳原子,那么我们就得到了^{11}C-2-脱氧-D-葡萄糖,它可以很容易地被脑组织吸收,就像 D-葡萄糖一样。

另外,我们简单地将图 7.112 中画圈的闭合羟基团用^{18}F 来代替,这样就得到了^{18}F-2-脱氧-D-葡萄糖(^{18}F 2 DOG)。这种分子也可以作为脑组织的"燃料"而被吸收。通常细胞内的己糖激酶可以将 D-葡萄糖磷酸化成葡萄糖-6-磷酸脂,也可以对^{11}C-2-脱氧-D-葡萄糖和^{18}F-2-脱氧-D-葡萄糖进行磷酸化,均是通过将图 7.112(a)中箭头指向排列的羟基基团用磷酸脂基团 OPO_3^{2-} 来代替。然而随后的糖酵解酶不能识别两种作有标记的混合物,因此它们被吸收到脑细胞内。这个时候脑组织中任何给定部位的细胞所产生的这些化合物数量也就是糖酵解通道下该部位的葡萄糖通量的指征。

7.6.8 单光子发射计算机断层成像

1. 成像原理

单光子发射计算机断层成像(single photon emission computed to-mography,SPECT)技术产生于19世纪60年代早期,当时 D. E. Kuhl 和 R. Q. Edwards 发明了最初的横向断层成像技术,它们使用的是一个直线扫描器(图 7.102)和模拟反投影技术。SPECT 的重建算法和 X 射线的重建算法类似,只不过在其中加上了衰减补偿方法。在某些情况下,例如脑成像,衰减系数基本上是恒定的,因此工程师们就设计出一种有效的衰减补偿方法。而在大多数情况下,衰减是变化的,于是采用了加权最小二乘法。在正电子断层成像技术中关于衰减的修正问题可以很容易地完成,这是因为这里只需要衰减系数的线积分而且传输数据的获取相对于单光子系统来说比较容易。

由于准直器所"看见"物体尺寸的大小随着距离的变化而变化,因此点扩展函数,或者分辨率都是随着距离的变化而变化,变化方式如图 7.111(a)所示。这种影响在计算中必须进行补偿。单光子系统的空间分辨率 FWHM 仅有 11mm(Anger 相机),而相比之下 X 射线断层照相技术可以达到的空间分辨率是 1mm。当然,与 ECT 相关的放射计量在放射性化学药品的生存期内分布在整个体内,而 X 射线断层测量中传输的计量却约束于 X 射线的照射时间和身体的暴露部分。如果我们对比一下两种系统施予病人的放射剂量,我们就会发现在放射性计算机断层成像设备中采用了超过 10^4 倍的光子来产生一幅图像。

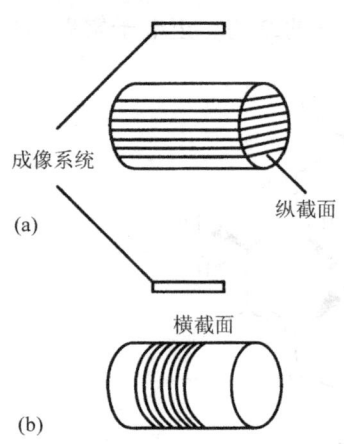

图 7.113 两种类型的 SPECT
(a) 纵向断层成像扫描;(b) 横向断层成像扫描

在放射性计算机断层成像技术中,我们可以将其区分为两种通用的类型:有限角式和横轴式。在有限角式也叫纵向断层成像中来自于身体几个部位的有限角范围内的光子同时被检测到。重建图像的平面与检测器正面平行。在横向式断层成像技术中,检测器围绕着身体做 360°旋转以取得来自身体各个部分的光子的取样,相对有限角断层成像技术,横向断层成像技术所取得的部位垂直于检测器的表面,如图 7.113 所示。

在有限角放射性断层成像技术中,放射源的分布情况是从几个不同角度获得的,因此我们可以获得关于放射性源在体内深度的信息。达到这个目标的一种方法是通过使用带有高聚焦准直器(图 7.101)的直线扫描器。由这种扫描系统所获得的图像表达了通过焦点的平面的放射性分布以及来自焦平面以上或者以下的平面的模糊信息。对于一幅有限角断层成像的去模糊方法可以通过使用反卷积或者迭代技术,但是深度分辨率或者有效切片厚度相比于切片内分辨率还不够理想。随着深度的增加困难度会增加。总的来说,这种断层 X 射线图像基本上只是定性的,但是它们确实有一定的优点,使用这种技术可以进行动态研究并且成像时间也比横向断层成像技术所需时间少。

横向断层成像技术采用一个旋转数字伽马相机系统。当检测器旋转时我们就可以得到三维放射性分布的一个二维投影或者多重视图。这个系统与最新发展出来的 X 射线数字式断层成像设备中使用的系统类似。每一个视图都代表了沿着检测器视图行列上分布的放射性元素的线性和(忽略衰减作用),就像由平行光管决定的一样。通过这种方法就有可能重建表达放射性化学药品在体内分布的断层图像。

2. 放射性同位素影像

下面通过了解两个应用实例结束我们把来自体内的放射线作为人体组织成像的研究,这里我们分别使用了两种放射源,^{99m}Tc 和 ^{201}Tl。

对于骨组织成像来说,钙没有合适的放射性同位素。然而这个问题可以用标有^{99m}Tc 的磷酸盐混合物。这些混合物随着血液进入了围绕着骨组织表面的多孔矿物质表面的细胞外液,并且很快地通过与具有代谢活性的骨矿物质,也就是羟基磷灰石,进行离子交换而附着在骨的固相(solid phase)上。在骨组织活性和血流速度最高的部位,放射性活性物质的聚集度也会达到最高,例如,在骨愈合和受力部位。图 7.114 给出了整体骨骼的图像,这两幅图像是用一个伽马相机扫描服用标有^{99m}Tc 的非磷酸脂混合物(HDP)的人体而得到的。从图中我们可以看到在右侧肋部和左踝部位有计数增加的小范围区域。右肋的活性区域是与受

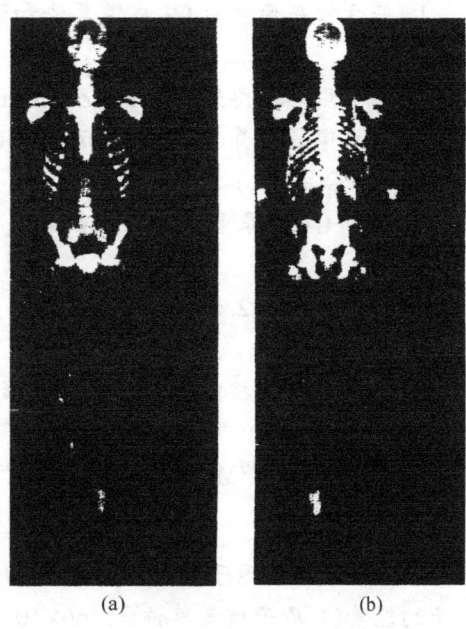

图 7.114 服用标有^{99}Tc^{m}的二磷酸酯混合物后骨骼的前(a)后(b)影像

力断面相符合,而在左踝处增加的计数是由于病人在保护右腿时产生的反应变化。

心脏的功能对于所有其他的身体器官来说处于中心地位。心肌的节律和收缩性是由人体内的钠-钾泵来维持的。血流对于心肌功能非常重要,钾离子以接近 70% 的效率从血液中提取出来。然而,和钙元素一样,钾元素也没有合适的放射性同位素,但是我们可以使用单价铊阳离子,它具有和钾相近的离子半径,分别是0.147nm 和 0.133nm。虽然铊离子并不是一个真正的钾模拟物,但是它的生理分布和钾非常类似。因此单价^{201}Tl 已经被用来研究与心脏有关的血液流动情况。图 7.115 就是心脏的三维 SPECT 图像,这幅图表达的是通过二尖瓣向下看时的情况。上面的图是心脏处于应激反应时^{201}Tl 的分布,而下面的图是 4h 后心脏处于安静状态下^{201}Tl 的分布。但在这个过程中,^{201}Tl 的最大聚集量在 9 点钟到 11 点钟之间发生了重新分布,这说明心脏前壁的血液供应存在缺陷。

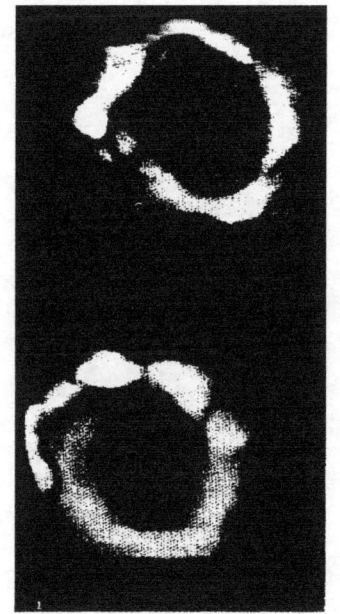

图 7.115 注射^{201}Tl 后心脏的三维 SPECT 影像

习 题

1. 基于拉东变换的 CT 成像算法和豪斯菲尔德设计的第一代 CT 成像中的算法相比,前者有哪些优势?

2. 试采用二维傅里叶变换(Zeugmatography 算法)或参考 CT 图像重建的滤波反投影算法,写出 MRI 成像的计算方法。(提示:NMR 信号的特征函数:自旋质子密度,T_1、T_2 及介质流速均可单独或联合成像。)

3. 参考 CT 图像重建的迭代重建或滤波反投影算法,试写出一种 SPECT(或 PET)成像的计算方法。

4. 一个病人在 2.0T 的 MRI 强磁场下,其血流速度是 10cm/s,请问横穿血管的感应电压梯度是多少?

5. 试采用超声换能器、单片机、图形液晶显示器以及必要的集成电路和基础元器件设计一台小型 A 超。

6. 父核同位素 ^{99}Mo 衰变得到子核 ^{99m}Tc,如下式:

$$^{99}Mo \xrightarrow{\beta^-} {}^{99m}Tc \longrightarrow {}^{99}Tc + \gamma$$

父核和子核的原子质量分别为 98.907 7 和 98.906 2 原子质量单位,试计算在这变换中发射电子的能量(1 原子质量单位 $=1.66\times10^{-27}$kg)。

第八章 医用化学分析类仪器设计基础

8.1 概　述

本章讲述与临床医学直接关联的人体化学成分检测的仪器的设计,特别强调了相关传感技术在设计中的重要地位。本章主要内容是:① 化学量传感器设计原理;② 化学分析仪设计原理;③ 化学量的连续测量;④ 呼吸气体的测量与分析。

8.1.1 医学化学测量的基本要求

化学测量在临床条件下广泛采用,比如麻醉、重症监护、急救、术后,以及慢性病人的移动监测等。为把人体内的化学量控制在需要的水平,有时还要使用具有闭环控制功能的人工器官。

监测人体化学量时,有多种途径把传感器应用于人体,例如,把传感器置于人体表面,插入组织或血管,植入人体,置入外部循环回路或者安装在人工器官中等。如果需要长期完全植入,则必需考虑长期稳定性。如果不能达到长期的稳定性,则采用导管,将传感器从导管插入,以便定时取出校准或更换。但是,如果导管外表面和皮肤组织之间存在空隙,就存在感染的风险。尽管有几种经皮接头可以在人工材料和皮肤之间形成紧密接触,大多数人工材料都不能达到这个目的。只有某些材料,比如羟磷灰石,能与皮肤形成少见的紧密接触。人们期望通过使用这类材料,实现能长期使用的可靠的经皮"插座"或"插头"。

在活体中使用化学传感器测量,需要满足以下最基本的要求:① 传感器上的化学反应不应该对组织有毒性;② 传感器的温度系数可以进行补偿,使它适用于不同的现场温度;③ 传感器置于血管中时,表面应是抗凝的,体积应该小到不影响血流;④ 传感器应与体液绝缘,即使电源电压意外作用于传感器和人体,所引起的漏电流也不会引起电击;⑤ 如果需要校准,应该在消毒的条件下进行;⑥ 设计传感器的外形和尺寸,应对周围组织不产生任何机械损伤。

8.1.2 医学化学量的取样

评估体内化学量是通过分析取样材料(如血液或尿样)进行的。但是,某些化学量的浓度可能变化非常迅速,需要进行体内连续监测。

血液是最常用的化学测量目标,因为许多重要化学物质通过血液循环转运,事实上,许多物质在血液中的浓度反映了它们在全身的浓度。

常规情况下,一般从静脉取得血液样本,并用化学分析仪进行分析。为了连续监测血液中的化学量,需要连续采血或者在血管中放置化学传感器。然而,如果目标物质对毛细管壁是高度通透的,可以认为间质液和血液中的浓度相等。因此,有时血液中物质浓度的测量可以通过传感器对间质液测量获得。尿液也是临床实验分析的常用目标,尽管尿液中的有用信息比血液中少,但因尿液分析取样容易而比较有利。连续排尿过程中,化学量的连续测量是可能的。但是,尿液输出量变化时,尿液中物质的浓度范围变化很大。事实上,尿液 pH 正常范围是 4.5~8.0,要监测一种物质进入尿液的速率,必须同时知道尿量和该物质的浓度。

另一方面,正常尿液中不含葡萄糖、蛋白质和血红蛋白,尿液中出现上述物质是异常生化信号的提示。呼吸气体的成分在临床上也很重要,麻醉和重症监护中常需监测。测量氧气和二氧化碳的浓度还可以确定新陈代谢速度。

附:化学量的单位

在化学计量中常用质量来表达物质的数量。在国际单位制(SI)中,质量的单位是千克(kg),而在化学计量中所含物质的数量常用摩尔(mol)表示。1g 氢约有 $6×10^{23}$ 个原子($6×10^{23}$ 称为阿伏伽德罗常数,用 N_A 表示),如果一种物质分子量为 M,则 $6×10^{23}$ 个这种分子的质量为 M_g,并称 1 摩尔该物质。尽管概念"摩尔(mol)"来自于"分子"(molecule),但是如果充分定义,它可以应用于原子、粒子或任何基本物质实体。在 SI 单位系统中,1 摩尔定义为 0.012kg 中 ^{12}C 的原子数量。

溶液中某种物质的数量可以用质量、容积或摩尔表示。浓度是单位容积液体中某种物质的质量。在国际单位制中,浓度单位是 kg/m^3。生理学也使用诸如 g/L、mg/dL、mg/L 等相关单位。

摩尔浓度是指单位容积的液体中用摩尔表示的物质数量,它在国际单位制中的单位是 mol/m^3,生理学中也用到 mol/L、mmol/L、μmol/L。浓度和摩尔浓度通常用 c 表示,但某种物质的摩尔浓度通常用带方括号的化学式表示,例如 $[H^+]$ 和 $[HCO_3^-]$ 分别表示 H^+ 和 HCO_3^- 摩尔浓度。

混合物中物质的量的比例通常用质量分量或摩尔分量表示,两个量都是无量纲的。摩尔浓度、质量分量、摩尔分量也称为浓度。分量也可表示为百分数,表示非常小的量可用 ppm(百万分之一)和 ppb(十亿分之一)。

一般的化学反应中,反应速度取决于参加反应的物质的浓度。然而,化学反应容易发生的程度并非严格与物质浓度成正比,而是与所谓的"活性"或"活度"(activity)成正比。活性的概念在评估平衡条件时尤其重要。活性无量纲,且对纯净物质是 1。浓度足够低时,活性与摩尔比等价。活性用 a 或 a 带有表示物质的下标表示。

例如,电解液中,发生如下分解与结合:

$$AB \longleftrightarrow A^+ + B^- \tag{8.1}$$

两个反应的速度保持平衡,分解的程度可以描述为

$$\frac{[A^+][B^-]}{[AB]} = k \tag{8.2}$$

或者

$$\frac{a_{A^+} \cdot a_{B^-}}{a_{AB}} = K \tag{8.3}$$

这里,a_{A^+}、a_{B^-} 和 a_{AB} 分别是 A^+、B^- 和 AB 的活性,k 和 K 称为平衡常数。使用摩尔浓度时(式(8.2)),平衡常数 k 取决于液体浓度;然而,使用活性时(式(8.3)),平衡常数 K 与浓度无关。K 称为热力学离解常数。k 的单位是摩尔浓度,而 K 是无量纲的。对于弱电解液,k 对浓度的依赖

也可以忽略不计。

我们用 pH 表示氢离子浓度，它的定义为

$$pH = -\log_{10}[H^+] \tag{8.4}$$

式中，$[H^+]$ 的单位是 mol/l。中性液体的 pH 为 7.0。

溶解气体的分压（或称偏压）用字母"P"加该气体的化学式表示，例如，氧气和二氧化碳的分压分别用 PO_2 和 PCO_2 表示。国际单位制中分压的单位是帕斯卡(Pa)，但一般仍使用 mmHg。液体中溶解气体的总量用气体在标准条件(0℃,1 个大气压)下的等价容积和液体容积之比表示，它是无量纲的，通常用容积百分比表示。溶解气体的总量也可以表示为摩尔浓度，如 mmol/L。

8.2 医学化学量传感器设计原理

在化学量测量中所使用的传感器种类十分丰富。随着仪器主机的虚拟化和模块化设计技术的成熟，传感器在化学分析类仪器设计中的地位变得更为突出。本节主要讲述如下几类传感器的设计原理：① 电化学传感器；② 基于光学的化学传感器；③ 基于声学和热学的化学传感器；④ 生物传感器。

8.2.1 电化学传感器

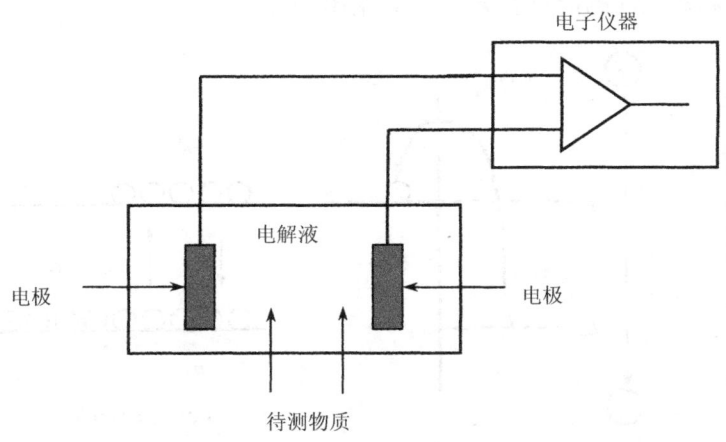

图 8.1 电化学测量系统简图

电化学传感器是利用电化学原理把化学量转换为电位或电流的装置。图 8.1 示出了基本电化学测量系统，它由两个电极、电解液、测量电位或电流的电子仪器组成。电解质在水中溶解形成离子，液体中有电场存在时，离子运动形成离子电流。但是，普通电子仪器中的电流是靠导体中自由电子的运动维持的，不能直接测量离子电流。因此，为了用电子仪器测量离子电流，需要一对接口器件把离子电流转换为电子电流。在电化学测量中，我们把电极定义为电解液和导体之间的接口。一个由电极和电解液组成的系统，当被测物质的浓度反应为电极之间的电位差或产生通过电极的电流时，这个系统就是电化学传感器，其中被测对象的量反应为电位差的电化学

传感器称为电位传感器,而被测对象的量反应为耗用电流的电化学传感器称为电流传感器。

1. 电极电位和参考电极

金属电极放入电解液中,在金属表面形成电极材料和电解液之间的电位差称为电极电位。但是,电极电位无法独自测量,原因是电位测量至少要有两个电极。如果一个电极的电极电位足够稳定,另一个电极的电极电位的变化便可作为两个电极间电位差的变化来测量。电极电位通常定义为与氢电极电位的相对电位差,氢电极的电极电位假设为零。

没有电流通过电极时,电极电位将达到平衡。平衡状态下的电极电位取决于参与电极反应物质的浓度(严格分析时应为活性)和温度。一般地,形成电极电位的电极反应包括电极材料和电解液的边界上的电荷转移。金属的氧化和还原是典型的电极反应,试研究如下反应:

$$A \longleftrightarrow A^+ + e^- \tag{8.5}$$

其中,e^-是电子,反应从左向右进行时,物质 A 氧化为 A^+,方向相反时 A^+ 还原为 A。金属电极中,A 相当于束缚在固体电极表面的中性金属原子,A^+ 相当于它悬浮在液体中的离子。

如果在金属和电解液之间存在电位差(图 8.2),上述反应相当于电荷在两个不同电位水平的状态之间移动,从而伴随着电势能的获得和失去。氧化过程仔,A 分解为 A^+ 和 e^-,A^+ 溶解于液体,而 e^- 保留在金属电极内,导致正电荷从金属向液体移动。如果液体的电位比金属高(图 8.2),A^+ 获得能量,原因是在这个过程中,正电荷从低电位移到了高电位。如果金属和液体的电位是 E_0 和 E,两个状态之间的能量差 ε,由下式给出

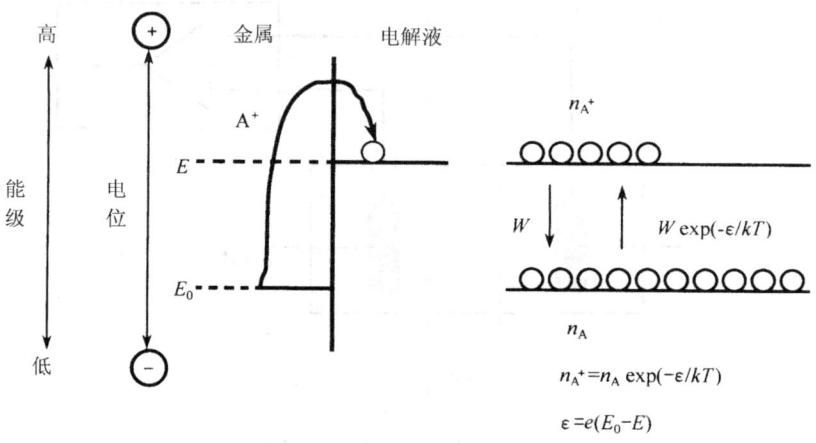

图 8.2 电极反应中能级概念的表示法(左),两种状态间转移的概率(右)。热平衡时,两个能级的实体数目遵守 Boltzman 法则

$$\varepsilon = e(E_0 - E) \tag{8.6}$$

式中,e 是电子电荷。

热平衡状态下,两种状态的原子总数分别表示为 n_A 和 n_{A^+},应该服从 Boltzman 分布,因此

$$n_{A^+} = n_A \cdot \exp(-\varepsilon/kT) \tag{8.7}$$

式中,T 是绝对温度,k 是 Boltzman 常数(1.38×10^{-23} J/K)。图 8.2 的右侧说明了两个能量水平之

间的转移。热平衡状态下,两个方向的转移速度是相等的,所以等式(8.7)是有效的。

用等式(8.6)代换(8.7),两个状态的活性 a_A 和 a_{A^+} 代换总数 n_A 和 n_{A^+},得

$$a_{A^+} = a_A \cdot \exp(-e(E_0 - E)/kT) \tag{8.8}$$

因此,E 表示为

$$E = E_0 + (kT/e)\ln(a_{A^+}/a_A) \tag{8.9}$$

如果 e 和 k 同时被 N_A(阿伏伽德罗常数)乘,k/e 变为 R/F,R 是气体常数(8.31J/K),F 是 Faraday 常数(9.65×10^4 C/mol)。代入等式(8.9),可写成

$$E = E_0 + (RT/F)\ln(a_{A^+}/a_A) \tag{8.10}$$

如果以 a_A 等于 1,在温度为 300K 时 a_{A^+} 是 a_A 的 10 倍,则电位差 $E - E_0$ 大约是 0.059V = 59mV。

如果 z 个电子参加电极反应,而不是如式(8.6)所示只有一个电子,那么式(8.10)中的 F 应由 zF 代替,因此

$$E = E_0 + (RT/zF)\ln(a_{A^+}/a_A) \tag{8.11}$$

这个表达式称为 Nernst 方程,它是电化学中的基本方程。

有一类电极的电极电位非常稳定,不受参加电极反应的物质的浓度变化的影响,测量电位变化时,这类电极常用作参考电极:氢电极、银-氯化银电极、氯化亚汞电极是这类电极的典型,图 8.3 示出了它们的结构。

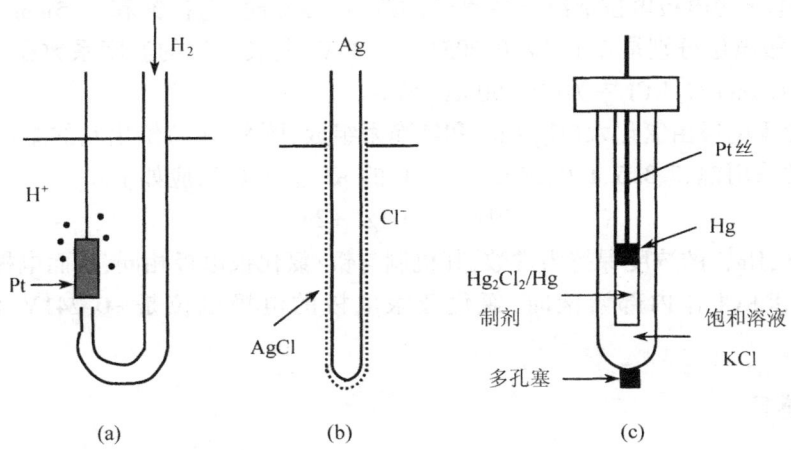

图 8.3 参考电极
(a) 氢电极;(b) 银-氯化银电极;(c) 氯化亚汞电极

(1) 氢电极由镀铂电极浸入酸性液体组成,如图 8.3(a)所示,氢气泡连续通向电极表面,电极反应如下:

$$H_2 \longleftrightarrow 2H^+ + 2e^- \tag{8.12}$$

由于连续供应氢气,溶解的氢气达到饱和,活性也保持不变。如果 H^+ 的浓度不变,它的活性

便维持为1,那么,根据式(8.11)电极电位变成 E_0。这样的条件可在 pH=0 的强酸中实现,因为这时式(8.11)的第二项消失,与该项相关的温度对电极电位的影响也被排除。标准氢电极在所有温度下的电极电位假定为零,故测定其他材料电极的电位时就把氢电极作为标准。

(2) 银/氯化银电极如图8.3(b)所示,是在纯银的表面镀有一层多孔的氯化银薄膜组成。电极反应如下

$$Ag \longleftrightarrow Ag^+ + e^- \tag{8.13}$$

由于金属银是纯净物质,故它的活性是稳定的,因此,电极电位仅由溶液中 Ag^+ 的浓度决定。但是,如果电极表面存在固态 AgCl 和附近有高浓度 Cl^-,那么 Ag^+ 浓度几乎保持不变,其原因是固态 AgCl 部分分解为离子

$$AgCl \longleftrightarrow Ag^+ + Cl^- \tag{8.14}$$

热平衡状态下,两种离子浓度的乘积保持为常数,在25℃时

$$[Ag^+][Cl^-] = 1.7 \times 10^{-10} (mol/L)^2 \tag{8.15}$$

电极反应式(8.13)发生时,反应式(8.14)补偿 Ag^+ 浓度的变化,保持了式(8.15)所示的分解平衡。只要 $[Cl^-]$ 足够大,$[Ag^+]$ 可保持为常数,其理由是,如果 $[Cl^-] \gg [Ag^+]$,则据反应式(8.14)中 $[Cl^-]$ 的小部分变化就小到可以忽略不计,因此电极电位保持不变。然而,对于银/氯化银电极,式(8.11)的第二项不为零,因而温度对电极电位有影响。

银/氯化银电极可以很容易地用电解法制备。制备过程的例子如下:

把银板或银线浸入 3mol/L HNO_3 进行清洁,再水洗,然后放入 0.1mol/L HCl 溶液,从金属银(阳极)向电极(阴极)施加电流密度为 $0.4mA/cm^2$ 的直流电流约30分钟,电极表面形成氯化银薄膜。

银/氯化银电极的电极电位取决于氯离子的浓度,25℃时,它在饱和、3.5mol/L、1.0mol/L 的 KCl 溶液中的电极电位分别是 0.199V、0.205V、0.235V,电极电位的温度系数在饱和 KCl 中为 -0.14mV/℃,在 1.0mol/L KCl 中为 +0.250mV/℃。

(3) 氯化亚汞电极由氯化汞(Hg_2Cl_2)和纯净汞组成,图8.3(c)给出它的结构的例子。电极的内部溶液通常采用饱和、3.5、1.0、或 0.1mol/L 的 KCl。电极反应如下

$$2Hg \longleftrightarrow Hg_2^{2+} + 2e^- \tag{8.16}$$

平衡条件下,Hg_2^{2+} 的浓度保持为常数,其机制与银/氯化银电极相同,从而电极电位也保持为常数。25℃,饱和 KCl 作内部溶液时,氯化亚汞电极的电极电位是 +0.241V,温度系数大约为 +0.22mV/℃。

2. 电位传感器

离子选择性电极是典型的电位传感器,如图8.4所示,它是由两个电极之间的离子选择性膜组成,离子浓度的变化反应为膜两侧的电位差,电位差的变化由膜两侧溶液中的电极测量。

理想离子选择性电极的膜只有一种特定的离子能通过。实际上,膜并非都是理想的,只要一种膜对某种特定的离子通透性高,而对其他离子通透性低,那么当其他离子浓度相对较低时,这种膜可以用作离子选择性膜。以下讲述离子选择性电极的原理和主要结构类型。

(1) 离子选择性电极的原理　与前述电极电位原理相似,如图8.5左侧所示,溶液1和2之间有膜,假设 A^+ 能通过此膜,而其他离子不能,如果溶液1和2的电位分别是 E_1、E_2,那么 A^+ 从溶液1移到2,则获得能量 $\varepsilon = e(E_2 - E_1)$。热平衡条件下,溶液1和2中 A^+ 的浓度(用 C_1、C_2 表

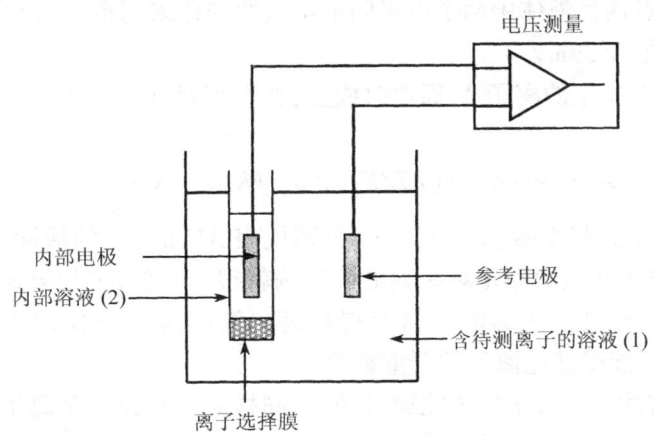

图 8.4 离子选择性电极及测量系统图

示)与跨膜电位有关:

$$c_2 = c_1 \exp(-e(E_2 - E_1)/kT) \tag{8.17}$$

然后,跨膜电位,

$$E_2 - E_1 = (kT/e)\ln(c_1/c_2) \tag{8.18}$$

或者

$$E_2 - E_1 = (RT/F)\ln(c_1/c_2) \tag{8.19}$$

严格来讲,应该用活性 a 代替浓度

$$E_2 - E_1 = (RT/F)\ln(a_1/a_2) \tag{8.20}$$

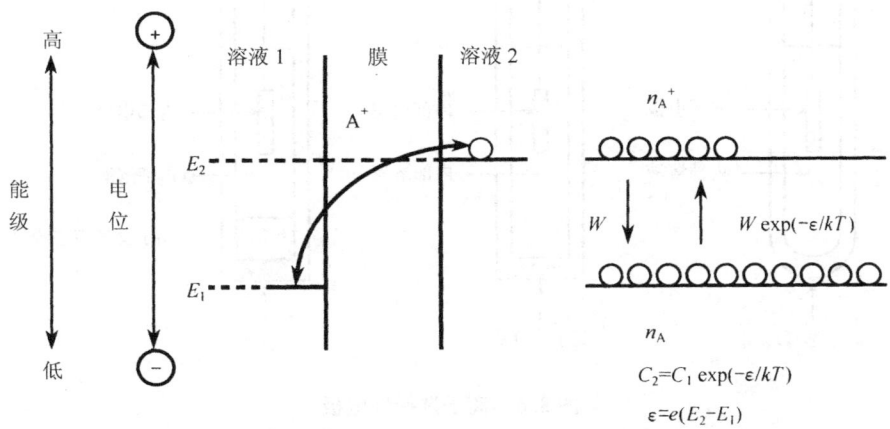

图 8.5 离子选择性电极的能级表示法(左)和两种状态转移的概率
(其中 A^+ 表示阳离子)

如果溶液 2 中 A^+ 的浓度或活性是常数,膜电位应为

$$E_2 - E_1 = const. + (RT/F)\ln a_1 \tag{8.21}$$

其中,a_1、a_2 是溶液 1 和 2 中 A^+ 的活性。溶液 1 中 A^+ 浓度或活性的变化可以由跨膜电位的变化

确定,进而,它可以通过两种液体中两个电极间电位差的变化来测量。25℃时,溶液1中A^+活性增加10倍,膜电位约增加59mV。

式(8.21)在膜只对特定的离子A^+通透时成立,如果膜对其他离子(如B^+、C^+)也通透,则膜电位表示式为

$$E_2 - E_1 = const. + (RT/F)\ln(a_{A^+} + K_B a_{B^+} + K_C a_{C^+} + \cdots) \tag{8.22}$$

其中,K_B、K_C是B^+、C^+的选择系数,a_{A^+}、a_{B^+}、a_{C^+}分别代表A^+、B^+、C^+的活性。如果一种离子的选择系数足够小,这种离子活性的变化对跨膜电位影响就很小。但是,如果这种离子的活性很高,即使选择系数很小,对膜电位的影响也将变得显著。例如,在高pH范围的pH测量中,由于$[H^+]$相当小,膜电位可能受其他离子的严重影响。

上面的讨论中,讲述了只有阳离子能通过的膜,同样对于只允许阴离子通过的膜,也可以得到相似的结果,只是得出的电位符号相反。但是,如果膜对阳离子和阴离子都是通透的,阳离子和阴离子产生的电位将抵消,这样的膜不能用于离子选择性电极。

(2)离子选择性电极的典型结构　离子选择性膜产生的电位变化通过工作电极和参考电极之间的电位变化来测量。离子选择性膜的电特性决定了离子选择性电极的特性。如图8.6所示,玻璃电极内阻很大,通常有几百或几千兆欧;因此,必须用高输入阻抗的放大器。玻璃电极的常规放大器的输入阻抗通常大于$10^{13}\Omega$,而液体离子交换膜的阻值小于30MΩ,压制球末膜则小于100kΩ。

离子选择性电极的结构、尺寸、电极的几何形状以及膜材料的电特性决定了它的响应时间,典型离子电极的95%响应的范围为几秒到几分钟。

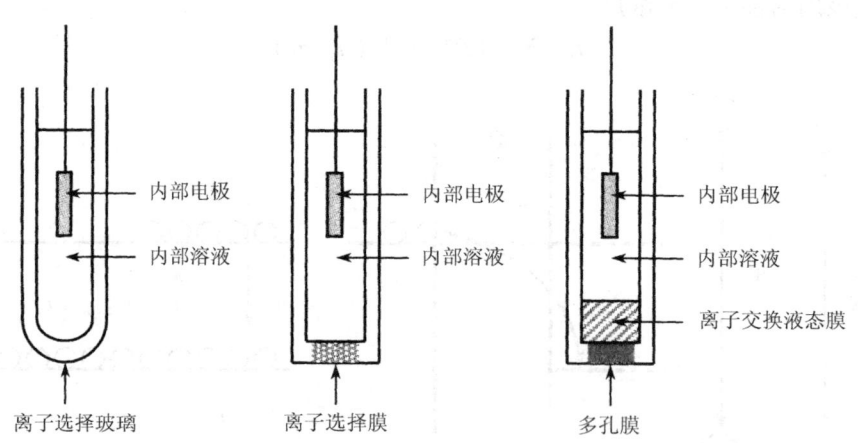

图8.6　离子选择性电极
(a)玻璃电极;(b)压制球末膜电极;(c)液体离子交换膜电极

测量小标本的pH使用毛细管状pH电极,例如临床血气分析仪。如图8.7所示,毛细管状pH电极由用pH敏感的玻璃制成的精细毛细管组成,并被参考液包围。测量时,样本进入毛细管,玻璃膜上建立起电位,测量电极之一位于毛细管外参考缓冲液中,另一个参考电极通过盐桥接到样本。

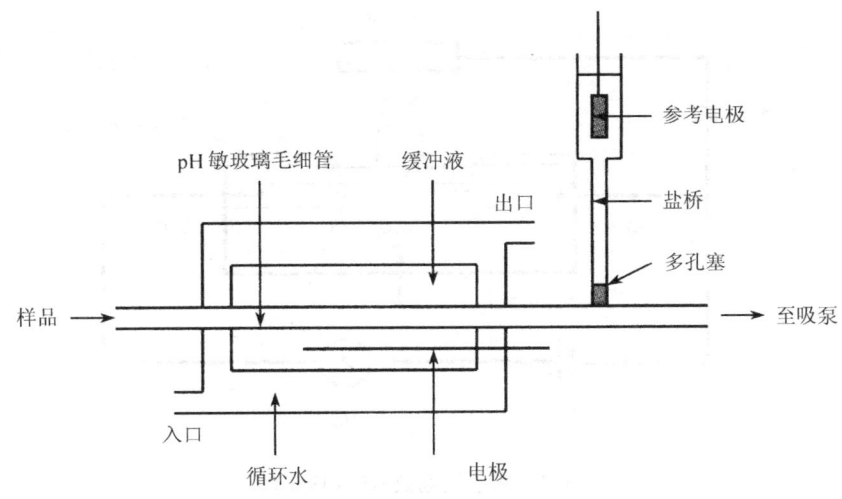

图 8.7 使用毛细管型玻璃电极的 pH 测量图

有些种类的玻璃对钠、钾等不同的阳离子具有离子选择性,它们可以用作离子选择性电极的离子选择性膜。例如,钠玻璃 NSA 11~18 用于钠电极。如果氢离子在某种程度上影响这种材料,那么只是在低 pH 范围即氢离子浓度高时影响严重。

许多固态材料已用于离子选择性膜,例如固态无机材料、稀有元素的单晶体、多晶硫化银、硫化银和氯化银或溴化银的熔融混合物等。

液体膜电极如图 8.6(c),用吸收性材料制成,溶解在亲脂性溶剂中的离子交换材料可以被这种材料吸收。由于这种材料的液体膜不够稳定,引入聚合物基质,如聚氯乙烯(PVC),以延长其寿命。这种类型离子选择性电极的典型是 Ca^{2+} 电极。

其他类型的液体膜用于钾和铵电极。例如,缬氨霉素膜用于钾电极;甲基盐菌素、莫能菌素膜用于铵电极。

离子选择性电极,特别是 pH 电极,用于气体传感器和生物传感器。特定物质在附着于电极表面的薄层中会诱发化学反应,故可通过测量产生的离子测定特定的物质。

在金属电极表面直接覆盖一层离子通透性材料可以制成离子选择性电极,这样的电极没有内部液体,叫作覆丝电极(coated-wire electrode,CWE)。因为结构简单,覆丝电极适合微型化。

(3) 离子敏场效应管(ISFET) 由场效应管和覆盖于传导沟道(栅极)二氧化硅层上的离子选择性膜组成。如图 8.8 所示,ISFET 通常制作在 p 型硅基材上,与 n 沟道 MOSFET(金属氧化物半导体场效应管)相似。但这里 n 沟道的绝缘层由离子选择性膜覆盖,并暴露于液体,而不是普通 FET 连向导线的栅极。在液体中放置一个参考电极,与传导通道上的绝缘层之间加偏压 V_{GS},类似于 FET 的栅极偏压。溶液中的离子在膜上产生的电位可以用通过沟道的电流变化来测量。与普通离子选择性电极相比,ISFET 有几个优点:ISFET 输出阻抗低,玻璃电极必需的高阻放大器在这里就不需要了。它可用常规 IC 工艺制造,容易微型化。离子选择性膜比普通离子选择性电极的膜更薄,响应也更快。除此之外,它可用普通 IC 工艺生产,适合批量生产,也就有希望一次性使用。

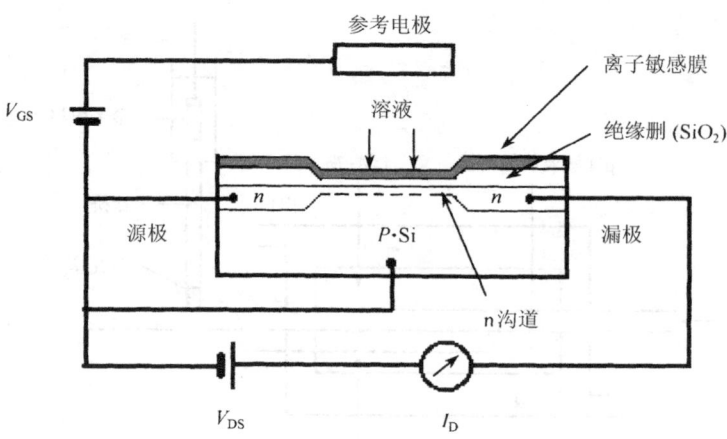

图 8.8　离子敏场效应管(ISFET)

ISFET 结构的一个例子见图 8.9。它的制造方法是在硅晶片上选择性蚀刻,表层通过化学蒸发沉淀(CVD)形成。由于表面全部有绝缘层覆盖,它可以浸入溶液。在 pH-ISFET 中,SiO_2、Si_3N_4、Al_2O_3、SnO_2、Ta_2O_5 用作离子敏感膜;Na^+-ISFET 中用 NAS 玻璃;K^+-ISFET 中用含有缬氨酶素或冠醚的聚氯乙烯;Ca^{2+}-ISFET 中用十二烷磷酸盐加二辛基蹦本基磷酸盐作离子选择性膜。如果用疏水性材料(如聚苯乙烯)作膜,而不是离子选择性膜,那么电极便对离子不敏感,但可以用作参考电极。

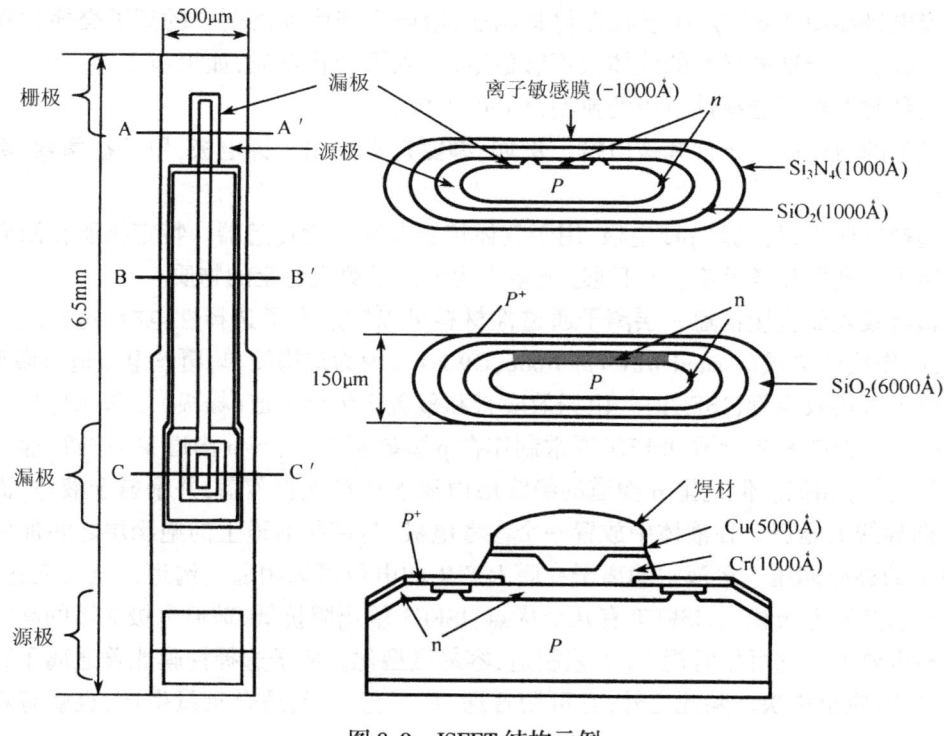

图 8.9　ISFET 结构示例

使用 IC 制造工艺,可以在同一晶片上制造不同的 ISFET。例如,pH 和 Na^+ ISFET 的组合以及 pH 和参考 ISFET 的组合已经制造出来了。

电路设计一般采用恒流方式,即在测量中场效应管漏极电流 I_D 始终保持恒定,从而测试结果是电极电位的变化,由 V_O 输出。图 8.10 是 ISFET 的测量电路。

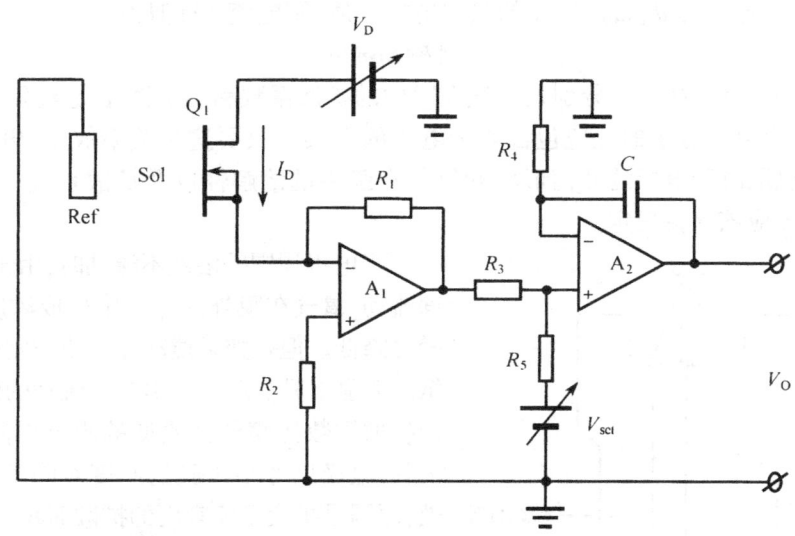

图 8.10　ISFET 测量电路
(Ref 为参考电极,Sol 为试剂,Q_1 为 ISFET)

ISFET 的灵敏度与普通离子选择性电极可比,但响应时间更短。据研究,测量范围是 1~13pH 时,用 Ta_2O_5 作膜的 pH-ISFET 的灵敏度为 56~57mV/pH,这与 Nernst 方程预测值 59mV/pH 接近,它的 95% 响应时间是 0.1s,漂移小于 0.2mV/h,而典型玻璃 pH 电极的响应时间大于数秒。

3. 极谱法电流传感器

化学反应的速度可通过电极的电流测定。如果底物(指酶作用物)的化学反应包括电极表面和底物之间的电荷转移,这样的化学反应会产生电流,外接电子仪器能测量此电流。反应的速度由底物的浓度(严格来讲是活性)和电极与溶液之间的电位控制。因此,施加适当的恒定电压,底物的浓度可以通过电流来测量。在生物医学应用中,溶解的氧气和过氧化氢通常用极谱法电极测量,这些电极被不同种类的酶和微生物电极所使用。

极谱法氧电极的结构见图 8.11,它由铂阴极和银阳极组成。向铂侧施加 -0.6V 恒压,只要电极表面有氧,便会发生下述反应:

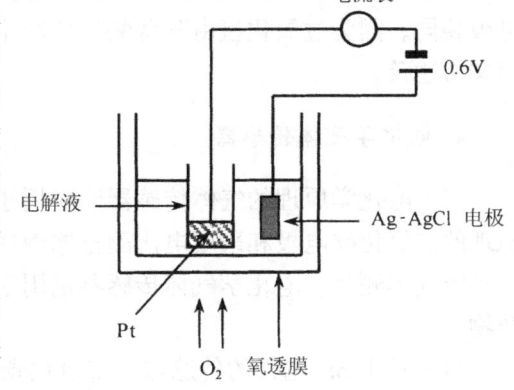

图 8.11　极谱法氧电极的结构

$$O_2 + 2H_2O + 4e^- \rightarrow 4OH^- \tag{8.23}$$

如果靠近电极表面的氧气量有限,那么氧气耗尽时反应终止。但是如果连续向电极表面供氧,将保持连续的电流。在电极表面覆盖一层允许氧气通过的膜,膜外氧压力决定了通向电极表面的氧气量,膜外氧压力就反应了平衡态的电流。

如果氧气通过厚度为 d、面积为 A 的膜向电极扩散,则电流 I 近似为

$$I = 4FAD\alpha p/d \tag{8.24}$$

式中,F 是 Faraday 常量,D 和 α 分别是氧气在膜中的扩散系数和溶解性,p 是氧分压。表达式中,系数 4 是基于一个氧气分子的反应包含 4 个电子的事实。只要这个关系成立,电流直接与氧分压 p 成正比,但也取决于电极的几何形状和氧气在膜中的溶解性以及扩散系数。为了保持灵敏度恒定,这些参数应该保持恒定。

当电极周围的溶液不流动时,由于氧气向电极表面流动,氧气在膜外的介质中形成浓度梯度,灵敏度随之降低。但是如果搅动介质使浓度梯度消失,则灵敏度明显上升。此效应引起对流动的依赖性,但若使用扩散常数比膜外介质低的膜可以降低流动依赖。另外,电极尺寸小于膜的厚度对降低流动依赖也有效,原因是扩大了膜表面的扩散面积。当膜外侧暴露于气体而不是液体时,不须考虑浓度梯度。

常规极谱法氧电极见图 8.12。这种电极由 Clark 在 1953 年首先提出,故叫做 Clark 氧电极。它由精细的铂丝组成,阳极为银或银/氯化银。膜通常用聚丙烯或聚乙烯制成,厚度 20μm。为了保持电极间的电解连接,膜和电极表面之间保持一薄层电解液,典型厚度为 5~10μm。

极谱法原理也用于探测过氧化氢,工作电极发生的电极反应表达为

$$H_2O_2 \rightarrow 2H^+ + O_2 + 2e^- \tag{8.25}$$

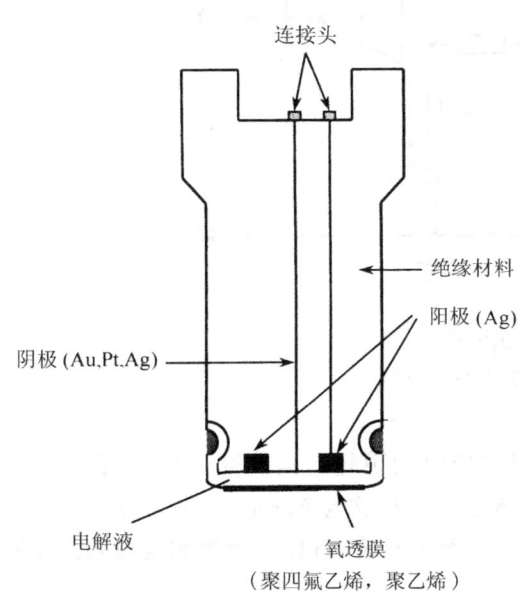

图 8.12 Clark 氧电极

这个反应是阳极反应,工作电极通常保持为约 +0.6V。除了施加电位的极性,此电极的结构与氧电极相同。因为过氧化氢由某些酶反应产生,例如葡萄糖氧化酶,这个原理可用于酶电极,本章后文将述及。

4. 电化学气体传感器

基于电化学原理的气体传感器已应用于许多不同的领域。生物医学应用中,采用电位测量原理的二氧化碳电极和采用电流测量原理的氧电极已广泛用于血气测量;固态电解氧传感器用于呼吸气体测量。电化学气体传感器也用于酶和微生物电极,探测酶反应和微生物新陈代谢的产物。

(1)基于 pH 电极的传感器 二氧化碳电极由覆盖气体通透性膜(如特氟纶)的玻璃 pH 电极和膜与玻璃膜之间的填充液碳酸氢钠组成,其结构见图 8.13,这种电极叫做 Severinghaus 电

极。溶解的二氧化碳穿过膜进入内部溶液,其中一部分与水作用形成碳酸(H_2CO_3),部分碳酸分解为H^+和HCO_3^-。然后,用玻璃pH电极或其他pH电极(如pH ISFET)通过测量pH的变化来探测H^+上升或下降。二氧化碳电极和经皮测量的论述见8.5.1和8.4.3小节。

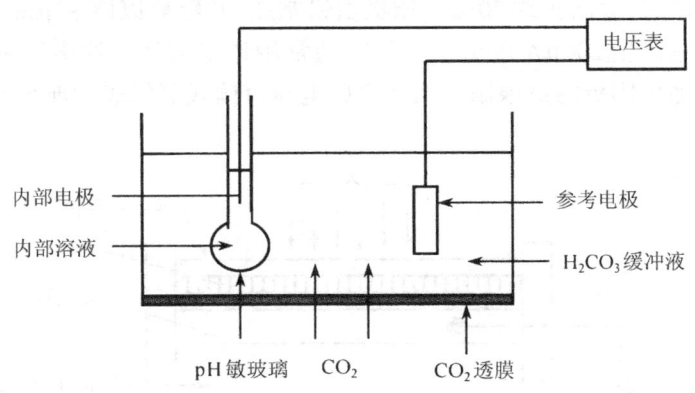

图8.13 二氧化碳电极

在pH电极上覆盖适当的气体通透性膜可制成许多种类的气体传感器,诸如CO_2、NO_2、H_2S、SO_2、HF、HCN和NH_3之类的气体传感器。图8.14示出了这类传感器的典型结构。固态装置也用于电极,例如金属氧化物半导体(MOS)覆盖上钯可制成氢电极,覆盖上铱可制成氨气传感器,每种传感器在空气中约有1ppm的灵敏度。

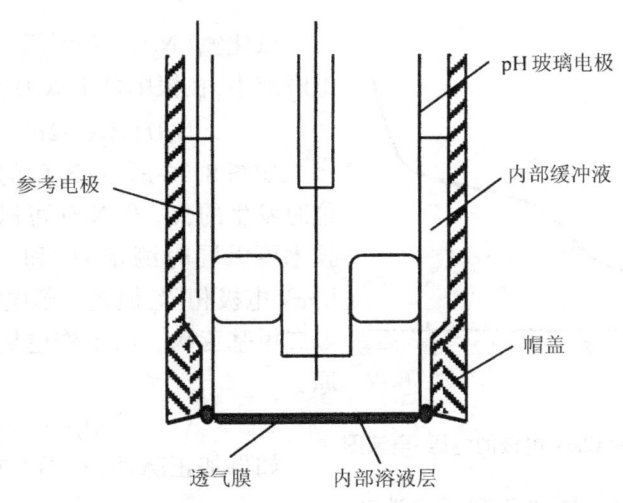

图8.14 由覆盖有透气膜的玻璃pH电极组成的气体传感器的典型结构

(2) 基于Clark电极的气体传感器　Clark氧气传感器(前文述及)普遍用于测量氧气压力,无论是溶解于液体中的氧气还是气态的氧气。血气分析仪中,血样中氧气压力是通过把血样引入一个装有Clark电极的试管来测量的,校准传感器时则引入标准气体。如果测量气态氧气,也可使用原电池(galvanic-cell)氧气传感器和固态电解质传感器。

原电池氧气传感器与 Clark 氧气传感器在阴极的电化学反应相同,但是它有一个高离子化趋势的阳极,目的是形成电池,而不需要阴极反应所需的外部供电。这种类型的氧气传感器已经在监测空气中氧含量的简易直读氧气表中得到了广泛应用。原电池氧气传感器的典型结构见图 8.15,它的阴极由金制成,表面积约 $30 cm^2$,阳极由铅制成,并覆盖以厚 $80\mu m$ 的聚乙烯。在 15℃ 和空气中的条件下,它产生 $200\mu A$ 电流。氢化钾通常用作电解液。原电池中,阳极材料因氧化而损耗,所以它的寿命由阳极的量限制。大气中原电池直读式氧气表的典型寿命是大约 9000h。

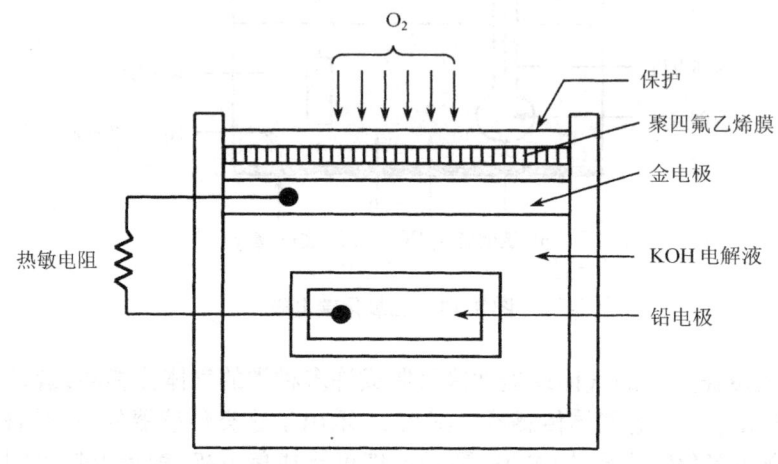

图 8.15　原电池型氧气传感器

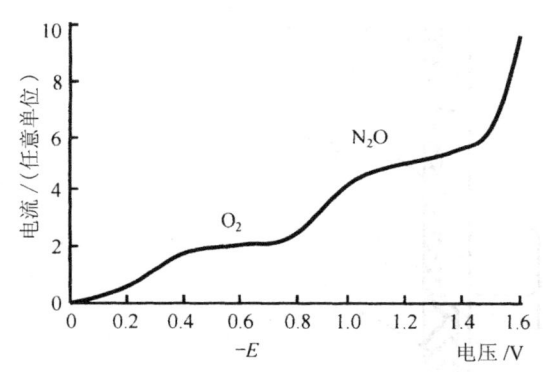

图 8.16　存在 O_2 和 N_2O 的 Clark 电极的电压-电流图

氧化氮(N_2O)也可用 Clark 电极测量。水的电解液中,在银阳极上 N_2O 还原为 N_2,

$$N_2O+H_2O+2e^-\to N_2+2OH^- \quad (8.26)$$

如图 8.16 所示,N_2O 的还原反应是在较高电位时发生的,O_2 和 N_2O 可以明显地区分。一项新技术可以同时测量 O_2 和 CO_2,电极结构与普通 Clark 电极相同,但是内部电解液使用非水溶剂,例如二甲基亚砜。向工作电极施加负脉冲,O_2 被还原,

$$O_2+e^-\to O_2^- \quad (8.27)$$

如果加正脉冲,且不存在 CO_2,则发生氧化反应。然而,如果存在 CO_2,O_2^- 被下列反应消耗:

$$O_2^- + CO_2 \to CO_4^-$$
$$CO_4^- + CO_2 \to C_2O_6^- \quad (8.28)$$
$$C_2O_6^- + O_2^- \to C_2O_6^{2-} + O_2$$

因此,测定负、正电流可以确定 O_2 和 CO_2 分压。

(3) 固体电化学传感器　某些固体高温时显示离子导电性,称为固体电解质,用固体电解质可制成固体电化学传感器。典型的固体电解质是氧化锆(ZrO_2)的陶瓷制品,高温(典型温度大

于200℃)时氧离子(O^{2-})在它内部可有效扩散,所以这种材料可以用作离子选择性电极的离子选择性膜。有些材料,比如三氟化镧(LaF_3),甚至可以在室温下用作固体电解质。

如果固体电解质形成分隔两种氧含量不同的气体隔板,则发生通过电解质的氧转运。在氧分压较高的一侧,发生还原反应

$$O_2 + 4e^- = 2O^{2-} \tag{8.29}$$

其产物氧离子向另一侧扩散。氧分压较低的另一侧,发生反应:

$$2O^{2-} - 4e^- = O_2 \tag{8.30}$$

这个过程在建立电场阻止氧离子扩散之后达到平衡。作为结果,隔板两侧以与离子选择性电极相似的方式出现电位差,其值由下式给出:

$$E = \frac{RT}{4F} \ln \frac{p_1}{p_2} \tag{8.31}$$

因为一个氧分子的转运有四个电子参加,所以分母中出现了因数4,式(8.20)中活性之比由两侧的氧分压之比代替。接近大气氧分压时,1%的氧浓度差产生大约1mV的电位差。正如上式指出,产生的电位正比于绝对温度,所以传感器的温度应保持为常量。实际仪器中,传感器温度稳定在±1℃内。

图8.17示出了氧化锆氧气传感器结构的例子。多微孔铂电极贴在氧化锆圆柱的内壁和外壁,圆柱的工作温度高于700℃。样本气体流经圆柱,圆柱外壁暴露于大气。基线漂移总是很小,实用中无需再校准。响应比用于液体中的普通电气化学传感器快。

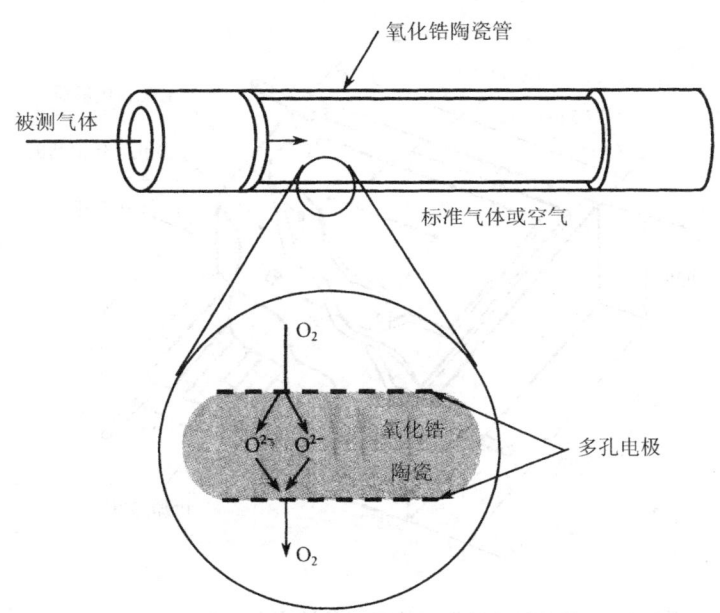

图8.17 流经型氧化锆氧气传感器

商品化的这种氧气传感器的典型特性是:工作温度700℃,氧气浓度的测量范围为0~100%,满量程误差±2%,样本流速为50mL/min时的响应时间小于3s(LC-700 Toray; Tokyo Japan)。易燃气体例如SO_2,HC和CO_2影响输出,但氟烷则不会。

还有一种不同类型的固体电解质氧气传感器,称为限流型,它提供电流输出。图 8.18 是它的结构,其组成是:氧化锆板,板两侧附有电极,一侧覆盖有多孔渗透材料层。当两电极间加有足够的电位时,有多孔渗透层的这一侧电位负于另一侧,带负电的氧离子从负侧向正侧转运。最后,多孔渗透层下的氧气分压变为零,只要层下电极无氧供应,电流随之终止。然而,如果氧气通过多孔渗透层扩散,电流与扩散氧流量成正比。进而,传感器的输出电流与周围空间的氧分压成正比。图 8.19 是这种类型氧气传感器的一个实物结构。敏感元件(大小为:$1.7cm \times 1.75cm \times 0.3cm$)的组成为:氧化锆以及在其上下用化学淀积法制成的薄铂膜阳电极和阴电极,氧化铝(多孔渗透材料)基板,铂加热器。传感器工作温度为 690℃,保持工作温度的功耗约 0.8W。

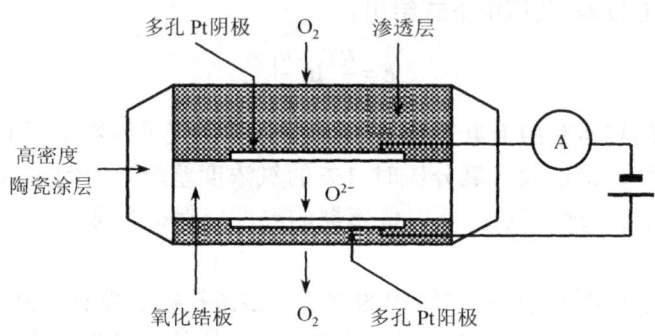

图 8.18 限流型固体电解质氧气传感器

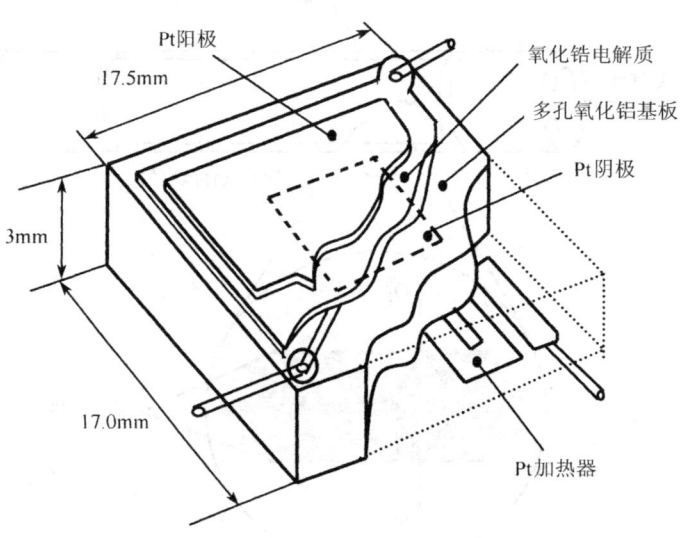

图 8.19 实用限流型氧气传感器的结构(kondo, H. et al. 1986)

8.2.2 基于光学的化学量传感器

不同物质有不同的颜色,这样的简单现象提示运用光学技术来分析化学成分是可能的。实际上,分光光度技术已经在化学分析中广泛应用,而借助于光纤技术,现在已可以在活体中实施光学测量。在面向生物医学的应用方面,也引进了许多工艺技术制造基于光学的化学传感器。

1. 分光光度计

分光光度计(spectrophotometer),和其他基于光学的化学传感器一样,利用了电磁辐射和分子、离子或原子的相互作用。根据量子理论,每个分子、离子或原子都有独特的一套离散的能量级别。从低能级向高能级转移时,必须向它提供等于两个能级能量之差的能量;从高能级向低能级转移时,释放出相同的能量。光的能量也是量子化的,量子化能量,也就是光子的能量,等于 $h\nu$,其中,h 是普朗克常数($6.63×10^{-34}$ Js),ν 是频率。不同的光学现象,例如吸收、发射、荧光或拉曼(Raman)现象,都可用于分光光度分析。图 8.20 给出了这些现象的跃迁图。常用测量方法可概述如下。

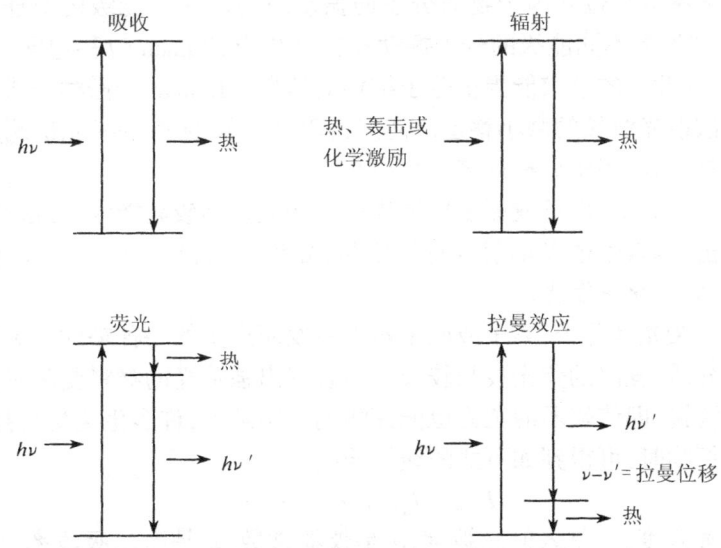

图 8.20　分光光度计化学测量中使用的光学现象的跃迁图

(1) 吸收测量　选定波长的光束经过一层液体,测量光束的衰减。根据 Beer-Lambert 定律,在均匀介质中,光束的功率以指数衰减,表述为

$$A = \log \frac{I_0}{I} = \varepsilon l c \tag{8.32}$$

式中,A 是吸光度,ε 是摩尔吸收率,l 是光路的长度,c 是浓度,I_0 和 I 分别是入射光和出射光的强度。Beer-Lambert 定律只对非散射介质有效。在吸光物质浓度较高的溶液中,可以观察到与 Beer-Lambert 定律背离的现象。

活体测量中,吸收测量通常不能测量通过活体的透射光。这样的条件下,不得不通过测量反射光或散射光来评估特定材料的吸光情况。这样的情况常见于光纤传感器中,后文将描述。

(2) 反射测量　反射有两类,镜面反射和漫反射。在两种光学介质之间的界面发生镜面反射,它遵守 Fresnel 理论;光线射入介质时被吸收、散射、部分返回表面,这时发生漫反射。

漫反射系数取决于所用材料的光学性质。一种材料的漫反射系数属性可以用 Kubelka-Munk 理论描述,这个理论的基础是材料属性,吸收系数 K 和散射系数 S。根据 Kubelka-Munk

理论,反射系数 R 是吸收介质浓度 c 的函数,表述为

$$F(R) = \frac{\varepsilon \cdot c}{S} = Kc \tag{8.33}$$

ε 是摩尔吸收率,$F(R)$ 用于反射测量,称做 Kubelka-Munk 函数。用高反射物质(如 $BaSO_4$)可以对反射系数进行标准化。

(3) 散射测量　散射是光线与物体(如小颗粒)相互作用而改变方向的现象。瑞利(Rayleigh)和梅(Mie)散射是弹性散射,散射现象不改变光线的波长。如果散射颗粒与入射光波长相比较小,在原子和分子水平发生的 Rayleigh 散射占优势。散射物尺寸大于入射光波长时发生 Mie 散射。散射光的成分向前移动并与散射颗粒的浓度有关。

光束被物质散射时,各成分的波长和入射光相比有轻微变化,这种现象称为拉曼(Raman)效应。散射光波长或频率的移位归因于物质分子向振动或转动激发能级的跃迁,如图 8.20 所示,称为 Raman 移位。和许多不同能级的分子振动和转动相应,Raman 位移包含一套与入射光不同的波长或频率成分,因此它的频谱能提供分子结构的信息。Raman 光谱学中通常使用激光源,它的单色性便于探测散射光波长的微小移位。使用傅里叶变换的 Raman 光谱测定技术,正在成为分析化学的有力工具,已经用于分析许多生化材料。

(4) 辐射测量　将分子、离子或原子用适当的方法激发到较高能级,方法有:在火焰中加热、电子或离子弧形轰击、暴露于电磁辐射。有的物质,如鲁米诺(Luminol),可以被化学激发;化学激发引起的光发射,叫做化学发光。

(5) 荧光测量　荧光是分子、离子或原子被光激发而产生的一种辐射。荧光测量中,用波长较短的光激发研究介质,发出的荧光波长较长。当表现出强荧光的材料受限时,使用灵敏的探头和可去除激发光的滤镜,即使较弱的荧光也能探测到。实际上,许多生化材料都可用荧光波谱分析。研究低浓度分析物时,可得到如下式的线性响应

$$I = a \cdot I_0 \cdot \varepsilon \cdot b \cdot l \cdot c \tag{8.34}$$

式中,I 是测得的荧光强度,I_0 是入射光强度,a 是仪器常数,ε 是摩尔吸收率,l 是样本中的光路长度,b 是产生荧光的量子。

吸收、反射、散射、荧光测量需要光源。可见光和近红外区的连续光谱可用钨丝灯或卤素灯获得;紫外区的连续光谱可用氢灯或氘灯获得;对于远红外区,加热的惰性固体可以作为光源。为了得到单色光束,通常使用棱镜或反射光栅。通过调制光源和对测得信号进行傅里叶变换,即使不用单色器也能获得吸收光谱。这个技术在红外区很有用,称为傅里叶变换分光计。

分光光度计的另一重要部件是光探测器。在紫外、可见光和近红外区以至波长约 $1\mu m$ 的波段,通常使用光电倍增管和光敏二极管。在光电倍增管中,一个入射光子产生一个光电子,在级联的电极上,发射电子通过产生多级电子放大。最后,在阳极收集到 $10^6 \sim 10^7$ 电子。通过冷却管子可以降低噪声并获得很高的灵敏度,从而可对每个光子进行计数。这样的装置叫做光子计数器。

光敏二极管是在入射光激励下内部发生雪崩放大过程的器件,也称为雪崩光敏二极管,由于雪崩效应,一个入射光子可以使 p-n 结上的电子或空穴的数目扩大几百倍。冷却可以降低暗电流。采用线型或二维结构的光敏二极管阵可以用作图像传感器。

2. 光纤化学传感器

用光纤监测化学变量主要通过研究已知属性介质的光学参数的变化进行。如前所述,有许

多光学属性可以测量：吸光率、反射率、散射率、荧光、磷光。

许多化学参数可以用光纤测量，图8.21给出了概览。每一个化学参数相关的仪器变化很大，它们都是为特定参数设计或者由具体的问题域所确定。当然，可以把它们分为两组方法。

	吸收/透射	辐射/荧光	荧光/猝灭		吸收/透射	辐射/荧光	荧光/猝灭
pH		○	○	卤离子	○		○
pO_2		○	○	碘			○
pCO_2	○	○		H_2O_2		○	
葡萄糖		○		氨	○		
UO_2^{++}（双氧铀）		○		氢氰酸（蒸汽）			
钚（Ⅲ）			○	氟烷			○
铍（Ⅱ）		○		免疫测定	○	○	
钠		○		磷酸脂类			
金属阳离子		○		湿度	○		

图 8.21　光纤化学传感器概览

（1）非本征传感器　光纤仅把光传进和传出被测物理量所在的容器。光纤是光的导体，不参加能量转换过程，只是把光子运进和运出研究的介质。在非本征传感器中我们可以发现许多化学传感器，测量血氧饱和度的医学传感器是典型的非本征传感器。

（2）本征传感器　光纤本身是传感过程的能动部分。在化学测量中，易消散模型传感器是典型的例子。典型地，把一部分光纤的覆盖层剥去，使芯部暴露于待测物理量，探头引导的光中含有的易消散波（evanescent wave）成分向光纤周围的介质扩散。在介质和表层发生化学反应，如免疫测量实验，易消散波云量仪（nepholometry）是这种类型传感器的典型例子。

光纤化学传感器的仪器光源部分可以有不同的设计，这取决于要测量的具体参数。已知光源的例子有：气体激光、钨灯配合滤镜、发光二极管、半导体激光二极管。

分析系统的接收部分也可以多种方法设计。对于要研究的光谱的不同部分，光敏二极管、光电倍增管、光敏电池、热敏电池具有不同的灵敏度特性。

一对光纤或光纤束用于传输激发和接收。在有些测量中，激发光和信号可以沿同一条光纤传输，如荧光测量就可以这样，由于信号的波长和激发光不同，使用滤波器可以很容易地把信号从激发光中分离出来。

有时必须考虑光纤衰减的变化。当光纤较短时，这通常不成问题。硅光纤对紫外区到近红外区（1.7~1.8μm）光谱的传输性能良好。

与其他传感器原理相比较，化学测量光纤传感器，或称光电极，有许多优点：① 纤细且柔韧性好，允许设计出小而轻的传感器，适用于人体不同部位的侵入式测量；② 光纤耐腐蚀，可以长期植入人体而不改变其光学属性，这个性质对于实验医学非常重要；③ 用光纤作传感器的信息传输线可以很容易地消除电磁噪声，光纤的材料是绝缘体，不会因外部电场而产生感应电流。这个性质对与MRI连接的传感器尤其重要；④ 光纤传感器可用于不能使用电极的化学分析物或参数；⑤ 纤维材料的绝缘性能意味着病人和监测设备间是电绝缘的，这保证了病人的电气安全；⑥ 光纤探针可以引入深层器官的组织，而引起的损伤很小。用这种类型的探针可以研究许多感兴趣的参数；⑦ 光纤成本低，未来医疗监测方面的光纤传感器有望低价格和一次性使用。

光纤传感器也有如下缺点,在设计中应采取相应措施:① 它们可能对环境光(例如手术灯)敏感,这个问题可以通过把光学信息编码来解决,另一途径是用薄而紧密的材料覆盖光纤。② 光纤中的杂质会引起附加的吸收、荧光和 Raman 散射,而使信号频谱失真。

8.2.3 基于声学和热学的化学量传感器

1. 声学传感器

微量物质的质量可以用声学技术测定。如果物质沉积在机械谐振腔中,质量可以通过其谐振频率的变化来估计。如果物质均匀地沉积在机械元件的表面,声音沿该元件传播,则传播的模式会发生变化,可以通过传播参数(如声速)的变化来估计质量。有一种声学机械装置,通过它可测量物质的质量,这种装置叫质量传感器或重量测定传感器。有两种质量传感器:体声波传感器(bulk acoustic wave,BAW)和声表面波传感器(surface acoustic wave,SAW)。尽管两种质量传感器都是开发用于气相测量,但也可用于液相的研究。

(1) BAW 传感器 由压电晶体谐振器组成,体声波在谐振器中传播。谐振频率根据谐振器表面负载的质量而改变。任何压电材料都可用于 BAW 传感器,单晶体石英由于其长期稳定性和高机械 Q 值而使用广泛。这样的传感器叫石英晶体微量天平(the quartz crystal microbalance,QCM)。QCM 由覆盖有能选择吸附某些特定物质的石英晶体谐振器组成。QCM 刚开始是开发用于气相色谱分析,现在已经用于化学传感器。

在 QCM 中,石英晶体谐振器以剪切模式(shear mode)或厚剪切模式(thinkness shear mode)振荡。当一种物质吸附到它上面时,质量负载加到谐振器上,谐振频率下降。谐振频率的频移由 Sauerbrey 方程描述:

$$\Delta f = -2f_0^2 (\rho_q v_q)^{-1} \Delta m \tag{8.35}$$

式中,f_0 是谐振频率,Δm 是单位面积的质量负载,ρ_q、v_q 分别是密度和剪切波速度。代入石英晶体的材料参数,频移方程变为

$$\Delta f = -2.226 \times 10^{-6} f_0^2 \Delta m \tag{8.36}$$

QCM 有极高的灵敏度(典型地,能得到 500~2500Hz/μg),已经广泛用于探测诸如二氧化硫、一氧化碳、氯化氢、芳香族和脂肪族类的碳氢化合物气体。但是,大多数 QCM 气体传感器必须工作在恒定的低相对湿度下,这限制了生物医学方面的应用。

QCM 也可以用于液相,或者谐振器的一侧与溶液接触。QCM 可以用作生物传感器,主要是基于生物原始物质,如生物传感器节中将讲述的酶、抗体、基因的选择性。

QCM 也可以与电化学方法联合使用。如果在石英晶体上形成细小的电极并且暴露在电解液中,可以检测到由电吸附引起的电极表面的质量变化。这种 QCM 叫做电化学 QCM 或 EQCM。320μm 厚的谐振器振荡在 5MHz 附近,18ng/cm² 的质量变化引起 1Hz 的频率变化。例如,使用镀金石英晶体,可以检测溴化物和碘化物。

(2) SAW 传感器 SAW 传感器也是由压电材料组成,但是与 BAW 传感器不同,沿固体表面传播的弹性波是由沉积在晶体的同侧、以叉指传感器(iterdigital transducer,IDT)型式出现的电极产生的,如图 8.22。

选择性地使用不同的晶体材料、叉指电极间距和操作频率,可以实现不同类型的弹性波(见

图8.23)。瑞利(Rayleigh)波有表面法线分量,受邻近介质黏性的影响严重,不适合用于液相;水平极化剪切波无表面法向分量,可以在固体-液体界面有效传播;拉姆(Lamb)波在薄膜中传播,在同样的频率下,对质量负载比瑞利波更灵敏;声板模式(acoustic plate mode,APM)波在基材两侧表面之间反射传播(图8.24),可用于气体传感器、黏度传感器和生物传感器。

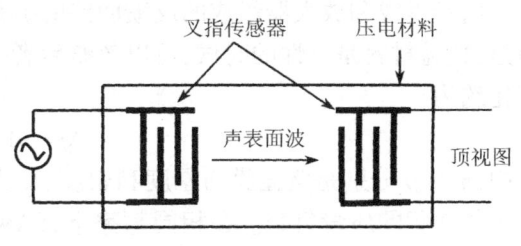

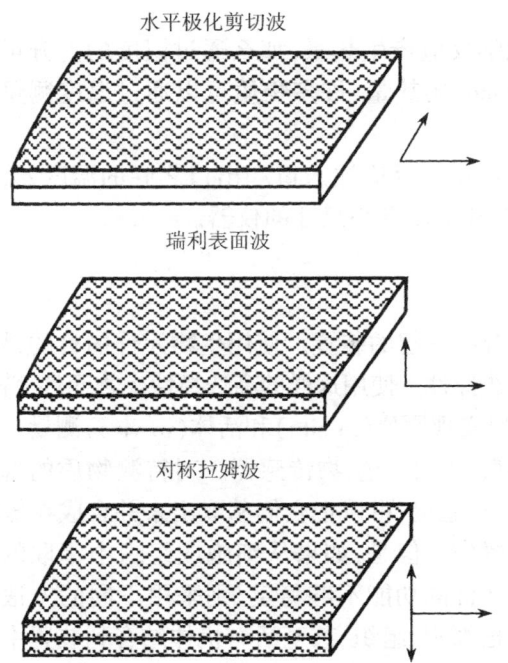

图8.23 不同类型的弹性波

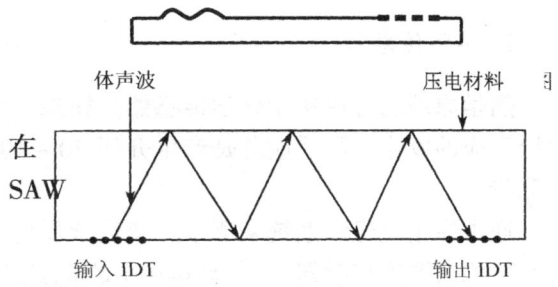

图8.24 声板模式(APM)的传播

传感器中,通常使用双装置结构(图8.25)。它由两条SAW延迟线和放大器组成,以便由延迟时间决定振荡频率。一条延迟线覆盖有吸附膜,另一条不覆盖。使用双延迟线结构,可以补偿温度变化的影响。用两条延迟线的频率差可以很容易地测量质量负载。

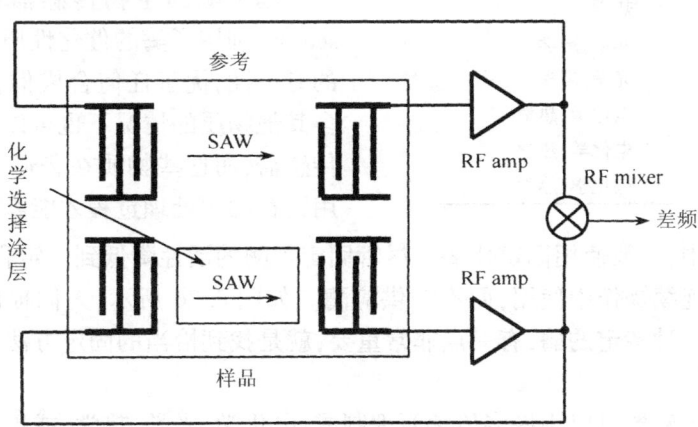

图8.25 声表面波测量的双装置结构

由延迟线和放大器组成的反馈回路的振荡频率受质量负载和延迟线弹性属性变化的影响。但是,覆盖材料是软性的时候,可以忽略后者。基于ST-切割石英基座的瑞利波SAW装置的频率变化约为

$$\Delta f = -1.26 \times 10^{-6} f_0^2 h\rho \tag{8.37}$$

式中,h和ρ分别是覆盖膜的厚度和密度,f_0为谐振频率。式(8.37)中,厚度和密度的乘积相当于单位面积的质量负载。在相同频率下,SAW装置的灵敏度不如QCM,但是,由于式(8.37)中的数字因子比式(8.36)的小,SAW装置可用于较高频率,所以它比QCM装置更具潜在优势。

2. 热学传感器

热学原理已经应用于化学传感器。如果一个化学反应产生热量,那么通过温度的上升可以测定反应的发生。酶反应总是产生介于 20~100kJ/mol 的热量,许多物质可以通过温度测量技术测量。

通常使用流经型系统来测量连续化学反应的热产量。反应注入口和出口之间的温度差,可用小体积的温度传感器(如热敏电阻)测量,或在硅芯片上制造小尺寸的仪器。

8.2.4 生物传感器

生物传感器通常是将生物敏感元件和换能器结合在一起的装置。使用生物元件的目的是利用它对与许多物质混合在一起的待测物质具有高的选择性。使用这样的高选择性生物元件,普通化学分析需要的分离和提纯就不是必须的了,因此可以实现原位(in situ)和活体(in vivo)测量。

如表8.1所示,许多不同的生物元件和传感原理已经用于生物传感器。对待测物质的选择通常用生物元件实现,如酶或抗体。有些生物元件非常稳定,可以把它们萃取出来并合成在传感装置中。但是,如果从细胞或组织中萃取的生物元件的功能不够稳定,则采用不同的方法可以把细胞、组织,甚至活有机体结合到装置中。

表 8.1 可以用于构建生物传感器的生物元件和传感原理

生物元件	传感原理
有机分子	电化学
酶	电化学,光学
抗体	力学,光学
核酸	热学
受体	光学,声学
细胞	光学,声学
组织	电化学,热学
器官	电化学,热学
微生物	电化学,热学

1. 酶传感器

基于酶的生物传感器(enzyme-based biosensor)利用了酶的催化性质。由于酶具有高度的专一性,优于任何合成催化剂。即使存在许多其他物质的情况下也可以使用基于酶的生物传感器,而这些物质在普通分析方法中不得不用冗长的预处理过程才能除去。

在生物传感器中,一般使用固定化酶。尽管固定把酶的活性降低到一定程度,但是固定酶的优点在于它可以在连续操作中使用,而不需供应酶。如图8.26所示,人们提出了许多关于固定酶的不同技术。对一种特定的酶,有一点非常重要,就是找到恰当的固定方法以保持酶较高的活性和较好的稳定性。

基于酶的生物传感器可以用许多传感原理制成:电化学、光学、热学,或重量测量等。使用电化学原理的基于酶的生物传感器叫做酶电极。如果产物或底物具有电活性,那么酶电极测量产

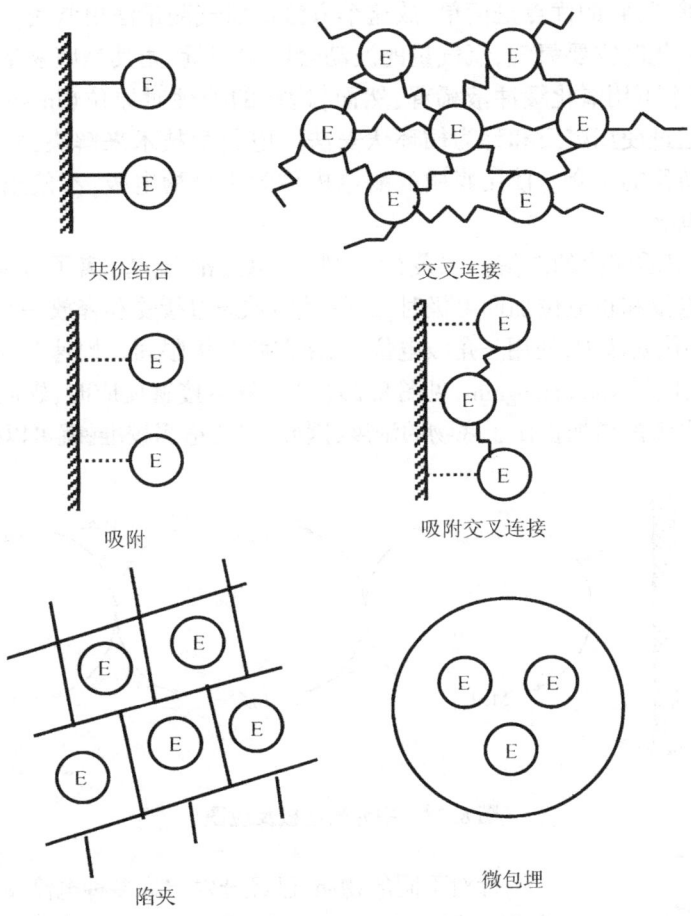

图 8.26　固化酶的不同技术

物的形成或底物的消耗。

电流测量原理广泛用于酶电极。在酶电极中,用极谱法电极测定氧气的消耗或过氧化氢的形成。例如,葡萄糖经由葡萄糖氧化酶(GOD)的酶促氧化反应

$$\text{Glucose} + O_2 \xrightarrow{\text{GOD}} \text{Gluconolactone} + H_2O_2 \quad (8.38)$$

式中 Glucose 为葡萄糖,Gluconolactone 为葡萄糖酸内脂。作为与酶作用的底物氧气和产物过氧化氢都可以用极谱法电极测量,如图 8.27 所示。

葡萄糖电极由极谱法电极组成,后者的固定的葡萄糖氧化酶层覆盖有允许葡萄糖通过的膜。如果葡萄糖通过膜扩散的供应限制了上述反应速率,那么可以通过氧电极或过氧化氢电极的电流变化测量葡萄糖浓度。测量氧气时,要测量上述反应的氧消耗,需要对两个氧电极(有 GOD 和无 GOD)进行差分运算。然而,过氧化氢产物的测

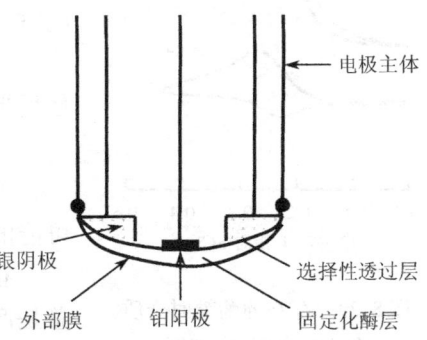

图 8.27　极谱法葡萄糖电极的例子

量只用一个电极就够了,它的优点是简单,故这个方法比氧气测量法更常用。

当酶催化底物氧化时需要氧气,氧气量的波动会影响测量,尤其是底物浓度高的情况下。对于普通化学分析,样本可用氧化缓冲液稀释;然而,这样的处理对原位(in situ)测量是不可接受的。这个问题可以通过使用媒质和称为循环伏安法的电化学技术来解决,媒质是作为酶分子和工作电极之间电荷转移的中介。使用媒质的酶电极称为中介酶电极,不使用媒质的称为非中介或直接电荷转移酶电极。

图 8.28 是描述媒质转换的图解。二茂(络)铁(二度(η^5 茂基)离子,$FeCp_2$)是一种最好的氧化酶媒质。在负电位和正电位加向电极时,二茂(络)铁通过接受和释放一个电子在氧化和还原状态之间转变。循环伏安法中,使用三角波电位,以便在两个极限间以恒速升高和降低电位。获得的闭环电压-电流图,叫做 voltammogram,见图 8.29(a)。发生接触反应时,媒质氧化引起的电流增加,如图 8.29(b)。电流的增加正比于底物的浓度,因此,只要适当校准,就可以确定浓度。

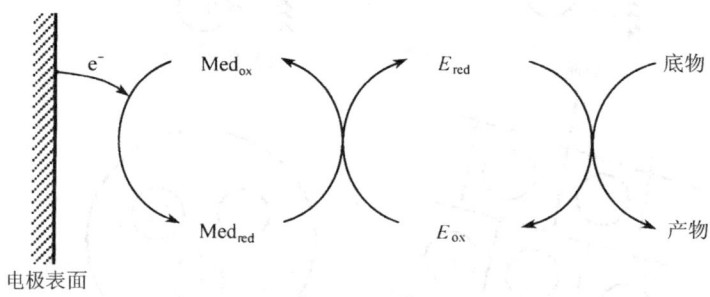

图 8.28　中介酶电极反应图

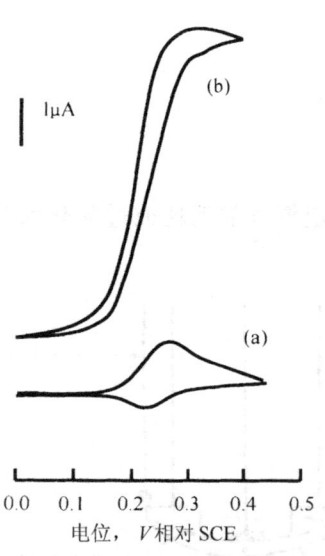

图 8.29　存在葡萄糖时介质
电极的电压-电流图
(a)无葡萄糖氧化酶;(b)有葡萄糖氧化酶(SCE 为饱和甘汞电极)

针对不同的物质,已经开发出许多种电流酶电极,不仅有用于乙醇、胺或氨基酸的,也有用于葡萄糖、蔗糖、乳酸盐、尿酸、乙酰胆碱、肌氨酸酐、胆固醇的。它们中的大多数只能用于实验室条件下,但用于全血分析的葡萄糖电极作为一次性使用的测试条已投放市场。

酶电极也可由离子选择性电极(ISE)或离子敏场效应管(ISFET)制成,它们都是基于电位原理,叫做电位酶电极。它们由覆盖有酶层和保护膜的 ISE 或 ISFET 组成。电位酶电极中,用电位的方法测量酶反应的产物。例如,尿素酶催化尿素的水解:

$$Urea + 2H_2O + H^+ \xrightarrow{Urease} 2NH_4^+ + HCO_3^- \tag{8.39}$$

然后形成 NH_3:

$$NH_4^+ + OH^- \rightarrow NH_3 + H_2O \tag{8.40}$$

上述反应,尿素可以用基于电位原理的 NH_3 电极测量。其他可能的电位酶电极,还有氨基酸、青霉素、苦杏苷等。

有些基于酶的生物传感器也用到了热学测量原理。酶反应总是产生 20~100kJ/mol 的热量。把温度稳定的样本以恒定流速注入一个充满固定酶的小圆柱,通过圆柱入端和出端的温度差可以测量产生的热量。用基于酶的热学测量方法分析的典型物质有乙醇、葡萄糖、乳酸盐、草酸、青霉素、蔗糖和尿素。覆盖固定酶的热敏电阻是最简单的生物传感器，叫做酶限热敏电阻。

2. 免疫传感器

免疫传感器(immunosensor)是一类基于抗原-抗体反应实现高度特异和灵敏的化学传感器，与称为免疫试验的分析技术相似。抗原(A_g)和抗体(A_b)形成抗原-抗体复合物(A_gA_b)

$$A_b + A_g \longleftrightarrow A_bA_g \tag{8.41}$$

此反应是可逆的，所以，比率 K 定义为

$$K = [A_bA_g]/[A_b][A_g] \tag{8.42}$$

K 在平衡时是常数；这个常数叫做亲和常数。当加入 A_g 而 A_b 的量保持不变时，A_g 加入的量可以通过 A_gA_b 的增量来确定。如果抗体 A_g 是固化安装在传感器表面，如图 8.30(a)，A_gA_b 的形成将引起电极电位或质量的改变，用电化学或测重技术可以测量这些改变。现举例如下：

(1) 针对抗原-抗体反应的电位测量：人体绒(毛)膜促性腺激素(hCG)或抗 hCG 的抗体固定在钛线上，当分别加入抗原或抗体时可以观察到电位变化。

(2) 使用离子敏场效应管测量抗原-抗体反应引起的改变，这种装置叫做免疫化学敏感 FET 或 IMFET。

(3) 重量测量：一种抗体，山羊抗人类 IgG(免疫球蛋白 G)，固化在声表面波装置(SAW)上，通过被吸附的抗原的质量负载引起的振荡频率变化，可以成功测量人类抗原 IgG。

利用引入固定化酶标抗原的酶反应可以制成高灵敏度免疫传感器。如图 8.30(b)所示，标识或未标识的抗原被限制于固定的抗体。移去自由抗原后，引入酶作用底物并用适当的技术(如电化学或光学方法)探测产物的变化来测定酶的活性。标识和未标识抗原的结合反应是竞争的：未标识抗原的浓度增加时，未标识抗原占用了更多的抗体，因此，被标识抗原束缚的抗体数量减

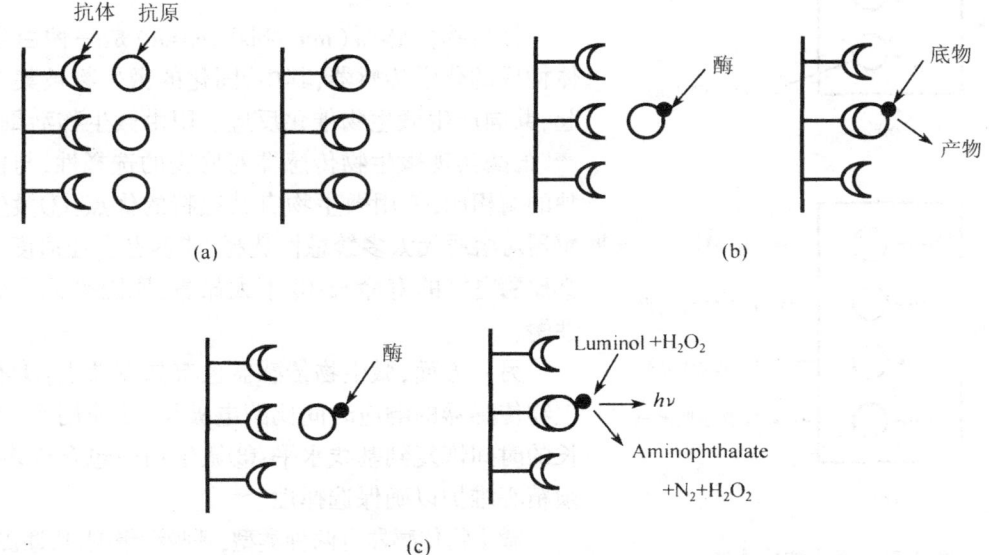

图 8.30 重量、电气化学、光学测量的免疫传感器
(a) 电化学或原电池检测；(b) 电化学检测；(c) 光学检测

少;分离自由抗原后,酶活性降低。由于酶的催化功能,一个酶分子可以产生大量的产物分子,可以得到很高的灵敏度。

通常使用过氧化氢酶和葡萄糖氧化酶作为标识酶。因为过氧化氢酶促进反应

$$2H_2O_2 \rightarrow 2H_2O + O_2 \tag{8.43}$$

引入过氧化氢时,过氧化氢酶的活性可以用氧气的产量来测定。一种使用过氧化氢酶和氧气电极制作的监测人体绒(毛)膜促性腺激素(hCG)的免疫电极,是把 hCG 抗原的抗体固化在纤维素膜上并放在 Clark 型的氧气电极上,膜暴露于标识和未标识 hCG 以便竞争抗体,冲洗以除去自由 hCG,暴露于过氧化氢溶液;通过氧气压力的增速可以确定未标识 hCG 的量。

过氧化氢酶的优势在于高周转数(turnover number,单位时间催化反应发生次数)。但是,用过氧化氢作底物并不方便,因为过氧化氢不够稳定。葡萄糖氧化酶也用于酶联免疫电极,它的催化反应是

$$Glucose + O_2 \rightarrow Gluconolactone + H_2O_2 \tag{8.44}$$

GOD 的周转数少于过氧化氢酶,它的优势在于葡萄糖作底物非常稳定。式中,Glucose 为葡萄糖,Gluconolactone 为葡萄糖酸内脂。

如图 8.30(c)所示,如果酶催化一个光化学反应,那么酶标抗原(或抗体)可以用光学方法测量。例如,过氧化物催化反应

$$Luminol + H_2O_2 \rightarrow Aminophthalate + N_2 + H_2O + h\nu \tag{8.45}$$

式中 Luminol 是能被催化反应激励发光的物质,Aminophthalate 为酞酸氨,$h\nu$ 为反应产生的光子。因此,通过化学发光强度可以测量酶活性。发射光通过光纤可以用光电倍增管测量。用这种技术可以测量人体血清白蛋白、β2 微球蛋白、胰岛素。

3. 微生物传感器

微生物传感器(microbial sensor)是一种由生物活体构成的化学传感器,其中,固化的微生物被集合在一起,共同产生微生物催化反应。用由微生物活细胞"自产"的酶实现微生物传感器对底物的选择性,与使用单独的酶相比,使用微生物有其独特的优点:①微生物传感器对溶质无太多禁忌性选择,能容忍次佳适度的 pH;②比酶电极的寿命长;③不太昂贵,原因是无需分离活性酶。

另一方面,微生物传感器也有如下缺点:①有些微生物传感器的响应时间比酶电极长;②使用后,需要更长的时间恢复到基线水平;③微生物中包含许多酶,必须精心维护以确保选择性。

微生物传感器有两种类型,呼吸测量型、代谢测量型。

(1) 呼吸测量型微生物传感器　如图 8.31(a)所示,它由固定的需氧型微生物和一个氧气电极组成。

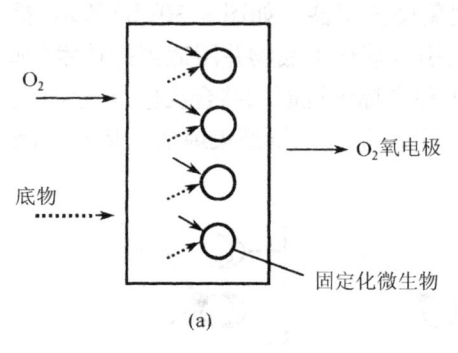

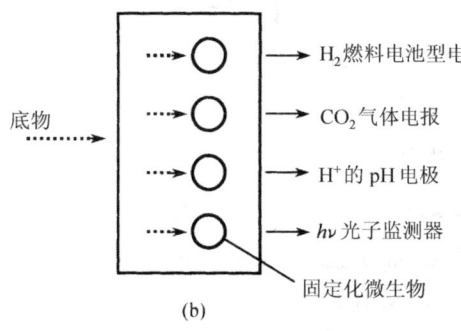

图 8.31　微生物传感器
(a) 呼吸测量型;(b) 代谢测量型

当氧饱和溶液包含可以被微生物代谢的底物时,将发生消耗溶解氧的代谢反应,从氧压力的降低便可测出底物。

借助不同的微生物,用呼吸测量型微生物传感器可以选择测量许多物质,如葡萄糖、可同化糖、醋酸、氨、乙醇。生物化学的氧需求(BOD)也可以用此类型微生物传感器测量,它已用于环境控制。

(2) 代谢测量型微生物传感器 如图 8.31(b)示,它由固定化微生物和探测微生物催化反应的代谢产物的传感器组成。使用不同类型的气体和离子传感器,通过测量不同的代谢物,可以测量多种物质。例如,燃料电池电极通过探测 H_2 来测量蚁酸、CO_2 电极测量谷氨酸或赖氨酸、pH 电极测量头孢菌素和烟碱酸等。

有些细菌呈现发光性。如果固定这些发光细菌并与光探测器结合,通过使用称为光微生物传感器的传感器测量发光的变化,可以测量影响发光的物质。有些物质可能增加发光,如葡萄糖;许多有毒的物质减低发光,如杀藻胺、钠十二烷硫酸盐、铬、汞。因此,光微生物传感器可以应用于环境监测。

微生物传感器和固定化酶膜的结合(混合传感器)对某些情况十分有效。例如,把固定尿素酶和使用硝化细菌的微生物 NH_3 传感器相结合制成尿素传感器。在此传感器中,使用固定酶实现了高选择性;而在与离子和诸如胺的易挥发型复合物的界面处测量时,微生物 NH_3 传感器优于电位法测量中的铵电极。

有人建议使用一种探测引起诱发突变的化学物质的微生物传感器。由于诱发突变与致癌性相关,这种传感器有希望用于了解致癌物质。它由需氧型重组缺陷细菌和氧气电极组成;实验中使用重组缺陷株枯草杆菌 M45 Rec^- 和野生株枯草杆菌 H17 Rec^+,两种细菌都是固定在膜上,再固定在氧气电极上。在稳定状态当有引起诱发突变的物质作用于 Rec^- 和 Rec^+ 电极时,因 Rec^- 被杀死而耗氧量减少,所以 Rec^- 电极电流减小;因为存在 DNA 重组酶系统,Rec^+ 对引起有机物突变的物质有抵抗力,所以 Rec^+ 电极电流保持不变。

8.3 医用化学分析仪器设计原理

用于定量确定样品中的化学成分的仪器称为化学分析仪。尽管绝大多数的化学分析仪是相当复杂的系统,但每种化学分析器的作用和化学传感器是一样的,都是把一个化学量转变为一个电信号,从而借助电子技术,特别是计算机技术,进行有效的计算、分析和处理。

8.3.1 质谱测量仪

质谱测量仪是一种把原子或分子根据它们的质量进行分离的一种分析仪器。样本首先在真空中被气化、离子化,然后用质量分析器分离出不同的质量种类。样本的电离通常由电子轰击获得,气体分子进入电离区和电子束发生作用后失去一个电子成为正离子,称为物理电离。电离也可以通过和离子化的分子的相互作用获得,样本分子和带正电的离子作用后产生正离子,称为化学电离。有若干种质量分析器:扇形磁体分析器(magnetic sector analyzer),四极分析器(quadrupole analyzer),离子陷阱分析器(ion trap analyzer),飞行时间分析器(time-of-flight analyzer),和离子回旋加速器共振仪(ion cyclotron resonance instruments)。质谱法已成为当今蛋白组研究的重要手段。

1. 扇形磁体分析器

其原理见图 8.32，经过加速的离子源通过一个静态的磁场后到达离子探测器。带电粒子圆形运动的半径为 r，质量为 m，速度 v 由磁场产生的强度决定，离子运动的离心力和磁场力相等：

$$mv^2/r = Bzev \qquad (8.46)$$

式中，B 是磁场强度，ze 是离子电荷量 $q(q=ze)$，e 为单电子电荷量，z 为整数。质量或质量电荷比 (m/ze) 可通过速度 v 估计，而速度由电位决定，通过该电位离子获得加速。若再结合一个静电部分（图 8.33），聚焦特性将进一步加强，这种类型的仪器称为双聚焦磁分析器。而只用一个磁场的称为单聚焦磁分析器。

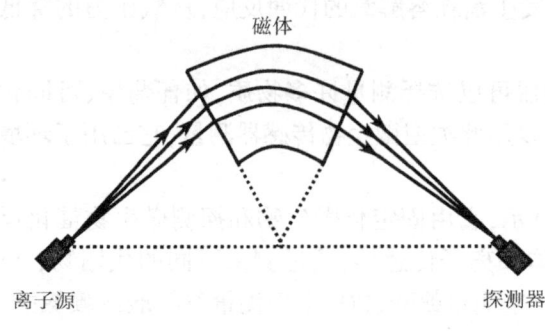

图 8.32 带有扇形磁体的质谱仪

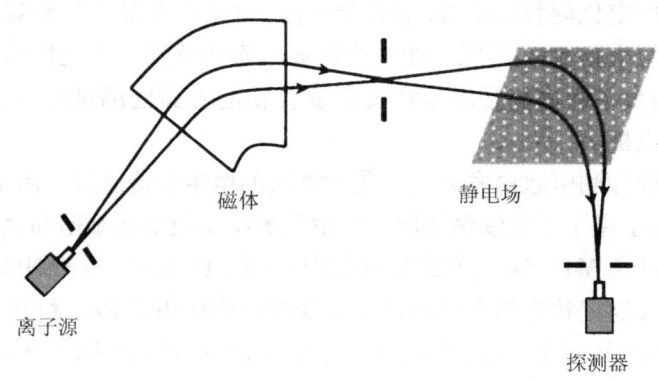

图 8.33 带有双聚焦扇形磁体的质谱议

2. 四极分析器

由截面为双曲线形的或圆形的四根相互平行的棒状电极组成，如图 8.34 所示。在相邻的棒之间加有直流电压 V_d 和交流电压 $V_a\cos\omega t$。注入棒子中心的离子沿轴行进，并在交流电场的作用下振荡。只有在 V_d、V_a 和质量之间满足某种条件时振荡才会稳定，从而使离子到达离子检测器。在保持 V_d/V_a 比率不变的条件下，通过扫描所加的电压，可获得质量分离的结果。由于四极仪器不需要磁体，可以做得更加紧凑且价格便宜。

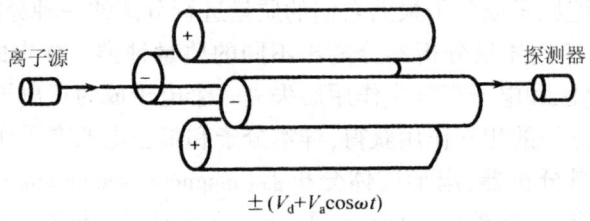

图 8.34 四极质谱仪

3. 离子陷阱分析器

由两个对称环形电极和两个对称的提供离子束通路的端帽电极组成,它们共同形成一个室腔(图8.35)。射频电压施加于环形电极上,注入室腔(陷阱)中的离子,被限定在一个稳定的轨道上作轴向的和放射状的振荡。随着射频电压的升高,离子得到动能而弹出轨道,其中的一些撞向检测器——电子倍增器。通过射频电场强度的逐渐提高,离子发生不稳定性运动,使质量电荷比 m/ze 增大,从而达到质量分离的结果。低压氦气(1~10Pa)的存在有助于提高灵敏度和质量分辨率,因为离子和氦气碰撞使得动能降低并导致向陷阱中心移动。

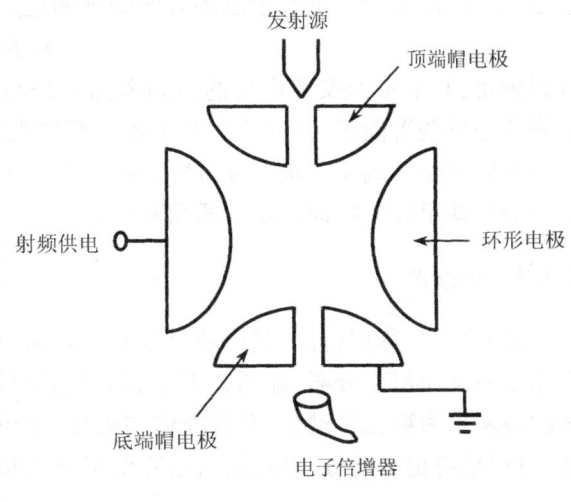

图 8.35　离子陷阱质谱议

4. 飞行时间分析器

是一种离子被一个固定电压加速后,离子的质量由飞行过一段固定距离的时间决定的仪器。假如质量是 m,离子电荷是 ze,加速电压是 V,穿行距离是 L,那么飞行时间 t 由下式给出:

$$t = (m/2zeV)^{1/2} L \tag{8.47}$$

为了测量飞行时间,离子需要很快形成,这是由电离区的脉冲电子束得到的。由于在空间分离中,不存在聚焦狭缝,因此这种方法具有高度的灵敏度。

5. 离子回旋加速器共振仪

该装置由磁体,发射电极板和接收电极板组成,如图8.36所示。在发射电极上加一个交流

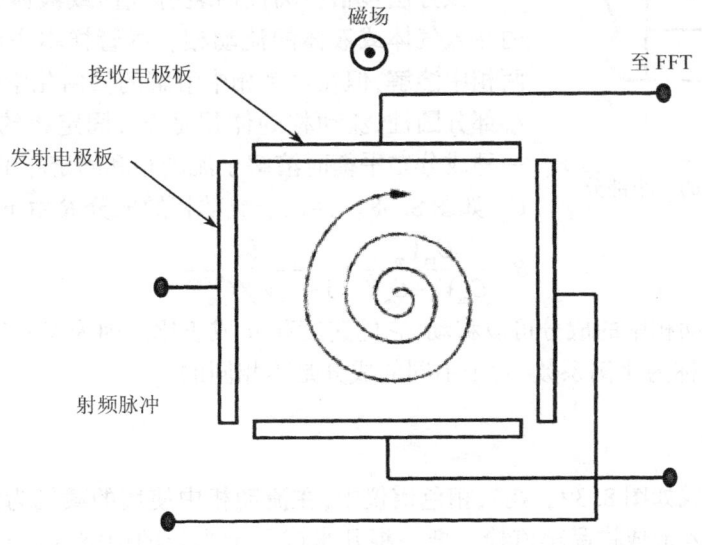

图 8.36　离子回旋加速共振质谱仪

电压。产生的离子在垂直于磁场方向做圆周运动。假如回旋加速器共振条件：

$$\omega = Bze/m \quad (8.48)$$

得到满足，其中 ω 是交流电压的角频率($\omega=2\pi f$)，B 是磁场强度，ze 是电荷量，m 是质量，那么离子将从磁场获得能量，圆周运动的半径不断增大最后到达接收电极板。假如快速改变频率(f)，所有不同质量的离子将被激发，产生一个对应于不同频率成分的不同质量的离子信号。对输出信号进行傅里叶变换即可得到质量频谱。

8.3.2 色谱仪

色谱仪，又称层析仪，其原理是基于混合物中的成分在通过一个装有气体或液体的圆柱时由于速度不同而得以分离，如图 8.37。运用气体的技术称为气相色谱法，又称气体层析法，运用液体的技术称为液相色谱法，又称液体层析法，液相色谱法由于有更高的压力和更小颗粒包裹的圆柱，可以获得更高的分辨率，同时也降低了分离时间，因此被称为高效液相色谱法。

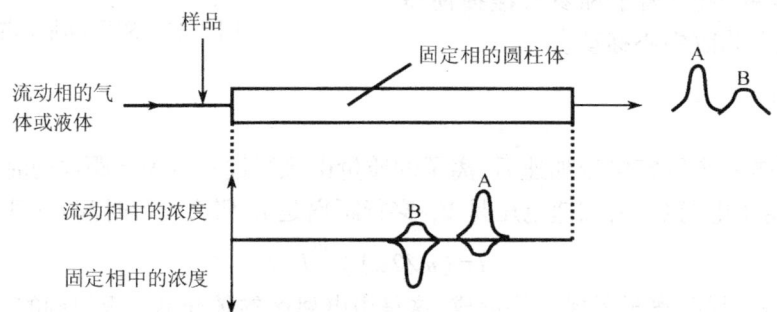

图 8.37 色谱法分析原理

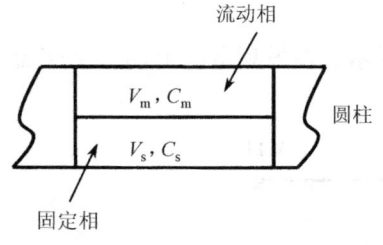

图 8.38 圆柱体的一小部分

1. 色谱仪的基本原理

该方法包括在圆柱内装有气体或液体的固定相和在圆柱内注入气体或液体的流动相。尽管样本中的每种成分都能在两相中溶解，但在每个相中溶解的量由化学种类决定。考虑一小部分圆柱，流动相的体积是 V_m，固定相的体积是 V_s，并假设一种成分在平衡时溶解于流动相和固定相的浓度分别是 C_m 和 C_s，如图 8.38。存在于流动相的成分 R 由下式给出：

$$R = \frac{C_m V_m}{C_m V_m + C_s V_s} = \frac{1}{1 + C_s V_s / C_m V_m} \quad (8.49)$$

由于只有包含在流动相中的成分可以移动，它的速度和 R 成正比。因为 V_s/V_m 是不变的，R 值由 C_s/C_m 决定，C_s/C_m 称为比例系数，对于不同的成分是不相同的。

2. 气相色谱仪

系统的基本组成如图 8.39。在气相色谱仪中，在流动相中使用的载气为氦气、氮气或氢气。样品气化后迅速导入形成样品蒸汽栓。把一根几米或几十米长的中空，内径为几十分之一毫米的试管作为圆柱,这样的圆柱称为毛细管圆柱。固定相由一种涂抹在毛细管的内层材料,比如硅氧烷聚合体构成。另有许多类型的探测器,例如火焰电离探测器、热传导探测器、电子捕获探测器和照片电离探测器等。此外,质谱仪是一种出色的探测器,因此气相色谱仪-质谱仪(GC-MS)已成为分析复杂有机混合物的常用技术。气体层析的局限性是只适用于在烘箱温度下可以挥发或蒸发的物质。

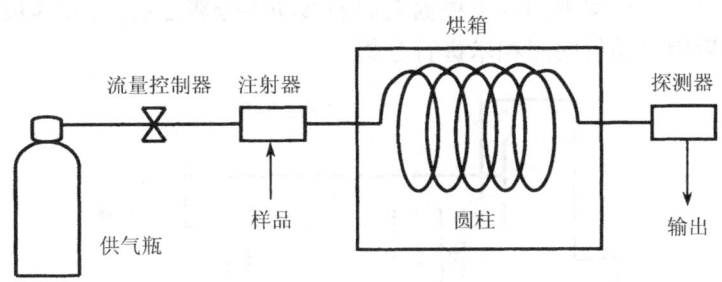

图 8.39　气相色谱系统

3. 高效液相色谱仪

图 8.40 给出了高效液相色谱仪的基本框图。流动相是一种被分析物质可溶的溶剂。对于水溶性物质,采用一种极性溶剂比如水;对于脂溶性物质,采用无极性溶剂比如烃类作为流动相。固定相由直径 5~10μm 的精细颗粒组成,封装在圆柱中。由于圆柱具有非常高的流阻,故流动相需由可产生上百个大气压的非脉动泵驱动。作为分离成分的探测器,紫外探测器是最常用的,其他的探测器像折射,荧光及传导探测器也被采用。

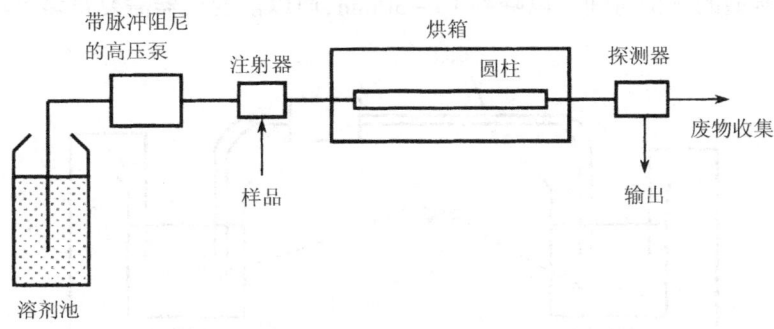

图 8.40　高效液相色谱仪

8.3.3　电泳仪

电泳技术是一种在电场中离子的移动导致暴露在电场中的离子产生分离的分析方法。假如一个带电荷 q 的离子暴露在电场 E 中,产生一个 qE 的力。在黏性介质中,会产生一个摩擦力和电场的驱动力达到平衡,从而离子匀速运动,速度 v 如下式给出:

$$v = qEf \tag{8.50}$$

式中，f 为摩擦系数，和溶剂的黏性及离子的有效半径成正比。因此，在电荷相同的情况下，小分子比大分子移动的速度要快。

电泳仪由一个装满支撑介质的圆柱管连接两个池子组成，如图 8.41。通常采用琼脂糖或聚丙烯酰胺凝胶体作为支撑介质。圆柱管通常包括两个玻璃盘，由一段凝胶体填充的 1~2mm 的间隙分开，为多样本形成相同的平行狭槽。样本放在狭槽的上部，直流电压加在两个池子之间，在介质中产生统一电场。样本中的分子根据它们的移动性分离之后，凝胶体被染色，或者样本如果被同位素作标记后用自动射线照相术进行分析。

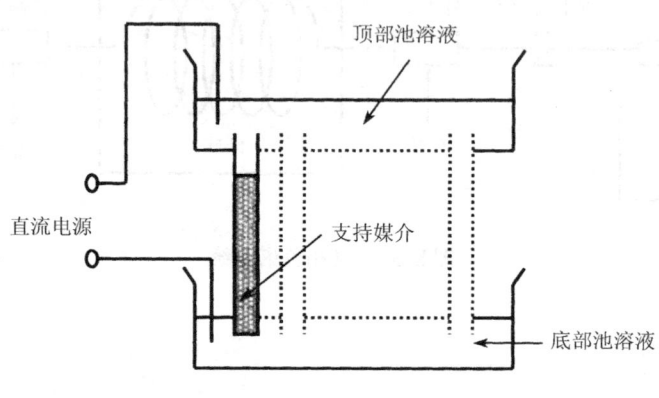

图 8.41 电泳仪

毛细管电泳具有很高灵敏度的分离功能，如图 8.42。它包括填满介质的细孔管，通常直径为 50μm，长度为 50~100cm。靠近毛细管末端的分子通过紫外线探测器进行探测。使用毛细管的优点是由于大的表面积/体积比而提高了散热，从而允许使用高电压，减少了分析时间。加 10~50kV 的电压，典型的分析时间可以降到 10~30min，而以前的仪器需要很多个小时。

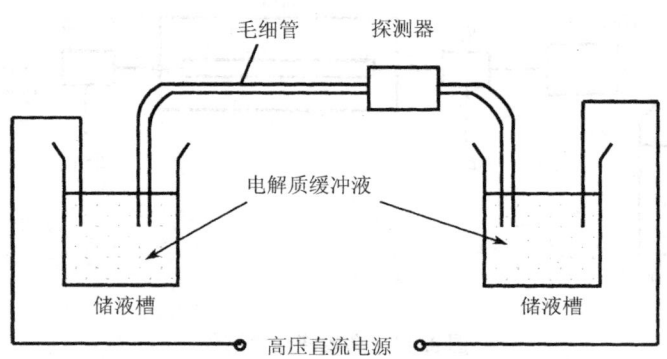

图 8.42 毛细管电泳仪

8.3.4 磁共振波谱仪

磁共振波谱仪（magnetic resonance spectroscopy）测量是在外部磁场作用下，基于对电子或核子吸收电磁射线进行测量与分析的技术（参见 7.5.3 小节）。如果测量的是电子的吸收，称为电子自旋共振（electron spin resonance, ESR）；如果测量的是核子吸收称为核磁共振（nuclear magnetic resonance，NMR）。另外一个电子旋转共振的名词是：电子顺磁共振（electron paramagnetic resonance，EPR），其共振条件不仅由电子旋转决定，还和电子轨道的变化有关。

磁共振的原理的经典模型解释，是基于电子或核子是一个旋转的带电粒子。由于旋转运动，粒子有一个角动量；同时，旋转的电荷产生环电流导致产生一个磁矩。因为在原子层次角动量是量子化的，出现的磁力矩也是量子化的。因此，粒子只在离散水平上有磁力矩，并和量子化的角动量成正比。比例常数为 γ（旋磁比），磁矩为 μ，由下式给出：

$$\mu = \gamma l \tag{8.51}$$

式中 l 为角动量。在一个具有 1/2（半整数）自旋量子数（包含零）的自由电子和核子中（比如 ^1H，^{13}C 和 ^{31}P），只允许具有两个状态的角动量。在一个外部磁场 B 中，一个磁力矩 μ 的粒子具有磁能 U，表达式如下：

$$U = -\mu \cdot B \tag{8.52}$$

当磁力矩量子化后，只能出现离散的状态。对于一个具有 1/2 自旋量子数的粒子，对应于外部磁场只有平行和反平行的两种磁力矩状态，两种状态之间的能量差由下式给出：

$$\Delta U = -\gamma \hbar B \tag{8.53}$$

式中，$\hbar$ 是角动量的一个量子单位，等于 $h/2\pi$，h 是普朗克常数。当应被吸收的光子能量 $h\nu$ 等于 ΔU 的能量时，这两个状态之间的跃迁就能够发生。这样：

$$h\nu = \gamma \hbar B \tag{8.54}$$

系数 $\gamma \hbar$ 经常表示为无量纲的因子 g，称为塞曼（Zeeman）分裂常数，和称为磁子的因子 β 的乘积，因此得

$$h\nu = g\beta B \tag{8.55}$$

一个自由电子的塞曼（Zeeman）分裂常数是 $g_e = 2.0023193$。对于一个自由电子的因子 β 称为玻尔（Bohr）磁子，是 $\beta_e = 9.274153 \times 10^{-24}$ J/T。塞曼分裂常数对不同的磁子是不同的：^1H 是 5.56948，^{13}C 是 1.40483，^{31}P 是 2.26322。因子 β 对核子叫核磁子：$\beta_n = 5.0507866 \times 10^{-27}$ J/T。由于 β_e 和 β_n 差三个数量级，普通 ESR 测量的共振频率是在微波范围内，而 NMR 测量的共振频率在射频范围内。ESR 和 NMR 的测量原理图分别示于图 8.43 和图 8.44。在 ESR 中，共振发生在微波范围，这样，样本放在微波腔内，微波由速调管振荡产生并由晶体探测器所探测。而在 NMR 中，则使用一个射频发射机和一个接收机以及两套发射接收绕组。

在 ESR 中，分析的是具有不成对电子的核素，比如自由基和过渡金属离子，这些核素只占样本的一小部分。在 NMR 中，最常测量的是质子 ^1H 的共振。因为 ^1H 存在于水和任何的有机

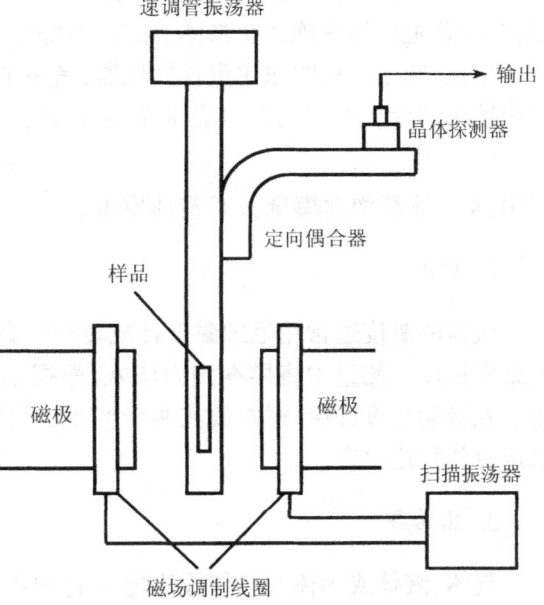

图 8.43 电子自旋共振（ESR）测量原理

物中,吸收强度的观察虽然不提供样本化学合成的很多信息,然而,共振频率受分子中的局部场影响,在一个分子中各种位置的氢核子的局部场是不一样的,导致共振的频率有差别,称为化学位移,这个原理被广泛用于生物化学分析。其他有磁力矩的核子,像 ^{13}C, ^{15}N 和 ^{31}P,也被用在生物化学研究中。如今 NMR 被广泛用于蛋白质结构分析。

8.3.5 针对化学量物理特性的分析仪

物质的物理特性,像机械的、热量的、电磁的或光学的特性,常依赖于它的化学组成,因此,每种材料物理特性的测量都潜在地适用于化学分析。然而,对于不同化学种类的混合物,却没有单独的物理材料特性的测量,像密度、热传导、折射率等,可以提供足够的信息来分辨和决定各种

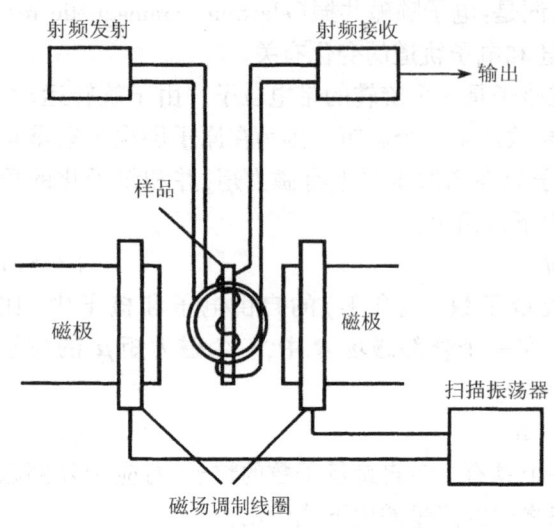

图 8.44 核磁共振(NMR)测量原理

组成。这样的测量仅适用于当感兴趣的化学种类在材料特性方面发挥主导作用时,例如,血浆蛋白的容量可以由折射率来估计,因为其他成分的贡献很小。

1. 密度

密度或溶液的精确重力提供了溶质的估计量。流体的精确重力可以用一个浮子检测仪测得,其原理是流体中施加在物体上的浮力等于物体放入流体中时被排出的流体重量。例如临床上的尿检,使用一种叫尿比重计的仪器,是一个有一个精确重力范围的浮子。流体的密度还可以由声速来估计。对于气体和液体,声速 c 由下式给出:

$$c = \sqrt{K/\rho} \qquad (8.56)$$

式中,K 是体积弹性模量,ρ 是流体密度。

2. 黏度

液体的黏度通常用毛细黏度计或转动式黏度计测量。毛细黏度计由一根已知直径和长度的毛细管构成。测量中将样本用力压入,根据泊萧(Poiseuille)定律,黏度由压力的起落和流速决定。在转动黏度计中,样本放在两个平面之间的狭窄空隙中,一个转动而另一个静止,黏度由转动成分的扭矩决定。

3. 热传导

气体,液体或固体的热传导决定于它的组成,因此,在原理上,对它的测量可以用于化学分析。一个例子就是在 8.3.2 节中所提及的气相色谱系统仪的热传导探测器,在这个应用中,根据化学成分和载气热传导的不一样,仪器可以检测到被色谱柱分离的任何化学种类。在检测器中,根据流过的不同化学组份使加热灯丝的热扩散变化,便可探测到热传导的差别。

4. 折射率

在溶液中,折射率可随溶质的浓度的变化而变化。假如只针对一种已知溶质改变,则它的浓度可以由折射率来估计。例如,血清蛋白容量可以用一个简单的折射计测量,其折射率通过全反射的临界角测定。当一束光通过两种媒介的交界面,从一个大的折射率媒介到一个小的折射率媒介时发生全反射。当两种媒介的折射率是 n_1 和 n_2 ($n_1 > n_2$),临界角是 θ_c,对于全反射满足下式:

$$\sin\theta_c = n_2/n_1 \tag{8.57}$$

5. 旋光性

旋光性,是平面偏振光束在通过一种媒介后发生偏振平面旋转一定角度的现象,如人体葡萄糖分子结构具有旋光异构性,凡具有手征性的有机分子均具有旋光性,其特点是:当偏振光通过它的溶液时,可使偏振光振动的偏振面发生偏转,这一现象叫旋光现象。不同分子偏转的角度不同,在一个固定长度的样本中测量旋光性时,旋光量正比于具有旋光性物质的旋光能力和浓度。不同旋光活性物质的旋光度有一定的值,通常用比旋光度 $[\alpha]$ 表示:

$$[\alpha]_\lambda^t = \frac{\phi}{C \times L} \times 100 \tag{8.58}$$

式中,$[\alpha]_\lambda^t$ 为在温度 t、波长 λ 时的比旋光度,C 为溶液浓度(g/mL),L 为溶液的厚度(dm),ϕ 为旋转角度(rad)。

因此,假如知道物质的比旋光度就可以估计它的浓度。这种技术已被用于蔗糖浓度的测量。对于体液中葡萄糖的浓度的测量,在理论上也是可行的,因为在生物组织中只有 D 葡萄糖(即右旋葡萄糖)存在。利用旋光性,人们企图通过接触镜来测量眼球房水中葡萄糖含量,以寻求与血糖的相关性。仪器由偏振光发生器和光敏检测器组成。

6. 电气传导率和介电常数

(1) 当离子浓度比较低时,溶液的传导率决定于它的离子浓度并和离子浓度成正比。然而对于不同离子,比例系数是变化的,如果溶液的相关离子组成已知,传导率就可以提供有关离子浓度的信息。例如,传导率在监测纯净水的质量方面很有用。

(2) 介电常数由测量阻抗的电容分量决定。对一种含永久偶极矩分子的溶液施加交流电场,偶极子将在每个周期的电场方向重新适应自己,产生一个转移电流。因为介电常数是依赖频率的,频率特性又依赖化学种类,在适当的频率范围内对介电常数的测量可以作为一项分析技术。

7. 磁敏感性

磁敏感性是相对于磁场强度来决定磁性的量。当样本中有特殊的物质显示强磁性而其他没有时,这种物质的浓度可以由测量磁敏感性分析。顺磁性氧气分析仪(paramagnetic oxygen analyzer)就是基于这一原理。氧气是顺磁性的,因此它的磁敏感性是正值且很大,而其他医用气体(除了 N_2O)大都是抗磁性的,磁敏感性为负值。

有不同类型的顺磁性氧气分析仪,图8.45(a)是一种氧气分析仪的设计原理,两个楔形磁极和一个含抗磁性气体的玻璃哑铃,由一根弹性线悬挂在磁极间,因此哑铃可以在磁场最强的区域保持平衡。当哑铃被流入的顺磁性气体环绕时,气体会向更强磁场的区域移动,推动哑铃移出那个区域。因此,周围气体中的氧气含量便可由检测哑铃系统所偏转的角度来测量。

图8.45(b)是另一种顺磁氧分析仪的设计原理,其中央部位是一个缠绕加热丝的管道,它的一端加有强磁场。根据居里(Curie)定律,顺磁物质的磁力与绝对温度成反比。这样,当顺磁气体从冷端流经加热管道时,由于磁力的变化引起流速改变。氧气的含量便可通过测量它在通道中的流速来获取。

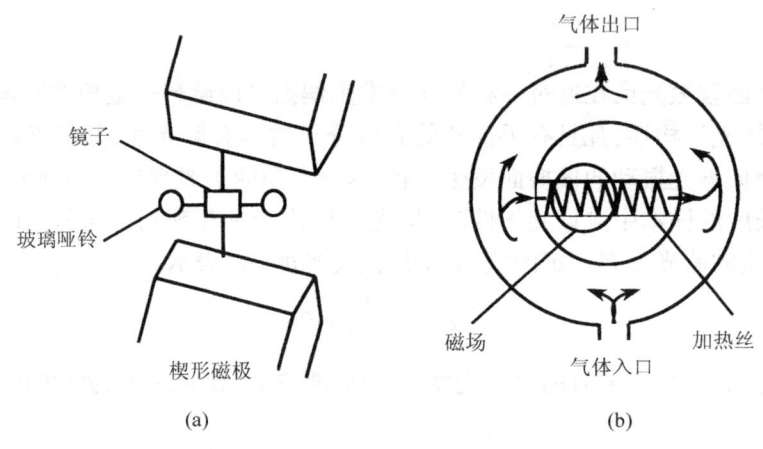

图8.45 顺磁氧气分析仪

8.4 医学化学量的连续测量

在临床常规情况下,体液中的化学量通常是从病人所取的样本来测定。然而,当危重情况,化学量变化很快时,需用化学换能器进行持续测量。为了监视身体中的化学量,可以插入一个传感器,这样的传感器称为内置传感器。另一方面,如果体液可以从体内持续排出或吸出,测量可以通过体外的传感器进行,这样的方法叫体外测量。

上述技术属侵入性测量。个别情况也可以通过皮肤进行的非侵入性测量,当然要求被检测的物质能够通过皮肤渗透才可行。然而绝大多数临床物质不能经皮肤渗透,只有氧气和二氧化碳是完全可渗透的,因此可以测出它们的分压。当去掉皮肤最外面的角质层,在皮肤上加一个负压可以回收组织液,此外像体液中的葡萄糖可以被测量。假如要分析的物质存在对光的选择性吸收而在波长范围内其他物质吸光性很小,则可采用光学技术。

有些化学量,比如混合静脉血中的二氧化碳含量,可以由呼吸气体分析来估计。对呼吸气体的分析提供了气体交换和新陈代谢的定量信息。

8.4.1 植入式传感器的测量

植入式传感器已得到广泛研究,其中有一些已被用于临床。当提倡微创技术或仅需要对局部变化量测量时，植入组织中的传感器常被采用。氧气、二氧化碳和 pH 就可以用这样的植入传感器测量。离子如钠、钾、钙和新陈代谢的产物如葡萄糖、尿素也可以测量。不同种类的传感器已得到发展。

1. 植入血管内测量

尽管许多在化学量方面的测量已经获得成功，但在临床可接受的还有限。其中，血气测量，特别是血氧测量（例如新生婴儿的血氧可能经常没有达到足够的水平而需要监测），得到广泛研究。此外血气监测也在特护的成人中使用。

对婴儿，通常通过脐静脉插入一根导管。运用这种方法，可以使用一根直径大约 0.5～1.0mm，或稍微大一点的导管，而不管婴儿体形有多小。对成人，导管可以插入到桡骨动脉或分支动脉，或是通过股动脉或静脉插入到主血管。

图 8.46 显示了一个 Clark 型的氧电极。其端部有一个银制阴极和阳极。先用电解质沉积在端部，再用 PVC 沉积形成一层 25μm 的膜。当它浸入血管后，水气扩散入膜，在 10～45min 内形成一个液体电解质层。

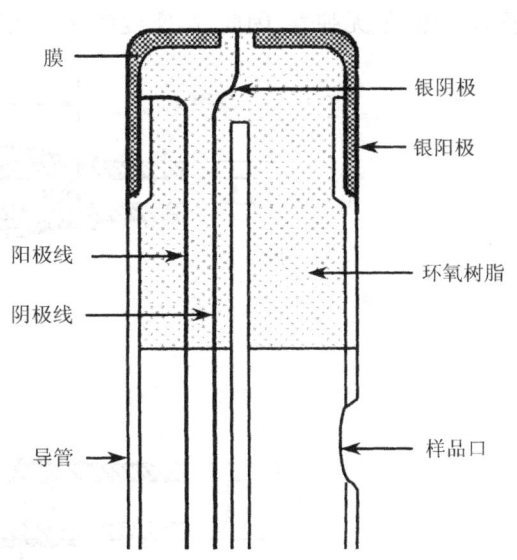

图 8.46 Clark 型氧电极

氧分压（SPO_2）和血氧饱和度（SO_2）都可采用光导纤维血管内导管测量。测量氧分压，建议使用一种基于荧光的方法（见图 8.47），它采用一种荧光染料，被珠状有机物吸收，包含于疏水膜中。这种染料被 486nm 的蓝光激励后发出 514nm 的荧光，荧光可因氧气的存在受到抑制。这样基于 PO_2 的效应，PO_2 便可由激励光强度和荧光强度之比来测定。SPO_2 由氧合血红蛋白和脱氧血红蛋白的吸收光谱决定，测量可用光导纤维血管内导管进行，当然 SPO_2 的测量也是采用复合导管，导管中有一种极谱法的 PO_2 电极，和一个血液采样腔。

血管内测量 PCO_2 可使用一个包围有 CO_2 渗透膜的电位式 pH 电极。有多种方法尚在试验中，例如端部有 PCO_2 和 PO_2 的复合电极，血管内 pH 和 PCO_2 复合

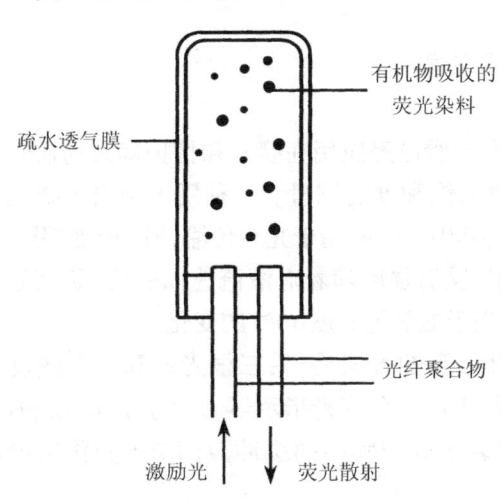

图 8.47 荧光测量氧分压方法

式电极，以及导管端部采用 PH-ISFET 的 PCO_2 电极。但测量血管内 PCO_2 电化学的方法与测量 PO_2 方法相比还不够成熟，故在临床血气监护中尚未被接受。

血管内的血气分压也可以用一个质谱仪监测，方法是使用一根导管，在端部提供能使气体扩散通过的膜。各种气体如 O_2、CO_2 和 N_2 可同时用质谱仪测量。图 8.48(a) 显示了一个导管型采样器的例子。导管包括一个不锈钢管，外径 0.4mm，内径 0.2mm，端部用一层聚乙烯膜包围。尽

管内部直径很小,但膜的传导仍然足够大,因此膜是稳定气体流量的主要因素。图 8.48(b)展示了另一种配置,其中一块烧结青铜块作为膜的支撑。至于膜,聚乙烯和硅胶是经常使用的,因为对该膜,O_2 和 CO_2 具有选择性渗透能力,而水是几乎不渗透的。不锈钢管对防止气体扩散到导管有好处,但无弹性,因此,高密度的聚乙烯管或涂有聚乙烯的尼龙管也常采用。

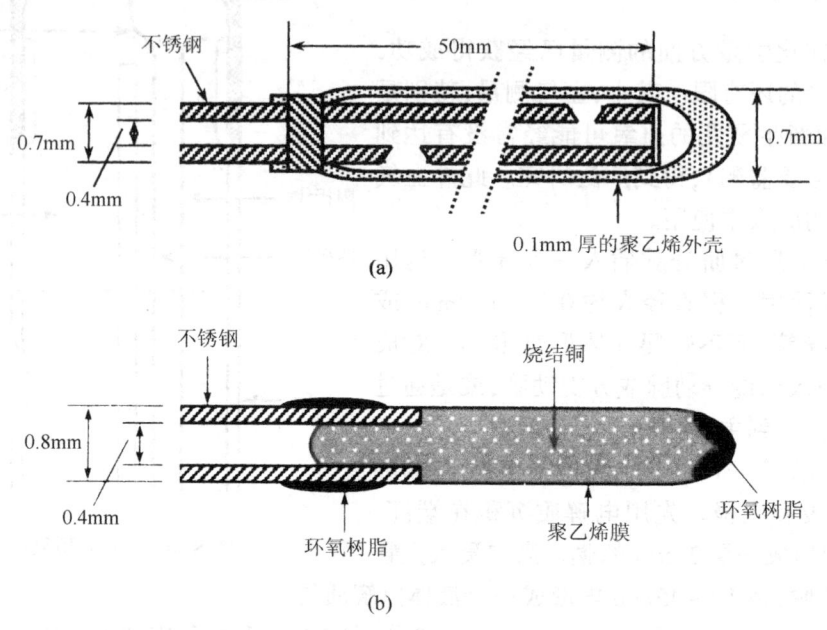

图 8.48　质谱仪血气测量导管

血氧饱和度和血气分压也可采用光纤导管测量。这种导管已经应用在婴儿和特护病人的血管内的血气监测中,早期尝试主要是用反射式分光计进行血氧饱和度的测量。一种用于刚出生婴儿的光纤导管,是用 4F 聚乙烯双腔管(外径为 1.3mm)制成,其中一个腔用于光纤传输,另一个腔用于输液、血液采样和压力测量。但在流动血液的反射测量中,反射强度随着血液流速而变化,研究显示血流速度从 0 到 30cm/s 可导致 50% 的光反射变化,相当于血氧饱和度 10% 的变化。

一种用于 PCO_2、PO_2 和 pH 的带有荧光指示的光纤导管的方法是,用三根光纤和一个热度计,通过一根 20G 的桡动脉导管插入动脉,在每根纤维末端有一个荧光指示器。对于 PO_2 和 pH 的测量,可使用氧气敏感和 pH 敏感的染料,PCO_2 用封装于硅胶膜中的缓冲液的 PH 变化来测量,如同二氧化碳电极(见 8.2.1 节)。

血管内的 pH 测量,其他离子如钾离子、钠离子和钙离子以及葡萄糖等代谢产物的测量都可以用电化学或光纤传感器。然而值得指出的是,这些离子和小分子对于毛细管壁是完全渗透的,这样它们的血管内浓度反映了组织的浓度,在临床中,组织的测量更容易也更安全,所以血管内测量只有在绝对必须的时候才被考虑。

2. 组织测量

当在组织中放置一个传感器时,它将直接接触组织液。可以测出液体中的化学种类的浓度。

因为毛细血管暴露在组织液中,小分子和离子可以自由地通过毛细血管壁扩散,因此组织液中的浓度几乎和循环血液中的浓度一样。这样,组织测量可以作为直接血管内测量的补充。实际上,组织测量是葡萄糖监测的一种可行方法。

组织测量也用于研究一些化学种类的局部变化。一个例子是肌肉的测量,当肌肉运动时 pH 发生变化。此外一些重要的生物调控分子,如 NO 分子的组织测量,有时需用微型传感器在细胞大小的面积上进行。

一个临床组织测量的例子是在新生儿和外科病人身上的组织液的 pH 监视。为实现这一目的采用了小端部的 pH 玻璃电极。图 8.49 说明了一个组织 pH 电极的例子,它有一个 pH 敏感的长 1mm、直径 1.3mm 的玻璃尖端。在测量时,需穿刺皮肤至少 3mm 使得它的尖端植入皮下组织。对新生儿监视时,探针放在大腿上。对于胎儿,用一个羊水镜,利用一个双螺旋管把它插入阴道,把电极探头固定在婴儿的头皮。

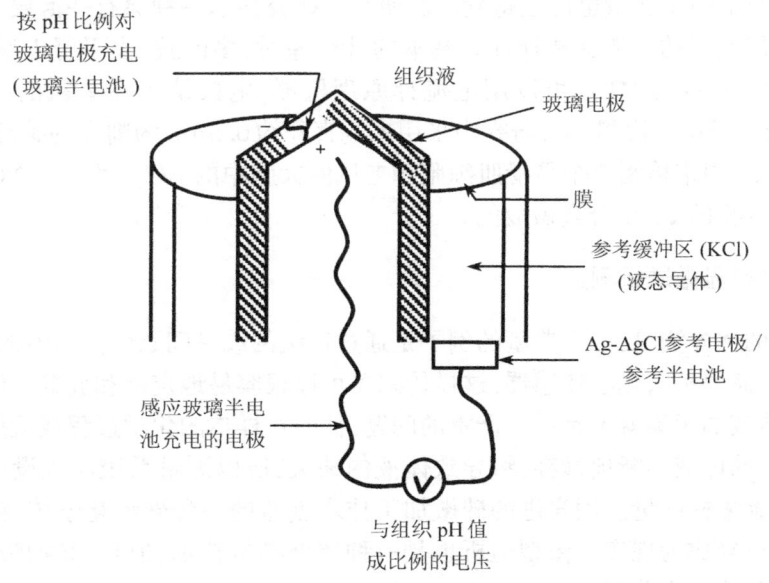

图 8.49　组织 pH 值测量用玻璃电极

肌肉的 pH 也可以在生理学研究和临床中监测。例如用一根带有钢护套的玻璃电极进行心肌 pH 监测,来评估心肌的完好性。又如用一个 pH-ISFET 电极在开心外科手术过程中进行心肌内 pH 监测,pH-ISFET 大小为 1.25mm×2.00mm,用环氧聚合物放置在一个 2mm 的探针中来控制插入的深度;pH 探针放在温度探针旁边用来根据温度系数调整结果(注:pH 受温度影响),因为在这种类型的外科手术中,常灌注冷的心肌麻痹溶液,温度下降很快;在皮肤上还需放一个 Ag-AgCl 参考电极。

组织中葡萄糖的监测已经被广泛研究。绝大多数的研究使用电流式葡萄糖酶传感器,测量的是过氧化氢,氧气和介质(如二甲基二络铁)的氧化还原反应(见 8.2.4 节)。组织中测量葡萄糖的一个困难是氧气水平低且不稳定。因此,氧气测量时需要差分操作,酶电极信号需要和另外一个电极的氧气水平比较。过氧化氢的测量因为配置简单,故非常有用,然而在其电极反应中还是要消耗氧气,当葡萄糖浓度高而氧气水平低的时候氧气就会缺乏。这个问题通过采用一种可以降低葡萄糖对氧气通量比值的膜得到解决,研究显示在过氧化氢酶的葡萄糖传感器上使用一种聚亚安酯的膜,在葡萄糖浓度从 0 到 500mg/dL 时获得线性反应,而不会受到高于 25mmHg 的氧气压力影响。使用一种介质也可以削弱氧气水平的影响(见 8.2.4 节)。

对于长期测量,直径小于 0.5mm 的针型葡萄糖传感器已经有了发展。一种基于过氧化氢的葡萄糖传感器其形状和大小等于一根 26 型针(外径 0.45mm)已经开发出来。这种传感器可以通过 16 型套管植入皮下组织,然后取出套管,留下传感器,并用膏剂固定确保安全。动物实验表明这种类型的传感器的灵敏度和反应时间在植入 10 天后几乎和植入 3 天后一样。

对于长期植入的传感器,生物兼容非常重要,当然前提是尽可能不降低灵敏性和其他指标。研究显示用全氟磺基酸(perfluorosulfonic acid,Nafion®)作表面封装可以得到好的结果,即使经过 3 个月时间,纤维的连接组织还相当薄($<100\mu m$),线性度和精度可以和传统的葡萄糖电极媲美。

不同化学种类的组织测量也已经得到广泛研究。研究显示一种涂有一薄层 Nafion® 的石墨-环氧树脂电极对阳离子的种类有选择性。基本的神经递质:多巴胺,去甲肾上腺素,5-色胺氢氧化物(hydroxitryptamine)(5-HT),可以用电流计原理检测,电极植入在老鼠的脑组织中。涂有 Nafion® 的碳电极可以用来检测 NO,研究中采用末端直径约 $0.5\mu m$ 的削尖的碳纤维,在电流式或电压式操作模式下,用来检测单个平滑肌细胞和老鼠的大脑中的 NO。另一种 NO 选择电极是由涂有硝化纤维聚合物的 Pt/Ir 合金做成的。

8.4.2 体外测量和显微透析测量

对生命物质的体外测量,一个典型的例子是通过连续的或是间歇引流血液的分析,体外测量有很多优点,它不需要植入化学传感器,这样传感器可以很容易地定标和放置。假如可以抛弃抽出的体液,采样体液的污染就不是一个严重的问题,任何对样本的化学过程就适用于普通的化学分析。然而,抽出的体液不断地抛弃,将导致体液的缺失,所以测量系统应该设计成减小连续排出的流速或是间歇采样的量。用先进的硅微加工技术创造的一种微型化学传感器已经实现,临床上的体外测量已经成为现实。微型透析也是一种体外测量技术,但是,和抽吸整个体液不同,它运用透析原理只取出小分子。

1. 引流血液测量法

通过连续抽出血液,化学测量便可由一个流经型(flow-through)小室腔电极系统实现(图 8.50)。例如,在带有心肺机的开心手术中,用一个离子选择钾电极进行在线连续的钾监测,在心肺旁通测量期间,循环血液中已加入肝素,这样血液的凝结就不是一个大问题,血液从一个体外通路抽出进入小室腔离子选择电极系统。连续血液的排出率控制在 17.1mL/h,时间延时是 2 分钟。

此外一种做在电路板上的 chemFET(化学敏感,场效应管),利用一个流经型小室腔在线分析系统,进行血液钾离子、钙离子、钠离子和 pH 的同时分析,实现在线病人监护(图 8.51)。小室腔的体积是 $30\mu L$,一个全部的死区是 $460\mu L$。血液采样通过一个双腔套管,肝素吸入到外部腔,肝素化的血液以 1.46mL/min 的速率回收。测量的采样期为 20~25s,对于肾透析采样的频率是每小时 12 次。

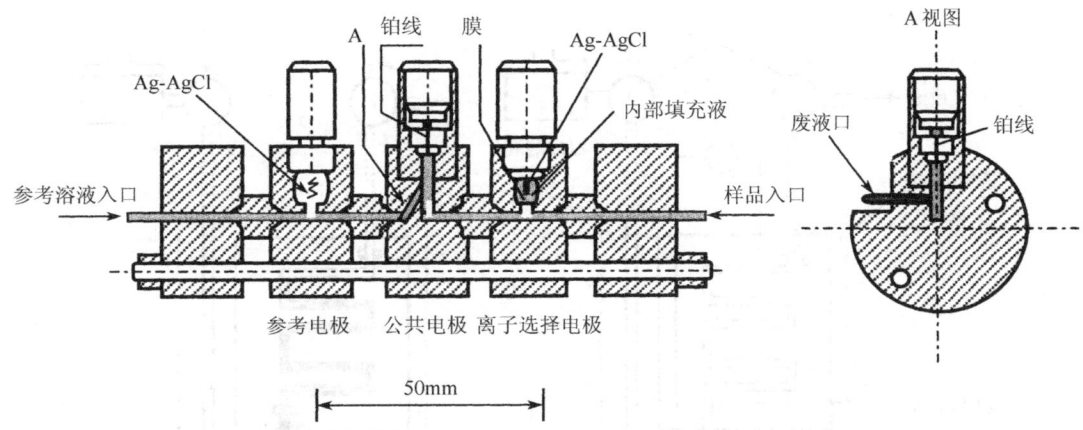

图 8.50 心肺旁通期间对钾离子连续测量的流经型电极系统(Ossward, H. F. 1981)

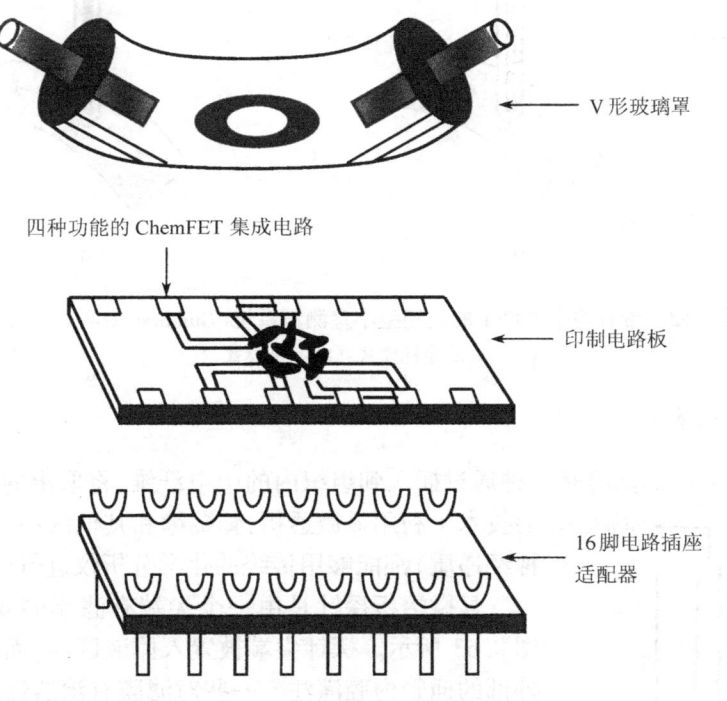

图 8.51 电路板上的 chem FET 测量系统(Shibbald, A. et al. 1985)

采用离子敏场效应管系统,可使样本容积和引流消耗下降到 10μL,见图 8.52(a)。小室是由两个 chemFET 芯片,和一个三明治式通道组成。对某种离子进行测量时,两个同类型膜的 IS-FET 分别置于室内弯曲通道的两端。双腔导管的内腔管经过小室,含肝素的定标液由外部腔提供。定标液中断后允许血液进入小室,见图 8.52(b),到达第一个 ISEFT 后,差分放大器输出测量信号。当循环时间为 2min 时,血液的消耗量是每 24 小时 8.2mL。这个系统在动物实验中已获成功。

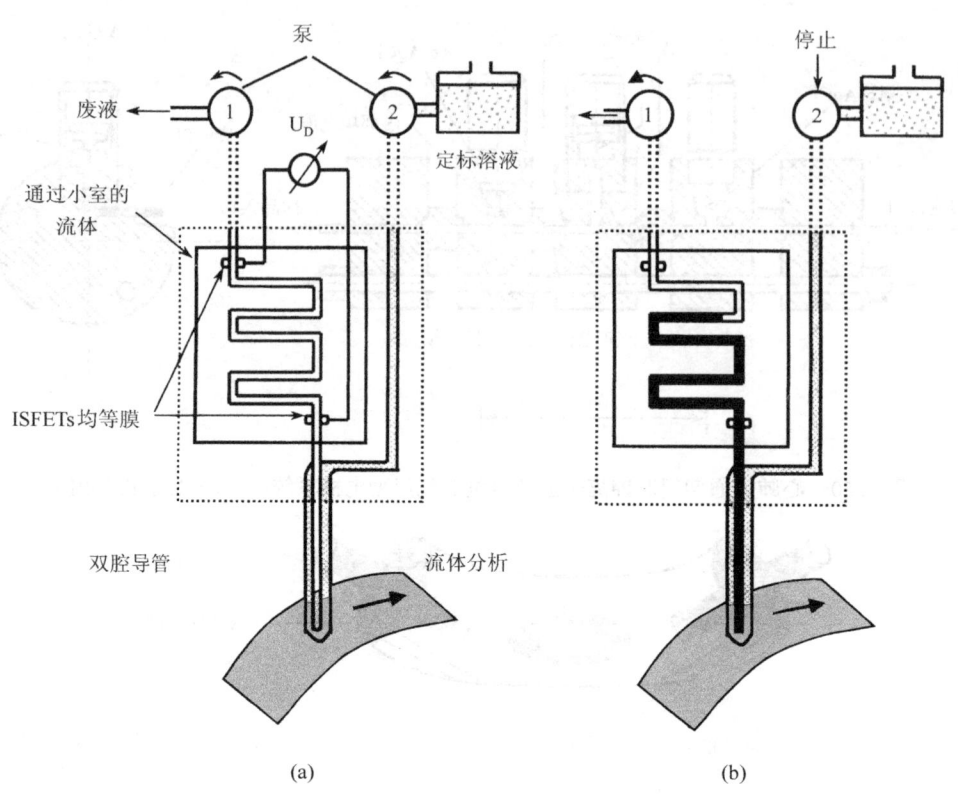

图 8.52 带有两个 ISFET 的流经型小室测量系统(Gumbrecht W,et al. 1990)
(a)定标模式;(b)测量模式

2. 显微透析测量法

显微透析(microdialysis)是一种通过插入到组织内的中空纤维,将取出的小分子送入灌注液的技术。利用显微透析,葡萄糖和其他的小分子(如在体液中的神经递质)都能够用传统的化学分析仪进行连续分析。

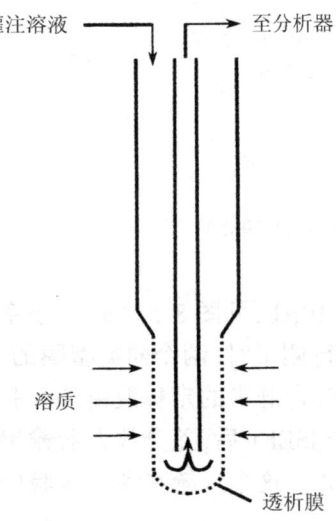

图 8.53 显微透析探针

显微透析探针是由一个尖端有滤膜的双内腔插管组成,如图 8.53 所示。探针尖端被置入体液区间,而缓冲溶液经过一个外部的插管内腔灌注。一些对滤膜有渗透性的溶质以某种速率进入灌注液体中,而这一速率是由浓度百分比、膜的可渗透性和膜的表面积决定的。液体经过插管内腔被引出至分析仪器。

用这种组织显微透析技术可以测量出细胞外液空间里的葡萄糖浓度。Pfeiffer 等人曾经使用一种有多碳酸盐多醚的聚合体膜的微型透析探针,这种探针直径 0.6mm,由两个同心钢管组成,一管状滤膜(直径 0.5mm)被粘在两管的尖端。探针被植入到脐旁组织中,并以速度 4.5μL/min 灌满磷酸盐缓冲器。葡萄糖在透析液中的浓度可以用一种 H_2O_2 型的葡萄糖氧化酶传感器测量出,也可用 Clark 型氧电极来测量在透析液中的葡萄糖浓度。探针通过比较透析液中的葡萄糖水平和从样本血液中得到的实际血液葡萄糖来定标,在健康人及糖尿病人中,所得到的皮下葡萄糖与血液葡萄糖大多符合得很好。

显微透析已经被成功地运用到神经科学研究中,例如一种利用显微透析技术测量小鼠大脑内多巴胺刺激反应释放抗坏血酸的方法,这种探针由两个平行的不锈钢插管组成,在它的尖端有一个直径为 250μm 长 5mm 的 U 型透析管圈,探针通过外科手术放置在被麻醉动物的大脑组织中,苏醒后,以 8μL/min 的速率灌满生理盐水,透析液每隔 15 分钟收集一次,抗坏血酸盐的浓度可通过高效液相色谱仪分析出来。

存在于大脑细胞外液中的胆碱和醋胆素还可以用一个脑透析装置进行在线连续监测(图 8.54)。探针由一个碱化的纤维素酯显微透析管组成,置于一个小鼠的大脑组织中,缓冲溶液以 1μL/min 的速率被灌满,透析液被引入到一个酶反应器(预氧化器)中,释放出的 H_2O_2,利用电化学检测仪检测出来。利用液相色谱法-电化学技术,显微透析已经被应用于分析氨基酸和生物胺类。而利用液相色谱法-紫外线吸收探测,显微透析还可以用来分析乳酸、丙酮酸酯、嘌呤和一些药物。

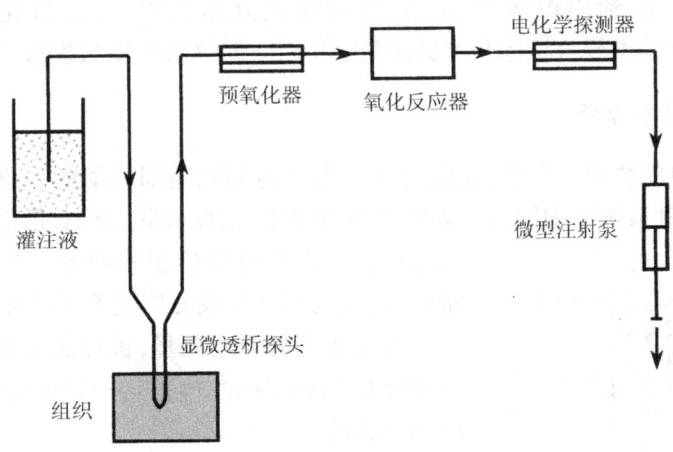

图 8.54 用显微透析技术监测大脑中神经递质

3. 渗出液分析测量法

渗出液,即组织间隙液。如果皮肤最外层被擦破了,细胞外液被暴露时,组织间隙液能聚拢起来。例如,如果剥去角质层,小量的液体能够聚拢。在某些方面,这些液体是血液中不同物质浓度的一面镜子:如葡萄糖和肌胺酸酐等,蛋白质除外,这意味着渗出液可以作为葡萄糖测定的媒介。然而血液中的浓度和渗出液并不是同时的,后者有几分钟的延时。皮肤上渗出液利用弱吸力被聚拢(400mmHg 的绝对压强),使用一个附着于皮肤上的具有负压的探针可使聚拢更为有利(见图 8.55),在这个过程中,表皮

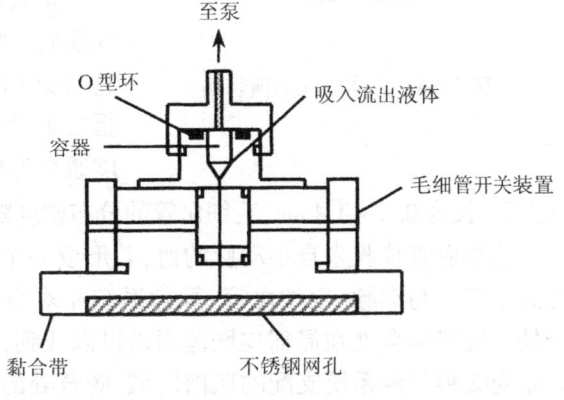

图 8.55 渗出液收集腔
(Kayashima S,et al. 1991)

角质层已先被去除掉。利用 ISFET 技术,可以分析葡萄糖含量。

临床分析表明渗出液和血浆中的葡萄糖浓度相关性较好,渗出液的葡萄糖浓度随血浆葡萄糖浓度的改变而改变,有 5~10min 的延时。

这种方法的优点在于它是非侵入性的,是对血液中葡萄糖浓度持续分析的一个有益贡献。存在的问题是非常小量的液体[平均 $11.9±3.7\text{mL}/(\text{h}\cdot\text{cm}^2)$]会被吸取。

8.4.3 经皮测量

血气测量能够提供重要的诊断信息:有关肺气交换的有效性、肺泡通气、血气输运和组织氧化的状况等。以下介绍能够从皮肤测量中检测血气相关的技术,这些技术使避免痛苦且有风险的血液抽样成为可能。而且血液抽样存在不连续性,两个样本周期内不能提供血气状况的信息。

在新生儿中,血气监测是一种监测肺泡通气的重要方法,它提供了有关氧合早期变化的信息。参考血气的经皮检测,发展了几种非侵入性测量技术,一些方法在重症护理中有广泛的应用。这些方法包括:① 利用电极技术,经皮监测氧分压(PO_2),二氧化碳分压(PCO_2)和 pH;② 用脉搏式血氧计进行血氧饱和度的测量;③ 用质谱仪对经皮肤扩散气体的测量。

1. 经皮测量的基本原理

经皮测量法中视皮肤为一层膜,皮肤构成人机体内部和周围环境的一道屏障。在经皮测量法中,皮肤一直与测量系统互相影响。如在光学测量中,皮肤吸收、折射、散射光子;皮肤成分、解剖结构和色素沉着强烈影响着光子的传输。而在电极测量中,皮肤的厚度和成分影响着氧扩散的时间。

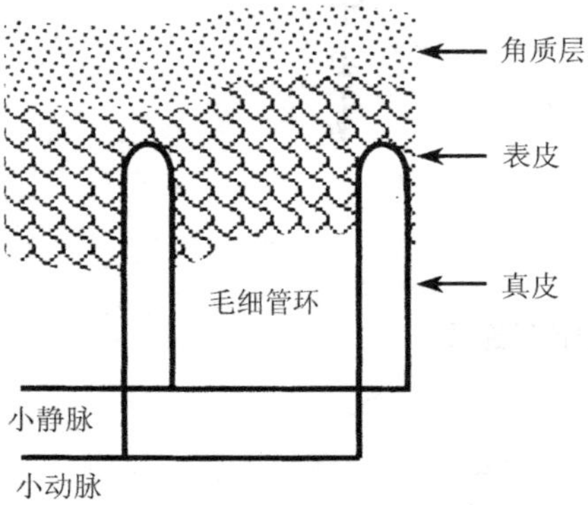

对比血气的质谱测量,被加热的成人皮肤的氧扩散率为:$25×10^{-6}\text{mL}/(\text{cm}^2\cdot\text{s})$,这一数据受体温、皮肤的厚度与结构的影响。

人体皮肤由三个独立的层构成:角质层,表皮,真皮。在人体的不同部位,这三层的厚度从 0.2~2mm 不等。图 8.56 显示了人体皮肤的横切面。

角质层:是一层由脱水细胞组成的无生命层,它构成了皮肤的一些屏障成分,比如,这部分皮肤的电阻是相当高的,它减少了电流进入人体的风险。表皮层:是有生命层,含有蛋白质、脂类和给予皮肤特有颜色的黑色素细胞,表皮的厚度通常为 0.1~0.2mm。真皮层:充满了垂直环状排列的毛细血管,长为 0.2~0.4mm,毛细血管的分布密度随着皮肤位置而改变,通常范围是 $1/\text{mm}^2$。

图 8.56 人体皮肤的横切面

毛细血管接收来自小动脉的血,并形成一个平行于皮肤表面的网,血液经由小静脉或更大的静脉带走。与动脉-毛细血管-静脉系统相对应,在动脉和静脉血管系统之间存在动脉-静脉吻合处。这些吻合处在局部皮肤范围内可以找到,尤其在手掌、脚、脸、身体的肢端区域。这些吻合处是受交感神经系统支配的肌肉区域,吻合处的血管是人体体温调节系统的一部分,它们根据人体温度信息进行调控,当体温较高时,这些通道广为开放。

在正常情况下,皮肤对气体的渗透性并不是很高,但在体温较高时,皮肤运输气体的能力就会提高。将一个手指放在45℃的电解液中,可发现液体中的氧水平上升到接近动脉血中的数值,加热使血管膨胀,血流增加,对气体传输有利。图8.57显示了一个新生儿的皮肤温度从37～45℃变化时,t_cPO_2(体表氧分压)和PaO_2(动脉血氧分压)两者的关系。

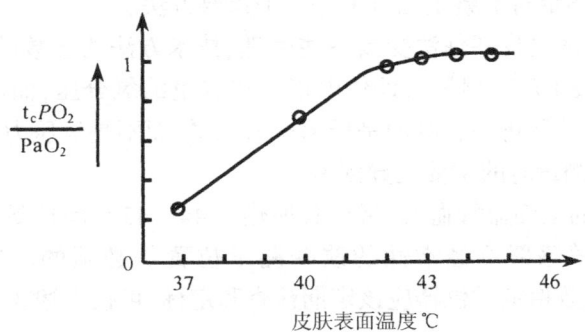

图8.57 皮肤温度在37～45℃时 t_cPO_2 与 PaO_2 的关系曲线

2. 经皮血气测量法

(1) PO_2 经皮血气测量法 评估皮肤的氧化水平是重要的,因为它反映了氧输运链相连接的一些生理过程,如肺中的气体交换、血液循环中各种水平的血循环、细胞水平的气体交换等。早先的部分血氧压力测量技术采用了使用周围动脉的血样本,再用实验室血气分析仪分析的方法。

用在经皮电化学法中的氧传感器是以极谱法为基础的(见8.2.1节)。参考Clark型氧电极,传感器的头是一个小型的加热极谱法 PO_2 电极(图8.58),其阴极由铂或金制成,阳极通常是表层涂有银氯化物的银环,电解质通常是氯化钾,并加缓冲剂。

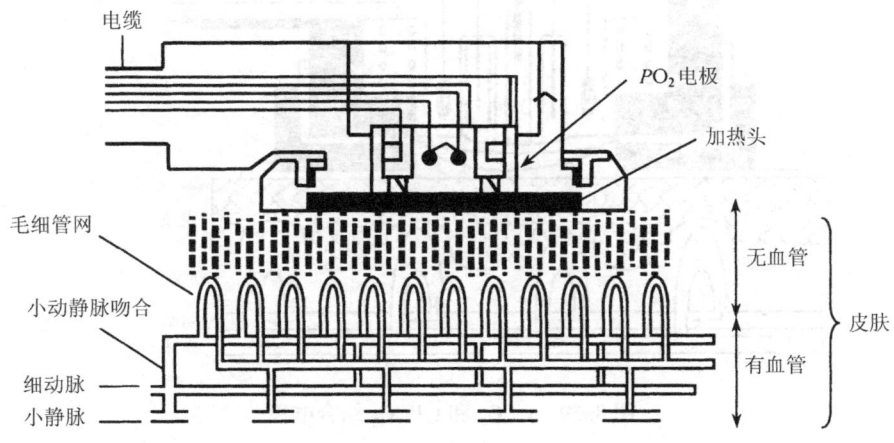

图8.58 经皮 PO_2 电极

利用已知氧浓度的气体,可以对传感器在两点之间方便地校准。最低点或零点的校正,可通过将传感器暴露在纯氮或亚硫酸钠溶液中来完成;而最高点校正,则由一个含10%氧的气体混合物来完成。Clark型 PO_2 电极对婴儿的动脉氧有较好的吻合,而成人实际动脉氧常常低于该电极测量 PO_2 的5%～15%不等。

体表 t_cPO_2 主要应用在监测新生婴儿中,因为他们的表皮层很薄。对未成熟的婴儿,尤其是那些有呼吸障碍的,频繁的测定氧气十分必要。对婴儿氧气的管理要求动脉氧浓度的严密控制:当 pO_2 浓度太高时会导致视网膜和肺的损害;浓度太低则导致脑损害。因此,对于早期呼吸方面有问题的新生儿,t_cPO_2 测量对于新生儿监护是一个重要方法。

然而,动脉血气压力的经皮评估法受到一些生理、技术方法的参数的影响,这些参数有时是不可预见或控制的。经皮 t_cPO_2 测量法评估电极下皮肤里的氧分压,而不是在全身的循环系统中的氧分压,这意味着皮肤测量一直测的是局部压力水平,而不是氧压力在全身的水平。皮肤的血流改变是在皮肤 PO_2 测量时的主要变异因素。

对于要化为动脉血的毛细血管血流,将皮肤加热至 44~45℃ 是必要的。但长时间应用可能导致皮肤烧伤,故对于敏感部位经常性的改变测量位置是必须的。当然在每次换位后,需有 15~20 分钟时间使读数稳定。仪器应该定期检查和定标,可按上述校准程序或抽取血液样本进行直接比较来完成。

(2) 经皮 PCO_2 传感器　这种传感器的电极是一个 pH 敏感玻璃电极,外面环绕着放置的 Ag-AgCl 参考电极。利用了缓冲液电解质,对 CO_2 具渗透性的特氟隆(聚四氟乙烯)膜构成了传感器内部与其外部环境的屏障,类似于 Severinghaus 电极(见 8.2.1 节)。在 t_cPCO_2 测量法中的反应时间常常比相应的 PCO_2 测量法中的时间长,另外反映时间还受温度的影响。

更新的发展是在相同传感器中将 t_cPO_2 和 t_cPCO_2 结合起来。这样的一个传感器如图 8.59 所示,它将一个极谱电极和一个 CO_2 电极结合起来,金或铂阴极电极用来测量 PO_2,pH 敏感玻璃电极用来记录 PCO_2。

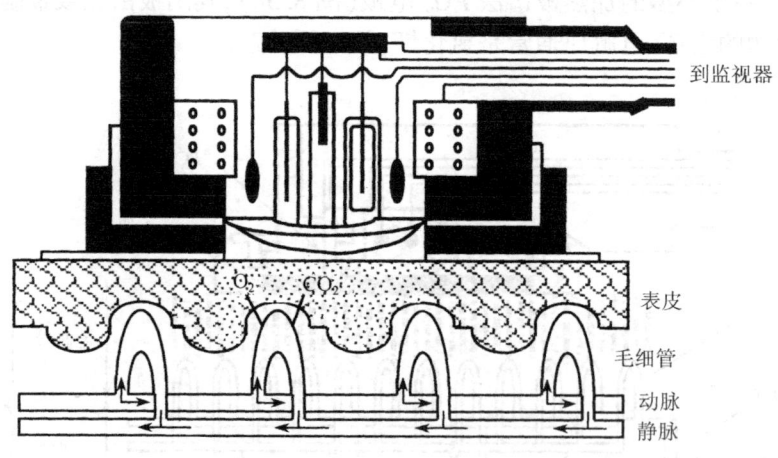

图 8.59　t_cPO_2 和 t_cPCO_2 结合电极

加热的 Ag-AgCl 参考阳极是两个系统共同的,同样电解质和扩散膜也一样,这种膜对氧和二氧化碳都有渗透性。经皮 PCO_2 监测法在新生儿监测中很有用,动脉 PCO_2 随着肺小泡换气功能而呈相反方向的改变,该方法可提供有关换气有效性的实时信息。

(3) 质谱仪的经皮血气分析　人类皮肤对气体的渗透性有一定的限度。氧传输给成人皮肤的速率约为 $1.5×10^{-5}$ mL/(cm^2·s),而新生婴儿为 $0.5×10^{-3}$ mL/(cm^2·s)。一些研究认为,如果检测中要避免系统导致周围组织失氧,就必须使检测中消耗的氧气少于 10^{-7} mL/(cm²·s),而质谱仪能够测量以 10^{-7} mL/s 至 10^{-8} m/s 水平进入的气体,气体样本可以在大约 $1 cm^{-2}$ 的样本区域内得到。

由于进入仪器的气体容量非常小,质谱仪入口处是系统的重要组成部分。这种入口套管必须很精密,抽气泵必须是清洁且无泄漏,气泵的稳定性也非常重要。气体取样器是由气体渗透性材料制成的加热腔,其中一个壁是气体渗透膜,一个多孔渗水的金属碟用于支撑膜。探头是被加热的,其温度由一个温度计控制。气体扩散膜被设置在金属支持物上,并直接与皮肤接触(图 8.60)。

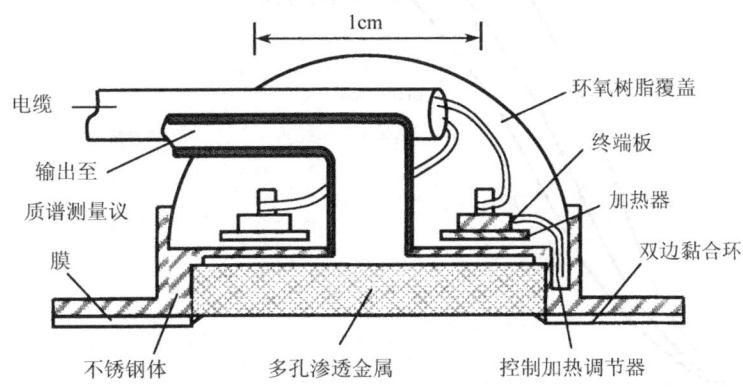

图 8.60 用质谱仪测量经皮血气分析

质谱仪是用来分析在液体或气体中多种气体成分的仪器(见 8.3.1 节),该仪器常用在临床分析与心脏输出测量有关的呼吸气体如 Fick 方法(见 6.5.2 节)中。在仪器中,气体分子根据它们的分子质量来分离。该仪器使用中必须要进行经常性的校正。

(4) 气相色谱仪的经皮血气分析 气相色谱仪是对经皮血气分析测量较灵敏的一种分析仪器(见 8.3.2 节)。气相色谱仪能实现接近连续的动脉血气采样,通过与皮肤表面紧密接触的金属碟里的螺旋状凹槽从皮肤表面收集气体。而采用氦气可中止对皮肤扩散气体的收集。由于它复杂、昂贵以及体积较大,现存的仪器还没被临床接受。由微机械加工的微型化气相色谱仪已在研制中。

作为血气状况监测方法的经皮血气监测不能代替动脉血液抽样分析,但是由于其相对简单,分析速度高,可连续记录以及对病人危害小等优点,经皮血气监测更有助于分析。更加无损的方法如脉波式血氧计和二氧化碳描记器正逐渐的代替经皮测量法。尽管电化学传感器占了血气经皮测量法装置中的大半,但正在改进的联合氧气/二氧化碳的传感方式会更有利于基于电极的经皮传感器。

3. 经皮动脉血氧饱和度监测

氧从肺输运到组织中的单个细胞通过两种不同的路径进行。大约 98% 的氧与红细胞中的血红蛋白(Hb)化合生成氧合血红蛋白(HbO_2),另外 2% 则以物理状态溶解在血浆中。血氧饱和度 SPO_2 是 HbO_2 在两种蛋白中含量的百分比。氧分压与 SPO_2 之间是一个非线性的关系。曲线呈 S 型并依赖于氧的温度及血的 pH(图 8.61)。从这条曲线的形状可以看出,在曲线的右半部氧分压是血氧水平的敏感指标;而左半部曲线更陡的部分(饱和度低于80%),SPO_2则是更敏感的指标。理论上,SpO_2能从曲线pO_2值得到,但是错误会发生,尤其在非正常生理条件下。在正常条件下,动脉血的PO_2大约为13.3kPa(100mmHg),相应的SPO_2约为98%。

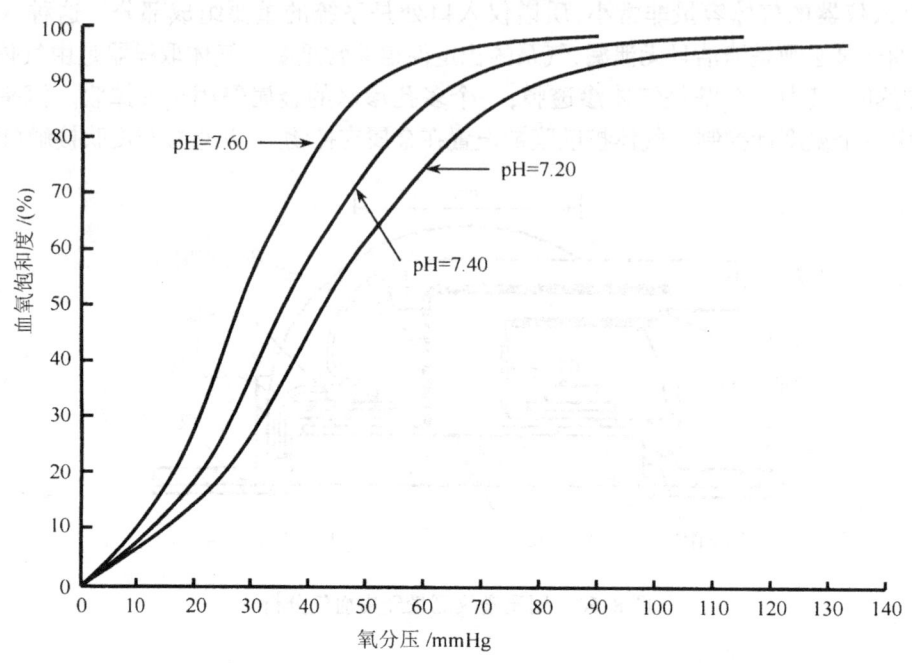

图8.61 血氧饱和度/氧分压关系曲线

有关从体表测量血氧饱和度的仪器原理与设计方法详见本书2.3.1节实例1。

8.5 呼吸气体测量与分析

呼吸气道是身体和其外界之间的一条化学物质的通道。有氧代谢通过从肺里摄入氧和排出二氧化碳来完成。其他物质,如麻醉剂、有毒气体也会通过肺。分析吸入和呼出的空气可得到临床和生理的信息。一旦从气道中得到一个气体样本,便可以用普通的气体分析仪来分析,如气体色谱仪或分光光度仪。然而,当需要对病人监护和生理研究时,则要进行经常性和连续性的气体分析,为此需要特殊设计的传感器和仪器。事实上,在麻醉和重症监护室(ICU)普遍用到呼吸气体的监测。在生理研究和临床实验时,也要对氧消耗及二氧化碳的产出进行连续的记录以评估代谢率。

8.5.1 通气监测

在全身麻醉术中或ICU,通气是靠人工设备维持的,此时呼吸气体监测仪得到广泛应用。保持吸入的空气在一个充足的氧水平,通常是25%以上,对于维持呼吸是非常必要的。如果连续的从麻醉吸入气流中提取样本,可以用传统的氧传感器如极谱型氧电极(见8.2.1节)监测氧含量。当需要快速反应时的,会用到固体电解质氧传感器(见8.2.1节)或顺磁性氧传感器(见8.3.5节)。

呼出气中的CO_2量提供了肺通气是否良好的信息。吸入气中常常还含有CO_2,因而靠近嘴

边气流中的 CO_2 量随着呼吸节律而改变。因此,呼出气中 CO_2 量的分析需要瞬时气体监测仪,即 CO_2 监测仪(capnometer),CO_2 是通过波长为 4.26μm 的红外线(IR)吸收来测量的。CO_2 也能用质谱仪监测。

有两种类型的 CO_2 监测仪:分流型(side-stream)和主流型(或在线型)(main-stream or in-line)。分流型是连续的从气道中提取呼出气样本,随后通过一个取样管引入到二氧化碳分析仪。而主流型是将具有红外线吸收特性的 CO_2 传感器设置在气管和呼吸回路之间。图 8.62 是一个主流型 CO_2 监测仪的气路适配器的构造。

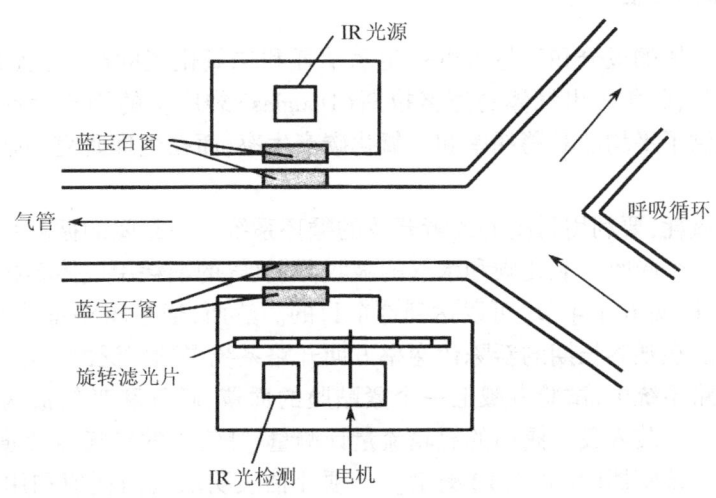

图 8.62　主流型 CO_2 气体监测仪的气路适配器(Olsson,S. G. et al. 1980)

它由一个红外线光源,一个旋转的滤光片和一个探测器组成。穿过气体的射线用一个有蓝宝石窗的气道适配器测量,吸收情况就可以测出来。一个已知二氧化碳浓度的密封小室可以作为一个标准过滤器,因而通过与之比较,二氧化碳浓度便可以定量测出。

主流型 CO_2 监测仪在不需要气体抽样时具有优势,因为它不存在从抽样部位到分析仪的输运时间延迟;然而,水蒸汽在光学窗上的浓缩会导致错误的读数。为避免这种情况,光学窗必须加热到比人体温度高。另外一些因素也会影响测量的精确度,如氮氧化物的浓度和其他麻醉剂、氧、水蒸气、大气压的影响。

图 8.63 显示了 CO_2 监测仪测量的例子。在呼气阶段,二氧化碳分压随着残余气体与肺泡气体的混合而迅速增加,从而到达高峰。在呼气末,二氧化碳分压达到最大值,该值叫做终末潮气压,记做 $P_{ET}CO_2$。在麻醉和 ICU 时,监测 $P_{ET}CO_2$ 是有用的,因为新陈代谢的改变、肺循环和肺泡通气可以从 $P_{ET}CO_2$ 反映出来。

除了二氧化碳,在不同波长下,光吸收监测可以用来监测不同的气体如氮氧化物和氟

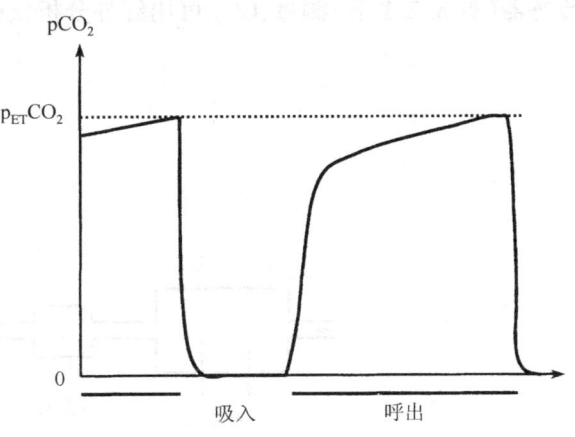

图 8.63　CO_2 监测仪测量图

烷。通过利用两个或以上的波长,可以实现同时监测多种气体。如 O_2 气和 CO_2 气能通过测量吸收而进行同步测量,波长 4.26μm 可测得 CO_2,波长 147nm 可测得 O_2。

质谱仪也可用来监测呼吸气体,关于质谱仪的原理和结构 8.3.1 节有简洁的描述。利用一个质谱仪,根据气体分子重量,可以同步测量不同气体成分。质谱仪测量足够快,因此能满足逐拍呼吸(breath-by-breath)的在线监测。例如,对呼出 $p_{ET}CO_2$ 和吸入气中氧分压 P_IO_2 的监测。质谱仪通过与多路阀连接,可成功采集 10 多个以上病人的气体样本,因而可同时监测多个病人。

8.5.2 新陈代谢率的评估

通过测量呼吸气体的成分和流量可以决定氧消耗和二氧化碳的产生,从而可以评估新陈代谢率。为了这个目的,收集呼出气体的道格拉斯(Douglas)袋广泛的用于运动生理实验。然而,这样的测量仅仅提供了平均的氧消耗率和二氧化碳产生率,而在生理研究和临床监测上,则需要进行连续的测量。

为了连续测量氧耗,要利用封闭的或者开放的循环系统。在封闭的循环系统中,有一个装有纯氧的水封容器和一个吸收二氧化碳和水气的吸收器,氧气的消耗用气体容积的降低率来测量。显然用一个肺活量计(见 6.4.4 节)可以达到这个目的。然而,通过闭路系统的测量只能在一段很短的时间内进行。在观察长期的新陈代谢率方面开路系统得到广泛的应用。

一种便携式开路系统中,试验者戴上一个紧贴脸的面罩,呼气和吸气被两个单向阀门分开。通风的流量速率用一个装入吸气阀门的涡轮流量计测量,呼气中的氧气容量通过呼气阀门隔离,用一个极谱型的氧气传感器(见 8.2.1)测量。一项评估表明氧气消耗值和用 Douglas 的方法高度相关,相关系数高于 0.99,可以至少得到 6h 的稳定值。

图 8.64 显示了一个流经型通路测量系统。试验者在流经通路中用一个面罩呼吸。通过回路的气流速率必须高于人体最高的吸气和呼气流量速率;否则,在回路中可能产生回流导致再呼吸。通常,通过回路的气流速率固定在 40L/min,对于成人指标会更高些,但在婴儿约为 1L/min。呼出的气体和腔室内气体应很好地混合以减少由于呼吸使气体浓度产生突变。通常为了达到这个目的使用了两个或两个以上的腔室:在第一个腔室中使用风扇,第二个腔室为包含有铝制蜂窝和有筛孔挡盘的圆柱体。然后对混合气体采样,O_2 用顺磁分析仪(见 8.3.5 节)或是固态电解质传感器(见 8.2.1 节)测量,CO_2 可用红外分析仪(见 8.5.1 节)进行测量。

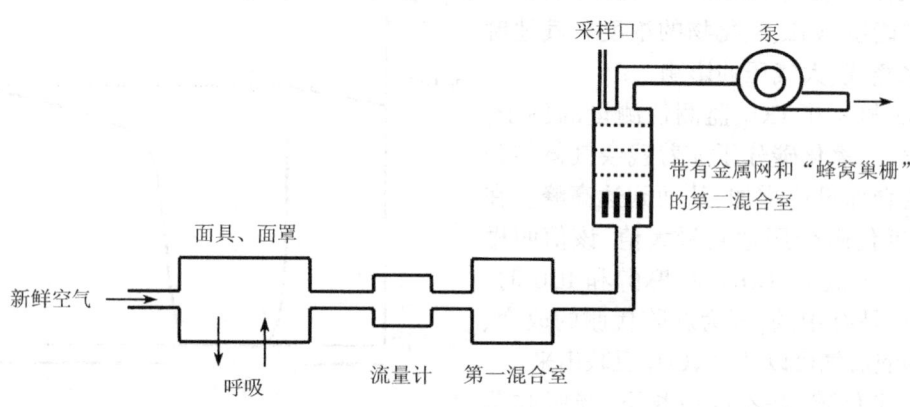

图 8.64 连续氧耗监测系统的流经通路

当在强训练过程中使用流经系统监测时,氧气的消耗量和二氧化碳的产量比休息时增加 10 倍或更多,这样在训练期间回路中的气流量的速率应该设置得应比正常呼吸时的最大气流量要高。然而,假如气流量设置在这样高的水平,则在休息时的呼出气体要和大量的新鲜空气混合,这样,室内空气和混合气体的差别变得很小,错误就可能增加。为克服这一问题,采用一个伺服控制系统,控制通过回路的气体流速,保持氧气在混合气体中的含量在一个固定水平。当室内的氧气含量是 20.9%,混合气体中的氧气含量保持在 19.9% 时,氧气的消耗量如下:

$$V_{O_2} = V_M(0.209 - 0.199) = 0.01 V_M \quad (8.59)$$

式中,V_M 是混合气体的流速。氧气含量用一个时间常数为 3s 的 Clark 型极谱传感器测量,对一次输入的全响应达到 63% 所需的时间为 4.5s。

一个基于伺服控制的流经方法的便携式系统(试验者戴一个兜帽)见图 8.65,所有仪器都可以背在后面。在这个系统中,使用了固体电解质氧传感器(见 8.2.1 节)。它的优点是反应时间短和低功耗,对一次输入到达全反应的 95% 所需时间为 4s,电源消耗低于 1W,可以用电池供电。

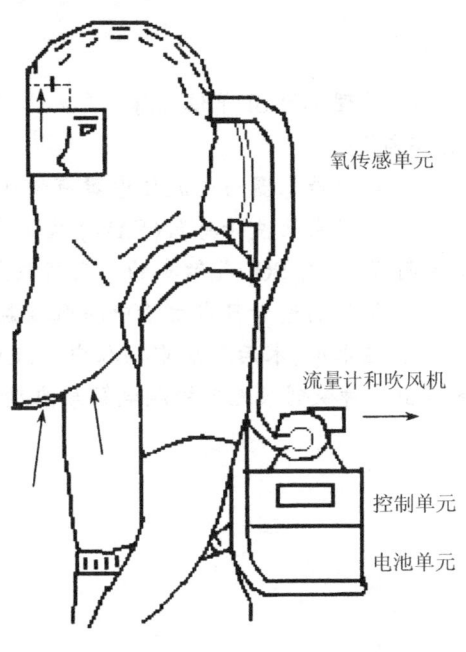

图 8.65 基于伺服控制的氧耗测量系统

8.5.3 电子鼻

结合人工智能模式识别软件来评估各种气体混合物的传感器阵列正在迅速发展,这些新型传感器常被称为电子鼻(electronic noses)。电子鼻的工作方式类似于人类的嗅觉器官。计算机运用人工神经网络等算法处理来自传感器的信号。生理学研究表明,嗅觉似乎是基于每个接收细胞都含有一个低特异性的传感器群,而许多细胞的结合才能产生一个大的信息量。所以电子鼻大都构建为传感器阵列。

电子鼻在很多领域都有应用,目前它已经用来分类液体、烟草、香水和啤酒;研究人类的气味,还可以在灾难后发现受害者。

电子鼻的传感器基于各种设计原理。目前最为广泛使用的是基于氧化物锡(SnO_2)的传感器,传感器的工作部分涂上了 SnO_2,本质上是一个 n 型的半导体,气味和化学吸收的晶格氧起反应,反应注入电子到半导体的传导区,通过降低晶格屏障,提高了电子的流动性。这种传感器必须工作在 300~400℃,响应时间通常是几秒钟。

由芳香族和异型芳香族材料中提取得到的电活性聚合物,当暴露在各种气体中时可以改变其电阻,由该类聚合物制作的气味传感器,可以在室温下工作。根据一种分子水平的单层薄膜:朗缪尔-布拉基薄膜(Langmuir-Blodgett film)原理研制的传感器也对气味显示了敏感性。

利用催化金属如 Pd、Ir 和 Pt 作为栅极研制的气敏场效应管,气敏特性是基于在不同气体混合物暴露下场效应管 I_D-V_g 曲线的水平移动,场效应管的工作温度通常是 50~200℃。电子鼻形式的气体传感器在呼吸气体的诊断分析、中毒病例的呼吸监测,以及气体分析等十分重要的卫生保健领域将会得到广泛的应用和发展。

习 题

1. 物理量的 SI 单位是摩尔(mol),摩尔是否可取代以前的"克原子"、"克分子"、"当量"、"克当量"?
2. 电位传感器与电流传感器有何区别?试述其各自适应的化学量测量。
3. 用声表面波传感器(SAW)做环境气体成分监测,需要在 SAW 的传播路径上覆盖一层选择吸附膜(如对 SO_2 气敏感的三乙醇胺薄膜),试述仪器检测原理和设计方法。
4. 糖尿病患者日常生活中的血糖监测十分重要,试提出一种无创检测血糖的设计方案。
5. 在术中、术后及危重病人中血液电解质(如 K^+,Na^+)浓度变化剧烈,随时危及患者生命,试提出一种微创或无创检测电解质浓度的设计方案。

第九章 治疗类仪器设计原理

9.1 概 述

现代临床医学对疾病治疗的方法主要有以下几种：
- 药物治疗
- 手术治疗(采用传统手术器件)
- 仪器治疗
- 心理治疗

在以上几种治疗方法中,仪器治疗已越来越成为一种广泛的治疗方式,而且随着医学技术与治疗类仪器的智能化发展,治疗类仪器还必将成为家庭和个人治疗与保健的重要手段。

仪器治疗包括手术治疗和非手术治疗。手术治疗是指用激光、高频电磁波、放射线、微波、超声等单独的或配合传统手术的治疗。而非手术治疗则是用电疗、磁疗、热疗、放疗等宏观无创的方式进行治疗。

治疗类仪器的设计原理是基于各种物理因子对人体不同的生理和生物效应。除超声属非电磁波谱外,其他物理因子大多分布在电磁波谱上。我们利用电磁波谱的不同频段对人体不同的生理效应：在 1000 Hz 以下主要是刺激效应，$1000 \sim 3 \times 10^{15}$ Hz 主要是热效应，而在 3×10^{15} Hz 以上主要是生物效应等,便可设计出不同的治疗仪器。值得注意的是在低于 3×10^{15} Hz 频段仍存在一定的生物效应。

按频率 f 的高低或波长 λ_0 的长短把各种电磁波排列成谱,称为电磁波谱或波谱,如图 9.1 所示。

根据近代物理学的观点,所有的电磁辐射不仅具有波动性而且具有粒子性。也就是说,所有的电磁辐射既具有电磁波的性质,又可以把它看成是由运动着的粒子组成的,即具有波粒二重性。这些粒子具有一定的能量,称为量子。量子的能量是和电磁辐射的频率成正比的,且有：

$$W = hf \tag{9.1}$$

式中,W 为量子的能量(焦耳),f 为电磁辐射的频率(赫兹),h 为普朗克常数,等于 6.63×10^{-34} J·s。常常又用电子伏特(eV)来作能量的单位,它与焦耳(J)的关系是：

$$1 \text{电子伏特} = 1.6 \times 10^{-19} \text{焦耳}$$

图 9.1 给出了各种电磁辐射的量子能量。对于无线电波,其量子能量是很小的,这是因为其粒子性很弱,主要表现为波动性。对于 X 射线、γ 射线和宇宙射线,其量子能量很大,因而波动性弱,主要呈现粒子性。

量子能量足够大的电磁辐射与某种物质相作用时,可将其原子或分子中的束缚电子击出,于是这些原子或分子就成为阳离子,被击出的电子又可被其他中性原子或分子所俘获而形成阴离子,这个过程称为电离。显然这种电离作用将使生物体受到损伤并产生其他一些生物学效应。

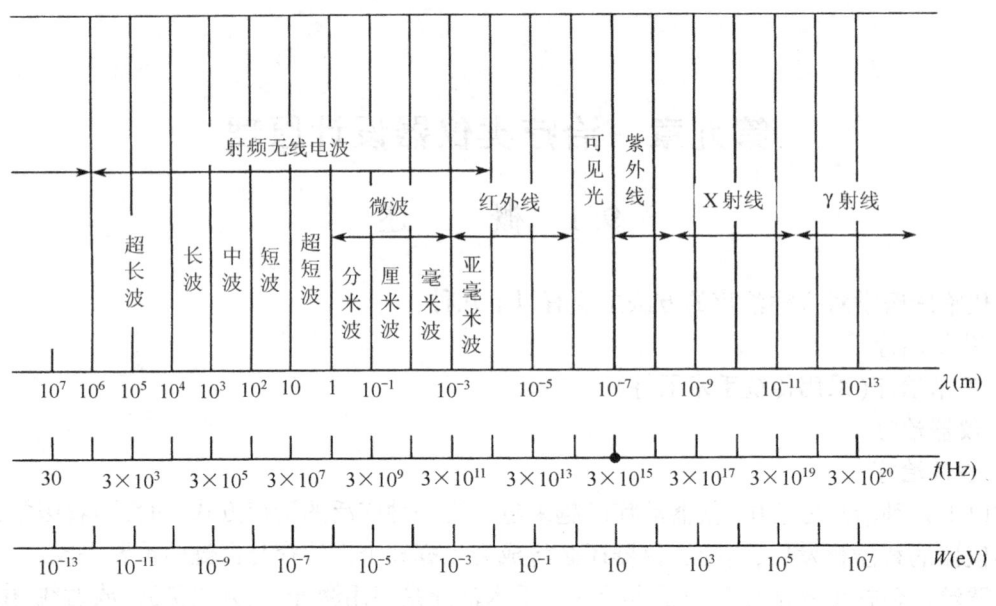

图 9.1 电磁波谱

不同物质发生电离所需要的能量是不相同的,形成一个离子对所需要的能量一般为几十电子伏特,例如水分子(人体的主要成分)的电离能量为 12.56eV。从图 9.1 可知,频率低于 3×10^{15}Hz 的电磁辐射其量子能量小于 12.4eV,不足以引起水电离。因此,在频谱上通常把频率低于 3×10^{15}Hz 的电磁辐射称为非电离辐射,如红外线、微波和射频电磁波等均属于非电离辐射;频率高于 3×10^{15}Hz 的电磁辐射,其量子能量较大,能引起生物组织电离,因而称为电离辐射,如 X 射线、γ 射线等均属于电离辐射。

本章将主要讲述电脉冲、激光、微波、超声等治疗类仪器设计原量。

9.2 电治疗类仪器设计原理

频率小于 1kHz 时的电流对人体细胞组织的作用主要是以刺激效应为主(即以介电特性为主,呈电容效应)。图 9.2 为频率小于 1kHz 时电流大小对人体的不同效应,在这个频段,人体能耐受的电流很小。

哺乳动物中神经纤维的绝对不应期大约为 1ms,因此每秒最多只能产生 1000 次兴奋,而当频率大于 1kHz 时,细胞组织将不再产生相应反应。低频电刺激是一种不安全的因素,应以高度重视。但另一方面低频电刺激用于疾病的治疗时有其特殊的效果,如各类植入式刺激治疗仪。

在图 9.3 中,我们可以在更大频率范围内进一步观察电流对人体的作用。

当刺激频率大于 1kHz 后,几乎没有任何刺激作用了。这时人体承受电流的能力随频率逐步增大,其产生的效应主要是热效应,如微波热疗仪(治疗癌症)、高频电刀的应用等。

一般说来,大多数哺乳动物神经肌肉组织产生刺激兴奋的最佳频率都是在 100Hz 左右(正弦波)。在实际应用中常采用方波作为刺激波形,以便控制。在诱发电位中,刺激频率一般小于

10Hz,脉冲幅度在几十到几百伏之间。在电针灸治疗中,常用频率几赫兹至几百赫兹,采用正负幅度相等的脉冲波,脉宽 50～500μs。波形频率可细调以产生疏波和密波应用于不同的治疗,其电压一般应在几伏至几十伏之间可调。

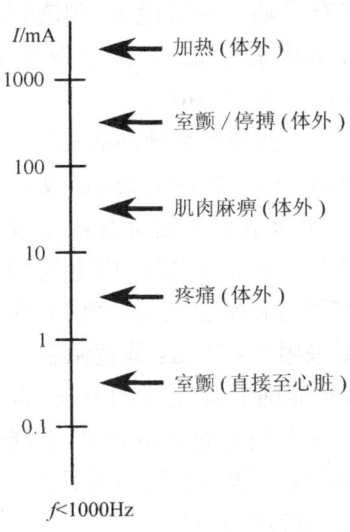

图 9.2　频率小于 1kHz 时电流大小对人体的不同作用

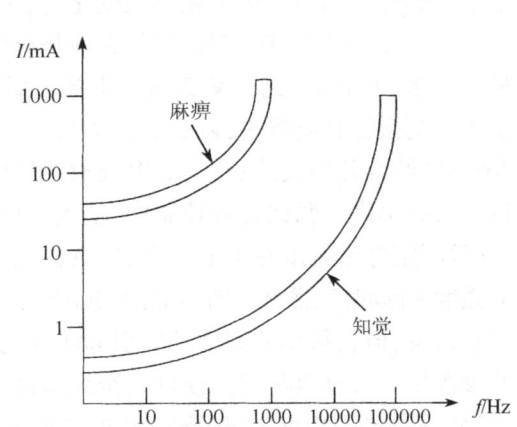

图 9.3　不同频率时电流大小对人体的不同作用

9.2.1　电刺激方式与效应

1. 电刺激类型

电刺激系统通常由三部分组成:①脉冲发生器,产生使神经去极化的脉冲序列;②导联线,把脉冲传输到刺激位置;③电极,把刺激脉冲安全、有效地传输到可兴奋组织。

按照电刺激部位,刺激类型可划分如下:

(1) 表面刺激　电刺激系统三部分都在体外,电极放在皮肤上或要刺激的肌肉的运动点附近。此方法已广泛用于神经和肌肉的医疗康复。在治疗学方面,它已用于阻止瘫痪肌肉的萎缩,应用功能刺激改善瘫痪肌肉的状况,以及增加肌肉体积。目前已有开发的功能表面刺激系统用于纠正偏瘫病人的足下垂,用于手握控制,以及用于下肢瘫痪病人的站立和行走。但由于表面刺激不能可靠地刺激皮肤下面的组织,也不能选择刺激深层肌肉,从而大大限制了它的临床应用。

(2) 经皮刺激　把电极放置于体内,并靠近要刺激的部位。导联线穿过皮肤连接外部脉冲发生器。经皮电极通常是将小直径的绝缘不锈钢导线穿过皮肤。通过去除导线的绝缘层并将其改进成鱼钩或锚结构以确保其在组织内的稳定性,从而形成电极结构。经皮电极用皮下注射针作为套管引入,针抽出后,电极头部的锚深入周围组织并保留在组织中。靠近穿刺点皮肤表面的接头连接着经皮电极导联线和外部脉冲发生器,它可以用于短期或长期的刺激需要,但不是永久性的。

(3) 植入式刺激　植入式刺激是指将刺激器的三部分通过外科手术永久植入人体,植入完成后皮肤完全缝合。植入部分和体外部分的联系是通过非接触方式进行的。

2. 电刺激参数、形态与生物效应

在功能性电刺激中,典型的刺激波形是方波序列,使用这种波形的原因是它的效率和易于产生。刺激序列的三个参数,即频率、幅度、脉宽,全部对肌肉收缩有影响。一般说来,刺激频率应尽可能小,以防止肌肉疲劳并节约刺激能量。决定刺激频率的主要因素是肌肉的融合频率,即可以获得平滑肌响应的频率。这个频率是变化的,可以小到 12~14Hz,大到 50Hz。

对于表面电极,调节肌肉力量的常规方法是保持频率和脉宽不变,改变刺激脉冲的幅度。刺激腓神经时,刺激幅度可以小到 25V/200μs,刺激大肌肉如臀大肌,幅度高达 120V/300μs 或以上。

在植入式刺激器和电极中,刺激参数主要取决于植入位置。电极放置于目标神经上或其周围时,刺激幅度约为几毫安或更小;而电极放在肌肉表面(肌外电极)或肌肉内(肌内电极)时,可使用高达十倍的幅度。肌肉力量控制中,植入式刺激器依赖脉宽调制和幅度调制。例如,在上肢应用中,通常固定电流幅度在 16mA 或 20mA,而肌肉力量的控制采用 0~200μs 脉宽调制。

(1) 强度-持续时间曲线 在功能性电刺激中,引起兴奋的是能随时间变化的电流,直流电流不能引起兴奋,但它很小的幅度就能引起明显的组织损伤。脉宽和幅度的关系表明,功能性刺激的重要参数是注入总电荷量。使可兴奋组织达到阈值的刺激幅度与脉宽之间的关系见图 9.4(a)。电流阈值刺激的幅度 I_{th} 随着脉宽 W 的增大而减小,并可以模型化为下式:

$$I_{th} = \frac{I_{rh}}{1 - \exp\left(-\frac{W}{T}\right)} \tag{9.2}$$

引起兴奋的最小电流幅度称为基电流 I_{rh} (rheobase current),T 是细胞内被刺激的轴突的膜时间常数。对于细胞外刺激,T 是细胞外空间阻抗的时间常数。

(2) 电荷-持续时间曲线 阈值注入电荷 $Q_{th} = I_{th} \times W$(图 9.4(b))),脉宽增加时,它也增加:

$$Q_{th} = \frac{I_{th}W}{1 - \exp\left(-\frac{W}{T}\right)} \tag{9.3}$$

随着脉宽的增加,激活轴突所需的电荷量也增加,其原因是:大脉宽时,电荷沿着髓鞘轴分布,而不是直接增加兴奋点的膜电压。当 W 变为 0 时,取 Q_{th} 的极限,得到刺激所需的最小电荷量 Q_{min} 为 $I_{th}T$。实际上,使用窄的电流脉冲几乎可以达到最小电荷量。

(3) 阳极中断(anodic break) 阴极电流阈值产生的兴奋通常发生在脉冲的启动沿。然而,实验观察发现当采用宽脉冲时,低于阈值的阴极或阳极电流脉冲在脉冲结束时会产生兴奋。这个效应归因于钠离子通道的电压敏感性。钠离子通道通常在静息时是部分不活动的,但是当细胞膜在宽脉冲长时间作用下超极化,不活动钠通道全部处于兴奋状态。脉冲结束时,产生动作电位,因为不活动的离子通道具有较慢的时间常数,不能快速恢复。这个效应可以用阳极或阴极脉冲观察到,因为它们都能产生超极化。为防止阳极中断效应,应避免电流突然中止,一般采用指数或梯形慢衰减相的波形。

(4) 刺激的电化学效应 金属中导电的是电子,而组织中导电的则是离子。尽管已经测试了生物相容性特性,但仍然没有开发出能存储足够刺激电荷的电极。因此,大多数刺激电极要依赖电极和组织间的感应机制(faradaic mechamisms)。感应机制需要在界面发生氧化-还原反应。

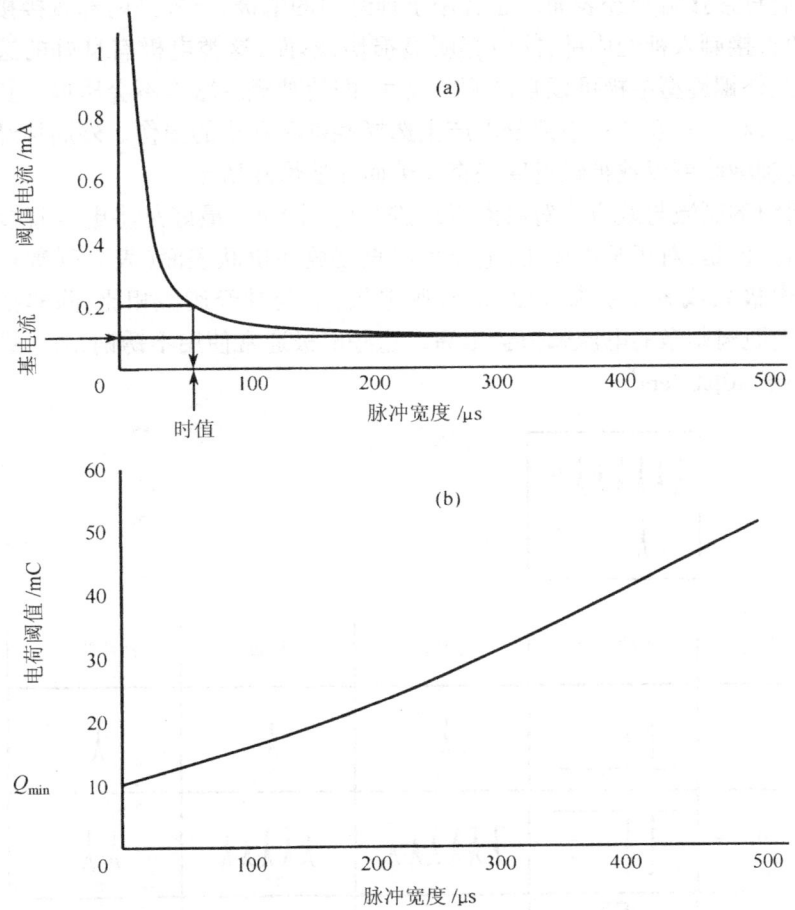

图 9.4 脉宽对兴奋阈值的影响。(a)强度-持续时间曲线,随着脉宽增加,达到兴奋阈值所需的电流幅度下降;(b)随着脉宽增加,注入组织的电荷阈值(幅度乘脉宽)增加(单位:C:库仑,s:秒,A:安培)

感应机制可以分为可逆和不可逆机制。可逆机制发生于电极电位或其附近,包括氧化物的形成与还原,以及氢离子的产生和变化等。膜被电荷驱动远离其平衡电位时,发生不可逆机制,它包括腐蚀并产生氢气或氧气。由于不可逆过程改变电极表面的成分,引起周围组织 pH 值改变而产生有毒物质,所以对电极和组织都会产生损害。电荷注入时,电极电位会被一个与电荷密度(总电荷除以表面面积)相关的量改变。为了保持区域内的电极电位只发生最小的不可逆变化,电荷密度必须保持在某一值以下。允许的最大电荷密度取决于电极使用的金属材料、刺激波形、电极种类、电极在体内的位置等。

(5) 脑组织的刺激与效应　电极可以放在脑表面和直接放入脑内来激活中枢神经系统的通路。实验表明,用铂制成的电极阵列放在脑表面的刺激在电流密度为 $50\sim300\mu C/cm^2$ 时会产生损伤,但是每次刺激(单相波形)的总电荷也是一个重要因素,应保持小于 $3\mu C$。植于皮层电极的表面积很小,假定每次(单相波形)刺激的电荷保持低于 $0.0032\mu C$,则可耐受高达 $1600\mu C/cm^2$ 的电荷密度。

(6) 周围神经的刺激与效应　用于外周神经的电极有多种,包括用于神经外的,例如带状或螺旋状电极,它们直接接触神经表面。还有用于神经内的电极,与神经内部直接接触。神经内电极经过神经束膜直接刺入神经内部,能引起明显损伤,然而,这类电极有良好的选择性。神经外电极比较安全,此外螺旋型电极可以自己调节尺寸,即使神经肿胀也不会压迫,但它的选择性差。新的设计目标是只利用神经的一小部分以产生选择性刺激和小的损伤。外周神经刺激的损伤主要由于神经反复刺激收缩以致神经过度兴奋疲劳而无法恢复所至。

(7) 肌肉组织的刺激与效应　对肌肉组织进行电刺激时,最好是将电极直接放在支配肌肉的神经上来刺激。但是,对于某些应用,电极可以直接放在皮肤表面(表面刺激),也可以直接插入肌肉内(肌内电极),或者在肌肉表面(肌外膜电极)。与神经刺激相比,除非把电极放在神经进入点附近,否则肌肉刺激的电流阈值会很高。这些电极通常使用不锈钢,对于螺旋线状肌内电极安全电荷应小于 $40\mu C/cm^2$。

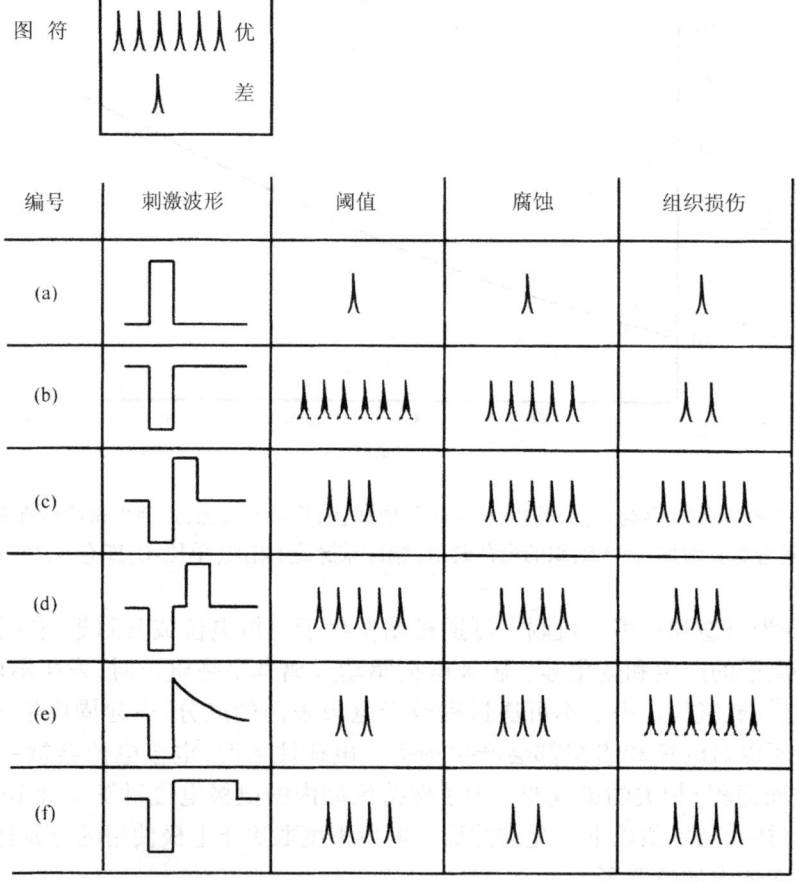

图 9.5　各种刺激波形引起的组织损伤、电极腐蚀和兴奋阈值的优劣比较(Dominique M. D. 2000)

(8) 电极腐蚀　电极的腐蚀会破坏电极。腐蚀导致金属分解,危害人体组织。但是,腐蚀只发生在刺激的阳极相。因此,使用图 9.5(b)所示的单相波形可以避免腐蚀。相反地,单相阳极波形(图 9.5(a))由于会引起腐蚀而必须避免。(但是,对于容性电极金属,如钽,则例外,因为它在阳极相产生绝缘的五氧化钽层,在阴极相则被还原。)对于大多数应用,阴极刺激比阳极刺激的阈值低。这样,单相阴极波形(图 9.5(b))是优选刺激波形,因为它使注入电流和腐蚀最小。但是,由于电流仅单方向流动,在交界面发生的化学反应不能恢复,故对电极驱动处在不可逆的情况。

(9) 组织损伤　工作在不可逆区域的电极会产生明显的组织损伤,因为不可逆过程会改变周围组织的 pH 值并产生有毒物质。通常采用平衡的双相波形,因为第二相完全恢复注入组织的电荷。假设电流幅度较小,电极电压可以保持在可逆区。具有不可恢复电荷的波形最可能引起组织损伤。高频度的神经兴奋会引起组织损伤。此效应的机制还不清楚,但它包括对血液-神经屏障的损伤、缺血或者组织的大的代谢需求,并导致细胞内和细胞外离子浓度的变化。

(10) 双相波形　不锈钢或铂电极常采用的波形通常是一阴极脉冲跟随一阳极脉冲。一个方波双相平衡波形的示例见图 9.5(c)。另一个常使用的双相波形见图 9.5(e),它可以很容易地用电容和开关实现。这个波形保证电荷完全平衡,因为电容与被刺激组织串联,注入的电荷通过电容放电来恢复。双相波形中的阴极波形的阈值比单相波形高,原因是阴极脉冲产生的最大去极化被跟随的阳极脉冲减小,可以在阴极和阳极脉冲之间加入延迟,如图 9.5(d),但是,时间延迟会阻止充分的电荷恢复,可能对电极和组织有害。另一个方法是减小阳极脉冲的最大幅度,但增加它的宽度,如图 9.5(f)。然而,这对电极可能也有害,因为电荷未能足够快地恢复。图 9.5 中的波形是根据它们组织损伤、电极腐蚀和兴奋阈值的优劣用符号标出,可供设计参考。

9.2.2　植入式电刺激器的基本要求

1. 植入式电子仪器的封装设计

电子电路必须在人体的环境下受到保护。植入电路的封装使用不同的材料,包括聚合物、金属、陶瓷。封装方法在某种程度上取决于电路工艺。旧的装置可能仍然使用传统的分立元件,比如晶体管和电阻。根据植入装置的完善程度,较新的设计可能使用专用集成电路(ASIC)和厚膜混合电路来运行。这些电路对植入电路封装的密封和防护提出了很多要求。

环氧封装是植入神经肌肉刺激器设计者的最初选择,它已成功用于使用分立、低阻抗元件的相对简单的电路。环氧封装时,接收线圈放在电路周围并罐装在模子中,模子就给出了最终形状。另外,环氧体覆盖硅胶可以改善封装的生物相容性。聚合体不能提供密封的保护,因此不能用于高密度、高阻抗的电路的封装。一旦进入潮气,最终会影响电子元件,表面离子导致短路、漏电、电路灵敏度降低和其他失效。

密封封装为植入电子电路提供针对体液渗透的长期防护。提供密封防护的材料有金属、陶瓷和玻璃。金属封装通常使用钛,它是用金属块加工或金属片拉长而成。电信号经过焊接在封装壁上的连通器进出封装。连通器装配利用陶瓷或玻璃绝缘使一根或多根导线出入封装而不与封装接触。在装配过程中,电路放在封装内部并与连通器连接,然后,焊接关闭封装。钨惰性气体(TIG)、电子束或激光焊接设备用于最终的封装。如果所有的部件都是完整的,就可以保证封装的完整性。金属封装要求接收线圈放在封装外以避免射频信号或跑量的明显损失,因此,在体内需要额外的空间以容纳全部的植入装备。通常,密封封装和接收天线共同嵌入在环氧封装中,环氧封装为金属天线提供绝缘并使整个植入装备结构稳定。

2. 导联和电极设计

导联线连接脉冲发生器和电极,要穿过连接处,必须足够柔韧;同时,它们要在体内工作与植入装置相同的时间,必须足够坚固。导联必须可伸展,以允许与身体运动相关的脉冲发生器和电极之间的距离变化。把导线卷成螺旋状,并插入小直径的硅管中,可以获得弯曲和伸展的能力。这样,加在导线上的弯曲和伸展力通过转化为加在盘绕导线上的扭转力而得到衰减。用多股线取代单股线可以进一步延长寿命。数个独立绝缘的多股导线可以一齐盘绕,形成多导导联线。多数导联结构包含一个接头,位于植入装置和终端电极间的某个位置,在故障情况下,可以更换植入接收器或电极。所用接头是导联线某处的单针接头或位于植入装置本身的多端口接头。导联线使用的材料有不锈钢、MP35N(Co, Cr, Ni 合金)、贵金属及其合金。

电极把电荷传向刺激组织,放在肌肉表面的称为肌外电极,插入肌肉的称为肌内电极。倚靠着神经放置的刺激电极称为神经外电极,包绕着神经的电极称为套状电极。神经电极可以以单独包绕的方式接触神经,或者用阵列结构。有些植入刺激系统简单地使用暴露的导联线与神经缝合作为电极。与肌肉电极相比较,神经电极要使肌肉运动通常仅需要大约 1/10 的能量。肌肉电极需要更大的手术,选择性也较差,且损伤神经的可能性比套状(包绕)电极大。

电极由耐腐蚀材料制成,如贵金属(铂和铱)及其合金。例如,由 10% 铱和 90% 铂组成的铂-铱合金通常用作电极材料。一种肌外电极用 Φ4mm Pt90Ir10 圆盘放置于涤纶加强的硅背上,而肌内电极使用末端不绝缘的导联线作为电极头部,上面有一个小的伞状锚钩,这样安排使得电极头部与导联线直径相差不大,可以用类似套管针的工具把电极引入肌肉深部。

3. 植入式刺激器的安全设计

神经肌肉植入刺激器的设计目标寿命是使用者的寿命,至少以十年计。必须选择能满足工作环境的合适材料;对装置寿命内可能遇到的机械和电子损害的防护必须包含在设计中,同时还必须通过生产过程和检测程序来避免其出现不成熟的故障。而在生产中和生产后进行各种流程和严格测试,才能够最终保证装置的质量和可靠性。

(1) 生物相容性 由于植入刺激器要通过外科手术植入到活组织中,设计的一个重要要求是生物相容性,即它们与活组织共存而不干扰组织功能、产生有损组织反应或由于组织环境改变而改变其属性。用于制作植入刺激器的材料包括不锈钢、钛和钽,贵金属如铂和铱,以及封装用的环氧材料和基于硅的材料。

(2) 电磁干扰(EMI)和静电放电(ESD)的敏感性 电磁场干扰电子装置的操作,这对生命支持系统来讲是致命的,它也会给神经肌肉刺激器的使用者带来风险和危险。EMI 的发射可能来自外部源;然而,外部控制单元也是一个电磁辐射源。在干燥的冬季,静电放电电击并非少见。这些电击电压可能高达 15kV 或更高。如果没有防护设计措施,敏感元件可能很容易被损坏。植入刺激器的电子电路通常用金属外壳防护。然而,电路可能被通过连通器进入的干扰信号损坏。如果使用长导联线,即使在植入后也可能发生 ESD 损害。迄今为止没有专门用于植入电子装置的标准,但国际电工委员会(IEC)对医用电气设备的通用标准提供了指引(见本书第十章与附录 C),标准要求所有可接触的导电和不导电部件分别在 3kV 和 8kV ESD 放电后状态良好。

(3) 生产和测试 植入电路及其封装,在许多情况下不符合监控产品和集成电路的封装标准而失败,为了减小失败的可能,植入电子装置应在受控的洁净室环境中、用高品质元件和严格制定的生产流程进行生产。最终产品在植入前应进行严格测试。另外,在生产过程中本身也进行许多测试。为了保证最大的可靠性和产品质量,可采用军事标准规定的测试方法和规程,如美国采用了 MIL-STD-883。

9.2.3 植入式神经肌肉刺激器

由于中枢神经系统神经通路损伤或功能紊乱而不能自主控制的肌肉产生收缩,可采用植入式神经肌肉刺激器,其设计原理是基于神经纤维内传导信息的电气属性。从神经元发出,沿轴突传导的动作电位是兴奋的载体,动作电位可由轴突的头部-突触的化学反应自然产生,也可以人工用电脉冲使神经细胞膜去极化产生。把某种幅度、脉宽、重复速度的脉冲序列加于肌肉运动神经,将引起肌肉收缩,与自然兴奋非常相似。

植入式刺激系统使用密封的脉冲发生器,通过外科手术植入,导联电极连至所需神经上或其附近。在低功耗应用(如心脏起搏器)中,脉冲发生器中包括基本电池电源。电池接近耗完时,脉冲发生器必须同时更换。

大多数植入式神经肌肉应用系统由外部部件和植入部件组成。两者之间,由两个紧密耦合谐振线圈建立感应射频连接。此连接允许从外部设备通过皮肤向植入的脉冲发生器传送能量和信息。更先进的系统中,允许从植入部件向外部部件传送数据。

理想的用于神经肌肉控制的植入式刺激器是独立的、全部植入的装置,它具有内部电源,集成了探测来自皮层运动要求的传感器,并向相关肌肉传送刺激序列,因此避免了神经损伤。在目前的发展阶段,它们仍然需要控制源和外部控制器提供能量和刺激信息。控制器或者是操作者驱动,或者由使用者控制,或者由事件触发。图 9.6 描述了神经肌肉修复术系统,它用植入的神经肌肉刺激器来恢复手的功能。在这个应用中,病人用左肩部运动控制右手的抓握和放松。

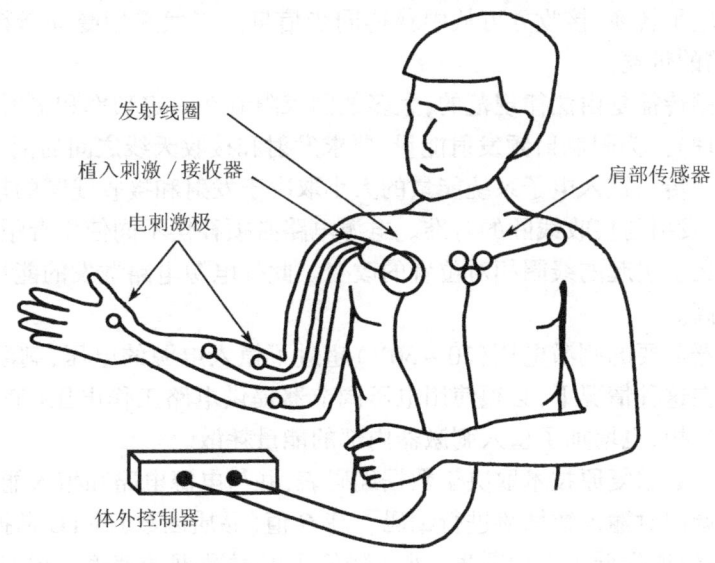

图 9.6　植入手抓握控制系统

植入式神经肌肉刺激器的内部电子结构如图 9.7 所示,它由接收电路和数据恢复电路、电源、数据处理电路以及输出级组成。

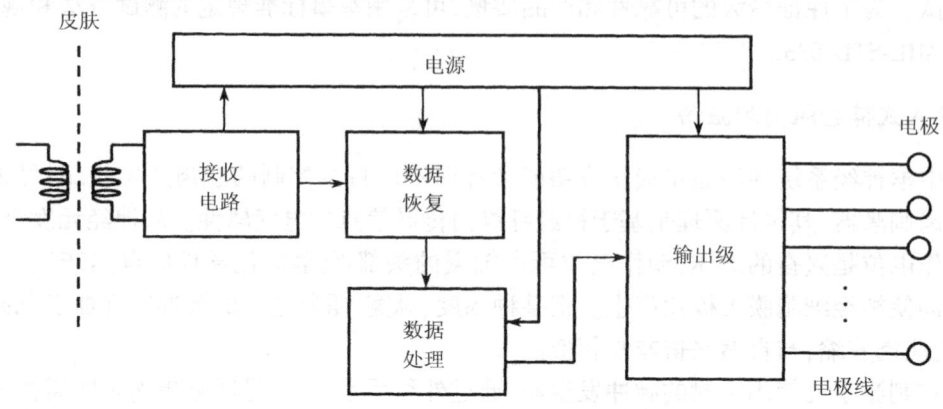

图 9.7　植入式神经肌肉刺激器框图

(1) 接收电路　刺激器的接收电路是 LC 电路,调谐至外部发射器的谐振频率,其后是整流器。它的任务是从接收的射频信号中获得直流电源,同时从射频载波中提取出刺激信息。用不同的编码方案可以同时向植入电子装置传递能量和信息。这些方法既包括采用不同调制指标的幅度调制和频率调制,也包括不同版本的数字编码,常用的是曼彻斯特(Machester)编码,同步和非同步信号也可以从调制载波中提取,用于驱动植入的逻辑电路。

曼彻斯特编码不是简单的在传输 1 时输出高电平,传输 0 时输出低电平,而是将传输每一位(bit)的时间分为两半。传输 1 时前半部分为高电平,后半部分为低电平;传输 0 时则相反,前半部分为低电平,后半部分为高电平。也有将 0、1 的定义互换的。采用曼彻斯特编码,可保证每一位的中间都有一次电平转换,接收方可从中获得同步信息。当然采用曼彻斯特编码也要付出代价,必须消耗多一倍的带宽。

医疗设备的射频传播是由法律规范的,大多数国家限制在一定频率和辐射能量范围(在我国由无线电委员会管理)。为限制射频发射能量,要求发射和接收天线之间的耦合系数尽可能高。

(2) 工作电源　传入植入电子系统能量的大小取决于发射和接收线圈的耦合。耦合取决于线圈间的距离,以及发射与接收线圈的对准。电源电路必须补偿不同使用者距离的变化,也要补偿日常使用中皮肤运动引起的线圈相对位置的改变。此外电源电路散发的能量一定不能使植入部件的总体温度升高。

如果植入刺激器需要的刺激电压(20~30V)超过了植入电源的电压,刺激电压便可以直接从接收线圈获得。在这种情况下,必须使用电压调节器提供电路工作电压(通常 3V),这增加了外部能量发射器的负担,也增加了植入刺激器内部的能量耗散。

(3) 数据复原　数据复原技术取决于数据编码表,并与电源电路和植入能量消耗密切相关。最常见的是用幅度调制对输入数据流进行编码。高 Q 值(品质因数)的 LC 谐振电路提高了能量发射的效率,它也有效地降低了发射带宽,进而降低了发射数据的速度。但高 Q 值电路难以进行幅度调制,原因是去掉电源后,它们倾向于继续振荡。

调制指标(m)的调制深度影响向植入部分的总体能量的传送。对于给定的射频信号幅度,

100%调制($m=1$)比10%调制($m=0.053$)向植入装置传递的能量少。但是,前者比后者的数据恢复容易得多。

(4) 数据处理　一旦信息信号被正确地复原并重建为逻辑电平,就做好了逻辑处理的准备。同步数据处理需要一个时钟信号,它可以在植入装置内部产生、从输入数据流中重建或从射频载波获得。局部振荡器需要晶振以保证时钟频率的稳定,局部振荡器允许非同步数据的发送。使用 Manchester 数据编码可获得最好的同步传送,对 Manchester 编码数据的解码可恢复数据编码中使用的原始时钟信号。另一个方法是使用调低幅度的射频载波信号作为时钟源。这种情况下,信息信号必须与射频载波同步,但100%调制方案,不能用于基于载波的时钟信号。用于多通道刺激器的复杂的命令结构需要增加数据解码和处理量,也引起电路的扩增。通常使用定制的集成电路(ASIC)以减小所需空间。

(5) 脉冲输出　输出级形成刺激脉冲并规定其电气特性。尽管单相的方波就可以使神经膜去极化,但这样的波形并未用于临床,原因是它对组织和刺激电极会产生有害影响。刺激脉冲的电荷平衡可以明显降低这种影响,方法是采用双相波(图9.5),即在负极性刺激脉冲后跟随含相同电量的正极性刺激脉冲,后者倒转了负脉冲的电气化学效应。脉冲发生器和电极间的容性耦合可以保证电荷平衡的波形。电荷平衡的刺激脉冲包括对称和非对称波形,前者是负脉冲后立即跟随正脉冲,或者后者有一个短的、20~60μs 的间隔。

大多数神经肌肉刺激器的输出级具有恒流特性,即输出电流与电极和组织阻抗无关:即使电极-组织界面发生变化,如电极周围的纤维组织生长,恒流特性保证流经可兴奋组织的电流是不变的。恒流输出级只能在顺应电压(compliance voltage)内输出恒定电流。神经肌肉刺激中,电极阻抗约1kΩ,刺激电流约20mA,顺应电压必须大于20V。考虑到电子元件上的电压降低和损失,输出级的顺应电压可能必须高达33V。

刺激可用单极或双极电极。单极电极是把单个起作用电极放在目标神经附近,返回电极放在远端,通常就是植入单元本身。双极电极则都放在刺激部位,因此,把刺激电流回路限制在电极之间。一般地,单极刺激中的作用电极比返回电极小得多,而双极电极大小相同。

9.2.4　人工心脏起搏器

人工心脏起搏器(cardiac pacemaker)是能替代或补充正常激励和控制心脏收缩的生理电子系统,它通过周期性发放的电脉冲刺激心脏,引起心搏,是实现生物机能控制的典型范例。如果心脏原有的起搏点丧失其作用,或者心脏固有的传导系统不能正常工作(如窦性停止、窦房阻滞、窦性心动过缓或某心房、心室出现异位节律以及心动过速等),起搏器能帮助心脏恢复接近正常的功能。它以适当的电脉冲刺激心肌,使心脏维持正常的兴奋、传导和搏动,从而挽救那些药物疗效不佳、甚至于治疗无效的心脏病患者。

人工心脏起搏器对心脏搏动的调节主要是靠自主神经系统的两个主要部分:交感神经和副交感神经调节实现的,前者是提高心率,后者是降低心率。

为了描述现代起搏器在对付各种不同的适应证而出现的不同技术解决方案,一般根据起搏器与心脏自身电活动之间的相互作用来对起搏器进行分类。按照英国起搏与电生理学会(BPEG)与北美起搏与电生理学会(NASPE)的推荐,人工起搏的各种模式可以概括为表9.1。

表 9.1　NASPE/BPEG 标准起搏器编码(NBG)

编码位				
I	II	III	IV	V
起搏心腔	感知心腔	对感知的反应	频率调节的可程控性	抗心动过速功能
0=无	0=无	0=无	0=无	0=无
A=心房	A=心房	T=感知触发	P=简单可编程	P=起搏（抗心动过速）
V=心室	V=心室	I=感知抑制	M=多次可编程	S=电震
D=双腔(A+V)	D=双腔(A+V)	D=双功能	C=双向通信	D=双功能(P+S)
S=单腔(A 或 V)	S=单腔(A 或 V)	(T+I)	R=频率调制	

注：抗心动过缓起搏器编码中只使用 I 至 III 位。

1. 多程控单腔起搏技术

单腔起搏器在抗心动过缓起搏时普遍使用。按照患者指征情况,可用心房起搏(AAI,M)或心室起搏(VVI,M)。多次可编程使得起搏器能根据患者指征取得最佳适应,使得术后非侵入式校正起搏参数成为可能。

可程控单腔起搏器的设计原理方框图如图 9.8 所示。其中,输入及输出放大器通过电极与心肌相连,起搏脉冲能量通过变化脉冲幅度及宽度来改变,通常刺激脉冲的宽度为 0.5~1ms。这些参数以及放大器的灵敏度等都由放在 ROM 中的固化程序控制。晶体振荡器产生时钟及计数信号,用于所有控制过程的时间顺序,如频率、折返期、滞后期以及数据输送等。双向通信系统用于在已植入的起搏器与外部的编程设备之间交换数据。编程内容通过线圈、接收放大器、译码器、控制器到达存储器,存储器中存放着永久程序以及临时程序。输出部分由编码器和输出级组成,输出信号包括起搏脉冲与控制参数、运行参数(电池电流、电池电压、电池内阻、电极阻抗、患者信息等)以及心内心电信号与时标信号等。

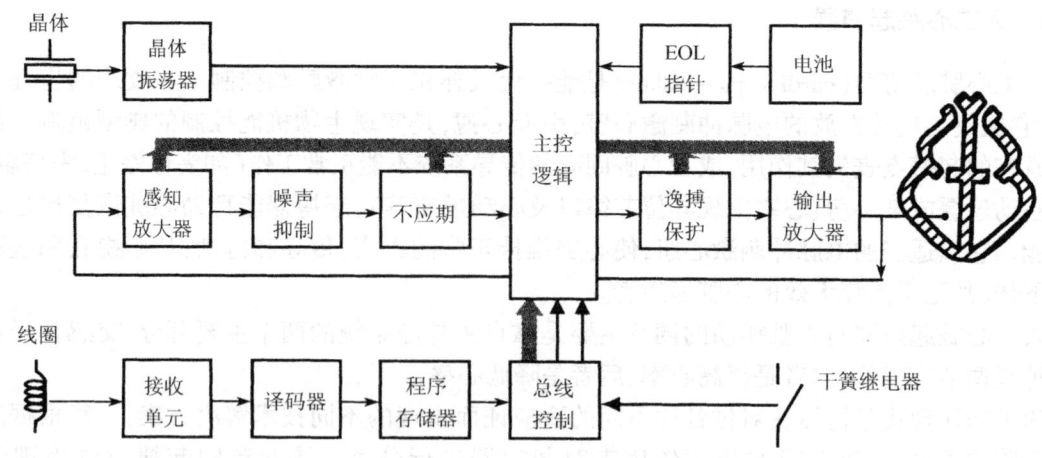

图 9.8　多程控单腔起搏器方框图

2. 多程控双腔起搏技术

与单腔起搏器一样,多程控双腔(DDD)起搏器也包括数字电路与模拟电路两大部分,主要区别是双腔起搏器需要两路并行的通道来处理心内信号以及起搏。图9.9为通用双腔起搏器的简化设计框图,起搏器的控制逻辑线路对心房与心室来的主信号作出评价,以估计心脏搏动是否需要以完全模拟自然兴奋顺序来使心房、心室相匹配。在双腔起搏器中,两个腔都可以有"已被感知"及"已起搏"状态,因此有四种基本状态(图9.10),这是程序设计(或可编程逻辑阵设计)的依据。状态感知器按照心脏的自主活动及预设的参数改变状态,并因此调控起搏器脉冲序列的发放,有关时序如图9.11所示的信号。

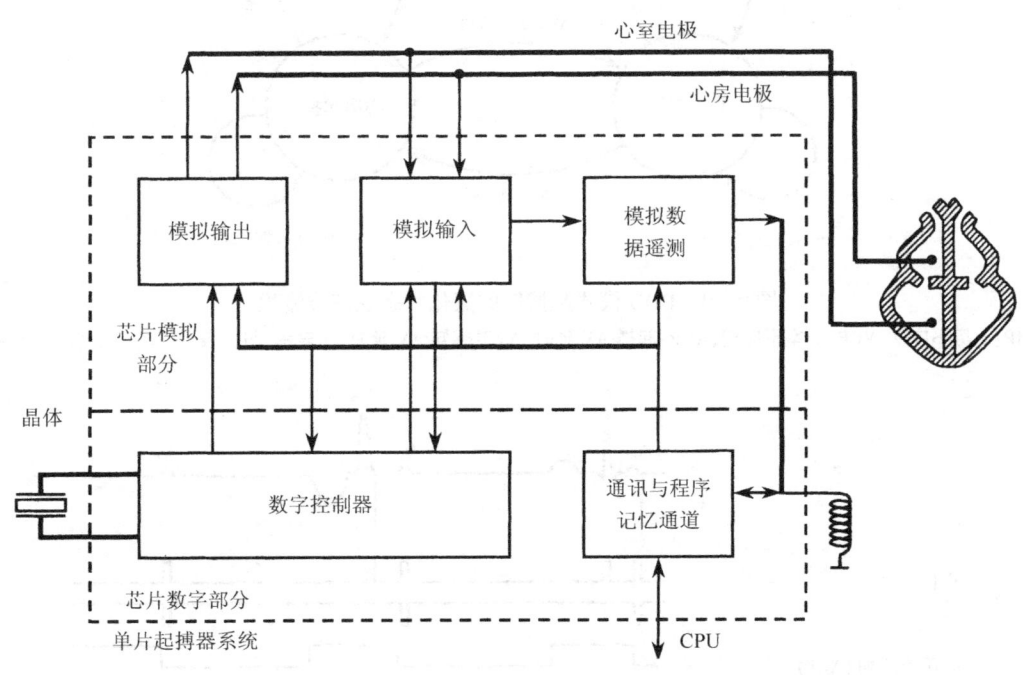

图 9.9　通用双腔起搏器(简化)方框图

9.2.5　心脏除颤器

除颤器(defibrillators)是一种对病人提供强电击(通常称为对抗电击),把过快、无效的心律失常转变为较慢的节律使得心脏泵出更多的血液的仪器。体外除颤器已经在有生命危险的心脏节律的急救和次危险的快速节律的选择性治疗中得到广泛应用。

用除颤器治疗的最严重的心律不齐是心室颤动。如果不用除颤器及时治疗,心室颤动可导致心功能的完全丧失,并在几分钟内死亡。心房颤动,有规律的心房扑动和室性心动过速可以相对不紧急地治疗;尽管它们不会导致立刻死亡,但收缩间期减少可以削弱心脏的充盈度,从而降低心排血量。按传统的说法,心室的颤动的治疗叫除颤(defibrillation),而其他心动过速的治疗叫复律(cardioversion)。

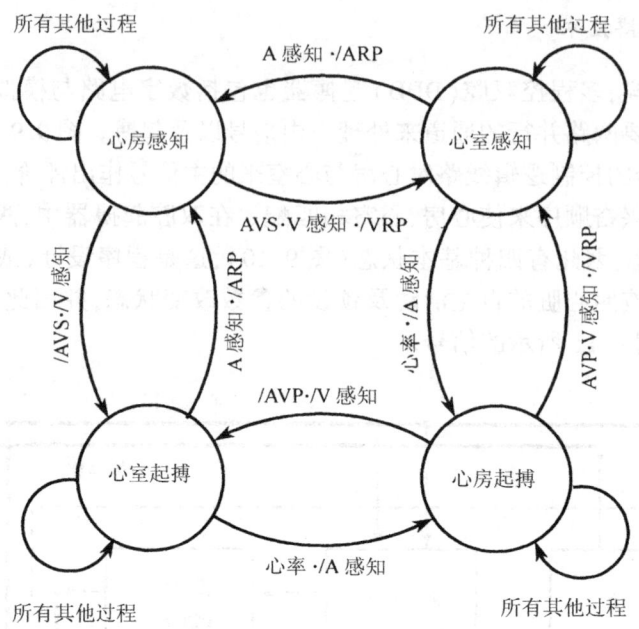

图 9.10 DDD 模式起搏器的简化状态及信号流程

ARP:心房不应期;VRP:心室不应期;AVP:起搏 AV 延时;AVS:感知 AV 延时;·表示:与;/表示:非;A:心房;V:心室

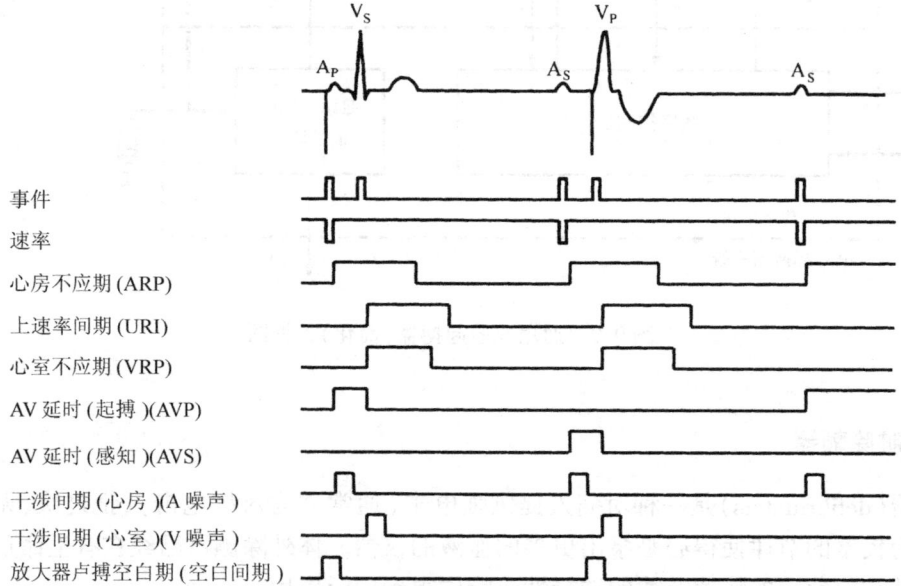

图 9.11 ECG 信号与起搏器定时之间的关系

A_p/A_s:心房起搏/感知;V_p/V_s:心室起搏/感知

1. 颤动机制

颤动源于心肌的无序电兴奋,导致正常心脏跳动中协调的机械收缩特性丧失。这些节律不齐普遍认为是心脏内存在兴奋折返通路所致。导致这种不正常生理机制的原因是心脏兴奋的传导区与心肌细胞膜的快速重复去极化的结果,这导致通过心脏的单个兴奋波或多个兴奋波的快速重复传递。如果是多个波,节律变差使得心脏纤维收缩的同步性丢失;没有同步的收缩,受影响的腔室将不会收缩,最致命的情况是心室颤动。这些情形,即节律无序的最普遍原因,是来自于动脉粥样硬化的并发症心肌缺血或心肌梗死;另外相对普遍的原因还包括其他方面如心功能紊乱、药物毒性反应、血液中的电解质不平衡、体温降低和电击(特别是来自交流电)等。

2. 除颤机制

正确的措施是用强电击来使绝大多数心肌细胞同时去极,压制快速兴奋波的产生。这样细胞可以重新极化,回到各自的相位。

尽管经过了多年的深入研究,还没有一个除颤机制的理论可以解释所有观察到的现象。然而,普遍认为除颤的电击必须有足够强和足够长的持续时间来影响大多数的心脏细胞。一般,电击持续时间长比持续时间短所需的电流小。这一关系称为强度-持续时间关系,可以用图9.12的曲线来说明。强度和持续时间在电流曲线右上方(或是在能量曲线上方)的电击有足够的强度除颤,而左下角的则很弱。从指数衰减的电流曲线可以看出,在持续时间很短时,要获得很高的能量,需要很大的电流;但在较长的持续时间时由于脉冲的时间加长,电流接近恒流,传递的是累加能量,能量曲线也会变得很高。对于大多数波形,达到除颤的最小能量,脉冲的持续时间3~8ms。图9.12中也画出了能量-持续时间的电荷曲线,曲线表明除颤的最小电荷量发生在最短的脉冲持续时间。一般不采用很短的持续时间的脉冲,因为大电流会损伤心肌。也要注意过强和过长的电击可能导致迅速重新颤动,使得恢复心脏功能失败。

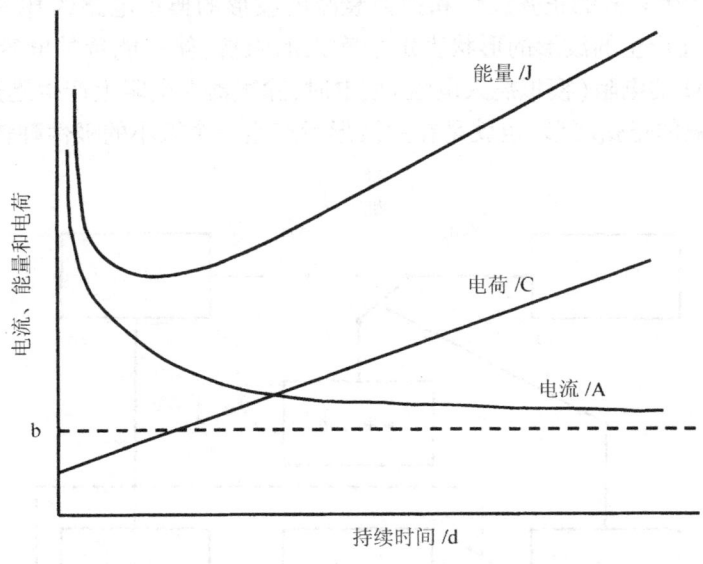

图9.12 电流、能量和电荷的强度-持续时间曲线

在实践中,加在病人胸部皮肤上电极的电击,持续时间定在3~10ms,强度为几千伏和几十安培。电击传到目标的能量是可以由操作者选择的,对于大多数除颤器范围是50~360J。在一

个给定的电脉冲的持续时间内,具体所需要的电击强度依赖于几个因素:病人的自身特点(疾病的突出问题、服用过的药物、患心律不齐的时间等),电极采用的技术,和是否正在进行的特别的节律失调治疗(有一定规律节律比没有规律的节律需要更少的能量)。

3. 除颤器设计原理

据临床观察,从心室颤动发作到使用电击每耽误一分钟,存活的希望就降低大约10%。快速反应的重要性提出了对便携式、操作简易和电池供电的除颤器的需求,最新设计的自动体外除颤器可以用最少的训练让紧急情况下的救助者来除颤。

(1)除颤波形发生器 所有除颤器设计都采用电容储存能量。电容参数的选择要求尺寸小,重量轻,可以提供几千伏的电压,较多的充放电循环能力。在通常是几磅的除颤器重量中,能量存储电容占了至少一磅。电容储存的能量可由公式计算:

$$W_s = \frac{1}{2}CE^2 \tag{9.4}$$

式中,W_s 是储存的能量,C 是电容值,E 是加在电容上的电压,提供能量表示为

$$W_d = W_s \times \left[\frac{R}{R_i + R}\right] \tag{9.5}$$

式中,W_d 是提供的能量,W_s 是储存的能量,R 是病人的电阻,R_i 是设备电阻。

图9.13给出了除颤器的框图。大多数有内置监视器和同步装置(图中的虚线部分),内置监视加快了对潜在的致命的心律不齐的诊断,特别是ECG是通过与产生除颤电击的同一对电极监视。对于横贯胸部除颤,除颤器的功能在于提供由RCL电路产生的衰减的正弦波形或是指数衰减的波形的电击。产生衰减的正弦波形和指数衰减的波形的典型电路的基本组成见图9.14和图9.15。RCL除颤器产生的波形的形状决定于病人的阻抗,储存能量的电容、电阻和电感的电感量。当对一个50Ω的电阻(模拟病人电阻)放电时,除颤器在电阻上产生迅速衰减的正弦波形或是轻度不完全衰减的正弦波形(也就是在主波形后产生一个微小的极性翻转的波形)。

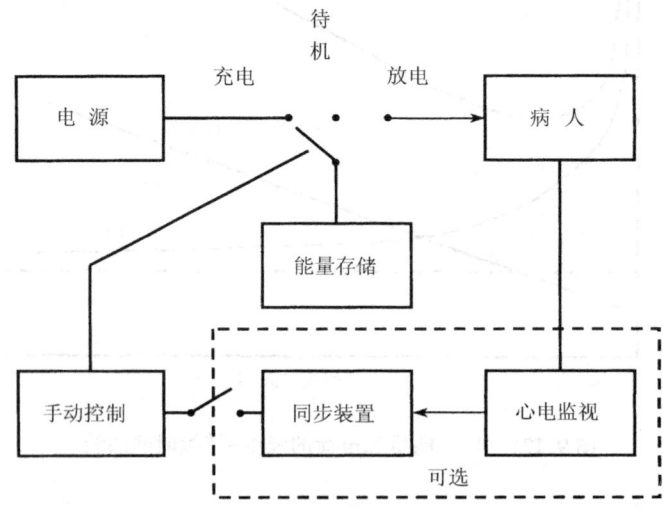

图9.13 典型除颤器的设计框图

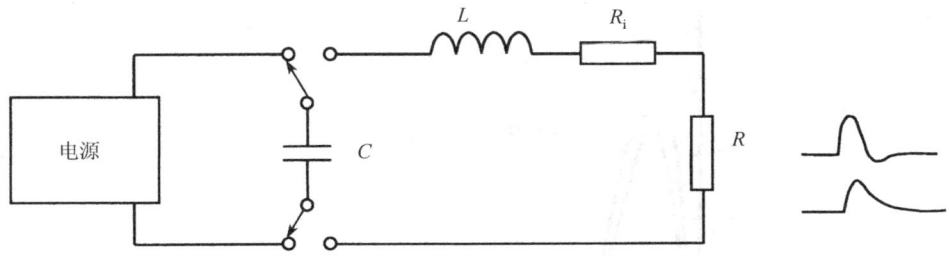

图 9.14　电阻-电容-电感除颤器,R 代表病人

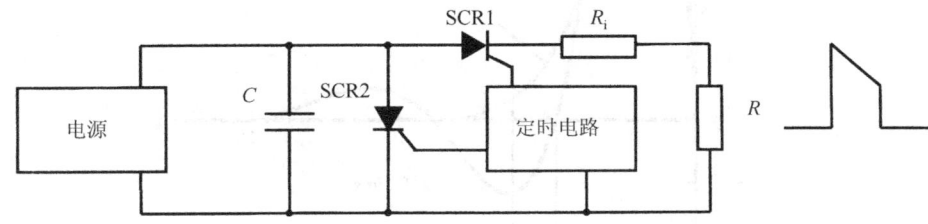

图 9.15　梯形波除颤器,R 代表病人

具体的波形可以由电路根据基尔霍夫电压定律决定:

$$L\frac{\mathrm{d}i}{\mathrm{d}t} + (R_\mathrm{i} + R)i + \frac{1}{C}\int i\mathrm{d}t = 0 \tag{9.6}$$

式中,L 是电感(H),i 是瞬时电流(A),t 是时间(s),R_i 是设备电阻,R 是病人电阻,C 是电容。由此,下面的二阶微分方程描述了 RCL 除颤器:

$$L\frac{\mathrm{d}^2 i}{\mathrm{d}t^2} + (R_\mathrm{i} + R)\frac{\mathrm{d}i}{\mathrm{d}t} + \frac{1}{C}i = 0 \tag{9.7}$$

梯形波(实际上是截断的指数衰减波)除颤器也在临床上使用。图 9.15 中的电路图是产生这种波形的典型设计。对于这种波形提供能量的计算表达式如下:

$$W_\mathrm{d} = 0.5 I_\mathrm{i}^2 R \left[\frac{d}{\log_e\left(\frac{I_\mathrm{i}}{I_\mathrm{f}}\right)}\right]\left[1 - \left(\frac{I_\mathrm{f}}{I_\mathrm{i}}\right)\right]^2 \tag{9.8}$$

其中,W_d 是提供的能量,I_i 是初始电流,I_f 是最终电流,R 是病人电阻,d 是脉冲持续时间。RCL 电路产生的波和梯形波都可以有效除颤。现在的植入除颤器使用可选择性的波形,比如双相指数衰减波形,在电击过程中电极的极性半途中会发生翻转。在可植入的除颤器中使用双相波形降低了所需的电击强度,但尚未扩展到体外透过胸部电击的临床应用。

RCL 除颤器使用最广泛,可以存储到 440J 的能量,可以提供到一个 50Ω 阻抗的病人大约 360J。有几种能量强度可供选择,典型的从 5~360J,对于小儿科的病人,体形小的病人,以及容易恢复心律不齐的病人可以用低能量强度的电击治疗;脉冲持续时间为 3~6ms。由于病人的电阻在 25~150Ω 范围变化,作为 RCL 放电回路的一部分,持续时间和脉冲的衰减也有变化;增加病人阻抗会加长脉冲并使脉冲衰减。图 9.16 显示了来自于 RCL 除颤器的临界阻尼和欠阻尼衰减的波形。

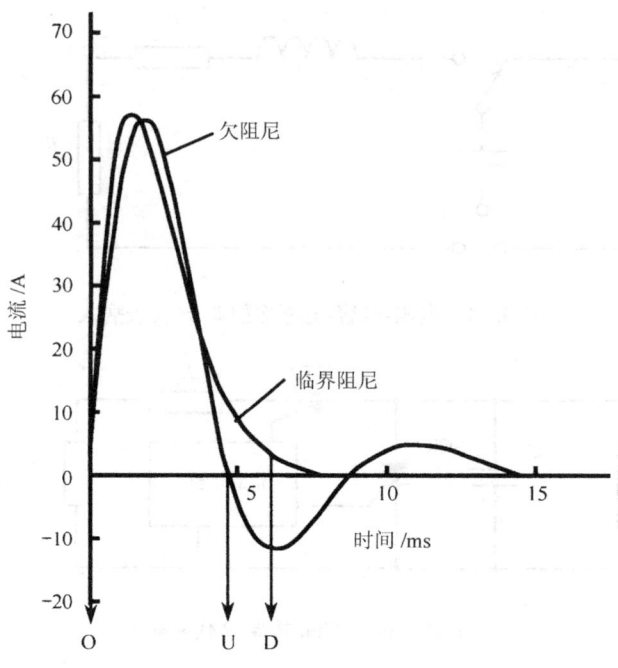

图 9.16 阻尼正弦波曲线

注意这两种波形所反应的电极持续时间是不同的,O-D 为临界阻尼或过阻尼的持续时间,此时已提供 99% 的能量;O-U 表示欠阻尼正弦波的持续时间,所提供能量低于前者。

(2) 电极　体外除颤电极是金属的,表面积在 $70\sim100cm^2$ 之间。使用时它们必须用一种导电材料和皮肤耦合以便达到电极-皮肤间的低电阻。有两种类型的电极:手持式和粘贴式,而手持式又分体内(图 9.17(a))和体外(图 9.17(b))两种电极。对于粘贴式电极,导电材料已附着于电极上,该电极是一次性的,在电击之前就固定在胸部。手持式电极可以重复使用,但每次需用导电液体或是导电固体胶,在电击过程中操作者还可用该电极挤压胸部。电极的放置通常是两个都放在前胸或是分别放在前胸和后胸的位置,图 9.17(b)便是一种用于前胸的手持式除颤电极;而图 9.17(a)所示的体内电极是一种用于心脏经手术暴露后,直接作用于心脏的勺状除颤电极。

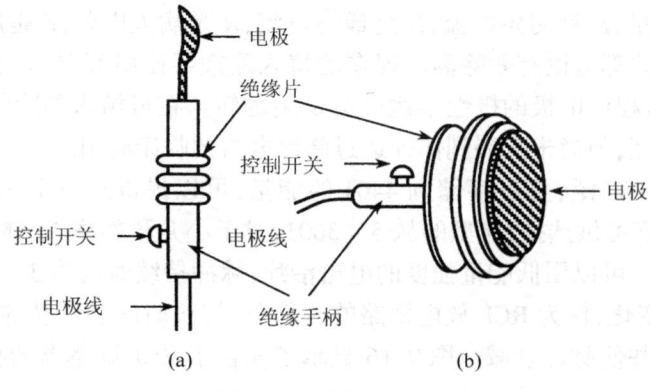

图 9.17　除颤器电极

(3) 同步　对于在胸部使用的大多数除颤器都有同步的功能,这是一种电子传感和触发电路,旨在确保在 ECG 的 QRS 波期间施加电击。这种功能在治疗心律不齐时比治疗心室颤动时更为需要,因为若不小心在 ECG 的 T 波期间施加电击常常会产生心室颤动。提供同步功能设计后,操作者只需选择除颤器操作的同步模式,除颤器便自动检测 QRS 波并在 QRS 波期间施加电击;而且在 ECG 显示器上,电击与 QRS 同步显示(图 9.18),同步除颤监测中的时间标记 M 表示在此处施加了电击;同步显示可以使操作者确信电击未发生在 T 波期间。

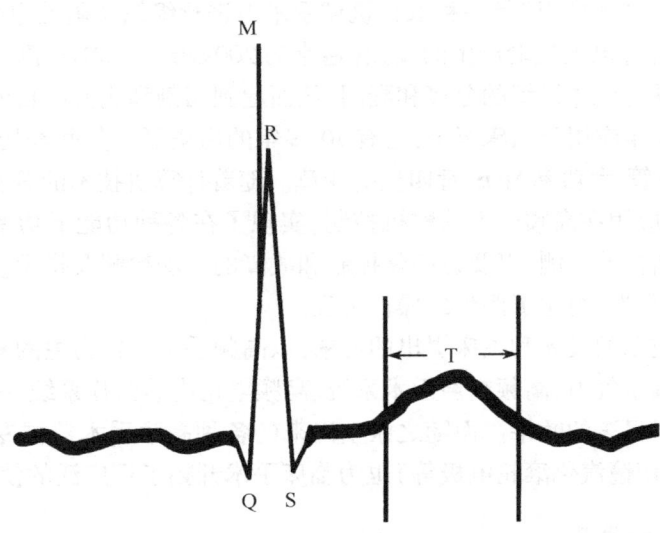

图 9.18　同步除颤监测中的电击时间标记(M)

(4) 自动体外除颤　自动体外除颤(automatic external defibrillators,AED)通常是在紧急情况下使用,可以自动或半自动识别和快速治疗心律不齐。操作的训练比人工除颤器少,因为操作者不需要知道在哪些 ECG 波形出现时需要电击。操作者使用 AED 的粘贴式电极放到病人身上,打开 AED,可以监视 ECG,通过内置信号处理器决定是否与何时给予病人电击。在全自动模式,AED 不需要像图 9.13 那样的手动控制,可以完全靠自控。而在半自动模式,操作者必须确认来自 AED 的电击请求再提供电击。AED 对于提高心脏停跳患者的生还机会有潜在的价值,因为它可以使得紧急情况的处理个人化,在医务人员到来前就可以对病人实施除颤电击。由于降低了训练要求,患者家人可以在患者心室颤动的高危时刻在家里操作 AED。

(5) 除颤器的安全问题　除颤器因为其高电压输出特性,是一种有潜在危险的设备。对此国家制定了专门针对除颤器的安全标准(GB9706.8-1995)。但即使满足了标准,仍会存在一些危险。

非同步电击的危险已经作了介绍,需要有同步设计来防止在 T 波期间施加电击造成心室颤动。

不正确的操作可能导致操作者或者和放电通路连接的附近其他人员的意外电击。这种情况的发生可能是在施加电击时操作者不小心握住了放电电极,或是周围的人与病人及其金属床接触。

另外一个安全问题是过强和过多的电击对病人造成的损害。尽管在对实验动物和病人进行高强度和重复电击后心脏的损害已有报道,但一般认为只要遵从临床程序和方法,重大的心脏损害是可以避免的。

除颤器不能正确地工作也可视为一个安全问题,因为当除颤器不能进行电击而又没有替代物时就意味着病人复苏机会的丧失。

9.2.6 高频电刀

临床医学俗称的"高频电刀"是一种取代机械手术刀进行组织切割的电外科器械(electrosurgical unit, ESU)。它通过电极尖端产生的高频(通常为200kHz至3MHz)高压电流与肌体接触时对组织进行加热,实现对肌体组织的分离和凝固,从而起到切割和止血的目的。

高频电刀自1920年应用于临床至今,已有70多年的历史了。其间经历了火花塞放电-大功率电子管-大功率晶体管-大功率MOS管四代的变革。随着计算机技术的普及、应用、发展,目前,高性能的单片机广泛应用在高频电刀的整机控制,实现了在各种功能下功率波形、电压、电流的自动调节,各种安全指标的检测,以及程序化控制和故障的自动检测及指示。因而大大提高了设备本身的安全性和可靠性,简化了医生的操作过程。

同时,随着医疗技术的发展和临床提出的要求,以高频手术器械为主的复合型电外科设备也有了相应的发展:高频氩气刀、高频超声手术系统、高频电切内镜治疗系统、高频旋切去脂机等设备,在临床中都取得了显著的效果。而随之派生出来的各种高频手术器械专用附件(如:双极电切剪、双极电切镜、电切镜汽化滚轮电极等)也为临床手术开拓了更广泛的使用范围。

1. 高频电刀的设计原理

高频电刀事实上是一个大功率的信号发生器(图9.19)。信号的宏观(低频)形态由函数发生器产生(以下"高频电刀的波形设计"中会专门讲述),经射频调制(200kHz~3MHz)后,再经功率放大器放大输出到电极(电刀)。电极有双极和单极之分。双极一般用于局部电凝和功率较小的场合;而单极电极配以返回电极(又称分离电极,本节"分离电极"中将讲述)可提供手术切割所需要的高功率输出。电刀输出的典型波形有三种(如图9.20),对应了电凝(coagulation)、电切(cutting)和混合(blended,同时具有切割和凝结的功能)三种不同的功能和应用。

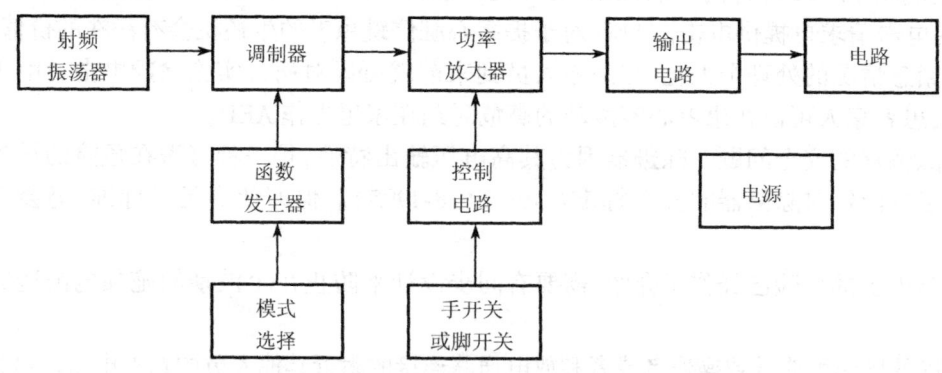

图9.19 高频电刀系统设计框图

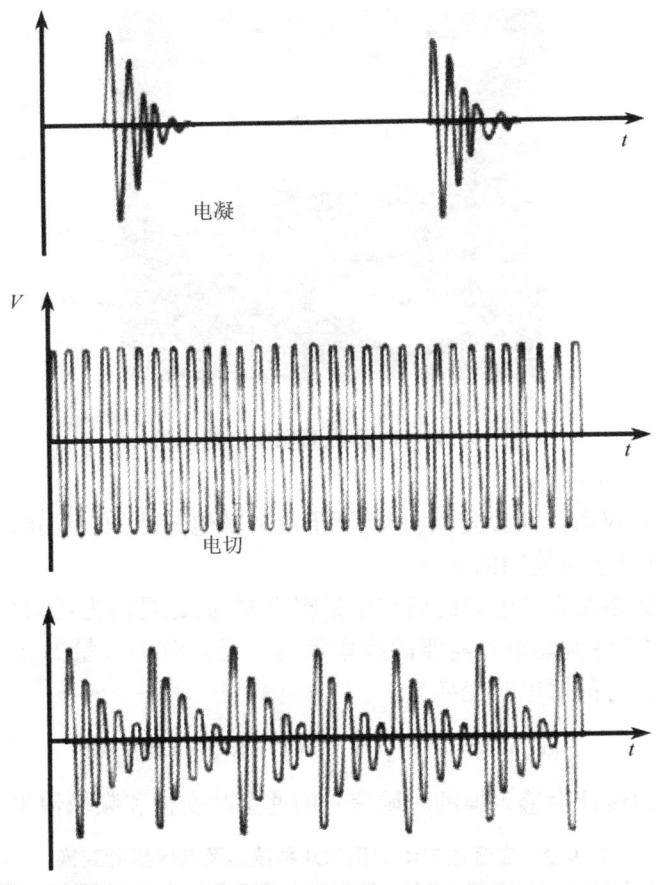

图 9.20 高频电刀输出的三种典型波形

在使用的频率、电压和输出功率等方面,电切普遍高于电凝。有关设计参数范围说明如下:

(1) 电凝 射频频率:250kHz~2.0MHz;调制(波簇):120/s 左右;输出电压(开路):300~2000V;输出功率(500Ω 负载):80~200W。

(2) 电切 射频频率:500kHz~2.5MHz;调制:直接输出或经调幅处理;输出电压(开路):9000V 左右;输出功率(500Ω 负载):100~750W。

图 9.21 以 GSD250(ITKA)单双极高频电刀为例,显示了高频电刀的整机外观结构。图中放在仪器前面的是用于电凝的双极电刀、用于电切的单极电刀,以及与单极电刀相配的面积较大的分离电极。

2. 高频电刀的波形设计

高频电刀输出的波形由一连续的正弦波和一中断的正弦波组成。一般说来,连续波用于切割组织是最优的;而中断的正弦波通常近似于指数箝位的正弦波,对组织凝固来讲是最适宜的。凝固波形的本质是获得黑色凝固或获得高温下组织的碳化;切割时需要利用弧光来获得足够强大的电流密度,以便在非常小的区域内破坏组织的结构而不会对邻近的组织产生伤害。应该注

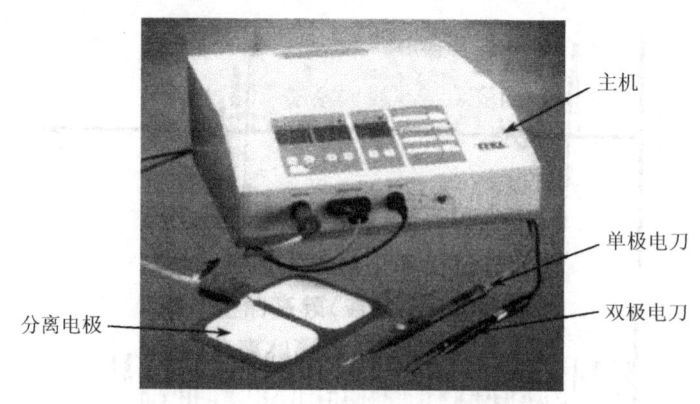

图 9.21　单/双极高频电刀整机图

意,白色凝固的产生(它仅由变性骨胶原、弹性硬蛋白和其他天然的组织蛋白质组成,而不包括组织切断和部分切除)独立于所使用的波形。

各种不同波形的频率在高频电刀的研究中是很重要的,这是因为:①它指出了信号刺激可兴奋组织的趋势;②提供了滤波器设计需要的频率信息。通过波形分量的傅里叶变换可以分析能量的频率分布。时域信号的傅里叶变换为

$$F\{x(t)\} = X(f) = \int_{-\infty}^{+\infty} x(t)\exp(-j2\pi ft)dt \tag{9.9}$$

表 9.2 列出了高频电刀设计中感兴趣的时域信号的傅里叶变换和频域傅里叶变换波形。

表 9.2　高频电刀中常用的几种波形及其傅里叶变换

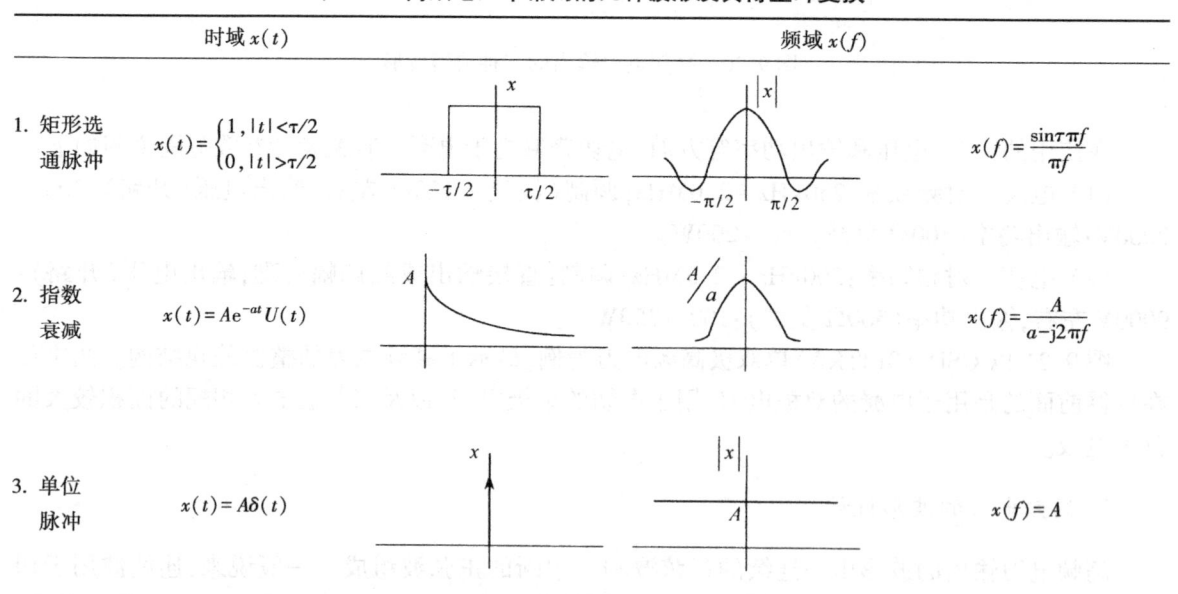

续表

时域 $x(t)$		频域 $x(f)$
4. 正弦波 $x(t)=A\sin 2\pi f_0 t$	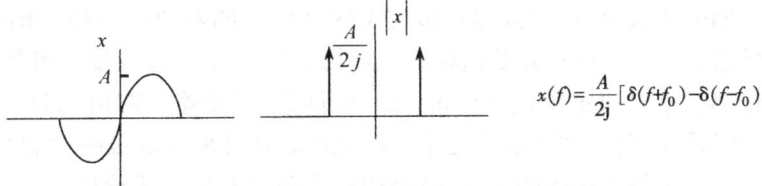	$x(f)=\dfrac{A}{2j}[\delta(f+f_0)-\delta(f-f_0)]$
5. 泊松脉冲串 $x(t)=\sum\delta(t-KT)$	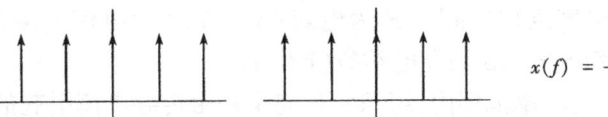	$x(f)=\dfrac{1}{T}\sum\delta\left(f-\dfrac{K}{T}\right)$

此外,傅里叶变换运算符还有一些可以应用的数学特性,即时域中的卷积等于频域中的乘积,反过来也是如此。卷积运算描述典型装置(如滤波器)的输入和输出之间的相互关系。例如,对于输入信号 $x(t)$ 来讲,具有脉冲响应 $h(t)$ 系统的输出信号 $y(t)$ 表示为

$$y(t)=x(t)*h(t)=\int_{-\infty}^{+\infty}x(\lambda)h(t-\lambda)\mathrm{d}\lambda \quad (9.10)$$

或

$$Y(f)=X(f)H(f) \quad (9.11)$$

因此,纯粹用于电切割的波形(即没有谐波失真的正弦波)的频域功率谱,仅由一频率为基本频率 f_0 的脉冲组成,谐波失真会在基谐波中加进能量。式(9.12)所示的频率为 120Hz 的波形的调制会由于频域中脉冲的卷积而在基波周围产生边频带,即 $\delta(f-120)*\delta(f-f_0)$,

$$x(t)=A\sin(2\pi 120t)\sin(2\pi f_0 t) \quad (9.12)$$

类似地,将指数衰减信号与连续的正弦波信号相乘(表 9.2 中信号 2 与 4),再将乘积与脉冲链求卷积得到重复的指数衰减正弦波(一种典型的电凝波),就可得出重复的波形:

$$x(t)=A\exp(-at)\sin(2\pi f_0 t)*\left|\sum\delta(t-kT)\right| \quad (9.13)$$

另一个值得注意的信号是单位脉冲链,因为切割(或凝固)中画出的弧光可认为是在空间随机分布的脉冲链,这些脉冲链类似于表 9.2 中的信号 5,其随机变量为 T。由此而引起的手术弧光对功率谱的贡献由频域内广泛分布的能量组成,可测量得到的能量小到 2kHz 以下,大到 8MHz 以上。因此,当弧光进入可兴奋的组织时,可能产生刺激效应;特别是,心脏起搏器易受到弧光的影响,因为弧光的频率经常延伸到生理频率(1kHz)以下。

3. 组织发热

人体组织在高频电流作用下,决定热量的方程为 Pennes 提出的生物热方程:

$$\rho m_f \Delta h + \rho c \dfrac{\partial T}{\partial t} = p + q_m + k\nabla^2 T + w_b c_b \rho_b (T-T_b) \quad (9.14)$$

式中,ρ 为组织密度(kg/m³),m_f 为改变相位的质量因子,Δh 为相位变化焓(J/kg),c 为组织的比

热$[J/(kg \cdot K)]$,T 为组织的温度(K),p 为外界作用的功率密度(W/m^3),为向量拉普拉斯算子,q_m 为代谢热(W/m^3),k 为组织的热导率$[W/(m \cdot K)]$,w 为组织的渗透$[kg_b/(kg \cdot s)]$,下标 b 表示血的特性或变量。

如果要获得组织的切割,那么式(9.14)中的左边第一项(相位变化项)贡献最大,组织切割或黑色凝固时的情形就是这样。左边第二项表示引起温度上升的能量存储。实际上,右边第一项外部功率 P 决定了代谢热 q_m,因此可以将其忽略。右边的第三项表示传导热的传递,第四项表示渗透作用,这两项通常处于支配地位。从分离式电极的性能看,关系式中的组织渗透和热传导项抵消了外部功率的作用,外部功率谱密度 P 由下式给出:

$$P = \text{Re}\{E \cdot J + j2\pi f E \cdot D\} = \text{Re}\{(\sigma + j2\pi f \varepsilon) |E|^2\} \tag{9.15}$$

式中,P 为体功率密度(W/m^3),E 为电场(V/m),J 为电流密度(A/m^2),D 为电通量密度(C/m^2),σ 为电导率(S/m),ε 为介电常数(F/m)。

在高频电刀的频率范围内,组织发热完全是由传导电流引起的:

$$p = \sigma |E|^2 = |J|^2 \sigma \tag{9.16}$$

表 9.3 列出了电导率 σ 的代表值,表 9.4 列出了热特性,如果忽略所有组织的热传递过程(对于手术部位的分离式电极来讲这是最坏的情况),那么电极下面的点温度上升的上界为

$$T_{\max} = \frac{1}{\sigma \rho c} |J|^2 t + T_{\text{initial}} \tag{9.17}$$

由于皮肤温度上升到超过阈值(约 45℃)而引起的组织损伤(即热灼伤)可以模拟这一过程:

$$D = \int A \exp(E/RT) \, dt \tag{9.18}$$

式中,D 为累积损伤,A 为频率因子(s^{-1}),E 为激励能量(J/mol),R 为普适气体常数$[J/(mol \cdot k)]$,T 为绝对温度(K),t 为时间。

表 9.3 一些人体组织的电阻和传导性的范围

组织	电阻/(Ω/cm)	电传导性/(s/m)	说明
血	137~230	0.434~0.730	取决于血流比容计
血浆	61~100	1.0~1.64	
心脏肌	83~132	0.758~1.20	1~900MHz 尸解
骨骼	80~120	0.833~1.25	2.00~900MHz 尸解
纵向骨骼	240~245	4.08~4.17	100~1000Hz
横向骨骼	675	0.148	100~1000Hz
皮肤	200~400	0.25~0.5	活体
肺	137~190	0.526~0.730	200~900MHz 尸解
肾	81~126	0.794~1.23	尸解材料
脂肪	1100~3500	0.029~0.091	尸解,不同的频率
骨头	1800~16000	0.006~0.056	依赖于频率

表9.4 典型人体组织的热扩散性($k/\rho c$)和热传导率(K)

组 织	热扩散性/(cm²s)	热传导率/mW/(cm·K)	说 明
血		4.88~5.08	取决于血流比容计
心肌	1.48	5.87	81%水
骨骼肌	4.40~4.60		
皮肤	0.82~0.86	2.3~4.14	切除
	0.90~1.60	5.45~28.1	活体
脂肪		1.6~2.0	
水		5.91~6.32	蒸馏

值为0.5、10和10^4的D分别对应于一度、二度和三度烧伤,此外组织的电特性和热特性大大地影响着由电流流动而引起的温度上升,因此这些特性是很重要的。

4. 分离电极技术

在大功率单极电刀使用过程中,需要有面积较大的分离电极(dispersive electrode 又称返回电极)。采用单极电刀手术时就需要这种电极。在双极技术或许多小功率应用(如皮肤病学)中则不需要这种电极,因为在这种情况下,患者和局部的接地传导物体之间的分布电容可以获得返回通路。在普通外科手术中所需要的功率常常是针对有用功率(纯阻性)而言的,因而返回电极连接必须具有较低的阻抗以获得这种功率。分离电极一般具有较大面积(旨在降低阻抗),它在远离手术部位的地方(如背部)汇集电流并将其返回到至仪器主机。事实上手术电路是由四个串联电阻构成的单一回路:①主机的输出阻抗,其值通常为200~500Ω;②手术弧光,通常在1~4kΩ之间;③手术部位至分离电极部位之间的大块组织形成的阻抗,通常为100~500Ω;④分离电极的接触阻抗,通常小于50Ω。因此,对分离电极来讲,手术电路就像一电流源,它必须提供所需要的电流;但同时又要确保在分离(接地)电极处温度上升最小,(一般不超过6℃)。为此在连续10秒钟工作时间内,分离电极与人体接触的任何位点上的电流密度应小于100mA/cm²。

不同的分离电极技术主要在三个方面表现出不同:耦合的类型(电阻或电容)、正确应用的简易性和电流密度分布。每种电极类型都有其优点和缺点。表9.5为不同分离电极的性能比较。

表9.5 几种分离电极设计的性能比较

分离电极	耦合方式	优 点	缺 点
金属板电极	电阻性接触	金属板易于制造,存储中不存在退化,易于获得大面积接触	底部表面很可能产生褥疮溃疡
胶化垫电极	电阻性接触	应用于体表面;可以做的较小且可获得低阻抗接触;设计为一次性的,减少了重利用问题	包装中的毛病会使胶体完全干涸,引起类似于使用方面的热烧伤,长期储存时胶性会退化
传导性黏性电极	电阻性接触	应用于体表面;整个表面既是黏性的,又是电耦合的,从而改进了可靠性;由于整个区域是电极的一部分,因此可减小电极面积	有些黏性剂是亲水的,这会引起临时的膨胀合并黏性下降;接触阻抗比胶化电极稍高

续表

分离电极	耦合方式	优　点	缺　点
电容性电极	电容性接触	应用于体表面;电流密度实际上是均匀的;黏性电解质设计可减小电极面积,并且提供很可靠的接触	如果电极嵌进伤口,电流密度会很大;接触阻抗较其他设计稍高

9.2.7　膈肌起搏器设计实例

1. 膈肌起搏的基本概念

膈肌起搏(diaphragm pacing,DP)是利用功能性电脉冲重复刺激胸部膈神经,以触发膈肌进行有节律地收缩,从而将空气吸入(或压出)肺中来模拟生理的呼吸运动,以达到辅助呼吸的目的。对于中枢性病变所致的呼吸肌麻痹、夜间呼吸窘迫综合症、慢性阻塞性肺疾病以及创伤后呼吸功能不全者,膈肌起搏器可代替庞大的呼吸机达到辅助呼吸的目的。根据电极安放到位置不同,分为体外式膈肌起搏器(EDP)和植入式膈肌起搏器(IDP)。由于 EDP 起搏要求刺激电流大和选择性极差,造成周边神经同时感到刺激,引起人体其他部位发生抽搐,加之疗效差异大,因此体外起搏器未能在临床得到推广。本节讲述一种临床有效的植入式膈肌起搏器的设计。

2. 总体设计方案

仪器的整体设计思路如图 9.22 所示。该仪器主要由体外佩带式主机、发射天线、体内植入式无线接收装置及刺激电极组成。起搏器主机和发射装置由单片机控制,体积较小,因而易于佩

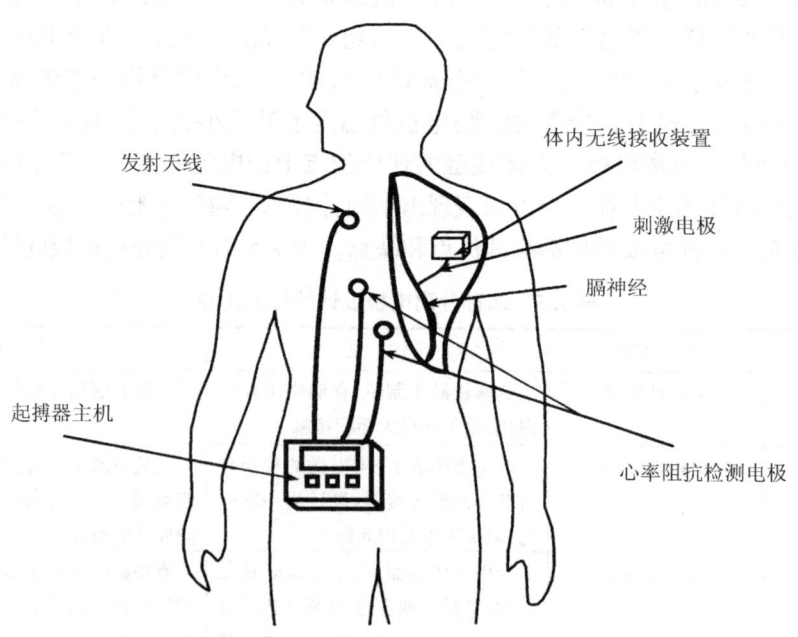

图 9.22　膈肌起搏器示意图

戴。单片机通过检测心率、血氧饱和度和胸阻抗,控制呼吸频率、呼吸强度及吸气时间,产生的脉冲刺激信号经高频载波(载波频率2MHz)调制后通过发射器天线发射。位于皮下的无线接受器接受高频载波信号,并解调成脉冲电压输送到膈神经电极,刺激膈神经引起膈肌的收缩。由于自主式IDP利用心率、血氧饱和度和胸阻抗来控制起搏频率,因此可以满足在不同状态下自动调节呼吸参数的需要,从而达到模拟自主呼吸的目的。

起搏器主机部分(自适应异步刺激器)设计结构原理框图如图9.23所示。其中MPU主要负责检测心率(血氧饱和度-选用)和胸阻抗信号,并根据这些参数控制呼吸频度、呼吸强度及吸气时间,手动控制部分主要用于选择刺激脉冲的方式(电流刺激和电压刺激)和电极模式(单刺激电极、双刺激电极和四刺激电极模式)。

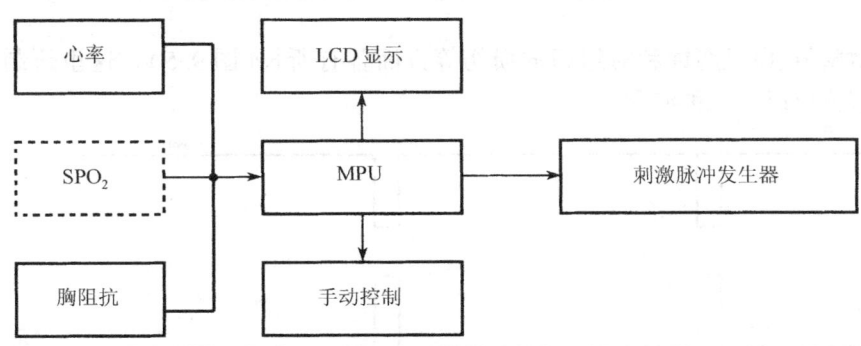

图9.23 自适应异步刺激器设计原理框图

3. 设计指标

按正常呼吸(人体在不同条件下)的生理要求制定出有关设计技术指标如下:
呼吸频率:6~24次/min
呼吸周期:1.2~10s
脉冲间隔:1~130ms
脉冲宽度:140~160μs
输出电压:0~6V
输出电流:0~5mA

要求的输出波形如图9.24(a)所示,吸气时间内是图9.24(b)(或图9.25)所示的波形,需要调节的参数有:

(1) 吸气时间和呼气时间(s) 这两个时间决定了呼吸频率:

$$呼吸频率 = \frac{60}{吸气时间 + 呼气时间}$$

通常,呼气时间是吸气时间的1.5倍,我们固定这一关系,以简化调节。吸气时间的调节范围是0.5~4.9s。

(2) 刺激脉冲波形 图9.25所示的三种波形中,(a)只有负脉冲,(b)在负脉冲后紧跟一个幅度和脉宽相等的正脉冲,(c)中正脉冲幅度是(b)的1/2,而脉宽是它的2倍。研究表明,这三

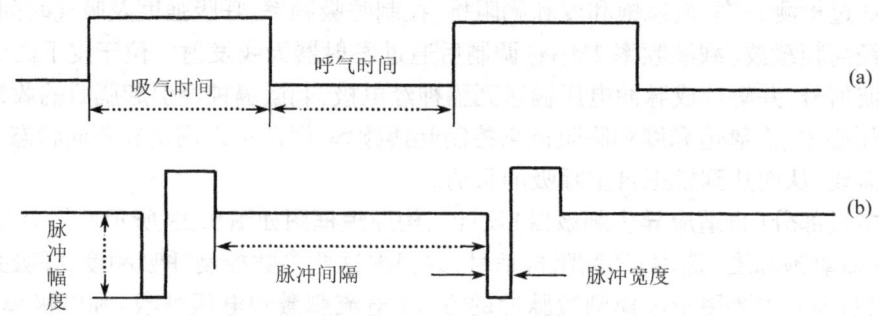

图9.24 刺激脉冲(a)呼吸周期(b)吸气周期内的刺激波形

种波形在刺激阈值、电极腐蚀和对组织的损伤等方面各有所长(图9.5)。这里研制的植入式膈肌起搏器能够输出以上三种波形。

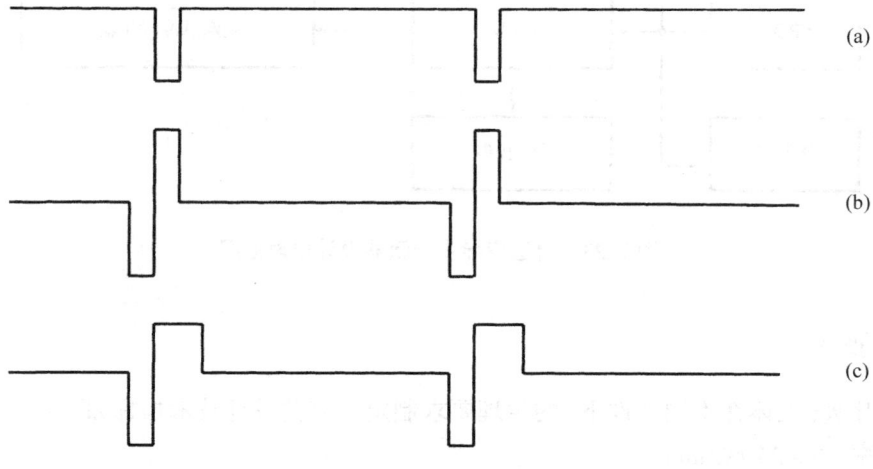

图9.25 刺激波形
(a)阴极脉冲；(b)双相波形；(c)双相波形的改进

为了产生膈肌收缩强度逐渐增强的效果,要求在每个吸气周期内按照生理要求,使脉冲幅度逐渐增大,脉冲间隔逐渐减小。

4. 仪器设计

这里主要讲述刺激脉冲发生器的设计。有关血氧饱和度、心率和胸阻抗呼吸信号测量的设计已分别在本书第二、第三和第六章中讲述；无线通信设计可参考本章9.2.2节。

大多数单片机提供有PWM(脉宽调制)输出功能,各种形态的刺激脉冲可很方便地借助于它产生。PWM输出是一种周期和占空比均可变、幅值为工作电压的脉宽调制信号。用PWM输出得到所需波形的理想方法是(图9.26)：在单片机中首先把所需波形设计(调制)成PWM波,该波自单片机输出后再采用模拟低通滤波器滤掉PWM中的高频部分,即可得到所需的脉冲波形。

(1) 用单片机的PWM产生刺激脉冲 单片机选用超低功耗的16位MSP430F413。

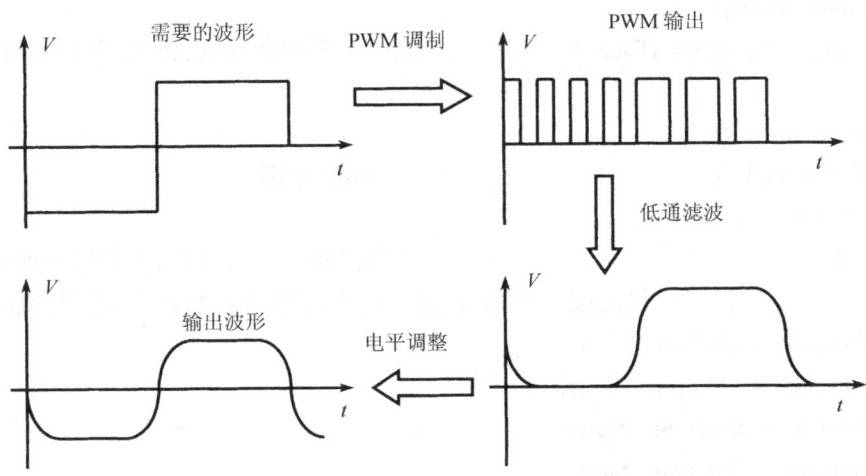

图 9.26 用 PWM 产生所需要的刺激波形

MSP430F413 没有专门的 PWM 输出端,我们把 Timer_A 的捕获/比较器 1 用作 PWM 输出,它的周期由捕获/比较寄存器 0(CCR0)设定,脉宽由捕获/比较寄存器 1(CCR1)设定。PWM 输出经过低通滤波后得到所需的波形,在调试中动态地修改 CCR1 值可以得到不同幅度和波形的刺激脉冲。此外,Basic Timer 用于各种时间控制。

Timer_A 选择增计数模式,输出为 PWM 复位/置位模式,即在定时器值等于 CCR1 时复位,当定时器值等于 CCR0 时置位。程序设计时,对所需要的各种幅度的波形进行手工采样(采样频率为 f_{SMCLK}/CCR0),得到若干个数组,并对采样结果进行线性变换使其最大值为 CCR0。Timer_A 工作时,先把数组第一个值传送到 CCR1,完成一个计数周期后,在中断处理程序中把数组中下一个值送到 CCR1,直到该数组用完,就完成了输出一个刺激脉冲。刺激脉冲的脉宽固定为 150μs,这是通过控制 PWM 波的个数(6 个)实现的。

其中,Timer A 中断处理程序如下:

```
interrupt [0x0c] void Timer_A(void)         //TIMER_A 中断处理程序
{
void Setup_BT(void);                         //声明 Basic Timer 初始化函数
static uchar ucCounter_Pwm=0;                //声明静态变量,分别对 PWM 波和刺激脉
static uint uiCounter_Wave=0;                //脉冲计数
if(++ucCounter_Pwm==15)                      //完成一个刺激脉冲,进入脉冲间隔延迟
{
TACCTL0 &= 0xffef;                           //关 CCR0 中断
CCR1 = Period / 2;
Setup_BT();                                  //启动 BASIC TIMER
ucCounter_Pwm = 0;
fWave_Altitude += fAltitude_Step;
iWave_Altitude = fWave_Altitude +0.5;
```

```
++uiCounter_Wave;
if ( uiCounter_Wave >= iTotal )        //完成一个刺激序列,进入呼气时间延迟
{
uiCounter_Wave = 0;
TACCTL0 &= 0xffef;                      //关 CCR0 中断
CCR1 = Period / 2;
Caculate( );                            //计算脉冲总数,脉冲间隔和幅度的步长
              //每完成一个吸气动作,重新计算以上参数,以适应参数修改的需要
fWave_Altitude = iAltitude_Start;
iWave_Altitude = iAltitude_Start;
fWave_Interval = iInterval_Start;
iWave_Interval = iInterval_Start;
ucFlag_Wave = 0;
}
}
else CCR1 = Duty_cycle[bx][iWave_Altitude][ucCounter_Pwm];
}
```

Basic Timer 设定为定时 1ms,在中断处理程序中设两个静态变量,分别控制呼气时间和脉冲间隔。

(2) 刺激电极 植入式起搏器的刺激电极采用双极电极,电极呈线状,采用心脏起搏用的贵金属材料(铂金),导联电缆由硅橡胶包裹而成,也可选用心脏起搏器电极和导联线。

(3) 人机对话界面的实现 人机对话界面由两个按键和 128×64 点阵式液晶显示器组成,通过它可以调节 6 个参数:吸气时间(0.5~4.9s)、脉冲波形、脉冲幅度初值和终值(0~6V,0~5mA)、脉冲间隔初值和终值(1~130ms)。在一个吸气周期内,脉冲幅度和间隔按设定方式变化,以满足临床需要。

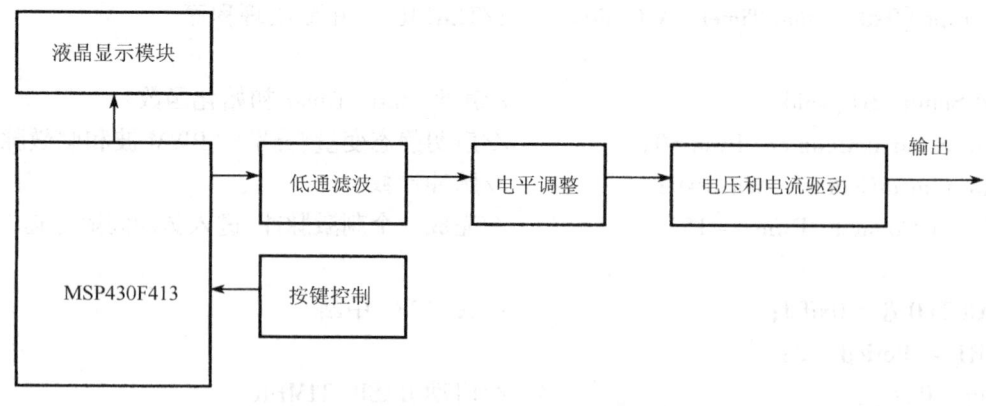

图 9.27 植入式膈肌起搏器设计框图

(4) 电路框图及其说明 电路设计总框图示于图 9.27。由单片机 MSP430 中 PWM 产生脉

冲信号,需要经过图 9.28 低通滤波,电平调整后才能应用。低通滤波采用无限增益多路反馈滤波电路,并采用二级滤波(IC1A、IC1B)。滤波得到的信号全部为正,电平调整电路(IC2B)把基线调到零电平。最后 IC1C 给出电压输出,IC1D 给出电流输出。

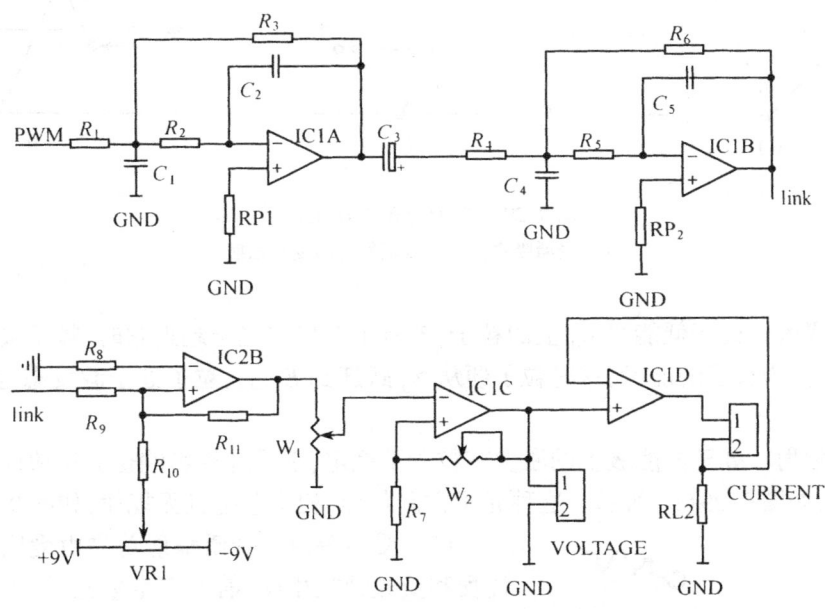

图 9.28 滤波及驱动电路

(5) 实验结果讨论　经动物实验表明,本装置可以满足动物呼吸生理的要求,并得到几点结论:
(1) 刺激脉冲宽度应不小于 150μs,脉冲宽度是指负脉冲的宽度。
(2) 图 9.25(a)波形由于电荷不平衡,使膈神经很快疲劳(约 10 分钟);而图 9.25(b)和(c)波形可长时间刺激而不引起膈神经疲劳。
(3) 采用幅度变化(线性增加)和脉冲间隔变化(线性减小)的方法,来满足膈肌收缩在一个吸气周期内逐渐增强的生理要求,前者比后者效果好。

9.3　激光治疗仪

9.3.1　激光产生原理

激光(laser)是受激辐射光放大(light amplification by stimulated emisstion of radiation)的缩写。
光与物质不可分割,任何光都是从物质中发射出来的,发光现象与物质内部原子或分子运动状态密切相关。原子是组成物质的基本单元,电子受库仑力的作用在原子周围运动,但其运动状态并非任意的,电子处于不同轨道上旋转时,电子的能量就发生变化,这个能量的变化代表了整个原子能量的变化。原子可能具有的能量是分立和不连续的。根据原子能量状态的不同,可以将其分成为许多不同的能级,E_0 能级最低,原子状态最稳定,称为基态。其余 E_1、E_2 等为高能级,对应原子处于激发态。通常情况下低能级原子数多于高能级原子数,即按波耳兹曼热平衡分布(参见式(8.7))。

分子由原子组成,在分子中的原子存在相互作用力,分子也处于不连续的能级状态。为便于说明,以二能级粒子体系为例,图9.29中光子与物质粒子作用过程是:

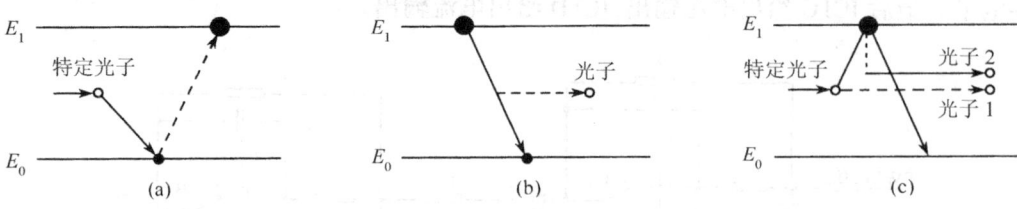

图9.29　光子与粒子作用过程
(a)受激吸收;(b)自发辐射;(c)受激辐射

(1) 受激吸收　处于低能级 E_0 上的粒子,若有1个特定光子趋近它时,粒子吸收光子,光子消失,光子能量变为粒子的能量,这时粒子便从 E_0 跃迁到 E_1 上,粒子处于激发态,如图9.29(a)所示。

(2) 自发辐射　处于高能级上的激发态粒子不稳定,不受外界影响也会很快向低能级跃迁,同时发射光子,如图9.29(b)所示。这种光子方向各异,相位杂乱且无规律,如图9.30(b)所示。

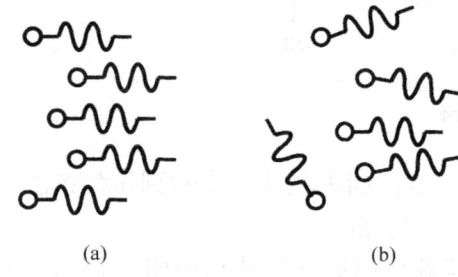

图9.30　(a)受激发射光与(b)自发发射光

(3) 受激辐射　受激辐射首先由爱因斯坦提出,其过程和受激吸收相反,前者产生新光子,后者吸收光子。如在高能级 E_1 上的激发态粒子,当有1个特定光子趋近它时,粒子受外来光子的刺激,便产生1个光子,与外来光子加在一起,形成2个光子,由于粒子失去了能量又跃迁到低能级上,如图9.29(c)所示,这一过程叫受激辐射。受激辐射的特点是产生的新光子和外来光子的能量、方向、相位等完全相同,如图9.30(a)所示。

(4) 粒子数反转　粒子数反转在正常情况下,受激吸收与受激辐射两个互相矛盾的过程发生的概率相等,为了使受激辐射多于吸收,真正实现光放大得到激光,就必须使高能级上的粒子数大于低能级上的粒子数,即非热平衡分布或者叫粒子数反转(population inversion),为此,必须满足两个条件:

(1) 工作物质结构,应具有寿命较长的较高能级,受激状态的寿命可达千分之几秒,即亚稳态(metastable state)。目前常用的固体物质有红宝石、钕玻璃等,气体物质有He-Ne(氦氖)、CO_2、Ar^+(氩离子)等,半导体物质有砷化镓等。

(2) 对工作物质施加外来能源的激励,将大多数粒子由基态激发到高能级。用强光照射的称为光激励,用放电方法的称作电激励,用化学能的称化学激励,用核能的叫做核激励等。

实现了粒子反转后,处于亚稳态的粒子虽可受特定光子刺激产生受激辐射,但仅靠光子一次通过工作物质的增益作用是极有限的,为实现激光输出,还需要有光学反馈装置,这就是光学谐振腔(图

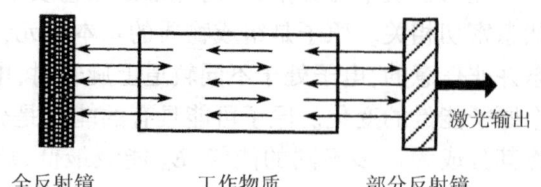

图9.31　激光器谐振腔

9.31)。谐振腔由两块光学反射镜组成,其中一块是全反射透镜,反射率达99%以上,另一块为部分反射镜,允许有小部分透射,大部分反射,工作物质置于中间。沿两镜面公共法线方向往返行进的光,多次通过工作物质,经多次放大,逐渐增强,由部分反射镜透射出来的振荡光就是激光。

9.3.2 激光的基本特性

激光具有许多自然光无法比拟的特性,它主要包括:

(1) 方向性强　衡量光源方向性的标志是光束的发散角。普通光源因其发光粒子是独立发光,所发每列光波的方向是任意的,从发光表面射出的光向四面八方传播。从理论上讲,由于受激发射的光波总是与激发它的光波同方向,可以使激光的发散角小到仅由光束截面大小所决定的衍射极限。但实际上限于激光器谐振腔转运过程中各种偏离因素影响,使激光束的发散角大于衍射极限角。医用激光束发散角约几毫弧度,采用特殊技术可使发散角压缩到0.1毫弧度以下,接近衍射角极限。

(2) 单色性好　谱线宽度是衡量一种光源单色性纯度的标志,它越窄单色性就越纯。利用激光单色性好这一特点,可开拓一系列与医学有关的新方法和技术。如光波拍频技术,可测量每秒钟移动几微米等极其缓慢的速度,受激散射分析技术,分子生物学结构研究等。

(3) 亮度高　激光是现代最亮的光源,迄今为止,只有氢弹爆炸瞬间的强烈闪光,才能与其相比。一个功率仅10mW的He-Ne激光可比太阳的亮度高1亿倍。医用激光主要用以生物组织汽化、切割或热凝固,以达到治疗的目的,也可用来气化生物样品进行光谱分析,以鉴别、诊断活体组织是否有癌变或其他病变。

(4) 相干性好　光是一种电磁波,它具有一般波的性质,当频率相同、相位相同,或有恒定相位差的波源发出的两列波,在空间相互叠加后,某些地方因波峰与波峰叠加而振动加强,另些地方因波峰与波谷叠加使振动减弱或消失,这种现象称为干涉现象,这两列波称为相干波。普通光源发射的光,每个发光粒子是独立发光体,相互间并无关系,杂乱无章,故没有相干现象。激光在原理上是通过发光面整体发射同一相位的光,单色性好,相干性就好。激光相干性的医学应用具有深远的意义,如用激光光学衍射法来观察和分析生物组织结构的显微照片。用电子镜拍摄的不少显微照片由于噪声背景干扰或对比度低而使结构模糊,但借助于平行、相干、单色的激光光学衍射仪,能非常清晰地观察到细菌壁那样微小的结构。另一个重要应用是激光与超声技术结合成的激光超声全息术,可拍摄有一定深度的体内脏器的全息图,现已用来观察皮下5cm深的软组织改变,能分辨出1mm以下的乳腺癌。

9.3.3 激光器的类型和基本组成

激光器发射出一束强电磁射线,本质上是单色的或是最多包含很少几种近乎单色的光波,并且只有很弱的偏移,很容易在外部光学系统聚焦。激光射线的这些特性是基于激光形成的原理,即由射线的受激发射产生的光放大现象。

一般来说,激光器就是一个射线发生器。发生器的主要构件是激励源和谐振腔(图9.31),腔内有光发射媒介物(工作物质),以及可以提供媒介发射射线反馈的反射镜。由于媒介离子或分子的持续激励达到了很高的激发能量状态,相同波长的光子便从这些状态自发发射和随之而来的受激发射中产生,由于光子受到谐振腔内镜子的反射而反馈放大,导致了在腔内产生非常大的光子密度。用一个腔内镜传出一小部分能量,如为腔内能量的 0.1%～1%,即可发射出一束强射线。适当选择激光媒介物,谐振腔的几何结构和镜子反射的最大波长,则产生的光束基本属单色,且非常接近准直。

发射的激光分子或激光媒介物的特性决定了激光的输出波长。管状谐振腔中激光媒介物的范围可以是从气体,溶解在流动的惰性液体和吸热装置中的有机染料,到掺杂质的透明晶体棒(固态激光)和半导体的二极管结。这些媒介的不同物理性质部分地决定了激发它们到发射状态的方法。

气体激光一般是用直流或射频电流激发。电流使气体电离或激发,比如氩,通过电子激励能产生发射激光的氩离子 Ar^+;也可将气体混合物离子化,其中也包含能发射激光的气体,比如 N_2;还可通过有效的能量传输来激励 CO_2 分子产生激光分子振动状态。

染料激光器和所谓的固态激光器一般受到来自于另一个激光器或闪光灯的强光而激发。激发光的波长范围的选择须确保发射的激光物质在吸收该波长后能有效激发。激发和输出可以是连续的,或是使用脉冲式闪光灯或脉冲式激光使固态或染料激光器激发。产生脉冲式高功率峰值,短脉冲(持续时间:1μs 至 1ms)输出,重复激发产生一串脉冲。另外,更高的峰值功率和接近 10ns 的更短持续时间可以通过光量子开关从固态激光器得到,这种方法中,通过阻塞谐振腔内镜子的全反射和部分传输的通路,打断了受激发射的过程,从而大大加快了激发的过渡状态。阻塞装置(引起一束光中断或偏转的装置)的快速去除,大量处于激发状态的物质受激发射,导致一束强激光脉冲的发出。这一过程可以发出单个脉冲或是重复发出一脉冲串,重复频率从 1Hz 至 1kHz。

镓铝激光器和所有半导体二极管激光器一样,用电流在 PN 结附近产生电子-空穴对来激发。那些带电对是在光子激励下可以自动发射激光的物质。使用连续或脉冲式激发电流产生连续或脉冲式激光输出。

9.3.4 生物医学激光束的传输

生物医学激光的光束传输系统引导输出镜的激光束到组织的作用点。常规传输的光束功率可达 100W。所有的生物医学激光器都有一个同轴瞄准束,一般采用一个 He-Ne 激光器(632.8nm)照射组织上的入射点。

1. 光束引导方式

通常有两种不同的光束引导方式:①对于激光束波长在大约 400nm 至 2.1μm 之间可以使用弹性的(SiO_2)光导纤维,其中 SiO_2 是透明的。硅光纤长度限制在 1～3m,用于传输波长从可见光到中红外光(<2.1μm)范围,波长更长的红外射线(<2.9μm)会被水混合物和 SiO_2 晶格自身吸收。②波长超过大约 2.1μm(比如 CO_2 激光)可采用一种带有光束引导镜的关节臂状连接物引导。对于 Er:YAG 和脉冲式激光器,除波长超过 2.1μm 外,还因为有峰值功率输出,强电场产生的离子化会导致光学纤维表面的损坏,故也采用此方式。臂状物包含一些直管部件,在每个节点用优质绝缘镜连接。

图 9.32 是一种 CO_2 激光手术刀的示意图。它包括箱体、激光管和导光系统三部分。导光系统是保证激光能按手术要求而灵活地切割的关键。图中所示 CO_2 激光手术刀采用由五节棱镜组

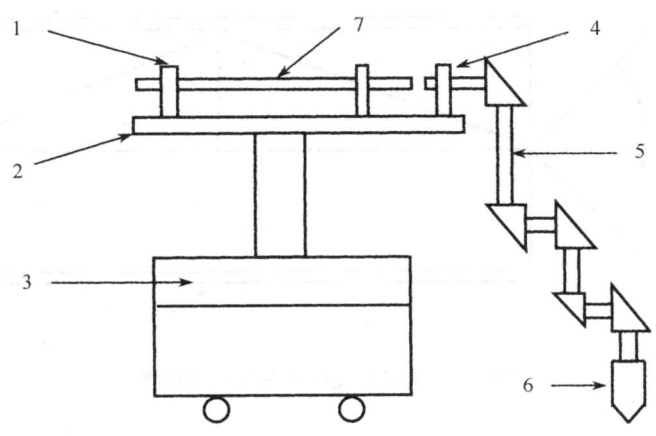

图 9.32 卧式 CO_2 激光手术刀
1. 激光管固定圈;2. 激光管支架;3. 电源箱;4. 导光关节支架;5. 关节臂;6. 刀头;7. 激光管

成的导光系统,每个棱镜均能绕轴线作全方位旋转,以达到自由移动光束的目的。

由于光学纤维的弹性,直径和机械惯性小,因此可以在弹性或刚性的内镜中使用。临床医生希望光纤能在更长的红外波段使用。采用 Al_2O_3 光纤可用于近 $3\mu m$ 射线波长;采用银卤化物光纤可用于传输 CO_2 激光发出的 $10.6\mu m$ 射线,但这两种光纤都不能太长。最近报道了一种直径 1.6mm 的弹性中空聚四氟乙烯波导,镀有一层薄的金属膜,上面覆盖一绝缘层,可以传输 $10.6\mu m$ 的 CO_2 射线,直部件和弯曲部件(直径 5mm,90°弯曲)对于射线的衰减分别是 1.3dB/m 和 1.6dB/m。

2. 光学纤维传输特性

引导发射的激光束全部沿光纤传导,是基于圆形横截面的光纤芯线的内壁和包层材料之间对内部射线的全反射,包层材料折射率是 n_1 比纤芯中心折射率 n_2 要小,故在用光纤芯线内壁传输时,光束以任何入射角 θ 入射,都会在内部发生全反射,因此 $\theta > \theta_c$,θ_c 为临界角,即

$$\sin\theta_c = \frac{n_1}{n_2} \tag{9.19}$$

或是按照余角 α_c,

$$\cos\alpha_c = \frac{n_1}{n_2} \tag{9.20}$$

一束聚焦输入光束,对光纤截面顶角为 α_m,如图 9.33 所示,若要实现内部全反射和光束在纤芯内引导传输,应满足

$$NA = \sin(\alpha_m/2) \leq [n_2^2 - n_1^2]^{0.5} \tag{9.21}$$

式中,NA 是纤维的数值孔径。

这一关系保证了界面的入射临界角不会超出,从而发生全部的内部反射。对于带聚合体包层的 SiO_2 纤维,典型 NA 值范围是 0.36~0.40。从生物医学激光器射入纤维的光束的 α_m 典型值为 14°,比相对于典型的 NA 值的那些值(21°~23°)要小得多。用在生物医学激光器系统的最大传输角 α 约为 4.8°。

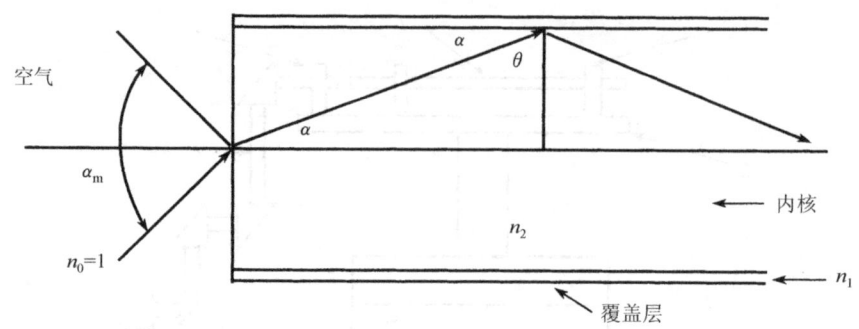

图 9.33 激光在光纤内的反射与传播

SiO_2 光纤的纤芯-包层界面之间的射线泄漏是可以忽略的,典型地,在 400nm 是 0.3dB/m,在 1.064μm 是 0.01dB/m。光纤弯曲总是会降低纤芯-包层界面间的入射角。若弯曲半径足够大,弯曲不会有明显损失,因为传输光束在弯曲光纤纤芯-包层界面处的入射角不会比 θ_c 小。设弯曲半径 r_b,纤维内纤芯半径 r_0,纤维内纤芯和包层折射率的比值(n_2/n_1)以及传输角 α(图 9.33),按如下关系式可保证光束不会溢出:

$$\frac{n_1}{n_2} > \frac{1-\rho}{1+\rho}\cos\alpha \tag{9.22}$$

式中,$\rho = r_0/r_b$,不等式对于所有 $\alpha \leq \alpha_c$ 成立,假如

$$\frac{n_1}{n_2} \leq \frac{1-\rho}{1+\rho} \tag{9.23}$$

这样,临界弯曲半径 r_{bc} 就是等式(9.23)相等时的 r_b 值。等式(9.23)表明弯曲半径分别大于 12,18,30mm 时,对于在生物医学中典型应用的内芯直径 400,600,1000μm 的纤维不会发生明显光束泄漏。因此,在弯曲内镜中使用的纤维通常不会有光束引导的问题。

因为对于光束引导来说纤芯-包层界面的完整性很关键,包层纤维一般用坚韧而有弹性的含氟聚合物。

9.3.5 激光的生物效应

生物组织吸收激光能量会产生一系列生物效应。通常认为直接效应有五种:热效应、光化效应、压力效应、电磁效应和生物刺激效应。其他效应均为继发性的,如免疫、消炎消肿、止痒镇痛、舒张血管、改变酶和腺体活性等效应。

激光的直接生物效应,既与激光的物理特征有关,也与机体组织的生物物理特征有关。激光的物理特征主要在波长、偏振、模式、相干性、功率和功率密度、能量和能量密度、振动方式、曝光时间、重复频率等方面。而组织的生物物理特征是组织的理化、热学、电学、光学、声学及生物学特征等。一般认为,小能量产生刺激作用,较大能量有抑制和破坏作用,多次照射有积累作用。

1. 热效应

激光对生物组织产热的规律是,激光功率密度高则产热量多而快,红外激光产热效率高;组织对光的吸收率高者产热高;组织含水分多、血流量大和导热率高者产热慢。

激光对皮肤的作用可分几个阶段：温热感(38~40℃)、热致红斑(43~45℃)、热致水泡(42~50℃)、热致凝固(55~60℃)、热致沸腾(100℃)、热致炭化(300~400℃)、热致燃烧(530℃)和热致气化(5730℃以上)。应该指出，"气化"与"汽化"不同，在用光谱分析法检验组织标本元素成分含量时才需"气化"，激光手术过程中看到的"白烟"实际上是从组织内蒸发出来的水汽。

临床应用激光热效应主要是治疗。以弱激光的热量来改善局部细胞和组织的功能，加快酶的催化作用促进代谢、增强细胞吞噬功能等。如将低于损伤阈值的适当热量集中于针灸穴位，则能代替传统热灸刺激。用强激光的热效应，可破坏病变细胞、组织块凝固性坏死、防止活动性出血、去除部分表面组织、进行切割及分离等。

2. 光化效应

生物组织接收激光光能后发生了某些化学变化，可导致一系列的光生物效应。一般光化反应的过程是：一个处于基态的分子吸收足够大的光量子后就升到电激发态，在从激发态向基态的弛豫过程中释放的能量使化学键断开，发生了化学反应的初级过程。初级过程产物可以是稳定的，但大多数产物，如自由基、离子或其他不稳定产物，在无光能参与下的继发过程中进一步反应，生成最终产物。

在生物医学领域中，光化反应的主要类型有光致分解、光致氧化、光致聚合、光致异构和光致敏化等五种。光化反应带来许多生物效应，如导致蛋白质和核酸变性、酶失活等异构效应，能起到杀菌、红斑效应、色素沉着等作用，引起视觉效应，因有光敏剂存在而导致重要的生物分子破坏等。

3. 压强效应

激光对生物组织的压强作用主要来源于辐射压、反冲压、超声压、汽化压和电致伸缩压等。激光功率密度越大其压强作用越明显。高功率密度的压强效应应用于激光手术刀可迫使生物组织分离(切开)，可用于给房角打孔以降低眼压治疗青光眼，给晶状体打孔治疗白内障，给虹膜打孔代替虹膜切除术等。应用此效应要防止二次压强可能造成的眼球爆炸、颅内爆炸和血栓形成等。

4. 电磁场效应

激光是光波，亦是很强的电磁波，其电磁场在时间和空间上不断变化着，引起生物效应的不是磁场而是电场，电场强度决定于激光束密度。对弱激光来说，电场作用无意义，只有激光强度大到与生物分子固有场强相比拟时才有意义。高电场强度的激光束，进入机体任何部位均致生物组织电系统的剧烈变化，出现生物效应：①电场强度达 10^5 V/cm 时，可破坏组织的结合力使组织离化；②电场强度达 10^8 V/cm 时，可使生物偶极子发出二次或三次谐波，有些谐波正处于蛋白、核酸的吸收峰，使这些大分子变性、受损；③电场强度达 10^9 V/cm 时，可致生物大分子产生相当活泼的自由基，从而明显地损伤细胞；④激光电场引起的其他效应有：布里渊散射、拉曼散射和电致伸缩，均会引起组织损伤。

5. 生物刺激效应

刺激是生物机能学的一个概念，指能引起机体出现反应的各种环境变化。弱激光对机体刺激包括了光化效应后的化学刺激、光热效应后的热刺激、光压强效应后的机械刺激等。生物接受上述刺激的应答性反应可有两种形式:兴奋或抑制。兴奋和抑制取决于激光的相对剂量和反应类型,反应可能是局部的也可能是全身的。适当刺激的反应,在分子水平上是调整蛋白质和核酸的合成、调节酶的功能;在细胞水平上是通过代偿、营养、修复、免疫和其他机制来消除病理过程。弱激光刺激可影响血红蛋白合成、细胞生长、白细胞吞噬及糜蛋白酶活性;可促使毛发生长、伤口愈合、神经再生、骨痂形成以及其他全身性变化。

9.3.6 不同类型激光对生物组织的作用

1. 紫外—红外激光射线在生物组织中的作用

(1) 紫外—红外激光射线在生物组织内的散射　散射发生在具有不同光学反射系数的物体界面,并且是一个射线能量守恒的过程。由于生物组织在微观层面结构不均一,例如在亚细胞和细胞的不同尺度;而在宏观层面,由细胞组成(组织)的不同尺度,包括占主导地位的水、蛋白质和脂类物质等,一般认为它们都是紫外—红外射线的散射体。散射一般是使射线传播方向产生偏差,当波长和散射体尺度相当(Mie 散射)或是波长大大超过粒子尺度时(Rayleigh 散射),偏差最强烈。这种尺寸关系导致了波长较长的光由于不能较好地被组织内的色素吸收,从而在生物组织中有更深的穿透。其结果是无色素组织对于波长大于可见光和近红外光的波长近乎透明。

(2) 紫外—红外激光射线在生物组织内的吸收　物质内紫外—红外射线的吸收,源于光吸收分子中的电子对射线具有波长依赖的共振吸收特性。因为生物组织的化学成分不纯,故其吸收程度强烈地依赖于入射光的波长。生物组织内最能吸收紫外—红外光的分子及其高吸收率的波长也列于表 9.6 中。这些生物分子包括肽键、苯丙氨酸、酪氨酸、蛋白质的色氨酸残基,全部都能在紫外光范围内内吸收;氧合和脱氧血红蛋白能在可见光至近红外光范围内吸收;黑色素在紫外到近红外光范围内吸收,但随波长增加吸收率降低;还有水,在中红外范围内有最大吸收。生物医学激光及其发射波长列于表 9.6 中。临床应用的激光与生物组织对波长吸收范围之间的关系相当明显。另外,一些外源性的光吸收化学物质也可能在组织中存在,这些包括:

表 9.6　生物组织对紫外-红外光的吸收波长及对应激光器与波长

成分	组织类型	光吸收		激光类型	波长/nm
		波长/nm	相对强度		
蛋白质	全部				
肽腱					
氨基酸					
残基					
色氨酸		220~290(r)	+		
酪氨酸		220~290(r)	+		
苯丙氨酸		220~2650(r)	+		
色素					
氧合血红蛋白	血液	414(p)	+++	氩离子	488~514.5
	血管	537(p)	++	频率加倍	532
	组织	575(p)	++		
		970(p)	+	Nd:YAG	

续表

成分	组织类型	光吸收		激光类型	波长/nm
		波长/nm	相对强度		
		(690~1100)(r)		二极管	810
				Nd:YAG	1064
脱氧血红蛋白	血液	431(p)	+++	Dye	400~700
	血管组织	554(p)	++	Nd:YAG	1064
黑色素	皮肤	220~1000(r)	++++	Ruby	693
水	全部	2.1(p)	+++	Ho:YAG	2100
		3.02(p)	+++++++	Er:YAG	2940
		>2.94(r)	++++	CO_2	10640

注：(p)表示峰值吸收波长，(r)表示波长范围，+数量表示光吸收幅度的量化排序。

(1) 光敏剂，如卟啉，在紫外—可见光的激励下能产生对组织细胞有毒素的光化学反应，例如，肿瘤相对其周围组织集中有更多的光敏剂。

(2) 染料，比如印度花青，当其以一定浓度分散在纤维蛋白胶体中时可以强化吸收810nm的GaAlAs激光二极管射线，产生发热达到局部热变性和胶原结合效应，从而使组织接合。

(3) 刺花颜料包括石墨(黑色)和黑、蓝、绿、红的有机染料。

(3) 紫外至红外激光射线对生物组织中的深透效应　散射与吸收过程影响着射线在组织中传播的强度。没有散射时，根据郎伯-比尔定律，吸收导致射线强度的指数衰减；当散射存在时，从体表开始的入射强度衰减不再单调。由于有效的向后散射，加上入射光强，局部的内部强度有一个极大值，这样，入射光的吸收和散射决定了射线进入组织中的深度和效应。吸收的能量可以用各种方式释放，根据吸收体的特性，包括热振动，荧光和共振电子的能量传输等，在组织中的作用一般是不同的。通过分子振动导致局部温度的上升产生的能量可从血红蛋白、黑色素和水来释放。持续足够的能量吸收和释放可以导致局部温度的升高，当能量输入增加，导致蛋白变性(41~65℃)，水的蒸发和沸腾(在组织限制压下大于约300℃)，蛋白质的热分解，气态分解产物和碳焦化物的产生(大于300℃)。为减少焦化物的产生，需有足够的能量输入来支持快速的气化反应。这一热反应的临床应用是组织切除；太小的能量输入由于蛋白变性导致组织凝结。

能量通过激发外源光敏染料释放是通过自由基的形成或是氧分子循回分解的能量交换达到的。在此能量交换之后的后续化学反应，由于自由基的形成和激活态氧气分子形成加上光敏物质的存在，会对细胞产生毒性。

由荧光分子吸收视频射线之后的能量释放，不管是在组织内还是组织外，主要都是释放长波射线。人体内在的荧光物质包括色氨酸、酪氨酸、苯丙氨酸、黄素，以及不含金属的卟啉。用增生性(癌症前期的)宫颈细胞、癌性宫颈细胞和正常宫颈上皮细胞的荧光发射强度的测量值进行比较，可适用于宫颈癌的自动诊断。

2. 中红外激光射线在生物组织内的作用

因为波长大于 $2\mu m$ 的红外射线被水吸收很大,所以 Ho:YAG,Er:YAG 和 CO_2 激光射线在组织表面很短的距离内吸收,并且散射不再重要。如使用公认的水的吸收系数值,假设水占 80%,并且随距离呈指数衰减,射线进入平均软组织深度,强度降到入射值的 10% 时,对于 Ho:YAG,Er:YAG 和 CO_2 激光,波长分别是 619,13 和 $170\mu m$。因此,来自这些激光源的射线吸收和能量的热转化导致了表面热源的形成。用足够的能量输入,就可以通过组织表面水的沸腾和热分解进行组织切除。对组织之下的热深透只有通过热扩散;这样,在用激光射线进行组织切除期间,位于切除的表面区域以下组织的凝结深度受到了热扩散和加热表面的下降速率的限制。在生物软组织中,使用中红外射线的凝结深度典型值小于 $205\sim500\mu m$,因此止血手术外科中的血管封闭的能力受到了限制。

3. 近红外激光射线在生物组织内的作用

GaAlAs 二极管激光和 Nd:YAG 激光,分别发出 810nm 和 1064nm 的射线,比大于此波长的其他红外射线有更深的生物组织穿透能力。因此,热效应在更深的组织产生,凝结的深度和止血的程度比更长的红外射线要大。例如,810nm 和 1064nm 的射线的光学穿透深度(10% 的入射强度)对于犬类前列腺分别可达 4.6nm 和 8.6mm。使用 GaAlAs 二极管和 Nd:YAG 激光,用 3600J 的能量照射犬类前列腺的尿道表面,导致的凝结深度分别约为 8mm 和 12mm。在比前列腺有更多血管的猪肝上的光学穿透深度和凝结深度对于 Nd:YAG 激光分别是大约 2.8nm 和 9.6mm,对于 810nm 的二极管激光束分别是 7mm 和 12mm。一般用 810nm 的二极管激光射线在肝脏的穿透深度比在前列腺的穿透深度小,反映了大血管分布对近红外传播的影响。

4. 可视范围内的激光射线在生物组织内的作用

在可见光波长范围内由于血红蛋白具强烈吸收能力,故血液和血管组织对该波长范围射线能有效吸收。这一吸收能力成为临床应用的基础,例如:

(1) 氩离子激光(488~514.5nm)能局部加热和使血管的脉络膜层产生热凝结,故可应用于视网膜的剥离与视网膜固定的治疗中。

(2) 氩离子激光(488~514.5nm),频率加倍后的 Nd:YAG 激光(532nm)和染料激光射线(585nm),可用于在皮肤脉管损伤的凝结治疗,例如葡萄酒色痣。

(3) 氩离子激光(488~514.5nm),频率加倍后的 Nd:YAG 激光(532nm)对含有棕色含铁色素的子宫内膜损害的切除。因为血红蛋白和含铁色素的大量吸收,故入射激光射线主要在血管或损伤的表面被吸收,产生的热效应也是局部的。

5. 紫外激光射线在生物组织内的作用

尽管组织暴露在红外和可见光范围的激光中会由于热消融导致组织切除,但是由一个光化学过程,暴露在 193nm 的氩氟化物激光射线(ArF)中也会产生组织切除。因为伴随紫外光子的吸收而造成了一系列离子化蛋白分子的拟充电区域,这些区域之间互相排斥,从而产生切割效应。由于离子化和排斥过程效率极高,只有很少的入射激光能量以热振动能量形式逃逸,故在入射点邻近部位的热凝结损害的程度非常有限。ArF 激光的这种特点和精细流畅的调节能力,可以用于去除微米级深度的组织。正在进行的临床试验企图用 ArF 激光有选择地为近视校正去除人眼角膜表面的组织,从而改善视力。

6. 连续型和脉冲型的红外-可见激光射线和联合温升的作用

在吸收红外—可见激光射线后的升温来自于在激发能丧失期间的分子振动,并且首先在局部组织的暴露区表现出来。假如激光的入射能保持足够长的时间,生物组织的邻近区域的温度也会由于热扩散而升温。在暴露时间 t 期间,热扩散和温升的平均距离的平方 $\langle X^2 \rangle$ 根据热扩散时间 t 可以用以下方程描述:

$$\langle X^2 \rangle = \tau t \tag{9.24}$$

式中,τ 定义为热传导率和热容量与密度乘积的比值。对于软生物组织,τ 约为 $1 \times 10^3 /(cm^2 \cdot s)$。因此,随着能量的连续输入,热扩散和升温的距离将增加。相反,用脉冲型射线,热扩散的距离可以很短,例如暴露在 $1\mu s$ 的脉冲射线下,平均热扩散距离约为 $0.3\mu s$,大约是一个生物细胞直径的 3%~10%。假如激光射线被强烈吸收并且组织切除很有效,那么很少的能量扩散到入射点以外,而用短时脉冲可使入射点以外引起的组织凝结达到最小。限制入射点以外的热损害作用,在角膜、巩膜、软骨的切除中是很有用的,因为这些是无血管(或几乎是)的组织,且不需要依靠旁侧组织凝结止血。

9.3.7 临床常用的生物医学激光的特点

有四种激光器在临床生物医学中获得广泛应用,用来切除、切碎和凝结软组织。其中有两种是充气激光器:二氧化碳和氩离子激光器。另外两种使用固态激光发射媒介:一种是钕-钇-铝-石榴石(Nd:YAG)激光器,通常就称为固态激光器,另一种是镓-铝砷化物(GaAlAs)半导体二极管激光器。这些激光的操作特性和生物医学应用列于表 9.7 到 9.10 中。

表 9.7 氩离子与 CO_2 激光的工作特性

特 性	氩离子激光	CO_2 激光
工作物质	氩气,133Pa	10% CO_2,10% Ne,80% He,1330Pa
激光类型	氩离子	CO_2 分子
激发	电子放电,连续	电子放电,连续,脉冲
电压输入	208VAC,60A	110VAC,15A
总效率	0.06%	10%
特性	Nd:YAG 激光	GaAlAs 二极管激光
工作物质	掺钕 YAG 晶体	n-p 连接,GaAlAs 二极管
激光类型	YAG 晶体中的 Nd^{3+}	二极管结中的空穴电子对
激发	闪光,连续,脉冲	电流,连续,脉冲
电压输入	110VAC,10A 脉冲	110VAC,15A
总效率	1%	23%

表 9.8 氩离子与 CO_2 激光的输出特性

输出特性	氩离子激光	CO_2 激光
输出功率	2~8W,连续	1~100W,连续
波长(s)	(454.6~528.7nm),以488nm,514.5nm 为主	10.6μm
电磁波传输方式	TEM	TEM
引导束及形成	带有保险的二氧化硅光纤或光束发射端为扁平,手持端带有透镜、目镜	带有镜子的柔软关节臂,带有透镜的手持端或装有反射镜的显微镜平台

表 9.9 Nd:YAG 与 GaAlAs 二极管激光的输出特性

输出特性	Nd:YAG 激光	GaAlAs 二极管激光
输出功率	1064nm 时 1~100W 连续；532nm 时 1~36W 连续	1~25W 连续
波长(s)	1064nm/532nm	810nm
电磁波传输方式	混合模式	混合模式
引导束及形成	装有接触头、引导镜或关节头的 SiO_2 光纤	装有接触头、侧向引导镜与关节头的 SiO_2 光纤

表 9.10 四种主要生物激光的临床应用

激光类型	临床应用
氩离子激光	妇科中的有色(血管)软组织切除,普通或口腔外科手术,耳鼻喉科、皮肤病学中的血管凝固,眼科学中的视网膜凝固等
CO_2 激光	软组织切除、分解,皮肤科中的大组织摘除,妇科、普通、口腔、整形、神经外科、耳鼻喉科、足医术、泌尿外科
Nd:YAG 激光	软组织,尤其是有色血管组织切除、分解和皮肤中的大块组织摘除,胃肠病、妇科、普通、关节镜、神经、整形、胸外科手术,泌尿外科手术,用 1.064nm 脉冲配以目镜实施晶状体后囊切开术
GaAlAs 二极管激光	有色(血管)软组织切除、分解和妇科大块组织摘除,胃肠病、普通外科和泌尿科、耳鼻喉科、胸外科手术

9.4 微波治疗仪

9.4.1 微波的特点

根据电磁波波长的顺序可排列成电磁波谱,如图 9.1 所示。其中无线电波波段最宽,波长可从 3000m 到 1mm,其次是红外线、可见光、紫外线,然后是 X 射线,波长最短的是 γ 射线。各波段之间有一定重叠区。随着波段的变化,产生电磁波的原理亦不同:无线电波段是由电磁振荡发射的,而红外线、可见光、X 射线和 γ 射线则分别是由分子、原子、电子和原子核在运动状态改变时的辐射产生的。

在无线电波段内,频率 10^4 Hz 以上还可分为长波、中波、短波、超短波和微波等波段。表 9.11 列出了各波段在医疗应用中的特定频率。其中,微波段(波长 1m 至 1mm,对应频率 300～3000MHz 之间)在医学诊断、治疗中占有重要地位。

表 9.11 无线电波的分段及医疗专用频率

波 段	长 波	中 波	短 波	超短波	微 波
频率范围/Hz	3×10^4～3×10^5	3×10^5～3×10^6	3×10^6～3×10^7	3×10^7～3×10^8	3×10^{48}～3×10^{12}
波 长	10km～1km	1km 至 100m	100m～10m	10m～1m	1m 至 1mm
医学常用频率和波长	93kHz (3200m) 150kHz (3200m)	1.0MHz (300m) 1.625MHz (184m)	13.56MHz (22.12m) 27MHz (11.06m)	40.68MHz (7.374m) 50MHz (6m)	433.92MHz (69cm) 900MHz (33.33cm) 2450 MHz (12.5cm)

微波不仅是一个频率很高的波段,也是一个频率范围很宽的波段。因此通常又将它分为分米波、厘米波和毫米波三个波段。

微波与其他波段的无线电波相比具有一系列独特的性质,正是这些特性使得微波在医学电子技术中获得了十分重要的应用,微波的主要特性表现在以下几个方面:

(1) 微波的波长很短。它比地球上一般物体的几何尺寸小得多或处于同一数量级,因此微波照射到这些物体上将产生显著的反射。并且微波的传播特性与几何光学相似,基本上沿直线传播,利用这一特点,我们就可能获得多种性能优良的供局部加热的医用微波辐射治疗仪。

(2) 微波的频率很高,因而振荡周期极短(10^{-12}～10^{-9}s),它和电真空器件中电子在电极间飞越的时间具有相同数量级,所以不能用普通的电子管来产生和放大微波振荡。

(3) 微波不会被高空大气电离层反射,可以毫无阻碍地穿过电离层。

(4) 微波与生物和人体相互作用时的一个显著特点就是热效应。人体组织,吸收微波后会发热,这就是医学中微波热疗的基础。

9.4.2 微波的产生

产生微波的电真空器件有速调管、磁控管、返波管;半导体器件有体效应管、雪崩管、变容管等。在医学上应用的微波,由于要求有较大的辐射功率,一般都应用磁控管。

为什么要用磁控管产生微波? 大家知道,对于较低频率的无线电波,可以用 LC 谐振回路产生,其振荡频率 $f=1/2\pi\sqrt{LC}$。若要得到 1000MHz 的微波,需要 L 和 C 分别是 10^{-7}H 和 10^{-13}F 量级,但是,仅只连接导线的分布电容和电感就超过这样的小数值了。同时,若要用电子管提供振荡电路的能源,电子从阴极飞到阳极的渡越时间约为 10^{-9}s,对于数千 MHz 的频率,电子的渡越时间已跟不上栅极控制讯号的变化周期,即栅极已丧失控制板流的能力,所以不能用普通电子管产生微波。

上面提到的产生微波的器件如速调管、半导体体效应管等,产生的微波功率较小,而磁控管可以发生大功率微波。例如,它输出的脉冲微波功率峰值可达 10^4 kW,连续微波最大功率亦达 10kW,医用微波功率在 kW 量级已足够了。下面说明磁控管的工作原理。

1. 电子在电场和磁场中的运动

磁控管是一个加有恒定磁场的真空二极管,二极管阴极发射电子,阳极本身就是电磁振荡"电路",称为谐振腔,恒磁场方向与二极管电场方向互相垂直。

若电子的运动与磁场方向互相垂直,则作用在电子上的洛仑兹力为

$$F_{eM} = -e(v \times B) \tag{9.25}$$

式中,B 为磁感应强度,e 为电荷,v 为速度。F 的方向总与矢量 v、B 的平面垂直,所以只改变速度的方向而不影响其大小,电子运动的轨迹为一圆周。半径 R 可由下述条件决定,即作用力 F_{eM} 与离心力平衡:

$$evB = \frac{mv^2}{R} \tag{9.26}$$

所以

$$R = \frac{mv}{eB} \tag{9.27}$$

由上式还可得到电子沿圆周运动的周期 T 和角频率 ω_c 分别为

$$T = \frac{2\pi m}{eB} \tag{9.28}$$

$$\omega_c = \frac{e}{m}B \tag{9.29}$$

若电子的速度与磁场方向成任意角度,电子的运动轨迹将是一螺旋线,如图 9.34 所示。若在二极管的阴极 K 和阳极 A 之间加上 K 负 A 正的直流电压,则电子在运动中被加速。在相互垂直的电场和均匀磁场中,电子运动的轨迹将是一条"摆线"。图 9.35 表示了在不同磁场强度条件下电子的运动曲线和电流的变化。当 $B=B_K$ 值时,电子运动曲线恰好与阳极内壁相切,然后返回阴极,理论上此条件下阳极电流从定值突变为零(实际上电流变化如虚线所示)。

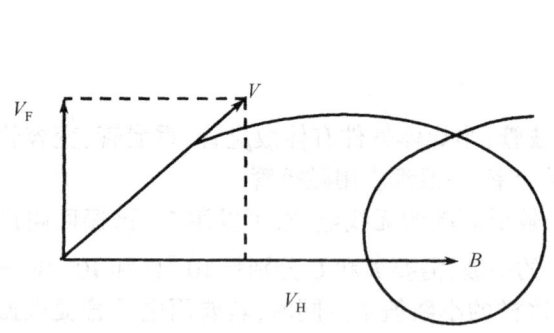

图 9.34 电子在磁场作用下的轨迹

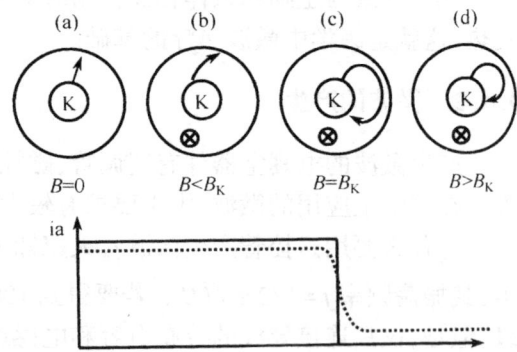

图 9.35 磁场对电流的控制情况

因此,当外加磁场 $B>B_K$ 值后,从阴极发射的电子在两电极间的空间经过一曲线运动后又折返阴极,于是围绕阴极存在一环状的作旋转运动的电子云,称做电子群聚。磁控管中的微波,就是利用电子在相互垂直的电场和磁场中运动状态的改变而激励的高频振荡。

2. 多腔磁控管的结构

医用磁控管的阳极开有偶数个对称的空腔,每个空腔有一条缝隙与中央空间相通,每个空腔与缝隙构成一谐振腔,相当于以带状铜片制成的单匝线圈与缝隙间电容组成的振荡电路,如图 9.36 所示。多腔磁控管的整体结构如图 9.37 所示。

一般多腔磁控管由五部分组成:①阴极及引线;②阳极及谐振腔;③输出耦合系统;④阳极盖及调谐系统;⑤磁铁。图中的阴极是一个中空圆柱体,有很强的发射电子能力。阳极是开有谐振腔的大铜块,各个谐振腔之间通过电力线实现很强的耦合。阳极块四周有散热片,在与阳极的上下平面垂直方向加有强磁场(图中未画出),场强 $B \geq B_K$。谐振腔可能同时存在多种频率的振荡,为了得到单一频率的微波功率输出,用称作"交连带"的导线把电极性符号相同的阳极"极靴"(即每隔一个腔)连接起来,以得到所需频率的稳定谐振。最后,在某一谐振腔内用环耦合的方式把超高频辐射的能量引出。

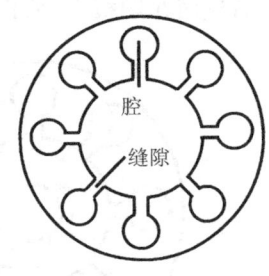

图 9.36 多腔阳极

3. 多腔磁控管的工作原理

在磁控管加上恒电场和磁场后,阴极和阳极之间的电子将以图 9.35(d)所示的电子云的形式作旋转运动。在谐振腔内,可能存在着一系列的振荡模式和一系列分立的振荡频率。通过控制阳极电压和磁场,可使谐振腔振荡于某一特定模式和特定振荡频率。当电子束掠过各谐振腔缝隙时,由于骚动作用,即可激励谐振腔产生所设计的频率的电磁振荡,高频电磁场分布见图 9.38。振荡过程的某一瞬间,谐振腔内电场和磁场的极性如图 9.39 所示。这种高频电磁场只有通过运动的电子提供能量才能维持下去,形成稳定的谐振。下面分析建立稳定谐振的条件。

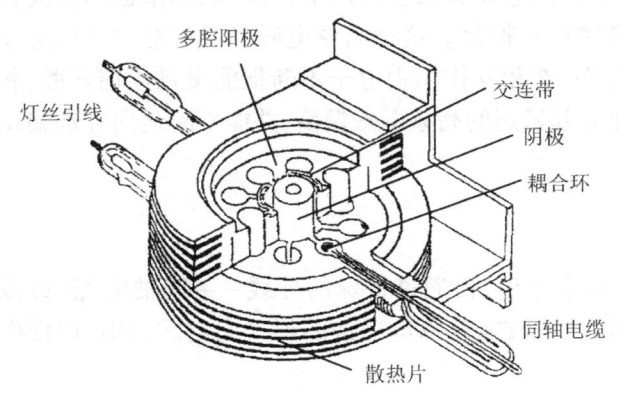

图 9.37 磁控管的外形结构

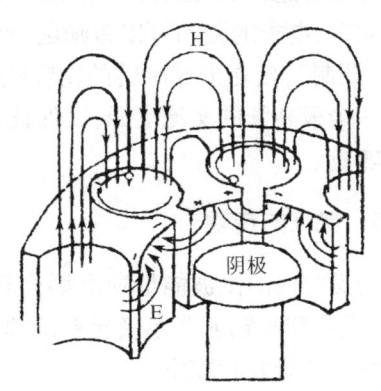

图 9.38 高频电磁场的分布

以图 9.39(b)中的两个电子为例,第一腔缝隙的电极性如图所示时,将对趋向于它的 A 电子加速,即该电子从高频场吸收能量,以更加弯曲的路径折回阴极。显然,这类电子对建立高频电磁场是"有害"的。图中 B 电子在磁场作用下的运动路径将趋向第二腔缝隙的负极,于是电子被减速,向谐振腔提供了能量,甚至在空间某一点完全丧失掉能量。然后,又被恒电场重新加速,以曲线运动飞向阳极第三腔。如果调节电场和磁场大小,使该电子从第二腔位置飞向第三腔的渡越时间,大约等于诸振腔的半振荡周期,当 B 电子飞近第三腔缝隙时,高频电磁场已变为图中虚线所示的极性,则 B 电子又一次要把能量交给第三谐振腔。如此下去,直到 B 电子多次消耗能量后碰撞在阳板上,所以 B 电子是"有用"的。

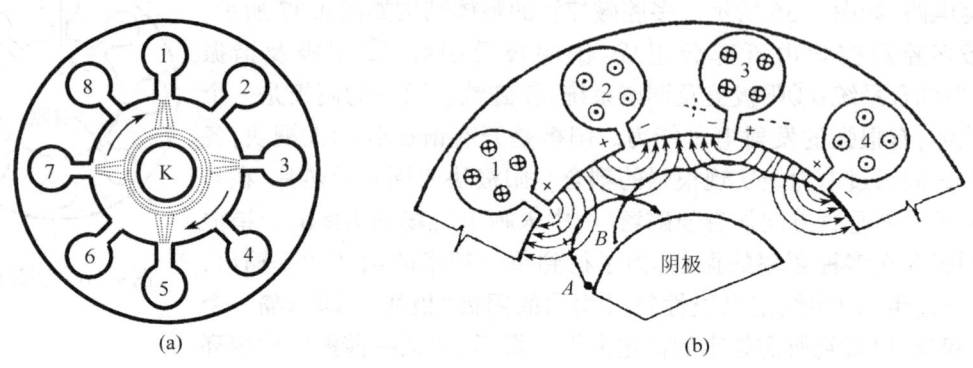

图 9.39 (a) 电子运动路径;(b) 轮辐状电子云

从上述简化的讨论可以推断,当某一瞬间高频电磁场在图 9.39(a)所示的极性时,所有直接飞向第一、三腔缝隙的电子都吸收能量返回阴极。而飞向第二、四腔缝隙的电子都交出能量最后与阳极碰撞。因此,在整个相互作用空间,电子云的分布将不再是图 9.35(d)的状态,而变为图 9.39(b)那样的"轮辐状"的非均匀分布。由于各谐振腔缝隙的极性按照高频电磁振荡的半周期发生旋转式的变化,故轮辐状的电子云也随着微波场一起同步旋转,并不断地将能量输送给谐振腔,以保证稳定的振荡。

综上所述,在磁控管内,由阳极发射的电子在恒电场和磁场作用下,在阴极和阳极的空间作曲线运动,电子的骚动可以激励起谐振腔的高频电磁振荡。这种高频电磁场又可对电子的运动进行"调制",使之形成旋转的轮辐状电子云分布,在相互作用中电子不断把能量供给谐振腔,相当于一个极高频的交流电源,以保证谐振腔建立起稳定的高频电磁振荡,并能不断地向外部输出微波能量。

9.4.3 微波的传输

谐振腔内的微波能量现由耦合环从磁控管中导出,再通过特殊的导线——同轴电缆(或波导)把耦合环和辐射器连接起来,辐射器把导出的微波能量以电磁波的形式向空间辐射,以便生物和医学的研究和应用。

1. 耦合环

耦合环是一个开口的小圆环,被放置于某一谐振腔的中央。谐振腔和耦合环可以等效为图 9.40 的电路,由于谐振腔内电磁场的磁力线大部分穿过耦合环,耦合环实际上就是一个紧密耦合的次级线圈 L_0,所以耦合环能有效地把谐振腔的振荡能量从磁控管中引出。

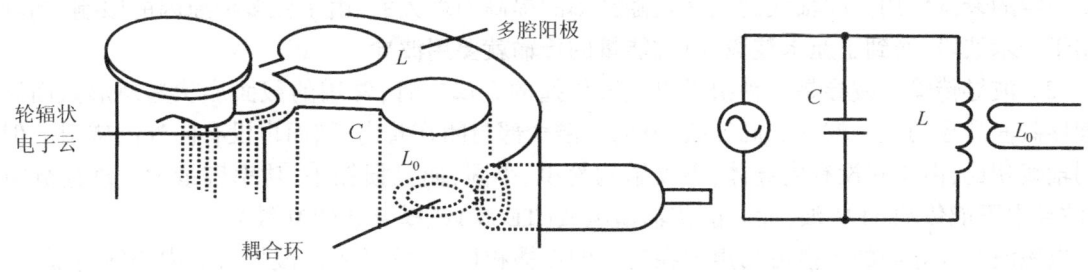

图 9.40 耦合环及其等效电路

2. 同轴电缆与波导传输

传输线是用来传送电磁能量和信号的装置,理论和实践证明,在传输线上电磁能量仍然是以波的形式传播的。在频率较低的情况下,通常是用两根金属导线作为传输线。然而在频率很高的微波波段,就不能再用普通的双线传输方式了。这是因为频率很高时,高频电流仅在导体上很薄的一层表面流动,通过电流的导线截面积很小,导线呈现的电阻很大,电磁能量在传输过程中将引起很大的热损耗。同时,随着频率的增高,双线传输线在传输电磁能量过程中向外辐射的能量也随之增加,从而产生严重的辐射损耗,这不仅影响传输效率,而且辐射到空间的电磁能量将干扰其他电子设备的正常工作,同时还造成环境污染。

因此在微波波段必须使用特殊形式的微波传输线,在医用微波技术中通常使用的是同轴线和波导。

(1) 同轴电缆传输　同轴线由一根金属内导体(芯线)和一个金属外导管组成。由于内导体和外导管的轴线是重合的,所以称为同轴线。由于金属外导管起到了屏蔽作用,电磁能量完全被限制在内外导体之间,因而避免了向外辐射,同时管内的电磁场也不会受外界的影响。

同轴线内外导体截面的形状可以是圆形、矩形或椭圆形,一般采用圆形截面。同轴线的常用结构有两种形式,一种叫做硬同轴线,它由刚性的金属内外导体和介质支撑片构成,硬同轴线不能随意弯曲,但其功率容量大,衰减小。另一种形式是所谓软同轴线,通常又称为同轴电缆,它的内导体是一根或多根金属导线,外导体则由金属丝编织而成,内外导体之间填充低损耗绝缘介质如聚乙烯等,外导体表面还套上了一层聚苯乙烯保护套。因而它可以任意弯曲,使用起来比较方便,但损耗较大,功率容量较小。

在实际应用中,通常同轴线中传播的是横电磁波(TEM 波),应该指出,同轴线中除了 TEM 波外,还可能存在其他波形。

一般将同轴线中横波的电压与电流之比称为它的特性阻抗,它仅决定于同轴线的几何尺寸和所填充的介质,它是表征同轴线传输特性的重要参量,在微波治疗仪中常用的是 50Ω 的同轴电缆。

任何一种传输线,允许通过它的功率都有一个极限值,这就是传输线的功率容量,在实际应用中如果超过了这个极限功率,就会发生打火击穿,从而损坏传输线。同轴线的功率容量与所填充介质的击穿电场强度的平方成正比,并且还与内外导体的尺寸有关。

实际的同轴线,由于构成它的导体和介质都不可能是理想的,因而对在其中传播的电磁波将产生一定的衰减作用。同轴线的衰减是随频率的提高而增大的,由于受多种原因的限制,同轴线多用于分米波段,而到了厘米波段,电磁能量的传输就要用波导。

(2) 波导传输　波导是一种引导电磁波传播的金属空管,常用的截面形状是矩形截面波导和圆形截面波导两种。波导和同轴线一样,电磁全部封闭在管内,因而也没有向外的辐射。但是与同轴线相比,由于它没有内导体,不仅结构简单、牢固,而且损耗小,功率容量大。理论分析证明,波导中不能传输 TEM 波,而只能传输横电波(TE 波)或横磁波(TM 波)。

电磁波在波导内的传播可与声波在管内的传播相比拟,它并不沿波导管的中心线传播,而是多次的由管壁反射来进行传播。

波导和同轴线相比,其优点在于,因为波导两相对壁之间的距离远远大于同轴线内外导体间的距离,所以电击穿的现象就大为减少。另外,由于在它的内部没有任何用来作为支持体的绝缘物,所以能量的损耗也减小了。此外其传输功率也较同轴线为大。

但是,波导也有一定的缺点,这就是在波导中只能传播频率超过某一数值的波,这一频率称为临界频率。相应于临界频率的波长称为临界波长。可以证明,临界波长大约等于波导横向尺寸的两倍,为此,需波导的横向尺寸很小,其构造不庞大,则波导只能用在厘米。

用圆波导直接传输能量的情况不多,但在医用微波技术中常常用圆波导来构成辐射器和谐振腔。

3. 微波在传输线上波的反射与传输线的阻抗匹配

电磁波在自由空间传播时遇到障碍物要产生反射,在微波传输线中传播的电磁波遇到障碍物也同样要产生反射。不仅如此,微波传输线的截面形状或几何尺寸出现了突变,各段微波传输线之间或微波元件之间连接不好,都会引起波的反射。引起反射的另一个重要原因是负载阻抗与微波传输线的特性阻抗不相等,负载只吸收入射波的部分能量,其余能量就被反射回去了。

微波传输中波的反射情况是用反射系数予以定量描述的。反射系数即指传输线上某点反射波的电场强度与入射波电场强度之比,反射系数的大小可以直接反映负载与传输线的匹配程度。

用传输线来传输电磁能,总希望它在行波状态下工作。这样使微波传输在线路上产生的损耗比较小,对绝缘的要求也比较低。但实际并非如此,所以我们为了使传输线处于行波状态下工作而采取的措施,叫做阻抗匹配。

如果阻抗不匹配,将引起能量反射,并在传输线上形成驻波,这对于能量传递来说是十分有害的。因此,实现阻抗匹配是微波技术中十分重要的问题。对于不同的情况应该采用不同的匹配技术,但其物理实质都是人为地加入一些匹配元件,使它们产生一定的反射与原来的反射波相抵消,从而达到匹配的目的。在医用微波技术中常采用以下几种措施,如在某些医用辐射器中为了阻抗匹配而加入螺钉或膜片等匹配元件,又如要将一个具有 50Ω 同轴线输入头的辐射器接在一台由 75Ω 同轴电缆输出的治疗机上,这时必须在它们之间接入一段阻抗变换器以实现阻抗匹配。在临床照射中,微波能量总是通过传输线、辐射器而照射到机体上,由于辐射器与传输线之间不可能是理想匹配的,因此在临床应用中,就需要调节辐射器与传输线之间的距离,在微波治疗机的反射功率指示器上就可观察到反射功率的变化,从而找到反射功率最小的最佳匹配距离。此外,在照射部位上覆盖介质匹配层也是一种较好的方法。

9.4.4 微波的辐射

电磁辐射是物质运动的一种形式,微波辐射是最常见的电磁辐射之一。电场和磁场是相互联系的,这就使得电场和磁场的能量通过电荷的运动而相互转换,并使电场和磁场的扰动能够由近及远地传播出去,这种传播过程就形成了电磁波的辐射。

1. 电磁振荡

让我们来考察一个由电容器 C 和自感线圈 L 所组成的 LC 振荡电路中电场与磁场之间的能量转换过程。图9.41(a)表示一个已充电的电容器与自感线圈连接的情况,电容器开始放电,但由于自感电动势的反抗,放电电流只能逐渐增加,当放电完毕时电流才能达到最大值,如图9.41(b)所示。在这个放电过程中,电容器中的电场能量通过电荷克服电动势做功而逐渐转变为磁场能量。此后,电流由于自感电动势的存在而维持流动,使电容器反向充电,当电流减弱到消失时,电容器反向充电到最大值,如图9.41(c)所示。在这个充电过程中,自感线圈套中的磁场能量通过动电场振动电荷运动而逐渐转变为电容器中的电场能量。此后电容器又开始反向放电和正向充电,如图9.41(d)和图9.41(e)所示。在这个电流的振荡过程中,电场和磁场的能量之间不断地发生相互转换,称为电磁振荡。由于电路中存在一定的电阻,因此,电场和磁场的总能量在振荡过程中将转变为导线的热能逐渐被消耗,电流的振幅将逐渐衰减而最终消失,电场与磁场能量交换就此终结。上述过程称之为阻尼振荡。在上述 LC 振荡电路中,如果电场和磁场的能量不断得到补充,就能够长期维持等幅电磁振荡。完成由电场能转变为磁场能的一个全过程所用的时间称为振荡周期。

振荡电路和振荡周期 T,决定于电容器的电容量 C 和自感线圈的自感系数 L:

$$T = 2\pi\sqrt{LC} \tag{9.30}$$

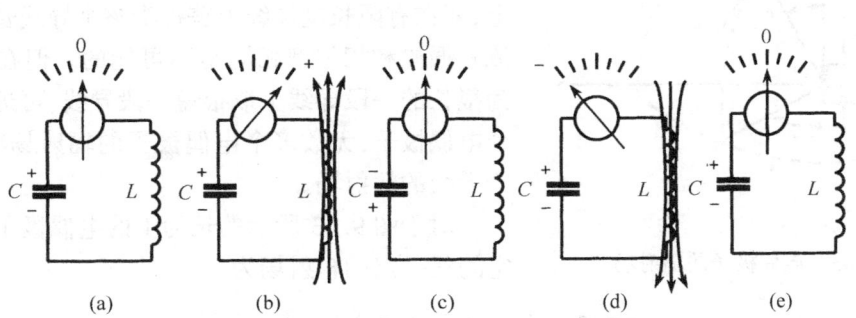

图9.41 电磁振荡的产生

振荡周期 T 与频率 f 互为倒数关系,f 反映了能量交换的快慢程度,即 $f = 1/T$,因此

$$f = \frac{1}{2\pi\sqrt{LC}} \tag{9.31}$$

从上式可以清楚地看出,如果电感量 L 和电容量 C 越小,则电磁振荡的频率就越高。

2. 电磁波的辐射

在上述振荡电路中,电场的能量被局限于电容器两个极板之间的空间,磁场的能量也仅局限于电感线圈之中。如果把电容器 C 的两个极板之间的距离拉大,线圈也逐渐拉开,则电场与磁场的作用空间也随之扩大,由于自感量 L 和电容量 C 随着形状的改变而不断地减小,使电磁振荡的频率越来越高。最后,如果把振荡电路拉成一条直线,于是电场和磁场的能量就能够方便地向周围空间扩散出去,如图 9.42 所示。电磁场理论指出,变化的电场(或变化的磁场),在其邻近区域将激起变化的磁场(或变化的电场),而变化的磁场又将在较远的区域内引起新的变化的电场。这种变化着的电场和磁场交替产生,由近及远,以有限的速度在空间中传播,于是就形成了电磁波辐射。

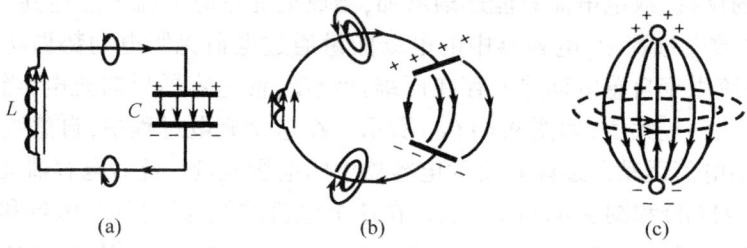

图 9.42 开放电磁场的方法

3. 电偶极子的辐射

电偶极子是与波长相比为很短的一根导线,而且在沿整个导线的长度上,电流的振幅和相位都相同。实际上,要在有限长度导线上获得沿整个导线长度分布的电流其振幅和相位都相同是不可能的。但在与波长相比为很长的一段导线上取很短一段导线,可近似认为是一个电偶极子,无数多个电偶极子的辐射场叠加,就是整个天线的辐射场。

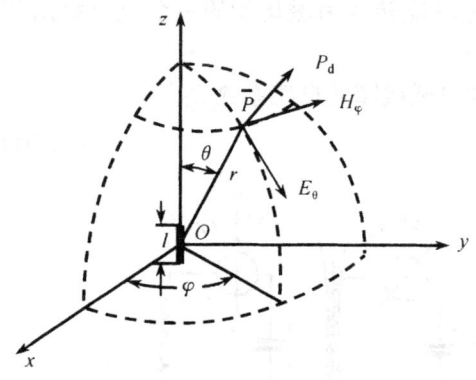

图 9.43 电偶极子的辐射场

对于图 9.43 所示的长为 l 的电偶极子,理论证明,空间任一点的辐射场为

$$E_r = \frac{1}{4\pi\varepsilon} \frac{2Il}{\omega} \left(\frac{2\pi}{\lambda}\right)^3 \cos\theta \left[-j\left(\frac{\lambda}{2\pi r}\right)^3 + \left(\frac{\lambda}{2\pi r}\right)^2 \right] e^{j(\omega t - \beta r)} \tag{9.32}$$

$$E_\theta = \frac{1}{4\pi\varepsilon} \frac{Il}{\omega} \left(\frac{2\pi}{\lambda}\right)^3 \sin\theta \left[-j\left(\frac{\lambda}{2\pi r}\right)^3 + \left(\frac{\lambda}{2\pi r}\right)^2 + j\left(\frac{\lambda}{2\pi r}\right) \right] e^{j(\omega t - \beta r)} \tag{9.33}$$

$$H_\phi = \frac{1}{4\pi} Il \left(\frac{2\pi}{\lambda}\right)^2 \sin\theta \left[\left(\frac{\lambda}{2\pi r}\right)^2 + j\left(\frac{\lambda}{2\pi r}\right) \right] e^{j(\omega t - \beta r)} \tag{9.34}$$

$$E_\phi = H_r = H_\theta = 0 \tag{9.35}$$

式中,I 为偶极子上的电流强度(A),ε 为传播媒质的介电常数,ω 为工作角频率,f 为工作频率(Hz),λ 为工作波长(m),$\beta = 2\pi/\lambda$ 为相位常数,r 为偶极子到该点的距离(m),E_r、E_θ 为电场,H_ϕ

为磁场。

在式(9.32)至(9.35)中,电场强度单位为 V/m,磁场强度单位为 A/m。利用以上公式,只要知道电流和媒质的介电常数,就可以求出振子周围电磁场的分布。

由上列公式可以看出,电偶极子产生的场是由三部分组成的,其中一部分与 $(\lambda/r)^3$ 成比例,一部分与 $(\lambda/r)^2$ 成比例,而另一部分则与 (λ/r) 成比例。图 9.44 为 E_θ 的三部分随 r/λ 变化曲线。

(1) 近区 在 $r < \lambda/2\pi$ 的区域叫近区,在近区内有

$$\left(\frac{\lambda}{2\pi r}\right)^3 \gg \left(\frac{\lambda}{2\pi r}\right)^2 \gg \left(\frac{\lambda}{2\pi r}\right) \quad (9.36)$$

因此,可以只保留最大的 $\left(\frac{\lambda}{2\pi r}\right)^3$ 项而忽略其余两项,于是,式(9.32)至(9.34)变为

$$E_r = -j\frac{2Il}{4\pi\varepsilon\omega r^3}\cos\theta e^{j(\omega t - \beta r)} \quad (9.37)$$

$$E_\theta = -j\frac{Il}{4\pi\varepsilon\omega r^3}\sin\theta e^{j(\omega t - \beta r)} \quad (9.38)$$

$$H_\phi = j\frac{Il}{4\pi r^2}\sin\theta e^{j(\omega t - \beta r)} \quad (9.39)$$

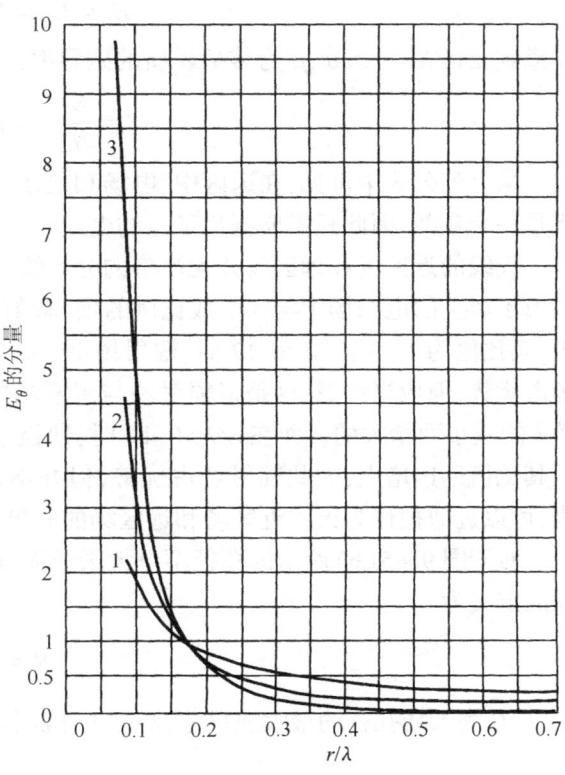

图 9.44 E_θ 的三部分随 r/λ 变化曲线
1: λ/r, 2: $(\lambda/r)^2$, 3: $(\lambda/r)^3$

这说明,电场强度随距离的立方反比迅速衰减,从式(9.37)至(9.39)还可以看出,在近区内,电场和磁场的时间相位相差 90°,电磁场能量是交替地储存于电场和磁场中,不辐射功率,所以近区场属于感应场。

在感应场中,外界感应体的存在,将会不干扰场源原来的电磁场分布。从式(9.38)和(9.39)可以得到,在近区场中的波阻抗:

$$Z = \frac{E_\theta}{H_\phi} = j\frac{1}{\omega\varepsilon r} \quad (9.40)$$

这表明,在近区场中,电场与磁场之比不仅与频率有关,而且还随距离 r 变化。因此在近区中,各点的电场强度和磁场强度要分别测量。

(2) 远区 在 $r > \lambda/2\pi$ 的区域叫远区,在远区内有

$$\left(\frac{\lambda}{2\pi r}\right)^3 \ll \left(\frac{\lambda}{2\pi r}\right)^2 \ll \left(\frac{\lambda}{2\pi r}\right) \quad (9.41)$$

同样,只保留最大的 $\left(\frac{\lambda}{2\pi r}\right)$ 项而忽略其余两项,于是,式(9.32)至(9.35)变为

$$E_\theta = j\frac{Il}{4\pi\varepsilon\omega}\left(\frac{2\pi}{\lambda}\right)^3\frac{\lambda}{2\pi r}\sin\theta e^{j(\omega t - \beta r)} \quad (9.42)$$

$$H_\phi = j\frac{Il}{4\pi}\left(\frac{2\pi}{\lambda}\right)^2\frac{\lambda}{2\pi r}\sin\theta e^{j(\omega t - \beta r)} \quad (9.43)$$

$$E_r = E_\phi = H_r = H_\theta = 0 \tag{9.44}$$

注意到,$2\pi/\lambda = \omega\sqrt{\varepsilon\mu}$,$\mu$ 为传播媒质的磁导率,则由式(9.42)和(9.43)可得

$$Z = \frac{E_\theta}{H_\phi} = \sqrt{\mu/\varepsilon} = 120\pi \tag{9.45}$$

从上列公式中可见,在远区中,电场和磁场在时间上同相,因此要辐射能量。电场和磁场之比是一个常数,因此只需要测量某点的电场就可知该点的磁场,反之亦然。

天线的近区场和远区场并无严格的分界线,这可从图 9.44 中清楚地看到,当 $r/\lambda = 0.17$ 时,偶极子产生的电磁场中与 λ/r 成比例的项(辐射场)与 $(\lambda/r)^2$ 和 $(\lambda/r)^3$ 成比例的项(感应场)相等,其比值为 1。当 $r/\lambda < 0.17$ 时,辐射场小于感应场,并随着 r 的减小其比值迅速减小,因此感应场占优势,但应当注意,这是指辐射场与感应场的相对大小(比值)而言的。辐射场的绝对值是随 r 的减小而增大的。而在 $r/\lambda > 0.17$ 时,偶极子产生的电磁场中辐射场大于感应场,并随 r 增大其比值迅速增大,因此辐射场占优势,但并不是感应场就等于零。所以对于偶极子或电小天线,可以近似把作为天线近区场和远区场的分界线,如图 9.45(a)所示。

对于图 9.45(b)所示的孔径型电大天线而言,辐射近区场与辐射远区场之间的界限,按通用标准定义为

$$R = \frac{2D^2}{\lambda} \tag{9.46}$$

式中,D 为天线孔径的最大线尺寸,λ 为工作波长,D 和 λ 应选用同一单位。

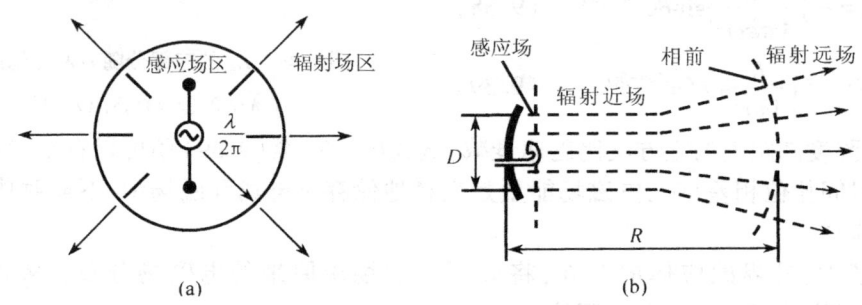

图 9.45 天线的近场区和远场区
(a) 电小天线;(b) 孔径型天线

上式成立的条件是:天线孔径中心与边缘到达位于远区场观察点处的波程差为 $\lambda/16$。这就意味着,当把发射天线(辐射器)置于离孔径型天线 $2D^2/\lambda$ 的地方时,来自发射天线的球面波前在孔径中心与边缘之间所产生的最大相位差为 $\pi/8$(或 22.5°)。由此可见,上式所规定的界限并不是绝对的,当希望相位差更小时,远场界限距离将要更大些。

4. 辐射器

图 9.46 是微波治疗机的几个主要组成部分,微波经同轴电缆传输到辐射器,由辐射器将微波以波束的形式辐射出去,经外空间传到受治部位。

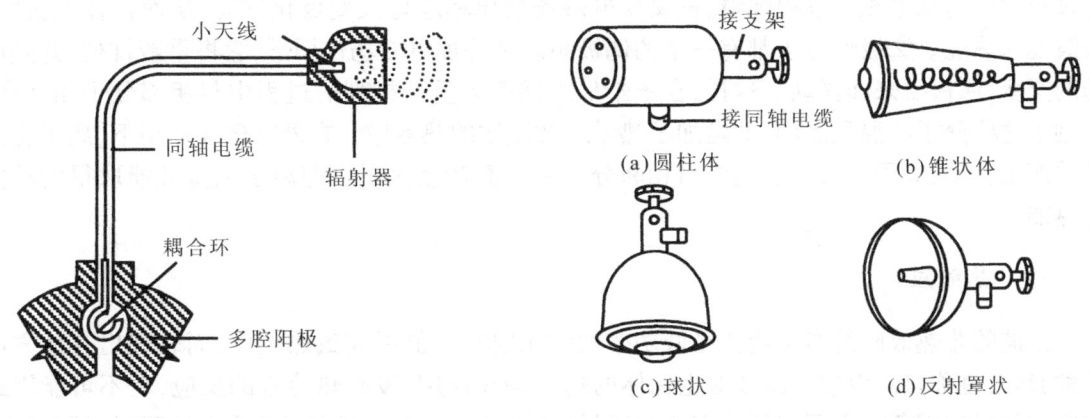

图 9.46　微波治疗机主要部分图　　　　图 9.47　圆形辐射器

常用微波辐射器从外形可分为圆形、矩形、聚焦型和体腔等辐射器，下面具体说明一下圆形和聚焦型辐射器。

(1) 圆形辐射器。该种辐射器的开口是圆形，从侧面看又有圆柱形、锥体形、半球形、反射罩形数种，如图 9.47 所示。圆形辐射器照射的面积与辐射口的直径及辐射器的距离有关，而微波的强度与距离的平方成反比。照射面上微波的能量分布决定于辐射器和小天线的形状。

(2) 聚焦型辐射器。为方便对小局部的治疗，设计了一种小型的聚焦型辐射器，直径有 4cm、2cm 和 1.4cm 等类。由于该辐射器的直径仅是微波波长的几分之一，不易由小天线向外辐射电磁波，因此，辐射器内用陶瓷类物质作介质，微波通过介质时由于传播速度减慢，波长就变短，有利于辐射器使之集中成束向外辐射。使用时辐射器可直接与皮肤接触，提高利用效率。

一种国产的微波电疗机的主要性能是：输出功率 0～200W，可调；工作频率 2450MHz±50MHz；治疗时间的自动控制分为 5、10、15 及 20 分钟四档。

9.4.5　微波的生物效应

微波辐射生物体，就会在生物组织内部引起各种生物影响，产生较强的生物响应。微波对生物体的这种作用，称为微波的生物效应。微波的生物效应是微波与生物介质相互作用产生的，主要有两种：致热效应（热效应）和非热效应（热外效应）。

1. 致热效应

微波对生物介质的致热效应的实质在于，微波辐射生物体并穿透到生物组织之中，在这部分生物组织内部即发生能量转换，由微波能转换成热能，使之致热并升温。当该组织由于吸收微波能所转化的热量超过由于血液循环和热传导所带走的热量时，就会产生热的积累，引起局部的体温失调和温度上升，这一致热和升温的过程就是微波致热效应。

生物体的皮肤、肌肉、脂肪和各脏器都是由极性蛋白分子、极性水分子和盐离子所组成，它们又都是由带正电的原子核和绕核旋转的电子组成。在无外界电磁场时，它们是按照特定的形式和规律排列的，处于平衡状态。当外加电磁场时，生物介质即与该电磁场相互作用，出现以下状态：①极性分子出现异变。原子核和电子之间产生感应电矩，使电子移动，即发生电子位移极化。

这种极化随时从电磁场取得能量,按交变电磁场规律相应地改变极化方向,从而损耗微波能,变微波能为热能。②极性分子都有一定的偶极矩。在外加电磁场作用下,它将重新排列,并随电磁场的交变,偶极子来回摆动。这样,在不断地来回摆动重新排列的过程中与相邻分子相互作用,加剧了这些分子的混乱运动,即增加了热量。③微波的热效应。在外加磁场作用下,离子受到加速并产生移动,离子在移动过程中与相邻分子碰撞而产生热量。即离子从微波能取得的动能变为热能。

2. 非热效应

微波的非热效应是指生物体受低功率微波照射时不能引起致热效应,而表现出其他方面的各种影响,也称热外效应。微波对生物体的这一特殊作用,没有热感觉的反应,是不可能用致热效应来解释的现象。它可在低功率微波照射时单独出现,也可能在高功率微波照射时同时出现。微波的非热效应是微波在生物体内引起的复杂的生物物理和生物化学反应的表现。

大剂量的微波通过使生物组织产生热效应,从而引起各种物理、化学和生理的变化,是各国学者公认的。但是,有许多实验表明,在使用微波剂量明显不到产生热效应的条件下,仍能观察到机体一系列反应。1973 年,在华沙召开的"微波的生物学效应和健康危害"国际会议上,建议把微波强度分为三种:①$10mW/cm^2$ 以上(有明显热效应);②$1\sim10mW/cm^2$(有弱热效应和微弱特异性效应);③$1mW/cm^2$ 以下(基本上不产生热效应)。

这种低场强的微波照射,其作用途径大体是:首先刺激皮下、眼或内部器官的感受器,经过神经冲动,传到大脑皮质、下丘脑和脊髓,由下丘脑通过垂体和肾上腺,影响肾上腺激素分泌,进而对血液、心脏和神经调节等功能发生影响。传到脊髓的刺激作用可通过自主神经系统达到内脏,影响内脏的功能。

对微波非热效应的产生机制,目前研究得还很不充分,虽然已有了一些理论,如场力效应、半导体效应、介电泳力效应及量子共振吸收等,但均不成熟。下面分别作一些介绍。

(1)谐振吸收。该理论是以生物体吸收电磁能大小与辐照频率有关为依据,认为在不同的特定频率下,不同的生物分子能发生谐振吸收。生物分子吸收能量后,可导致活性的改变,构象的变化,结构的变化,或通过其他方式把能量传递给周围物质,进而影响一些生化反应和生理功能。例如,1984 年《美国科学新闻》报道,在含有 DNA 盐溶液中,用微波照射时,得到在 3000MHz 左右的共振吸收峰,与在 1100MHz 微波照射纯溶剂的吸收对比,DNA 分子的吸收系数大 400 倍。实验表明,对 3000MHz 的微波,DNA 分子的吸收能力比水分子强得多。12cm(2450MHz)微波对人体许多器官的生理功能有显著特异性影响,其机制值得重视和研究。

(2)神经细胞。特别是自主神经细胞对微波作用尤其敏感,因为它们具有检波作用,造成其功能的改变,从而决定了微波对一些器官以致整个机体的反应。

(3)Wachtel, H. 用微电极技术,研究了低强度微波对神经细胞放电的影响,提出了电磁场和细胞膜相互作用的理论,认为射频电磁场通过细胞膜的整流作用可向神经细胞内注入"过极化电流"或"去极化电流",改变膜电位从而影响神经系统的功能。

总之,微波作为一种高频电磁场,可能通过多种途径和方式影响大分子、离子和细胞的电学特性、结构或构象,影响它们的功能,进而引起组织、器官以致整体的生物效应。

9.4.6 微波治疗仪在医学中的应用

如前所述,微波对生物和人体可产生热作用和非热作用。生物和人体各种器官和组织的组分和结构不同,含水量不同,因而电学和热学特性不同,所以微波生物效应和医学应用研究受到多种因素的影响而表现出很大差异。这些因素可分为微波作用条件和生物特性两方面,前者包括微波波长、工作方式(连续或脉冲式)、能量和能量密度、电场极化方向、场强的空间分布和均匀性、作用时间等。

目前,微波用于医学诊断和治疗范围在不断扩大,用于治疗内科、外科、神经科、妇产科、皮肤科、耳鼻喉科、肿瘤等疾病已达百余种。

1. 微波治疗技术

(1) 辐射器的选择和使用 圆形和矩形辐射器面积较大,输出功率由几十瓦到几百瓦以上。聚焦辐射器输出功率为 $10 \sim 20W$,直肠、阴道辐射器输出功率可达 $10 \sim 15W$,耳和鼻腔辐射器功率在 $10W$ 以下。

辐射器放置有三种方式。有距离照射:用圆形或矩形辐射器,距皮肤 $5 \sim 10cm$,随着距离增加,照射面积增大而强度减弱。接触照射:用聚焦辐射器或体腔辐射器时可与受照射部位直接接触。隔沙照射:在被照部位表面置一层 $4 \sim 7cm$ 细沙,可使微波更易集中成束,减少散射。

(2) 照射强度和剂量 一种关于强度的规定是:低强度——输出功率 $20 \sim 50W$,功率密度 $0.36W/cm^2$ 以下;中强度——$50 \sim 90W$,$0.56W/cm^2$;

高强度——$90 \sim 120W$,$1.5W/cm^2$。

剂量还和照射时间有关,一般一次照射时间为 $5 \sim 15min$。对不同组织所用剂量应不同,软组织少的部位,如手、足背、关节等,剂量应小;照射血液循环不良的组织,为改善血液循环,应从小剂量开始,逐渐增加。

(3) 波长选择 目前国内外在临床治疗中普遍使用的波长是 $12.5cm$。但日渐采用 $69cm$ 或 $33cm$ 波,这种波长的微波特点是:皮肤及皮下脂肪对其反射较小,故可使各层组织的吸收较均匀,作用深度较深($7 \sim 9cm$),适用于治疗肌肉、肺、肝等较深部位。

2. 微波诊断和治疗肿瘤

(1) 微波诊断肿瘤 与红外热像仪比较,微波可穿透人体组织深达数厘米,并且能区别 $1℃$ 的温差,所以可广泛用于探测皮下脂肪、肌肉及一些器官的生理和病理状态。肿瘤细胞新陈代谢旺盛,组织散热性能差,与周围正常组织有明显温差,故用微波热像仪做肿瘤早期诊断已达到临床应用阶段,目前已研制有多种不同波段的微波热像仪(参见 6.6.4 节)。

(2) 微波加热治疗肿瘤 20 世纪 70 年代以来,各国对微波加热治癌进行了许多研究和临床实验,其结果是肯定的。一些报导指出,用大剂量和较长时间照射肿瘤部位,使其温度上升到 $41℃$ 以上并保持一段时间,可抑制肿瘤生长或杀死肿瘤细胞。

关于微波治癌的机制研究表明,癌组织比正常组织对微波的吸收要大得多。另外,肿瘤组织内血液循环不良(血流量只有正常组织的 $2\% \sim 15\%$),散热性能差,故微波能使肿瘤组织温度显著升高并较好保持。其次是微波生热作用如何损害肿瘤细胞?一些研究表明,微波可使多聚核糖体解聚,抑制 DNA、RNA 和蛋白质的合成,使线粒体发生功能障碍或结构破坏等,从而导致癌细胞坏死。

(3) 微波和放疗、化疗联合治癌　在一定条件下,微波对电离辐射的生物效应有协同作用,故微波与放射性疗法联合应用技术引起关注,并已在临床实验中取得很好效果。微波与放疗联合应用时,可减少放射线剂量,减少辐射对人身的损伤,增加乏氧细胞的敏感性,提高疗效。

同样,微波与化学药物联合使用,比二者单独使用治疗肿瘤的效果要好。这种联合治疗比单独治疗效果好的原因可能是:微波加热使肿瘤组织血液循环加速,增加了肿瘤区的药物浓度,同时提高了肿瘤细胞对药物的敏感性。

3. 微波的其他治疗作用

(1) 微波能调节自主神经系统的功能,尤其能加强副交感神经的功能,从而改善自主神经所支配的组织器官的功能。例如,用微波照射与心脏有关的自主神经节段,可使心肌的生物电活动及心肌收缩功能改善。微波可降低神经感受器的兴奋性,有镇痛作用。微波可扩张血管,缓解血管痉挛,加速血流,改善供血。

(2) 微波作用于肾上腺区可加强垂体-肾上腺系统的功能,增加肾上腺皮质激素的合成,从而提高机体的防卫和适应能力。微波能加强甲状腺功能,从而影响有关的代谢和内分泌功能。微波能影响酶的活性,改善局部组织的代谢,能抑制自由基氧化,减少毒性代谢产物。微波能加强局部和整体的免疫功能,增强白细胞的吞噬功能,抑制体内细菌的繁殖,故有抗炎作用,可用于治疗多种炎症。

9.4.7　微波的安全防护

微波在临床治疗方面正得到日益广泛的应用,因此,关于微波对有关作业人员的健康影响问题已引起国内外的重视。

1. 微波辐射对人体健康的影响

概括而言,这种影响可分三种类型:急性全身性微波照射损伤,慢性全身性微波照射损伤和局部性微波照射损伤。

全身经常受到一定剂量微波照射,可能引起下述反应:

(1) 神经系统:首先表现神经衰弱症状,出现头晕、头胀、头痛、睡眠障碍(嗜睡或失眠)、记忆力减退等,进而出现全身无力、情绪不稳定、多汗、脱发等。脑电图显示大脑皮质细胞张力降低,兴奋性和反应性降低。神经系统中,高级神经中枢和自主神经系统对微波作用最敏感。

(2) 心血管系统:表现出与自主神经功能障碍密切相关的心血管系统的功能不全,出现心悸、心动过缓、心区疼痛、呼吸急促、血压偏低。心电图显示出 S-T 段下降、T 波变平、房性或室性期外收缩等。

(3) 血液系统:白细胞有减少趋势,淋巴细胞开始相对增多而后减少,红细胞先增多后减少。

(4) 内分泌系统:垂体-肾上腺系统功能减弱,甲状腺功能增强,男性可有性功能减退,女性常出现月经紊乱。

(5) 消化系统:食欲下降、上腹部不适感、胃酸减少等。

应当指出,在微波环境中工作,是否出现上述症状以及程度的强弱,既与微波的各种条件(波长、方式、功率和功率密度、照射时间等)有关,也与人个体有关(经常全身照射或局部照射、个体免疫功能等),还与其他环境因素有关,如温度、湿度、海拔高度等。

2. 微波辐射卫生标准

为了保护微波作业人员的身体健康,一些国家分别制定了一定的卫生标准。由于各国确定标准时的理论依据、实验研究设计和方法不同,故具体规定的标准也有较大差别,表9.12给出一些国家制定的微波辐射卫生标准以供参考。

表9.12 微波辐射卫生标准

国 名	频率/MHZ	最大容许强度 (mW/cm^2)	照射时间及环境条件
美 国 加拿大	100 ~ 100 000	每6min平均不超过10	不良湿度条件下 $1mW/cm^2$,一般条件下6min不超过 $1mW \cdot h/cm^2$
英 国	30 ~ 30 000	10	时间无限制
法 国	30 ~ 30 000	10 10 ~ 100	1h以上 1h以下
荷 兰	30 ~ 30 000	1 10	时间无限制 <6min
德 国	300 ~ 30 000	10	时间无限制
瑞 典	300 ~ 30 000	1 10	长期照射 偶尔照射
波 兰	300 ~ 30 000	0.2 ~ 10 1.0 ~ 10	连续暴露于微波场,时间相应为8h ~ 11.5s 间歇暴露于微波场,时间相应为8h ~ 4.8min
捷 克	300 ~ 30 000	0.025(连续波) 0.01(脉冲波)	8h 8h
原苏联	300 ~ 30 000	0.01 0.1 1.0	8h/d 2h/d 15 ~ 20min/d

9.5 超声治疗仪

有关医用超声学的基本知识及超声诊断仪的原理已在第七章中7.4节有过详细介绍,本部分主要介绍超声在临床治疗方面的设计及应用。

9.5.1 概述

超声最早应用于治疗主要是利用它的机械振动作用,促进组织内部的多种反应,同时利用超声吸收而产生的温热作用,使血管扩张,促进新陈代谢,从而取得治疗疾病的效果。长期临床应用的结果表明,超声物理治疗对腰痛、神经痛、关节炎、炎症性疾病以及难治性溃疡等都有显著的或较好的疗效。随着强功率聚焦声束的引入,超声已开始应用到手术、碎石及治癌等领域,并取得了显著的临床效果。

超声对组织作用的结果取决于超声辐射的强度,或称为超声辐照剂量。在超声诊断领域中,对组织无损伤是最重要的,所以超声辐照剂量应严格控制在安全区内。而超声手术,超声治疗及碎石等因其目的是切割组织或破坏病灶,所以就必须使用强功率超声。为了避免对正常组织的损伤、破坏,就需要采取聚焦等各种措施,使对正常组织的损伤减少到最小。超声治疗设备的声场分布情况对病灶周围的正常组织影响极大。在研制开发新型的超声治疗设备时,必须进行大量的体外组织的实验,以及动物实验,还应考虑到对治疗对象产生的延迟性的副作用和积累性的副作用。

9.5.2 超声波的产生与发射

在超声治疗中,首先遇到的问题是超声的发射。一般程序是用换能器将高频电振荡转换为超声振荡,向人体发射超声。

1. 换能器

(1) 压电效应和电-声转换 能将电能转换成机械能(或声能)以及将机械能(或声能)转换成电能的材料有多种,在超声诊断中广泛应用的是压电材料。在片状压电材料上加一压力,则两个电极面上将产生电荷,称为正向压电效应;反之,在压电材料两端加上交变电场时,则压电材料发生与交变电场同频率的机械振动,称为逆向压电效应。关于压电现象的基本性质在本书第七章中已作了说明。在超声诊断中应用的换能器压电材料有两类,即自然生长的单晶体和人工烧结的多晶压电材料。单晶体材料有石英、硫酸锂、碘酸锂、铌酸锂、酒石酸钾钠等,人工烧结的铁电体压电材料有钛酸钡、钛酸铅、锆钛酸铅(PZT)等。表9.13列出了不同压电材料的一些主要性能。

对应用于超声诊断的压电材料,可用以下三种系数来判断其性能:
1) 压电常数 d 和 g。
2) 介电常数 ε^T(压电材料为自由状态时的介电常数),它与压电常数的关系有:

$$d = g\varepsilon^T \tag{9.47}$$

3) 机电耦合系数。机电耦合系数 K 表示换能器将电能转换为机械能的性能:

$$K^2 = \frac{E_M}{E_0} \tag{9.48}$$

式中,E_M 是储存的机械能,E_0 是总储存能量。

(2) 换能器的结构

1) 单元换能器。单元换能器是由一片压电晶体组成,其基本结构如图9.48所示。它可分为以下三部分:①压电振子。即压电晶体或压电陶瓷,一般呈圆形,两面覆有金属层作为电极,其直径 ϕ 为 5~30mm,厚度由频率决定。②保护层。用以保护压电振子不被磨损或破坏。为保证超声波能全部穿透它,对其声特性阻抗 Z 和厚度 d 都有要求,一般取 $d = \lambda/4$。③吸收块。对其要求有二:一是其声阻抗与振子材料的声阻抗要相近,使超声波能透入吸收块而不被反射;二是

表 9.13 一些压电材料的性能

材料名称	化学符号	振动方式	切割方向	发射常数 d /(10^{-12}) /(m/V)	接收常数 g /(10^{-2}) /[(m·V)/N]	机电耦合系数 /K	密度 /(g/cm³)	声速 /(m/s)	特性阻抗 ($\times 10^5$) 瑞利	机械品质因素 θ_m	居里点 /℃	介电常数 ε	频率常数 /(MHz·mm)
X 切割石英	SiO_2	厚度振动	0°X	2.31	5.0	0.1	2.65	5740	15.2	10^6	550	4.5	2.87
Y 切割石英	SiO_2	切向振动	0°Y	4.6	1.8	0.14	2.65	3850	10.2	10^6	550	4.6	1.93
钛酸钡	$BaTiO_3$	厚度振动	0°Z	190	1.8	0.38	5.7	5470	30	300	115	1700	2.6
PZT-4		厚度振动	0°Z	289	2.6	0.51	7.5	4000	30	500	328	1150	2.0
PZT-5A		厚度振动	0°Z	374	2.48	0.49	7.75	4350	33.7	75	365	1500	1.89
PZT-7A		厚度振动	0°Z	150	3.98	0.50	7.6	4800	33.8	600	350	425	2.1
PZT-8		厚度振动	0°Z	225	2.5	0.48	7.6	4580	33	1000	300	1000	2.07
钛酸铅	$PbTiO_3$	厚度振动	0°Z	58	3.3	0.43	7.72	4240	32.8	1050	460	150	2.12
硫酸锂	$Li_2SO_4·H_2O$	厚度振动	0°Y	16	17.5	0.30	2.06	5470	11.2	—	75	10.3	2.73
碘酸锂	$LiIO_3$	厚度振动	0°Z	—	—	0.51	4.47	4130	18.5	—	256	6	2.06
铌酸锂	$LiNbO_3$	厚度振动	35°Y	6.0	2.3	0.49	4.64	7400	34.8	10^5	1200	39	3.7

其衰减系数应很大,能吸收全部超声波能量而不再反射回振子中去。常用环氧内掺钨粉或环氧内掺薄壁玻璃珠作为吸收块材料(原理分析参见7.4.2节)。

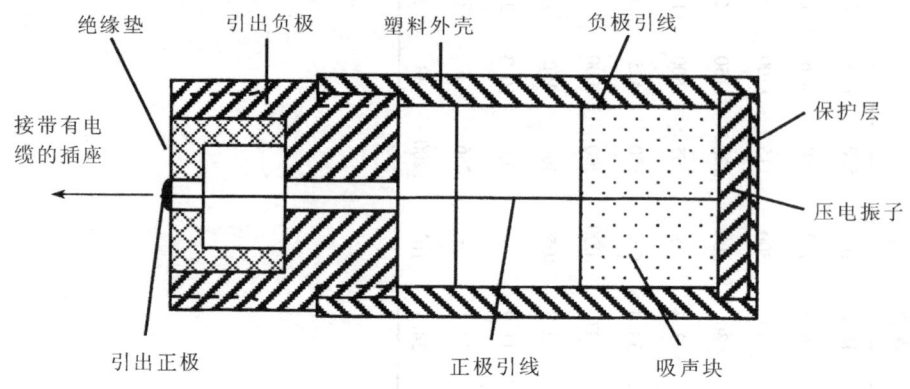

图9.48 单元超声换能器的基本结构图

2)多元换能器。多元换能器由若干个小振子(阵元)组成,一般有20~256个阵元。它们可以是线列阵(直线排列),也可以是方阵。图9.49是一种线列阵,用于B型超声诊断仪中。各分割电极间在电气上是相互独立的,当各阵元上不是同时而是依次给以电激励时,就可形成扫描式超声束。

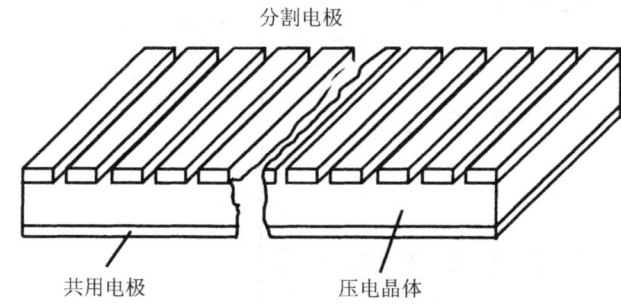

图9.49 多元换能器基本结构

此外,还有超声多普勒换能器,即发射和接收相互分开的换能器,它包括分隔式、重叠式等类型。

(3)谐振与频率常数 当一交变电压加在圆片形压电材料时,压电片即产生与突变电压相同的机械振动,并向介质辐射出超声,但只有当压电片上表面发出的振动波经过厚度 l 到达下表面时正好为半个波长,下表面的振动才能与上表面传下来的振动同位相,而使振动幅度相加,超声辐射的能量最大。声学上称满足这一条件的频率为压电振子的基频,在此条件下压电振子的工作状态称为谐振。若令 C_T 为压电片中的声速,l 为其厚度,则有:

$$l = \frac{\lambda}{2} = \frac{C_T}{2f}, 或 f = \frac{C_T}{2l} \tag{9.49}$$

$$f \cdot l = \frac{C_T}{2} \tag{9.50}$$

从式(9.50)可见,压电片的厚度 l 和频率 f 的乘积为一常数,声学上称之为频率常数。同理,当压电片厚度为半波长的奇数倍时都将发生谐振。表9.14列出一些压电材料频率与厚度的关系。

表9.14 几种压电材料频率与厚度关系

频率/MHz \ 材料厚度/mm	X切割石英	钛酸钡	PZT-4	PZT-5
0.5	5.74	5.2	4	3.8
1	2.87	2.6	2	1.89
2.5	1.15	1.04	0.8	0.76
5	0.57	0.52	0.4	0.38
10	0.287	0.26	0.2	0.189
15	0.192	0.173	0.133	0.126

(4)换能器的性能指标 在超声诊断中,换能器的性能直接影响诊断的水平,它是超声诊断仪的一种关键部件。一个换能器应该具备下面几个基本性能指标:①谐振频率和反谐振频率;② Q 值和带宽;③在谐振频率和反谐振频率时的阻抗;④机电转换效率;⑤工作温度范围;⑥换能器的声场特性。

此外,换能器的性能稳定性也是重要参数。

2. 发射电路

常用的脉冲超声发射电路是产生短时间的脉冲电压去激励换能器,从而发射一个短时间的超声脉冲,此脉冲性能好坏,直接影响治疗效果。

(1)闸流管超声发射电路 通常用作脉冲激励源的电路,是用闸流管作开关器件的电容放电回路,如图9.50所示。在闸流管截止期间,电容器 C 由电源 E_0 经电阻 R 充电至电压 E,当正向同步脉冲加到闸流管栅极时使闸流管导通,电容器所充电荷经闸流管以及探头和电阻 R_0 并联的回路放电,将储存在电容器上的能量的一部分转给换能器,并由换能器转换成超声脉冲。

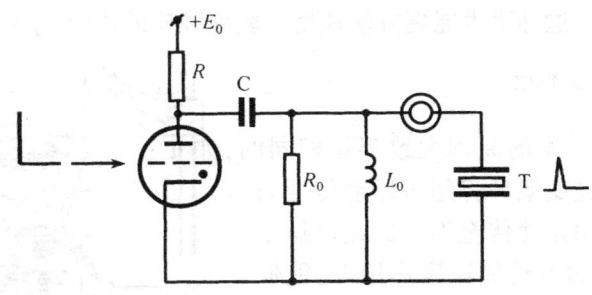

图9.50 闸流管超声发射电路

电阻 R 和电容器 C 的数值选择原则是:
$$t \geq 3 \sim 5RC \tag{9.51}$$

式中，t 为同步脉冲的重复周期。这种电路的转换效率约为 50%，一般当电容为 3000pF，电源 E_0 用 800V 时，能量为 5J，每个脉冲转换到换能器的电能约 2J。电路中 R_0 用来调节衰减振荡的阻尼时间，电阻 R_0 越小，发射的电脉冲越窄，但能量也越弱，电感 L_0 是用来抵消探头的静电容。用可控硅代替闸流管也可用作发射电路，发射的脉冲前沿一般约 $0.3\mu s$，能满足超声诊断发射脉冲的要求。

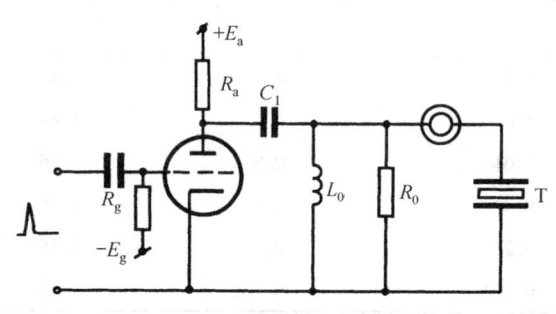

图 9.51　电子管 C 类放大型发射电路

（2）其他超声发射电路　间歇振荡器也可用作超声脉冲的发射电路，在频率较低时（<3MHz），间歇振荡器的效率比闸流管要高一些，在频率 5~10MHz 范围，两种电路的效率相近。

为了得到长时间稳定的发射能量，可用电子管 C 类，或晶体管作放大型的脉冲发射电路，如图 9.51 所示。

在电子管 C 类放大器中，因它的栅偏压加得很高，所以在没有信号电压输入时无阳极电流通过，因而减少了无功损耗，提高了放大器效率。当发射脉冲为方波、且宽度为换能器谐振周期的一半时，可以得到最好的发射波形。

9.5.3　超声手术

1. 强功率聚焦手术

在某些不便于进行切开手术去除病灶的情况下，施行强功率聚焦手术有较好的效果。

图 9.52 为超声脑部肿瘤手术的一个例子。手术前，头骨切开，塑料薄膜水槽与脑部接触。水槽内装有脱气的生理盐水。指针尖端部位为焦点所在处。焦区为一短轴 3mm，长轴 6mm 的椭球体。使指针尖端处在最接近病灶区域的组织表面，高频振荡器产生 1.5MHz、200W 功率以上的正弦波，输出到凹面聚焦换能器上（聚焦方法详见 7.4 小节），辐照时间是可以控制的。治疗效果的判断可根据脑电图及病人症状的变化。这种方法已用于脑神经外科及软组织外科，并已治愈了一定数量的精神病患者及脑肿瘤患者。强功率聚焦手术的优点是不需要切开脑硬膜，对正常组织及血管影响不大。这种手术能更方便地用于乳腺肿瘤的治疗，手术后不会留下刀疤。

2. 超声手术刀和超声骨锯

超声手术刀和超声骨锯的原理大致都是相同的，如图 9.53 所示，换能器通过变幅杆将超声振动传至刀片或锯片。变幅杆的作用是使传至刀片的超声振动幅度大大增强。在强大的振动加速度作用下，能使刀片或锯片作用的这部分组织迅速与周围组织分开，而不损伤周围的组织。因此采用超声手术刀后，切口非常光滑，且易止血及愈合。它常用于切除皮肤癌、痣和体表肿瘤等，也可用于白内障手术。超声

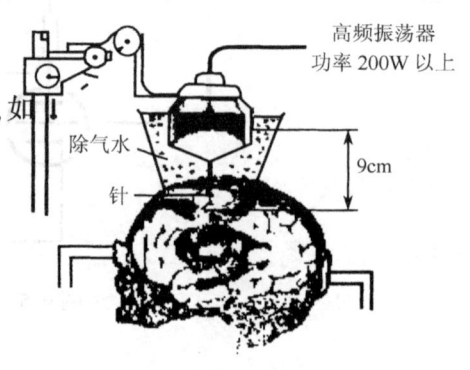

图 9.52　强功率聚焦手术

骨锯用于颅脑切开及截肢手术等,手术时间可以大大缩短。

9.5.4 超声碎石

1. 硬性结石粉碎

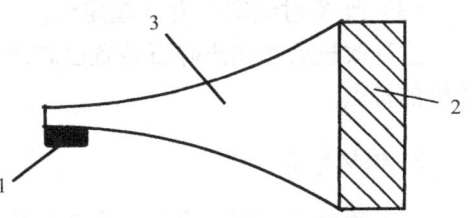

图 9.53 超声手术刀及骨锯
1. 刀片或锯片;2. 换能器;3. 变幅杆

人体结石在许多部位都能发生,肾脏、胆囊、膀胱、尿道及肠道等各种部位都会产生结石。结石的截面一般呈层状,根据其成分的不同,结石的质地也有硬性、软性之分。硬性结石质地较脆,因此较易用强超声作用将其击碎。击碎后的结石就能自行排出体外,或采用其他药物促进等手段使其加速排出体外。这是一种无创或微创手术,它十分有效避免了传统手术的风险和术后并发症的发生。

图 9.54 是一种体外震波碎石的原理结构。它采用的原理是:电极在水中放电激起强烈的冲击波,经椭球面反射聚焦而将处在焦区的结石击碎。

椭球体有两个焦点:放电的电极对放在距椭球面几厘米处的第一焦点;结石由两台 X 射线机交叉定位(事实上,也可只使用一台 X 射线机分两次照射定位),使结石处在椭球体的第二个焦点上。当电极间加上高达 20kV 的高压脉冲时产生放电。

根据椭球体上任一点到两焦点距离之和是相等的这一数学性质,在第一焦点处放电发射的脉冲声波,经椭球体表面反射后到达第二焦点的声程也应当是相同的,因而脉冲声波就能在第二焦点处会聚,形成强大的脉冲声压,击碎结石。

这种震波碎石装置使用的是电极放电产生的冲击波,冲击波所包含的频率成分极为广阔。对于频率较低的声波成分,椭球体的表面粗糙程度与其波长相比是很小的,因此遵循 Snell 定律,反射声线将不会聚在第二焦点处。对于频率很高的声波成分,虽然由于椭球体表面的漫反射,以及上述声程相等的性质,声波将会聚在第二焦点,但由于频率太高,在水中及组织中衰减太大,到达第二焦点处的声强已极大地减弱。所以,能有效作用于结石上的声波成分大致为几百 kHz 至 1MHz 的频率范围。而其他许多频率成分,特别是低频成分,几乎没有作用到结石上,但却有相当一部分能量作用于正常组织,有可能造成不良影响。

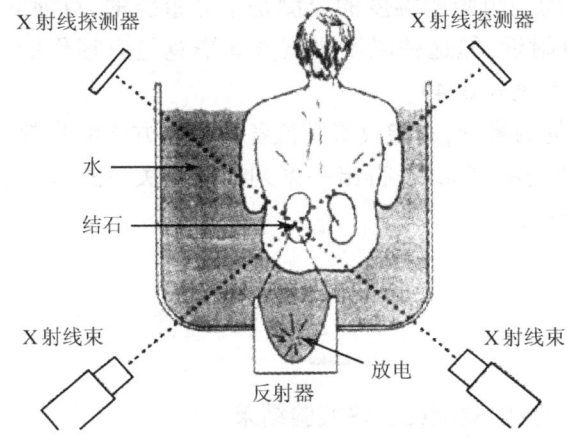

图 9.54 放电型震波碎石

这种装置的缺点是患者需浸在水槽中,造成治疗的不便;此外使用 X 射线监测时间太长对人体有一定的损害。

针对上述缺点,新一代超声碎石机从以下几个方面进行了改进:

(1) 改电极放电型为由几百个压电阵元组成的球面聚焦换能器阵列。这种方式使声波的能量大部分聚焦到结石上,对正常组织损害很小,因此,不仅可用于粉碎肾结石、尿道结石,还可用于膀胱、胆囊等部位结石的粉碎。

(2) 改水槽式为水囊式,这样患者就不需浸在水槽中。

(3) 改 X 射线定位为 B 超定位。

这种改进后的超声碎石装置已越来越广泛地用于临床,它具有安全性高、噪声低、结石粉碎较细的特点。

2. 较软结石粉碎

用上述聚焦声束方式很难将其破碎。当这种软性结石的部位在肾脏、尿道及膀胱等处时可采用一种软性结石超声破碎装置。它的结构原理与图 9.54 很相似,只是在装置手术刀片的尖端部位改装一根类似光导纤维的柔软的细线。这根细线可通过尿道等处,其尖端与结石相接触。换能器的振动通过变幅杆,再通过细线传导到细线尖端,使结石粉碎。当然,这种结石破碎装置同样也能适用于硬性结石。特别是在尿道、膀胱等处的结石,采用这种装置进行破碎,又简便、又安全,碎石率又高。细线的插入可以在 B 超图像的监控下进行。

9.5.5 超声治癌

尽管超声治癌目前还需进行深入的研究,但就已知的结果来说,其疗效仍是显著的。

超声治癌的机制之一是利用超声加热来杀死或抑止癌细胞。超声加热比起微波加热来,其能量要集中得多。我们知道,焦点直径是与波长成反比的,由于电磁波在组织中的传播速度为 3×10^8 m/s,而声波仅为 1.5×10^3 m/s,所以,相同频率的电磁波其波长就要比声波大 10^5 倍以上。因此,即使采用频率为几千兆赫兹的微波,其聚焦程度还远不及一兆赫兹的超声波。而频率这样高的微波在组织中的传播衰减极大,很难到达较深部的癌肿。所以采用超声加热,其优点是显而易见的。癌细胞在遭受强超声辐照一定时间后,其温度将上升。一般认为,43℃是癌细胞的死亡温度。在癌肿部位温度上升时,由于热传导作用,以及正常组织也可能处在焦区范围内的原因,癌肿周围正常组织的温度也将上升。通常,恶性肿瘤内部的血管系统很发达,但它与周围组织间的联系却并不太好。因此,正常组织的温升较易通过血液流动向周围组织扩散,而癌肿部位扩散就较困难。这样,癌肿部位的温升就要比周围正常组织显著,癌细胞的死亡率也要比正常细胞显著地高。当然,在治疗过程中,治疗部位及其周围组织的温度的监测是十分重要的,目前的温度测试大多是将微小的热传感器插入治疗部位附近,但这种温度测试方式毕竟是有损伤的。无损伤的体内温度测试的研究目前正在进行中,(参见 6.6.4)。

超声治癌的另一个机制是超声辐射能促进药物的渗透,并能改善其他各种治癌方法的疗效。在这方面还有许多课题需要深入地研究,要详细地阐明其原因,得出一系列的定量关系式,建立起超声治癌的理论模型,开展离体组织及动物实验等。

9.5.6 超声波的生物效应与作用机制

1. 生物效应

我们按照生物和人体结构的层次分别说明超声生物效应的一些实验结果。

(1) 生物大分子 超声对水溶液中的大分子尤其是 DNA 的作用很明显,其效应主要是导致降解。用频率 0.25~4MHz、强度 1W/cm² 的超声照射,能使 DNA 的双股螺旋断裂,平均分子量

从 10^7 降到 $0.25×10^6$。双股螺旋的断裂首先发生于分子的中间部分,其机制可能是由于超声引起液体的空化作用将螺旋链切断。

(2) 细胞　超声对细胞的作用研究最早是在微生物和其他单细胞的水悬浮液中进行的,观察到的普遍效应是导致细胞膜的破裂,这是后来发展的用超声波破碎细胞技术的基础。超声波在导致孤立细胞发生致命损伤以前,主要是引起细胞膜的损伤,如超声照射后细胞电泳迁移率下降,反映了细胞膜表面净电荷的减少,另外还观测到某些细胞对一些毒性药物的通透性有所增加。引起这些效应的机制可能是超声的空化作用,而空化作用只有在液体中才能发生,所以上述效应在活组织中是否发生有待进一步证实。

对受到超声照射的单细胞进行显微观察,如把海生动物的受精卵放在靠近以 20kHz 频率振动的针尖处,可看到细胞的核质发生声学流动、变形,并在细胞内出现一些碎片。在强度小于 $40mW/cm^2$、频率 1MHz 的超声束照射后,可观察到植物原生质的粘弹性-弹性的改变。

(3) 生物组织　生物组织对超声有相对高的吸收系数和低的热传导率,所以与单细胞悬浮液比较,超声引起的温度上升成为主要问题。组织中温度的升高极易导致其功能的改变,这可能是超声理疗的物理基础。超声入射到软组织和骨的界面时产生的局部热量很重要,这种情况下可能有相当一部分声能以横波形式辐射进入软组织,而软组织对横波的吸收系数比纵波要大得多。

(1) 对血流和血管的作用。用频率 1MHz、强度小于 $0.5W/cm^2$ 的超声照射小血管,可使血流阻断,血细胞聚集在间隔为半波长的带中,看来此效应是由驻波造成的。以较弱的超声照射血管,可引起扩张,以强超声照射血管,则引起血管收缩。用超声直接照射颈部迷走神经,可观察到明显的降压作用。

(2) 对恶性肿瘤的作用。因为人体组织吸收超声能量产生热而引起局部温度升高,故可用超声作为人工加热治疗肿瘤的一种手段。实验表明,高强度的聚焦超声可破坏神经胶质瘤和抑制肿瘤生长。

(3) 对组织再生的作用。有实验报道,超声可以刺激组织的再生。

2. 作用机制

能够引起生物效应的超声作用,可分为热作用、机械作用和化学作用,而空化现象则同时包含了上述三种作用。

(1) 热作用　超声在介质中传播时被吸收的能量可转化为热能。下面讨论介质对超声能量的吸收和转化的分子机制。

1) 弛豫过程对超声能量的吸收。一个介质体系的能量可以以分子的振动、转动、晶格的振动、平动等多种形式存在。当超声通过介质时,可使一种或多种形式的能量增加。例如,在超声的机械作用下,可压缩介质内一个小体积元,使其温度升高,从而使该体积元内的分子平动动能增加。如果不发生任何形式的能量转换,则在压缩变为稀疏期间,分子的平动动能将会还原为波动能量。但是,介质中分子增加的平动能因耦合作用会转变为其他形式的能量,如转变为振动能。这种转变有一个弛豫过程,即分子的平动能和振动能相互转换需要一定的时间,因此,当压缩变为稀疏的半周期中,被还原的声波与原来的声波之间就产生了位相差,并且振幅减小了,一部分超声能量被介质吸收了。

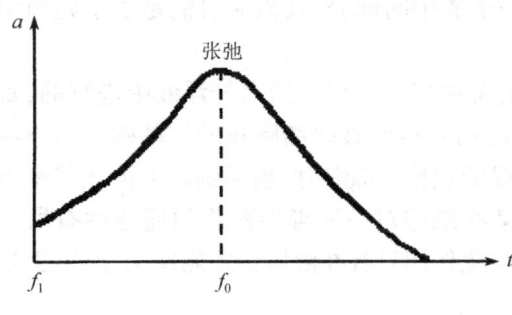

图 9.55 弛豫过程的衰减常数与频率的关系

由于超声传播过程中介质分子能量转换的弛豫现象而发生的能量吸收,与介质本身的特性和超声频率有关。前者因介质的微观结构和物理化学性质的差异,影响平动能和其他形式能量相互转化的弛豫时间及能量分配比例,后者影响两种形式的能量还原为波动能时的位相和幅值。由能量转换的弛豫过程引起的能量衰减常数 a 随频率的变化如图 9.55 所示。

经典的声能吸收理论只考虑了介质的黏滞性和热传导,认为吸收系数与频率平方成正比。但在生物活体中,生物大分子(主要是蛋白质)对超声的吸收占重要地位,其吸收特性与分子内和分子间能量传递和转换的弛豫过程相关,所以生物组织的超声吸收系数与频率表现出较复杂的关系。

2) 超声的热效应。生物组织吸收的超声能量大部分将转化为热能,导致组织的温度升高。在超声频率为数兆赫的中等强度时,热作用占重要地位。在软组织中,被吸收的总能量中有 80% 左右是由于上述的蛋白质分子能量转换弛豫过程而吸收的。超声束对围绕蛋白质分子的水合层的振荡压力作用能引起蛋白质分子的重新排列,并可能导致其分子构象或结构的永久变性。

(2) 超声的机械作用 超声波对介质的机械作用可分为辐射压和声压两种因素引起的,现分述如下。

1) 辐射压强。当超声入射到两种介质的界面时,除反射和透射外,在界面处还产生一个稳定的沿传播方向的静压强,称为辐射压强。就像交流电中有直流成分一样,压强波动中也有定向成分,即辐射压强。辐射压强对生物体可引起两种效应:(a) 骚动效应。当强超声束通过液体时,可看到很强的骚动效应,如水的沸腾现象和喷射现象。这种骚动作用可以使蛋白质变性、细胞变形等。(b) 摩擦现象。辐射压给予溶液中的溶剂和大分子以不同的加速度运动,从而使小分子(如水)和大分子(如蛋白质和核酸)之间发生强烈摩擦,其力量之大可能导致 C=C 键的断裂而使大分子降解。

2) 超声压强。超声在介质中传播时,波线上各处都出现交替的正压和负压,初步计算表明,对中等频率的超声,这种压差可相当于数百 kPa 的压强差。有人用这种压强差解释超声对细胞的分解作用以及细胞内胞质发生的流动作用。

(3) 化学作用 超声有多种化学作用,如增加化学反应速率,促进氧化、分解等。用超声处理能加速氧化作用,特别是对胶体系统的化学键和范德瓦尔斯型的分子键有明显作用。影响超声化学作用有诸多因素:频率、强度、持续时间、温度等。超声的化学作用可认为是二级效应。超声首先引起组织内空化、电现象、升温、压强变化等效应,它们都可以继而引发化学效应。

(4) 空化作用 液体内部一般都含有大量的亚显微气泡,在超声的机械振动作用下,由于气泡周围液体中溶解的气体从气泡析出,这些气泡会逐渐膨大。当气泡增大到和超声波长差不多时,气泡就相当于谐振腔,其谐振振幅可比入射超声的振幅大几个数量级。该系统的谐振频率为:

$$f = \left(\frac{1}{2\pi r_0}\right)\left[3\gamma\left(P_0 + \frac{2\sigma}{r_0}\right)\Big/\rho\right]^{\frac{1}{2}} \tag{9.52}$$

式中，r_0 是气泡半径，γ 是比热比(C_p/C_v)，P_0 是液体静压强，σ 是表面张力系数，ρ 是液体密度。

上述现象称为"稳定空化"。这种在液体内部发生的变化,可以两种方式使生物的结构发生变化。首先,在组织结构之间引起的相对振荡运动,在周围液体中趋向于建立稳定的冲击流,从而在局部产生很高的速度梯度,足以破坏细胞的膜系统和生物大分子。其次,由于剧烈振荡的结果,气体在微气泡中被压缩时,使局部产生极高的温度和压强的突变,从而引起电离作用,以致把具有高度化学活性的自由基群以很高的浓度向周围液体中释放,其效果和电离辐射作用相似。

稳定空化无疑对在培养液中的悬浮细胞起重要作用。产生稳定空化现象需要一定的条件,首先要有一定的超声持续时间,在医用超声仪器中使用几个微秒宽度的脉冲超声源时,不会出现空化现象。其次,随着超声频率的增加引发空化现象需要的超声强度也逐步提高。另外,空化的发生与液体中溶解的气体量有关。所以,空化现象在活体的组织器官中是否存在尚缺乏证据。

存在的另一种空化叫瞬态空化,即在超声交变压强下,液体会突然从"核"中产生空泡,随即崩溃,整个过程经历的时间小于超声的周期。空泡崩溃时可产生几十到几千大气压冲击波,温度高达 10^4 K,可使水分解产生 OH 自由基等。

(5) 超声生物作用规律 目前对超声与生物相互作用规律的认识还很不明确,下面就实验得到的结果作一概括。

超声引起的生物损伤与频率有相反的关系,即频率越低,对生物组织的损伤程度越大。用 5MHz 以上的超声照射生物组织不产生明显的损伤。此外,不同的超声强度引发的生物损伤也不同,如弱超声照射的氧化作用较大。当超声强度增大时,机械作用变强,而氧化作用则减弱。从生物效应后果考虑,引发不同的生物效应需要不同的频率范围和不同的最低强度以及不同的持续时间。表 9.15 给出了连续波引发一些生物效应所需要的超声频率、强度和持续时间条件。

虽然超声的生物效应随作用强度和时间而异,但许多实验表明,即使总能量(单位时间的作用能量与作用时间的乘积)相同;不同类型的超声和不同的照射方式所产生的生物效应并不相同,所以,没有发现超声生物效应的累积效果。

表 9.15 连续波照射获得阳性结果的最低强度

照射强度/(W/cm²)	接通时间/s	频率/MHz	研究结果
0.08	3600	2	染色体变型(人血)
0.02	3600	2	染色体变型(人血)
0.0225	36000	6	染色体变型,人胚胎细胞在子宫照射
0.04	180	1	细胞的固有黏滞弹性变化,Helodea
0.1	600	0.87	生长速度(人细胞)
0.2	60	0.8	染色体变型(蚕豆属)
0.3	30	1	发育异常(蜂蛇属)
0.4	180	1	脱氧核糖核酸退化
0.4	1200	0.8	发育异常(蜂蛇属)
1	36000	2.2	分裂速率,人胎儿成纤维细胞
1.3	3600	1.5	生长速率(蚕豆属)
1.7	30	3	硫酸盐代谢(荷兰猪皮)

续表

照射强度/(W/cm²)	接通时间/s	频率/MHz	研究结果
7	20	3	神经冲动传导
15	10	1	破裂(小鼠白细胞)
20	600	3	永久性变化(内耳)
25	120	3	鱼虫的生存
30	480	1	脱氧核糖核酸退化
35	7.3	1	神经冲动传导
60	30	1	非致热性损害(肝脏)
170	600	1	变形虫(Amoeba)的生存
200	60	0.85	耳蜗毁损
200	120	1	脱氧核糖核酸退化
650	0.5	2.7	脑损害
1000	30	1	永久性变化(肌肉)

9.5.7 超声治疗的安全剂量

综合各种实验结果,总结出的一种超声诊治的安全剂量图,示于图9.56。

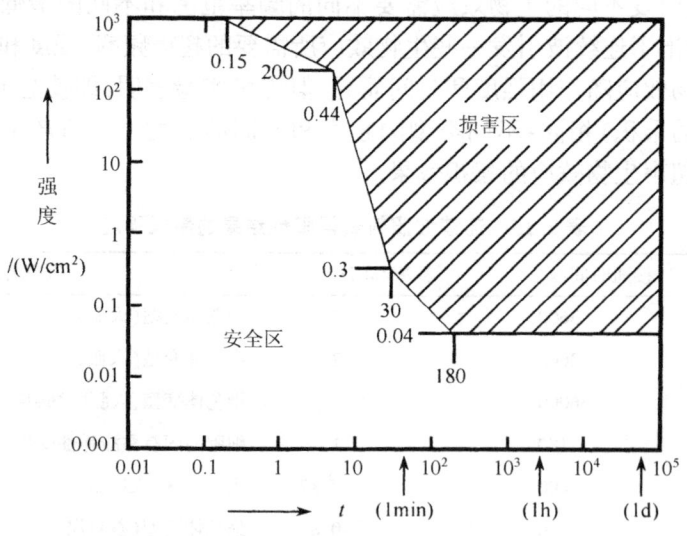

图9.56 超声安全剂量图

由图9.56可见,对人体安全照射的超声剂量(即强度)与照射时间密切关联。如只照射1s,剂量可达500W/cm²,而照射1min时,则安全剂量只有100mW/cm²了。在某一段区域内,安全剂量的强度和时间的乘积基本是一常数。在时间很短时,人体可承受较大的强度,例如,A型超声诊断仪的脉冲超声强度高达2~10W/cm²,但因脉冲宽度只有毫秒级或更短,所以其平均强度只有毫瓦级了。另外,超声的安全剂量应以不同检查对象和部位而异,例如,检查胎儿的安全剂量应控制在 20mW/cm² 和 30min 内,而检查成年人的腹部器官等则可控制在 40mW/cm² 和 60min 内。

习　题

1. 电刺激有哪些类型?刺激幅度和使可兴奋组织达到阈值的脉宽之间有什么关系?
2. 激光是如何产生的?试述几种主流的激光器对生物组织的不同效应?
3. 为什么要用磁控管产生微波?试述磁控管产生微波的过程。
4. 试述微波在医疗中的应用及相应的生物作用机制?
5. 举出超声在医学治疗上一项应用以及相应的生物作用机制?

第十章 医学仪器的认证

我国和世界上许多国家一样都有十分严格健全的医学仪器认证管理体制,有专门的法令条文及相关的审批手续。本章重点介绍针对医学仪器新产品上市前的认证和监管。由于国内外有关法规均针对医疗器械(medical device),而医学仪器隶属于该大类之中,故本章所述有关法规标准均适合于医学仪器。

本章将主要讲述:我国医学仪器的监管和认证;美国医学仪器的监管和 FDA 认证;医学仪器的电器安全评估;医学仪器的生物学安全评估;医学仪器的临床研究管理。

10.1 我国医学仪器的监管和认证

10.1.1 引言

2000 年 1 月 4 日国务院发布第 276 号国务院令,颁布了《医疗器械监督管理条例》,标志着我国医疗器械管理进入了依法行政和依法监管的新阶段。第 276 号令从 2000 年 4 月 1 日起正式实行,共 6 章 48 条,内容包括:总则,医疗器械的管理,医疗器械生产、经营和使用的管理,医疗器械的监督,罚则,附则。

1. 医疗器械的定义

该条例第一章第三条规定:医疗器械,是指单独或者组合使用于人体的仪器、设备、器具、材料或者其他物品,包括所需要的软件;其用于人体体表及体内的作用不是用药理学、免疫学或者代谢的手段获得,但是可能有这些手段参与并起一定的辅助作用;其使用旨在达到下列预期目的:①对疾病的预防、诊断、治疗、监护、缓解;②对损伤或者残疾的诊断、治疗、监护、缓解、补偿;③对解剖或者生理过程的研究、替代、调节;④妊娠控制。

2. 医疗器械分类管理

该条例总则第五条说明了国家对医疗器械实行分类管理。

第一类是指,通过常规管理足以保证其安全性、有效性的医疗器械。

第二类是指,对其安全性、有效性应当加以控制的医疗器械。

第三类是指,植入人体;用于支持、维持生命;对人体具有潜在危险,对其安全性、有效性必须严格控制的医疗器械。

医疗器械分类目录由国务院药品监督管理部门依据医疗器械分类规则,由国务院卫生行政部门制定、调整、公布。

3. 医疗器械新产品

条例第二章第七条,国家鼓励研制医疗器械新产品。医疗器械新产品,是指国内市场尚未出现过的或者安全性、有效性及产品机制未得到国内认可的全新的品种。

第二类、第三类医疗器械新产品的临床试用,应当按照国务院药品监督管理部门的规定,经批准后进行。

完成临床试用并通过国务院药品监督管理部门组织专家评审的医疗器械新产品,由国务院药品监督管理部门批准,并发给新产品证书。

4. 医疗器械产品生产注册制度

第二章第八条,国家对医疗器械实行产品生产注册制度(类似美国的 FDA 认证)。

生产第一类医疗器械,由设区的市级人民政府药品监督管理部门审查批准,并发给产品生产注册证书。

生产第二类医疗器械,由省、自治区、直辖市人民政府药品监督管理部门审查批准,并发给产品生产注册证书。

生产第三类医疗器械,由国务院药品监督管理部门审查批准,并发给产品生产注册证书。

生产第二类、第三类医疗器械,应当通过临床验证。

10.1.2 医疗仪器新产品的审批

为鼓励研制医疗器械新产品,促进我国医疗器械事业健康发展,保障医疗器械新产品的安全、有效,根据国务院《医疗器械监督管理条例》,2000 年 4 月国家药品监督管理局第 17 号令颁布了《医疗器械新产品审批规定》(试行)。现对相关条文作简要介绍:

1. 医疗器械新产品

该规定第二条指出,医疗器械新产品是指:国内市场从未出现过的或者产品安全性、有效性和产品机制未得到国内认可的全新的品种。(注:若非新产品,则可直接进入注册申请程序,详见 10.1.3)

2. 医疗器械新产品审批制度

规定第三条说明了国家对医疗器械新产品实行审批制度。

医疗器械新产品经国家药品监督管理局审查批准,发给医疗器械新产品证书。医疗器械新产品证书不作为产品进入市场的批准文件,需进一步提交注册申请(10.1.3)。规定第八条说明了申请医疗器械新产品证书应当提交的材料(一式两份):

(1) 产品技术报告。应包括本类产品国内外动态分析,产品生物性能、物理性能、化学性能、技术性能和工艺技术要求,以及产品性能指标认定的依据、实验过程及结果。

(2) 产品风险性分析及所采取的防范措施。

(3) 国家级信息或专利检索机构出具的查新报告。

(4) 经国家药品监督管理局认可(对研究开发单位)或所在地省、自治区、直辖市药品监督管理部门认可(对生产单位)的产品质量标准及编制说明。

(5) 产品性能自测报告。

(6) 国家药品监督管理局认可的医疗器械质检机构出具的产品型式试验报告。

(7) 临床试验审批文件。

(8) 两家以上临床试验基地出具的临床试验报告。

(9) 产品使用说明书。

10.1.3 医疗仪器的注册管理

在进入市场之前,医疗器械应当进行注册管理,类似美国的 FDA 认证。根据国务院《医疗器械监督和管理条例》,2000 年 4 月 10 日由国家药品监督管理局颁布了第 16 号令《医疗器械注册管理办法》。现对相关条文作简要介绍(境外企业产品注册管理略):

1. 医疗器械产品分类注册

管理办法第三条规定,国家对医疗器械产品实行分类注册。

境内企业生产的第一类医疗器械由市药品监督管理部门审查,批准后发给产品注册证书。

境内企业生产的第二类医疗器械由省级药品监督管理部门审查,批准后发给产品注册证书。

境内企业生产的第三类医疗器械由国家药品监督管理局审查,批准后发给产品注册证书。

境内企业生产的医疗器械系指最终生产程度在中国境内完成的产品。

2. 第一类医疗器械注册

管理办法第五条规定,境内企业生产的第一类医疗器械办理注册,应提交如下材料:

(1) 医疗器械生产企业资格证明。

(2) 注册产品标准及编制说明。

(3) 产品全性能自测报告。

(4) 企业产品生产现有资源条件及质量管理能力(含检测手段)的说明。

(5) 产品使用说明书。

(6) 所提交材料真实性的自我保证声明。

3. 第二、三类医疗器械试产注册

办法第六条规定,境内企业生产的第二类、第三类医疗器械的试产注册应提交如下材料:

(1) 医疗器械生产企业资格证明。

(2) 产品技术报告。

(3) 安全风险分析报告。

(4) 注册产品标准及编制说明。

(5) 产品性能自测报告。

(6) 国家药品监督管理局认可的医疗器械质量检测机构近一年内(生物材料为临床试验前半年内)出具的产品试产注册型式检测报告。

(7) 两家以上临床试验基地的临床试验报告。报告提供方式执行《医疗器械注册临床试报告分项规定》,临床试验执行《医疗器械产品临床试验管理办法》。

(8) 产品使用说明书。

(9) 所提交材料真实性的自我保证声明。

4. 境内企业生产第二、三类医疗器械的准产注册

办法第七条规定,境内企业生产的第二类、第三类医疗器械的准产注册应提交如下材料:

(1) 医疗器械生产企业资格证明。

(2) 试产注册证复印件。

(3) 注册产品标准。

(4) 试产期间产品完善报告。

(5) 企业质量体系考核(认证)的有效证明文件。

(6) 国家药品监督管理局认可的医疗器械质量检测机构近一年内出具的产品准产注册型式检测报告。

(7) 产品质量跟踪报告。

(8) 所提交材料真实性的自我保证声明。

5. 准产注册的重新申请

管理办法第八条规定,准产注册证有效期满前6个月应当申请重新注册。

(1) 第一类医疗器械重新注册时,应提交如下材料:

1) 医疗器械生产企业资格证明。

2) 原准产注册证复印件。

3) 注册产品标准。

4) 产品质量跟踪报告。

5) 所提交材料真实性的自我保证声明。

(2) 第二类、第三类医疗器械重新注册时,应提交如下材料:

1) 医疗器械生产企业资格证明。

2) 原准产注册证复印件。

3) 国家药品监督管理局认可的医疗器械质量检测机构近一年内出具的产品注册型式检测报告。

4) 企业质量体系考核(认证)的有效证明文件。

5) 注册产品标准及编制说明。

6) 产品质量跟踪报告。

7) 所提交材料真实性的自我保证声明。

10.2 美国医学仪器的监管和FDA认证

由于美国最早立法管理医疗器械,其创立的分类管理办法已被普遍接受,因此美国管理医疗器械的法规和模式在国际上有很大的影响力。现将其管理概况介绍如下。

10.2.1 医疗器械管理机构及职责

从总体上,美国商务部(Department of Commerce)、美国食品药物管理局(Food and Drug Administration,FDA)和美国医疗卫生工业制造商协会(HIMA)在各自的职能范围内工作、互相配合、共同促进医疗器械工业的发展。

商务部(相当于我国经贸委和外经委部分职能)执行国家的宏观经济政策、对医疗器械企业的国内贸易和国际贸易活动进行指导或提供方便。

美国食品药物管理局对药品、食品、化妆品、医疗器械、兽药等特殊产品进行监督管理;保障公民身体健康。FDA下设有若干部门,其中器械和放射卫生中心(Center for Device and Radiological Health,CDRH)负责医疗器械的监督管理。

CDRH的主要职责(图10.1)是:医疗器械的注册、评价、审批和上市后监督,对企业的质量体系执行情况进行检查,医疗器械的咨询服务,制定有关法规和审批指南,进行国际间标准和法规的协调。

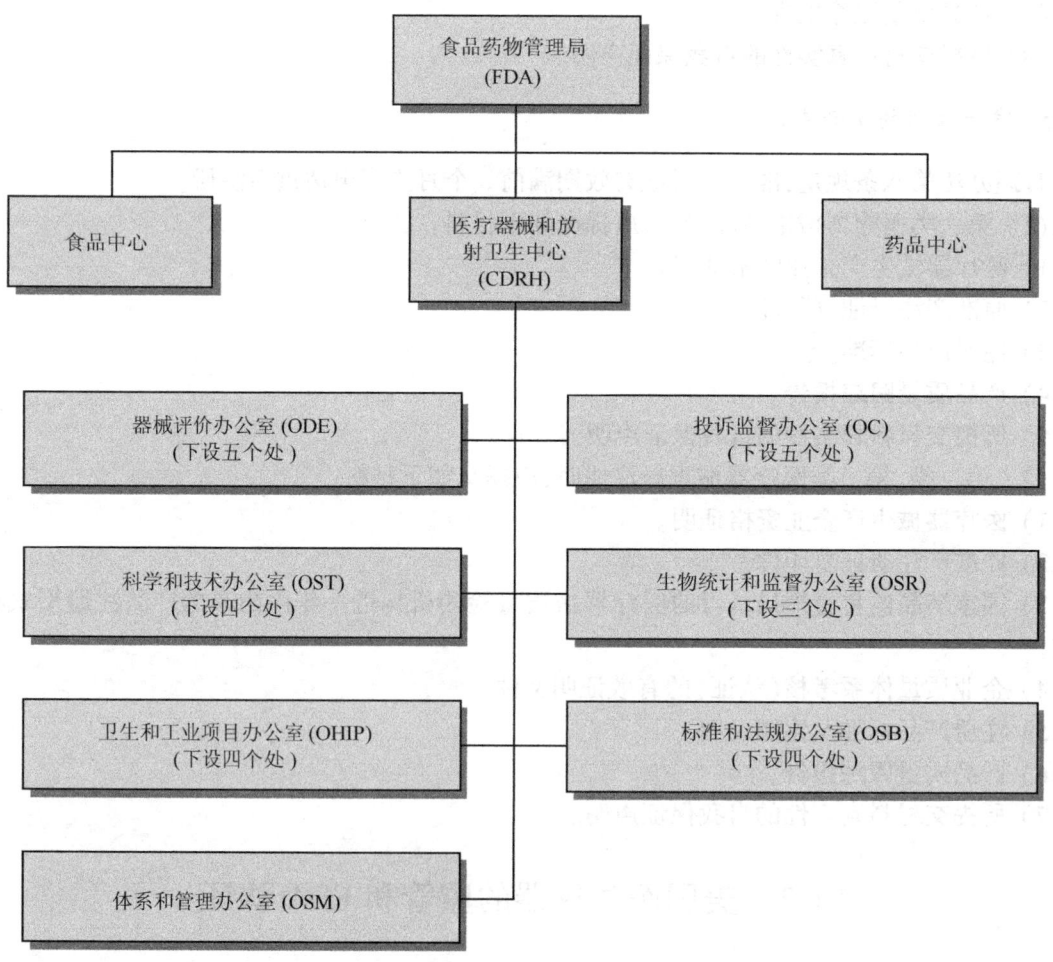

图10.1 FDA下设CDRH的有关机构

10.2.2 医疗器械管理法规

1976年5月28日美国国会正式通过了《食品、药品和化妆品法》修正案,加强了对医疗器械进行监督和管理的法规,并确立了对医疗器械实行分类管理的办法。这是国际上第一个立法,并由政府行政部门对医疗器械进行监督管理,促使工业界生产出安全有效、高质量的医疗器械。

1990年美国国会通过,并由总统签发了《医疗器械安全法》(SMPA)。该法在修正案基础上又增加了许多内容,主要有:

(1) 使用者必须报告医疗器械不良事件,例如因器械原因而死亡的事件,必须在5天之内向FDA报告。

(2) 医疗器械销售者也要报告不良事件和保存记录。

(3) 对植入体内或危险性大的医疗器械提出了跟踪随访要求。

(4) 增加生产厂家报送资料的内容,例如生产场地迁移和改进工艺。

(5) 民事处罚条款,例如授予FDA有最高达一百万美元的处罚权。

(6) 在质量体系规范中增加产品设计要求。

(7) 明确医疗器械、药品和生物制品之间相互结合的产品的要求。

(8) 重新明确电子产品的放射卫生要求。

1. 医疗器械的分类和上市前管理

FDA分类专家委员会根据管理程度把医疗器械分成3类进行上市前的管理,并在"联邦注册者"刊物上公布。目前绝大多数医疗器械产品已被分类。

Ⅰ类为"普通管理"产品,是指危险小或无危险性的产品,例如医用手套、手动手术器械、温度计等。这类产品约占30%。对其管理包括:禁止伪劣品及标记不当的产品出售;在说明书中要说明该产品的适用症、效果、注意事项及可能的并发症;遵守质量体系管理。要求生产厂商填交FDA2891表格后,产品就可上市。

Ⅱ类为"执行标准管理"产品,是指具有一定危害性的产品,例如心电图仪、超声诊断仪、输血输液器具、呼吸器等。这类产品约占62%。对其管理是在"普通管理"上,还要通过实施标准管理,以保证产品的质量和安全有效性。FDA对这类产品实行上市前注册(510K)(premarket notification, 510K),要求生产厂商在上市前90天向FDA申请。FDA审查该产品是否与上市产品相同及相关资料。通过510K审查后,产品才可在市场上销售。

Ⅲ类为"上市前批准管理"产品,是指具有很大危险性或危害性产品,或是支持或维护生命的产品。例如人工心脏瓣膜、心脏起搏器、人工晶体、人工血管等。这类产品约占8%。FDA对这类产品实行上市前批准制度(premarket aproval, PMA)。生产厂商在产品上市前必须向FDA提交PMA申请书及相关资料,证明产品质量符合要求,并在临床使用中是安全有效的。FDA在收到PMA申请后45天内通知厂家是否立案审查,并在180天内对其做出是否批准的决定(不包括厂家重新补充资料的时间)。

在上市前管理中,有些医疗器械申请时必须要有临床研究报告,同时FDA要对医疗器械企业进行良好生产规范(good manufacturing practices, GMP)检查。

2. 关于研究器械的豁免(IDE)

在临床研究方面,有近20%的Ⅱ类产品在申请510K和全部Ⅲ类产品在申请PMA时,都必须要提交临床研究报告。

要进行临床研究,必须按IDE(investigational device exemption)向FDA申请,提交临床研究计划,其内容包括:

(1) 器械名称及用途。
(2) 研究项目和持续时间。
(3) 描述使用方法的研究计划和有科学根据的分析报告。
(4) 风险分析:描述研究计划的全部最大风险,如何降低风险及研究的辩护。
(5) 患者的概述:人数、年龄、性别、医疗状况。
(6) 器械描述:主要部件、配件、性能、器械操作原理、在临床研究中器械可能的预期变化。
(7) 监控临床研究的过程及每个监督员的姓名及地址。
(8) 器械标签复印件。
(9) 在研究项目中全部配方和材料的复印件。
(10) IRB(Institutional Review Board,审查学术委员会)资料:IRB所有成员姓名、地址和负责人,以及IRB对研究的审查结果和证明材料。
(11) FDA要求的其他附加记录和报告。
(12) 在FDA批准IDE申请后,才能进行临床研究。在临床研究期间,FDA有权检查和审计临床研究单位和计划实施情况。

3. 关于良好的生产规范(GMP)

1976年的修正案中的第520F节授权FDA颁布细则,要求在医疗器械的制造、包装、储存和安装过程中使用的文献、工具和控制与良好生产规范(good manufacturing practices,GMP)一致。医疗器械企业都要实行GMP规范在FDA对企业检查符合GMP要求后,才能通过PMA审查。FDA在1987年公布了医疗器械规范,随后也进行了不断修改和完善。在1997年公布了新的GMP规范,并改名为质量体系规范,该GMP规范与国际标准化组织(ISO)的9001标准将相互更加接近。

质量体系规范主要包括:

(1) 总则:术语定义、质量项目评价要求。
(2) 组织和人员。
(3) 厂房:总体要求,生产环境卫生和清洁度要求。
(4) 设备:控制生产和产品检测中所用设备的要求,所用测量设备的要求并建立校正、标准和记录。
(5) 原材料、包装和标签材料的管理。
(6) 生产和工艺程序控制:生产设计的检查,生产过程要求控制的变化,生产过程要求,背离控制的情况,生产过程变化导致产品是否符合标准的控制,器械或组成再生产过程控制。
(7) 包装和标签控制。

(8) 分发和装配要求。
(9) 器械评价：最后成品检查要求，不合要求产品的研究。
(10) 记录：总体要求、原材料、生产过程、包装、标签、入库、检测等记录和要求。

10.2.3 FDA 的审批流程

图 10.2 示出了 FDA 对每一医疗器械投放市场前所涉及的各个阶段的审批流程图。第一个决策点(Ⅰ)确定器械是不是用于人类的，如果是，那么制造商必须申请投放市场前的通知单 510(K)，下一个决策(Ⅱ)确定器械与现有的、已经批准的器械实质上是否等效，如果是，则产品可以投放市场而无需进一步的测试。

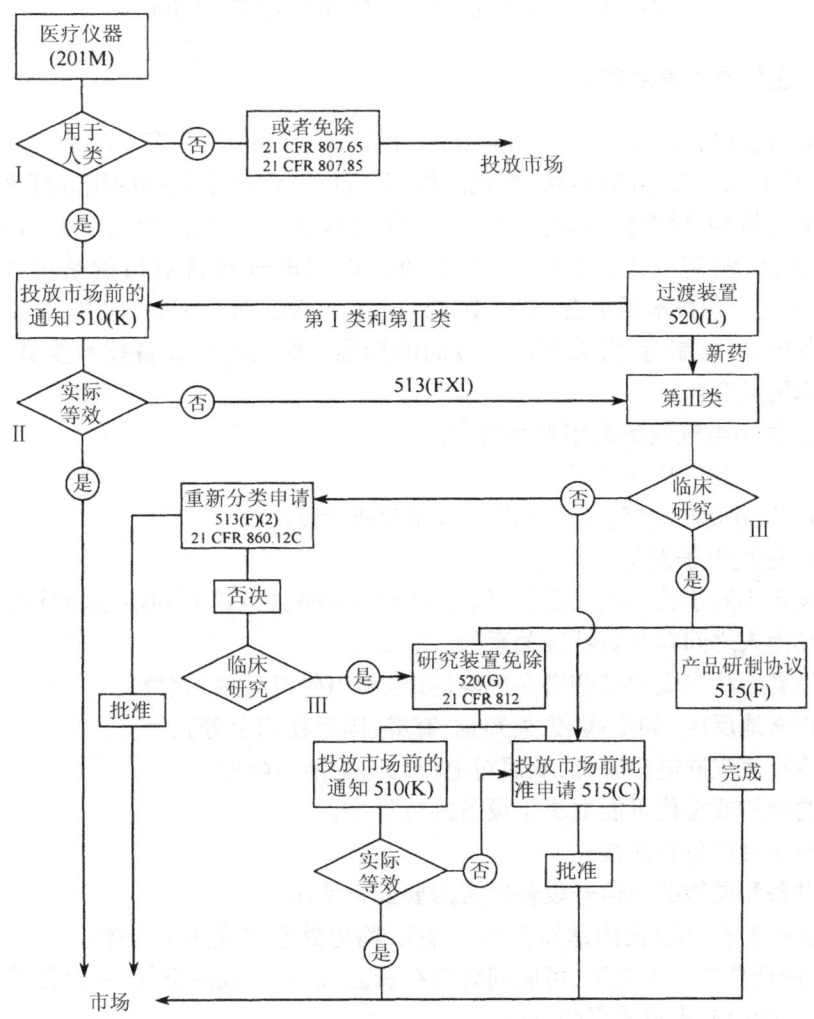

图 10.2 医疗装置投放市场前所涉及的各个阶段的流程图(FDA)

通常，可以由制造商和 FDA 之间的讨论过程完成新产品的分类。经过慎重考虑后，如果 FDA 认为产品与 1976 年 5 月 28 日修正案颁布前的器械不等效，并且需要进行临床试验来测试器械的安全性和有效性，那么该器械就被归入第Ⅲ类（也可进一步向 FDA 申请分类）。研究器械豁免（investigational device exemption, IDE）是 520(g) 允许制造商在特定的控制条件下临床测试器械，是对于产品研制协议的规范。515(f) 是这样设计的，即制造商在设计和制造过程中就完成 FDA 所需的所有测试，这样，产品一旦完成，它就可以立即投放市场而不会被耽搁。

在临床测试的最后，制造商可以申请在投放市场前批准 515(c)，如果批准的话，他就可以将器械投放市场；他也可以提出投放市场前的通知 510(k)，主要目的是证明该医疗器械能分到与现有的、已经批准投放市场的医疗器械相同的类中，如果批准的话，制造商就可将医疗器械投放市场；如果遭到拒绝，他还可以申请投放市场前的批准 515(c)。

10.3 医学仪器的电器安全评估

10.3.1 国际安全标准的发展简况

国际电工委员会（International Electrotechnical Commission, IEC）于 1906 年 10 月在英国伦敦正式成立，是世界上成立最早的国际标准化团体，负责电气和电子领域的国际标准化。IEC 是制订 IEC 标准草案的机构，设有技术委员会（TC）、分技术委员会（SC）和工作组（WG）。IEC 现有 90 多个技术委员会，制定电工、电子方面的标准。医用电气设备对口的是第 62 技术委员会（TC62）。医用电气设备技术委员会（IEC/TC62）成立于 1968 年，主要负责制定各类医用电气设备以及相关设备的设计、制造、安装和使用方面的标准。医用电气设备技术委员会（IEC/TC62）下设四个分技术委员会：

IEC/TC62A 医用电气设备通用方面内容；
IEC/TC62B 医用诊断成像设备；
IEC/TC62C 医用放射治疗、核医学设备和辐射剂量设备；
IEC/TC62D 医用电子设备。

医用电气设备不同于其他电气设备，他是对人体疾病进行诊断和治疗的特殊产品，与患者、操作者及周围其他人之间存在着特殊关系如：

患者或操作者不能察觉的某些潜在危险（如电离辐射或高频辐射）；
患者不能正常地反应（如生病、失去知觉、麻醉、固定在床上等）；
因刺穿或治疗使皮肤电阻降低，从而对电流的防护能力降低；
生命功能的维持或替代可能取决于设备的可靠性；
患者同时与多台设备相连接；
大功率的设备和灵敏的小信号设备经常需要配合使用；
通过与皮肤接触和（或）向内部器官插入探头，将电路直接应用于人体；
环境条件，特别是在手术室里，可能同时存在着湿气、水分或由空气、一氧化碳与麻醉或清洁剂组合的混合气，会引起火灾或爆炸危险。

由于上述这些特殊关系的存在，医用电气设备在医疗单位的使用中，可能会有意或无意地对患者、使用者或设备所在的周围环境造成许多潜在的危险，这些潜在的危险主要表现在下列一些方面：

设备在正常使用和发生故障时，会向患者或使用者身上传递能量，这些能量可以是电能（包括电磁辐射和加速的原子粒子)、机械能、热能或化学能等；

维持生命的设备(例如抢救用的呼吸机、心内直视手术用的体外循环人工心肺机)在运行中的失灵；

在进行不能重复的检查或治疗时设备失灵,使检查或治疗中断；

由于使用者的素质关系,在操作设备时可能存在人为差错(一般来说,设备的操作人员都具有医疗应用技能,但他们不一定是工程技术人员)。

因此,必须有一份通用标准来规范医用电气设备,为确保安全而要遵守的基本要求。IEC513《医用电气设备安全准则的基本方面》对医用电气设备安全准则提出了基本的要求。IEC/TC62A在1973年马里兰州罗克维尔会议上和1975年苏黎世会议上对IEC/TC62拟定的"医用电气设备的安全第一部分:通用要求"草案进行了讨论。作为两次会议的结果,草拟以62A(中央办公室)8号文件的形式于1976年10月提交各国家委员会按六月法通过,即著名的IEC601-19(1977)《医用电气设备的安全 第一部分:通用要求》,1984年12月出版了IEC601-1(1977)的第一号修订。安全标准主要来自于实践,随着技术的发展,就不断地有新的要求出现,测量方法也在不断地完善。特别是医用电气设备随着现代医学研究和工程技术的发展,结构日趋复杂,对安全性能的研究受到了广泛的关注。1988年IEC/TC62A又在1977年的第一版及其第一号修订文件的基础上出版了IEC601-1的第二版,即IEC601-1(1988)《医用电气设备 第一部分:安全通用要求》。1991年11月对第二版发布了第一号修订,1995年对第二版又发布了第二号修订。目前,IEC/TC62A正在进行第三版的制订工作,计划在2005年完成。

IEC还陆续出版了一系列的专用安全要求,目前正式出版的IEC601-2-X系列已有40个标准。

除了安全专用要求的标准外,IEC/TC62还制定了一些与医用电气设备安全相关的并列标准：

(1) 60601-1-1(1992) Part 1: General requirements for safety

1. Collateral standard: Safety requirements for medical electrical systems Amendment 1 (1995)

第1部分:安全通用要求

1. 并列标准:医用电气系统的安全要求

第一次修订(1995)

(2) 60601-1-2(1993) Part 1: General requirements for safety

2. Collateral standard: Electromagnetic compatibility Requirements and tests

第1部分:安全通用要求

2. 并列标准:电磁兼容性技术要求和试验

(3) 60601-1-3(1994) Part 1: General requirements for safety

3. Collateral standard: General requirements for radiation protection in diagnostic X-ray equipment

第1部分:安全通用要求

3. 并列标准:对于X-射线诊断设备的辐射防护的一般要求

(4) 60601-1-4(1996) Part 1: General requirements for safety

4. Collateral Standard: Programmable electrical medical systems

第 1 部分:安全通用要求

4. 并列标准:程序可控的医用电气系统

10.3.2　国内安全标准的发展简况

我国在 20 世纪 70 年代初,已对一些重要的电气设备得出了一些最基本的安全参数,如绝缘电阻、泄漏电流、电介质强度等。

1979 年我国首次派员参加了在巴黎召开的 IEC/TC62 年会,获取了大量有关医用电气设备方面的国际标准,开始认识到医用电气设备的安全是受到国际有关机构重视的项目。

1980 年经当时的国家标准局批准,成立了全国医用电器标准化技术委员会,开始着手转化 IEC 国际标准,制订我国自己的医用电气设备的通用安全要求。

1982 年 6 月,经主管单位的翻译和部分验证,编辑了《医用电气设备的安全通用要求》译文集,并由技术标准出版社正式出版发行,受到了全国医电行业的重视和欢迎。

1983 年,全国医用电器标准化技术委员会根据原国家医药管理局的计划制订了 WS2-295《医用电气设备安全要求》部颁标准,这是一份参照采用 IEC601-1(1977)制订的标准。WS2-295 的颁布实施使我国对医用电气设备的电、安全要求向国际标准靠拢了一步。WS2-295 发布后,医电行业在原国家医药管理局的指导下,进一步组织对 IEC601-1 的试验验证,为等同采用 IEC601-1 作技术准备。验证结果表明 IEC601 的要求基本上都是必要的和可行的。为进一步提高我国医电设备的安全质量水平,1986 年正式开始由上海医疗器械研究所制订 GB9706.1-88《医用电气设备第一部分:安全通用要求》国标。1988 年 GB9706.1-88 国标正式发布,该标准等效采用了 IEC601-1(1977)及其第一号修订(1984 年 12 月)中所规定的内容。GB 9706.1-88 发布与实施使我国医电产品的安全登上了一个新台阶。然而 IEC/TC62 对医用电气设备安全的研究在不断地进行,而且速度越来越快。1988 年出版了 IEC601-1(1988)第二版,之后又对第二版作了修改。为跟上国际安全标准的步伐,原国家医药管理局于 1994 年下达了国药质字(94)第 72 号《关于下达 1994 年制、修订医药标准项目计划的通知》,以项目编号 94-1 正式下达给上海医疗器械质检中心负责起草。GB9706.1-1995 于 1995 年 12 月 21 日发布,1996 年 12 月 1 日实施。该标准等同采用了 IEC601-1(1988)《医用电气设备 第一部分:安全通用要求》(第二版)及其第一号修订(1991-11)。该标准的发布执行,为患者提供了安全使用医用电气设备的有利保障。

10.3.3　我国医用电气设备安全标准

我国全面采用和贯彻 GB9706.1-1995《医用电气设备 第一部分:安全通用要求》,等同采用 IEC601-1 第二版(1988)及其第一号修订文件。

医用电气设备的安全是总体安全(包括设备安全、医疗机构的医用房间内的设施安全和使用安全)的一个部分。该标准是对在医疗监视下的患者进行诊断、治疗或监护,与患者有身体的或电气的接触,和(或)向患者传送或从患者取得能量,和(或)检测这些所传送或取得的能量的医用电气设备提出了安全要求。标准要求设备在运输、储存、安装、正常使用和制造厂的说明保养设备时、在正常状态下、单一故障状态下时都必须是安全的,不会引起同预期应用目的不相关的安全方面的危险。对于生命维持设备以及中断检查或治疗会对患者造成安全方面危险的设备,其运行可靠性、用来防止人为差错的必要结构和布置,都作为一种安全因素在本标准中作出了规定。

该标准共分 10 篇、59 个章节及 10 个附录。其中附录 A 和附录 F 是标准的提示附录,仅仅是给出了一些附加的信息,不能作为试验项目。标准分别对医用电气设备的环境条件作了规定：对电击危险、机械危险、不需要的或过量的辐射等危险提出了要求；对工作数据的准确性和危险输出的防止、不正常的运行、故障状态以及有关医用电气设备安全的电气和机械结构的细节都作了规定和要求。以下介绍该标准对医用电气设备按电击防护的安全分类。其他内容限于篇幅不在这里介绍。对于设备的科学分类是采用不同安全检验指标的前提,这是每一个设计者务必首先弄清楚的,故这里特别提出介绍。

1. Ⅰ类设备和Ⅱ类设备和内部电源设备

(1) Ⅰ类设备 对电击的防护不仅依靠基本绝缘,而且还有附加安全保护措施,把设备与供电装置中固定布线的保护接地导线连接起来,使可触及的金属部件即使在基本绝缘失效时也不会带电的设备。

具有基本绝缘和接地保护线是Ⅰ类设备的基本条件,也就是说,Ⅰ类设备除了对电击防护具有基本绝缘外,还必须将设备中可触及的金属部件与固定布线的保护接地导线连接起来。但在为了实现设备功能必须接触电路导电部件的情况下,Ⅰ类设备可以具有双重绝缘或加强绝缘的部件(这些部件可以不进行保护接地)、有安全特低电压运行的部件(这些部件不需要保护接地)或有保护阻抗来防护的可触及部件。如果只用基本绝缘实现对网电源部分与规定用外接直流电源(用于救护车上)的设备的可触及金属部分之间的隔离,则必须提供独立的保护接地导线。

(2) Ⅱ类设备 对电击的防护不依靠基本绝缘,而且还有如双重绝缘或加强绝缘那样的附加安全保护措施,但没有保护接地措施,也不依赖于安装条件的设备。Ⅱ类设备一般采用全部绝缘的外壳,也可以采用有金属的外壳。

采用全部绝缘的外壳的设备,是有一个基本连续的坚固的并把所有导电部件封闭起来的绝缘外壳,但一些小部件(如铭牌、螺钉及铆钉)除外,这些小部件至少用相当于加强绝缘的绝缘与带电部件隔离。

带有金属外壳的设备是有一个用金属制成的基本连续的封闭外壳,其内部全部采用双重绝缘和加强绝缘,或整个网电源部分采用双重绝缘(除因采用双重绝缘显然行不通而采用强绝缘外)。

Ⅱ类设备也可因功能的需要备有功能接地端子或功能接地导线。以供患者电路或屏蔽系统接地用,但功能接地端子不得用作保护接地,且要有标记,以区别保护接地端子,在随机文件中也必须加以说明。功能接地导线只能作内部屏蔽的功能接地,且必须是绿/黄色的。

(3) 内部电源设备 能以内部电源进行运行的设备。内部电源一般具有两种情况：

1) 具有和电网电源相连装置的内部电源设备。这种设备必须为双重分类,如Ⅰ类内部电源、Ⅱ类内部电源设备)。

2) 内部电源设备当与电网电源相连接时,必须符合Ⅰ类设备或Ⅱ类要求。当其未与电网电源相连时,必须符合内部电源设备的要求。例如,有的设备使用电池就可以工作,但在设备上还有一个输入插孔,用来与电源变换器(这种电源变换器可单独配置)连接。通过这种连接,设备就可以使用电网电源进行工作,因此,还必须符合Ⅰ类或Ⅱ类设备的要求。

2. B 型设备、BF 型设备和 CF 型设备

由于医用电气设备使用场合不同,对设备的电击防护要求的宽严程度也不同。这是因为电流对人体的伤害程度与通过人体电流的大小、持续时间、通过人体的途径、电流的种类以及人体状态等多种因素有关。医用电气设备同患者有着各种各样的接触部位,有与体表接触和体内接触,甚至也有直接与心脏接触。例如各种理疗仪器大多同患者的体表接触。各种手术设备(电刀、妇科灼伤器)要同患者体内接触。而心脏起搏器、心导管插入装置则要直接与心脏接触,这样就把医用电气设备分成各种型式,按其使用的场合不同,规定不同的对电击防护的程度,在标准中划分为 B 型、BF 型、CF 型。

(1) 定义 B 型设备:对电击有特定防护程度设备,特别要注意允许漏电流,保护接地连接(若有)的可靠性。

BF 型设备:有 F 型[①]应用部分的 B 型设备。在允许漏电流规定值方面增加了对应用部分加电压的电流测量。

CF 型设备:对电击的防护程度特别是在允许漏电流值方面高于 BF 型设备,并具有 F 型应用部分的设备。

(2) 应用 B 型、BF 型设备适宜应用于患者体外或体内,不包括直接用于心脏。

B 型设备可以是无应用部分的设备,也可以是有应用部分的设备,一般该应用部分与患者无导电连接。B 型设备不能直接用于心脏。

BF 型设备上有应用部分的设备,一般该应用部分与患者有导电连接。BF 型设备不能直接用于心脏。

CF 型设备主要是直接用于心脏。

例如,普通心电诊断仪可定义为Ⅱ类、BF 型设备。

10.4 医学仪器的生物安全评估

10.4.1 ISO 提出的生物学评价试验

1992 年国际标准化组织(ISO)1994 技术委员会经过 2 年的努力提出了完善的医疗器械生物学评价试验指南。1997 年对此标准作了修改,将题目"生物学评价试验选择指南"改为"生物学评价与试验",在医疗器械分类方面作了进一步调整,分成三大类八个亚类。详细分类及其生物学评价见表 10.1。

10.4.2 我国卫生部提出的生物学评价试验

我国学者在 ISO 标准基础上,同时吸收美国和日本的标准试验和根据我国具体实际情况,于 1994 年提出了卫生部的生物材料和医疗器材生物学评价试验标准(表 10.2)。该标准内容基本

---

① F 型隔离(浮地)应用部分:是同设备其他各部分相隔离的应用部分(如电极),应达到以 1:1 倍最高额定电网电压加在该应用部分和地之间时仍不会超过单一故障状态容许患者漏电流值的隔离程度。

与 ISO 标准相同，其不同点是：

表 10.1　医疗器械生物学评价试验选择指南（ISO 标准，1997）

接触部位	器械分类	A：一时接触（≤24h） B：短、中期接触（>24h～30 日） C：长期接触（>30 日）	基本评价的生物学评价试验								补充评价的生物学评价试验			
			细胞毒性	致敏	刺激或皮内反应	全身急性毒性	亚慢性亚急性毒性	遗传毒性	植入	血液相容性	慢性毒性	致癌性	生殖与发育毒性	生物降解
表面接触	皮肤	A	×	×	×									
		B	×	×	×									
		C	×	×	×									
	黏膜	A	×	×	×									
		B	×	×	×									
		C	×	×	×	×	×							
	损伤表面	A	×	×	×									
		B	×	×	×									
		C	×	×	×	×	×							
由体外与体内接触	血路间接	A	×	×	×	×				×				
		B	×	×	×	×			×	×				
		C	×	×	×	×	×	×	×	×				
	组织/骨/牙	A	×	×	×									
		B	×	×	×		×	×						
		C	×	×			×	×				×		
	循环血液	A	×	×	×	×				×				
		B	×	×	×	×	×		×	×				
		C	×	×	×	×	×	×	×	×	×			
体内植入	组织/骨	A	×	×	×									
		B	×	×	×		×	×						
		C	×	×			×	×				×	×	
	血液	A	×	×	×	×	×	×	×	×				
		B	×	×	×	×	×	×	×	×				
		C	×	×	×	×	×	×	×	×	×	×		

（1）与美国和日本标准相同，将热原试验列为基本评价的生物学试验。

（2）吸收美国标准的优点，根据国内多家实验室近十年的试验，认为溶血试验除了作为血液相容性评价的一个试验外，还可作为急性毒性的一个体外粗筛试验，对于材料的初评很有作用，因此将其从血液相容性试验中独立提出作为一个基本评价的生物学试验。

表10.2 生物材料和医疗器材生物学评价试验(1997)

生物材料和医疗器械分类		接触时间	基本评价的生物学评价试验									补充评价的生物学评价试验				
	接触部位	A：一时接触(24h之内) B：短、中期接触(1~30天) C：长期接触(≥30日)	细胞毒性试验	致敏试验	刺激试验	急性毒性试验	溶血试验	热原试验	遗传毒性试验	植入试验	血液相容性试验	亚慢性毒性试验	慢性毒性试验	致癌试验	生殖和发育毒性	体内降解试验
表面接触	皮肤	A	×	×	×											
		B	×	×	×											
		C	×	×	×											
	黏膜	A	×	×	×											
		B	×	×	×	×										
		C	×	×	×	×		×	×		×					
	损伤表面	A	×	×	×											
		B	×	×	×	×		×								
		C	×	×	×			×	×		×					
由体外与体内接触	血路间接	A	×	×	×	×	×									
		B	×	×	×	×	×	×								
		C	×	×	×	×	×	×	×		×	×	×	×	×	
	组织/骨/牙	A	×	×	×											
		B	×	×						×	×						
		C	×	×				×	×	×				×			
	循环血液	A	×	×	×	×	×	×			×					
		B	×	×	×	×	×	×			×					
		C	×	×	×	×	×	×	×	×	×					×
体内植入	组织/骨	A	×	×	×											
		B	×	×						×	×						
		C	×	×				×	×	×				×	×		
	血液	A	×	×	×	×	×	×		×	×					
		B	×	×	×	×	×	×	×	×	×					
		C	×	×	×	×	×	×	×	×	×	×	×	×	×	×

（3）考虑到亚急性(亚慢性)毒性试验还未形成标准方法,在国内实施起来较困难,同时考虑到美国 ASTM 标准并未将亚急性(亚慢性)全身毒性试验列入生物学评价试验,因此将此试验改列在补充评价栏内。

国家标准 GB/T16886-1 等同采用 ISO10993-1 标准,其生物学评价和试验详见表 10.2。

10.5 医学仪器的临床研究管理

10.5.1 我国的临床研究标准

我国制定的标准是:"医疗器械临床调查"(YY/T0297-1997.1998 年 1 月开始实施)等同于国际 ISO14155—1996。而我国进一步制定的医疗器械研究管理的政府法规尚处在送审过程中。在 ISO14155—1996 的标准的"引用标准"中提到了世界医学协会赫尔辛基宣言,即"医生进行包括人体对象在内的生物医学研究指南。"强调了临床研究应遵循的道德观念,如被试群体的知情同意规定等。

10.5.2 美国的临床研究法规

美国是国际上最早对医疗器械临床研究进行规范化的国家。美国食品、药品和化妆品法520(g)条和医疗器械安全法都有"研究器械豁免"(Investigational Device Exemption,IDE)法规,对医疗器械临床研究提出了要求。IDE 是为了促进发现和发展新的医疗器械,它涵盖了进行医疗器械临床研究(Clinical Investigation or Clinical Trial)的规定。美国食品药物管理局(FDA)对医疗器械进行上市前审批(Pre-Market Approval Application,PMA)和 510(K),510(K)是 FDA 规定的(Pre-Market Notification Process),在审查过程中一个重要环节是 IDE 要求。实际上 IDE 是通过实施临床研究以获得产品的安全和有效性的资料。由于 IDE 需要较长的观察时间,从而使产品的审批要延长半年、一年或更长时间。

在 IDE 法规中对临床研究进行了规范,明确了那些医疗器械需要进行临床研究,以及如何进行临床研究。在 IDE 法规要求下,制定了良好临床研究规范(Good Clinical Practice,GCP),解决了如何进行临床研究。美国、欧共体和日本制定的 GCP 基本相同,IDE 法规作了以下规定:对有重大风险的医疗器械和无重大风险的医疗器械的临床研究分别提出了要求;如何完成 IDE 申请;保护受试者的权益,要建立道德委员会(Ethics Committees,EC)或学术审查委员会(Institutional Review Boards,IRBs);规定了申请人、监督人员和研究人员的职责。在执行 IDE 法规时,特别要注意:在临床研究中需要有科学的证据支持器械的有效性;需要有很好的病例档案;需要有准备上市器械的手术方法和经验的报告。

1. 临床研究分类和要求

按 IDE 要求,任何一个医疗器械进行临床研究都要进行申请。这就是说在美国不经过适当的 IDE 要求的程序及审批,就不能进行医疗器械的临床研究。图 10.3 是按 IDE 要求,医疗器械

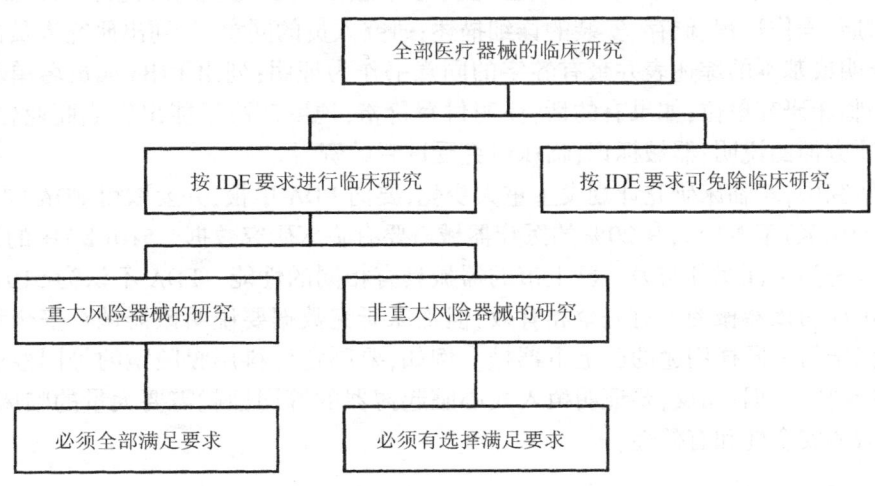

图 10.3 进行临床研究的医疗器械分类

进行临床研究的分类。其中有重大风险的医疗器械包括:体内植入器械;维持生命的器械;在疾病或损伤的诊断、治疗或预防中所用的高风险医疗器械。

具体的程序是由临床研究申请单位或个人先提出进行临床研究的医疗器械是否有重大风险,然后由 IRBs 裁定。对于重大风险的医疗器械还需报 FDA 批准。

表 10.3 列出了 IDE 对医疗器械临床研究的要求。

表 10.3 医疗器械临床研究的 IDE 要求

非重大风险医疗器械	重大风险的医疗器械
在器械的标签上必须标明名称、生产厂家地址、数量、适应症(相对适应证)、危险性、副作用、其他器械或设备的干扰和声明:"警告:研究用器械,按美国法律只能用于研究"	在器械的标签上必须标明名称、生产厂家地址、数量、适应症(相对适应证)、危险性、副作用、其他器械或设备的干扰和声明:"警告:研究用器械,按美国法律只能用于研究"
IRBs 审批	IRBs 审批
接到的同意文件	FDA 审批
监控研究的单位	接到的同意文件
研究记录的保持和保留	监控研究的单位
临床研究报告	研究记录的保持和保留
审计单位	临床研究报告
不能以任何方式促使器械进入市场或商业化	审计单位
要严格按计划进行,不能非法延长研究时间	不能以任何方式促使器械进入市场或商业化
	要严格按计划进行,不能非法延长研究时间

2. 具有重大风险的医疗器械临床研究

具有重大风险的医疗器械除得到 IRBs 批准外,还必须向 FDA 提出申请,并得到 FDA 批准后才能进行临床研究。向 FDA 申请的资料应包括(以下仅是基本要求,根据器械的复杂程度,可能还有增加):申请者的名称和地址;申请前已完成的研究报告;已完成的研究计划或总结;对方法、设备、所用对照、操作过程、储存、安装的详细描述;研究人员的同意书;列出研究人员的名字和地址;以一种声明或基本的综述表并带有签字的同意书作为证明;列出 IRBs 成员名单和他们的地址;已确认的临床研究单位;如果有的话,注明付费价格;说明产品不能出售或商业化;遵守美国环境保护法律方面的说明;器械标识;临床研究受试者的资料。

在临床研究中,若临床研究计划发生重大变化,要向 FDA 申报,并要取得 FDA 同意。

在所有 510(K) 审查中约有 20% 的医疗器械需要有临床研究数据。510(K) 中的医疗器械临床研究数据只是为了证明其与另一已上市的器械具有相同的性能。FDA 不认为 510(K) 中的临床研究数据可证明该器械的绝对完全和有效,但临床研究数据要说明该器械在安全和有效性方面应等同或优于另一同样用途的已上市器械。例如,要制定外科用腹腔镜的等同性就不需或仅需少量的临床研究数据;相反,要证明植入式心脏起搏器的等同性就需要大量的临床研究数据,以证明该器械的安全性和有效性。

3. 临床研究设计要点和周期

在评价医疗器械临床研究申请时,需要提交临床研究计划,因此需要对临床研究进行设计。

医疗器械临床研究的设计要点为：

研究目的：规定研究的目的和实际要达到的预期结果。
研究的合理性：通过一些假设和理论来设计试验。
设计的特色：研究应该有对照组、对照器械、并且是随机的等等。
患者要求：对于研究对象(患者)要有明确的适应证和详细的要求。
试样大小：根据试验要求提出进行研究的器械的大小和规格。
研究时间：设计每个患者所需时间和研究的整体持续时间。
研究单位：根据器械的类型，提出参加研究的医疗单位数目(一般至少两个医疗单位)。
随机程序：详细规定患者分配的方法，使其达到随机要求。
统计处理：描述数据分析的方法。
参数选择：规定收每个患者的最少的数据参数。
有效和安全性评价：对涉及器械有效和安全性的关键参数要作出详细规定和描述。
监控：要对数据惧和审查过程作出规定，以保证研究的科学性和公正性。
病历报告表：详细规定报告要求和形式，以便进行数据收集和统计分析。

医疗器械临床研究要求进行多中心研究，至少在两个医疗单位进行研究。医疗器械研究分三个周期，详见表 10.4。

表 10.4 医疗器械研究周期

研究周期	研究评价	研究性质
Ⅰ期	可行性研究 试验性研究	少量患者(10~20 人)
Ⅱ期	上市前审批研究(PMA) 临床评价	大量患者(100~200 人或更多)
Ⅲ期	上市后监察 警戒体系	大量人群

10.5.3 美国和欧共体有关临床研究管理的对比

近年来欧共体在医疗器械法令(Medical Devices Directive, 93/42/EEC)和欧洲标准 EN540 (Clinical Investigation of Medical Devices for Human Subjects)中，对医疗器械临床研究作了规定。欧共体的规定和 FDA 的法规有相同之处也有一些不同。

1. 美国和欧共体临床研究法规的共同点

(1) 在临床研究前，都必须完成临床前试验，并提交相关研究报告。
(2) 要准备好临床研究计划及相关文件，同时也应考虑文化的差异。
(3) 先由 IRB 或道德委员会(EC)批准，然后再由 FDA 或国家授权机构(CA)审批。
(4) 在 FDA 或 CA 未批准前，不得开始临床研究。
(5) 应审查临床研究基地和相关文件。
(6) 当临床研究计划、器械或影响研究数据科学性和可靠性发生变化时，必须告知 IRB(或

EC)和 FDA(或 CA)。

2. 美国和欧共体临床研究法规的不同点

(1) FDA 在临床研究中强调"证明有效(prove efficacy)",而欧共体强调"证明可操作性(prove performance)"。

(2) 由于在不同国家对疾病的诊断、分类、治疗存在的差异,以及文化背景的不同,所以 FDA 和欧共体对临床研究计划和病历报告表(CFR)要求也不同。

(3) FDA 要求临床研究申请者在研究早期就要和 FDA 联系和进行对话,欧共体未提出此要求。

(4) FDA 要求在临床研究设计开始时就要确定临床研究的科学性和有效性。

(5) FDA 要求在临床研究变化或增补时做出解释。

习 题

1. 新研制的医学仪器,在我国投产上市前要经过哪些过程才能得以认证?需要准备提交哪些文件?

2. 医学仪器电气设备安全评估中,我国全面贯彻执行的标准是什么名称?在贯彻该标准中,首先是要对研制的产品进行安全防护分类,试问临床诊断用的脑电图机应归在哪一类?

3. 新产品在提交检测中心检测前,必须制定产品标准,该标准不能和国家已有的标准相冲突。以电子医学仪器为例,在制定的标准内容中首先应遵循国家医用电气设备安全标准,此外是要满足环境要求和试验方法的国家标准,分别说出这两个国标的名称。

4. 医学仪器的生物安全评估将仪器分为三种:表面接触、由体外与体内接触、体内植入,并由此制定了不同的检验内容,试举出三种医学仪器分属上述三种类别。

5. 在临床实验管理上,我国有关部门制订了 YY/T0297-1997 标准,此外参考美国的 IDE,试回答在临床实验中应当遵守哪些基本规定和要求?

附录 A 人体生理参数测量简表[1]

参数或测量技术		参数的主要测量范围	信号频率范围/Hz	标准传感器与测量方法
心冲击描记图（BCG）		0～7mg 0～100 μm	dc－40 dc－40	加速度计/应变仪 位移计（LVDT）
心导管气囊压		1～100 cm H_2O	dc－10	应变仪/压力计
血流		1～300 mL/s	dc－20	流量计（电磁或超声）
血压—动脉压	直接测量	10～400 mm Hg	dc－50	应变仪/压力计
	间接测量	25～400 mm Hg	dc－60	袖带式,听诊法
血压—静脉压		0～50 mm Hg	dc－50	应变仪
血气	氧偏压（P_{O_2}）	30～100 mm Hg	dc－2	专用电极（容积计或压力计）
	二氧化碳偏压（P_{CO_2}）	40～100 mm Hg	dc－2	同上
	氮偏压（P_{N_2}）	1～3 mm Hg	dc－2	同上
	一氧化碳偏压（PCO）	0.1～0.4 mm Hg	dc－2	同上
血液 pH 值		6.8～7.8 pH	dc－2	专用电极
心排血量		4～25 L/min	dc－20	染料稀释,Fick 法
心电图（ECG）		0.5～4 mV	0.01～250	皮肤电极
脑电图（EEG）		5～300 μV	dc－150	头皮电极
皮层及大脑深部脑电图		10～5000 μV	dc－150	皮层表面或深部电极
胃电图（EGG）		10～1000 μV 0.5～80 mV	dc－1 dc－1	体表电极 胃表面电极
肌电图（EMG）		0.1～5 mV	dc－10 000	针电极
眼电位	眼电图（EOG）	50～3500 μm	0.1～20	接触电极
	视网膜电图（ERG）	0～900 μm	0.3～300	接触电极
伽伐尼皮肤响应（GSR）		1～500 kΩ	0.01～1	皮肤电极
视觉诱发电位（VEP）		5～25 μV	1～100	头皮电极,闪光/图形刺激器
体感诱发电位（SEP）		1～20 μV	10～2500	头皮电极,电刺激器
脑干听觉诱发电位（BAEP）		0.1～0.3 μV	100～3000	头皮电极,声刺激器
运动神经传导（MCV）		0.1～10 mV	20～3000	体表电极,电刺激器
感觉神经传导（SCV）		1～20 μV	20～3000	体表电极,电刺激器
胃液 pH 值		3～13 pH	dc－1	pH 电极,锑电极
胃肠压		0～100 cm H_2O	dc－10	应变仪,压力计

[1] （1mmHg＝0.133kPa）主要取自 John G. Webster（ed.）. 1998. Medical Instrumentation Application And Design. 3th,本书有所增补。

续表

参数或测量技术	参数的主要测量范围	信号频率范围/Hz	标准传感器与测量方法
胃肠力	1~50 g	dc-1	位移计
神经电位	0.01~3 mV	dc-10 000	表面电极或针电极
心音图(PCG)	动态范围80dB,阈值100μPa	5~2000	微音器
体积描记图	随测量器官变化	dc-30	位移计,腔室或阻抗变化测量
循环	0~30 mL	dc-30	同上
呼吸功能 呼吸速度描记(流速)	0~600 L/min	dc-40	呼吸速度描记仪探头和差压测量
呼吸功能 呼吸率	2~50 次/min	0.1~10	应变仪,阻抗,鼻孔热敏电阻
呼吸功能 呼出/吸入容量	50~1000 mL/breath	0.1~10	同上
体温	32~40℃ 90~104 ℉	dc-0.1	热敏电阻,热电偶

与生理监护相关的血液中重要生化参数(正常值):

血气及相关参量	电解质	代谢物
P_{O_2} 80~104mmHg	Na^+ 135~155mmol/L	葡萄糖 70~110mg/100mL
P_{CO_2} 33~48mmHg	K^+ 3.6~5.5mmol/L	乳酸 3~7mg/100mL
pH 7.31~7.45	Ca^{2+} 1.14~1.31mmol/L	肌酸酐 0.9~1.4mg/100mL
血细胞比容 40%~54%	Cl^- 98~109mmol/L	尿素 8~26mg/100mL
总血红蛋白 13~18g/100mL		
血氧饱和度 95%~100%		

以上生化参数值在术后和危重病人中变化十分剧烈,应予密切监视。例如血液中pH值的变化,如图A-1所示。

图A.1 血液中pH值常正常、异常范围

附录 B 医学工程领域法定计量单位

在从事医学仪器的设计中,我们常常与各种计量单位打交道,故认真了解和掌握医学领域中实际应用的法定计量单位显得十分重要。

1. 世界卫生组织(WHO)关于全世界医学界应用国际单位制的建议

1977 年 5 月第 30 届世界卫生大会通过了关于"在医学中应用国际单位制"的决议建议:①全世界科学界,特别是医学界,均采用国际单位制;②从旧单位制向新单位制过渡的期限不得拖延得过长,以便尽可能减少由于同时并用多种单位制而导致的混乱。

关于血压计量单位的问题,1981 年第 34 届世界卫生大会接受了 WHO 关于动脉高血压专家委员会于 1978 年提出的 kPa 应用于临床和流行病学并不合适的建议,认为目前没有必要用 kPa 代替 mmHg 作为血压单位。

2. 中华人民共和国法定计量单位的构成

法定计量单位是指由国家法律承认、具有法定地位的计量单位。1985 年 9 月 6 日公布,1986 年 7 月 1 日正式实施的《中华人民共和国计量法》第三条规定:"国家采用国际单位制(SI),国际单位制计量单位和国家选定的其他计量单位为国家法定计量单位。"非国家计量单位应当废除。我国法定计量单位的构成如图 B.1 所示:

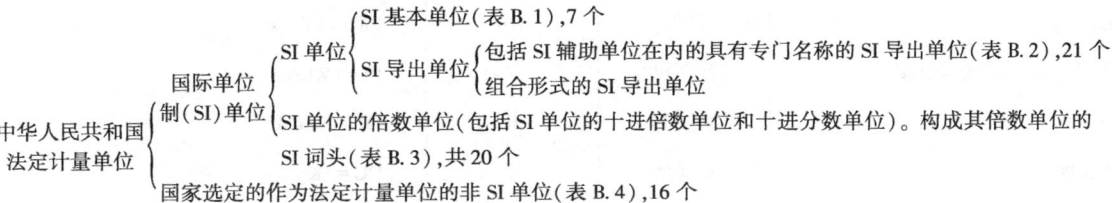

图 B.1 中华人民共和国法定计量单位构成

表 B.1 SI 基本单位

量的名称	单位名称	单位符号
长度	米	m
质量	千克(公斤)	kg
时间	秒	s
电流	安[培]	A
热力学温度	开[尔文]	K
物质的量	摩[尔]	mol
发光强度	坎[德拉]	cd

注:①圆括号中的名称是它前面的名称的同义词。(下同)

②无方括号的量的名称与单位名称均为全称。方括号中的字在不致引起混淆、误解的情况下可以省略。去掉方括号中的字即为其名称的简称。(下同)
③本标准所称的符号,除特殊指明外,均指我国法定计量单位中所规定的符号以及国际符号。(下同)
④人民生活和贸易中,质量习惯称为重量。

表 B.2　包括 SI 辅助单位在内的具有专门名称的 SI 导出单位

量的名称	SI 导出单位		
	名称	符号	用 SI 基本单位和 SI 导出单位表示
[平面]角	弧度	rad	$1\ \text{rad}=1\ \text{m}/\text{m}=1$
立体角	球面度	sr	$1\ \text{sr}=1\ \text{m}^2/\text{m}^2=1$
频率	赫[兹]	Hz	$1\ \text{Hz}=1\ \text{s}^{-1}$
力	牛[顿]	N	$1\ \text{N}=1\ \text{kg}\cdot\text{m}/\text{s}^2$
压力,压强,应力	帕[斯卡]	Pa	$1\ \text{Pa}=1\ \text{N}/\text{m}^2$
能[量],功,热	焦[耳]	J	$1\ \text{J}=1\ \text{N}\cdot\text{m}$
功率,辐[射能]通量	瓦[特]	W	$1\ \text{W}=1\ \text{J}/\text{s}$
电荷[量]	库[仑]	C	$1\ \text{C}=1\ \text{A}\cdot\text{s}$
电压,电动势,电位,(电势)	伏[特]	V	$1\ \text{V}=1\ \text{W}/\text{A}$
电容	法[拉]	F	$1\ \text{F}=1\ \text{C}/\text{V}$
电阻	欧[姆]	Ω	$1\ \Omega=1\ \text{V}/\text{A}$
电导	西[门子]	S	$1\ \text{S}=1\ \Omega^{-1}$
磁通[量]	韦[伯]	Wb	$1\ \text{Wb}=1\ \text{V}\cdot\text{s}$
磁通[量]密度,磁感应强度	特[斯拉]	T	$1\ \text{T}=1\ \text{Wb}/\text{m}^2$
电感	亨[利]	H	$1\ \text{H}=1\ \text{Wb}/\text{A}$
摄氏温度	摄氏度	℃	$1\ ℃=1\ \text{K}$
光通量	流明	lm	$1\ \text{lm}=1\ \text{cd}\cdot\text{sr}$
[光]照射	勒[克斯]	lx	$1\ \text{lx}=1\ \text{lm}/\text{m}^2$
[放射性]活度	贝可[勒尔]	Bq	$1\ \text{Bq}=1\ \text{s}^{-1}$
吸收剂量,比授[予]能,比释能量	戈[瑞]	Gy	$1\ \text{Gy}=1\ \text{J}/\text{kg}$
剂量当量	希[沃特]	Sv	$1\ \text{Sv}=1\ \text{J}/\text{kg}$

表 B.3　SI 单位制的词头

因数	词头名称 英文	词头名称 中文	符号	因数	词头名称 英文	词头名称 中文	符号
10^{24}	yotta	尧[它]	Y	10^{-1}	deci	分	d
10^{21}	zetta	泽[它]	Z	10^{-2}	centi	厘	c
10^{18}	exa	艾[可萨]	E	10^{-3}	milli	毫	m
10^{15}	peta	拍[它]	P	10^{-6}	micro	微	μ
10^{12}	tera	太[拉]	T	10^{-9}	nano	纳[诺]	n
10^{9}	giga	吉[咖]	G	10^{-12}	pico	皮[可]	p
10^{6}	mega	兆	M	10^{-15}	femto	飞[母托]	f
10^{3}	kilo	千	k	10^{-18}	atto	阿[托]	a
10^{2}	hecto	百	h	10^{-21}	zepto	仄[普托]	z
10^{1}	deca	十	da	10^{-24}	yocto	幺[科托]	y

表 B.4　可与国际单位制单位并用的我国法定计量单位

量的名称	单位名称	单位符号	与 SI 单位关系
时间	分 [小]时 日(天)	min h d	$1\min=60\text{ s}$ $1h=60\min=3\,600s$ $1d=24h=86\,400s$
[平面]角	度 [角]分 [角]秒	° ′ ″	$1°=(\pi/180)\text{rad}$ $1'=(1/60)°=(\pi/10\,800)\text{rad}$ $1''=(1/60)'=(\pi/648\,000)\text{rad}$
体积	升	L(l)	$1L=1dm^3=10^{-3}m^3$
质量	吨 原子质量单位	t u	$1t=10^3 kg$ $1u\approx 1.660\,540\times 10^{-27}kg$
旋转速度	转每分	r/min	$1r/\min=(1/60)s^{-1}$
长度	海里	n mile	$1n\text{ mile}=1\,852m$(只用于航行)
速度	节	kn	$1kn=1n\text{ mile}/h=(1\,852/3\,600)\text{ m/s}$(只用于航行)
能	电子伏	eV	$1eV\approx 1.602\,177\times 10^{-19}J$
级差	分贝	dB	
线密度	特[克斯]	tex	$1tex=10^{-6}kg/m$
面积	公顷	hm^2	$1hm^2=10^4 m^2$

注:①平面角单位度、分、秒的符号,在组合单位中应采用(°)、(′)、(″)的形式。例如,不用°/s 而用(°)/s。
②升的符号中,小写字母为备用符号。
③公顷的国际通用符号为 ha。

3. 与医学工程相关的常用法定计量单位与非法定计量单位

本节以表格形式给出在医学工程领域常见的物理量名称、符号,法定计量单位名称、符号,非法定计量单位名称、符号,及其与 SI 单位的换算因数和说明。表内加圆括号,( )中的名称是它前面名称的同义词;方括号外的名称为简称,简称加方括号内容为全称;国家选定的作为法定计量单位的16个非SI单位用黑体标出。

关于血压计量单位,1998年,国家质量技术监督局和卫生部在《关于血压计量单位使用规定的补充通知》中规定,在出版物和血压计(表)使用说明中可使用千帕[斯卡]kPa或毫米汞柱mmHg,如果使用mmHg,应注明mmHg与kPa的换算关系。例如:120mmHg(16kPa或1mmHg=0.133kPa)。为此,在表中对血压计量单位特加星(*)注出。

表 B.5 医学工程相关的常用法定计量单位与非法定计量单位对照表

量的名称和符号	法定计量单位名称及符号	非法定计量单位名称及符号	与 SI 单位换算因数和说明
长度 L, l	米 m		SI 基本单位
	千米,(公里)km		1km=1000m
	厘米 cm		1cm=10^{-2}m
	毫米 mm		1mm=10^{-3}m
	微米 μm		1μm=10^{-6}m
	纳米 nm		1nm=10^{-9}m
	皮米 pm		1pm=10^{-12}m
		里	1 里=500m
		丈	1 丈=3.3m
		尺	1 尺=0.3m
		寸[1]	1 寸=0.03m
		公尺 m	1 公尺=1m
		公分 cm	1 公分=1cm
		英尺 ft	1ft=0.304 8m
		英寸 in	1in=0.025 4m
		微米 μ	1μ=10^{-6}m=1μm
		毫微米 mμ	1mμ=1nm
		埃 Å	1Å=10^{-10}m=0.1nm
		微微米 μμ	1μμm=1pm
		西格马 σ	1σ=10^{-12}m=1pm
		费密 fermi	1fermi=10^{-15}m=1fm
	海里 n mile		1n mile=1 852m(只用于航海)
质量 m	千克(公斤)kg		SI 基本单位
	吨 t	公吨 T	1t=1000kg
	克 g		1g=0.001kg
		[市]斤	1[市]斤=0.5kg
		[市]两	1[市]两=50g
		[市]钱	1[市]钱=5g
		中药钱(16 两秤)	1 中药钱=3g(尾数不计)
		磅(常衡)lb	1 lb=0.453 592kg
		磅(药衡)lb_{ap}	1lb_{ap}=0.373 242kg
		盎司(常衡)oz	1oz=28.349 523g
		盎司(药衡)oz_{ap}	1oz_{ap}=31.103g

续表

量的名称和符号	法定计量单位名称及符号	非法定计量单位名称及符号	与SI单位换算因数和说明
		格令 gr,gn	1gr=0.064 799g
		毫厘克 mcg	1mcg=10μg
		伽马 γ	1γ=10^{-9}kg=1μg
		毫微克 mμg	1mμg=1ng
		微微克 γγ	1γγ=10^{-15}kg=1pg
	原子质量单位 u	道尔顿 Da	1u≈1.660 54×10^{-27}kg
			1dalton=1.657×10^{-27}kg=0.9921u
时间 t	秒 s, ks,ms,μs,ns	秒钟 sec,(″)	SI基本单位
	分 **min**	分钟,(′)	1min=60s
	[小]时 **h**	点钟 hr,(°)	1h=60min=3600s
	日(天) **d**	点钟 hr,(°)	1d=24h=86 400s
		年 a	一般常用时间单位
[平面]角 α,β	弧度 rad		SI导出单位
	度(°)		1°=(π/180)rad
	[角]分 (′)		1′=(1/60)°=(π/10 800)rad
	[角]秒 (″)		1″=(1/60)′=(π/648 000)rad
面积 $A,(S)$	平方米 m^2		SI导出单位
		[市]亩	1亩=666.6m^2
		平方英尺 ft^2	1ft^2=0.092903m^2
	公顷 hm^2		1hm^2=$10^4 m^2$
截面 σ	平方米 m^2	靶恩 b	1b=$10^{-28} m^2$
热力学温度 T	开[尔文] K		SI基本单位
		开氏度(绝对度)	1开氏度(绝对度)=1K
		兰氏度 °R	1°R=(5/9)℃=(5/9)K
摄氏温度 t	摄氏度 ℃		SI导出单位
		华氏度 ℉	1℉=5/9℃+32
		摄氏1度,	1℉≈0.5556℃或K
		摄氏1°	
体积(容积) V	立方米 m^3		SI导出单位
	升 **L,l**		1L(l)=$10^{-3} m^3$
	分升 dl(dL)		1dL=0.1L
	毫升 ml(mL)		1mL=10^{-3}L=1cm^3=$10^{-6} m^3$
	微升 μl(μL)		1μl=10^{-6}l=10^{-3}mL
		立米、方	1立米=1m^3
		公升、立升	1公升=1立升=1l=1dm^3
		西西,cc	1cc=1cm^3;1西西=1mL
		微升 λ	1λ=1μL
		1×1×1cm^3	1cm×1cm×1cm
		1×1×1cm	

续表

量的名称和符号	法定计量单位名称及符号	非法定计量单位名称及符号	与 SI 单位换算因数和说明
发光强度 $I[I_v]$	坎[德拉]cd	国际烛光 IC 烛光,支	SI 基本单位 1IC=1.019cd
力 F	牛[顿]N		SI 导出单位 $1N=1m \cdot kg/s^2$
重力 $W(P、G)$	牛[顿]N	千克力(公斤力)kgf 达因 dyn	1kgf=9.80665N $1dyn=10^{-5}N=0.01mN$
压力、压强,P	帕[斯卡]Pa 千帕[斯卡]kPa	 标准大气压 atm 毫米汞柱 $mmHg^{(2)}$ 厘米水柱 cm $H_2O^{(2)}$ 巴 bar 托 Torr 工程大气压 at	SI 导出单位 $1Pa=1N/m^2$ $1atm=1.01325\times10^5 Pa$ $=101.325kPa$ 1mmHg=133.322Pa =0.133 322kPa 1kPa=7.5mmHg $1cmH_2O=0.0980665kPa$ $1kPa=10.2 cmH_2O$ 1bar=100kPa=0.1MPa 1Torr=133.322Pa $1at=9.80665\times10^4 Pa$
应力 σ,τ		达因每平方厘米 dyn/cm^2 千克力每平方厘米 kgf/cm^2	$1dyn/cm^2=0.1Pa$ $1kgf/cm^2=9.80665\times10^4 Pa$ =98.0665kPa
物质的量,n	摩[尔]mol	克分子 克原子 克当量 Eq	SI 基本单位
物质 B 的浓度,C_B	摩[尔]每升 mol/L	克分子浓度 M 当量浓度 N 百分浓度	SI 导出单位 1M=1mol/L $1N=(mol/L)\times$离子价数 1mol/L=N÷离子价数
[质量]密度, 体积质量 ρ	千克每立方米 kg/m^3, 千克每升 kg/L,克每立方厘米 g/cm^3	磅每立方英尺 $1b/ft^3$	SI 导出单位 $1b/ft^3=16.0185kg/m^3$
线密度	特[克斯]tex		$1tex=10^{-6}kg/m$
[动力]黏度 η	帕[斯卡]秒 $Pa \cdot s$ 毫帕[斯卡]秒 $mPa \cdot S$	泊 P 厘泊 cP 千克力秒每平方米 $kgf \cdot s/m^2$	SI 导出单位 $1P=0.1Pa \cdot s$ $1cP=1 mPa \cdot S$ $1kgf \cdot s/m^2=9.80665Pa \cdot s$

续表

量的名称和符号	法定计量单位名称及符号	非法定计量单位名称及符号	与SI单位换算因数和说明
运动粘度 γ	二次方米每秒 m^2/s 二次方毫米每秒 mm^2/s	斯[托克斯]St 厘斯[托克斯]cSt	SI导出单位 $1St = 10^{-4} m^2/s = 0.0001 m^2/s$ $1cSt = 1 mm^2/s$
频率 f	赫[兹]Hz, s^{-1}	周c,周/秒	SI导出单位 $1Hz = 1S^{-1}$ $1c = 1Hz$
转速 n 旋转速度 n	每秒 s^{-1} **转每分 r/min**(3)	rpm	SI导出单位 $1r/min = (1/60)s^{-1}$ $1rpm = 1 r/min = (1/60)s^{-1}$
速度	节 kn		$1kn = 1n\ mile/h$ $= (1852/3600)m/s$ 只用于航海
能量,功,热 Q	焦[耳]J		SI导出单位 $1J = 1N \cdot m$
		卡[路里]cal 国际蒸汽表卡 cal_{IT} 热化学卡 cal_{th} 千热化学卡(大卡)$kcal_{th}$ 尔格 erg 千克力米 $kgf \cdot m$	$1cal_{IT} = 4.1868J$ $1cal_{th} = 4.1840J$ $1kcal_{th} = 4.1840kJ$ $1erg = 10^{-7}J = 0.1\mu J$ $1kgf \cdot m = 9.80665J$
	电子伏 eV		$1eV = 1.6021892 \times 10^{-19}J$
[光]照度 E	勒[克斯]lx	辐透 ph	SI导出单位 $1lx = 1lm/m^2$ $1ph = 10^4 lx = 10klx$
功率 P	瓦[特]W	千克力米每秒 $kgf \cdot m/s$	SI导出单位 $1W = 1J/s$ $1kgf \cdot m/s = 9.80665W$ $1kef \cdot m/min = 0.167W$
电流 I	安[培]A	电流强度	SI基本单位
电荷[量] Q	库[仑]C		SI导出单位 $1C = 1A \cdot s$
电位 V, Φ 电压 U,电动势 E	伏[特]V		SI导出单位 $1V = 1W/A$
电容 C	法[拉]F		SI导出单位 $1F = 1C/V$
电阻 R	欧[姆]Ω		SI导出单位 $1\Omega = 1V/A$
电导 G	西[门子]S	欧姆 Ω	$1S = 1A/V$ $1S = 1\Omega^{-1}$

续表

量的名称和符号	法定计量单位名称及符号	非法定计量单位名称及符号	与 SI 单位换算因数和说明
电感 自感 L, 互感 M, L_{12}	亨[利]H		SI 导出单位 $1H = 1Wb/A$
磁通[量] Φ	韦[伯]Wb		SI 导出单位 $1Wb = 1V \cdot s$
		麦克斯韦 Mx	$1Mx \cong 10^{-8} Wb \cong 0.01 \mu Wb$
磁通[量]密度, 磁感应强度 B	特[斯拉]T		SI 导出单位 $1T = 1N/(A \cdot m)$
		高斯 Gs, G	$1Gs \cong 10^{-4} T \cong 0.1mT$ $1T = 1Wb/m^2 = 1V \cdot s/m^2$
磁场强度 H	安[培]每米 A/m		SI 导出单位
		奥斯特 Oe	$1 Oe \cong (1000/4\pi) A/m$
[放射性]活度 A	贝可[勒尔]Bq		SI 导出单位 $1Bq = 1S^{-1}$
		居里 Ci	$1Ci \cong (3.7 \times 10^{10} Bq = 37 GBq$ $1mCi = 37MBq$ $1\mu Ci = 37kBq$ $1kBq = 0.027\mu Ci$ $1MBq = 0.027mCi$ $1GBq = 0.027Ci$
吸收剂量 D	戈[瑞]Gy		SI 导出单位 $1Gy = 1J/kg$
		拉德 rad(rd)	$1rad(rd) = 10^{-2} Gy$ $= 0.01Gy$
吸收剂量率 D	戈【瑞】每秒 Gy/s		SI 导出单位 $1Gy/s = 1J/(kg \cdot s)$
		拉德每秒 rad/s	$1rad/s = 0.01Gy/s$
光通量 Φ	流[明]lm		SI 导出单位 $1lm = 1cd \cdot sr$
剂量当量 H	希[沃特]Sv		SI 导出单位 $1Sv = 1 J/kg$
		雷姆 rem	$1rem = 10^{-2} Sv = 0.01Sv$
照射量 χ	库[仑]每千克 C/kg		SI 导出单位
		伦琴 R	$1R = 2.58 \times 10^{-4} C/kg$ $= 0.258mC/kg$
照射量率 χ	C/(kg $\cdot$ s)		$1C/(kg \cdot s) = 1A/kg$
		伦琴每秒 R/s	$1R/s = 0.258mC/(kg \cdot s)$

续表

量的名称和符号	法定计量单位名称及符号	非法定计量单位名称及符号	与SI单位换算因数和说明
级差 L_p, L_I, L_w	贝[尔]B,分贝 dB		SI 导出单位 1dB=0.1B
		奈培 Np	1Np=8.685909dB
[光]亮度 L	坎[德拉]每平米 cd/m^2		SI 导出单位
		尼特 nt	$1nt=1cd/m^2$
透镜焦度(光焦度) Φ, F	每米 m^{-1}		SI 导出单位
		屈光度 D	$1D=1m^{-1}$

注：①为旧制长度单位，已废用。但中医描述穴位位置时仍可用"寸"，如"脐上一寸"，此"寸"为"同身寸"，即用患者本人体表某些标志作为测量的单位，身高胖瘦不一，"同身寸"也不一样，因此，"同身寸"不能换算成米制单位。

②＊本节开始已有关于血压单位的说明。

③表达离心加速度作用时，应同时标出离心半径(如：离心半径8cm，12 000r/min，离心10min)或以重力加速度的倍数形式(如6 000×g，离心10min)表达。

表 B.6 常见标准化量名称与废弃量名称的对照表

标准化量名称及符号	废弃的量名称	说　明
质量 m	重量	在科学技术中，重量表达的是力的概念，其单位为N；而质量的单位为kg，二者不可混淆。只在人民生活和贸易中，质量习惯称为重量，但国家标准不赞成这种习惯
体积质量,密度 ρ	比重	历史上"比重"有多种含义：当其单位为 kg/m^3 时，应称为体积质量；当其单位为1，即表示在相同条件下，某一物质的体积质量与另一参考物质的体积质量之比时，应称为相对体积质量
相对体积质量,相对密度 d		
质量热容,比热容 c	比热	定义为热容除以质量，单位为 $J/(kg \cdot K)$
质量定压热容,比定压热容 c_p	定压比热容,恒压热容	定义为定压热容除以质量，单位为 $J/(kg \cdot K)$。称为定压比热容违背"比字加在量的名称前用以指该量被质量除所得的商"这一规定
电流 I	电流强度	单位为 A
相对原子质量 A_r	原子量	二量的单位为1
相对原子质量 M_r	分子量	
分子质量 m_a		单位为 kg，常用 u
物质的量 n	摩尔数,克原子数,克分子数,克离子数,克当量	单位为 mol。"摩尔数"是在量的单位名称"摩尔"后加上"数"字组成的量名称，这类做法是错误的。使用 mol 时必须指明基本单元
质量分数 ω	重量百分数,质量百分比浓度,浓度	单位为1，是某物质的质量与混合物的质量之比
体积分数 Φ	体积百分比浓度,体积百分含量,浓度	单位为1，是某物质的体积与混合物的体积之比

续表

标准化量名称及符号	废弃的量名称	说 明
质量浓度 ρ	浓度	单位为 kg/m^3，是某物质的质量除以混合物的体积
浓度,物质的量浓度 c	摩尔浓度,体积克分子浓度,当量浓度	单位为 mol/m^3,常用 mol/L。是某物质的量除以混合物的体积
[放射性]活度 A	放射性强度,放射性	单位为 Bq

4. 常用物理常量与转换因子

真空中的光速	Speed of light in vacuum	$2.99 \times 10^8 \, ms^{-1}$
普朗克常数	Planck's constant	$6.62 \times 10^{-34} \, Js$
基本电荷	Elementary charge	$1.60 \times 10^{-19} \, C$
磁通量	Magnetic flux quantum	$2.06 \times 10^{-15} \, Wb$
玻尔磁子	Bohr magneton	$9.27 \times 10^{-24} \, JT^{-1}$
核磁子	Nuclear magneton	$5.05 \times 10^{-27} \, JT^{-1}$
电子质量	Electron mass	$9.10 \times 10^{-31} \, kg$
阿伏加德罗常数	Avogadro constant	$6.02 \times 10^{23} \, mol^{-1}$
原子质量单位	Atomic mass unit	$1.66 \times 10^{-27} \, kg$
玻耳兹曼常数	Boltzmann constant	$1.38 \times 10^{-23} \, JK^{-1}$
斯蒂芬-玻耳兹曼常数	Stephan-Boltzmann constant	$5.67 \times 10^{-8} \, Wm^{-2}K^{-4}$
电子伏特	Electron volt	$1.60 \times 10^{-19} \, J$
法拉第常数	Faraday constant	$96485 \, Cmol^{-1}$
1 道尔顿	1 Dalton	$1.657 \times 10^{-21} \, kg$
1 伦琴	1 Roentgen	$2.58 \times 10^{-4} \, Ckg^{-1}$
1 戈瑞	1 Gray	$6.24 \times 10^{12} \, MeVkg^{-1}$
1 居里	1 Curie	$3.70 \times 10^{10} \, disintegrations \, s^{-1}$

注：附录 B 引自中华医学杂志社编、王云亭等修编. 2001. 法定计量单位在医学上的应用. 北京：人民军医出版社。本书有所增补。

附录 C 我国医学仪器的重要标准[1]

标准是对重复性事物和概念所做的统一规定,是理论与实践相结合的成果。它以科学、技术和实践经验的综合结果为基础,经有关方面协商一致,由主管机构批准,以特定形式发布,作为共同遵守的准则和依据。而标准化是制定标准和贯彻标准的过程。每一位从事医学仪器研究、设计、生产、使用和监督管理的人员均应认真学习有关医学仪器标准化方面基础知识,准确理解医学仪器国家标准和行业标准规定,并以此作为制定企业标准的依据,从而确保研制生产的医学仪器产品达到安全和有效的要求。

1. 技术管理

标准编号	标准名称	采用程度	实施日期
YY/T0047-1991	医疗器械产品图样及设计文件的术语		1992-04-01
YY/T0048-1991	医疗器械产品工作图样的基本要求		1992-04-01
YY/T0049-1991	医疗器械产品图样及设计文件格式		1992-04-01
YY/T0050-1991	医疗器械产品图样及设计文件编号原则		1992-04-01
YY/T0051-1991	医疗器械产品图样及其主要设计文件的完整性		1992-04-01
YY/T0052-1991	医疗器械产品图样及设计文件的更改办法		1992-04-01
YY/T91050-1999	医疗器械产品设计文件的编写方法		1988-05-01
YY/T0297-1997	医疗器械临床调查	等同:ISO 14155:1996	1998-01-01

2. 基础标准

标准编号	标准名称	采用程度	实施日期
GB/T 5465.1-1996	电气设备用图样符号绘制原则	参照:IEC60416;1988	1997-05-01
GB/T 5465.2-1996	电气设备用图形符号	参照:IEC60417;1994	1997-05-01

3. 安全标准

标准编号	标准名称	采用程度	实施日期
GB9706.1-1995	医用电气设备 第一部分:安全通用要求	等同:IEC601-1:1998	1996-12-01
GB/T 14710-1993	医用电气设备环境要求及试验方法		1994-06-01

---

[1] 附录 C 引自:郝和平,奚廷斐,卜长生主编.2000.医疗器械监督管理和评价.北京:中国医药科技出版社

4. 医用电子仪器设备

标准编号	标准名称	采用程度	实施日期
GB 9706.8-1995	医用电气设备 心脏除颤器和心脏除颤器监护仪专用安全要求	等同 IEC601-24	1996-06-01
GB10793-1989	心电图机专用安全要求		1990-01-01
GB1674.1-1996	心脏起搏器 第一部分:植入式心脏起搏器		1996-10-01
YY0001-1990	体外冲击波碎石机通用技术要求		1991-01-01
YY0016-1993	低频脉冲电子治疗仪		1993-10-01
YY0087-1992	电泳仪		1992-10-01
YY0089-1992	病人监护系统专用安全要求		1992-10-01
YY/T0195-1994	心电图机可靠性试验方法		1995-05-01
YY91078-1999	直接式阻抗血流图仪		1987-03-01
YY91079-1999	心电监护仪		1988-08-01
YY91139-1999	单道和多道心电图机		1983-10-01

5. 医用光学仪器设备与内镜(光学)

标准编号	标准名称	采用程度	实施日期
GB11244-1989	医用纤维内镜通用技术条件		1990-01-01
YY0067-1992	微循环显微镜		1992-07-01

6. 医用超声、激光、高频仪器设备

标准编号	标准名称	采用程度	实施日期
GB9706.4-1999	医用电气设备 第2部分:高频手术设备安全专用要求	等效 IEC60601-2-2;1982	2000-05-01
GB9706.7-1994	医用电气设备 超声治疗设备专用安全要求	等同 IEC60601-2-5;1994	1995-03-01
GB9706.9-1997	医用电气设备 医用超声诊断和监护设备专用安全要求	等同 IEC60601-2-37;1994	1998-05-01
GB10152-1997	B型超声诊断设备		1998-05-01
GB11748-1999	二氧化碳激光治疗机		2000-05-01
GB12257-1990	氦氖激光治疗机通用技术条件		1990-09-01
GB13798-1992	高频手术器	参照 IEC60601-2-2;1982	1993-05-01
GB16846-1997	医用超声诊断设备声输出公布要求	等同 IEC61157;1992	1998-05-01

续表

标准编号	标准名称	采用程度	实施日期
YY0013-1990	超声多普勒胎儿诊断设备		1991-04-01
YY0107-1993	A型脉冲反射式超声诊断设备		1993-05-01
YY0108-1993	M型脉冲反射式超声诊断设备		1993-05-01
YY0109-1993	超声雾化器通用技术		1993-05-01
YY0164-1994	超声多普勒胎儿监护仪		1994-10-01
YY0307-1998	连续波掺钕钇铝石榴石激光治疗机通用技术条件		1998-10-01
YY91090-1999	超声治疗设备		1990-06-01

7. 理疗与中医仪器设备

标准编号	标准名称	采用程度	实施日期
GB9706.6-1992	医用电气设备 微波治疗设备专用安全要求	等效: IEC60601-2-6:1994	1993-05-01
YY0061-1991	特定电磁波治疗器		1992-09-01
YY0306-1998	热辐射类治疗设备安全专用要求		1998-10-01
YY91086-1999	超短波治疗设备技术条件		1986-10-01
YY91087-1999	超短波治疗设备的专用安全要求		1986-10-01
YY91093-1999	中频电疗机		1990-01-01
YY91095-1999	肌电生物反馈仪		1990-06-01

8. 医用射线设备

标准编号	标准名称	采用程度	实施日期
GB4505-1984	医用诊断X射线发生器通用技术条件		1985-02-01
GB9706.5-1992	医用电气设备 能量为1~50MeV医用电子加速器专用安全要求	等效: IEC60601-2-1:1981	1993-05-01
GB9706.10-1997	医用电气设备 第2部分:治疗X射线发生装置安全专用要求	等同: IEC60601-2-8:1993	1998-09-01
YY0007-1990	200mA医用诊断X射线机		1991-04-01
YY0008-1990	300mA医用诊断X射线机		1991-04-01
YY0009-1990	500mA医用诊断X射线机		1991-04-01
YY0010-1990	口腔X射线机		1991-04-01
YY0046-1991	医用伽玛照相机技术参数及测量方法		1992-04-01
YY0096-1992	钴-60远距离治疗机		1993-01-01
YY/T0106-1993	医用诊断X射线机通用技术条件		1993-05-01

续表

标准编号	标准名称	采用程度	实施日期
YY0198-1995	10mA 医用诊断 X 射线机		1995-05-01
YY0199-1995	30mA 医用诊断 X 射线机		1995-05-01
YY0200-1995	50mA 医用诊断 X 射线机		1995-05-01
YY0201-1995	100mA 医用诊断 X 射线机		1995-05-01
YY0309-1998	医用电气设备 第 2 部分：X 射线计算机体层摄影设备安全专用要求	等同：IEC/DIS60601-2-44	1998-09-01
YY0310-1998	X 射线计算机体层摄影设备通用技术条件		1998-09-01
YY91029-1999	400mA 医用诊断 X 射线机		1989-07-01
YY91098-1999	放射性核素扫描仪		1986-05-01

9. 医用生化及化验设备

标准编号	标准名称	采用程度	实施日期
YY0014-1990	生化分析仪		1991-04-01

10. 体外循环、人工脏器

标准编号	标准名称	采用程度	实施日期
GB9706.2-1991	医用电气设备 血液透析装置专用安全要求	等效：IEC60601-2-16；1989	1992-04-01
GB10035-1994	气囊式体外反搏装置		1995-02-01
GB12259-1990	人工心肺机		1990-09-01
YY0054-1991	血液透析装置		1992-07-01

11. 手术室设备

标准编号	标准名称	采用程度	实施日期
GB11246-1989	人用持续气流吸入式麻醉机技术要求	等效：ISO5358；1980	1990-01-01
YY0042-1991	高频喷射呼吸机		1992-07-01
YY91041-1999	电动呼吸机	参照：ISO5369-1987	1990-07-01
YY91108-1999	气动呼吸机	参照：ISO5369-1987	1989-06-01
YY91109-1999	医用电气设备 麻醉机专用安全要求	参照：IEC60601-2-13；1989	1989-06-01

参 考 文 献

Jacob Kline 编著. 1993. 徐振光,夏炜新,符影杰译. 生物医学工程[美]. 天津:天津科技翻译出版公司
陈代珠,吴大伟、唐教贤等. 1987. 医用微波技术. 北京:国防工业出版社
郝和平,奚延斐,卜长生. 2000. 医疗器械监督管理和评价. 北京:中国医药科技出版社
何为民. 1993. 低功耗单片微机系统设计. 北京:北京航空航天大学出版社
江裕钊,辛培清. 1989. 数学模型与计算机模拟. 北京:电子科技大学出版社
姜远海,霍纪文,尹立志. 1999. 医用传感器. 北京:科学出版社
李维諟,郭强. 1999. 液晶显示应用技术. 北京:电子工业出版社
刘普和. 1992. 物理因子的生物效应. 北京:科学出版社
齐颁扬. 1991. 医学仪器. 北京:高等教育出版社
王云亭,汪谋岳,臧焰等. 2001. 法定计量单位在医学上的应用. 北京:人民军医出版社
吴世法. 1997. 近代成像技术与图象处理. 北京:国防工业出版社
杨福生,高尚海. 1989. 生物医学信号处理. 北京:高等教育出版社
杨文修,李正明. 1993. 生物医学物理概论. 天津:天津科技翻译出版公司
张唯真. 1992. 生物医学电子学. 北京:清华大学出版社,
张旭东,廖先芸等. 1993. IBM 微型机实用接口技术. 北京:科学技术文献出版社
中国医疗器械杂志(1980~2003)
中国医学物理学杂志(1985~2003)
IEEE Engineering in Medicine and Biology (1985~2003)
IEEE Transactions on Biomedical Engineering (1970~2003)
James Keener, James Sneyd. 1998. Mathematical Physiology. New York:Springer
John G. Webster, et al. 1998. Medical Instrumentation Application and Design. 3th ed. New York:John Wiley & Sons, Inc.
Joseph D. Bronzino, et al. 2000. The Biomedical Engineering Handbook. 2th ed. Boca Raton:CRC Press LLC
T. A. Delchar. 1997. Physics in Medical Diagnosis. London:Chapman & Hall
Tatsuo Togwa, et al. 1997. Biomedical Transducers and Instruments. CRC Press LLC